PAUL SCHÜTZ · EVANGELIUM

BAND I DER GESAMMELTEN WERKE

Paul Schütz

Evangelium

Sprache und Wirklichkeit
der Bibel in der Gegenwart

Herausgegeben von
Hans F. Bürki

Dem Andenken meiner Frau
JOHANNA SCHÜTZ-WOLFF
† 30. 8. 1965

CIP-Kurztitelaufnahme der Deutschen Bibliothek

Schütz, Paul:
Gesammelte Werke / Paul Schütz. Hrsg. von Hans F. Bürki —
Moers : Brendow
NE: Schütz, Paul: (Sammlung)
Bd. 1. Evangelium : Sprache und Wirklichkeit der Bibel
in der Gegenwart
— 1984. —
  (Edition C : M ; 54)
  ISBN 3-87067-209-9
NE: Edition C / M

ISBN 3-87067-209-9
Edition C — M 54
© 1984 Copyright by Brendow Verlag, D-4130 Moers 1
Titelgestaltung: Hanns von Miller
Printed in Germany

INHALT

Geleitwort des Herausgebers 6
Vorwort zur Gesamtausgabe (1965) 9
Vorrede zur Sonderausgabe (1972) 11

I. Die Kunst des Bibellesens

1. Die Entmächtigung der Bibel 17
   Die Entmächtigung der Bibel durch die Tradition 17
   Die Entmächtigung der Bibel durch die Kritik 30

2. Das Inkognito der Bibel 43
   Das Inkognito der Bibel schützt das Geheimnis der „Leisen Stimme"
   Das Inkognito der Bibel schützt die Freiheit Gottes
   und des Menschen 56

3. Zur Entschlüsselung der Bibel 64
   Die Schrift — ein Ganzes
   Was ist Interpretation der Schrift? 67
   Der Überschritt ins Dasein 71

II. Lesebeispiele

1. Kleine Anleitung 74
   Der biblische Modellfall 75
   metanoia 76
   parusia 78

2. Interpretationen 81
   Der Einzelne und der allein Andere
   Die Zwei und die Drei 86
   Die Vielen — die Wenigen — der Eine 89
   Vom Pneuma als Geschichtsmacht 98
   Vom Tod als Existenzdurchbruch 110

Das Evangelium 135

Vorworte und Geleit (1940, 1948, 1966) 137
Zwischen altem und neuem Äon (Markus 1,1—1,11) 145
Die Utopie als Versuchung (1,12—1,28) 181
Die Heilung der Schöpfung beginnt am Leibe (1,29—2,17) 205
Von der Täuferwelt zum Gottesreich (2,18—3,35) 230
Das Reichs-Geheimnis ist im Bildwort verschlüsselt (4,1—5,21) 260
Das Reich gegen die Todeswelt (5,22—6,56) 278
Das Reich: das Ende der Religion (7,1—8,26) 295
Der verhüllte Messias und die Rebellion gegen ihn (8,27—8,38) 310
Geist-Leiblichkeit, das Ziel Gottes mit dem Menschen (9,1—9,13) 336
Heilung ist Schöpfung (9,14—9,50) 343
Die Verwandlung der Erde (10,1—10,27) 363
Die politisierenden Jünger, das sind wir (10,28—10,45) 386
„Jerusalem, die du tötest die Propheten!" (10,46—12,44) 394
Die letzten Dinge gehören zum alten Äon (13,1—13,32) 420
Hoffen heißt im Ende bestehen (13,33—13,37) 444
Das Mysterium der Geschichte: christificatio (14,1—14,52) 450
„Nach dem Gesetz soll er sterben" (14,53—15,5) 478
Juden und Heiden in gemeinsamer Schuld (15,6—15,19) 483
Die siebente Einsamkeit (15,20—15,39) 494
Auferstehungsglaube ist Existenzwagnis (15,40—16,14) 504
Die Weitergabe des Geistes in der Zeit (16,15—16,20) 528
Hymnus am Pfingstfest 552

Anmerkungen 555
Register 567

Zum Geleit

Paul Schütz, er ist jetzt fast 93 Jahre alt, hat mir die Herausgabe des vorliegenden Buches anvertraut. In ihm geht es, wie der Untertitel sagt, um „Sprache und Wirklichkeit der Bibel in der Gegenwart". Der Verfasser ist sich der wachsenden Widerstände und Schwierigkeiten bewußt, die ein Mensch unserer Zeit der Bibel gegenüber empfindet. Mit diesem zwar verunsicherten und doch weiter fragenden Leser, dem er auch in sich selber begegnet, läßt sich Paul Schütz auf einen langen Weg ein. Seine *kontemplative Exegese*[1] des Markusevangeliums erscheint jetzt in der 6. Auflage[2].

In einer schnell lebenden und lesenden Zeit wirkt die hohe Seitenzahl des Buches nicht ermunternd. Wie ein Roman läßt sich diese Kunst des Umgangs mit der Bibel freilich nicht durchlesen. Die vielen Unterabschnitte weisen eher auf eine langsame, von täglichen oder längeren Pausen durchsetzte Lesart hin. Das Sachregister ermöglicht auswählendes, nach persönlichem Interesse orientiertes Lesen. Vielleicht liegt das Buch lange im Gestell, bis seine Stunde kommt.

Die den Druck als Taschenbuch unterstützende Klopstock-Stiftung in Hamburg sowie Verleger und Herausgeber sind sich darin einig, daß der vorgelegte Band zunehmend an Aktualität gewinnt. Es werden darin letzte Fragen der Menschheit unerbittlich offen und mit Hoffnung durchdrungen angesprochen.

Paul Schütz ist sich im klaren, daß die Bibel *ein profanes Buch* geworden ist und ihren *Charakter als Offenbarungsquelle verloren* hat. Zwar steht sie noch an erster Stelle in der „Zeit-Bibliothek der 100 Bücher" (Suhrkamp 1983), doch weiß Rudolf Augstein, der Autor des Bibelartikels, nicht, wieso sie in diese Sammlung geraten ist. Nach ihm wäre es am besten gewesen, sowohl Homer wie die Bibel wegzulassen. „Beide bestimmen unser Leben nicht." Literarisch gesehen sei die alt-neue Bibel noch immer „das menschlichste, das vielfältigste, das wichtigste, das tiefste und höchste Erzählwerk der Welt" (18). Ob ihr Nutzen größer ist als ihr Schaden, bleibt für R. Augstein dahingestellt.

Doch für Paul Schütz ist die Auseinandersetzung um die Bibel für unser Zeitalter nicht zu Ende gekommen, sie hat sich nur *in tiefere Erkenntnisschichten zurückverlegt*. Die Beschäftigung mit der

Bibel kann nicht Literatur- und Bibelfreunden zum ästhetischen oder religiösen Genügen überlassen bleiben. Denn *der Verzicht, den Maßstab überhaupt im Evangelium zu suchen*, stellt die Frage des Maßstabs mit neuer Dringlichkeit. Unsere *pragmatische Zivilisation* möchte glauben, daß Weltveränderung zum Wohl des Menschen allein aus der Abwägung von Nutzen und Schaden gelinge. Doch wenn *kein Maßstab mehr vorhanden ist außerhalb des Systems der Zwecke*, dann wird unsere kleine Welt sich unentwegt Orwell's „Farm der Tiere" und „1984" anverwandeln. Aus solcher Perspektive wird die intensive Beschäftigung mit der Bibel zu einer Frage des Überlebens für den Menschen unserer Zeit.

Doch die Bibel leistet unserem manipulativen Verstehen harten Widerstand. Sie ist *Stein des Anstoßes im breiigen Milieu unserer Einheitswelt* — und das von Anfang an. Sie selber berichtet von *Befremden, Zumutung und Zweifel* bei Freund und Feind. Die Propheten widersprechen dem Unverfügbaren, der sie gehen und reden heißt. Die Jünger zagen und zaudern dem Ungeglaubten gegenüber selbst in den Auferstehungsberichten. *Christus ist nicht ideologisierbar.* „Er steht quer zu allen Archetypen" (J. Goldbrunner) der menschlichen Erlösungsvorstellungen.

Der Atomphysiker C. F. von Weizsäcker nennt darum in seiner Rede in der Paulskirche das Neue Testament „das revolutionärste Buch, das wir besitzen". Es sei noch nicht erschöpft. *Das Revolutionäre sitzt dort, wo es noch nicht in die Säkularität hinein verbraucht ist.* Paul Schütz will *das Unersetzbare der biblischen Wortschöpfungen noch einmal mit eigenem Munde zur Sprache bringen, es umwerben, mit Bild und Begriff aus der lebendigen Sprache der eigenen Zeit es umkreisen, es einbringen ohne Verlust an Wirkmacht.* Die Kunst des Bibellesens und -auslegens geht *nicht auf ein Verstehen der Wahrheit, sondern auf ein Sein in der Wahrheit. Der Weg geht vom Kult in die Existenz, vom Verstehen in das Es-selber-sein.*

Denn die Mitte des Evangeliums ist nicht Gott, sondern der Mensch: der Mensch in höchster Gefahr. Es geht im Evangelium um die Rettung des Menschen, denn er hat aufgehört eine Welt zu sein, die Schöpfungskrone, das Gottesbild, er ist ein Schrumpfmensch geworden.

Ein humanitäres, soziales, bürgerliches, kosmopolitisches Christentum bietet sich *wohlfeil* an, aber es vermag *die Welt in Not, die der Mensch als Kern seines Daseins empfindet*, nicht zu erreichen.

Das Evangelium will keine Sekte, keinen Kultverein, keine Religionsgemeinschaft. Der Gott des Evangeliums ruft den Menschen aus einer innerlichen, unwirklichen, geistigen, gedachten Welt heraus, er begegnet ihm mitten in Kampf und Geschrei, in Wirrsal und Irrtum, in Fluch und Schuld, Schweiß und Tränen dieses irdischen Kampflebens. Christus lebt unter den Toten, Kranken, Verlassenen, Verborgenen. Er ist der schicksalsinwendige Gott, der Mit-Kämpfer, der Mit-Leider, der Mit-Schuldner, der Mit-uns-Sterbende mitten in der weggelassenen Hemisphäre unserer Existenz. Diese Tabuhälfte des inneren Kosmos Mensch ist das Reich der Schmerzen, das sind die Labyrinthe des Leidens, die das Menschheitsgeschick durchlagern und zum Todesort führen. Da drin wird das Evangelium erfahren als ein Mit-ihm-Auferstehen, als ein Weg in die Freiheit.

Es gibt nur eine einzige Kraft im Evangelium, und das ist der Geist. Darum ist nicht eine eschatologische Beklagung des Weltzustandes das Gebot der Stunde, sondern die Bitte um den Geist. Da ist die „Fülle", da ist „pleroma", aus dem heraus das große „Sorget nicht!" der Bergpredigt in diese Welt der Sorge, der Planung und der Zwecke hineinströmt.

Wer sich auf das Evangelium einläßt, der stößt auf die christliche Hoffnung, die *Hoffnung auf das Unmögliche* ist, Hoffnung für die ganze Welt:

Unter dem Evangelium kannst du dich niemals als Einzelner verstehen, wenn du als Mensch angeredet wirst. In dir, in dem einen ist das Ebenbild anwesend. Das mußt du hören, wie durch dich hindurch Gott die ganze Schöpfung ruft. Du bist Mitträger der Weltmitte, du bist Mitträger des Ebenbildes. Du bist Zelle, und von der Zelle her baut er den neuen Himmel und die neue Erde auf. Zelle an Zelle, eine jede neu, eine jede Same des Reiches, eine jede eine Christuszelle. Der Griff nach dem Menschen ist der Griff Gottes nach dem Kern seiner Schöpfung. Ist der Kern gerettet, so ist auch die ganze Schöpfung mitgerettet. Nicht der Kosmos ist das Schicksal des Menschen, sondern der Mensch ist das Schicksal des Kosmos.

Aus solcher Hoffnung lebend *kämpfe, daß du niemals aufhörst ein Liebender zu sein.*

Dr. Hans F. Bürki

---

[1]) Aussagen von Paul Schütz sind kursiv gedruckt.
[2]) 1. und 2. Auflage 1940 im Verlag Hans von Hugo, 3. Auflage im Katzmann Verlag, 4. Auflage als Band I der Gesammmelten Werke 1966 im Furche Verlag, 5. Auflage 1972 als Sonderausgabe im Furche Verlag, 6. Auflage als Taschenbuch 1984 im Brendow Verlag.

Vorwort zur Gesamtausgabe

Von Fragen bedrängt, die noch ohne Antwort wie in der Luft standen, traf mich der Vorschlag des Furche-Verlags an, meine Gesammelten Werke herauszubringen.

Die Gegenwart des Ursprungs in Strom und Sturm dieser Zeit wiederzuerkennen war mein Anliegen gewesen und ist es geblieben, das aber in der Solidarität von Schuld und Glaube, Leid und Hoffnung mit der Generation, der ich angehöre.

Es ist zeitgenössische Mitverantwortung, aus der die hier gesammelten Schriften hervorgegangen sind.

Nicht Gesammelte Werke im Sinn einer historisch-kritischen Ausgabe werden hier vorgelegt. Diese Bemerkung erscheint überflüssig bei einem noch lebenden Autor. Sie ist es aber nicht in einer Zeit, die – geistesgeschichtlich – sich noch immer in den Denkbahnen des Historismus bewegt. Der Historismus gestattet es dem Leser, die Distanz des Zuschauers vorzugeben und in einem angeblich objektiven Standort sich der Selbstkritik im Jetzt und Hier einer solidarischen Existenz zu entziehen.

Aus ihr und für sie spricht der Autor. In solcher Verhaftung gründet nicht nur das Recht an seinem Text, sondern auch die Pflicht, an ihm zu arbeiten, solange er lebt.

Dem Autor und seinem Leser drohen heute aber noch weit größere Gefahren, die unmittelbar aus der Zeit entspringen. In diesem Zusammenhang gab mir ein Wort des Historikers Golo Mann zu denken. Nach ihm hat Deutschland im Wilhelminischen Zeitalter eine relative Freiheit genossen wie sonst noch zu keiner Zeit. Auch damals gab es herrschende Konventionen, wie es herrschende Schichten gab. Was war das Unterscheidende gegen unser Jahrhundert?

Es gab noch einen Freiraum damals, gleichsam Asyl für die Gegenmeinung. Man konnte noch leben auch in der Kontroverse. Der Freiraum war da. Im Jahrhundert der Weltkriege und der Weltrevolution und mit dem Verfügbarwerden eines technischen Instrumentariums zum Beherrschen der öffentlichen Meinung, wie es die Welt zuvor noch nicht kannte, ist eine neue Situation entstanden. Der Freiraum ist verschwunden. Die Allgegenwart des »Großen Bruders« hat begonnen. Eine Meinungsdiktatur ist entstanden, zum erstenmal während des Ersten Weltkrieges in der gegenseitigen »Feindpropaganda«, durch die die kämpfenden Fronten sich hermetisch gegeneinander abschlossen. Im Fortgang der Ereignisse ist diese Verfälschung des Bewußtseins zur Struktur des Jahrhunderts geworden. Dieser Vorgang findet seine Radikalisierung, ja, seine Ausweglosigkeit in der gleichzeitigen Verwissenschaftlichung unserer intellektuellen und gesellschaftlichen Existenz. Wissenschaft und Meinungsdiktatur verbinden sich miteinander. In dieser Verbindung spielt sich die Meinung durch Wissenschaft hoch, gewinnt die Wissenschaft Macht durch die Meinung. Mit der Waffe des politischen Rufmords vermag der Wissenschaftler heute seinen Gegner spielend zu erledigen, spielend, weil keiner es mehr merkt im Milieu der manipulierten Meinung, hüben wie drüben. Auch die Theologie bewegt sich heute – gerade als Wissenschaft – in diesem Sog des allgemeinen Bewußtseins, von dem sie sich ihre Maßstäbe suggerieren läßt, auch diejenigen, denen sie den einzigen Rückhalt ihrer Unabhängigkeit, die Bibel, unterwirft. In diese besondere Struktur der Zeit einzementiert, gewinnt mit der Totalitätsanfälligkeit der Wissenschaft im allgemeinen auch die theologische Wissenschaft einen gegen das 19. Jahrhundert neuen Zug, gerät auch sie mit der Wissenschaft kraft des allgemeinen Trends in jene »Landschaft des Verrats« (Margret Boveri), aus deren dialektischem Kreisel es keinen Ausweg mehr gibt, ist man einmal unter den Terror der sich zu Tode hassenden »Wahrheiten« geraten.

In der Abhängigkeit von den Strömungen der Zeit hört die Theologie auf, Theologie zu sein. Als Anthropologie oder Soziologie oder Politologie schlechthin läßt sie sich von der »mündigen« Welt vereinnahmen, die dieses Mitläufertum bis zu einem gewissen Grad durch Erfolg in der Massenwelt honoriert.

Von Anbeginn war die Freiheit das Geheimnis des Christen, aus dem heraus sein Weltdienst Heilsamkeit gewann. Mit dieser Freiheit steht und fällt christliche Existenz in der Zeit. Nur in der Unabhängigkeit bleibt ihr Besonderes, ihr »Salz«, ihr »Sauerteig«, ihr »Licht«, ihr »Stadt auf dem Berge sein« kräftig.

Worin nun aber besteht dieses Besondere? Auf dieses Besondere hin sind wir befragt. Alles andere ist uninteressant. Damit ist die Wahrheitsfrage unter den Zeichen der Zeit, dieser Zeit, von neuem gestellt.

Inmitten der Diktatur der Ideologien, des Zeit-Mythos, der Wissenschaftsreligion, der Mystifikation der Technik sind die in diesen Bänden niedergelegten Einsichten das ungesicherte Wagnis auf die *biblische* Quelle hin, »nullius in verbum – auf keines anderen Wort hin«. Wobei ich mich mit dem Trost des Apostels Paulus im Brief an seine Korinther (1. Kor. 4, 3 f.) getröstet sein lasse.

Söcking, im Herbst 1965   PAUL SCHÜTZ

Vorrede zur Sonderausgabe von 1972

I]

Die Entmächtigung der Bibel durch die Mächte der Zeit ist ein Kennzeichen unserer Geschichtsstunde geworden. Die Macht des Mythos, kraft dessen unsere Zeit an sich selbst glaubt, hat einen totalitären Zug. Deshalb muß die Bibel ein Buch sein wie alle anderen, ihr Christus ein Mensch wie alle anderen. Aber schon dämmert die Einsicht, daß hier etwas ausgelassen ist, das zur Existenz, ja zum Existenzgrund selbst gehört. »Sie nehmen uns das Universum« (Sartre) und täuschen uns mit Weltraumfahrten »Universum« vor. Die Fragmente setzen sich für das Ganze.

Auch in der Sprache darf nur noch vorkommen, was das Fragment ausdrückt; was praktikabel und was plausibel ist. Diese sterbende, weil auf das Fragment sich einengende Sprache ist die »Sprache unserer Zeit«. Sie bringt uns um das Ganze unseres Menschseins. Sie tyrannisiert die lebendige Sprache, die die Bibel spricht, und nennt das Reinigung. In ihr sind die Worte ausgemerzt, ja verpönt, in denen sich die Glut der Liebe, das Wagnis des Glaubens und die weltübersteigende Hoffnung der Propheten mitteilen. Die Sprache der Zeit ist nicht mehr seinshaltig. Was hier ausgeklammert wird, ist Sein, das in den technischen Weltraster nicht eingeht. Und weil sie nicht mehr seinshaltig ist, deshalb kommt der sagende Gott nicht mehr zur Sprache in ihr. Dessen Wort aber ist an den Menschen als ungeteilte Person gerichtet, als Person, die in einem undurchdringbaren Netz universaler Bezüge schwebt. In dieses bedrohte und bedrohende Ganze ging der Menschwerdende ein.

Menschwerdung des ewigen Wortes ist kein geistiges oder seelisches Geschehen. Sie ist Fleischwerdung und nimmt die ganze leibliche Welt mit hinein in das Heil, auch die Fragmente, auch die Kalküle der Kybernetik mitsamt ihren Folgen für Welt und Mensch.

II]

Worin besteht das Charakteristische der hier geübten Interpretation der Bibel? Sie besteht in einer doppelten coincidentia oppositorum: Dem Zusammenfallen erstens von Wort und Welt, zweitens im Zusammenfallen der mystischen und der historischen Zeit. In der Interpretation wird diese Spannung des Entgegengesetzten nicht aufgehoben, sondern kreativ.

Wie an einer Nahtstelle läuft die Interpretation an der Grenze entlang, in der sich *Wort und Welt*, biblische Aussage und menschliche Existenz berühren. Nur dort, wo der Funke des Verstehens überspringt in dieser Berührung, gewinnt das Vergangene Gegenwart in meinem Jetzt und Hier.

Diese coincidentia oppositorum ist das Kennzeichen: daß Auslegung der Bibel und Auslegung der Welt zusammenfallen. Auf diese Vergegenwärtigung im Moment der Berührung kommt es an. Alle Worte, Sätze, Stücke der Schrift, die nicht in diese Vergegenwärtigung eingehen, läßt der Interpret auf sich beruhen. Sie werden nicht für »unecht«, »zeitbedingt«, »vergangen« erklärt. Wie in eine Bereitschaftsstellung treten sie zurück. Das Wahrheitskalkül der historischen Kritik hat seine Dringlichkeit verloren. Das Vergangene zu objektivieren, ist gar nicht möglich. Niemand von uns war dabei. Alles steht darauf, soweit Schrift Macht der Vergegenwärtigung hat: sich meiner Existenz als »Geist und Kraft«, als Welterkenntnis und Daseinsbewältigung mitzuteilen.

Rudolf Bultmann, der aus der Endphase des Historismus noch in unsere Zeit hineinragt, konnte mit Recht sagen, daß Theologie eine Wissenschaft nur als historische Disziplin sein könne. Theologie aber ist mehr als Wissenschaft. Der Historismus lebte von der These, daß man wissen könne, »wie es eigentlich gewesen«. Unter diesem Anspruch entglitt uns das Geheimnis des Lebens, das in und hinter dem philologischen Buchstaben verborgen war. Hinter den Echtheits- und Quellenfragen, die eine ganze Generation so leidenschaftlich fasziniert hatten, stand ein Wahrheitsbegriff, der von der Naturwissenschaft, allgemein gesprochen, von der empirischen Wissenschaftsidee bestimmt war. Die Entmythologisierung zog dann den endgültigen Schlußstrich, mit dem der wissenschaftliche Wahrheitsbegriff das Geheimnis des Glaubens an ein spätrationalistisches Weltbild preisgab.

Daß im Evangelium ein kreatives Leben verborgen sei, das jetzt und hier Gegenwart ist, ein Leben, dessen Wesen Anwesenheit ist, das Vergangenheit aufhebt und uns in Gleichzeitigkeit mit den ersten Christen versetzt, diese Teilgabe an Existenz konnte Wissenschaft, zuallerletzt ein anmaßendes Wissen von Vergangenem, nicht vermitteln. Nur in dieser präsentischen Berührung von Wort und Welt entsteht jenes Leben, das das Geheimnis des christlichen Glaubens ist. Glaube als Vergegenwärtigung hat natürlich ein subjektives Moment. Es ist ein Ich, das ein Außen interpretiert und ein

Ich, das Existenzmitteilung von einem Draußen her empfängt. Beides, »Wort« und »Welt«, sind uns von draußen her vorgegeben. Die Gegenwärtigkeit ihres Jetzt und Hier gewinnen sie erst in mir. Unsere Erfahrung in ein Subjektives und ein Objektives aufzuspalten, ist nicht mehr möglich. Von der modernen Physik wissen wir, daß es selbst das exakteste Experiment ohne Subjektivität nicht gibt.

Das Gleiche gilt von der Zeit. Zeit ist zugleich ein Subjektives und ein Objektives. Die Gleichzeitigkeit von Einst und Jetzt im Glauben setzt ein neues Zeitverständnis voraus. Nur Vergangenes kann man wissen. Nur als Geschehen, als factum est, kann es Gegenstand des Wissens sein. Unser Geschlecht ist unkritisch der eigenen Wissensanmaßung, dem rationalen Dünkel seiner Bemächtigung der dinglichen Welt gegenüber. Wenn im Wissen Macht ist, so ist im Glauben Heil. Die Macht ist des Heils bedürftig, das Wissen des Glaubens.

Zwischen Glauben und Wissen besteht ein erkenntnistheoretisches Problem. Im Wissen ist eine Zeitvorstellung absolut gesetzt, die in Wahrheit durch und durch relativ ist. Glauben und Wissen widerstreiten einander nur dort, wo sie sich absolut setzen. Es liegt viel am Nachweis, daß keiner von beiden für sich allein und gegen den anderen »recht« hat. Dieses »Für sich allein« gibt es nicht. Alles hängt mit allem zusammen. Auch Glaube ist in einem ganz eminenten Sinn Denken. Wissen und Glauben setzen sich kritisch im Raum der endlichen Dinge gegenseitig in Schranken. Jede einseitige Absolutsetzung beraubt uns unserer Freiheit. Freiheit aber ist für menschliche Existenz unabdingbar.

Der Glaube übt an der Zeitvorstellung des Wissens Kritik. Denn auch die Zeit ist eine relative Größe.

III]
Wie sieht die Zeitform des Wissens aus? Sie ist historische Zeit, Zeit, die »verläuft« in Vergangenheit – Gegenwart – Zukunft. Sie ist in strengem Sinn des Sprachgebrauchs *vergehende* Zeit. Sie ist das, was wir eigentlich Zeit nennen, wenn wir sagen: »Unsere Zeit«, »wie schnell vergeht die Zeit«, »ich habe keine Zeit«. Sie ist die Zeit, in der wir die Freizeit mit Hilfe von Zeitvertreib vertreiben, in der wir Geld verdienen, Erfolge haben. Sie ist die Zeit, in der unsere Wissenschaft, unsere Politiker und Manager, aber auch unsere Arbeiter und Hausfrauen ihre Arbeit verrichten. Sie ist die Zeit unseres Konsumierens und Produzierens, sie heißt Tempo, Computer, sie ist die tyrannische Zeit, die uns hetzt mit Aktion und Diskussion, mit ihrem

Leistungsdruck und ihrer Erfolgsmoral. Wir wollen die Ursachen aller nur möglichen Wirkungen sein und werden in diesem Prozeß zu Sklaven der Wirkungen, die wir verursachen wollen. Da herrscht Ehrgeiz und Ruhmsucht. Zeit ist ein Energieprozeß. Zeit ist Hölle, wenn es nichts anderes als einsinnige, progressive Zeit der Wissenswelt ist. Aus dieser Wissenswelt haben wir Gott hinaus eskamotiert. Ist uns klar dabei, daß wir damit den einzigen Bezugspunkt verloren haben, der im Sturmlauf der vergehenden Zeit uns *ruhende* Zeit zuschafft, ruhende Zeit als heilende Energie? Entgegengesetzt dem Energieprozeß der vergehenden Zeit, ruhende Zeit, die Unabhängigkeit bedeutet vom Machen und Gemachtwerden; in der selbst unsere Einsamkeit, unser Verlassensein, von allen und allem ein »Ruhen in Gott« sein kann? Ist es nicht eine selbstmörderische Vermessenheit zu wähnen, man könne der ruhenden Zeit als kreative Energie im Prozeß des Entstehens und Vergehens entraten? Der in den Riesenapparaturen der vollkommensten Gesellschaft Vergessene, Verlorene, Namenlose, der Mensch ohne Vergangenheit und ohne Zukunft ist in der ruhenden Zeit von der ewigen Liebe beachtet, in ihr aufgehoben und von ihr geliebt.

Daß es diese Zeit gibt, daß sie lebenstiftende Energie ist, davon haben die Menschen zu allen Zeiten gewußt: in Versenkung und Betrachtung, in Gebet und Meditation. Die Wahrheit, um die es hier geht, ist gegenwärtig zu jedem Zeitpunkt der vergehenden Zeit. Es geht um Wahrheit, die man nicht nur versteht. Dieses Verstehen von Wahrheit geschieht in der objektiven, kausalen Zeit wie alles Wissen. Es geht um das *Sein* in der Wahrheit. Das geschieht in der ruhenden Zeit. Den Kirchenvater Hieronymus frug ein Spötter, ob die Gäste auf der Hochzeit zu Kana den Wein, den Christus aus dem Wasser in den sechs steinernen Reinigungsfässern gemacht hatte, ausgetrunken hätten. Das ist die Zeit, in der die historische Kritik fragt, in der man nach Ursachen und Wirkungen fragt. Die Antwort aber, die Hieronymus gibt, ist aus der Erfahrung einer anderen Zeitform heraus getan. »Nein!« antwortete Hieronymus, »wir trinken heute noch davon«. »Heute noch!« Das ist die ruhende Zeit, die der Glaube nicht denkt, sondern die er lebt. Es ist dieselbe Zeit, von der Luther sagen kann, daß in ihr unser Tod und unsere Auferstehung mit Tod und Auferstehung von Christus »ein Ding« sei. In der ruhenden Zeit des Glaubens kommt das, was in der vergehenden Zeit der Wissenschaft, auch der theologischen, auseinanderfällt, »auf einen Haufen« (Luther).

Es ist das Unglück, daß wir uns der vergehenden Zeit, ihrem Tempo, ihrem erbarmungslosen Gesetz von Ursache und Wirkung ausgeliefert haben, ja per Wissenschaft und Politik, ein Dogma, eine Moral aus dieser Zeit gemacht haben. Über dem Fortschrittsdenken, in dem der Zwangslauf dieses pragmatischen Zeitbegriffes über uns Herr geworden ist, ist uns die Wirklichkeit aus den Augen gekommen. Nämlich daß die Bewegung des Vergehens in der vergehenden Zeit nicht nur Fortschritt, sondern auch Rückschritt, nicht nur Aufstieg, sondern auch Absturz, nicht nur Leben, sondern auch Tod ist. Man kann nicht leben ohne die ruhende Zeit, die Schwebekraft inmitten der Auf- und Abstürze hat, in der »Mitte« sich unaufhörlich von neuem investiert inmitten der rabiaten Fliehkräfte unseres täglichen Triebwerks zu den Rändern hin.

Beide Weisen, in der Zeit zu sein, sind in Wirklichkeit ein und dieselbe Weise, in der Welt zu sein. Es ist eine kreative Spannung, in die hinein ausgesetzt zu sein, bewirkt, daß wir Menschen sind. Wo diese Spannung zwischen den Zeiten nachläßt, ist der Mensch in seinem Wesen in Gefahr.

Wenn der Mensch heute von einer inneren Katastrophe bedroht ist, so hat sein gleichzeitiger Verlust der ruhenden Zeit bei steigender Übermacht der vergehenden Zeit daran einen entscheidenden Anteil.

Söcking, im April 1972   Paul Schütz

Die Kunst des Bibellesens

*Verlust und Wiedergewinnung
des biblischen Maßstabes*

WOLFGANG ESSEN ZUGEEIGNET
27. MAI 1963

Vorwort zur ersten Auflage

Kunst – das will in diesem Zusammenhang auf die Schwierigkeit hinweisen, die das Lesen der Bibel für uns Heutige hat.

Für Luther war die Bibel noch so einfach, daß sie auch den Kindern offenstand.

Wie sich das Blatt gewendet hat, zeigt ein Wort Nietzsches an. Er meint, wenn Gott in der Bibel zu den Menschen rede, dann müsse er auch so klar reden, daß man ihn verstehen könne. Was wir heute an der Bibel erfahren, ist das Gegenteil. Die Schwierigkeit, sie zu verstehen als das göttliche Wort an uns, das ist die besondere Erfahrung unseres Geschlechtes an der Bibel geworden.

Es könnte sein, daß wir dank dieser Schwierigkeit der Wahrheit dieses Wortes näher sind als irgendein Geschlecht vor uns. Es könnte sein, daß diese Schwierigkeit zu diesem Wort gehört, daß sie ein Merkzeichen dessen ist, daß hier nicht wir es sind, daß hier nicht der Mensch es ist, der redet. Es könnte sein, daß die Erfahrung dieser Schwierigkeit ein Geschenk ist. Ich sage, es könnte sein! Es ist ein Wagnis. Und auf dieses Wagnis hin möchte ich es jetzt ankommen lassen.

Ich glaube nicht, daß uns Heutigen der Bibel gegenüber noch eine andere Möglichkeit besteht.

Der Leser ist eingeladen, auf diesen Versuch, von dem nicht sicher ist, wie er ausgeht, über die folgenden Blätter gebeugt, sich einzulassen.

Im April 1964

Erstveröffentlichung in der Reihe der »Stundenbücher«, Furche-Verlag 1964

I - Die Kunst des Bibellesens

1] Die Entmächtigung der Bibel

*Die Entmächtigung der Bibel
durch die Tradition*

Der Kampf um die Bibel ist heute an einem kritischen Punkt erster Ordnung angelangt. Wenn wir ehrlich sind, so müssen wir uns gestehen, daß dieser Kampf zu ihren Ungunsten bereits entschieden ist.

Die Bibel wird heute »sowohl ihrer Entstehung als auch ihrem Inhalt nach als ein geschichtliches Buch wie andere verstanden«. Seit zweihundert Jahren sei dieses umstürzende Verständnis der Bibel zu einer Selbstverständlichkeit geworden. Auch die kirchliche Theologie entziehe sich dieser Selbstverständlichkeit nicht mehr. So äußert sich ein namhafter Theologe unserer Zeit. Und niemand widerspricht ihm. Es ist eine Selbstverständlichkeit geworden.

Damit ist die Bibel ihres Ranges verlustig gegangen. Sie hat den Charakter der Offenbarungsquelle verloren. Sie ist ein profanes Buch »wie andere Bücher auch«.

Dieses Verständnis der Bibel ist in der Tat umstürzend. Es ist so umstürzend in seiner Folgenschwere, daß es die Christenheit – wie in instinktiver Abwehr – gar nicht voll in ihr Bewußtsein eindringen läßt. Es ist da so ein Tun unter uns, als ob die Bibel noch wäre, was sie war. Faktisch-praktisch aber ist in der Christenheit ein Leben ohne sie lautlos in allgemeine Übung gekommen. Faktisch-praktisch haben auch die Kirchen ihre Normen und Kriterien unversehens aus den Konventionen der modernen Daseinsform genommen: In der totalen Weltlichkeit unserer Zeit kann die Bibel nur als ein Buch »wie alle anderen« vorkommen.

Diese Feststellung enthält eine Vereinfachung, die der Situation nicht gerecht wird. Es gibt das ›Problem Bibel‹ noch immer. Die ›Schlacht um die Bibel‹ ist nur scheinbar zum Stillstand gekommen. Sie hat sich in tiefere Erkenntnisschichten zurückverlegt.

Schrift und Tradition. Am 14. November 1963, in der ersten Sessio des Konzils, stand das Schema »Über die Quellen der Offenbarung« zur Verhandlung.

Die außerordentliche Bedeutung dieses Gegenstandes trat sogleich zutage. Die Diskussion zeigte einen kritischen Punkt erster Ordnung an. Der Papst stellte das Schema zurück. Das war in der Sache begründet, zuerst im Blick auf die innere Situation der römischen Kirche; denn mit der Frage nach der Schrift war die Frage der Autorität berührt. Dann aber auch im Blick auf die Ökumene der Christenheit. Die Frage nach der Bibel hat Ausstrahlung über das Konzil hinaus auf die ganze Christenheit. Die Formel, die man inzwischen fand, »sola scriptura in ore ecclesiae« – »allein die Schrift im Munde der Kirche« – spiegelt diese ökumenische Bedeutung mitsamt ihrer Problematik wider. Es stellt sich mit dieser Formel sogleich die Frage ein: Was ist das, die Kirche?

Das zentrale Thema der zweiten Sessio war die Kirche. Der evangelische Christ sucht die Gründe zu verstehen, die es ermöglichten, ohne Vorklärung der Offenbarungsautorität Verbindliches über die

Kirche auszusagen. Bietet die Tradition die Kriterien dar? Ist es etwa so, daß jenes »allein die Schrift« nur theoretisch gilt, faktisch-praktisch aber die Tradition den Vorrang hat?

Wie aber sieht die Tradition aus, was für Kräfte werden in ihr sich in den Vordergrund spielen, wenn die Schrift faktisch-praktisch hintan steht? Besteht nicht die Gefahr, daß die »Zeit« und ihre »Gegebenheiten« das »Wort Gottes« überspielen? In den urchristlichen Zeugnissen ist die Gottesgemeinde ein dynamisches Geschehen, mit dem die Endphase der Geschichte begonnen hat. Muß Kirche, wie auch immer in der Zeit, nicht dieses prophetische Element enthalten?

Was bleibt da, wo die Gesamtgeschichte nicht mehr als Heilsgeschichte erkannt ist, übrig als Ethizismus (die »Liebe«), als Humanität (der »Friede«)?

Was unterscheidet dann diese säkulare Figur von Christentum von einem idealistischen Atheismus?

Was ist mit der Wahrheit, die es in der Welt nicht ohne Kampf, nicht ohne Mut, zu verwunden und Verwundung zu empfangen, gibt? Ist sie bereits untergepflügt von dem großen Planierbagger unserer pragmatischen Zivilisation?

Dies sind die Fragen, die ich meinen Leser bitte, in seinem Ohr dulden zu wollen, wenn er im folgenden Abschnitt mit mir über die Entmächtigung der Bibel nachdenkt.

In welchem Ausmaß sich das »Problem Bibel« bereits geschärft hat, möchte ich an einigen Beispielen unserer besonderen Verlegenheit mit ihr sichtbar machen. Sie ist weltweit. Die Beispiele sind sowohl dem römischen wie dem protestantischen Bereich entnommen.

Es geht zuerst um die Reaktion der Öffentlichkeit auf Hochhuths »Stellvertreter«, sodann um den Brief des Kardinals Montini, des jetzigen Papstes Paul VI., zu diesem Thema und schließlich um die Enzyklika Papst Johannes' XXIII. »Pacem in terris«. An allen drei Beispielen soll gezeigt werden, wie praktisch-faktisch ein Verzicht auf die Bibel als Ort des gültigen Maßstabes erfolgt ist und wie Kriterien über die Bibel mächtig geworden sind, die sie einem menschlichen Maßstab unterwerfen. Alle drei Beispiele liegen im Bereich der römisch-katholischen Kirche. Im anschließenden Kapitel über die Bibelkritik werden wir uns der Situation im eigenen, dem protestantischen Bereich gegenüberfinden. Hier bekommt die Entmächtigung der Bibel das Gewicht wissenschaftlichen Anspruchs.

Die öffentliche Meinung zum »Stellvertreter«. Die Diskussion um Hochhuths Drama »Der Stellvertreter« setzt jenen Verzicht voraus. Das geschieht unwissentlich, schon wie selbstverständlich. Und gerade darin liegt die Beweiskraft. Die Vermutung liegt nahe, daß die Bibel bereits aus dem öffentlichen Bewußtsein entschwunden ist und dort, wo wir Christen unsere Urteile bilden und dann unsere Entscheidungen treffen, nicht mehr vorgefunden wird, daß also bereits andere »Selbstverständlichkeiten« bestimmend wurden.

Die öffentliche Meinung, wie sie sich in Leserbriefen, Besprechungen, Diskussionen im Blick auf den »Stellvertreter« spiegelt, war auffallend einhellig. Die Zeitgenossen fragen sich: Hätte ein päpstlicher Protest gegen die Judenverfolgungen durch die nationalsozialistische Herrschaft genützt oder geschadet? Und wem hätte er genutzt oder geschadet? Dies ist die Waage, auf die die Gewichte von allen Seiten geworfen, wieder heruntergenommen, gegeneinander ausgewechselt werden. Es versteht sich, daß auf diesem Weg kein Urteil gewonnen werden kann. Die Entscheidung hätte nur im Wagnis selbst fallen können. Dieses Wagnis ist aber nicht geschehen. Daß es nicht geschehen ist, ist das einzige Faktum, an dem nicht zu deuten ist. Es zeigt, aus welchem Manko das Problem sich erhob.

Man kann sagen, daß dieses Schweigen eine Tat hoher staatsmännischer Weisheit der verantwortlichen Führung der römischen Weltkirche war. Man kann sagen, ein Protest hätte den Juden nichts genützt, den Gläubigen nur geschadet. Dann aber ist die »Erfolgschance« die Angel, in der sich die ganze Diskussion dreht.[1]

Noch der *Kardinal Montini* hat in einem Brief zum »Stellvertreter«, den er vor seiner Wahl zum Papst geschrieben hat, diesen Maßstab von Nutzen und Schaden als den entscheidenden bezeichnet. Er hat auf die Wirklichkeit – sprich: die »Folgen« – verwiesen, der gegenüber die weltfernen Abstraktionen eines jungen Theaterliteraten Anmaßungen darstellten.

Der Brief des damaligen Kardinals Montini ist an die englische katholische Zeitschrift »The Tablet« gerichtet.[2] Er sieht den Irrtum Hochhuths darin, »die Möglichkeiten eines wirksamen und verantwortlichen Eingreifens während jener furchtbaren Zeit des Krieges und nazistischer Übermacht mit dem Maß dessen zu messen, was man unter normalen Bedingungen hätte tun können... Eine Haltung der Verdammung wäre nicht nur unnütz, sondern schädlich gewesen. Das ist alles!« Den Grund für das Fehlurteil Hochhuths sieht Montini in einem »ungenügenden psychologischen, politischen und historischen Eindringen in die Wirklichkeit«. So zu denken mag jeder Staatsraison – und, wenn es so etwas gibt, auch der Kirchenraison – zugebilligt werden. Was »Raison« heißt, gebunden in die Verkettung der Zwecke, an die Abwägung von Nutzen und Schaden unter einem Risiko, das kaum in einer anderen Situation der Geschichte höher sein konnte als unter dem Hitlerregime – das wird niemand leugnen, der die Zeit miterlebt hat. Das Wagnis war nicht ausmeßbar, die Verantwortung demgemäß.

Woher auch immer die Gründe stammen – *aus der Bibel stammen sie nicht.*

Während ich diesen Satz schreibe, bemerke ich die kahle Lächerlichkeit, die ihm eignet, wenn er in einer Zeit wie der unsrigen ausgesprochen wird. Was soll dieses Argument in der Welt »der rauhen Tatsachen«? Man kommt sich bei dem Gedanken, daß der Maßstab im Evangelium zu suchen sei, wie ein weltferner Phantast vor.

Der Verzicht ist offenkundig. Woher aber kommen dann die Maßstäbe? Was ist in das Vakuum dieses Verzichtes getreten?

Die Kriterien entstammen dem pragmatischen Weltbild der Zeit. Wo nach Nutzen oder Schaden gefragt und diese Frage aus einem »genügenden Eindringen« in die »Wirklichkeit« beantwortet wird, da hat man sich den Konventionen unterworfen, die im Weltbild des Pragmatismus gültig sind. Bis zu diesem Punkt kommt die autoritative Stimme eines Kardinals mit dem Chor der Laienurteile überein.

Sollte das die Folge sein, daß man da, wo stillschweigend auf die Bibel Verzicht geleistet ist, aus dem Geist der Zeit urteilen muß?

Nicht nur die öffentliche Meinung, der Verfasser des »Stellvertreters« selbst operiert auf der pragmatischen Ebene: Er glaubt an den Nutzen eines päpstlichen Protestes. Hier befinden sich der Autor und seine Kritiker in einer stupenden Einmütigkeit.

Aber eben – das Wagnis ist nicht geschehen. Die Frage, ob Nutzen oder Schaden, bleibt in der Schwebe zwischen Meinung und Gegenmeinung hängen. Pragmatisch gesehen, liegt die Entscheidung immer nur in der Wirkung. Und diese Wirkung bleibt gemessen an ihrem Zweck. Der aber kann nur Nutzen oder Schaden heißen. Wessen Nutzen und wessen Schaden? Hier kommt zutage, daß es pragmatisch letzten Endes nur Scheinlösungen gibt. Es ist kein Maßstab mehr vorhanden außerhalb des Systems der Zwecke.

Auf der pragmatischen Ebene wird immer Argument gegen Argument stehen. Die Historie bleibt der Ort der Skepsis und der Relativitäten. Und im Psychologisieren sind wir endgültig den Subjektivismen ausgeliefert. Auf allen diesen Wegen umgehen wir den Hauptpunkt, der, wie es scheint, dem Verfasser des Stückes selbst nicht klar vor Augen stand.

Niemand fragt: Wessen Stellvertreter? Es ist da ein Grundsätzliches, in dem der Stachel des Stückes sitzt. Aber auf diesen Hauptpunkt kann man nicht kommen, wenn man auf den Ort verzichtet, in dem das Maß- und Urbild des »Stellvertreters« aufbewahrt ist. Warum fragt niemand: *Wessen* Stellvertreter? Wir stellen diese Frage nicht und kommen auch hier deshalb nicht auf das Einfachste in der ganzen Sache, weil wir die Bibel praktisch-faktisch abgeschrieben haben.

Um dieses Fazit kommen wir nicht herum. Wie auch immer die Gründe für das unterlassene Handeln lauten mögen, eines ist gewiß: Die Unterlassung ist nicht an jenem Maßstab gemessen worden, der im Evangelium aufbewahrt ist. Das ist nur zu begreiflich; denn die Kriterien dieses Ursprungs entbehren des Gewichts im modernen Bewußtsein. Darum ja auch der heimliche Verzicht – mitten in der Kirche, unter den Gläubigen!

Nun also sind wir in den Umkreis des neuralgischen Punktes geraten, von dessen verstecktem Winkel die allgemeine Erregung ausgeht. Der Titel selbst ist es, der mit ausgestrecktem harten Zeigefinger auf den unausgesprochen anwesenden steinernen Gast hinzeigt. Auf Ihn Selbst, der – wie hinter der Wand versteckt – das Maß gibt, der das Maß *ist*, schweigend, Er Selbst, den der Papst *stellvertritt*.

»Stellvertreter« – das ist Anspruch des Hauptes der römischen Christenheit. Selbst ein so demütiger Papst wie Johannes XXIII. läßt in der Enzyklika »Pacem in terris« es so verlauten:

»Wir, die Wir auf Erden die Stelle Jesu Christi, des Welterlösers und des Urhebers des Friedens vertreten...«

Nun ist der Name gefallen. Und damit sind wir wieder bei dem gelandet, worauf wir allerseits verzichtet haben, bei dem einzigen Dokumentarium, das Ihn Selbst bezeugt, das Urbild des Stellvertreters.

Es ist eine überaus mißliche Lage, von so schwankendem Boden aus zu argumentieren, der kraft der Wissenschaft und des Weltbildes unserer Zeit seine Tragfähigkeit eingebüßt hat, wie der Verzicht bezeugt. Indes, wir haben keine andere Wahl. Der Anspruch des Stellvertreters Christi besteht. Er wird in der Christenheit durch die römische Religionspartei aufrechterhalten, und wir entkommen der Notwendigkeit nicht, nach Ihm Selbst zu fragen.

Mit dieser Frage sind wir an das Neue Testament gewiesen.

Man braucht dabei noch nicht einmal das Stichwort der Stellvertretung zum Ausgangspunkt zu machen. Der Anspruch auf das Hirtenamt genügt, um diesen Anspruch zunichte zu machen.

Im Johannesevangelium sagt Christus (10, 12 ff.) von sich: »Ich bin der gute Hirte. Der gute Hirte läßt sein Leben für die Schafe. Der Knecht aber, der nicht Hirte ist, dem die Schafe nicht gehören, sieht den Wolf kommen, verläßt die Schafe und flieht.«

Man kann einwenden, das Weltjudentum gehöre nicht zur Herde, die dem Papst anvertraut ist. Zur Gemeinde in Rom aber, deren Bischof der Papst ist, gehörten Juden, die getauft und Christen waren. Und da der Einbruch des Wolfes in die Herde geschah...? Wir wagen nicht weiter zu fragen. Wer wollte von sich sagen, daß er sich im Anblick des Wolfes wie der Erzhirte Christus verhalten hätte? Ich nicht. Wie gefährlich ist es, mit diesen großen Worten umzugehen! Sie sind wie mit Sprengstoff geladen, wenn man auf das Maß zurückgeht, das in der Bibel lebt. Da scheut man es, sich »Christ« zu nennen, geschweige denn »Stellvertreter«, ohne stellzuvertreten.

Aber da ist ein Anspruch, und dieser ist immer vor den anderen und für die anderen und von einem anderen her. Wo dieser Anspruch erhoben wird, da ist der Maßstab immer zugleich mitgesetzt. Wo vom Stellvertreter die Rede ist, da ist auch einer, dessen Stelle vertreten wird. Der vertreten wird, der ist das Maß. Der aber vertritt, muß sich selbst mit jedem Schritt an diesem Maß messen.

Wie lautet[3] die Antwort des Evangeliums auf die Frage, die uns hier quält?

Das Maß liegt bei dem Sich-Opfernden. Petrus hat ihn bekannt als den »Christos«, den Gesalbten, den Gotteskönig des Reichs (Mtth. 16, 16). Nun ist die Stunde reif, in der das Wort fällt: »Siehe, wir ziehen hinauf gen Jerusalem.« Zwei Geschehnisse werden im Zusammenhang mit dieser Ankündigung seines Opferganges berichtet.

Die Mutter von zweien seiner Jünger tritt an ihn heran mit der Bitte, beide im Reich mit ihm zusammen thronen zu lassen. Der Christus Jesus antwortet ihnen, sie wüßten nichts; sie sähen in die falsche Richtung. Die Ersten werden die Letzten sein. Keine Throne! Sondern Taufe mit Blut stehe denen bevor, die ihm folgten. So werde seine Taufe sein. Diese solle ihnen zuteil werden. Das zu sagen stehe ihm zu. Das von den Thronen nicht.

Das andere Geschehnis betrifft Petrus.

Nach Jerusalem hinauf? Wo die Machthaber sitzen, die geistlichen wie die weltlichen? Das ist das Ende. In diesem Augenblick ist der Schleier gefallen, der das Messiasantlitz des Menschensohns bedeckt gehalten hatte. Nach Jerusalem hinauf? Das bedeutet den Untergang des Herrn und aller Hoffnungen der Jünger auf das kommende Reich. Der groß aufgetane Weg wird in einer blutigen Sackgasse enden. Das darf, das kann nicht sein.

Petrus greift Jesus, führt ihn zur Seite. Liebe überströmt den Jünger. Weißt du denn nicht, was das bedeutet! Nie und nimmer geschehe dir das! Jesus aber bleibt stehen und kehrt sich gegen den Jünger: »Hebe dich hinter mich, Satan!«

Nichts da von Weisheit, Güte, Vernunft, Verantwortung. Hier geschieht Exorzismus. Das Menschliche bedenkt Petrus, das Göttliche nicht (Mtth. 16, 23).

Und dann, zu den Jüngern gewandt: »Wer mir nachfolgen will, der muß sich preisgeben und sein Kreuz auf sich nehmen.«

Das ist der Weg hinauf nach Jerusalem.

Es beginnen die Wochen des großen Ärgernisses. Erst war Petrus das Ärgernis für Christus. Jetzt wird Christus das Ärgernis für ihn, für alle (Mtth. 26, 31). »In dieser Nacht werdet ihr euch alle an mir ärgern. Der Hirte wird geschlagen, die Herde zerstreut werden.« Das scheint wider die Liebe und wider die Vernunft. So geht es in die Katastrophe. Aber Petrus hat Liebe, und Petrus hat Vernunft. Er wirft sich diesem Wahnsinn nochmals entgegen: »Ärgernis? Und wenn alle – ich nicht, niemals ich.«

Aber da kommt schon die Antwort. Von ganz weit her. Von einem anderen Land wie einem anderen Stern: Du weißt nichts. Du siehst in die verkehrte Richtung. Du weißt nicht einmal von dir selbst. »In dieser Nacht, ehe der Hahn kräht...!« »Nein, niemals! Und wenn ich mit dir sterben müßte, so will ich dich nicht verleugnen.« Und so auch alle anderen Jünger.

Der Hirte wurde geschlagen. Petrus verleugnete. Dreimal. Die Herde floh in alle Winde.

Es war noch Nacht. Das Lagerfeuer brannte schon niedriger. »Da hub er an, sich zu verfluchen: ›Ich kenne den Menschen nicht.‹« Es krähte ein Hahn. »Und er ging hinaus und weinte bitterlich.« Das war Petrus, der Fels, der wie auf einer Wippe schwankte beim ersten Sturm. Und auf den Er Selbst seine Kirche gründete. Das war nicht menschlich besorgt, das war göttlich gewagt.

Wir sind mitten im Raum, den die evangelischen Geschehnisse ausmessen. Dies ist das Maß.

Dies ist das Maß. Gott hat die Weisheit dieser Welt zur Torheit gemacht. Denn die Torheit Gottes ist weiser als die Weisheit der Menschen (1. Kor. 1, 20 ff.; 3, 19). Dies ist das Kriterium. Christus hat seine Gemeinde auf ein Ärgernis gegründet: auf das Ärgernis Petrus. Nicht deshalb, sondern trotzdem, trotz dieses schwankenden Felsens werden die Pforten der Hölle die Christusgemeinde nicht übermächtigen. So führt göttliche Torheit menschliche Weisheit ad absurdum. Dies ist ihr Weg, den sie jetzt bis zum Äußersten ausschreitet.

Es folgt das aller Voraussicht ins Gesicht Schlagende, jede Möglichkeit Höhnende, der jähe Widersinn jenes Überraschenden. Dazu das Geflüster der in die Verstecke Gescheuchten: Das glaube ich nicht. Das kann nicht sein. Das gibt es nicht. »Denn sie wußten die Schrift noch nicht, daß er auferstehen sollte.«

Dies ist das Letzte: Er Selbst steht am Rande des Sees. Der Fischzug ist getan, das Mahl beendet.

Und jetzt geschieht, daß er zum dritten Mal den Petrus fragt, ob er ihn liebhabe. Da verdüstert das Vergangene dem Jünger allen Sinn. »Du weißt alle Dinge. Alle, alle! Auch mein Vergangenes.« Und Jesus darauf: »Weide meine Schafe!« Und dann dies: »Du wirst einst alt sein. Dann wirst du deine Arme ausbreiten, ein anderer dich anziehen und dich hinführen, wohin du nicht willst. Und nun – folge mir!«

Noch einmal: Wir sind mitten im Raum, den die evangelischen Geschehnisse ausmessen. Dies ist das Maß. Und dies ist die Frage: ob wir den Maßstab haben, dieses Maß zu messen?

Oder – ob wir an ihm gemessen werden? Wie ist es möglich, daß man so redet, so denkt, so urteilt und folgenschwer handelt in der Christenheit, ohne das Evangelium zu befragen? Wir sind »Fleisch und Blut«, und wenn wir uns mit Fleisch und Blut besprechen, dann geschieht das in Nötigung unserer Schwachheit, unserer Petrusnatur.

Die Tradition als Chance der »menschlichen Weisheit«. Was hinter dieser Frage rumort, ist das ungeklärte Verhältnis von Schrift und Tradition. Hat die Schrift den Vorrang? Indes – ist sie nicht selbst schon Tradition? Und was heißt Tradition? Gültige Auslegung der Schrift? Fortführung der Offenbarung über die Schrift hinaus durch die Zeiten? Ist sie Schöpfung des pneuma? Kann sie neue Wahrheit verkünden, nicht wider, aber über die Schrift hinaus? Hier liegt Sprengstoff unter den Fundamenten.

Man kann der Kritik am *Montini-Brief* entgegenhalten, seine Argumentation ruhe auf tieferen Schichten kirchlicher Weisheit auf, als es der Pragmatismus unserer Zeit sei. Man denkt an die Naturrechtslehre oder den Vernunftglauben der Tradition. Dabei stimmt allerdings nachdenklich, daß hier die Tradition so lautlos in den Pragmatismus unseres technischen Zeitalters einmünden kann. Oder wäre etwa solches Einmünden charakteristisch für die Tradition?

Dann aber wäre der Feind im Rücken aufgetaucht. Wir müßten fragen, ob die Tradition in ihrer Entfernung von der Schrift lautlos etwas anderes geworden wäre, mit anderen Worten, ob sie etwa »Geist der Zeit« geworden wäre, der sein theologisches Kleid noch nicht abgeworfen hat – und dies (womöglich!) unter Berufung auf die Leitung durch den Heiligen Geist?

Die menschliche Weisheit in der Enzyklika »Pacem in terris«.[4] Wie verhalten sich in dieser Enzyklika Schrift und Tradition zueinander? Hier kann kein Zweifel bestehen, daß der Beweis mit den Hauptargumenten aus der Tradition geführt wird. Die Enzyklika stützt sich auf eine Fülle von Zitaten aus der Quelle der Tradition. Neunundfünfzig solcher Zitate stehen gegen vierzehn Bibelstellen. Vernunftglauben begründet vom Naturrecht aus in einer politischen Heilslehre einen politischen Weltfrieden. Eine Weltgemeinschaft der Staaten soll das universelle Allgemeinwohl kraft einer universalen

Autorität und in ihr den Weltfrieden sichern. Die Staatenlenker sollen keine Sorge und keine Mühe scheuen, bis endlich der Lauf der menschlichen Dinge mit der Vernunft des Menschen und der Würde der Person im Einklang steht.

Das ist eine Konzeption von Weltfrieden und Weltgemeinschaft, ja Weltregierung, die in der Luft liegt und des weltweiten Beifalls sicher ist.

Die »staatliche Gewalt« ist in der Lage, eine moralische »Ordnung des Gemeinwohls« zu verwirklichen (136. 137). Recht und Pflicht dazu sind in der vom Schöpfer geschaffenen Natur des Menschen begründet (1–5). Es ist die moralische Ordnung selbst, die es erheischt, daß eine »universale politische Gewalt« eingesetzt werde. Wie aber die »moralische Ordnung die staatliche Gewalt erfordert zur Förderung des Gemeinwohls im bürgerlichen Leben, so fordert sie auch, daß die staatliche Gewalt diese Aufgabe wirksam durchführen kann.«

Dies wird sich vollziehen nicht im »Umsturz«, sondern »stufenweise« in einer »Entwicklung« (162. 163). »Eine allgemeine politische Gewalt, deren Macht überall auf Erden Geltung haben soll«, muß zu einem »universalen Gemeinwohl« »auf dem ganzen Erdkreis« führen (138. 137).

Diesem Gedankengang werden von 172 Absätzen 165 gewidmet. Nur in den sieben des Schlusses ist vom »Friedensfürsten« selbst die Rede.

Tradition ist hier eine in sich ruhende Größe geworden. Aus einer rationalen Metaphysik, aus Naturrecht und Vernunftglauben ist ein selbständiger, in sich gefügter Weltentwurf entstanden, dem man den Glauben an Gott, den Schöpfer der Welt (1–7), und am Schluß den Glauben an die Weltvollendung durch ihn (166–172) nehmen kann, ohne daß eine Einbuße an Evidenz geschieht. Dieser Weltentwurf paßt sich ohne diesen theologischen Rahmen dem säkularen Milieu der Zeit geschmeidig ein. Das Naturrecht endet folgerichtig in einer umfassenden »rechtlichen und politischen Ordnung aller Völker auf der Welt«, die zu verwirklichen nicht nur Recht und Pflicht, sondern Möglichkeit des Menschen ist. Diese These ist es, die das Selbstverständnis der säkularen Humanitas in ihrem Kernanliegen trifft. Hier fühlt sie sich verstanden. Hier stimmt sie zu. Hier sitzt die Kraft dieses Dokuments. Es hat sie aus der Zeit selbst bezogen. Demgegenüber kann die Bemerkung am Schluß des Ganzen nicht mehr überzeugen, daß einer so hohen Aufgabe gegenüber auch der beste Mensch versagen müsse, wenn er sich auf die eigene Kraft verläßt (168). Warum noch dies Subsidium hintennach? War nicht zuvor mit starken Worten die »staatliche Gewalt« auf diese »gewaltige Aufgabe« hin angesprochen?

Es werden aus zwei Bibelstellen Bruchstücke angeführt (169. 170), die, ihres herben Kernes entkleidet, nicht farbloser sein können.

Es ist notwendig, diese Stellen genau zu lesen, um von dem Verhältnis, in dem sich hier Schrift und Tradition zueinander befinden, ein Bild zu bekommen.

Aus den vier Versen des zweiten Kapitels des Epheserbriefes sind nur die Anfangs- und die Schlußworte ausgewählt. »Er selbst ist ja unser Friede, er hat das Getrennte vereint, ... und so kam er, euch, den Fernen, wie auch den Nahen, den Frieden kundzutun.« Es ist ausgelassen, daß diese Friedensstiftung nicht der Menschheit, sondern der Christusgemeinde gilt, in der Heiden und Juden zu *einem* Christusmenschen umgeschaffen sind. Ferner ist ausgelassen, daß diese Stiftung der in der Gemeinde durch Blut mit Gott Versöhnten im Leibe des an das Kreuz Geschlagenen vollzogen wurde. Nur kraft dieser Auslassungen sind die Textreste auf einen Weltfriedensentwurf anwendbar, der durch »Wirksamkeit der politischen Gewalt« (133) aufgebaut wird.

War dieser Griff eines genialen Herzens in die Aktualität nicht erst dadurch möglich, daß die Tradition die Schrift überrundete und – in einer selbständig geführten politischen Philosophie – jenen heimlichen Verzicht zugunsten weltweiter Völkerideale realisierte?

Wie am Rande nur erscheint die Gestalt Jesu am Schluß der Enzyklika. Johannes XXIII. zitiert das Friedenswort aus den Abschiedsreden des Johannesevangeliums (14, 27), – aber nur mit der Hälfte. Er läßt Christus sagen: »Den Frieden hinterlasse ich euch, meinen Frieden gebe ich euch.« *Meinen* Frieden, sagt Christus. Daß es ein qualitativ anderer Friede als der politisch organisierte Völkerfriede ist, tritt nicht ins Gesichtsfeld, – deshalb nicht, weil die folgenden Sätze des Textes, die mit aufwühlender Radikalität das eigentümlich Christliche aussprechen, weggelassen sind. Dies aber fehlt im Zitat: »Nicht wie die Welt gibt, gebe ich euch. Das soll euer Herz nicht erschüttern und in Feigheit stürzen.« Gerade das *andere*, das ›nicht wie die Welt‹ fehlt: die göttliche Torheit, die das menschliche Herz entsetzt und bange macht. Denn wenige Zeilen weiter heißt es im Evangelium, es komme der »Fürst der Welt« und habe »keinen Teil an ihm«. Wie befremdend, wider alles Erwarten umwerfend ist das für unsere menschliche Weisheit!

Wie weit haben sich hier Schrift und Tradition voneinander entfernt! Als ob im Neuen Testament die Weissagung vom Widerchrist sich nicht unüberhörbar wiederholt! Er ist die zentrale Gestalt der Endphase der irdischen Geschichte in der urchristlichen Prophetie. Hier existiert ein Kriterium ersten Ranges zur Scheidung der Geister, wie gemünzt auf unsere Zeit. Aber im Angesicht dieser Provokation steigert sich unser Verzicht auf die Bibel zur leidenschaftlichen Abwehr. Müßten wir nicht bei uns selbst, den Christen, Züge des Widerchristen im eigenen Antlitz entdecken?

Was trifft genauer in die Wirklichkeit von Mensch und Welt, das, was an diesem Christuswort ausgewählt, oder das, was an ihm ausgelassen wurde? Und warum wurde so ausgewählt und so ausgelassen?

Ich antworte darauf nicht. Ich frage nur, um den Verzicht auf die Bibel in seiner ganzen Größe sichtbar zu machen.

Die Gewissensfrage an die Traditionalisten. Tradition ist Weg und Weise der Schrift, in den Zeiten zu dauern. Daß die Zeiten nicht den Ursprung fressen! Ihr Rachen ist unergründlich. Was durch diesen Rachen geht, vergeht. Die Zeit ist die Versuchung der Tradition: daß der Ursprung in ihr vergeht, anstatt zu immer neuer Gegenwart zu wachsen. Dies ist die Gewissensfrage an die Tradition: Was wurde in ihr mächtig, der Ursprung oder die Zeiten?

Gibt es überhaupt noch die Tradition als Weitergabe des Ursprungs per saecula saeculorum? Erscheint, wenn wir »Pacem in terris« lesen, die Tradition nicht lediglich als ein Klischee für die vollendete Einweltung des »christlichen Ereignisses«? Können die Zeiten den Ursprung vollkommener verschlingen, als es hier geschah? Die Zustimmung der Mitwelt war ein Plebiszit der reinen Weltlichkeit in allen seinen edelsten Ismen: Humanismus, Pazifismus, Sozialismus. Warum dann überhaupt noch Bibel?

Hier rächt sich der Verlust einer heilsgeschichtlichen Theologie, und zwar bei beiden, der römischen wie der protestantischen Christenheit.[5]

Die Entmächtigung der Bibel durch die Kritik

Die Säkularität des Zeitalters ist der Beziehungspunkt zwischen dogmatischem Traditionalismus und kritischem Historismus. Das Eisen ist heiß. Jedermann spürt das. Auch der Nichtchrist wittert, daß es im ›Problem Bibel‹ der Christenheit ans Leben geht. Gemessen wird sie auf jeden Fall: an ihrem gründenden Ursprung oder an der »Zeit«. In heimlichem Verzicht haben wir uns auf das Zeitgemäße eingelassen. Darum unsere Parteinahme für die Humanität, die Säkularität, die Enttheologisierung der Sprache. Das Maß ist die »Zeit«, ist das ihr, der Zeit, Gemäße. Hier sind wir jedenfalls des allgemeinen Beifalls sicher. Im Zeitalter der Massenherrschaft aber ist gerade das eine gravierende Sache.

Handelt es sich nicht gerade hier um den Raum, in dem die Ströme des Traditionalismus und des Historismus heute zusammenfließen, den Raum der Säkularität? Traditionalismus und Historismus berühren sich in der Tendenz, sich von der Schrift als Offenbarungsquelle unabhängig zu machen. Es geschieht dies bei beiden, bewußt und unbewußt, in einer Kunst des Weglassens. Was sich nicht einbringen läßt in »Welt« und »Zeit«, fällt – wie von selber – weg. Die Entleerung, die so entsteht, wird begründet durch wissenschaftliche Kritik, die Anpassung in einem Ethos der Weltfrömmigkeit.

Noch ist die Bewegung wie hinter der Schutzgalerie theologischer Begriffe gegen Einblick abgeschirmt. In römisch-katholischem Sprachgebrauch hieße dann die Einweltung der Schrift – »Tradition«, in protestantischem – »historische Kritik«.

In Sachen der entmächtigten Bibel tritt der Tradition jetzt die historische Kritik zur Seite. Der Spieß dreht sich jetzt um: Der Verzicht dort wird zum Angriff hier.

Wie ist es dazu gekommen?

Die Bedeutung des »Textes« in der Reformation und der lutherischen Orthodoxie. Die klassische Orthodoxie des Luthertums lehrte die wörtliche Inspiration der biblischen Texte. So war der Stand im siebzehnten Jahrhundert. In ihm ist die Folgeentwicklung im Keim schon angelegt.

Mit der Verbalinspiration war der Text in den Vordergrund getreten. Für die Entwicklung, die von der Reformation ausging, wurde der »Text« zum Gesetz, unter dem die protestantische Theologie angetreten ist. Bereits im Denken Luthers war dem Text gegenüber ein dogmatisches und kritisches Moment am Werk. Luthers Wort vom Jakobusbrief als der »strohernen Epistel« oder gewisse Vorbehalte der Johannesapokalypse gegenüber sind bekannt. Schon für Luther gab es die Frage, wo die Schrift »Gottes Wort« sei. Da, wo sie »Christum treibet«, lautete seine Antwort. Wie auch immer – die Reformation hatte den Text in die zentrale Blickrichtung der Theologie gerückt.

Im siebzehnten Jahrhundert stand beides nebeneinander: die klassische Lehre der lutherischen Orthodoxie von der wörtlichen Inspiration des Textes und die Anfänge der Aufklärung in England. Der Deismus verwarf die Offenbarung. Er gründete die Religion auf Vernunft und Natur. Hier war die Position erschienen, von der aus die Kritik am Text sich wie von selbst verstand. Über dem Thema des *Textes* begann die große Auseinandersetzung, die bis zum Tage noch läuft.

Die Bedeutung des Textes in der Aufklärung und der historischen Kritik. In der orthodoxen Lehre von der Wortinspiration war der Buchstabe des Textes zum Träger des Geistes geworden. Er hatte Offenbarungsqualität erlangt. Nicht diese Qualität verblieb ihm, aber er behielt bezeichnenderweise sein Gewicht, nun aber von der entgegengesetzten Seite her begründet: »Text« als ebenbürtiger Gegenstand der Wissenschaft. Er besaß den Objektcharakter, den die Wissenschaft braucht und der für die Kritik, wie ehemals für die Inspiration, den Ansatzpunkt bot. War der gleichsam dingliche Charakter, die dingliche Haftbarkeit des buchstäblichen Textes das erwünschte Objektivum für die Offenbarung gewesen, so jetzt die gleiche Dinglichkeit das erwünschte Objektivum für die Kritik. Auf dem Buchstaben, auf seinem »Naturalismus«, konnten die beiden aufsetzen. Dieser »Naturalismus des Buchstabens« war das humanistische Erbe der Reformation, in dem der Text sich als Gegenständlichkeit dem Historismus der Folgezeit darbot. Dieser Textcharakter war es, an dem die Forschung die exakten Methoden anwenden konnte, die in der Neuzeit im Vorangang der Naturwissenschaft für alle Wissenschaften zum klassischen Modell geworden waren.

Unmöglichkeit von »Offenbarung« im wissenschaftlichen Weltbild der Neuzeit. Das Zeitalter des sich selbst genugsamen Menschen begann nicht erst mit der Technik. Die Wurzel ist geistiger Natur. Sie liegt um Jahrhunderte voraus und wird zum ersten Male in der Renaissance sichtbar. Der mündige Mensch ging dem technischen Menschen voraus.

Der englische Deismus hatte bereits in großer Form alle Argumente vorausgenommen, die heute Epigonen wie Julian Huxley als Tagesmünze für den Atheismus der Massen in Umlauf setzen. Der Deismus ist in seiner Grundüberzeugung, daß innerhalb der gesamten Kausalwelt kein Ort mehr für »Gott« oder »Götter« vorhanden ist, noch nicht eingestandener Atheismus. Hier sitzt der neuzeitliche Ursprung für das Weltbild der Wissenschaft, die für sich auf Grund der wissenschaftlichen Wahrheit atheistischen Charakter einfordert.

In diesem Vorgang war und blieb das Modell der Naturwissenschaft von gemeinhin prägender Kraft für die Wahrheitsidee des neuen Weltbildes. Nach seinem Vorbild gestaltete sich auch die historische Wissenschaft. Auch sie forscht nach Ursache und Wirkung. Auch ihre Methode ist »exakt« kraft dieses Gefüges. Das Wirkliche ist hier erklärbar, die Wahrheit beweisbar. Beide Fronten, Naturforschung und Geschichtsforschung, vereinigten sich zu einem von Generation zu Generation an Kraft wachsenden Großangriff gegen die Bibel. Er wird getragen von der neuen Wahrheitsidee der Wissenschaft. Die Position der Orthodoxie mit ihrem Dogma von der wörtlichen Eingebung der Schrift durch den Heiligen Geist hat in einem sich selbst begründenden Daseinsgefüge keinen Ort mehr.

Der Ursprung der Leben-Jesu-Forschung. Der Begriff der Offenbarung ist in die Feuerlinie gekommen. In der Aufklärung gibt es eine Vernunftoffenbarung. Das Christentum ist Vernunftreligion geworden. Kant schreibt 1793 seine Schrift »Religion innerhalb der Grenzen der bloßen Vernunft«. Schon vorher hatte Lessing die sogenannten »Wolfenbütteler Fragmente« herausgegeben. Ihr Verfasser war der Hamburger Gelehrte Hermann Samuel Reimarus (1694–1768). Lessing hatte sie nach dem Tode von Reimarus veröffentlicht als »Fragmente eines Unbekannten«. Sie sind eine »Schutzschrift für die vernünftigen Verehrer Gottes.« Mit Schärfe und Kühnheit werden hier die Offenbarungsreligion und ihr Supranaturalismus bekämpft. In den Fragmenten 6 und 7 »Über die Auferstehungsgeschichte« und »Von dem Zwecke Jesu und seiner Jünger« heißt es, die Jünger hätten den Leichnam Jesu gestohlen und dann nach dem Fehlschlag der Messiashoffnung ein supranaturales Heilssystem geschaffen, das nichts mehr mit der schlichten Sittenlehre Jesu zu tun habe. Damit sprechen die »Fragmente« die entscheidende These aus, an der sich in den folgenden Jahrhunderten die jetzt einsetzende »Leben-Jesu-Forschung« immer neu entzündete. Es ist eine Unterscheidung, die Bibel gegen Bibel stellt und die Einheit der Heiligen Schrift aufspaltet. Diese Unterscheidung bezieht sich in ihrer ersten Gestalt auf einen Gegensatz zwischen der Lehre Jesu und der Lehre der Apostel über ihn. Schon hier sitzt der Keim zur Aufspaltung der geschichtlichen Personmitte des Evangeliums von Jesus Christus: in den »historischen Jesus« und den »Christus des Glaubens«.

Das ›Problem Bibel‹ im Horizont des Historismus. Die Schlacht um die Bibel war eröffnet. Sie war kein Fachanliegen, das sich im innertheologischen Raum erschöpfte. Sie geschah im offenen Horizont einer neuen Zeit, die vom selbstgenugsamen Menschen ihr Gesetz empfing, dessen Weltbild sich alle Kriterien der Wahrheit zumaß. So ist die Bibelfrage im Blick auf die entscheidenden Lösungsversuche nur ein Teil des Historismus, dessen Geschichtsentwurf, dem Weltbild des mündigen Menschen eingetragen, einen in sich geschlossenen, aus sich selbst erklärbaren Zusammenhang von Sein und Werden, von Sinn und Ziel der Geschichte zum Dogma erhebt. Die Verflechtung mit der allgemeinen Geistesgeschichte und die Namen der bedeutenden Männer, die Generation um Generation in dem neuen Erkenntnishorizont das Bibelproblem traktierten, zu behandeln, gehört nicht zum Gegenstand dieser Untersuchung. Sie bedarf aber dieses Jahrhunderthinweises auf die Tiefe, in welche die Wurzel dieses Geschehens hinabreicht, und auf den Zusammenhang, in dem sie mit dem allgemeinen Geschick des erkennenden Geistes steht.

Seine Brisanz hatte das Problem Bibel aus der radikalen Infragestellung ihrer Glaubwürdigkeit als Offenbarungsquelle empfangen. So führt die Frage nach dem, was die Bibel sei, immer wieder folgerichtig auf ihr Zentrum, auf die Person Jesu.

Wer war Jesus? Wer war der historische Jesus? Was läßt sich

historisch exakt darüber feststellen, wie es wirklich war? Geben die Texte eine solche Antwort her? Wer verfaßte sie? Sind sie echt? Ist es nötig, für eine solche Feststellung die gesamte historische Umwelt von Jesus, die jüdische wie die außerjüdische, mit heranzuziehen? Wie weit sind wir gekommen mit dem Versuch des Historismus? Wie weit hat sein wissenschaftlicher Anspruch Tragkraft gehabt im Blick auf die Frage, »wie es in Wirklichkeit war«? Ist sie überhaupt beantwortbar?

»Historischer Jesus« oder »Christus des Glaubens«? Es bedurfte der gelehrten Diskussion von anderthalb Jahrhunderten seit der Abfassung der Reimarusfragmente, bis eine Antwort auf die Frage der Leben-Jesu-Forschung nach dem »historischen Jesus« herangereift war.

Zwei bedeutende Repräsentanten der neutestamentlichen Kritik sind es gewesen, die auf der Schwelle zum zwanzigsten Jahrhundert das Fazit zogen und die Frage nach dem »historischen Jesus« mit Nein beantwortet haben: William Wrede (1897) und Albert Schweitzer (1913). Beide kommen zu dem Schluß, daß die Texte eine Antwort im wissenschaftlich qualifizierten Sinn der historischen Forschung nicht hergeben. »Vita Christi scribi nequit – Ein Leben Christi kann nicht geschrieben werden.« So Adolf von Harnack bereits 1874. Das war das Ende der Leben-Jesu-Forschung.

Die Erschütterung ist da, unmerkbar zuerst, aber nachhaltig.

Die Erhebung eines »Leben Jesu« im historischen Sinn eines »Wie es war« hatte sich als unmöglich erwiesen. Das Problem Bibel war mit dem Doppelaspekt »Jesus« oder »Christus« an einen kritischen Punkt vorgetrieben, in dem sich Entscheidungen zuspitzen mußten.

Wir sind damit zu dem Lösungsversuch vorgedrungen, der mit dem Namen *Rudolf Bultmanns* verbunden ist.

Der »formgeschichtliche« Lösungsversuch. Er enthält folgenden Entwurf. Die Texte ermöglichen nicht mehr die wissenschaftliche Rekonstruktion des Lebensganges des historischen Jesus. Sie setzen sich lediglich aus literarischen *Formen* zusammen, die aus dem Erlebnis eines Menschenkreises an einem Ereignis, an einer Person, entstanden sind. So sind die Evangelien nicht Protokolle, Dokumentarberichte, Denkmale eines pragmatisch durchschaubaren Zusammenhangs. Sie sind vielmehr Bekenntnis der gläubigen Gemeinde, Lobpreis, Huldigung, Werbung. Sie sind Spiegelungen im Bewußtsein der Gläubigen, Interpretationen vom Osterglauben her. So stellt sich jetzt vor den »historischen Jesus« der »Christus des Glaubens«. Er stellt sich vor ihn. Er scheint allein als das für die historische Kritik wissenschaftlich Erfaßbare noch da zu sein. Hinter den »geglaubten Christus« zurück gibt es keinen festen Griff für die Forschung.

Die Frage nach dem »Wesen des Christentums«. Gibt die kritische Methode die Möglichkeit, das, was durch sie selbst sich in so viel »Formen«, »Quellen«, »Teile«, »Stufen« zerlegt hat, wieder auf eine Mitte hin auszurichten? Gibt es diese Möglichkeit, ohne Aufgabe der kritischen Voraussetzung, ja, vielleicht sogar mit dem Ergebnis einer endgültigen Rechtfertigung der wissenschaftlichen Kritik?

Wo die Bibel »ein Buch wie alle anderen Bücher ist«, da ist es folgerichtig, einen Zugang zu ihr weder aus ihr selbst (die »Schrift«) noch von der Kirche her (die »Tradition«) zu suchen, sondern von dem Boden aus, auf dem wir mit der Bibel als einem Buch wie alle anderen stehen: von der Profanität her.

Es gibt eine Gemeinsamkeit von Theologie und Philosophie, die in der Gemeinsamkeit der denkenden Vernunft begründet und uns vorgegeben ist. Dies ist der Ausgangspunkt, den sich die Theologie von der Philosophie geben läßt.

Zur Interpretation des »Wortes Gottes« bedarf nach Rudolf Bultmann[6] der Glaube einer »leitenden Begrifflichkeit«. Diese aber »kann nur in der profanen Besinnung gewonnen werden, die das Geschäft *philosophischer Existenz-Analyse* ist«. Diese Analyse zeigt dem Menschen, »was Existenz heißt«.

In dieser Analyse kommt die Beziehung Mensch-Gott nicht vor. Sie ist aber »offen« für diese Beziehung. Der sich so verstehende Mensch kann, wenn er die Botschaft vom Kreuz hört, so betroffen, in dieser Botschaft sich als den Sünder verstehen, dem durch das Christusereignis die Liebe des vergebenden Gottes geoffenbart ist. Dies ist der Sinn des Christusgeschehens: die Beschaffung der »Gerechtigkeit« durch Gottes Tat, nicht durch des Menschen Werke.[7] Dies aber ist das Eigentliche, die Mitte des Evangeliums, das »gerecht allein aus Glauben« der Reformation.

Dies ist die Mitte. Alles andere kann nicht nur, alles andere muß fallen. Und dieses Fallen, dieses Freiräumen des Weges zum Kern des Evangeliums geschieht kraft der historischen Kritik. Vom »modernen Weltbild« aus hatte sich die Kritik gegen das »mythologische Weltbild der Bibel« erhoben. Sie ist es, diese Kritik wissenschaftlichen Charakters, die »dem Glauben den großen Dienst« leistet, »ihn zur radikalen Besinnung auf sein eigenes Wesen zurückzurufen.«[8] Und dies ist Glaube schlechthin, aller seiner Stützen aus Beweisgründen beraubt.

Die Kritik ermöglicht den Glauben in diesem seinem »Allein«. Und dieser »nackte« Glaube ist es, der die Kritik in ihrem Angriff auf das »Allein« der Schrift rechtfertigt. Der Glaube (das sola fide) ist es, der die Schrift (das sola scriptura) außer Kraft setzt – kraft des wissenschaftlichen Wahrheitskriteriums. Der nackte Glaube hat die Wissenschaft zur Kritik autorisiert. In seiner Weltlosigkeit gab er der Wissenschaft die Welt frei. Und die Wissenschaft legitimierte den Glauben in seinem nackten »Allein«. Je radikaler die Kritik, desto alleiniger der Glaube. Je alleiniger der Glaube, desto vollmächtiger die Kritik.[9]

Kraft des Weltverzichtes des Glaubens gewinnt die Welt Selbstmächtigkeit zurück. »Gerade für den Glauben wird die Welt profan und ihrer eigenen Gesetzlichkeit als das Arbeitsfeld des Menschen zurückgegeben.«[10]

Der Verzicht auf die Bibel war hier nicht mehr eine Verlegenheit. Er war eine Tugend geworden. Eine Tugend, deren Besitz noch obendrein die »Eigengesetzlichkeit der Welt« zu verdanken war. Daß hier wissenschaftliche Kritik und damit die Profanität das Kriterium lieferte, kam dem Selbst-Genügen und Selbst-Verstehen der Zeit entgegen.

Im Vorfeld der religiösen Humanität der Zeit. Wie sehr dieser Weg dem Wunschbild der Zeit entgegenkommt, spiegelt sich in dem Erfolg des englischen Bestsellers »Honest to God« des anglikanischen Bischofs John A. T. Robinson.[11]

Wenn man dieses Buch gelesen hat, so versteht man seinen Erfolg. Hier klingen die Haupttöne der Zeit auf.

Robinson bestätigt als die eigentliche Crux der Zeitgenossen den Gott des »mythologischen Weltbildes« der Bibel, den Gott »up there«, »out there«, »beyond«, »above«.

Er dankt der historischen Kritik die Abwendung dieser Crux. Er dankt sie ihr in einer doppelten Hinsicht.

Sie räumt das Hindernis aus dem Weg, das dem Menschen unserer Zeit einen Zugang zum reinen Glauben verschloß. Aber nicht nur das! Das zweite ebenso dringliche, ja noch stärker am Zentrum unserer neuen Weltfrömmigkeit gelegene Verdienst: Sie öffnet der Zeit endlich den Weg zu sich selbst, zum Zeitalter des »mündig gewordenen Menschen«, zur »eigenen Gesetzlichkeit« seiner Welt.

Da ist ein mächtiger Sog zur »Mitte Mensch« hin. Es ist das, was der Dichter Rudolf Binding schon nach dem ersten Weltkrieg offen aussprach, nämlich, daß es die höchste Sehnsucht des modernen Menschen sei, in einer Welt ohne Gott leben zu können. Es ist dieselbe Haltung, die man in Abwandlung eines Bennschen Wortes »Gottlosigkeit als Glücksgefühl« nennen kann.

Nicht, als ob Robinson nicht spürte, wie hart der Trend solchem Wunschbild der Zeit zutreibt! Wie abwehrend geschieht sein Zitieren des Philosophen Julian Huxley, zugleich aber zu ihm hin – als dem Begleiter zur Linken – lauschend, in dessen Mund die Frage sich folgerichtig zur atheistischen Antwort hin artikuliert: Es ist die These von der Überflüssigkeit eines »außerweltlichen Gottes« in einem kausalen Welt-Quantum, das in seiner Erklärbarkeit heute dem Menschen bis in seinen letzten Winkel offensteht.

Das zentrale Anliegen Robinsons verrät sich dort, wo er »of man's coming in age« spricht.[12] »Der einzige Weg zur Aufrichtigkeit ist, zu erkennen, daß wir in der Welt leben müssen etsi deus non daretur – als ob es Gott ›hier‹ nicht gäbe.« Daß der Mensch heute in das Zeitalter seines Mannesalters eingetreten sei, ist für Robinson »ein gottgegebenes Faktum«.

Es ist bezeichnend für unser Verfallensein an das Milieu der Zeit, daß sich jegliche Selbstkritik wie automatisch abschaltet, wenn gewisse Formeln auftauchen, die dem Wunschbild des Zeitgemäßen entgegenkommen. So ist es mit dem Begriff des »mündig gewordenen Menschen« gegangen. Daß Mündig-sein unweigerlich verantwortlich und reif zum Gerichte sein heißt, ist zum »Unwunschbild« (Robert Musil) geworden. Damit ist eine biblische Grunddimension verlorengegangen: die heilsgeschichtliche.

Die mündige Menschheit – dies Wunschbild der Zeit ist mächtiger als Bischof Robinson. Wie das Wasser in einer Schleuse drückt es sein Schiff hoch. Es trägt seine Argumentation. Es wird zum Strom, der ihn fortträgt.

Das Urmaß ist der mündig gewordene Mensch. Es ist unmöglich, seiner Redlichkeit ein anderes Maß zuzumuten als dieses, das er selbst in sich selbst ist. Dies bleibt die Voraussetzung. In ihrer Grenze muß sich die »Transzendenz« Robinsons notwendig in einem »Dasein für andere« erschöpfen. Das Evangelium schrumpft ein auf die punktuelle Begegnung mit dem Nächsten (Gott in einem Telefongespräch »begegnen«). Hier ist einfach ausgelassen, daß die Gottesliebe das »vornehmste« Gebot und daß das »andere« ihm nur »gleich« ist (Mtth. 22, 30). Es ist das vornehmste, weil es keine Menschenliebe gibt, ohne daß die Gottesliebe »von ganzem Herzen, von ganzer Seele und der ganzen Kraft des Denkens«, also mit dem Einsatz unserer ganzen Existenz geübt, vorausging und ständig vorausgeht. Der Baum wird von unseren Säkularisten aus der Wurzel herausgehauen. Die »Frucht« allein hat Wert in unserem pragmatischen Zeitmilieu. Man nimmt von den Worten Bonhoeffers nur das, was in diesem Milieu »trägt« und »ankommt«. Die Gottesliebe ist auch für Bonhoeffer der »cantus firmus, zu dem die anderen Stimmen des Lebens als Kontrapunkte erklingen«. Er bittet den Empfänger seines Briefes (Widerstand und Ergebung, S. 192 f.), »den cantus firmus recht deutlich erklingen« zu lassen, denn »erst dann gibt es den vollen und ganzen Klang, und der Kontrapunkt weiß sich immer getragen, er kann nicht abgleiten...« Der Zusammenhang mit dem Ursprung ist lebensnotwendig, ob mit »Religion« oder »religionslos«, das ist dann gleichgültig.

Gleichen wir nicht den törichten Jungfrauen, die zwar Öl auf den Lampen hatten, nicht aber in den Gefäßen? Wir wollen Gott im Nächsten begegnen, haben zuvor getan, »als ob es ihn nicht gebe«, wollen ihm aber trotzdem im Nächsten »begegnen«. Die Gottesliebe geht der Menschenliebe voraus. Sie ist die Liebeswurzel selbst. Der religiöse Pragmatismus ist ein Atheismus, der nicht den Mut zu sich selber hat.

Die Entmächtigung der Bibel im Milieu der Zeit ist hier offenkundig.

Hier wird »Mündigkeit« zur Beliebigkeit, die heimlich das Unverbindliche in der »Tiefe« sucht. Es ist das Ende des Weges, auf dem die Subjektivität der Aufrichtigkeit zu Gott ihre letzte Auskunft finden muß. Dahin gelangt man, wenn der historische Jesus gegen den Christus des Glaubens eingetauscht ist.

In dieser Aufspaltung ist eine Dialektik im Schwange, die sich selbst aufhebt, wie auch immer die Bewegung läuft, ob vom Historischen gegen den Geglaubten oder vom Geglaubten gegen den Historischen. Liegt die Dominante auf dem Historischen, so schlägt die Waage zum Objektiven hin aus, liegt sie auf dem Geglaubten, so zum Subjektiven. Wie auch immer gewendet, die Problematik wird vom Subjekt-Objekt-Schema unterlaufen. Das ist im Raum wissenschaftlichen Denkens unausweichlich, exemplarisch dort, wo sich Theologie als Nur-Wissenschaft, das heißt als historische Disziplin versteht.

Dietrich Bonhoeffer[13] – und mit ihm gegenwärtig wachsend die Fachwissenschaft – zieht in einer Vorlesung von 1933 mit Recht den Schlußstrich unter die Fragestellung, wie sie uns aus der Leben-Jesu-Forschung überkommen ist: Die Erhebung eines historischen ›Lebens Jesu‹ aus den vorliegenden Quellen ist unmöglich. Diese Klarstellung ist die Frucht der zweihundert Jahre Leben-Jesu-Forschung. Jesus, der Historische, und Christus, der Gegenwärtige, sind in den Texten so untrennbar der eine durch den anderen da, daß der Christus Jesus uns als eine nicht auflösbare Einheit vorgegeben ist. Alle Zeugnisse von ihm sind bereits Zeugnisse des Glaubens der ersten Gemeinde. Und alle diese Zeugnisse gründen in der Historizität des Jesus von Nazareth. Auseinandergebrochen aber bleiben uns zwei Fiktionen übrig, die Jesusfiktion und die Christusfiktion.

An einem Textbeispiel aus einem der synoptischen Evangelien sei jetzt noch die Unauflöslichkeit dieser Verschmelzung zwischen historischem Jesus und dem Christus des Glaubens gezeigt.

Ich schlage ein beliebiges Kapitel in den Evangelien auf. Es ist das fünfte Kapitel des Evangeliums nach Lukas. Was wird da erzählt? Zuerst die Geschichte vom großen Fischzug. Lauter verständliche Dinge, wie sie der Tag eines Mannes, der mit den Fischern am großen See zusammenlebt, mit sich bringt. Bedrängt von der Volksmenge um ein Wort, stellt sich Jesus in ein Schiff. Er spricht vom Uferrand aus zu der Menge. Dann heißt er einen seiner Freunde, den Fischer Simon, zum Fischfang auf den See hinausfahren. Aller Skepsis der mit Wetter und Wasser Vertrauten zum Trotz wird es ein großer Fang. Simon fällt vor Jesus nieder. Jesus spricht zu ihm: »Fürchte dich nicht! Von nun an wirst du Menschen fischen.« Simon, der Meister und seine Gesellen verlassen Boote und Netze. Sie folgen ihm nach.

Ein Aussätziger tritt auf ihn zu und bittet um Heilung. Sie geschieht. Und das vollzieht sich wieder mitten im Ablauf des jüdischen Alltags, mit den Details des wirklich Geschehenen. »Erzähle niemand davon. Zeige dich den Priestern nach der Vorschrift. Bringe das Opfer dar für deine Reinigung.« Und so reiht der Bericht des Lukas Details einer historischen Biographie aneinander und *darin* »Zeichen und Wunder«. »Die Kraft des Herrn ging von ihm aus. Er half jedermann.«

Wo er auftaucht, blockiert eine Menschenmenge den Verkehr. Ein Gelähmter wird durch das abgedeckte Dach eines Hauses herabgelassen, Jesus vor die Füße. Unter seinem Wort erhebt er sich, schultert sein Tragbett und verschwindet unter der Menge. Und dann wieder Alltäglichstes: eine große Einladung im Hause eines Geldmannes mit vielen Gästen. Draußen Streitgespräche mit seinen Gegnern.

So geht es durch alle Evangelien. Unmöglich, aus dieser Legierung die Elemente wieder auszuschmelzen. Was bei solchem Versuch zurückbleibt, ist in jedem Fall ein zerstörter Text, entweder ein Glaube, seines Inhaltes beraubt, oder ein Bodensatz an historischem Rest.

Lob des redlichen Unglaubens. Es ist redlicher, die Bibel ein Buch sein zu lassen »wie alle anderen« und sich seiner Arbeit in der profanen Welt zuzuwenden diesseits eines Gottes, der in ihr nicht zu finden ist. Es ist redlicher, sich zu solcher Profanität ohne Gott zu bekennen, ohne die einsame Selbstgenügsamkeit des modernen Menschen umzudeuten in ein »gottgegebenes Faktum« der Geschichte (Robinson).

Dies ist redlicher, als die Bibel nach den Maßstäben unserer profanen Welt zu messen, historisch-kritisch Amputationen vorzunehmen und existential-philosophisch Prothesen anzusetzen, um die Bibel für unsere Zwecke noch halbwegs gebrauchsfähig zu halten. Mit solchen Künsten halten wir den »mündig Gewordenen« auf seinem Weg nicht auf. Hinter diesem Preisnachlaß wird er nur eine raffinierte Form von Apologetik wittern und seines Weges um so sicherer ziehen.

Entweder spricht Gott in der Bibel, wie rätselhaft auch immer. Dann muß ihr ganzes Ungefüge so hingenommen werden, wie es ist. Oder er spricht nicht in ihr. Dann mögen die Historiker und Philosophen mit ihr tun nach ihrer Redlichkeit.

Entweder ganz oder gar nicht. Eine andere Entscheidung ist unmöglich, wo es um den sagenden Gott geht. Jede Verkürzung ist hier Totalverlust.

Um so härter bedrängt uns die Frage, warum das Bekenntnis zur Bibel angesichts eines Widerstandes erfolgt, in dem sich die stärksten Kräfte der Zeit, exakte Wissenschaft und modernes Weltgefühl, zu ihrer Entmächtigung verbündet haben.

Die Bibel, das »Kreuz« der Christenheit. Die Bibel ist die Unruhe der Christenheit. Sie ist unsere große Verlegenheit. Sie bleibt das heiße Eisen, ob in Rom die Konzilsväter über die »göttliche Offenbarung« aneinandergeraten oder die lutherischen Väter auf der Vollversammlung des Lutherischen Weltbundes in Helsinki 1963 das paulinische Rechtfertigungsdogma ebensowenig der Konfrontierung mit dem Milieu der Zeit wie der biblischen Fülle auszusetzen wagen.

Eine große deutsche Zeitung schreibt vom Verhalten der lutherischen Väter in Helsinki beim Überprüfen des Kernstücks der Reformation, es lasse sich die Schlußfolgerung ziehen, »daß die Angst überwiegt, sich nach Luthers Beispiel mit dem Evangelium frei der Gegenwart zu stellen«. »Frei«, das heißt ungedeckt und auf die Gefahr des Ärgernisses hin mitsamt der Notwendigkeit, in den Widerstand zur Zeit zu gehen – wie Luther tat.

Ist da nicht etwas, was allein die Christenheit hat, worin sie ihren Ursprung hat, worin sie »Geist und Kraft« ist mitten in der Welt, die organisiert und organisiert wird – auch ohne sie?

Was ist dieses ihr Werk, das niemand außer ihr tun kann und das allein ihr Existenzrecht gibt?

Die Bibel ist nicht nur ein wissenschaftliches Problem. Sie ist eine existentielle Verlegenheit für die ganze Christenheit, weil sie die Bibel nicht loswerden kann, ohne sich selber loszuwerden.

Wir möchten uns von der Bibel lösen. Aber es gelingt uns nicht. Je mehr wir an den Widerhaken operieren, desto tiefer bohren sie sich ein. Das heiße Eisen, das unter wissenschaftlichem Beistand und unter der Zustimmung des Zeitalters endlich grau und kalt geworden schien, fällt uns glühender denn je auf die Fingerknöchel, die längst andere, zeitgemäßere Maßstäbe umklammert hielten. Die Entwürdigung, Entrechtung, Verstümmelung der Bibel hat eine verborgene Dynamik ausgelöst, die uns erst recht nicht mit ihr fertigwerden läßt.

Gleichgültig, ob man die Bibel aufgeklärt oder bigott liest, ob man konservativ oder progressistisch zu ihr eingestellt ist, ob man sie anstößig oder sympathisch findet – da ist etwas in ihr, das sich uns ins Fleisch eingebohrt hat, das in unserer Existenz sitzt als dem Ort, wo es uns einholt, uns festhält, nicht anders als der Tod einen jeden von uns, Bettelmann und Papst, im Fleisch unserer Existenz einholt. Etwas, das wir längst abgehängt wähnten, erwartet uns längst vorausgeeilt immer schon am Ziel. Die Bibel ist ein Kreuz der Christenheit. Sie muß es auf sich nehmen.

Wie heftig und von langer Hand vorbereitet unsere Ausbruchsversuche auch immer sind, die Bibel hat uns aus ihrem Raum nicht entlassen. Gerade die Versuche selbst beweisen es, wie sehr wir ihr verhaftet blieben. Dieser Raum stellt sich uns als Labyrinth dar. Er fängt uns darin und vexiert uns, indem sich jeder Ausbruchsversuch wieder in einem neuen Labyrinth von Fragen vorfindet.

Damit aber wird die Situation eine ausgesprochen biblische, indem sich in der Größe unserer Verlegenheit auch die Nähe eines neuen Gotteswortes an uns vorankündigt. Denn eben dies ist biblisch: daß es kein Unheil gibt, in dem Heil uns nicht schon entgegenwartet, daß, je größer das Unheil, desto größer auch das Heil ist, das in ihm, dem Unheil, verborgen auf uns wartet; daß die »Abwesenheit« Gottes nur eine ganz besondere Form der »göttlichen Torheit« ist, anwesend zu sein.

Sollte es mit der Weltlichkeit der Bibel etwa auch so sein? Sollte sie etwa eine besondere Form sein, in der der Unnahbare zu uns kommt, um uns der Nahe zu sein?

2] Das Inkognito der Bibel

*Das Inkognito der Bibel
schützt das Geheimnis der
»Leisen Stimme«*

Ohnmacht als Inkognito. Die entmächtigte Bibel ist die Bibel im Inkognito. Im Inkognito ist zuerst das Geheimnis der Bibel geschützt. Und zugleich sind wir selbst durch dieses Inkognito geschützt: in unserer Freiheit.

Ein Beweis – etwa, daß hier Gott selbst spricht – würde das Geheimnis aufheben und uns die Freiheit zum Ja oder Nein nehmen. Der Beweis zwingt, und zwar beide Teile: Gott und Mensch. Mit der Bibel bleiben wir ins Wagnis der Freiheit gestellt. Damit trifft sie uns gleich im Erstblick der Begegnung an dem Ort, wo wir Menschen werden.

Zuerst sei vom Geheimnis geredet! Da ist etwas am Werk, in der Bibel verborgen, das unabhängig ist von unserem Zu- und Abtun, von der Zeiten Gunst und Mißgunst, etwas Zeitlich-Zeitloses, Zeitgemäß-Unzeitgemäßes. Hier werden wir wider den Strich gebürstet. Es hat zuzeiten ein vollkommenes Inkognito, gleich verhüllt in seiner Ohnmacht wie in seiner Macht.

Die ›Leise Stimme‹. Ich hatte gesagt, daß wir es beim Lesen der Bibel mit einem Subjekt zu tun haben. Es ist ein veritables Subjekt, das sich nicht zum Objekt machen läßt, das, zum Objekt – z. B. der Forschung – gemacht, verstummt. Dieses Subjekt nämlich spricht. Es hat eine Stimme. Die Texte der Bibel sind ihre Membran. Membran und Stimme sind nicht dasselbe. Nur im Anhauch der Stimme erzittert die Membran. Ohne die Stimme ist die Membran einfach Haut, nicht mehr.

Schon sind wir mitten im Sprechen in Bildern. Daß da eine Stimme sei in der Bibel, ist Sprache der Bibel selbst.

Da ist eine *Stimme* in der Bibel, eine Stimme, sonst nichts. Sie ist zudem sehr leise. Du mußt mit Anspannung aller deiner Sinne in die Bibel hineinhorchen. Vom Täufer Johannes heißt es, daß er eine Stimme war, sonst nichts. Und dazu (Mtth. 3, 3) noch: in der Wüste.

Das war das Wesentliche am Menschen Johannes, diese Stimme. So wesentlich, daß sie heute noch tönt. Sie tönt noch, weil in ihr, durch sie, die andere Stimme spricht, die als die »leise« bezeichnet werden muß.

Als Sagender allein, als Stimme ruft der Schöpfer die Schöpfung ins Sein. »Und sprach«, heißt es im Schöpfungsmythos. Adam gewahrte Gott nicht im Garten Eden. Er hörte nur seine Stimme (1. Mos. 3).

Die Stimme ist der Sagende selbst. »Und der Herr redete mit euch mitten aus dem Feuer. Die Stimme seiner Worte hörtet ihr, nur die Stimme allein. Eine Gestalt konntet ihr nicht wahrnehmen« (5. Mos. 5–12). Die Stimme ist in einer gewissen Hinsicht etwas Unsinnliches. In einer gewissen Hinsicht, sage ich, denn sie ist zugleich sinnlich und unsinnlich. Unsichtbares wird hier, in der Stimme, in einer kühnen, zweifachen Kehre in ein Hörbares *umgesetzt*. Zuerst draußen und ferne Stimme, wird sie ein Drinnen, sehr viel tiefer drinnen in uns, als je unsere eigene Stimme es sein könnte, geschweige denn die Stimme eines Menschen, die im Vergleich »draußen« in rüder Ungeschlachtheit poltert.

Die Bibel-Stimme ist zugleich ganz innen und doch noch ferne Stimme, im Nahesein noch immer andere, nicht meine Stimme. Und doch von einer Inständigkeit, daß sie sich immer umsetzt in ein zugleich Geschehendes. Denn wo die Stimme spricht, da geschieht etwas, da begibt sich Geschichte, da kehrt sich das Innen wieder ins Außen, um Ereignis zu werden. Veränderung im Sein geschieht, in meinem, im Detail, wie unscheinbar auch immer.

Die ›Leise Stimme‹ ist die Stimme eines »anderen«. Es ist nicht einfach, mit der Bibel umzugehen. Sehr leicht läßt sie uns nicht auf festen Boden kommen. Es geht mit ihr wie mit dem Leben selbst.

In der Verwirrung, in der wir uns nun einmal mit der Bibel befinden, ist eines wichtig: die Leise Stimme muß unter allen Umständen die andere und nicht die eigene sein. Unter allen Umständen! Und wenn wir uns eingestehen müßten, daß sich die andere Stimme uns entzogen hat und daß wir allein sind! Es ist besser, gar keine Stimme zu hören, als die eigene Stimme für die andere zu halten. Denn die Leise Stimme muß uns etwas sagen, *das wir selbst uns nicht sagen können*. Nur um dieses anderen willen hat die Bibel Interesse für uns. Ein absolutes Merkmal für die schlechthinnige Andersheit gibt es nicht. Auch hier bleibt Glaube auf das Wagnis gestellt. Aber wir erinnern uns, daß die Bibel der menschlichen Weisheit die göttliche Torheit gegenüberstellt und diese Torheit größer sein läßt als die menschliche Weisheit (1. Kor. 3, 19 ff.).

Hier sind wir immer in der »jüdischen« Verlegenheit des Ethikers und Politikers, uns an diesem anderen zu ärgern, oder in der »griechischen« des Intellektuellen und des Wissenschaftlers, dieses andere als absurd abzutun. Aber gerade so ist es richtig. Hier gilt weder der »gesunde Menschenverstand« noch die »klassische Logik«. Ja, es muß sogar der, der »das Herz auf dem rechten Fleck« hat, darauf gefaßt sein, daß zwar der Fleck der rechte, aber das Herz nicht richtig ist.

Doch nicht nur das! Da ist nicht nur ein Subjekt, unbekümmert und souverän, das eine Stimme hat, die leise ist und anderes sagt, als uns gewohnt ist. Da ist – noch weit unbequemer für unseren Anspruch auf Wissenschaft – ein Geheimnis, obendrein ein Geheimnis, das sich um so dichter zuzuziehen versteht, je heftiger wir ihm aufsitzen.

Das Profane als Inkognito der ›Leisen Stimme‹. Bibel in unserer Zeit – das hat beinahe etwas Groteskes. Ich verstehe dieses Groteske als einen Zug am Inkognito ihres Geheimnisses. Ihr Nimbus ist zerschlagen. Vor aller Welt liegt sie nackend da, ein Konglomerat von Texten zwischen den alten Sumerern und dem späten Orient. Dennoch strahlt sie aus: ein ungezündetes, nicht auslöschendes Feuer unter einem Berg von Trümmern, nicht erstickt, vielmehr – wie aus größerer, unberührbarer Tiefe – dem Trümmerhaufen zum Trotz hervorwirkend.

Noch immer ist die Bibel der Quellort der Wahrheit für die ganze Christenheit geblieben. Darin ist kein Unterschied der drei großen Konfessionen. Und darüber hinaus wird sie heute heimlich gelesen von vielen, die mit keiner Kirche mehr etwas zu tun haben. Selbst jenseits des Eisernen Vorhangs wird sie von Tausenden gelesen. Eine Bibelbewegung geht neu durch die Christenheit römischer und griechischer Konfession, und das alles in einer Zeit, wo das Verständnis der Bibel als »eines Buches wie alle anderen Bücher« wissenschaftliche Selbstverständlichkeit geworden ist.

In ihre Bestandteile aufgelöst, ihrer Autorität beraubt, unter die

Profanität getan, gibt die Bibel nicht Ruhe. Es ist, als ob da etwas in ihr wäre, das aller dieser Manipulationen, Operationen, Vergleiche und Vergleichgültigungen, Verzichte, Zweifel und Kritiken spottete. Gerade unsere Umtriebe mit der Bibel bezeugen, wie sehr sie uns umtreibt; genauer: etwas in ihr, das wir einfach nicht zwischen die Finger kriegen.

Was ist das?

Man kann sich an die Bibel heranlesen, heranzweifeln oder, neugierig in ihr blätternd, im Widerspruch in sie verbeißen, sie literarisch nehmend, wie im Spiel nach ihr greifend – plötzlich hängt man fest in ihr, bald Labyrinth, bald Garten, Vexierboden, Geisterschlacht. Zuweilen auch Rettungsinsel dem, der nach ihr greift, wachgeschreckt aus den Melancholien einer Nacht.

Gewiß, ein profanes Buch. Ein Buch wie alle anderen. Aber eben gerade so charakterisiert, so abgewertet, nimmt das Problem Bibel eine Wendung, die aus dem Verhau des Problems ins Freie führt.

Wir nehmen die Profanität dieses Buches an. Ein großer Schritt vorwärts im Erkennen ihres Geheimnisses: Es besteht nämlich trotzdem. Es ist erst recht da, in seinem Ereignischarakter aus der Geschichte nicht mehr tilgbar. Die Vollmacht, die wir der Bibel genommen hatten, kommt auf einer anderen Ebene zurück, wie von Ballast befreit, ein Dynamisches unbekannten Ursprungs. In dieser – nicht nur intellektuellen, sondern existentiellen – Verlegenheit wird uns bedeutet, daß dieses Dynamische ihr Geheimnis ist und daß es nur als Geheimnis diese Dynamik behält.

Fürchten wir diese Profanität nicht. Lassen wir ihren Anspruch beiseite, nehmen wir sie an! Es wird sich erweisen, daß das Geheimnis sie braucht, daß die Profanität – »die Bibel, ein Buch wie alle anderen« – es dem Geheimnis ermöglicht, in der Zeit, in der Endlichkeit überhaupt anwesend zu sein.

Die Selbstüberforderung der wissenschaftlichen Methode. In der wissenschaftlichen Kritik bestimmt die Methode den Gegenstand. Sie bestimmt die Bibel in ihrem Charakter als »ein Buch wie alle anderen«. Das geschieht analog zum Experiment, das seinerseits die Natur zu seinem Gegenstand macht. Das Experiment erfährt von der Natur das, wonach sie vom Experiment befragt wird: Kausalitäten, Quantitäten, nicht mehr. Ihr Wesen erfährt es nicht. Gerade dies verschließt das Experiment. So erfährt auch die historische Kritik von der Bibel nur das, worauf ihre Frage geht: Kausalität, Feststellbarkeiten. Die Methode schließt das Geheimnis der Bibel aus; sie muß es ausschließen, weil Wissenschaft grundsätzlich an ihm scheitern muß. Geheimnis darf es in ihr nicht geben.

Profanität und Passion. Der in die Profanität eingegangene Gott ist der leidende Gott. Warum kann nur der leidende Gott uns helfen (Bonhoeffer)? Weil er uns nur in der Profanität nahe ist, nur in ihr Mensch ist wie wir. So nahe sein, näher sein als wir selbst es uns sind, hat noch andere Notwendigkeiten bei sich.

Will Gott in der Profanität bei uns sein, die Profanität in Gestalt der Passion mit uns teilen, so muß er sich gleichzeitig gegen uns, gegen die Vernutzungswut und -list des Machers Mensch sichern. Im Leiden uns nah, muß er sich gleichzeitig seine Unverfügbarkeit gegen den Allverfüger Mensch sichern. Kann er ihm doch nur helfen, wenn er in der Profanität, in diesem System der Zwecke und Verfügbarkeiten, unter allen Umständen der Unverfügbare bleibt. Nur als der mitten in der Profanität Unverfügbare ist er anwesend und zur Hilfe imstande. Deshalb muß er sich abschirmen gegen uns für uns. Er muß sich so vollkommen abschirmen, daß er dem sich mündig gebärdenden Herrn der Profanität als Abwesender erscheint. Denn in der Profanität waltet der Angriff. Sie erhält sich als Profanität nur kraft des Angriffs, kraft des Angriffs auf die Dinge, die verfügbar werden sollen. So hart kann diese Abwehr des Unverfügbaren werden, daß es so aussieht, als gäbe es Gott nicht in dem Augenblick, wo er für uns ganz nahe und ganz da ist. So hart ist der Kampf, der sich da zwischen Mensch und Gott herausgebildet hat. Ein Widerspruch entsteht, in dem sich das Heil aufzuheben scheint. Der Nahe muß der Ferne sein, damit er der Nahe bleiben kann.

Gott verbirgt sich in der Profanität, um uns vor sich zu schützen. Profanität, das ist zugleich der Ort der Verbergung, Medium der Verhüllung, damit die Initiative unter allen Umständen beim Helfer selbst bleibt. Die Profanität muß dem sich Offenbarenden zugleich den Stoff darbieten, in dem er sich als der für den Menschen, mit ihm und an ihm Leidende, »in *einem* Leibe am Kreuz« (Eph. 2, 14–16) zeigt und zugleich zudeckt, so vollkommen, als ob es ihn nicht gäbe. Er muß dies so vollkommen tun, weil seine Wirkmacht so groß ist. Diese lebensgefährliche Dynamis, ungreifbar, unkontrollierbar, uns gänzlich entzogen und doch da, selbst noch in der Abwesenheit, das ist Gott in der Profanität. So streng muß er den Menschen vor sich schützen bis zur Abwesenheit, bis zum Nicht-Sein hin. Auch das ist Profanität, dieser göttliche »Atheismus«, mit dem Gott der Selbstgenugsamkeit des Menschen antwortet. Profanität von Gott her gesehen: volle Verbergung, damit er ganz anwesend sein kann, und weil ganz anwesend, darum volle Verbergung.

Geschichtlichkeit als Inkognito. Alle Geschichte ist profane Geschichte. Und alle Geschichte ist Heilsgeschichte. Im Profanen geschieht das Heil. Es gibt nicht zweierlei Geschichte, Reich-Gottes-Geschichte und Weltgeschichte oder Heilsgeschichte und Unheilsgeschichte. Es gibt nur die *eine* Geschichte, und diese Geschichte ist Heilsgeschehen. Das ist der Sinn der »Fleisch«werdung des geschichtlich gewordenen Gottes. Die Bibel ist einfach voll von dieser Geschichte, aller Entmachtung zum Trotz. Sie ist ihre Bezeugung vom ersten bis zum letzten Satz. Dies alles ist kein Beweis, geschweige denn eine Erklärung für die Wirkung der Bibel. Es kann kein Beweis sein. Denn sonst wäre das Geheimnis, aus dem sie wirkt, ja gar kein Geheimnis mehr.

Wir haben in der Reflexion »Essenz« und »Existenz« voneinander getrennt. Darin spiegelt sich unsere Schizophrenie zwischen Denken und Sein, Wissen und Glauben, Allgemeinem und Besonderem. In der Bibel-Welt gibt es diese Zerspaltung nicht.

Die ›Leise Stimme‹ spricht durch Geschichte. Sie wird geschichtlich und wirkt wieder Geschichte.

Wort und Geschehen sind untrennbar in der Bibel-Welt. Nicht Geschichte an sich spricht, sondern Wort in der Geschichte spricht. Geschichte spricht, weil Wort zuvor gesprochen hat.

Die historische Kritik als Helfer. Hier, an dieser Stelle unseres Weges, stoßen wir unvermutet auf die historische Kritik und diesmal als unseren Helfer. Sie will das zwar nicht sein. Der Stimme ihr Ohr zu schenken dünkt ihr Verrat an der Idee der Wissenschaft. Indessen – die Dimension, in der das pneuma Wirkmacht ist, schließt keine Weise des Erkennens aus. »Suchet! Ihr werdet finden« (Mtth.

7, 7–3, 45). »Forschet in der Schrift und zwar täglich« (Apg. 17, 11)! Jede Zeit forscht mit den Mitteln, die sie hat. Methoden sind kostbare Instrumente. Aber nicht mehr. Sie besitzen keinen absoluten Anspruch. Forschen geschieht mit »Furcht und Zittern« (Phil. 2, 12).

Von ihrem Anspruch befreit, den zu erfüllen sie nicht fähig ist, wird Wissenschaft eine Fruchtbarkeit entwickeln, die sie für das Lesen der Bibel unentbehrlich macht.

Die Bibelwissenschaft hat uns das Merkmal der Geschichtlichkeit zurückgegeben, das durch idealistische Philosophie, individualistische Religion, säkularistische Verkürzung und intellektuelle Verdünnung verdeckt worden war. Das ist ihr Verdienst.

Dieses Sachelement der Geschichtlichkeit hat eine Härte, die sich jeder Auflösung verweigert, eine Undurchdringbarkeit, an der jeder Gedanke scheitert, ein Überraschungselement in jener Zukünftigkeit, die es unverfügbar macht. Durch dieses Sachelement ertönt die leise Stimme.

Warum die Bibel erzählt. In der Geschichtlichkeit will Gott dem Menschen begegnen. Darum erzählt die Bibel. Gerade in den Hauptstücken, wo die leise Stimme ihre Hauptworte durch dieses Element hindurchtönen läßt, *erzählt* sie. Das ganze Alte Testament erzählt. Sogar aus der Weltschöpfung wird eine Geschichte. Da gibt es ein Geschichtsbuch der Richter Israels, zwei Geschichtsbücher, die nach den Königen heißen, zwei Bücher, die geradezu den Namen von »Chroniken« führen. Und erst recht die Bücher der Propheten sind Geschichtsbücher. In den Prophetengeschichten geht es hart auf hart: Gott spricht dort noch ganz persönlich durch den Mund von Männern zu einem Volk, mit dem er eine Geschichte haben will.

Eine Geschichte haben, das heißt: mit seinem Leben nicht ins Sinnlose abstürzen müssen. Es heißt, aus einem Ursprung auf ein Ziel hin leben dürfen. Es heißt nicht, eine Bestimmung haben. Es heißt, im Vollzug seiner Bestimmung mitten darin stehen. Es heißt, daß in den großen Negativa, in Leid und Sinnleere, Katastrophe und Untergang, im großen Vergeblich der Seins-Passion, Heil geschehe.

Daß Gott auf eine Geschichte mit dem Menschen hinausziele, in der dieser geheilt wird – dies wird im Alten Testament in Berichten, Reden, Biographien, Chroniken, Sagen, Legenden, Mythen, Dichtungen, Liedern, Verheißungen, Drohungen offenkundig.

Erst recht aber im Neuen Testament! Die Evangelien – allen voraus – erzählen. Die Geheime Offenbarung des Johannes am Schluß der Bibel erzählt. In den apostolischen Briefen steigert sich die Erzählung zum Unmittelbaren. Sie sind die eine Hälfte eines dramatischen Gespräches, beinahe wie auf Tonband genommen. Es ist sehr merkwürdig, daß es in der Bibel so wenig Theologie gibt und so viel Geschichte und Geschichten. Alles geht auf diese Verdichtung hinaus, die wir Geschichtlichkeit heißen.

Auf der Membran des Geschichtlichen schwingt die Leise Stimme in unsere Existenz ein. Die Bibel dürfte darin ihr Besonderes in der Weltliteratur haben, daß sie eine ebenso simple wie monumentale Abschilderung dieses Vorganges ist und daß sie immer dieselbe Sache in Geschichte und Geschichten, nicht in einer Philosophie oder Theologie der Geschichte behandelt.

Die Geschichte, die Gott mit den Menschen haben will, kann nur eine Heilsgeschichte sein, gleichgültig, zu welchen Wendungen, Eingriffen, Umbrüchen, Katastrophen es um dieses Zieles willen kommen muß. Und es kann nur eine Geschichte sein, die universale Geschichte ist, die Gott mit allen Völkern, mit dem ganzen Schöpfungsuniversum eingeht.

Durch die Geschichte als göttlichen Heilsakt sind das Alte Testament und das Neue Testament in ein Ganzes gebunden. Um unserer Geschichtlichkeit willen hat sich Gottes Heimlichkeit an ein bestimmtes geschichtliches Volk gebunden und um der Geschichtlichkeit willen an einen bestimmten geschichtlichen Menschen aus diesem geschichtlichen Volk.

Das sinnlich faßbare Gezeigt-werden dieses Heilsaktes an einem bestimmten geschichtlichen Menschen ist schlechterdings folgerichtig, wenn der heimliche Gott überhaupt unter uns »zelten« (Joh. 1, 14) wollte. Es ist die pneumatische Dimension, in der diese Möglichkeit des sich uns so und nur so zeigenden Gottes Wirklichkeit ist.

»Fleisch« – das ist geschichtliche Existenz schlechthin. Es gibt einen Ausdruck in der Bibel, der diese Verdichtung mit biblischer Anschaulichkeit ausspricht: »Das Wort ward Fleisch« (Joh. 1, 14).

Es gibt keinen Menschen, der nicht Fleisch ist! Hört der Mensch auf, Fleisch zu sein, so ist er nicht mehr da. Fleisch, das ist Zeitlichkeit, Verweslichsein. Zeit und Fleisch sind beinahe dasselbe. Fleisch ist im Sinn der Bibel auch des Menschen Geist, die Welt des Menschen überhaupt.

»Das Wort ward Fleisch« – wie jeder von uns. Ein Mensch von Fleisch und Blut, von einem irdischen Weibe geboren, einem irdischen Volke zugehörig, mit einem bestimmten Namen genannt, zu einem bestimmten geschichtlichen Zeitpunkt, historisch einmal, unverwechselbar und unwiederholbar in die Zeitlichkeit eingetreten. Was wird denn da Fleisch? Was wird denn zeitlich, geschichtlich? Doch offenbar etwas, das seinem Wesen nach dies alles nicht ist! »Logos« heißt es im Evangelium. »Wort«, dolmetschen die Übersetzer lapidar und hilflos zugleich, Logos!

Der Logos, der logisch ist, in dem es den Widerspruch nicht geben kann, der wissenschaftliche Logos ist Menschenlogos und kann kein Geheimnis dulden.

Der Logos, von dem das Johannesevangelium spricht, der Gotteslogos, umfaßt im Widerspruch das Nichtdenkbare. Er faßt das Geheimnis mit. So universal ist der Gotteslogos, daß er den Widerspruch mit einschließt und im Widerspruch die ganze Menschenwelt mit. Daß der Gotteslogos Fleisch wird, darin geschieht schon Widersprüchliches. Es ist widersprüchlich, daß Ewiges Ereignis in der Zeit, ja doppelt widersprüchlich, daß es ein historischer Mensch wird. Und doch gibt es anders kein Offenbarmachen des Geheimnisses. Nur so, durch jenen historischen Menschen, lüftet sich das Inkognito. Aber es ist ein wirkliches Inkognito. Das Geheimnis bleibt.

Das Paradox als Inkognito. Im *Widerspruch*, zugleich gesichert und entblößt, verschlossen und geöffnet, ist das Geheimnis der Bibel und des in ihrer Vermummung uns zuflüsternden Gottes unter uns da.

Wir stoßen hier auf die Schwierigkeit, die in der Sache selbst liegt. Sie besteht darin, daß diese Sache denkerisch nicht bezwingbar ist, daß gerade in dieser Unbezwingbarkeit sich etwas von ihrem Wesen aufdeckt und daß der Gedanke gezwungen wird, sich so weit in seiner eigenen Möglichkeit zu versuchen, bis die Undenkbarkeit seines Gegenstandes offenkundig ist. Erst dies ist der Triumph der Sache selbst, um die es in der Bibel geht.

Diese Sache selbst läßt sich nicht definieren. Sie läßt sich nur einkreisen: im Widerspruch. Nur zwischen den Polen schwebend, ist ihr Meridian da.

Das »Christentum«, sagt Kierkegaard, ist ein »Existenzwiderspruch« und eben darin Existenzmitteilung. In diesem Widerspruch setzt sich etwas außer der Zeit zusammen mit Zeitlichkeit. Es wird etwas historisch, »was seinem Wesen nach nicht historisch werden kann und es also werden muß kraft des Absurden«.[14] Deshalb gibt es Geschichte, weil es diese »Zusammensetzung« gibt. Kierkegaard kann deshalb sagen, daß die Geschichte das Unmögliche und dennoch Wirkliche ist. Jesus Christus ist Ereignis im Sinn von Geschichtlichkeit eines Nicht-geschichtlichen. Dieser Widerspruch von Satz und Widersatz ist sein Grundmerkmal. »Das bedeutet, ... daß das Zufällige das Absolute, das Vergangene das Gegenwärtige und das Geschichtliche das Gleichzeitige ist (Kierkegaard) ... Nur wo der Widerspruch ertragen wird, ist das Historische absolut.«[15]

Eingepanzert im Widerspruch zwischen Satz und Widersatz, artikuliert sich das Geheimnis in Sprachgestalt. Wir sind damit in eine andere Dimension eingetreten, als es die von der Wissenschaft gekannte und anerkannte ist.

Dies ist ein Wendepunkt ersten Grades. Hier geschieht keine Zweiteilung der Welt. Im Diesseitigen ist das Jenseitige inseits, im Geheuren mitteninne das Ungeheure, Offenbarung mitten in der Profanität, Ewigwort mitten in einem Buch »wie alle anderen«. Fleischwerdung ist Geschichtswerdung, wie die Väter der Kirche auf dem Konzil zu Chalcedon 451 sie zugleich ein- und ausgrenzten: Satz und Widersatz, zugleich »unvermischt und unverwandelt« und zugleich »ununterschieden und ungetrennt«. Dietrich Bonhoeffer[16] hat das so formuliert: »Keine positive Denkbestimmung bleibt mehr übrig, zu sagen, was im Gott-Menschen Jesus Christus geschieht. Damit ist die Sache selbst als Mysterium zurückgelassen ...«

Nur innerhalb des Widerspruchs von Satz und Widersatz bringt die Bibel Wahrheit in die Sprache, Wahrheit, die Wirkmacht hat, in der man *sein* kann. Das ›Außerhalb‹ ist immer nur im ›Innerhalb‹ fähig, Existenz mitzuteilen. Denn wir sind das ›Innerhalb‹, sind »Fleisch«, auf das der »Geist« ausgegossen wird (Joel 2, 1).

Der Eintritt in die ›andere Dimension‹. Die andere Dimension schafft das pneuma. Wir können dieses Wort nicht ausklammern. Es ausklammern heißt die Sache ausscheiden, die es benennt, hieße Ihn selbst ausklammern. Hier ist Entsprachlichung – Entwirklichung.

Im pneuma ist der Wendepunkt ersten Grades gesetzt. Ich bin frei zum Nein oder zum Ja. Damit meine Freiheit unangetastet bleibe, wird mir diese Entscheidung schwer gemacht. Es liegt kein Beweis vor wie in der Wissenschaft. Es gibt keine Versprechungen wie in den Religionen! Vielmehr bleibt – kraft des Absurden – das Ärgernis des Widerspruchs bestehen. Ich muß es auf diesen Widerspruch mit dem Einsatz meiner ganzen Existenz wagen: glaubend im Wissen und wissend im Glauben, ausgesetzt dem Risiko zu scheitern – als Nur-Wissender am Glauben und als Nur-Glaubender am Wissen.

Kein anderer Zugang zur Bibel ist dem Menschen gegeben als dieser: über die pneumatische Dimension.

Man kann von einem Gesetz des Widerspruchs reden. Es ist ein Gesetz des Denkens und tritt in Kraft dort, wo das Denken des Undenkbaren endet.

Das Positive im Gesetz des Widerspruchs. Das war das Gesetz des Widerspruchs im Reflektieren. Es hat eine andere Gestalt im Existieren. Es ist hilfreich, diese andere Gestalt mit ins Blickfeld zu bekommen, weil hier der Widerspruch als Positivum erkennbar wird. Im Existieren erscheint er nämlich als Gegenüber.

Es gibt in der geschaffenen Welt nichts, das nicht sein Gegenüber hat. Dieses Verhältnis macht, daß Liebe überhaupt möglich ist. Lieben und Geliebtwerden setzt voraus, daß da ein Gegenüber ist.

Die Zelle teilt sich und schafft in der Zweiung das Gegenüber. Das ist das erste Grundwunder in der Genesis des Lebens. Und dann wird die Zweiung zur Paarung. Männlich und Weiblich ist da, Geschlecht ist entstanden – das zweite Grundwunder in der Genesis des Lebens. Eine Spannkraft von unmeßbarer Gewalt entsteht in der Spannung von Gegenüber zu Gegenüber. Ich werde gezeugt und zeuge weiter. Ich esse und werde gegessen, Gott ist ein Anthropophage (Menschengenießer) und der Mensch ein Theophage (Gottesgenießer). Dies alles nur kraft des Verhältnisses, ein Gegenüber zu sein und ein Gegenüber zu haben – unableitbar, ursachlos. Denn der Widerspruch erweist die Kausalität als aufgehoben.

Wie ich den Widerspruch mitdenke und das Gegenüber mitlebe, gewinnt die ›andere Dimension‹ an Macht.

Der Gott, den die Bibel bezeugt, läßt sich deshalb nicht in die menschliche Dimension einschlachten. Er wohnt im Offenen. Das

Offene ist der Raum der Fülle, der »Himmel«, des »Reiches«. Das Offene hat nicht nur Tiefe. Wo es das Offene Gottes ist, da hat es zugleich Höhe. Da hat es nicht nur Breite, sondern zugleich auch Länge (Eph. 3, 8). Es ist offen schlechthin. Der Gott »oben« ist zugleich auch der Gott »unten« und umgekehrt. Das ist quer durch die Bibel so. Der Apostel spricht nicht anders als der Psalmist (Ps. 139).
»Spräche ich: Finsternis möge mich decken...«
Ja, was dann?
»So muß die Nacht auch Licht um mich sein.«
Die Nacht ist Licht; Finsternis leuchtet. Tiefe ist Höhe. Im Abgrund das ›In excelsis‹!
Dies ist der biblische Gott, der Gott der Psalmsänger und Apostel. Nicht der Gott, den die Theologie ausgeweidet und die Philosophie dann unserem Komfortbedürfnis angeschmeichelt hat. Der infranaturale Gott ist nicht weniger abgeschmackt als der supranaturale. Die Bibel weigert sich jeglicher Metaphysik. Da sucht das ›Geistliche‹ (pneumatikon) gerade das ›Weltliche‹ (profanum), das, was »nichtgeschichtlich« ist, gerade die Geschichtlichkeit. Da spricht gerade der, der »nicht ist wie alle anderen«, in einem Buch, das ist »wie alle anderen«.

Im »Zeugen« lüftet das Geheimnis sein Inkognito. Weil Zeit ist, die in jedem Augenblick vergeht, und wir unser Dasein nur in ihr haben, und weil Gott sich dem Vergehenden in solchem vergehenden Wesen hat zeigen müssen, wollte er sich ihm überhaupt zeigen, deshalb sind wir auf den Zeugen angewiesen. Hinweis in Ohnmacht! Daraufhin lebt und stirbt der Glaubende. Nur indem wir dem Zeugen glauben, brechen wir durch die geschlossenen Schotten der Zeit hindurch in die Gleichzeitigkeit der anderen Dimensionen. Es bedarf des Zeugen. Nur dem, der sich nicht klarmacht, was das heißt: Zeitlichkeit, Endlichkeit, und was es heißt, darin Mensch zu sein, leuchtet die Notwendigkeit des Zeugen in dieser vergehenden Welt-Zeit nicht ein. Es sind Wunschbilder, die sich uns vor dieses »notwendige Übel« stellen, in dem zugleich auch Wohltat an uns geschieht. Im Wagnis auf den Zeugen hin werden wir in einem Akt der Freiheit in Bewegung gesetzt, hier an diesem Punkt, wo die Leise Stimme zu uns spricht, auf Vertrauen hin unseren Fuß in die Luft zu stellen. Hier schon, in diesem Anfang, geschieht Stiftung unserer Menschwerdung.

Der Kanon als Garant der Zeugenschaft. Das Ereignis bedarf des Zeugen. Durch den Zeugen ist es für die Nachkommenden da. Der Zeuge gibt Nachricht durch die Sprache, und die Sprache trägt sich weiter durch die Schrift. Es ist das Phänomen der Zeugenschaft als Quellort, das einen Maßstab, einen *»Kanon«* notwendig macht inmitten einer üppigen Wildnis von Pseudo-Zeugnissen, die das Christusereignis in der Folgezeit umwucherte.

Der Kanon stellt das Wagnis der frühen Kirche dar, die legitime Zeugenschaft zu erkennen und zu versiegeln. Ein Notdach sondergleichen, von Menschen gezimmert, in seinem Zustandekommen ein beispielhafter Inbegriff der Profanität. In der Geschichte der frühen Kirche aus Unterschiedlichstem zusammengewachsen, beinah ein Naturprodukt von Symbiosen, hat der Kanon durch jeglichen Sturm hindurch in aller Ohnmacht die Macht bewährt, Zeichen zu sein und zu bleiben über dem Ort des Ursprungs. Die Verknüpfung mit dem Ursprung läuft über die Zeugenschaft der Bibel. In diesem Schicksalsknoten ist die ganze Christenheit eingebunden mit allen ihren Konfessionen und Denominationen bis zur letzten Sekte hin.

Am Zeugen hängt es. An diesem dünnen Faden seilt sich das Wagnis an, ein Christ zu werden. Hinweis in Ohnmacht, das ist Zeugenschaft. Darauf wagt der Glaubende seine Existenz.

Nur über den Zeugen läuft »das Ereignis des Christlichen« in der Zeit weiter, weil »Es« wirklich geschah in dieser Zeit und in diesem Raum.

Es fällt uns auf, wie genau die frühe Christenheit um diese Tatsache wußte, mit welcher Nüchternheit sie sich bei der Unbedingtheit dieser Forderung beschied.

Schon die erste Generation, in der die Evangelien verfaßt wurden, war darauf gewiesen, das Zeugnis der Zeugen hinzunehmen. Sie waren kraft ihres Glaubens mit allen Generationen nach ihnen »gleichzeitig«. In dieser Hinsicht ist kein Unterschied zwischen den Christen in Rom und Korinth im ersten und uns im zwanzigsten Jahrhundert. Die Zeugen allein sind die ersten und die einzigen, die »gesehen haben«.

Der Verfasser des ersten Johannesbriefes beginnt sein Schreiben mit diesen klassischen[17] Worten: »Was war von Anbeginn, was wir gehört haben, was wir erblickt haben mit diesen unseren Augen, was wir schauten und was unsere Hände betasteten, nämlich was den

Logos des Lebens meint..., was wir gesehen haben und gehört haben, eben das teilen wir euch mit...« Denn eben dieses Mitteilen ist der Sinn der Zeugenschaft. »Damit auch ihr Gemeinschaft habt mit uns«: Darum ist Zeugenschaft nötig, damit sich das »Wort des Lebens« fortzeuge. Denn darin ist es lebendig, daß es sich in der Stiftung von Gemeinschaft mit den Zeugen beweist. Es versetzt in Gleichzeitigkeit mit ihnen in den Zeiten und in den Räumen: Dies ist die Koinonia, die »Gemeinschaft der Heiligen«.

Das Inkognito der Bibel schützt die Freiheit Gottes und des Menschen

Das Wagnis im Offenen der Freiheit. Die Bibel ist durch den Menschen entmächtigt worden. Er hat die besten Methoden, seit Jahrhunderten erprobt, dabei angewandt. Er ist dabei mit aller Meisterschaft der Forschung, die den Namen der Wissenschaft trägt, vorgegangen. Er hat den Maßstab seiner Vernunft entnommen.

Indes – nil admirari! Was sollte bei diesem Verfahren anderes herauskommen, als was in diesem Maß schon enthalten war in dem Augenblick, da man es an die Bibel legte! Es kam genau die Antwort heraus, die in der Voraussetzung schon enthalten war: Ein menschliches Buch, von Menschen geschrieben, mit allen Zeichen des Menschlichen, des Allzumenschlichen, des Übermenschlichen – auf jeden Fall ein Buch wie alle anderen Bücher auch.

Die virtuosen Methodiker der historischen Kritik haben kein Augenmaß für die Grenzen der eigenen Möglichkeiten. Sie haben ihre Kritik auf ein Gebiet angewandt, für das diese Methode nicht taugt. Die modernen Physiker haben Augenmaß für die Möglichkeiten ihrer Methode gehabt. Sie haben erkannt, daß sie das Wesen des Wirklichen, das An-sich der Natur im Experiment gerade ausschließen, möglicherweise zerstören. Anders die Historiker. Sie sind Opfer des Wirtschaftsmythos geworden. Sie setzen ihr Maß absolut und messen mit diesem Maß die Bibel. Was herauskommen muß, so gemessen, heißt eben: ein Buch wie alle anderen. Das »An-sich« der Bibel, die Wirklichkeit, die in ihr west, ist durch die Methode selbst ausgeklammert.

Hier scheiden sich die Wege an den Voraussetzungen. Der theologische Wissenschaftler lehnt das Vorhandensein eines solchen An-sich ab. Er verpönt das Geheimnis aus dem Grundsatz. Was er ausklammert, ist nichtexistent. Sein Wahrheitsbegriff geht auf das geschlossene System. Geschlossen heißt hier: Es kann nichts anderes geben, als was in diesem System notwendig oder möglich ist. Hier sind das Maß und sein Anspruch absolut. Das Geschlossene der Logik schließt das Offene der Freiheit aus. Dieses Offene aber ist der Begegnungsraum von Gott und Mensch. Nur in ihm gibt es Universalgeschichte als Heilsgeschichte. Denn nur in ihm gibt es die Möglichkeit des Unmöglichen. Dieses Offene ist das Ereignisfeld der Bibel. System wie Weltbild, klassische Logik wie Wissenschaftsanspruch sind von ihr her relativiert.

Hier endet der Weg entweder in Erkenntnis als zwingender Instanz (der Beweis), oder er führt weiter zur Wahrheit als befreiender Macht (das Wagnis). In diese Situation führt die Bibel mit jedem Schritt den, der der Leisen Stimme folgt. Sie führt den Menschen aus den Sicherheitszonen seiner Weltkonstruktionen in die andere Dimension, in ein ungesichertes, nach allen Seiten hin offenes Gelände, mit einem Wort: in die terra incognita der Wirklichkeit, in der man nur im Wagnis der Freiheit leben kann. Dieses Offene der wahren Wirklichkeit ist der Ort, in dem das Geheimnis der Bibel Raum hat, sozusagen Platz hat zum Auslauf für seine Wirkmacht ins Unverfügbare.

Unser Wunschbild und der Herr der Freiheit. Der Gedanke kommt bei uns gar nicht mehr auf, daß hier von Dingen geredet sein könnte, die wir gar nicht kennen können, die für unser Selbst- und Weltverständnis nicht zugänglich sind: daß hier eine meta-noia, ein Umsturz unserer Denkkategorien, unserer Gefühlskonventionen anhebt, der uns an die Nieren geht.

Eine der Verlegenheiten, die wir mit der Bibel haben, gründet darin, daß der Gott der Bibel unserem Wunschbild widerspricht. In diesem Bild kreist alles durcheinander: Menschbild – Weltbild – Gottesbild. Es ist eine Art kosmischen Nebels der Beziehungsmöglichkeiten und Beliebigkeiten. Gott ist kein Bild, sondern das, was der Name sagt, wenn das Wort überhaupt einen Sinn haben soll: der Herr der Freiheit, des Offenen mächtig bis in jede unausdenkbare Überraschung hinein. Sein Logos-Wort besteht noch, auch wenn die »Gestalt des Kosmos« dahingeschwunden ist (wovon auch die Wissenschaft einen Begriff hat). Sein Gegenüber aber ist der Mensch, den er sich zum Partner schuf und der in seiner Ebenbildlichkeit als vornehmsten Zug die Freiheit aufweist.

Betrachten wir unter diesem Gesichtspunkt die Situation, in der sich der freie Gott und der freie Mensch miteinander befinden! Dann könnten wir uns in einem Kampf befinden mit diesem Gott, bei dem es um unser Sein und unser Nichtsein geht. Ja, dann wäre unsere Selbstgenugsamkeit nur eine Form dieses Kampfes mit ihm.

Ich unterstelle, daß dies so ist. Ich unterstelle, daß die Bibel von diesem Kampf spricht, daß sie seine Situation voraussetzt, seit Adam hinter die Bäume des Waldes flüchtete, seit Kain in das Land Nod floh, seit die babylonischen Turmbauer in alle Himmelsrichtungen stoben, bis hin zu dem Kampf Jesu mit seinem Volk und dessen Zerstreuung in alle Welt und dem Gegenschlag des Widerchristen in der Offenbarung des Johannes.

Im Offenen der Freiheit begegnen wir Gott, und deshalb sind wir noch immer auf dem Rückzug in unsere Fluchtburgen.

Das ist die Situation, in der uns zu ertappen die Bibel nicht aufhört.

Die Flucht vor der Freiheit in das »geschlossene System«. Das am Tage Liegende, das je einer Zeit Gemäße, ist das »Weltbild«. Es war einmal mehr. Aber heute ist es nur noch etwas Veraltetes. Ein Weltbild gibt es nicht mehr. Was es noch gibt, ist ein Zeit-Milieu mit gesellschaftlichen Ideologien und verdrängter »Zeit«-Metaphysik.

In Wirklichkeit leben wir im Offenen, und unser Sein ist nur im Wagen des Offenen wirklich. Die Zeit der geschlossenen Systeme ist vorbei. Der Ansturm an Welterfahrung sprengt heute jeden Bergungsraum im Geschlossenen auf. Dies ist nicht vorübergehend und ein Zustand, der bewältigt werden wird, wenn »dies und das« eingetreten ist. Die Größe der Wirklichkeit bringt sich heute neu zur Erscheinung und offenbart damit zugleich die Kleinheit des menschlichen Denkmaßes. Die moderne Weltbildfiktion ist ein Provinzialismus. Auch das »Weltbild« der Bibel ist eine Fiktion unseres Historismus. Hier kämpft Fiktion gegen Fiktion, die Fiktion eines »modernen Weltbildes« gegen die Fiktion eines »Weltbildes der Bibel«.

Die Bibel hat kein Weltbild. Sie hat allenfalls Weltbilder, die sich durcheinanderschichten, einander in dieser Verschränkung vergleichgültigen und damit ihren Charakter als Vorstellungshilfen bekunden. Die Welt-Schemata, die wir der »Alten Welt« aufpressen, sind mörderische Vereinfachungen. Heraklit sieht die Welt anders als Platon, die Tragiker anders als die Sophisten. Und dazu die Spiegelungen in der Literatur der Nachfahren: Wie anders spiegelt sich das Bild der griechischen Weltbilder von Winckelmann bis Nietzsche, von Hölderlin bis Jacob Burckhardt und Stefan George!

Im biblischen Literaturstrom, der sich fast durch ein Jahrtausend hin bewegt, gibt es zwar so etwas wie das Dreistockwerk des Ptolemäischen Weltbildes. Aber dieses Gerüst schwimmt mehr – ein Trümmerwerk – in diesem Strom, als daß es ihn einbettet. Die Macht der Einflüsse, die es überkreuzen, ist groß, besonders in der Zeit des Hellenismus, in dem der Orient die alte Mittelmeerwelt unterläuft.

Die historische Kritik ist nicht kritisch genug gegen sich selbst, gegen die Voraussetzungen ihres »Weltbild«-Denkens. Diese Denkart gehört in die Zeit der geschlossenen Systeme. Sie ist vorüber. Wir müssen uns befreien aus der Faszination der geschlossenen Systeme und uns losmachen vom Wunschbild der Weltbilder. Lösung aus den Denkkonventionen der Vergangenheit ist das erste, auch auf die Gefahr hin, im Offenen zu stehen. Glaube ist im ersten Schritt immer das Wagnis des Offenen. Die Freiheit bekommt ihm. Freiheit ist eine Weise des gläubigen Daseins. Sie ist ein Stück Bibel-Leben.

Mit dem Wunschbild der »Mündigkeit« kompensiert der Mensch die Realität seiner Knechtschaft. Mit der Anerkennung der Profanität haben wir den ersten Schritt getan. Aber wir müssen darüber hinaus. Profanität ist kein Absolutum. Eben gerade das möchte der »mündig gewordene« Mensch: Profanität als absolutes System der Sicherheit und sich selbst als die Mitte darin. In diesem System sucht er die Zunichte-Erklärung alles dessen, was diese Sicherheit in Frage stellt. Alle Faktoren der Unsicherheit, die seine Mündigkeit bedrohen, müssen ausgeschaltet werden: das Gegenüber, das andere, das Überraschende im Offenen der Freiheit. Mündigkeit bedeutet ihm Verfügenkönnen. Weil er in einem Bruchstück der Wirklichkeit sich als den Verfügenden entdeckt hat, nämlich in der kausal zu beherrschenden Zone der Quantitäten, deshalb hält er sich für mündig. In panische Angst versetzt ihn der Gedanke, daß da ein Maß gesetzt sein könnte, das er nicht selber ist; daß das Überraschende des Unverfügbaren mitten in seiner verfügbaren Welt seine Mündigkeit ins Gegenteil verkehren könnte, ja vielleicht schon verkehrt hat. Sein Wunschbild blendet sein Auge. Er sieht das Doppelgesicht seiner Existenz nicht, die Zwielichtigkeit seiner Lage nicht. Er sieht nicht, daß er, indem er verfügt, zugleich dem Unverfügbaren verfällt, indem er produziert, zugleich zum Produkt seiner Produktion wird, indem er die Energien auslöst, zugleich diesen Energien zum Opfer fällt. Er bringt die Ursachen in seine Hand und manipuliert mathematisch die Wirkung, die auf ihn zurückwirkt und ihn zur Wirkung einer Ursache macht, die er selbst gesetzt hat. Es ist da etwas wie ein Automatismus am Werk: Er erfindet eine Funktion und wird im Prozeß des Funktionierens zwangsläufig selbst zu einer Funktion. Es ist wie ein Daseinsgesetz: Er kann keine Maschine bauen; er muß sich selbst in diese Maschine hineinbauen, sonst läuft sie nicht. Unsere ganze verwissenschaftlichte Existenz wird zur maschinisierten Existenz. Der mündig Gewordene ist zugleich der zum Knecht Gewordene.

Mit dem Unmaß seines Anspruchs kompensiert der Mensch seine Knechtschaft. Da ist ein Punkt, an dem sich der ganze Komplex in seiner vertrackten Gegenläufigkeit durchschauen läßt, ein Gehaben, von dem die Atmosphäre unserer modernen Existenz bis in die äußersten Staffelungen wie ionisiert ist. Die Vorstellung einer mündig gewordenen Welt ist dabei nur der Niederschlag unseres intellektuellen Bewußtseins. Seine Entstehung ist ursächlich verknüpft mit den Möglichkeiten, die uns die Technik eröffnet. Es ist das Gehaben des Anspruchs. Es ist Anspruch, weil Fortschritt ist. Und Fortschritt ist, weil Anspruch ist.

Der Anspruch – das ist heute bereits eine seelische Struktur im Kollektiv der Industriegesellschaft. Weder durch Intellekt noch durch Willen kann man von diesem Gehaben etwas ab- oder etwas hinzutun. Aus tieferen Regionen geschehen hier die Vollzüge.

In diese Regionen reichte einst die Gegenwärtigkeit des Ursprungs in gelebtem Glauben und wirkte die Fähigkeit zu leiden und die Bereitschaft zu sterben. Die Altengeneration in meiner hessischen Bauerngemeinde hatte noch etwas von dieser Fähigkeit. Ich war dessen Zeuge. Es ist unmöglich, das mir aufgelegte Menschengeschick zu bestehen ohne die Gelassenheit, Leiden anzunehmen, und die Gefaßtheit, zu sterben. Der Schmerz hat Heiligkeit. Das Opfer ist ein Mysterium. Sterben verwandelt. Das ist Seinsgrundgesetz. Heute aber sehe ich selbst bei gereiften Christen Leidensunfähigkeit und Todesverweigerung.

Innen ist eine Großkatastrophe im Gange, seelisch in der ganzen okzidentalen, wahrscheinlich auch in der orientalen Welt. Der Anspruch ist ein Krebs, der uns zerfrißt und gleichzeitig mit Euphorie umnebelt. Das geht bis in den Konsum unserer Überflußgesellschaft hinein, in die Reklame der Kaufhäuser (»Alle Schönheit für alle«), in die Details, die Konkreta unseres Alltags, von denen unsere Richter, unsere Ärzte zu berichten wissen. Das »Zeitalter der mündigen Menschheit« muß daraufhin befragt werden, ob die Mündigkeit nicht die Kehrseite unserer Gottesferne ist: »Auf daß ihr innewerdet, was es sei, wenn ich die Hand abziehe« (4. Mos. 14, 34 b).

Was war geschehen auf dem Wüstenzuge Israels? Das Volk weigerte sich der harten Realität der Wüste und der Mühsal der Landnahme, als es den Bericht der Erkundungsexpedition hörte. »Da fuhr die ganze Gemeinde auf und schrie, und das Volk weinte die ganze Nacht: ...Ach, daß wir in Ägyptenland gestorben wären.« Die Komfortideologen kennen den Anspruch und treffen ins Schwarze: »Zurück zu den Fleischtöpfen Ägyptens!« Dies aber ist die Antwort Gottes: »Ihr samt euren Leibern sollt in dieser Wüste verfallen. Jeden Tag eurer vierzig Tage Kundschaft sollt ihr mir mit einem Jahr Wüste bezahlen, bis daß eure Leiber aufgerieben werden in der Wüste.« Dies ist das Gesicht der menschlichen Wirklichkeit bis auf den heutigen Tag. So sieht Geschichte aus, damals im Kleinen, heute im Großen. Sie will mit den Augen der Propheten gesehen sein. Unheil und Heil, Verantwortung und Freiheit, Gericht und Reich sind unlösbar ineinander verdichtet. Man muß das Ganze ansehen. Man muß das Ende im Blickwinkel haben. Dieses Sehen aber gibt es nur in der Prophetie. Es ist hart, aber wahr. Der Entschluß für die Bibel ist der Entschluß für diese Wahrheit.

Hier im Offenen der Freiheit gibt es das prophetische Wort. Nicht den Mündigen, sondern den Unmündigen geschieht die Offenbarung (Mtth. 11, 25. 21, 16). »Den Bettlern ums Pneuma« gehört das »Reich der Himmel« (Mtth. 5, 3). »Und es werden die Letzten die Ersten sein« (Mtth. 19, 30). Wir unterschätzen das Evangelium. Da ist Sturz der Werte. Der Bruch geht bis in das Fundament hinab.

Die Bibel kennt den mündig gewordenen Menschen nicht. Aber sie kennt den freien Menschen. So spricht sie ihn an von Urzeit her. Er ist frei und in der Freiheit verantwortlich. Mose legt dem Volk Gottes Gebote vor (2. Mos. 19, 7). Und das Volk sagt dazu: Ja, wir wollen! »Siehe, ich lege euch heute vor den Segen und den Fluch« (5. Mos. 11, 26). »Siehe, ich habe dir heute vorgelegt das Leben und das Gute, den Tod und das Böse« (5. Mos. 30, 15). Da ist Drohung und Verheißung, weil Freiheit ist. Und da ist ein Volk, das tut, was es will, der Drohung und Verheißung zum Trotz. Auch, weil Freiheit ist! Die ganze Bibel ist die eine, umfassende Geschichte zwischen dem freien Menschen und dem freien Gott. Bis hin in die Offenbarung des Johannes geht das, bis zum Abfall an das »Tier, das aus dem Meer aufsteigt, dem gegeben ward, zu streiten mit den Heiligen und sie zu überwältigen«, und dem »Macht gegeben ward über alle Geschlechter und Sprachen und Heiden. Und alle, die auf Erden wohnen, beten es an...«

Diese Prophetie, daß dem Menschen ein Maß gesetzt sei, ja, daß er und seine Welt ein Ende habe, schickt sich nicht zu dem Selbstverständnis des Menschen, der ins Zeitalter seiner Mündigkeit eingetreten ist. Deshalb ist vor anderem das prophetische Wort seinem Verdikt verfallen.

Darin, wie Freiheit und Prophetie in der Bibel zusammenhängen, ist eine Wirklichkeit eingefangen, an der gemessen die wissenschaftliche Wahrheit nur auf halbes Gewicht kommt und der Anspruch unseres Wünschens als Illusion entblättert.

»Häresie« ist das griechische Wort für Auswahl. Von unserem Wissen her wählten wir aus, was uns in der Bibel wahr erschien, und von unserem Wünschen her, was unsere selbstgenugsame Welt idealisierte.

Auswählen heißt hairein. Und hairesis, Irrlehre, heißt »Angriff«, »Eroberung«, »durch Auswahl«, haireteos aber im klassischen Griechisch »wünschenswert«. Häretisch kann ebensowohl Orthodoxie wie Libertät in der Theologie sein. Niemand in der Christenheit kann sich hier ausnehmen. Für die konservative Richtung liegt die Gefahr in der Tradition, für die progressive in der Kritik. Die Frage nach der Irrlehre ist ein innerchristlicher Akt der Selbstprüfung. Er ist vollziehbar nur, wenn ein Kriterium gegeben ist. Die Frage nach dem Kriterium ist ein Fundamentalanliegen der Kirche. Nach dem Neuen Testament gibt es eine Gabe »des Unterscheidens der Geister« (1. Kor. 12, 10). Das bedeutet nicht weniger, als daß der Unterscheidende der geistlichen Erleuchtung bedarf. Dadurch wird die Sache nicht einfacher. Sie kann es nicht, weil Unterscheidung in der strukturellen Zwielichtigkeit der Geschichte an sich schwierig, um nicht zu sagen unmöglich ist. So ist es eine unschätzbare Hilfe, an zentralen Punkten zu erfahren, wie die urchristliche Gemeinde selbst diese Unterscheidung übte. Für die Beurteilung der Weltlage unserer Zeit ist die Unterscheidung zwischen Christus und dem Widerchrist ein Akt von prophetischem Rang.

An diesem Beispiel wird deutlich, wie gefährlich Ausklammerung sein kann, wie unabdingbar aber die Notwendigkeit ist, die Unberührbarkeit des Ganzen der Schrift zu bewahren. Nur im Ganzen der Bibel bleibt uns Prophetie mitbewahrt.

So werden wir mitten in der Verwirrung um die entmachtete Bibel wieder auf sie gestoßen von der Sache her, um die es in ihr geht: nämlich in der Frage nach der Wahrheit, die das Heil der Welt betrifft.

Hier an diesem Punkt haben wir Protestanten unser reformatorisches Apostolat wahrzunehmen, wo die Wahrheitsfrage sich als unablösbar von der Bibelfrage erweist.

Und sollten wir alle an ihr Häretiker werden müssen im Versuch, das Wort des Heils in ihr zu vernehmen – wir werden es nicht vernehmen, es sei denn aus dem Ganzen der Schrift. Das sola scriptura ist immer zugleich auch ein tota scriptura. An diesem totum wird alles zur Irrlehre, was einem fremden Prinzip des Wählens, des Scheidens und Urteilens entstammt.

Besser die von mir unverstandene, als die von mir unterworfene Bibel! Die Bibel ist ein Garant der menschlichen Freiheit. Immer scheiterten Systeme und Institutionen an diesem Vorgebirge der Ewigkeit, solange »die Zeit nicht aus ist«.

3] Zur Entschlüsselung der Bibel

Die Schrift – ein Ganzes

Setzen wir den Fuß auf den Boden dieses Kontinentes, der für jeden, der den Eintritt wagt, den Charakter eines unerforschten Landes annimmt! Das Befremdende, das uns hier begegnet, gehört zur Sache. Es entwerten, läßt die Sache der Bibel der Platitüde unseres Zeit-Milieus anheimfallen.

In der Bibel stehen die vorletzten und die letzten Dinge beieinander. Es geht darum, nicht auszuwählen, das Ganze der Bibel unangetastet zu lassen. Jedes Prinzip der Auswahl zerstört das Ganze ihrer Einheit.

Indes – man darf sich dem Umstand nicht verschließen, daß jede Auslegung Auswahl ist und jede Theologie zwangsläufig am Rand der Häresie verläuft. Dies ist der Tribut, den der sterbliche Geist an seine Endlichkeit zahlen muß. Wahrscheinlich liegt die Stärke der trinitarischen Formel in der Art und Weise, wie in ihr der Unberührtheit des Geheimnisses durch das Denken Rechnung getragen wird, nämlich darin, daß sie nicht *eine* Mitte, sondern *drei* »Mitten« zugleich bekennt. Hier geschieht ein Zusammenfall – ein »symbolon« – von etwas, das nicht zusammenfallen kann und dennoch unaufhörlich zusammenfällt: in diesem Drei gleich Eins und Eins gleich Drei.

Nachdenkenswert bleibt in diesem Zusammenhang Bonhoeffers Hinweis auf die frühchristliche Arkandiziplin[18], durch welche die Mysterien des christlichen Glaubens geschützt wurden. Danach müßte zwischen vorletzten und letzten Dingen unterschieden werden. Es sind dies Stufen der Erkenntnis, nicht verschiedene Wahrheiten.

Vorletztes wäre dann alles, was »Christentum« ist im Sinn einer historischen Religion: die Systeme der Theologie und die Institutionen der Kirche. »Letzte Dinge« wären vor allem die, welche sich im prophetischen Wort kundgeben, das mit einer Prägung Urs von Balthasars[19] »parusial« ist. Es sind die zentralen Worte Christi mit ihrem ausgesprochen absurden Klang von der Aufhebung der Natur- und Geschichtsordnung, vom Widerchristen am Ende, dem bereits angebrochenen Gottesreich, den Jüngern, die den Tod nicht sehen werden, zuletzt der Wiederkunft von Christus. Hier ist das Interim »Geschichte« mit seinen Systemen, Theologien, Kirchen,

Kulten, mit seiner »Religion«, den vorletzten Dingen, schon nicht mehr im Gesichtsfeld.

Genau dazwischen auf der Grenze der vorletzten und letzten Dinge steht die Bibel, und dieses »Zwischen« macht sie so brüchig, läßt sie nur Hinweis in Ohnmacht sein. In ihr gibt sich uns beides, Vorletztes und Letztes, in seiner Spannung ungeschützt preis. Das ist ihrer Sache gemäß und muß ausgehalten werden. Darin hat sie ihre Stärke und Schwäche. Nur so läßt sich ihr Ganzes bewahren und im Ganzen das Geheimnis. Dieses Geheimnis aber gibt es, und es ist wichtiger, dieses zu bewahren, als die vorlaufenden Phänomene der Kirchen- und Dogmengeschichte, die ja in ihrer Historizität ihr Relatives in allen Varianten vorgeführt haben und weiter unentwegt variieren müssen, solange die Zeit währt.

Dies In-Rechnung-setzen gibt Gelassenheit beim Lesen: Den Vorlauf und den Hauptlauf auseinanderhalten, ohne sie gegeneinander auszuspielen. Bedenken, daß auch unser Lesen der Bibel im Vorlauf geschieht, daß wir aber auf ihrem wundersam brüchigen Boden unaufhörlich an den Hauptlauf herangeführt werden, eben dank dieser Brüchigkeit.

Das, was für uns das Befremdliche, Absurde, das Ungereimte ist, die dunklen Partien des Schweigens in ihr, kann für künftige Geschlechter die redende Eselin des sich drückenden Propheten Bileam (4. Mos. 22, 21 ff.) sein. Und wer will behaupten, daß er selbst nicht Bileam werden kann oder gar schon ist? Und daß die Leise Stimme durch die Eselin zu ihm sprechen will, die Eselin, die er so beharrlich – selbstverständlich mit besten wissenschaftlichen Gründen – noch eben maltraitierte? In der Bibel sprechen die Eselinnen und schreien die Steine. Respekt vor dem armseligen Eselein Bibel, das nur ein ›Buch wie alle anderen‹ ist! Es könnte die Stimme des »Engels des Herrn« durch diesen Esels-Mund tönen.

Warum – »nur« Schrift? Ja, sie ist »Schrift«. Sie ist »nur« Schrift. In ihr hat sich jene Stimme für uns preisgegeben, sich zum »Text«, zur »Literatur« gemacht, um uns menschlich vernehmbar zu werden. Sie ist Schrift geworden um unserer Endlichkeit willen.

Jede Zeit hat ihr Besonderes, und jede Zeit soll die Stimme vernehmen. Ja, jeder Mensch hat sein Besonderes, und – wie auch immer – er soll die Stimme dennoch vernehmen in seiner Zeit, in der Unwiederholbarkeit seiner besonderen Lage, die Stimme, die zugleich Stimme für alle Menschen, für alle Zeiten sein muß.

Der Mensch ist der vielfältig Gewandelte, die Stimme aber die eine, unwandelbare, wenn anders sie aus der Ewigkeit kommt. Darum hat die Sprache der Bibel, von jedem menschlichen Standort aus gesehen, etwas Verschlüsseltes an sich. So muß jede Zeit noch einmal den Schlüssel finden. Das verbürgt jeder Zeit den jungen Anfang, die Begegnung mit dem Ursprung in ihrer eigenen Gegenwart.

Zwei Männer stehen beisammen. Ihre Wege trennen sich. In diesem Augenblick nimmt der eine eine Zigarettenschachtel aus seiner Tasche und reißt sie mitten durch. Die eine Hälfte behält er. Die andere gibt er dem Freund. »Wenn du je einem begegnen wirst, der dir die andere Hälfte weist – sie wird genau in den Riß sich einpassen –, dann nimm ihn an wie mich selbst.« So passen Wort und Zeit ineinander, wenn die Stimme zu einem Menschen zu sprechen beginnt.

Das Ein-für-allemal-Geschehene, das unberührbar Gültige des Ursprungs schickt sein Zeichen »eingefroren in Schrift« durch die Zeiten.[20] Es muß schon Schrift sein, damit das Wort durch die Zeiten auf die Generationen kommen kann.

»Schrift« – ist das in Wahrheit etwas so Geringes, wie es unser überhöhtes Selbstgefühl vorstellt? Ist »Schrift« nicht sehr sachlich unserem Leben in vergänglicher Zeit angepaßte Gestalt, zu überdauern? Zur Geschichtlichkeit gehört Einmaligkeit, Unumkehrbarkeit. Wie anders soll das Einmalige in der unumkehrbaren Zeit Dauer gewinnen, es sei denn im Zeichen, genannt Schrift? Es ist unsere Selbstüberschätzung, welche die Schrift und die in ihr mächtige Ordnung der Zeitlichkeit gering achtet. Schrift hat mit Anteil an der Größe und dem Elend des Menschen. Sprache und Schrift gehören zusammen und sind beide Verkörperungen unseres Menschlichsten. In der Schrift gewinnt Sprache Kommunikation der Zeiten. Sie ist wie ein Schatten, den die »Zeit ohne Zeit« in unsere Zeitlichkeit hereinwirft.

Schrift wird einmal aufhören, wenn das Interim dieser Welt-Zeit aufhört. Aber solange dieses Interim währt, gilt Schrift so hoch, daß in ihren Sätzen der sagende Gott uns vernehmbar sein will, ja nicht anders sein kann, kraft der Geschichtlichkeit des Christusereignisses. Von der Sprache her, die so »seinshaltig« ist, daß Gott in ihr reden kann (Max Picard), geschieht es, daß auch Schrift für die Leise

Stimme durchtönbar ist. Mit diesem Schriftcharakter der Zeugenaussage hängt aber noch ein anderes zusammen: Interpretation muß sein.

Was ist Interpretation der Schrift?

Warum Interpretation der Schrift? Die Interpretation ist das ›Sprechen dazwischen‹. Da ist ja ein Gegenüber, da ist die Stimme eines anderen, der spricht. Nur als die Stimme des anderen ist sie für uns der Beachtung wert. Interpretation ist Sprechen zwischen dem anderen und uns. Interpretation ist Kommunikation.

Sprache lebt im Gespräch. Sprache setzt den anderen Menschen mit. Zum Gespräch gehört der Mitmensch, zum Mitmensch die Mitteilung. Interpretation ist dieses Gewebe, das von den ersten Zeugen an bis auf unseren Tag durch die Sprache die »Gemeinschaft der Heiligen« stiftet. Sprache ist der Leitkörper für die »energeia« des Geistes. Das »Wort« wird Sprache durch Menschen für Menschen. In diese Ordnung sind wir unauflöslich hineingeflochten. Interpretation ist das universale Gespräch der Gemeinde per saecula saeculorum, in dem sie immer neu am Akt der Stiftung teilnimmt.

Bedürfen wir nicht sogar der Interpretation untereinander? Selbst wo die Menschheit mit eigener Stimme spricht, bedarf es der Interpretation. Wir interpretieren Homer und Shakespeare, Kant und James Joyce. Um wieviel mehr die Stimme des anderen!

Die Interpretation gehört zur Sache, die eine Situation zwischen den Zeiten, zwischen den Qualitäten, eine Situation im Offenen meint; in der die beiden antipodischen Worte gelten, die Hegel und Kierkegaard wie einander zu Leide gesprochen haben – Hegel: daß alles Unmittelbare schon irgendwie ein Vermitteltes – und Kierkegaard: daß die Mittelbarkeit eben die Unmittelbarkeit sei.[21]

So oder so steht die Interpretation in der ›Mitte zwischen‹ und ist Spannungs- und Umwandlungsfeld beider.

Das Wagnis, mit der Bibel im Offenen der wahren Wirklichkeit leben zu müssen, wird nicht von uns genommen. Es ist mit ihr gegeben. Denn diese Stimme spricht nur im Offenen der Freiheit des freien Gottes und des freien Menschen. Ihr dynamisches Geheimnis kennt keinen anderen Raum. Heute nicht und einst nicht.

Die Interpretation ist keine Übersetzung. Jede Übersetzung ist schon Interpretation. Sie geht der Übersetzung voraus. Auch der Urtext der Ursprachen, Hebräisch, Aramäisch und Griechisch, ist schon Übersetzung, enthält schon Interpretation eines Ereignisses, dahinter, darunter, jenes Ereignisses, das die Texte, die Übersetzungen bezeugen.

Das Ereignis ist der Ursprung. Die Stimme geht von ihm aus. Wie durch Leitkörper hindurch, die Resonanz geben, dringt sie durch die Texte, Schichten, Sprachen, Übersetzungen hindurch. Interpretation ist der Griff auf das Ereignis, der Griff durch die Texte hindurch am Leitstrahl der Leisen Stimme entlang, um die Berührung mit dem Ereignis zu bekommen.

Um die Berührung mit dem Ereignis geht es in der Interpretation. Es geht in ihr nicht darum, zu erfahren, wie es zu Jeremias oder Jesu Zeiten war. Es geht um Teilhabe an dem Ereignis von damals: heute und hier.

Was ist Interpretation?

Interpretieren ist ein Amt. Die Interpretation ist sehr alt, so alt wie die Gemeinde der Gläubigen. Den Ausleger gab es von Anfang an. Es war ein »Amt« der Gemeinde (1. Kor. 12, 14). Sie war in der gleichen Verlegenheit, in der wir heute sind. Der Abstand vom Ereignis des Christlichen war schon damals da. Auch sie war vom Zeugen abhängig. Die Schrift schob sich dazwischen. Nur durch sie konnte die Nachricht auf die Zeiten kommen. Die Schrift aber bedurfte der Interpretation. Denn wiederum war andere Zeit, das Zeugnis aber das gleiche. Nichts kann in der Sache fester begründet sein als diese Notwendigkeit. Noch sehen wir nicht »von Angesicht zu Angesicht« (1. Kor. 13).

Interpretation bedarf des Charismas. Weil der Raum, in dem der Interpret sein Werk tut, offener Raum ist, deshalb ist Interpretation immer Wagnis. Aber er ist hier nicht alleingelassen: Auslegung ist Charisma. In der frühen Gemeinde heißt das Auslegen der Zungenrede »propheteuein« – weissagen. Ein Hauch des Pneuma-Geistes muß zu aller Zeit in der Interpretation sein. Es gibt Erleuchtung.

Interpretation bedarf der Wissenschaft. Weil Interpretation im Offenen geschieht, deshalb muß der Interpret sich aller Möglichkeiten bedienen, die ihm seine Zeit bietet, um dieses Wagnis zu bestehen. Er muß heute alle Möglichkeiten ausschöpfen, die ihm die Philologie zur Verfügung stellt. Wie blaß ist Luthers Übersetzung z. B. des Wortes doxa (»Herrlichkeit«), wie unübersetzbar agape oder parusia! Und wie lädt sich das ausgelaugte Wort wieder auf, eingetaucht in den Ursprung! Hier gibt die Bibelwissenschaft dem Interpreten die philologischen Hilfen, um sich an den Ursprungssinn der Worte heranzuarbeiten. Gerade die Unersetzbarkeit der biblischen Wortschöpfungen ist es, an der sich sein Sprachsinn befruchtet, sich seine Leidenschaft entzündet, das Unersetzbare noch einmal zu sprechen mit eigenem Mund, es zu umwerben, mit Bild und Begriff aus der lebendigen Sprache der eigenen Zeit es zu umkreisen, es einzubringen ohne Verlust an Wirkmacht. Christus hat aus Wasser Wein gemacht. Es geht nicht an, daß wir aus dem Wort-Wein Wasser machen.

Desgleichen hilft ihm die Geschichtswissenschaft. Aus ihr lernt er die Auslegung der Texte im Munde der Väter. Auf ihren Mund muß der Interpret lauschen, bevor er den seinen auftut. Denn auch durch seinen Mund muß Sprachschöpfung geschehen, muß Sprache anders werden, um dem Anderen der anderen Stimme den Lautleib im Hiesigen zu geben. Nur aus so tief hinabgezweigter Wurzel werden die »Schriften der Alten« zum heute sprechenden Wort.

»Auslegung«? Was wird da »heraus«gelegt? Es wird herausgelegt, was im Vergangenen das Gegenwärtige ist. In der Auslegung geschieht ungleich Gewichtigeres als Auslegung auf den »Sinn« einer »Stelle« hin. Im Vergegenwärtigen werde ich in den Text hineingenommen mit meiner ganzen Existenz. Die Kunst des Bibellesens geht nicht auf ein Verstehen der Wahrheit, sondern auf ein Sein in der Wahrheit.

Im ersten Buche Mose (32, 22 ff.) gibt es eine Geschichte, die erzählt, es habe der Erzvater Jakob beim Übergang über den Fluß Jabbok nächtens einen Kampf mit dem »Engel Jahwes« gehabt. Als dieser sah, daß er Jakob nicht würde besiegen können, schlug er ihm im Ringen auf die Hüftpfanne. Als die Morgenröte anbrach, sprach er zu Jakob: »Laß mich los!« Jakob antwortete: »Nur wenn du mich segnest, will ich loslassen!« Da segnete ihn der Engel. Jakob aber verließ die Stätte mit lahmender Hüfte. Zur Erinnerung daran habe der Erzvater, so erzählen die alten Texte, das Heiligtum »Pniel«, das heißt »Angesicht Gottes«, errichtet.

Die Historiker sagen dazu, es handle sich um die Gründungssage, in der die Entstehung des alten Heiligtums erklärt werden solle, vielleicht aber auch nur um eine Lokalsage, die dem Flußdämon gewidmet gewesen sei. Warum auch nicht! Dies mag sehr wohl zutreffen. Es ist interessant. Aber es geht mich nicht an.

Erst dann trifft es mich, erst dann vernehme ich die Leise Stimme, wenn die Vergangenheit ausgeschaltet ist, wenn ich im Bilde des mit Gott kämpfenden Jakob mich selber erkenne; wenn sich mir aufhellt, was der Mensch ist: daß er mit Gott kämpfen muß; und was ihm geschieht, wenn er mit Gott kämpft; daß ich ein Recht habe, mit Gott zu kämpfen; daß ich diesen Kampf bis aufs Blut durchstehen muß; daß ich in der Nacht kämpfe; daß Finsternis, Einsamkeit, Verzweiflung der Ort der Gottesbegegnung sein kann; daß ich aus solchem Kampf nur als ein leblang Gezeichneter, als ein »Hinkender« davonkomme und daß ich darin ein Gezeichneter bleiben werde.

Der freie Mensch wird zum Kampf gestellt, wenn die Leise Stimme spricht. Es ist kein leichtes Ding, das mit der Interpretation anhebt. Da ist eine sehr dicke Bremsschicht von Skepsis bei uns heutigen Lesern zu überwinden. Ist da wirklich Antwort, die bei mir ins Schwarze trifft? Aber auch das andere bleibt wichtig: Ist es mir mit meiner Frage ernst? Ist es mir so ernst, daß ich um die Antwort kämpfen werde, daß ich's mir etwas kosten lasse, wirklich Antwort zu bekommen? Und schließlich, bin ich dann auch bereit, die Antwort anzunehmen, auch wenn sie mir nicht gefällt? Es könnte sein, daß ich mich in ein gefährliches Spiel einließ, daß mich die Antwort verfolgt, mich einholt, mir den Weg verstellt. Es könnte der Fall eintreten, daß mich die Antwort schon im Tor erwartet, hinter dem ich ihr entrinnen will.

Aber noch etwas anderes gibt es: daß die Stimme verstummt, daß sie sich uns entzieht. Wir verfolgen sie. Wir wollen uns ihrer bemächtigen. Sie soll unseren Wünschen zu Willen sein, diejenigen Antworten geben, die wir hören wollen, unsere Interessen, Philosophien, Weltbilder rechtfertigen. Aber da wird die Stimme unverständlich. Sie entzieht sich uns. Wir können jetzt keine Realität mehr damit verbinden, wenn wir »Gnade« oder »Reich Gottes« oder »Vergebung der Sünden« hören. Das ist »theologisch«, gar »mythologisch«, sagen wir, und lassen die Läden herunter.

Wir Komfort-Menschen wollen es leicht gemacht haben und so billig wie möglich dazu kommen. Indes – kein Park zum erbaulichen Promenieren ist die Bibel, sondern eine Eigernordwand, die sich in Eis und Nebel vor uns verhüllen kann.

Die Stimme vernehmen, vom Unberührbaren berührt werden, den Schlag empfangen, das geschieht, wenn – aus dem Trümmerberg von Texten, Wörtern und Buchstaben – sich ein einzelnes Stück loslöst, lebendig wird, auf mich zufliegt und mich im Zentrum meiner Verlegenheiten trifft. Nur wenn ich in die Existenz hineingetroffen bin, brennt die Antwort in ihrer Aktualität erst auf.

Der Überschritt ins Dasein

Die Entschlüsselung im ›Jetzt und Hier‹. Wir kommen damit zu der entscheidenden und letzten Frage, wie das Geheimnis sich uns in unsere Existenz hinein entschlüsselt. Das Jetzt und Hier ist der Ort des sich entschlüsselnden Geheimnisses der Bibel.

Im ersten Kapitel des Johannesevangeliums heißt es: »Wer ihn aber annahm, dem gab er Vollmacht, ein Sohn Gottes zu werden, aus Gott gezeugt zu sein und nicht aus eines Mannes Willen.« So sehr geht es uns an, so tief kann es uns treffen, jenes seltsame Wort, daß es auch in uns »Fleisch« werden und wir »Söhne Gottes« werden können. Es kann. Es muß nicht. Es kann, sofern wir die Leise Stimme annehmen. Sie meint uns, doch nur so, daß sie uns antrifft in einer beliebigen Stunde unseres Lebens, unvermutet, uns einholt auf unserem Wege und uns anspricht aus einem Widerfahrnis, aus einer Begegnung, aus einer Lebenslage. Sie legt sich uns aus durch das Medium des Lebens hindurch. Sie entschlüsselt sich uns in unserem Geschick. Von dorther nimmt jenes Wort sich Fleisch und Bein: *von dem, was wir selbst sind.* Unsere Erfahrung und ihre Mitteilung sind aufeinander bezogen. Eines ist durch das andere erst da, wie der Schuß aus Pfeil und Bogen, der Ton aus Atem und Flöte kommt. Hier wird die Geschichtlichkeit der Bibel unsere eigene Geschichte. Sie erzählt in uns weiter, in unserer Biographie. Jenes Wort ist durstig nach Menschen und verlangt nach Ereignung.

Dies ist es, was mit der »anderen Dimension« gemeint ist. Das Andere wird ein Unseres. Das Jenseits wird ein Innseits. Das Paradoxe wird an unserem »Fleische« exerziert.

Pneuma ist Sperma, ist das Samwort, das neue Kreatur zeugt: nicht laut, sehr leise, aber so unmerklich wie unaufhörlich. Doch ein Mensch ist dabei der Zeuge. Merkwürdig, Zeuge und Zeugen klingen aneinander an, haben aber keinen gemeinsamen Sprachstamm. Doch nehmen wir die Gedankenverbindung gern. Sie trifft von der Sache her. Der Zeuge wird im Bezeugen des Ereignisses zu seinem Fortzeuger in Personen, die wie er von Fleisch und Blut sind. Denn das Ereignis war im Ursprung auch in Fleisch und Blut. Die Texte werden Person, wie die Person des Zeugen zeugte von einer Person. »Unser Brief, das seid ihr«, sagt Paulus zur korinthischen Gemeinde (2. Kor. 3, 2 ff.). »Er kann von allen Menschen gelesen und verstanden werden. So steht ihr vor aller Augen da, ein Brief des Christus, von uns ausgefertigt, nicht mit Tinte, sondern mit Geist des lebendigen Gottes geschrieben, nicht auf Steintafeln, sondern auf menschlichen Herzen.«

Die Entschlüsselung und der Überschritt, das Verstehen und das Sein lassen sich nicht voneinander trennen. Wie geht das zu, dieser Überschritt vom Anderen her in das Unsrige? Es ist die Frage, die Nikodemus in jenem Nachtgespräch an Jesus richtet (Joh. 3). Der gelehrte Mann denkt, wie ein Wissenschaftler denken muß, und sagt sein »Unmöglich«. Zweimal Geborenwerden gibt es nicht im Bereich von Ursache und Wirkung. Man kann nicht wieder zurück in seiner Mutter Leib. Hier steht das Biologische gegen das Pneumatische. Christus sagt ihm, gerade das Entgegengesetzte sei der Fall: kein Woher, kein Wohin. Weder Kausalität noch Teleologie. Aber der Wind bläst: Es geschieht. Und darauf allein kommt es an. Er sagt dann noch etwas darüber hinaus, verschlüsselt im Bild. Er sagt, daß diese zweite Geburt, die Geburt von oben her, geschehe nicht aus dem Geist allein, sondern aus Geist *und* Wasser. Der Geist muß zeugen im Stoff. Er zeugt nicht in der leeren Luft. Er bedarf des Elementes. Er bedarf der Leiblichkeit. Und dieses Element der Fruchtbarkeit (das Wasser!) bietet sich ihm ebenbürtig dar nur in der lebendigen Existenz des gelebten Lebens einer Person von Fleisch und Blut.

Das Inkognito muß jetzt sein Geheimnis lüften. Jesus hilft dem Nikodemus. Aber nur so, daß das Geheimnis im Lüften dennoch

Geheimnis bleibt. Würde er auch nur einen Schritt weitergehen, so würde er das Geheimnis um seine Wirkmacht bringen. Es würde enthüllt, sofort von unserem Denken in Reflektion verwandelt, eine Lehre werden und damit auf eine Ebene abgeschoben sein, auf der es ein Theorem, ein Prinzip, ein System, nicht aber Existenz wird. Nur als Geheimnis bleibt ihm die Wirkmacht bewahrt, in das Existieren einzugehen. Aber Nikodemus muß auch etwas tun. Er muß den Schritt wagen auf das Geheimnis zu. Als Freier ist er angerufen.

Das Inkognito kann sich nur lüften im Eingehen in die Existenz. Anders würde das Geheimnis nackend (»abstrakt«) werden und zergehen in Nichts. Nur durch das Existieren hindurch gibt es eine Entschlüsselung des göttlichen Wortes. Erst durch die Existenz hindurchgegangen, tritt es ins Bewußtsein, kann es vergegenwärtigen. Als Existierende sind wir aufgerufen. Wir müssen mittun.

Das Wort gibt sich zu erkennen immer nur eingeschlossen mit dem Existierenden zusammen im zugebundenen Sack.

Das Problem der Entschlüsselung läßt sich nicht theoretisch lösen. Im Entschlüsseln muß unser heute gelebter Tag selbst mitsprechen. Entschlüsselndes Sprechen muß sich aus den Elementen des Existierens selbst aufbauen, ganz von unten her, auf profane Weise. Es muß Erde mit darin sein. Wir müssen selbst mit darin sein. Wir werden in den Schlüssel mit hineingehämmert. Das müssen wir uns gefallen lassen. Entschlüsselung kommt nur zustande, wenn schon Sein darin ist. Das Geheimnis entschlüsselt sich uns in unsere Existenz hinein in dem gleichen Maße, in dem es sich aus ihr heraus entschlüsselt.

Im Weltlichen entzündet sich das Biblische. Aus dem Weltlichen, gleichsam in der Reibung mit ihm, tritt das Biblische als Flamme hervor, die auf den Weg fällt, den meine Füße in der Nacht suchen.

Ja, nicht nur die meinen! Die Flamme fällt auf den Weg eines ganzen Zeitalters, das dann plötzlich in das Licht von Blitzen getaucht ist. Letztlich aber fällt sie auf den Weg des ganzen Menschengeschlechts. Hier läßt sich erkennen, daß Gott eine Geschichte hat nicht nur mit mir, sondern mit der Menschenwelt, mit der ganzen Schöpfung.

So weltisch geworden, gewinnt die Stimme das Ohr, baut sie sich auf aus dem Elementaren des Daseins, ganz von unten herauf wiederum fähig, einzugehen in Existenz, neue Existenz mitzuteilen. Als ein Veränderter gehe ich davon.

II - Lesebeispiele

1] Kleine Anleitung

Ist es nicht eine sehr merkwürdige Vorstellung, die in dem Wort »Beispiel« waltet? Ich meine die Vorstellung eines *Spiels*. Warum Spiel?

Es ist im Spiel noch nicht der Ernstfall gegeben. Der Ernstfall wäre die Sache selbst. Wem spiele ich im Beispiel »bei«? Ich spiele der Sache selbst »bei«, ich laufe – wie neben ihr her, sie im Spiel nachahmend, abbildend, sie gestikulierend und indem ich sie im Spiel für den Zuschauer-Zuhörer versinnliche, indem ich sie auf die Wort-Bühne in Sprachgestalt stelle, will ich in dieser »Ahmung« der Sache selbst den Anderen in Marsch setzen eben auf diese Sache selbst, die ein Geschehen ist. Das, was im Beispiel »gespielt« wird, muß ihm selbst geschehen. Das Spiel muß Ernst werden. Er muß in die Sache selbst hineingeraten sein.

Keine »Lehre«, wie man »Exegese treibt«, soll hier gegeben werden. Es werden nur Beispiele gegeben, an denen man das Auge im biblischen Sehen einüben kann. Sehen zu lernen, darauf kommt es an. Der Leser ist in seiner Freiheit angerufen. Kein Rezept, an das er sich halten kann. Kein System, das sich aneignen läßt. Die Bibel ist ein Meer. Das Wasser trägt sein Schiff. Navigieren muß er selbst, hat er diese Kunst erst einmal gelernt.

Der biblische Modellfall

Am biblischen Modell gilt es, »sehen« zu lernen. Ich sage »sehen«, weil die biblische Rede unabstrakt ist und ihre Aussagen sich durch Verstehen nicht auflösen lassen. Hier wird Wort nicht »geredet«. Hier »geschieht« Wort. Gottes Wort »geschieht« zum Propheten (Jerem. 7, 1). Er findet dieses Wort wie ein Stück Brot, eine Frucht und ißt es (15, 16). Das »Essen« des »Gottes-Wortes« bleibt das biblische Bild für das Einverleiben, das etwas vom »Erde«-werden an sich hat. Zu dem Propheten Hesekiel (27, 7f.) »kommt« das Gotteswort als Buch, das er essen muß. »Du, Menschensohn, höre, was ich zu dir reden werde... öffne deinen Mund und iß, was ich dir geben werde.« Der Prophet sieht, wie eine Hand sich zu ihm hinstreckt mit einem Buch. Daß er das Buch verdaue und sich anverwandle, daß es mit ihm eins werde, verlangt die Stimme von ihm. Es geht in den Propheten ein und wieder von ihm aus und wird Geschichte. Es »geschieht« zum »Haus Israel«, das nicht hören will, »denn sie sind ein Haus der Widerspenstigkeit«. Angriff geht hier vor sich, Kampf ist. Und »Schwert« sein Name (Eph. 6, 17; Hebr. 4, 12). Das geschehende Wort ist letzten Endes unabhängig vom Gehörtwerden. Nicht, daß es nicht gehört werden will. Es will – darum ist es Wort. Es ruft den Freien an. Aber als geschehendes und Geschehen wirkendes Wort rollt es gleichsam auf einer anderen Ebene ab und durch die Mauer der Widerspenstigkeit hindurch. Kein »Haus« sichert den Menschen ab.

In der Offenbarung nach Johannes (1,14 ff.) geht das »Wort« aus dem Munde eines, der gleich war wie eines Menschen Sohn, als zweischneidiges Schwert, Krieg zu führen mit dem »Schwert« des Mundes (2,16).

Wo das Wort »geschieht« in der Welt, da werden die Dinge anders. Das große Weltgeschwätz ist erst eine nachprophetische Erscheinung. Es ist gefährlich mit diesen Worten der Propheten zu leben, die wie besessen, wie trunken sind, Taten zu werden.

Die Stimme, die Tat-Worte spricht, kann aus dem unscheinbarsten Textstück heraustönen, aus einem Schlackenrest, den die Kritik auf den Müll geworfen hat. Allerdings ist eines nötig, um die Stimme zum Tönen zu bringen: Die Berührung mit der Erde braucht das Textwort, um virulent zu werden, wie ein Virus Zehrfleisch braucht, um sich darauf zu entwickeln. Das Wort sucht den Menschen. Es sucht mich. Die Situation kann gar nicht menschlich genug sein. Dahinein zielt das Wort von Jesus Christus, daß er zu den »Kranken«, nicht zu den Gesunden, zu den »verlorenen Schafen« gekommen sei. Es zielt auf diese nackte schiere Menschlichkeit, die sich dort am redlichsten aufdeckt, wo wir in der großen Verlegenheit des Daseins am reinsten »wir selbst« sind. Konkret nennt man das, d. h. zusammengewachsen, nämlich im Menschen als in dem Ort, in dem Geschick zum unauflösbaren Knoten zusammengewachsen ist. Berührung hier ist die Voraussetzung. Der Kontakt muß hier in diesem Knoten hergestellt sein, damit der Strom hindurchgehen kann. Zwar geht der Strom hindurch, wenn er will, tönt die Stimme, wann sie will. Aber dies ist die Voraussetzung: diese Berührung mit unserer Wirklichkeit, dort wo sie am dichtesten ist.

metanoia

In der Bibel gilt ein anderes Denken als es das moderne Verstandesdenken ist. Das Denken wider das Verstehen, genauer: über das Verstehen hinaus die Einübung in solchem Umdenken wird lebensrettend für unser Zeitalter sein. Ein selbstkritisches Denken wird dieses Denken sein. In der Wissenschaft steht die historische Vernunft endlich zur Kritik heran.[23] Es ist nur schwer zu verstehen, wie zum Beispiel der Begriff »zeitbedingt« sich noch immer im Rang des Unbedingten erhält, obwohl sich diese Unbedingtheit in einer unaufhörlichen Selbst-Widerlegung aufgehoben hat. Dieser Begriff ist selbst zeitbedingt. Die biblischen Aussagen haben in keiner Weltanschauung Platz, am wenigsten in einer Weltanschauung, die von der vergehenden und der vergangenen Zeit her ihre Wertordnung empfängt.

Die Zeit ist nichts Unbedingtes. Zeit kann man »auskaufen«, wie der Apostel sagt. Und er begründet das, indem er sagt, daß die Zeit »böse« sei. Auch das kann Zeit sein. So bedingt kann sie sein. Von der Zeit ergriffen sein als von einem Unbedingten, kann vom Teufel ergriffen sein.

Zeit ist nichts »an sich«. Zeit ist immer nur an etwas. Oder für etwas. Zeit ist Liebe, die ich für etwas, für jemanden habe. Zeit ist aber auch Zweifel, ist Verzweiflung. Dann zerstört sie mich. Biblische Zeit ist vor allem anderen Geduld. Es gibt ein punctum mathematicum, in dem Zeit zum Stehen kommt, sich selbst aufhebt, aus der Horizontalen sich umkehrt in die Vertikale. So im Gebet. Im Glauben ist die Person ein solcher mathematischer Punkt. Er hat keine Ausdehnung mehr in der Welt der Quantitäten. Er ist Qualitas in der Quantität.

In der Bibel wird unser Denken in einen Drehpunkt, in ein metanoein, hereingenommen, in dem wir uns umdrehen lassen müssen, wenn wir »in die Wand einsteigen«. Es geht uns wie dem Bergsteiger. In der Wand ist der Weg aus der Waagrechten plötzlich in die Senkrechte verkehrt.

Was hier geschieht, geschieht unter einer anderen Kategorie von Zeit, als der unseres gewohnten Lebens und Denkens. Es ist nicht die Zeit, in der sich Kausales im Quantitativen vollzieht, der Zeitform unseres verwissenschaftlichten Daseins. Das ist allerdings eine Zumutung. Es wird uns von ihr nichts nachgelassen. Die Bibel hat nun einfach einmal den Menschen nicht zu ihrem Maß. Das ist vorgegeben und Fundament für jeden, der ihren Raum betritt. Der selbstgenügsame Mensch gerät in ihr auf ein Minenfeld, das bei jedem Schritt ihm unter den Füßen hochgehen kann. Nichts ist verständlicher als sein Zorn dieser Situation gegenüber und der gesteigerte Angriff der Zeitgenossen auf sie. In der Bibel ist noch ein Element vorhanden in dem breiigen Milieu unserer Einheitswelt, an dem Entscheidung unausweichlich wird. Sie ist Stein des Anstoßes, an dem sich mein Weg wendet im Nein oder Ja. Es ist mehr als eine Zumutung für den »mündigen Menschen«, wenn die Leise Stimme ihre Gunst dem »Unmündigen«, dem »Kind«, genauer: dem wieder zum Kind Gewordenen zuwendet (Mtth. 11, 25, 21, 16, 18, 3). Aber das kostet etwas. Kein größerer Irrtum, wie der in unserer Zeit grassiert, als könne man es billiger haben. Dieses Umkehren und wieder-Kind-Werden bleibt unabdingbar für das »Sehen des Gottesreichs«. Darum die Aufhebung der Zeit im Heute! Im Hier! Im Morgen! Im Kommenden!

parusia

Im Neuen Testament findet sich das klassische Modell der Entschlüsselung, das uns Jesus selbst gegeben hat. Es findet sich im Evangelium nach Lukas (4, 16ff.). In der Synagoge zu Nazareth faltet er die Jesajasrolle auf. Sein Blick fällt auf folgende Stelle (Jes. 61, 1): »Der Geist des Herrn ist bei mir.« »Ist« steht da. Dieses Ist meint das Jetzt und Hier dieser seiner Anwesenheit, seiner »Parusie« in der Zeit.

Und seine Auslegung hat nur einen Satz, und dieser Satz nur ein Wort, in dem er gipfelt. Und dieses Wort heißt: »Heute«. Heute ist diese Schrift erfüllt im prophetischen »Ist«. Die Parusie ist darin, die alle Vergangenheit in ihrer Gegenwart aufhebt, weil sich in ihr die Zukunft (Parusie) der Prophetie in Anwesenheit vorausnimmt.

Er, der Mann aus Nazareth, den alle kennen, »Josephs Sohn«, entschlüsselt sich selbst über der Jesajasprophetie als den Christus. Es ist des Jesajas Stimme, die Jesu Stimme wird. Hier ist Aufhebung der Zeiten. »Heute«, so sagt Jesus, »Heute«, damit beginnt er, heute ist diese Schriftstelle vor euren Ohren in Erfüllung gegangen.

In der Jesajasstelle, die Christus vor den Schriftgelehrten liest, heißt dieses Heute: »Das angenehme Jahr des Herrn.« Er ist dieses Jahr selbst. Es gibt Augenblicke im Leben von Jesus Christus, da bricht dieses Heute der erfüllten Zeit durch alle Vorstellungen hindurch und überflutet sein ganzes Bewußtsein. Weggerückt ist ihm dann das Gestern und Morgen der vergehenden Zeit. Wir, in der kausalen Zeit und in der Logik dieser Zeit denkend, verstehen ihn dann nicht mehr. Wir rechnen ihm nachsichtig seinen Irrtum vor, wenn er zu seinen Jüngern sagt: »So wahr ich hier stehe: unter den hier Anwesenden sind einige, die werden den Tod nicht schmecken, bis daß sie den Sohn des Menschen kommen sehen in seinem Reich« (Mtth. 16, 28). Es ist die Stunde kurz vor seinem eigenen Sterben. Die Geschichte liegt schon wie hinter ihm. Die »Zeit« ist für ihn schon »aus« (Offb. 10, 6). Sie ist ein Interim, das nicht mehr zählt im Angesicht der Vollendung. Er ist schon ganz darin im Heute der Parusie. Unter den Füßen des Gekreuzigten höhlt sich die vergehende Realität »dieser« Welt in reißendem Schwund aus. Den neuen Äon weiß er in sich schon gegenwärtig.

Da gibt es ein Gespräch im Johannesevangelium (8, 48f.) zwischen seinen Gegnern und ihm, in dem die beiden Zeitvorstellungen aufeinanderprallen: »So wahr ich hier stehe«, sagt Christus, »wenn einer mein Wort bewahrt, so soll er den Tod nicht sehen in Ewigkeit«. Die Juden sagen: Du lügst. Denn Abraham ist gestorben und die Propheten sind gestorben. Das gibt es nicht. Und du lästerst überdies. Denn du bist nicht mehr als Abraham, der gestorben ist. Jesus antwortet: »Abraham, euer Vater, jubelte, daß er meinen Tag sehen sollte. Und er sah ihn und freute sich.« Das ist die biblische Heute-Zeit, in der Abraham und Christus in der Zeit und im Raum beieinander sind. Darauf die Juden aus der historischen Zeit: »Du bist noch nicht fünfzig alt und willst Abraham gesehen haben?« Darauf er aus der ›Zeit ohne Zeit‹: »So wahr ich hier stehe: Ehe Abraham ward, bin ich.« Da huben sie Steine gegen ihn auf.

Und noch ein letztes Mal, am Abend vor der Kreuzigung beim Passahmal (Mtth. 26, 29): Ich sage euch dies: »Ich werde von jetzt an nicht mehr von diesem Gewächs des Weinstocks trinken bis zu jenem Tag, an dem ich von ihm trinke neu mit euch zusammen im Reich meines Vaters.« Dies ist von Gipfel zu Gipfel gesprochen. Zwischen ihm liegt in der Tiefe unten, schon wesenlos geworden, die vergehende Zeit. Dies ist das biblische Heute. »Du bist mein Sohn. Heute habe ich dich gezeuget« (Ps. 2, 7). Gestern, heute und in die Aeonen (Hebr. 13, 8).

Nur so entschlüsselt sich das Inkognito, das durch die Bibel geht. Alles steht auf diesem Jetzt und Hier, das meines ist. Wo die Stimme vernommen wird, da sind die Zeiten aufgehoben, da ist das Einst anwesendes Heute, da ist das »Jenseits« inseits geworden. So vergegenwartet Christus die »Schriften der Alten«, in sich selbst in seiner Anwesenheit »jetzt und hier«. Die Vergangenheit ist nicht mehr vergangen. Sie verbrennt in die Gegenwart hinein. In diesem klassischen Modell löst sich »Wort« auf in aktuelle Existenz. Wort geschieht. Es wird Heilsgeschehen. Aber im »Fleisch«, in der Leiblichkeit von Geschichte, geradezu im politischen, im biographischen Detail dieses heute gelebten Tages.

Aber die Stimme war zuerst da. Ihr Wort ist dem Entschlüsseln vorgegeben. In ihm ist das Maß vorgegeben, an dem mein Vernehmen Wahrheit gewinnt. Alles steht darauf, daß die Stimme spricht, daß das Wort fällt – zuerst.

Da ist eine Doppelbewegung in der Entschlüsselung. Wort geht in die Welt und kommt zurück aus der Welt. Dies ist *ein* Akt. Jesajas (35, 10ff.) sagt, es komme das Wort, das aus dem Munde Gottes gegangen sei, »zurück«. Woher kommt es zurück? Von der Erde kommt es zurück. Und zwar nicht »leer«. Warum nicht leer? Weil es dort »getan« hat, was Gott gefiel. Es ist ein Tatwort, eine Worttat, die nur in actu in der Welt ist.

DENN WIE DER REGEN VOM HIMMEL HERABKOMMT,
UND NICHT ZURÜCKKEHRT, OHNE DASS ER DIE ERDE GETRÄNKT
UND SIE GEBÄREN UND SPROSSEN GEMACHT,
UND SAMEN DEM SÄMANN GESCHENKT UND BROT DEM ESSER,
SO MEIN WORT, DAS AUS MEINEM MUNDE GEGANGEN:
ES WIRD NICHT LEER ZU MIR ZURÜCKKOMMEN.

So müssen wir das Wort sehen lernen, in dieser Gestalt, die es gewonnen hat von der Erde. In ihr hat es Fleisch und Bein von unserem Fleisch angenommen, hat es Fülle gewonnen. Im Zurückkommen aus der Welt kann man es sehen: die Berge und Hügel sollen in Jubel ausbrechen. Und alle Bäume des Feldes in die Hände klatschen. Dies andere gehört dazu, das Zurückkommen.

Aus dem Weltlichen tritt jetzt das Biblische hervor. Es hat sich in ihm bewahrheitet. Es hat Sichtbarkeit gewonnen im Zeichen, das jetzt die Zeit von sich gibt. Die Zeichen der Zeit sind sichtbar gewordene Gottesworte. Sie tragen das Gesicht der Profanität. Da ist eine doppelte Dechiffrierung im Gange in diesem Doppelakt des sich selbst entschlüsselnden Wortes. Die Schrift dechiffriert das Profane, und das Profane dechiffriert die Schrift.

Mein Leser erlaube mir dieses Bild: Ein Meteor leuchtet vor unserem Auge erst auf, wenn er in der Erdatmosphäre verglüht. So gewinnt die Leise Stimme erst Sprache in der atmosphärischen Schicht, die unsere Lage, unsere Zeit ist. Wie mich die Leise Stimme anredet, merke ich daraus, daß mein In-der-Welt-Sein zugleich ein Vor-Gott-Sein ist. Dieses Zugleich ist im Merken drin, im Merken auf das Wort und im Merken auf die Zeit. Beides ist zugleich: das Auslegen der Schrift und das Auslegen der Zeit, ein Kontakt und ein Akt.

Das ist erzbiblisch: daß durch Wort das Ereignis des Ursprungs »wiedergeholt«, daß es Gegenwart wird.

Am Beispiel von Jacobs Kampf (1. Mos. 32, 22 ff.) mit dem Engel beim Flußübergang über den Jabbok hatten wir gesehen, daß auch eine Mythe aus längst versunkener Welt plötzlich Funken sprühen läßt wie ein Stein, auf den man mit einem Hammer schlägt. Eine Aussage drang an unser Ohr, die uns etwas Letztes über das Verhältnis von Mensch und Gott aufschloß, das in keiner Philosophie zu finden ist.

Zum Schluß möchte ich dem Leser noch einige *Beispiele* geben dafür, wie sich die Leise Stimme für uns Heutige entschlüsselt media in vita. Je dichter, gefüllter, bedrängender diese Lebensmitte ist, desto unbekümmerter, gleichsam resoluter werden wir uns der Stimme öffnen.

2] Interpretationen

Der Einzelne und
der allein Andere

Es kommen die Worte der Bibel, die mich, den Einzelnen angehen, aus der Erfahrung einer großen Tiefe.

Es ist die Erfahrung der vollkommenen Heimlichkeit Gottes. An ihr scheitert jede Metaphysik. Denn die Heimlichkeit spottet jeden Versuchs der Vernunft, sie zu lüften. Sie bleibt. Sie wird noch heimlicher. Sie ist die Erfahrung meiner Endlichkeit. Diese Endlichkeit ist die einzige Weise – mittelbar wie im Negativ – die Wirklichkeit Gottes zu erfahren. Er muß selbst endlich werden, muß den Endlichen ein Endlicher werden, um ihnen da zu sein. Er muß an unserer »Tiefe« teilnehmen. Keine andere Möglichkeit! Er muß Passionist werden. Aber das ist schon weit vorausgegriffen im Evangelium. Zuerst sind wir mit dem Psalmdichter ganz und gar »in der Tiefe«. Der 130. Psalm beginnt mit den Worten »Aus Tiefen rufe ich Dich, Gott, an.« Unzählige haben, Generation um Generation, diesen Aufschrei nachgestammelt. Er kommt aus einer Tiefe, die allen Menschen gemein ist. Hier ist die immer gleiche Natur des Menschen, die in der immer gleichen Lage aufschreit. Hier in dieser »Tiefe« sind wir an einem Ort, wo es keinen Unterschied der Zeiten, der Sprache, der Hautfarbe gibt. Jenseits der Zeiten und Räume, der Sprachen und Rassen, finden wir uns hier mit ungezählten Menschen, die nicht mehr auf der Erde sind und anderen, die es erst einmal sein werden, in einer gemeinsamen Erfahrung. Im 69. Psalm heißt es:

ICH VERSINKE IN TIEFEM SCHLAMM,
DA KEIN GRUND IST.
ICH TREIBE IN WASSERTIEFEN
UND DIE FLUT WILL MICH ERSÄUFEN.
ICH HABE MICH MÜDE GESCHRIEEN.
MEINE STIMME IST HEISER GEWORDEN.
BLIND GEWEINT HABE ICH MICH
VOR WARTEN AUF GOTT.

Darin sind die Psalmen geradezu modern. Es muß das eine Urerfahrung des Menschenwesens sein. In den »Tiefen« sind wir mit der ganzen seufzenden Kreatur vereint. Es gehört Stärke der Leidenschaft, ungebrochene Kraft der Empfindung und ein unauslöschbares Wissen des Menschen um seinen Gottesursprung dazu, um diese Erfahrung – wir müssen jetzt sagen – überhaupt machen zu können, ja zu dürfen.

Der Dichter kennt auch die Ursache dieser Erfahrung. Diesen Schritt mitzugehen wird freilich schon schwerer. In die große Verlassenheitsklage einzustimmen, wollüstig in den Tiefen zu wühlen, mitleidig mit sich selbst, das ist auch eine Grundhaltung des in sich selbst verliebten Menschen. Der Selbstumkreiser Mensch wird niemals aus den Tiefen herausfinden. In der Tiefe wird er immer nur sich selbst finden.

In die Tiefen abgestürzt zu sein, das geschieht nicht ohne des Menschen Schuld. Davon weiß der Dichter noch und scheut sich nicht, es sich einzugestehen. Er hat ein klares Auge für des Menschen

Wirklichkeit. Und vor allem – er hat Härte gegen sich selbst. Zu der Wirklichkeit des Menschen gehört, daß er nur von Gott her sein kann. Und das andere, daß der Mensch das nicht sein will: daß er von sich her und zu sich hin sein will. Das Sich-selbst-suchen, Sich-selbst-verwirklichen heißt sich selbst verfallen. Mit sich selbst allein sein wirkt ja gerade die Erfahrung jener Tiefen.

> Wen Du, Gott, wolltest um seine Sünde anklagen,
> Wer könnte in Deinem Gericht bestehen?
> Denn Du allein kannst binden und lösen.
> Darum fürchtet man Dich.

heißt es im 130. Psalm. Wir hassen das Wort »Sünde«. Es sagt uns angeblich nichts mehr. Wie, wenn es uns viel zu viel sagte, wenn es uns gerade das sagte, was unser Selbst-sein-wollen nicht hören will? Schon sehen wir uns in peinliche Bewußtseinserforschung verstrickt. Auch da entdecken wir »Tiefen«, die uns gar nicht gefallen. Wir decken sie zu, bleiben aber unter dem Deckel selbst mitgefangen »in den Tiefen«. Wir sind nicht hart genug, um zu unserer Wirklichkeit vorzustoßen. Nicht hart genug zur Wahrheit über uns selbst – bleiben wir in den Tiefen. Unsere Lamentationen nehmen kein Ende. Die Welt ist schuld. »Die anderen sind die Hölle«, sagt Sartre. Schließlich erheben sich die Anklagen gegen Gott selbst. Unsere Zeit ist voll davon.

Der Psalmbeter aber ist hart genug. Er weiß, daß der Lobspruch nur von einem anderen ausgehen kann, nie vom Schuldigen selbst.

Und dann kommt da noch ein Wort, das wir ebenso ungern hören wie das Wort Sünde. Und doch gibt es keinen Ersatz dafür. Jeder Versuch, es zu ersetzen, würde den Urschrei des Menschen »aus den Tiefen« auf die weiche Tour zu erledigen suchen. Das heißt, er würde ihn ohne Antwort lassen.

Im selben Psalm 130 heißt es:

> Sehnlicher als der Wächter auf den Morgen
> warte ich auf Gott. Warte ich
> auf Begnadigung und Losspruch durch Ihn.

Das Wort, das wir neben dem Wort Sünde so ungern hören, ist das Wort Gnade.

Der Zustand, den wir mit den Worten Sünde und Gnade bezeichnen, ist uns fremd geworden. Wir fragen ganz anders, z. B.: Wie werde ich meine Krankheit los? Wie komme ich über meinen Mißerfolg im Beruf weg? Über die Enttäuschung an Freunden oder Kindern? Oder – wie werde ich bestehen unter Terror und Gewissensknechtung, unter Leiden und Entbehrungen, im Alt- und Müdewerden? Wir sind Praktiker. Wir fragen sofort nach der Abhilfe. Wir haben einen Verkehrsunfall. Uns interessiert nur, wie wir den Schaden auswetzen. Wie es dazu kam, interessiert nicht so sehr, erst recht nicht, wenn wir der Schuldige sind.

Das Wort »Sünde« fragt nach der Ursache unseres Vergehens. Es läßt nicht locker, in die Tiefen hinabzufragen, wenn es um unsere Unfähigkeit geht, mit dem Leben, mit uns selbst fertig zu werden. Und das Wort »Gnade« sagt nichts anderes, als daß der Mensch Dasein hat allein von Gott her, daß diese Abhängigkeit seine Ehre und seine Stärke ist vor allen Geschöpfen in der ganzen Kreatur.

Ich hatte vorhin gesagt, daß die Psalmen in der Erfahrung der Einsamkeit des Menschen geradezu modern sind. In einem Punkt aber sind sie es nicht. Wir Heutigen warten gar nicht mehr auf Gott. Wir warten allenfalls noch auf einen Menschen. Ein vielgespieltes Stück unserer Tage heißt: »Warten auf Godot«. Es ist ehrlich genug, dieses Warten ein vergebliches Warten sein zu lassen. Auch der Mensch kommt nicht. Bis zuletzt bleiben wir allein.

Der Psalmbeter wartet trotzdem auf Gott. An diesem Punkt – und wahrscheinlich ist es der entscheidende – gibt er einfach nicht klein bei, obwohl seine Hiobserfahrung genau so bitter ist wie die unsere. Wenn sich Gott auch im Dunkel verbirgt, er weiß, daß er nicht »tot« ist. Im 73. Psalm gesteht der Dichter, daß er angesichts des Weltlaufs ums Haar an allem verzweifelt hätte.

DENN ES VERDROSS MICH DER PRAHLER,
DA ICH SAH, DASS ES DEN GOTTLOSEN SO GUT GING.
DER TOD GEHT AN IHNEN VORÜBER.
FEST STEHEN SIE WIE EIN PALAST.
IHREN HOCHMUT TRAGEN SIE WIE EIN GESCHMEIDE,
IHREN FREVEL HÜLLEN SIE UM SICH WIE EIN PRUNKGEWAND.

AUS FETT QUILLT IHR AUGE HERVOR,
QUELLEN DIE ANSCHLÄGE IHRES HERZENS.

Alle anderen verachten sie
Und reden von oben herab Tyrannisches.
Sie hängen in den Himmel ihr Maul
Und ihre Zunge stolziert auf der Erde.

Da sieh! So leben die Gottlosen
Glücklich in der Welt und reich.

Hier wird um den Triumph des Unrechts im Wettlauf wahrlich gewußt. Das ist heute wie einst. Und doch wird das alles nicht ins Leere hinaus gesagt.

Der Mensch, der im 73. Psalm spricht, hat eine Antwort empfangen, heimlich, er sagt uns nicht, wie er sie empfangen hat und wie sie lautet. Er kann es wahrscheinlich gar nicht. Denn auch die Antwort ist aus einer Tiefe gekommen, die tiefer ist als die Tiefe seiner Verlassenheit, die mehr ist als ein bloßes Wort des Trostes. Eben hatte der Dichter noch bekannt:

Wie ein Narr war ich vor Dir und wusste nichts.
Ich war wie ein Tier vor Dir.

und hatte damit allen rachsüchtigen Selbsttrost als Täuschung weggefegt. Da bricht es aus ihm hervor, ohne Zusammenhang mit dem Vorhergehenden, ohne einsehbaren Grund, wider alles vernünftige Beschwichtigen, bricht hervor, wie aus unzugänglicher Tiefe, die nicht mehr ihm gehört.

Seltsam – Unzählige haben ihm nachgesagt, was nun kommt. Sie haben es ihm nachgesagt, weil dasselbe in ihnen vorgegangen sein muß, ohne daß sie sagen konnten, was es war, und das mehr ist als Weisheit, als Einsicht, als Ergebung immer nur sein kann. Wie ein Feuerstrahl mitten auf dem Weg aus plötzlich aufgetaner Erdspalte bricht hervor, was der Dichter in Sätzen bezeugt, die bis auf den Tag von ihrer Kraft nichts eingebüßt haben.

Dennoch bleibe ich stets bei Dir.
Wenn ich nur Dich habe,
So frage ich nichts nach Himmel und Erde.

Wenn mir gleich Leib und Seele verschmachtet,
So bist Du doch, Gott, allezeit,
Meines Herzens Trost und mein Teil.

Etwas von dem Geheimnis wird hier spürbar, aus dem der Bibel ihre Jugendkraft wie aus unterirdischer Quelle zufließt. In dem Augenblick, da dieses Geheimnis in die Gleichzeitigkeit mit unserer Gegenwart herauftritt, rückt Philologie und Historie in den zweiten Rang, sind Buchstabe und Text nur noch Kerze und Docht, an dem die Flamme entzündet ist.

Aber entzündet muß sie werden. Licht muß uns scheinen und zwar Jetzt und Hier. Sie muß mit uns gleichzeitig werden. Und wir mit ihr! Das ist nichts Subjektives. Das ist ein Akt, der von außen her auf uns zukommt, der aus der Ferne, ja Fremdheit dieses seltsamen Buches an uns etwas wirkt, was wir nicht selbst machen können, was über, ja wider die Vernunft und über unseren Willen hinweg mit uns passiert.

Das ist die Aktualität der Bibel. Sie ist Mitteilung von Leben. Oder sie ist überhaupt nicht. –

Die Zwei und die Drei

Die Zahlen »Zwei« und »Drei« sind die Zahlen für die Ehe und für die Gemeinde. Das hat seinen biblischen Sinn: beides ist dasselbe. Es sind Jesusworte: »... und werden die Zwei *ein* Fleisch sein. So sind sie also nicht mehr zwei sondern ein Fleisch.« (Mtth. 19, 5). Warum? Darüber läßt der Text keinen Zweifel. Es ist Weltgrundordnung (V. 4. 6), Urgefüge der Schöpfung, diese ›Eins aus den Zwei‹ und das nicht in der Idee, im Bild, im Prinzip. Das wäre Metaphysik. Nein im Fleisch. Der Schöpfer schafft nur Reales, und zwar so dicht, daß keine Reflexion, keine Spekulation mit der feinsten Nadel dazwischen stäche. Im Fleisch – dies ist ein Letztes, vor dem Verstand ein Letztes im Sinn des Absurden und zugleich Realen. Es paßt zur Heimlichkeit Gottes. Gottes Heimlichkeit im Fleisch. Über beide vermag die Metaphysik nichts Gültiges auszumachen. Beide sind undurchdringbar, im Sinne Goethes das »Trübe«, in dem Helles und Dunkles gemischt sind. Im Fleisch, in dem die Zwei zu Einem zusammengefügt sind – im Griechischen heißt es »zusammen ins Joch gespannt sind« – ist auch Geist, ist pneuma mit darin, der die Grundstrukturen der Schöpfung stiftet. Sie gehen weit über das Nur-Geschlechtliche hinaus, jenseits von Zeit und Raum.

Es ist die Dimension, in die das Bild-Wort zeigt von der Ehe Gottes mit seinem Volk (Jer. 2, 2, Hosea 1, 20, 21. 13, 14). Im Neuen Testament ist dieses Verhältnis beschrieben als Ehe zwischen Christus und seiner Gemeinde. Hier wird die Gottesgemeine als der Leib des Christus, und der Christus als Haupt dieses seines Leibes begriffen. Hier ist der Urort, von dem die irdische Ehe herkommt. Von ihm her ist sie ›Geist-Fleisch‹, könnte man sagen.

Der charismatische Charakter der christlichen Ehe leitet sich von diesem Urort her. Ich möchte mich damit einer Erscheinung zuwenden, an der sich geradezu frappant dieser Charakter kundgibt. Es ist die urchristliche Mischehe. Das Dokument, das von ihr berichtet, lohnt sich, etwas genauer angesehen zu werden (1. Kor. 7, 12–17).

Die Mischehe gab es bereits in der Urchristenheit, und zwar in Gestalt der Ehe zwischen Christen und Heiden. Sie ist dort nicht nur gestattet. Sie hat geradezu etwas von einem Heilscharakter an sich. An diesem Maß gemessen gewinnt die Tatsache etwas Groteskes, daß zwischen Christen verschiedener Konfessionen ein Mischeheverbot mit Pressalien und Repressalien von hüben und drüben besteht.

Wir Protestanten führen Ethisches, Humanitäres, Soziologisches, Psychologisches, Seelsorgerisches gegen den römischen Zwang ins Feld. Kein Wunder, daß wir dort nicht vernommen werden. Dort argumentiert die Tradition theologisch. Warum kämpfen wir in diesem Fall nicht mit der Schrift, da sie uns doch in diesem Fall eine Norm vor Augen gibt, die an Eindeutigkeit nicht zu übertreffen ist?

Wenden wir uns dem entscheidenden Text des Neuen Testamentes zu. Es ist ein Brief an die Gemeinde in Korinth, in dem Paulus Weisungen für das Verhalten in Ehen gibt, in denen Christen und Heiden miteinander verbunden sind.

Sollte irgendein Bruder eine nichtgläubige Frau haben und diese Frau gibt ihre Zustimmung dazu, mit ihm zusammenzuleben und er selbst stimmt dem zu, mit ihr zusammenzuleben, so soll er sie nicht entlassen. Und umgekehrt die Frau, die einen nichtgläubigen Mann hat und dieser stimmt dem gemeinsamen Leben zu, so möge sie den Mann nicht entlassen.

Gewicht und Charakter dieser Weisung liegt aber in der Begründung.

DER NICHTGLÄUBIGE MANN IST NÄMLICH GEHEILIGT IN DER FRAU,
WIE AUCH DIE NICHTGLÄUBIGE FRAU IN DEM BRUDER GEHEILIGT IST.

Um zu verstehen, was das ist, »geheiligt« sein, muß der Nachsatz hinzugenommen werden.

DA JA SONST EURE KINDER UNREIN SIND, JETZT ABER SIND SIE HEILIG.

Der Nachsatz ist deshalb wichtig, weil er jede Vergeistigung oder Versittlichung des Begriffs »heilig« ausschließt.

Heiligkeit ist keine sittliche Qualität. Sie ist eine Veränderung an der Natur, ja geradezu an der Erbmasse. Denn sonst könnte sie nicht an die Kinder in der Zeugung weitergegeben werden. Was im Christentum geschieht, ist eine Veränderung, die den *ganzen* Menschen betrifft, es ist ein geist-leibliches Geschehen, ein pneumatophysisches, genauer ein pneumato-sarkisches Geschehen, in dem das pneuma [24] auch die sarx miteinbezieht. In der Christwerdung ist das alttestamentliche Ein-Fleisch-Sein-miteinander untrennbar von dem neutestamentlich Ein-Geist-Sein-mit-Christus (1. Kor. 6, 17).

Und zwar in einer Weise, die dem Willen des Menschen entzogen ist. Der nichtgläubige Teil und die Kinder werden mithineingenommen ohne ihren Willen. Sie sind in der Totalität ihres Seins vom pneuma berührt und in dieser Berührung hagios – heilig.

Zwei Dinge sind dabei zu beachten. Zuerst dies: Der Christ-Werdende wird Christus, indem er in sein Opfer mithineingenommen wird: in sein Sterben und sein Auferstehen.

Dieses ist sein In-Christus-Sein, Glied seines Leibes, Baustein im Tempel seines Leibes sein (Eph. 2, 20f. 4, 11ff. 1. Kor. 6, 19). Das Christus*opfer* begründet die Heiligkeit. Dieses Heilig-Sein ist also vom Kultischen her zu verstehen, wie es im Alten Testament und in der ganzen Alten Welt verstanden wurde. Das ist wichtig, weil hier im Kultischen die Unterscheidungslinie gegen das Sittliche verläuft. Opfer geht immer auf eine Überwindung der Trennung von Gott und Mensch, von Fleisch und Geist, von Himmel und Erde. In diesem urchristlichen Geheiligtwerden öffnet sich der Weg für alle Geschöpfe bis in ihre Physis hinein »in Christus«: zu jener Einheit zu gelangen, in der Gott »alles in allem« sein wird.

Und damit komme ich zum zweiten Punkt der Sache und des Textes. Was dem nichtgläubigen Partner und den Kindern mitgegeben wird in jenem Geheiligtsein, ist nur die Möglichkeit, ein Christ zu werden und zwar in jenem Ansatzpunkt, der auf jeden Fall meinem Willen entzogen ist, wo das geschieht, was Ein-Fleisch-Sein heißt. Die Passivität der Biosphäre ist es, der die Hilfe des pneuma zuteil wird im Geheiligt-werden.

Nicht mehr als Eröffnung der Möglichkeit, als das Geschenk der ersten Chance bedeutet das Geheiligt-Werden des nichtgläubigen Eheteils und der Kinder. Die Möglichkeit muß frei ergriffen werden. Mit Bewußtsein und Willen in einem Akt der Freiheit muß sich der so Geheiligte in das Christus-Opfer hineingeben. Das aber steht ganz bei dem nichtgläubigen Teil. Darum die Warnung des Apostels:

DENN WAS WEISST DU, FRAU, OB DU DEN MANN RETTEN WIRST?
ODER WAS WEISST DU, MANN, OB DU DIE FRAU RETTEN WIRST?

Denn auch dann noch gilt: »Wie es der Herr einem jeden zugeteilt hat.«

Welch ein Gericht, das von dieser apostolischen Weisung her die Mischehenpraxis der Christenheit, die sie im eigenen Raum übt, erfährt! Wie souverän das Urteil! Wie universal die Perspektive! Welche Realitäten sind hier noch »Geist« und »Kraft«, die die neue Schöpfung schaffen!

Die Vielen – die Wenigen – der Eine

Salz – Sauerteig – Feuer – Licht! Das sind die Wenigen.

»Ihr (nämlich diese Wenigen!) seid das Salz der Erde. Wenn aber das Salz fad wird, womit soll dann gesalzen werden? Es taugt zu nichts anderem, als auf die Straße geschüttet und von den Leuten zertreten zu werden« (Mtth. 5, 13).

Das Sich-auflösen und die Fäulnis salzen ist das eine. Das andere aber ist, daß es um gar keinen Preis »dumm« wird, das heißt aufhört, Salz zu sein. Es gibt gar nichts Gefährlicheres, als daß es kein Salz mehr gebe. Daß Salz da sei und immer wieder auf den Markt komme, daß der Nachschub nicht aufhöre, das ist nicht weniger wichtig. Eben dies ist der springende Punkt in unserer Situation, in der man ohne Salz zu sein für eine soziale Tugend hält.

Salz – das können nur die Wenigen sein, nicht die Vielen. Die sind Mehl, sind Fleisch. Es geht darum, daß es den Jünger in der Welt gebe, der die Verheißung und den Befehl hat, Salz zu sein, und zwar der »Erde«. Das sind die Vielen. Es geht um den Ursprung, daß der nicht versiege.

ES MUSS EIN JEDER MIT FEUER GESALZEN WERDEN
WIE JEDES OPFER MIT FEUER GESALZEN WIRD (MRK. 9, 41)

Wer soll gesalzen werden? Lassen wir uns doch die Herbigkeit des Evangeliums gefallen! Wir selbst! Unsere gelobte Profanität soll gesalzen werden und das noch »mit Feuer«. Wir selbst? Zu den Jüngern geht hier diese Rede. Sind wir Jünger? Ob ja oder nein – der Jünger ist zugleich selbst Salz, hat Salz »bei sich« und – wird gesalzen. Auch er ist »Erde«. Auch er gehört zugleich zu den Vielen.

Weltanschaulich wird die Einheit *gedacht*. Biblisch wird sie *gestiftet*. Selig die Friede-Stifter. Die Bibel weiß nur vom Vereinen, einem Geschehen, das unaufhörlich läuft, und zwar an den kritischen Punkten äußersten Grades (das Eschaton!) entlang, genauer: durch diese Punkte hindurch, weil in diesen Punkten die Einheit der Schöpfung ebenso unaufhörlich zerstört wird. Der biblische Realismus entspricht der Dichte, der Wirklichkeit, die von keiner Kraft des Gedankens durchdrungen werden kann. Hier scheitert die ratio. Hier kann nur *erzählt* werden. Darum sind die unschmelzbaren »Erzgüsse« (Martin Buber) im Urgestein der biblischen Sprache *Erzählung*.

Und der Herr sprach zu Abram:

GEHE AUS DEINEM VATERLAND UND VON DEINER FREUNDSCHAFT
UND AUS DEINES VATERS HAUSE IN EIN LAND, DAS ICH DIR ZEIGEN
WERDE. UND ICH WILL DICH ZUM GROSSEN VOLKE MACHEN...
UND IN DIR SOLLEN GESEGNET SEIN ALLE GESCHLECHTER AUF ERDEN
(1. Mose 12, 1).

Das Einswerden aller Dinge (»ta panta«) sieht die Bibel nicht in einer Idee, einem Prinzip, auch nicht im Logos (Joh. 1!) begründet, es sei denn, man verstehe den Logos als pneuma, als Geist: es sei denn, man verstehe ihn als Person. Personalität gründet, stiftet, gestaltet und verwandelt alle Dinge. Sie ist Welturhebung und -vollendung. Darum beginnt die Schöpfung mit Adam, dem Erdmenschen und vollendet sich in Adam, dem Himmelsmenschen (1. Kor. 15, 47f.) und zwischen den beiden die Abrams-Welt unter der Verheißung.

Dies ist wie die Grundformel für die Stiftung der Geschichte als geschehendes Heil. Einer wird herausgenommen – Abram aus den Sumerern, ein antiker Mensch wie alle anderen und wird in das Unbekannte hinausgeschickt. Hier beginnt die Geschichte des Heils als Opfergang mit Abraham, dem Sohnes-Opferer und endet – wie am anderen Ende – mit dem geopferten Menschensohn. Daß da vom »Ersten« und vom »Zweiten« Adam die Rede ist, vom »Vater« Abraham und dem »Samen« Abrahams, der, wenn's sein muß, aus Steinen erweckt werden kann« (Mtth. 3, 9) – diese Aussagen markieren, daß etwas vor sich geht, ein progressus, eine processio, wie die Trinität selbst durch und durch Procession ist, Procession des Heils, durch alle kritischen Stadien der Natur- und Welt-Geschichte, vom Einen her durch die Wenigen hindurch für die Vielen und wieder durch die Wenigen auf den Einen, den Schlußpunkt des alten und den Eckstein des neuen Aion.

In der historisierenden Theologie wird diese Wahrheit unter dem Begriff der »Christus-Mystik« des Apostels Paulus beschrieben. Solches Beschreiben ist von dieser Seite her in erschöpfender Weise geschehen. Es ist im Unterschied vom Historismus für die hier vorgetragene Interpretation grundlegend, daß sie die Aussagen des Neuen Testament nicht zeitbedingte Vorstellungen vergangener Zeiten sein läßt, sondern daß sie erkannt sind als schlechthin gültige Aussagen zur Geschichte als geschehendem Heil, ja als gegenwärtiger Ursprung des Heils selbst.

Christus *ist* der Weinstock. Nur die an ihm wachsende Rebe bringt Frucht (Joh. 15, 1 ff.). Das Gleichnis ist zu den Jüngern gesprochen, zu den Wenigen. Durch sie, die Wenigen hindurch geht das Heil zu den Vielen hinüber.

Die ganze, souveräne Unabhängigkeit der biblischen Aussagen von unserer besonderen Zeitbedingtheit bekommt hier das falsche Bewußtsein unserer Hybris zu spüren. Die Wenigen sind es, »die an ihn glauben« (Joh. 3, 16), durch die Gott den Kosmos, den er liebt, retten wird. Und das in der bestimmten ausschließlichen Weise der

»kleinen Herde«, die unter den Wölfen aufgeopfert wird (Mtth. 10, 16). Die Stellvertretung in der Opferung ist das Geheimnis. Die Schafe für die Wölfe, die Wenigen für die Vielen. Und zuletzt der Eine für die Wenigen (Joh. 10, 12) und durch die Wenigen auch für die Vielen. Dies ist die Ordnung, kraft derer die Einheit der zerfallenden Menschenwelt unaufhörlich neu gestiftet und schließlich verwandelt wird in einem neuen Schöpfungsakt. *Es ist die Ordnung des »Weizenkorns«.* »Es sei denn, daß das Weizenkorn in die Erde falle...« (Joh. 12, 24).

Wie Abraham beginnt es. Er opfert sein Vaterland und tauscht seine natürliche Geborgenheit für die Fremde ein. Im Befehl, seinen Sohn zu opfern, wird ihm aufgelegt – soll ich sagen –, seine Hoffnung auf die Verheißung zu opfern und sich in undurchdringliche Dunkelheit wie in einen leeren Raum hinaus oder hinab fallen zu lassen? Ich sage: Ja! Sich in das Offene einer Dunkelheit hinaus zu wagen, besser – in dieses Offene hinausgewagt zu werden, in dem allein Wirklichkeit von Welt, Mensch, und schließlich Gott erfahren werden kann, welcher Erfahrung gegenüber alle Metaphysik eine pseudologia fantastica[25] bleibt. Alle Erfahrung persönlicher und allgemeiner Geschichte, die mir vor Augen gekommen ist, zeigt diese abrahamitische Signatur des aus dem Geheuren ins Nicht-Geheure Hinausgeführtwerdens, das nach allen Seiten zu »letzten Dingen« hin (die eschata) offenliegt.

Abraham wird nicht ins Unbekannte »geworfen«. Er wird dort hinausgeführt. Er ist einer, der gewagt wird und zugleich gehalten ist und auch dies ganz. Hatte er damit nicht das Geschick des von ihm kommenden Volkes vorausgenommen? War Israel nicht eben darin Gottes eigenes Volk? Genauer darin, daß Gott immer wieder aus den Vielen die Wenigen, den »Rest« »rettet« durch Krisen hindurch, in denen alles auf dem Spiel steht und in deren Feuergericht Weltheil (»in dir sollen gesegnet werden *alle*...«) aurorisch aufglänzt? Aus dem alten Israel nimmt er ein neues Israel. Aus jedem Untergang bahnt er einen neuen Aufgang in die Zukunft hinaus. Isaak nimmt er, Ismael nicht. Jacob nimmt er, Esau nicht. Die Siebentausend des Eliah nimmt er. Sie allein sind jetzt »Gottes Volk« (1. Kor. 19, 18). Alle anderen nicht.

DAMIT WIRD DER HERR ABHAUEN VON ISRAEL BEIDE, KOPF UND SCHWANZ, BEIDE, AST UND STUMPF AUF EINEN TAG (Jes. 9, 13). UND OB NOCH DAS ZEHNTE TEIL DRINNEN BLEIBT, SO WIRD ES ABERMAL VERHEERT WERDEN. DOCH WIE EINE EICHE UND LINDE, VON WELCHEN BEIM FÄLLEN NOCH EIN STAMM BLEIBT. EIN HEILIGER SAME WIRD SOLCHER STAMM SEIN (Jes. 6, 13).

Die Schöpfung wird nicht untergehen. Durch Sturz und Erhebung, Entfesselung und Auflösung hindurch keimt der »Heilige Same« in ihr nach dem Gesetz des Weizenkorns. Der stürmische Lauf mündet in die christificatio. Durch die Wenigen (Phil. 2, 5) zieht der Eine die Vielen in sich hinein (Kol. 1, 17f.; 1. Kor. 15, 27f.).

AUF DASS GOTT SEI ALLES IN ALLEM.

Ich wende mich jetzt der Interpretation von zwei Texten zu, die in bestimmten Situationen des ersten Jahrhunderts nach Christus entstanden, die Jüngergemeinde zwischen den Vielen und dem Einen in praxi durchstandener Geschichte bezeugen. Beide betreffen das Verhältnis von Christ und Staat. Es sind die klassischen Stellen zu diesem Problem: Römer 13 und Offenbarung 13.

Das Verhältnis von Christ und Staat[26] hat heute darin seine besondere Zuspitzung erfahren, daß wir ja heute den säkularisierten Staat haben, der im günstigsten Fall dem Glauben gegenüber gleichgültig ist, im ungünstigsten ihn bekämpft und – im schlimmsten – ihn mißbraucht. Diese Situation war noch nicht gegeben, als der Apostel Paulus sein berühmtes Kapitel dreizehn an die römische Gemeinde schrieb. Der Staat, um den es sich damals handelte, war der durch Religion und Sittengesetz noch gebundene antike Staat.

Wie ist dieses Kapitel dreizehn zu interpretieren?

Die umstrittene Stelle lautet so:

EINE JEDE SEELE ORDNE SICH UNTER DENEN, DIE ÜBER DIE MACHT VERFÜGEN. DENN MACHT GIBT ES NICHT, ES SEI DENN VON GOTT. DIE, WELCHE SIE HABEN, SIND VON GOTT EINGESETZT. DAHER GILT DIES: WER SICH DEN MACHTHABERN WIDERSETZT, DER WIDERSETZT SICH GOTTES ORDNUNG. DIE SICH ABER WIDERSETZEN, SPRECHEN SICH SELBST DAS URTEIL. DENN DIE GEBIETENDEN SIND ETWA NICHT VON DEM, DER GUTES, SONDERN VON DEM, DER BÖSES TUT,

ZU FÜRCHTEN. WILLST DU DICH ALSO NICHT FÜRCHTEN VOR DEM
MACHTHABER, SO TUE· DAS GUTE, UND DU WIRST ANERKENNUNG
BEI IHM HABEN. DENN ER IST GOTTES HELFER FÜR DICH ZUM
GUTEN. TUST DU ABER DAS BÖSE, SO FÜRCHTE DICH. DENN NICHT
UMSONST TRÄGT ER DAS SCHWERT. DENN GOTTES HELFER IST ER,
EIN ZORNIGER RÄCHER DEM, DER DAS BÖSE TUT. DESHALB SEID IHR
ZUR UNTERORDNUNG VERPFLICHTET, NICHT ETWA, NUR UM DES
ZORNES, SONDERN VIELMEHR UM DES GEWISSENS WILLEN. AUS
DIESEM GRUNDE NÄMLICH ZAHLT AUCH STEUERN. DENN ES IST EIN
KOSTSPIELIGES EHRENAMT, DAS DIE MACHTHABER FÜR GOTT TREU
AUSÜBEN. ERFÜLLT EURE VERPFLICHTUNGEN ALLEN GEGENÜBER:
ABGABE, DEM DIE ABGABE, STEUER, DEM DIE STEUER ZUSTEHT,
EHRFURCHT, DEM FURCHT UND EHRERBIETUNG, DEM DIE EHRE
GEBÜHRT.

Über die geschichtliche Situation, in der diese Weisung an die Gemeinde in Rom erfolgt, wissen wir manches. Wahrscheinlich ist das augusteische Imperium Romanum eine der größten Leistungen des politischen Genius der Menschheit überhaupt gewesen. Nicht umsonst besingt es Vergil als den Anbruch des goldenen Zeitalters. Es hat seinen Grund, wenn Paulus Wert darauf legt, Bürger dieses Rom zu sein; wenn er sich von keiner irdischen Instanz urteilen lassen will, es sei denn der römischen. Es hat seinen Grund, wenn wir das Handwaschen des römischen Statthalters Pilatus angesichts der Unschuld von Jesus Christus als Bezeugung eines hohen Rechtsgefühls verstehen, wie es im augusteischen Reich lebendig war. Wahrscheinlich gab es in der antiken Welt nichts, das dem römischen Reich als Rechtsordnung vergleichbar war. Unter diesem Nimbus stehen auch noch die Nachfolger des Augustus: Tiberius, Caligula, Claudius, selbst Nero. Erst um das Jahr 64 beginnt die neronische Christenverfolgung. Der Brief des Paulus an die römische Gemeinde ist bestimmt noch vorher, etwa gegen Ende der fünfziger Jahre geschrieben.

Dies aber ist nun die Frage: Sind die Voraussetzungen dieser Weisung des Apostels an die Gemeinde in Rom für uns noch gegeben? Gibt es heute noch diesen Staat, »der Gottes Helfer zum Guten« ist? Gottes Helfer! Gottes »Diakon« heißt es im Griechischen. Sitzt nicht eben hier unsere brennende Verlegenheit dem Staat gegenüber, daß uns Heutigen die Autorität des Staates kraft des Guten zum mindesten fragwürdig geworden ist? Diese Fragwürdigkeit haftet an dem modernen, neutralen, säkularisierten Staat der westlichen Welt. Sie ist eine der Hauptursachen der allgemeinen Verwirrung.

Fragwürdig, sage ich. Das heißt, man kann hier schwanken. In seinem Macht- und Zwecksystem sind – wenigstens in der freien Welt – noch Reste aus dem ablaufenden religiösen Weltalter wirksam. Grundsätzlich aber ist er – auch im Westen – ein gottfreies Machtsystem, in dem der Demos, das Volk der Souverän ist.

Seiner Ideologie nach ist dieser Staat zu religiöser Duldung aller Bekenntnisse verpflichtet.

Indes, die Erfahrungen, die wir langsam sammeln, lassen den Zweifel aufkommen, ob solche Neutralität im Kampf der politischen Systeme und Ideologien überhaupt möglich ist. Es hat sich in der westlichen Welt ein Zwielicht entwickelt, in dem es sich immer schwerer ausmachen läßt, ob die moderne Weltläufigkeit der Kirchen Kollaboration mit einem gesellschaftlichen System ist, zum Beispiel dem kapitalistischen im Westen, oder ob die Kirchen von der Politik mißbraucht werden oder sich mißbrauchen lassen im Sinne des do ut des. Hier wächst eine Fragwürdigkeit auf, die kraft ihrer Zweideutigkeit unabsehbare Folgen in sich versteckt hält.

Nicht mehr fragwürdig ist die Situation in den modernen Diktaturen. Hier ist ideologisch gut, was dem gesellschaftlichen Zweck nützt, böse, was ihm schadet. Hier steht der Christ im Konflikt, sei es, daß er offene oder verschleierte Formen annimmt, je nach der Opportunität.

Dies ist die Lage im Osten, wie im Westen der Welt. Sind unter diesen Umständen die Voraussetzungen von Römer 13 für uns noch gegeben? Gilt hier nicht vielmehr das Umgekehrte? Muß es hier nicht heißen: Tust du aber das Gute, so fürchte dich? Denn der Machthaber ist Gottes Leugner, zu fürchten nicht mehr dem bösen, sondern dem guten Werk? Stehen nicht weite Teile der Erde unter dieser Erfahrung?

Ich habe die Frage scharf zugespitzt, um den Konflikt zu beleuchten, in den die gewandelten Verhältnisse den Christen zwei Jahrtausende danach gebracht haben.

Ihr entscheidendes Merkmal bleibt ihre Zwielichtigkeit. Sie spiegelt sich in der Tatsache am augenfälligsten, daß dieses Kapitel heute umstritten ist. Sein Licht, das so lange uns den Weg erhellte, verglost heute unbestimmt im Nebelmeer der Zeit.

Wir wären in Verlegenheit dieser Stelle gegenüber, wenn nicht in derselben Bibel noch ein anderes Kapitel dreizehn stünde, das um die Kehrseite der Staatsmacht weiß. Es ist das Kapitel dreizehn der Offenbarung Johannis. Ihm wollen wir uns jetzt für einen Augenblick zuwenden.

Der Verfasser lebt in Verfolgungszeiten, wahrscheinlich unter Domitian gegen Ende des Jahrhunderts. Er spricht in einer Verschlüsselung. Er braucht die Chiffren der mythischen Sprache. Er sieht ein »Tier« zuerst aus dem Abgrund des Meeres, dann der Erde aufsteigen, von allen Zeichen der Macht überkrönt. Der »große Drache«, der vom Erzengel Michael auf die Erde geworfen war, verleiht dem Tier diese Macht. Der »ganze Erdkreis« betete »Drache« und »Tier« an und sprach: Wer ist dem Tier gleich? Wer kann sich mit ihm in den Kampf einlassen? Ihm wird die Macht des Wortes, den Erdkreis zu verführen, verliehen. Und mit den Heiligen zu streiten und sie zu besiegen. »Und es wurde ihm Macht gegeben über alle Geschlechter, Sprachen und Völker. Und alles, was auf Erden wohnte, warf sich vor ihm auf die Knie«, heißt es im Text.

Diese beiden Kapitel dreizehn sind ein Beispiel für den alten Satz, daß die Bibel sich durch sich selbst auslegt. Dieser Satz sagt nichts anderes, als daß die Bibel interpretiert werden darf nur im Blick auf ihr Ganzes. Es führt immer auf Irrwege, wenn einzelne Stücke herausgeschnitten und zum Gesetz erhoben werden. Wir müssen Römer dreizehn mit Offenbarung dreizehn zusammenhalten. Dann wird uns unsere eigene Lage klar: heute schimmert durch Römer dreizehn hindurch das Kapitel dreizehn der Offenbarung. Darin, wie diese beiden Kapitel heute zugleich zu uns sprechen, darin spiegelt sich die ganze Zwielichtigkeit unserer Situation.

Die Geschichte steht nicht still. Die irdische Zeit ist vergehende Zeit. Die Gestalt dieser Welt schwindet nach desselben Paulus Wort, unaufhaltbar dahin. Zur Gestalt dieser Welt gehört auch die Gestalt des Staates. Ja, sie hat geradezu etwas von einem Inbegriff der Gestalt »dieser Welt« an sich. Darum das große Tier, aufsteigend aus dem Meer und dann noch einmal aus der Erde.

Wie auch immer einst in der Vergangenheit Gottes Ordnung, da ist ein Dahinschwinden, ja nicht nur das! Da ist ein Kampf im Gang in der Zeit. Es fallen Worte von prophetischer Größe in der Urchristenheit. Paulus selbst spricht vom »Mysterium der Bosheit« (2. Thess. 2, 7), das sich zu regen beginne. Johannes und Petrus wissen vom Antichristen (1. Joh. 2, 18; 2. Joh. 27), der im Zwielicht, das dem »Aufgang des Morgensterns« (2. Petr. 1, 19) voraufgeht, die große Weltverführung sein werde. »Hat jemand Ohren, der höre«, heißt es in der Offenbarung Johannes. Nicht jeder hat Ohren, nicht jeder kann hören. Hier ist offenbar von »Letzten Dingen« die Rede. »Staat« und »Welt« sind vorletzte Dinge, die vom Christen nur von den »Letzten Dingen her« beurteilt werden können.

Was sagen uns diese beiden Stellen der Bibel im Blick auf das Verhalten des Christen im modernen Staat? So, wie sie beide zusammen in derselben Bibel stehen, müssen wir beide zusammen zu uns reden lassen. Nur beide zusammen werden der zwieschlächtigen Lage, in der wir uns befinden, gerecht.

Was wird uns in unserer Lage von Römer dreizehn bedeutet? Wenn auch der moderne Staat nicht mehr die Ordnung darstellt, die Autorität kraft des Guten hat, so stellt er doch noch Ordnung dar. Und weil Ordnung besser ist als Unordnung, ist selbst Despotie das kleinere Übel vor der Anarchie. An diesem Punkt ist dem modernen, gottleugnenden oder bekämpfenden Staat noch ein Zug von Autorität verblieben, der aus dem Ursprung aller Herrschaft, der bei Gott ist, stammt. Auch auf dem gefallenen Engel liegt noch ein Glanz des Himmels, aus dem er stürzte. Dem Christen ist deshalb nicht gestattet, zur Gewalt zu greifen in seinem Widerstand. In der Gestalt der Gewaltlosigkeit bewährt er noch den letzten, ihm noch möglichen Rest an Ehrerbietung den Gewalthabern als Ordnungs-Stiftern gegenüber. Nur das Wort hat er noch in der Gewaltlosigkeit. Das Wort, das die besondere Verheißung der charismatischen Gabe vor den Gewalthabern dieser Welt (Lk. 12, 11, 12) hat.

Und Offenbarung dreizehn?

Hier wird uns gesagt, daß die Kraft des Christen, mit der er obsiegen wird über die zusammengeballte Kraft des ganzen Erdkreises, zuletzt die Tugend der Geduld ist.

Die Geduld ist die höchste Form, die unser Tun annehmen kann. Geduld ist die Begabung zum Leiden als schöpferischem Tun. In der Geduld schafft der Christ der Welt Zeit hinzu, hält er ihr den Raum offen nach vorn in die heilenden Bereiche. Geduld ist eine Weise der Liebe zu den Dingen. Sie ist recht eigentlich die Tugend Gottes.

Daß in der Geduld auch ein Dulden ist, weist auf die Passion. Darin stimmen diese beiden dreizehner Kapitel, das aus dem Römerbrief und das aus der Apokalypse miteinander überein.

Geduld und Dulden, beide sind das große Ausgelassene unseres »falschen« Bewußtseins. Beide schaffen unaufhörlich den Grund, daß wir überhaupt auf der Erde unser Sein haben können, vielmehr – darüber weit hinaus sich eigentlich erst ganz erfüllend – daß die erste Schöpfung in die zweite hinüber verwandelt wird. Die Geduld des Christen spielt dem »Schöpfer Geist« in der Geschichte in die Hände.

Vom pneuma als Geschichtsmacht

UND NACH DIESEM WILL ICH MEINEN GEIST AUSGIESSEN ÜBER ALLES FLEISCH. UND EURE SÖHNE UND TÖCHTER SOLLEN WEISSAGEN... UND EURE JÜNGLINGE GESICHTER SEHN... UND ICH WILL WUNDERZEICHEN GEBEN IM HIMMEL UND AUF ERDEN, BLUT, FEUER UND RAUCHDAMPF. DIE SONNE SOLL IN FINSTERNIS UND DER MOND IN BLUT VERWANDELT WERDEN, EHEDEM DER GROSSE UND SCHRECKLICHE TAG DES HERRN KOMMT. UND SOLL GESCHEHN, WER DES HERRN NAMEN ANRUFEN WIRD, DER SOLL ERRETTET WERDEN...

I]

In Grimms Wörterbuch beansprucht das Wort »Geist« mehr als hundert Lexikonspalten. Wie in einem Prisma spiegelt sich in diesem Wort der Mensch in tausend Facetten. Er trifft nicht alles, aber doch Entscheidendes, der Satz: »Der Mensch ist Geist.«

Kaum ein Wort unserer Sprache ist so mit Bedeutungen überfrachtet wie dieses. Unsere Sprache ist in tausendjährigem Gebrauch ein Teufelsmoor geworden. »Geist!« Man sucht in diesem Sumpf den Fuß irgendwohin zu stellen, auf eine Planke, einen Rest gewachsenen Bodens, um wieder Grund unter die Füße zu bekommen.

Das Bild, das uns der Artikel »Geist« in dem berühmtesten Wörterbuch deutscher Sprache gibt, ist das Bild des verweltlichten Begriffes Geist. Seine sakrale Wurzel ist überwuchert von einer profanen Bedeutungsfülle.

Ich möchte im Folgenden den *christlichen* Ursprung dieses Schlüsselwortes wieder aufdecken. Ich möchte dies tun nicht mit dem historischen Interesse für eine vergangene Größe. Ich möchte vielmehr versuchen, das Wort Geist, so wie es die Bibel braucht, aus seiner Verflechtung und Verflüchtigung in vielfach verweltlichte Bedeutungen zu lösen und seinen geistlichen Ursprung in *Gegenwart* zurückzugewinnen. Es könnte sein, daß es eine bestürzende und verwirrende Aktualität in unserer so selbstsicher aufgebauten modernen Zweckwelt unvermutet entfaltet.

Der Standort, den ich damit besetzt halte, liegt allerdings jenseits der heute so viel berufenen *Säkularität*, die theologisch beinah schon eine Art Absolutheitsrang innehat. Von diesem Standort aus erscheint alle Säkularität nur als eine Endform geistlicher Ursprünge, als eine Endform, die sich von diesen Ursprüngen abgeschnürt hat just in dem Augenblick und in dem Akt, in dem sie sich selbst für den anwesenden Ursprung hielt. Diese Endform hat ihre äußerste Zuspitzung in der Formel gefunden: Geist und Natur sind dasselbe, besser noch: die zwei Seiten ein und derselben Sache (Einstein). Der »Geist« ist hier wirklich am Ende, nämlich seinem eigenen. Er ist zur Ruhe gelangt, sozusagen – vor sich selber.

Gleichgültig, ob man die Säkularität für die legitime Form des anwesenden Ursprungs nimmt, oder ob man – wiederum kraft säkularen Maßstabs – den Ursprung nur historisch versteht und vergangen sein läßt, in beiden Fällen ist der Ursprung dem säkularen Maß unterworfen. Er hat beide Mal die Vollmacht eingebüßt, die ihn eben zum Ursprung im Sinne der Urhebung, des creator spiritus, des »Schöpfers Geist« schlechthin macht.

II]

Wenn wir aus dieser Sackgasse herausfinden wollen, dann müssen wir die *Frage nach dem Ursprung* neu stellen. Wir müssen sie so stellen, daß der Ursprung uns wieder als *wirkender* Ursprung zu Gesicht kommt, nicht verpackt in einen Zeitmythus, sei es »Zeit« als modernes oder vergangenes Bewußtsein.

Man kann sagen, daß dies unmöglich sei. Dieser Einwand hat eine gewisse Berechtigung, und zwar darin, daß dem verwissenschaftlichten Bewußtsein eben nur als real erscheinen kann, was in Ursache und Wirkung verstehbar und in einem Zusammenhang von Zwecken sinnvoll ist. Man kann sagen, daß sich in dieser Tatwelt, in der unser Dasein sich fort und fort gründet, christlicher Glaube nur als pragmatische Größe zu Gesicht kommen kann. Es ist in einer Welt, die durch den handelnden Menschen ihren Bestand zu haben scheint, unverstehbar und sinnlos, wenn er in dieser Welt keinen Zweck erfüllt.

Wo das Nützliche gut ist und das Beweisbare allein wahr, ist der christliche Glaube nur als Lehre annehmbar, die praktiziert werden kann und deren Wert aus praktischen Gesichtspunkten einleuchtet. Das ist der Grund für die gewaltsame Nutzbarmachung der christlichen Aussage in einer Morallehre oder einer Gesellschaftsideologie. Die Ethisierung des Christentums hatte notwendig seinen Untergang zur Folge. Nicht nur, daß das Christentum nicht zur Weltverbesserung führte, sondern seinem Wesenskern gemäß zur Entfesselung der Kräfte und zur Auflösung des Gefüges dieses Weltstandes. Der Kern christlichen Wesens ist revolutionär, in seinem prophetischen Element ausgesprochen ultra-revolutionär, wenn wir diesen Begriff in Ermangelung eines besseren gebrauchen wollen. Es liegt auf der Hand, daß von Anbeginn seines In-dieser-Welt-seins seine gefährliche Anwesenheit begleitet ist von dem Versuch, seine Sprengkraft zu entschärfen.

Dieser Eingriff ist in der bisherigen Geschichte auf verschiedene Weise erfolgt, in unserer Zeit einmal wissenschaftlich über die Weltanschauung des Historismus. Hier galt einfach als »zeitbedingt«, was – wie das pneuma zum Beispiel – keinen Realitätswert mehr in dieser Denkweise finden konnte. Es war vergangen. Das andere Mal politisch, indem der christliche Impuls vom Selbstbehauptungswillen der großen Kollektive aufgesaugt und anverwandelt wurde. Er wird eingeschlachtet und pulsiert dort ursprungslos weiter.

Der Glaube wird jetzt selbst Ideologie und der dialektischen Zerreißmaschine von Ideologie und Gegenideologie ausgeliefert. Wir stehen heute in der westlichen Welt in diesem Prozeß der Rechts- und der Linkschristentümer aller Schattierungen mitten darin.

Das von seiner Wurzel abgestorbene und eingewaltete historische Christentum läßt sich nicht mehr rückverwurzeln. Dieser Vorgang der Selbstentfremdung ist umumkehrbar. Er hat seinen inkarnatorischen Sinn. Alles aber steht jetzt darauf, den Ursprung, der – christlich – immer nur Ursprung in Gegenwart ist, neu zu berühren. Das muß versucht werden auf die Gefahr hin, jetzt erkennen zu müssen, daß wir keine Christen mehr sind. Nehmen wir dies Risiko auf uns, vielleicht daß es die Chance mitbringt, wieder – ganz von weither – ins Gesichtsfeld zu bekommen, warum das Neue Testament das »revolutionärste Buch« (C. F. von Weizsäcker in der Paulskirche) ist, das wir besitzen. Es könnte nämlich sein, daß dieser Superlativ darin besteht, daß das hier Geglaubte vom Praktizisten Mensch gar nicht verwirklicht werden kann, daß sich aber im gleichen Augenblick die Horizonte öffnen in eine andere Dimension, die ihm, dem Menschen, nicht mehr zuhanden und gerade darum der Ort der Hilfe ist.

Es besteht kein Zweifel, daß dieses Unterfangen im ersten Gang nur ein theoretisches sein kann, ja geradezu nur ein Spiel jenseits jeden praktizierbaren Zwecks, ganz ähnlich den Denkspielen der Mathematiker mit Symbolen, Größen, Gleichungen, die wie zwecklos auf eine Formel hinauslaufen, die sich später einmal als Grundformel physikalischer Vorgänge erweist, fähig, die Welt zu verwandeln.

In solchem Spiel sei jetzt nach dem gefragt, was pneuma in der Bibel ist, vor allem aber, was es in den Beschreibungen und Bezeugungen der ersten Christenheit ist, wie sie im Neuen Testament auf uns gekommen sind.

Ich sehe gegenwärtig keinen anderen Weg, die Frage nach dem Ursprung als wirkender Gegenwart neu zu stellen, als diesen. Mag dieser Weg nach der herrschenden Wissenschaftslehre unbeschreibbar sein, in der Theologie ist er eine Möglichkeit, sofern ihr Auftrag ja immer und wesentlich ein unmöglicher, nämlich: der sich *vergeschichtlichende*, nicht der abstrakte Gott, ist. Geschichtlich – das heißt: Zu jeder Zeit – nicht nur einst, sondern auch heut anwesend und morgen erst recht. Es meint die Gleichzeitigkeit und Gleichräumigkeit, in der der Ursprung zu aller Zeit und an jedem Ort in unsere Existenz hinein sich spendender Ursprung ist, das aber, ohne aufzuhören, Ursprung zu sein. Säkularität ist zermahlenes Korn. Pneuma ist Korn, und zwar keimendes.

Mit diesen Sätzen sind wir schon mitten in der Sache, die die Bibel mit dem Namen pneuma bezeichnet und den wir in Anlehnung an den biblischen Vorgang »heilig« nennen.

Lassen Sie mich jetzt sagen – und empfinden Sie dies Wort von jetzt an nicht mehr als Fremdwort: *Gott ist pneuma*. Nehmen Sie vielmehr dieses Wort an als eine Denkhilfe, die Dinge wieder zu unterscheiden, sie aus der Verbreiung einer allgemeinen Einerleiheit herauszuheben, sie wieder an den Ort zu setzen, der ihnen zukommt und so wieder die nüchterne, unausgeglichene, gegensatzreiche Wirklichkeit unseres wahren Menschendaseins unter die Füße zu bekommen.

Hier nun ist die Stelle, an der zurückzugewinnen ist, was pneuma im Ursprung ist. Als Urwort des Glaubens ist pneuma nicht des Menschen, sondern des Gottes Geist.

III]

Wollen wir wissen, was pneuma im Augenblick seiner »Ausgießung auf alles Fleisch« war, was es war, bevor es sich verspendete, verzehrte in Zeitlichkeit, so sind wir an das Zeugnis verwiesen, das von dem Schwellengeheimnis handelt, in dem dieser Überschritt geschah. Und das ist die Bibel. Ohne sie ist die Frage nach dem Ursprungsgrund nicht zu beantworten. Sie ist in *einem* Atem zugleich die Frage nach dem Ursprung und die Frage nach dem pneuma. Denn das pneuma bringt in seinem Wesen den Anspruch mit sich, dieser Ursprungsgrund selbst zu sein, nämlich dessen, was in der Zeit und im Raum geschieht und was wir, sei es »Natur«, sei es »Geschichte« heißen und was alles Geschehen, wie auch immer es aussehe, Heilsgeschehen sein läßt.

Ich hatte vorhin unter dem Eindruck des Artikels »Geist« im Grimmschen Wörterbuch gesagt: Der Mensch ist Geist. Deshalb steht dem Satz »Der Mensch ist Geist« der andere Satz gegenüber, der sich im Evangelium nach Johannes findet und der lautet: »Gott ist Geist«. (Joh. 4, 24.)

In der alten Bildersprache wird das unüberhörbar eindeutig eben in der Wahl des Wortes pneuma auf diesen Unterschied hin geradezu festgelegt. Pneuma – Hauch, Wind, Wehen bis hin zum Sturmbraus, pneuma – Taube wie Adler, meint das vierte Element der alten Elementenlehre und steht als Luft im Unterschied zu den stofflichen Elementen: der Erde selbst, dem Wasser und dem Feuer. »Luft« ist das vierte, das schlechthin andere Element. Schon das antike Bewußtsein weiß davon. Im pneuma-Hauch zeugen die Götter in irdischem Fleisch sich Söhne. Dieses Wahrheitsmoment der mythischen Weisheit ist von der biblischen Offenbarung übernommen. Im Anhauch geschieht Zeugung. Pneuma ist Schöpferkraft. Der Auferstandene »bläst« pneuma im Anhauch seinen Jüngern ein (Joh. 20, 21). Pneuma ist noch nicht vergeistigter Geist, wie Geist das in seiner verweltlichten Begrifflichkeit dann geworden ist (Joh. 20, 21).

In jenem Satz des Johannesevangeliums »Gott ist Geist« steht also für Geist das griechische pneuma. Der Mensch ist nicht pneuma. Er ist vielleicht nous: Sinn, Verstand, Vernunft wäre das. Teilhard de Chardin nennt den Ort, in dem die Entwicklung den Menschen erreicht, die Noosphäre. Hier gibt es Wissenschaft, um durch sie die Zielutopien zu verwirklichen. Nicht, als ob es im »Heiligen Geist« – um diesen unterscheidungskräftigen Namen der christlichen Tradition zu gebrauchen – kein Wissen gäbe und sich Entwicklung und Ziel ausschlösse. Pneuma umschließt ein Mehr, und dieses Mehr ist ein nach Wert und Art anderes als im Geist des Menschen ist. In der biblischen Welt muß man »im« pneuma sein, um an dem Teil zu empfangen, was seine Fülle meint. Und nur der ist »im Geiste«, dem der Geist sich mitteilt. Man ist nicht von Natur »im Geist«. Man empfängt ihn. Er ist ein Nachgegebenes, während die Natur ein Vorgegebenes ist.

Hier beginnen die großen Unterscheidungen und Scheidungen.

IV]

Natur ist Notwendigkeit, Verursachung, Struktur. Pneuma hebt die Natur nicht auf. Es verwandelt sie. Ihre Struktur wird durchlässig für das pneuma, durchdringbar, so wie die nationalen Sprachen im Pfingstgeschehen nicht aufgehoben, sondern für die universale Sprache durchtönbar werden. Oder anders im Zungenreden, wo Sprache – umgeschmolzen – sich neu strukturiert, so neu, daß sie ohne Dolmetschen nicht verständlich ist. Wobei zu beachten ist, daß für das Dolmetschen das Wort propheteuein, weissagen – so bei Paulus – gebraucht wird.

Pneuma ist nicht nur Ursprung in Anwesenheit. Es ist im Vorrang Ursprung, der aus der Zukunft auf uns zukommt, solange noch endliche Zeit ist und sich sein Werk in der Vollendung noch nicht erfüllt hat. Im Weissagungscharakter des »prophetischen Wortes« stimmen Paulus und Johannes überein. Er ist gemeinsame urchristliche Aussage. Im Johannesevangelium (16, 13) sagt Christus in einer seiner Abschiedsreden zu seinen Jüngern: »Die kommenden Dinge zu künden, ist sein (des pneuma) besonderes Amt«.

Das Neumachen, das Schaffen und Verwandeln ist das Wesen des »Schöpfers Geist«. Und zwar in jener radikalen Form des totum novum. Wenn man fragt, warum das Neue Testament das »revolutionärste Buch« sei, muß man die Antwort dort suchen, wo die Bibel vom pneuma spricht. Schon die wenigen Sätze, die ich gesagt habe und die ihr nachgesprochen sind, erscheinen dem Verstand absurd. Sie sind Schecks, die in der Realität des Augenscheins, wie des Kalküls, keine Deckung haben, ja, die ihr ins Gesicht schlagen. Das Ärgernis »pneuma« ist groß und die Versuchung, den »Geist zu lästern« (Mk. 3, 29) entspricht dem. Das Ärgernis, das die Schriftgelehrten an Christus nehmen, ist so groß, daß sie sagen, er treibe einen Teufel durch den anderen aus. Sie bezeichnen das pneuma, durch das er die Werke des Teufels zerstört, als satanisch (Lk. 11,20).

Mit den Methoden, die sich am Gegenständlichen einer Nur-Dingwelt gebildet haben, ist hier nichts zu machen. Um so härter der Kampf, in dem die Mächte im Dunkeln aufeinanderprallen. Es ist ein ungeheuerliches Wort, das Wort, daß den Menschenkindern alles vergeben werden kann, nur nicht die Bezeichnung des Geistes, der heilig heißt, als satanisch. Man muß sich hüten, ein Prinzip daraus zu machen.Nur eines soll uns damit gesagt sein: So ernst will das pneuma genommen sein in seiner Wirklichkeit. Wer an diese Wirklichkeit tastet, so sagt dieses Wort, der tastet den Grund der Schöpfung an. Ja, nicht nur dies, er tastet die Rettung der Menschenwelt selbst an. Er stürzt den Kosmos wieder in das Chaos zurück, in dem keine Unterscheidung mehr möglich ist zwischen Tag und Nacht, Gut und Böse, Teufel und Engel.

V]

Im biblischen Schöpfungsmythus schwebt die ruach Jachweh, der »Geist Jahweh's« über dem Wasser, bevor der weltschaffende Ruf ertönt. Hier schimmert das Bild des Vogels, der »Taube Geist« hindurch, in welchem Bild das Leichte, Unstoffliche, Schwerelose, das Element der Luft – mit einem Wort – die andere Dimension sich signalisiert.

Martin Buber übersetzt diese Stelle:
»Finsternis über Urwirbels Antlitz
Braus Gottes schwingend über dem Antlitz des Wassers.«
»Wasser« ist schon nicht mehr »Wirrsal« der Finsternis, die »Leer« war. Da ist schon ein Sich-Strecken der »Leere« zum Sein hin. Dies ist der Augenblick, in dem über dem Nichts die ruach Jachweh, die Taube Geist, den Flügel zu schwingen anhebt.

Die Theologie der frühen Kirche wußte, warum sie das pneuma als den »Schöpfer Geist« begriff. Er macht, daß überhaupt etwas ist, daß Gestalt sei und Gestalten-Fülle, daß diese Fülle ein Kosmos sei und eine Bestimmung und auf dieses Ziel hin seine Geschichte habe.

Geschichte! Das ist mehr als Entwicklung. Geschichte – das ist Entwicklung aus unablässig in ihren Lauf hereinblitzender Schöpfung. Das ist Entwicklung, die wirklich weiterkommt, die ihre Sackgassen durchstößt. Geschichte ist mehr als eine sich selbst, ihr eigenes Prinzip, ihre eigene Ratio entwickelnde Evolution. Natur und Mensch haben eine Geschichte, weil in die Entwicklung Schöpfung mithineinspielt, weil da Notwendigkeit sich löst – wie zum Spiel – in Freiheit durch das Überraschende, die Improvisation aus dem Nicht-Sichtbaren hervor, unkontrollierbar, weil souverän. »Denn der Herr ist der Geist. Wo aber der Geist des Herrn ist, da ist Freiheit« (2. Kor. 3, 17). Es ist die Freiheit des Schöpfers, das Unmögliche geschehen zu machen.

VI]

Die Souveränität des »Herrn der Freiheit« bezeugt der Christus des Johannesevangeliums in jenen klassischen Sätzen des dritten Kapitels. »Der pneuma-Wind weht, wo er will und du hörst zwar sein Rauschen. Aber du weißt nicht, woher er kommt und wohin er davonfährt. Genau so ist ein jeder, der aus dem pneuma-Wind geboren ist (Joh. 3, 4).

Es hilft nichts – als ein Besonderer tritt der geistliche Mensch unter die Masse der Menschen, die »vom Fleisch geboren« ist. Nicht, als ob der vom Geist Geborene nicht auch ein vom Fleisch Geborener wäre! Er ist beides in einem. Darum sagt Christus, der geistliche Mensch sei aus Wasser *und* Geist geboren. Wasser steht hier für die materia, den stofflichen Schoß, den der Geist nicht flieht, den er sucht, ja braucht, damit Schöpfung überhaupt geschehen könne, damit das zerklüftete, verzwistete Sein der Dinge und Wesen »in Christus« – um mit Paulus zu sprechen – zu dem Einen »Leibe« der Vollendung zusammengefügt werde (Eph. 1, 22 ff.). Gerade eben dies nicht: kein Diesseits und Jenseits, kein Dualismus, sondern Aufhebung des Urzwistes der gespaltenen Kreatur. Diese Kraft der Vereinung ist das pneuma. Im pneuma ist das Ganze der ungespaltenen Schöpfung wieder eine Möglichkeit. Pneuma ist nicht geistig, sondern eben geist*l*ich. Es ist, als ob das Leibliche des Leibes in jenem »l« noch anwesend sei. Er ist leibliebender, leibschaffender, leibheilender Geist. Durch ihn ist nach Friedrich Oetingers großem Wort Geist-Leiblichkeit das Ziel aller Wege Gottes. Der Geist hat einen Eros zum Stoffe. Er fährt in den Lehmkloß und macht so den Menschen zur lebendigen Seele. Anhauch ist leibliche Berührung. Pneuma ist des Stoffes mächtiger Geist.

VII]

Das Heilsgeschehen, in welches das pneuma die Welt hineinführt, hat nun allerdings eine andere Gestalt als die durch den Fortschrittsgedanken geprägten Zielbilder der heute herrschenden Gesellschaftsideologien uns glauben machen wollen.

Der biblische Realismus ist von einer Genauigkeit, Unverstelltheit und Nacktheit, wie sie vom Menschen, der nicht glaubt, nicht ertragen werden können. Glauben ist Erkennen bar jeder Furcht. Hier fällt mir das apostolische Wort ein οὐ γὰρ πάντων ἡ πίστις (2. Thess. 3, 2). Luther übersetzte »denn der Glaube ist nicht jedermanns Ding«. Dieser Übersetzung fehlt die Schärfe der Kontur, die dieser Satz in seiner Knappheit im Griechischen besitzt. »Jedermann« heißt im Grund-Text »alle«: nicht allen kommt der Glaube zu. Er ist keine Möglichkeit aller. Das Besondere, ja Außerordentliche des Glaubens, ist hier ein Selbstverständliches. »Die« Menschen, heißt es zuvor, sind ortlos (ἄτοπος). Sie sind ungeordneten Geistes und darin arge (πονηρός). Sie sind nirgendwo und in diesem Phantasmus »böse«. Es ist derselbe Ausdruck, der wenige Sätze später Subjekt ist: »der«

Arge, vor dem bewahrt zu sein, es gilt. Das darf man heute nicht sagen, wo es »den« Argen nicht geben darf und alle alles können. Solcher Wahrheit droht die Rachsucht der Menge, die »ortlos« sich in optimistischen oder pessimistischen Zwangsvorstellungen bewegt. Sie gehört zu jener redlichen, schonungslosen Offenheit des biblischen Auges, die dem Medusischen der Wirklichkeit standhält.

In dieser Wirklichkeit gibt es Verwicklungen, die sich in der Zeit nicht auflösen, Fragen, die antwortlos bleiben, Sinn-Dunkelheiten, die redlicherweise kein Licht der Vernunft aufhellt. Das Medusische kann hier nur ausgehalten werden. Hoffnung ist hier zuvorderst Geduld. Geduld aber eine göttliche Tugend. Diese Situation ist nur bestehbar, sofern pneuma der in der Geschichte inkarnierende Messias ist – und zwar als der Gekreuzigte. Weil der Geist im Gekreuzigten der Geschichte einwohnt, so gehört zum Heilswirken des pneuma die Passion in allen ihren Gestalten. Kraft des Heilsgeschehens sind Zorn, Nacht, Gericht in der Geschichte Gottes-Zorn, Gottes-Nacht, Gottes-Gericht. Im Nein ist das größere Ja verborgen. Der Sieg kommt hier auf uns zu in der Gestalt der Niederlage. Deshalb der Sieg des »Großen Tieres« über die Heiligen. Die Endniederlage ist hier der Endsieg (Offb. 13, 7). Das ist der Gekreuzigte als Gottes Offenbarung in der Geschichte. Gott ist in der Geschichte anwesend mit abgewandtem Angesicht. Aber er ist anwesend.

Dies ist das mysterium sub contrario: Heil unter der Gestalt des Unheils. In der Geschichte als Heilsgeschehen gibt es Rückschlag, Verstrickung und Auswegslosigkeit. Der Heilsweg, den das pneuma hier führt, geht durch Endsituationen aller Grade. So wie es selbst »Feuer« ist, führt sein Weg durch Feuerzonen des Untergangs, die Läuterung bedeuten; durch Entfesselung von Finsternissen, die im Gericht befriedet werden; durch Auflösung, die in Verwandlungen schöpferischen Ranges umbricht. Das Heilsgeschehen vollzieht sich in nackter, schierer Geschichtlichkeit. Es geschieht inkarnatorisch. Dies – der pneumatische crucifixus – ist das Mysterium der Geschichte.

Ihn so zu erkennen, lehrt der Geist. Liebend tut er dies Furchtbare: als Tröster Geist tut er es. Das pneuma will geglaubt sein. Verstanden ist es immer die Unwahrheit, wird es mit Sicherheit von uns verfehlt. Es fordert uns ein »Denken über das Verstehen hinaus« ab. Dieses Denken ist gar nicht so etwas Besonderes, wie es der Wissenschaftsreligion unseres falschen Bewußtseins erscheint. Das Denken wider das Verstehen ist eine Möglichkeit unseres *richtigen* Bewußtseins. Wir sind auf die Möglichkeit des Glaubens und im Glauben auf die Wirklichkeit des pneuma hin angelegt. Aber diese Wirklichkeit ist eine andere als die Realitäten einer Welt, die sich in Verstehbares auflösen läßt. Glauben ist mehr als Verstehen: Glauben ist auch ein Wahrnehmen und darin ein Erkennen von Wirklichkeit über das Fragment des Verstehbaren hinaus. Im Verstehen vereinfachen wir das Dasein. Es zu bestehen gehört ungleich mehr.

VIII]

In dieser Wirklichkeit hängt alles zusammen, unentflechtbar und undurchdringbar und eben darin unauflösbar ineinander verkeilt. Dies ist der Ort des pneuma. In dieser Wirklichkeit treiben unsere wissenschaftlichen Sicherheitsexperimente und die fragmentenhaften Versuche unserer Logistiker wie Nußschalen davon. Pneuma – das ist die Lust Gottes, aus solchem Unheil Heil werden zu lassen.

Pneuma ist die revolutionäre Dynamik des Reiches Gottes, das in seinem Kommen das Grundelement unseres Daseins ja – zuerst – auflösen muß, um es – danach – zu verwandeln. So gehört das große Nein zum pneuma-Werk um des noch größeren Ja's des Heiles willen. Hier haben selbst die Weltendkatastrophen den liebenden Sinn von Durchbrüchen zum Reich.

Wo diese Ankunft spürbar wird, da beginnen die Menschen zu taumeln. Sie scheinen »trunken wie von süßem Weine«. Das Haus, in dem sie »einmütig beieinander sind«, beginnt zu wanken. Die Schotten in der Arche der Sprache, sonst immer dicht, werden durchlässig. Petrus ruft ein Wort des Propheten Joel in diese Situation herein, um sie zu erhellen als Endlage der Welt. In ihr, sagt der Prophet, wird geschehen, daß das pneuma ausgegossen wird auf alles, was da ist – »Fleisch« heißt es im alten Text. Weissagung, Gesichte und Träume werden die Jünglinge und die Greise haben. Zeichen werden geschehen in Blut und Feuer und Rauch auf der Erde und im Weltraum Sternzertrümmerungen. Sie künden den Durchbruch des »großen Tages Gottes« durch das Gefüge der alten Welt an.

Es ist mythische Sprache. Von ihr darf nichts abgebrochen werden. Unanrührbar Wirkliches wird darin bewahrt.

IX]

So tut das pneuma mit uns. Und hier, in diesem Verständnis unserer geschichtlichen Welt, gewinnt das Wort vom »Tröster Geist« erst seinen ganzen Gehalt. Pneuma ist der Prüfstein für die Dinge dieser Welt in höchsten Nöten. Es ist mehr, als Revolution meint. Es bedeutet für die Welt immer auch den Gerichtsstand und das bis in die Details. Das zeigt sich sogleich nach der pfingstlichen Entstehung der ersten Gemeinde. Eine Gesellschaftsordnung mit Gütergemeinschaft, das ist Revolution. Daß sie versucht wird, ist charakteristisch für den Anspruch des pneuma, der auf das Ganze unseres Daseins geht. Was aber noch charakteristischer ist, das ist ein Zweites: diese Revolution im gesellschaftlichen Raum scheitert schon in der pfingstlichen Gemeinde (Apg. 5, 1–11). Pneuma wird hier gleich im ersten Schritt dem menschlichen Versuch zum Gericht. Damit wird uns bedeutet: Die Revolution – wenn wir hier den Begriff Revolution überhaupt noch brauchen wollen – die das Christus-pneuma in die Welt bringt, geht über jede Möglichkeit hinaus, die in den Dimensionen der »alten« Welt liegt. Das Reich Gottes ist das Andere, das ganz und gar Neue. Ein neuer Aion bricht mit ihm an. Hier an dieser äußersten Grenze, wo das Mögliche an das Unmögliche angrenzt, wird das Wort des pneuma notwendigerweise Prophetie. Anders läßt sich an dieser Grenze Sprache nicht mehr sinnvoll gebrauchen.

X]

Wie in einem winzigen Zellkern liegen in diesem alten Text der Apostelgeschichte, dank seiner legendarischen Sprache, chromosomengleich, alle Wirkungen beisammen, die dieses seltsamste Phänomen, das pneuma, als Wirkmacht in der Geschichte hervorbringt. Man muß diese Wirkungen nur erkennen. Und eben das ist der springende Punkt. Man kann sie nämlich wiederum nur »im Geiste« erkennen. Der Seher auf Patmos beginnt seinen Bericht der Geheimen Offenbarung mit dem Satz: »Ich war im Geiste«. Daß es »Offenbarung« sei, was er da hörte und sah und daß es »geheime« Offenbarung gar sei, das darf man heute nicht sagen, wo publicity zum Zeitmythus gehört. Aber daß Wahrheit sein kann, was man heute nicht sagen darf, das kann trotzdem sein. Heute – sage ich? Es war damals schon so. Deshalb gab der Seher seine Gesichte »im Geist« nur verschlüsselt der Welt bekannt. Der Grund war der gleiche, wie heut.

Geist als Urwort des Glaubens schließt das Existenzwagnis mit ein, heut wie einst. Dies ist der Preis. Nicht weniger.

Vom Tod als Existenzdurchbruch

UND DA DER SABBAT VERGANGEN WAR, KAUFTEN MARIA MAGDALENA UND MARIA, DES JAKOBUS MUTTER, UND SALOME SPEZEREI, AUF DASS SIE KÄMEN UND SALBTEN IHN. UND SIE KAMEN ZUM GRABE AM ERSTEN TAGE DER WOCHE SEHR FRÜHE, DA DIE SONNE AUFGING. UND SIE SPRACHEN UNTEREINANDER: WER WÄLZT UNS DEN STEIN VON DES GRABES TÜR? UND SIE SAHEN DAHIN UND WURDEN GEWAHR, DASS DER STEIN ABGEWÄLZT WAR; DENN ER WAR SEHR GROSS. UND SIE GINGEN HINEIN IN DAS GRAB UND SAHEN EINEN JÜNGLING ZUR RECHTEN HAND SITZEN, DER HATTE EIN LANG WEISS KLEID AN; UND SIE ENTSETZTEN SICH. ER ABER SPRACH ZU IHNEN: ENTSETZT EUCH NICHT! IHR SUCHET JESUM VON NAZARETH, DEN GEKREUZIGTEN; ER IST AUFERSTANDEN UND IST NICHT HIE. SIEHE DA DIE STÄTTE, DA SIE IHN HINLEGTEN! GEHET ABER HIN UND SAGT'S SEINEN JÜNGERN UND PETRUS, DASS ER VOR EUCH HINGEHEN WIRD NACH GALILÄA; DA WERDET IHR IHN SEHEN, WIE ER EUCH GESAGT HAT. UND SIE GINGEN SCHNELL HERAUS UND FLOHEN VON DEM GRABE; DENN ES WAR SIE ZITTERN UND ENTSETZEN ANKOMMEN. UND SIE SAGTEN NIEMAND NICHTS; DENN SIE FÜRCHTETEN SICH (Mrk. 16, 1–8).

Meinem Leser im voraus dies kleine Avis zu seinen Gunsten! Er soll die Voraussetzungen kennen, von denen aus im Folgenden über das Osterevangelium nachgedacht wird.

Hauptpunkt: Sich nicht gefangen setzen lassen im Binnenraum unseres geschlossenen Weltbildes, vielmehr das Risiko des Offenen auf sich nehmen.

Dieser Satz enthält die Frage nach dem Maßstab. Er wird nicht in den »Gegebenheiten der Zeit«, noch im »Menschen überhaupt«

gesucht. Vielmehr umgekehrt – es wird nach einem Maßstab gefragt, an dem der Mensch und jene Gegebenheiten das Maß genommen bekommen. Mit dürren Worten – er läßt sich den Maßstab des Gültigen im Text selbst gegeben sein. Wagnis und Risiko eines solchen Unterfangens sind dem Verfasser nicht unbekannt. Beinah drohend erheben sie sich vor ihm in der Konfrontierung mit dem Auferstehungsevangelium. Es ist wie ein Axiom, und zwar ein absurdes, wenn er sich den Maßstab des Gültigen in dieser Nachricht selbst vorgegeben sein läßt, ein Axiom, mit dem er sich ins Grundlose vorwagt. Es ist dies nicht jedermanns Sache in einem Zeitalter, in dem das Gültige wissenschaftlich gesicherte Erkenntnis sein muß, mit anderen Worten – in dem der Mensch der Maßstab der Dinge ist.

Wenn Kritik, dann zuerst Kritik des Menschen an sich selbst, an seinen Möglichkeiten, seiner Wirklichkeit. Der Mensch ist anders. Die Welt ist anders. Solche Selbstkritik ist nicht jedermanns Sache in einer Zeit, die an sich selbst glaubt. Hier heißt es für den Mitdenkenden, gegen eine scharfe Brise ankreuzen. Wagt er es, so kann es ihm geschehen, daß er Wahrheit findet, die ihn frei macht. Es wird ihm auf diesem Weg Unabhängigkeit zuwachsen von eben jenen Gegebenheiten.

Der Auferstandene ist im Blick auf unsere Existenz der Niederwurf jeder Form von Tyrannei, heiße sie Wissenschaft, Weltbild, Ideologie, oder irgend eine Art von Zeitbewußtsein oder -konvention, aus deren Unwahrheiten unsere Angst aufsteigt, zusammen mit unseren falschen Hoffnungen. Die Systeme, die wir Menschen über das unbändige Kräftespiel der Welt werfen wie in stürmischen Seegang hinein, gleichen Fischernetzen, die der Fang ein jedesmal zerreißt. Auferstehung ist trigonometrischer Punkt, den ein übergeschichtlicher Finger in der Geschichtswirrnis zeitlich und räumlich haftbar wie hineingestiftet hat. Er sichert das Offene der Freiheit und von ihm her die Möglichkeit des von Gott kommenden Reiches.

I]

Befremdung. Lesen wir den Text noch einmal! Mit Befremdung weht es uns aus jeder Zeile an. Hier ist der Kunstgriff der Verfremdung nicht nötig, um eine Wahrheit aus der Banalität der Konventionen zu befreien. Hier ist die Sache selbst das, was befremdet. Sollte dieses

Befremdende der Sache gemäß sein? Sollte sich dieses der Sache Gemäße nur in der legendarischen Form des Textes zur Sprache bringen lassen? Sollte in der Form des historischen Berichtes diese befremdende Sache gar nicht vorkommen können? Sollte die literarische Form der Legende in diesem besonderen einmaligen und unwiederholbaren Fall das legendarische Sprachmittel geliefert haben, in dem sich ein nicht anders zu fassendes wirkliches Geschehen annähernd umschreiben ließe? Dann würde gerade das Befremdende es sein, in dem sich die Sache selbst uns signalisiert. Dann würde gerade das Befremdliche die Kostbarkeit sein, die es mit aller Leidenschaft des Gedankens zu umwerben gilt.

Wir unterstellen, daß dem so ist, und daß wir so tun wollen. Wir müssen uns nur darüber klar sein, daß wir den Sicherheitsraum des Beweisbaren damit verlassen haben. Die Sache selbst hat es an sich, uns nur im Unbeweisbaren zu begegnen. Damit haben wir dem Text das erste Wort gelassen. Wir dulden es, daß uns sein Historisches wie mit einer Sprungfeder in ein Mehr-als-Historisches hinausschnellt in dem Augenblick, wo wir auf ihm festen Fuß zu fassen versuchen.

II]

Zumutung. Welch eine Zumutung! Ist sie – ehrlichen Sinns – nicht unerfüllbar? Unser Daseinsraum ist zugemauert mit den »Gegebenheiten der Zeit«. Sollte es wirklich auch das andere noch geben, – nennen wir es einmal vorläufig – »Gegebenheiten der Ewigkeit«, so ist kein Raum mehr für sie da. Das Maß an Zeit, an Nervenkraft, an Aufnahmefähigkeit, das ein Mensch besitzt, scheint ausgeschöpft. Wir haben gerade genug zu tun, um aufzufassen, was »vor Augen ist«. Die Welt als Bilder-show, die uns überflutet! Der Ansturm der Dinge, ihr »Da! Da!«, mit dem sie uns anspringen! Die Schnappschußmetaphysik mit ihrem »Dies und sonst nichts«, die unseren Welthorizont mit harten Sachen zustellt! Die Show-Welt, in der alles zur Show wird: Präsidentenmorde und Papstwallfahrten, Herzoperationen in Großaufnahme und Raketenabschüsse, Geschlechtsakte und Schmerzgrimassen zu Tode Gequetschter! Kann man dem Menschen, der in dieser Welt lebt, in der die Übermacht der Dinge herrscht, die vor Augen sind, kann man diesem Menschen jenes »Selig« zumuten derer, »die nicht sehen und doch glauben«? Ist es nicht ein Akt der Nächstenliebe, den Ballast des Befremdlichen abzuwerfen? Die Bibel endlich in Einklang zu bringen mit den »Gegebenheiten der Zeit!«

III]

Der Zweifel ist legitimiert. Indes – war es nicht immer eine Zumutung? Lag der Verdacht des Wahns nicht von Anfang an über der Kunde, daß jener Gekreuzigte auferstanden sei? Bieten die Augenzeugen selbst nicht den Anblick höchster Verwirrung? »Sie flohen«, heißt es da. Mit Entsetzen. Und schwiegen und fürchteten sich. Ein merkwürdiger Schluß für ein Evangelium. Dies ist das Dunkel, in das uns der Ostertext des Neuen Testaments hinaushält.

Da aber ist noch ein Anhang, der später hinzugekommen sein mag, ein Zeugnis der zweiten oder dritten Generation. In dieser Herkunft des offenbaren »Danach« liegt für uns ein besonderer Wert. Wir stehen mit diesem Zeugnis in Gleichzeitigkeit. Auch wir sind danach. »Und sie glaubten nicht«, heißt es da zweimal von den Jüngern, »die da trauerten und weinten«. Apostel sind es, die nicht glauben konnten. Wenn auch der Zusatz von späterer Hand ist, er sagt uns Entscheidendes, das uns angeht. Und dieses Entscheidende ist das Nichtglauben-Können der Apostel. Der Zweifel ist apostolisch legitimiert. Flucht, Entsetzen. Schweigen. Furcht. Und Nichtglauben-Können. Alle Texte bezeugen mit stupender Übereinstimmung die Überraschung, mit der die Nachricht, er sei auferstanden, die Jünger schockierte. In ihrer Kopflosigkeit wußten sie damit einfach nichts anzufangen. Darum – nicht glauben, nach einer natürlichen Erklärung suchen, zum Beispiel, Diebstahl des Leichnams, Gespenst: Hysterie!

Wir rühmen uns, »unterkühlte Intellekte« zu sein. Indes, das war schon damals so. Siehe oben: Diebstahl usw.! Wenn überhaupt, so ist auch für uns die Begegnung zuerst im Schock wirksam. Auch für uns bezeugt sich jenes Andere zuerst in der Befremdung! Abwesend würde es Entlastung bedeuten von einer Wirklichkeit, die in keine uns geläufige Denkform, Weltanschauung oder Daseinsordnung einfügsam ist. Hier stehen wir in der Solidarität des Mißtrauens, der Ablehnung mit den Jüngern.

Da ist der Thomas, der betasten will. Mehr als verständlich! Es könnten wirklich Halluzinationen sein.

Da sind die Gerüchte vom Diebstahl des Leichnams. Sie kursieren ebensowohl unter den Freunden wie den Feinden jenes Gekreuzigten. Da ist die Zweifelsnacht des Paulus. Sie zittert in jedem Satz des 15. Kapitels seines Briefes an die Korinther nach. Er, der Gestapo-Mann und dann der Überläufer zum Staatsfeind, sieht sich einen furchtbaren Augenblick lang als betrogenen Betrüger. Ist Jesus nicht auferstanden, dann ist seine Botschaft an die Welt eine Blasphemie.

Darüber lassen die Texte des Neuen Testamentes keinen Zweifel, daß die Entscheidung Für oder Wider über dem Auferstandenen erfolgt. Auf diesen Stein ist der ganze Einsatz gesetzt. Geht er verloren, so ist alles verloren.

Die Hauptkundgebungen der Urchristenheit gipfeln in dieser Aussage. Hier erst entsteht Pfingsten. So Petrus zur jüdischen Ökumene an Pfingsten, so Paulus angesichts des gärenden Chaos der korinthischen Gemeinde, wie vor der weltstädtischen Intelligenz auf der Agora von Athen.

Das Kriterium für einen Apostel ist eben dies: daß er »ein Zeuge seiner Auferstehung« sei. So bei der Nachwahl des Matthias für den Apostel Judas. Zeuge sein heißt: Nicht geglaubt haben und dennoch zeugen. Dieses Nicht-geglaubt-haben-und-dennoch-zeugen, eben dieser Durchgang durch die Hölle des Zweifels, versetzt sie mit uns in dieselbe Verlegenheit. Was ihnen geschah, der Überschritt aus dem Nein zum Ja, kann auch uns geschehen, wenn auch die Dokumente über das Wie schweigen. Über das »Daß« schweigen sie nicht.

IV]

Versuch, den Grund der Verlegenheit bei uns selbst zu finden. Kann er das? Kann der Überschritt auch uns geschehen? Ist das Gefälle noch immer das gleiche, wie auf der Agora von Athen: Gelächter bei den einen, einige suchen das Gespräch, einige glauben?

Das Gefälle ist noch da. Aber um wieviel steiler sind die Abstürze geworden! Ins Riesige ist inzwischen alles gesteigert. Es ist, als trieben wir Endsituationen zu. Vielleicht gehört auch dies dazu, gewachsen aus dem Ernst der Lage, daß wir den Grund unserer Verlegenheit dem Osterevangelium gegenüber bei uns selbst suchen müssen. Die Heraufkunft einer solchen Lage ist ja nicht ohne uns geschehen.

Die Umkehrung der Spitze gegen uns selbst hat sehr nüchterne Konsequenzen. Zum Beispiel: zuerst Erkenntniskritik, dann Bibelkritik. Das hieße Kritik der wissenschaftlichen Voraussetzungen, die heute eine Art religiösen Charakters angenommen haben.

Nun fürchte mein Leser nicht, daß ich ihn in eine Problematik verwickeln will, zu deren Lösung die Arbeit von Generationen gehören würde. Nur einigen Nachdenklichkeiten wolle der Geduldige noch Gehör schenken.

Wie steht es mit unserer vielbemühten intellektuellen Redlichkeit uns selbst gegenüber? Warum sind wir kritisch der Bibel gegenüber, aber nicht uns selbst? Wir übernehmen die Voraussetzungen zu ihrer Kritik den »Gegebenheiten der Zeit«, der Wissenschaft, dem Weltbilddenken, dem modernen Lebensgefühl, mit einem Wort uns selbst.

Ich selbst bin es doch, der denkt, der urteilt. Hier fängt meine Ehrlichkeit an. Sie bindet mich in meinem Gewissen. Und mein Gewissen fragt mich nach dem Recht meiner Urteile. Sie könnten ja auf einem Wunschdenken beruhen. Das wäre allzu verständlich in einer Zeit der allgemeinen Beliebigkeit der Standorte, eines Pluralismus des Gleich-Gültigen, wenn wir uns auf unser Wunschdenken zurückziehen und ihm Gültigkeit zumessen, zumal gerade im gemeinsamen Wünschen noch am ehesten eine gewisse Kollektiv-Meinung der »Zeit« uns den Rücken stützt. Ich glaube, wir sollten uns daraufhin prüfen, ob unsere Ehrlichkeit nicht nur ein Verwünschen des Unerwünschten ist. Wir sollten unser Herz in die Hand nehmen und uns der Wirklichkeit stellen, auch wenn sie anders ist als unser Wunschbild es uns vor die Augen stellt. Das ist nicht leicht aus gewichtigen Gründen. Denn auch das Wünschen des Menschen ist nicht von ungefähr. Es lebt darin ein Wissen um seine Bestimmung. Es ist numinos. Und zugleich lebt in ihm ein harter Griff auf Realisierung. Das Politische hat hier seinen Antrieb. Es hängt aufs engste mit dem *Wünschen* zusammen.

Aus der Ohnmacht des Geistes und der Übermacht des Triebes erwächst das Wünschen. Das Bild gibt der menschliche Geist hinein und seine Ohnmacht wirkt, daß es nur Bild bleibt. Und das Wilde gibt der Trieb hinein, das was nicht mit sich reden läßt, das was sich unablässig mit dem Bild zu Tode stürzt und sich aus dem Tode ebenso unablässig wieder erhebt. Beides ineinander vergattert gibt der Geschichte den Zug ins Große und – da vom Menschen her unerfüllbar – zugleich das Wollüstige, Zornige der Sucht, die ins Leere läuft. Enthusiasmus und Utopismus hängen zusammen. In der Ideologie schafft sich der Wunsch das System seiner Rechtfertigung, in der Politik die Methode seiner Verwirklichung.

Aber der Mensch ist anders. Die Wirklichkeit ist anders. In dem Bild von der Wirklichkeit, wie es sich in seiner wissenschaftlichen Gestalt gebildet hat, fehlt etwas. Es ist die kritische Frage, die ich der nachfolgenden Erkundung unserer Lage vorangehen lassen möchte: ob die Theologie ihr Amt wahrgenommen, die Wahrheit von der Wirklichkeit des Menschen zur Aussage zu bringen, auch in Stücken, die wir nicht wahrhaben wollen, weil sie für unseren Lebenswillen zerstörend, für unsere Erkenntnis absurd sind und die als »nicht existent« wegzulassen unser Wünschen alle Genialität des Verstandes und alle Virtuosität der Technik eingesetzt hat.

Wie sieht jene weggelassene Hemisphäre unserer Existenz aus? Sie ist der Ort, in dem jene Gegebenheiten ihren Ort haben, die unseren Lebensdrang bedrohen und mit ihm die Sicherheitssysteme, die aus dieser Bedrohung erwachsen sind: zu deren Wesen es gehört, daß sie unbemeisterbar, ja daß sie tödlich sind; die es nicht geben kann, weil sie wider die Vernunft sind und die es deshalb nicht geben darf; über die der sanfte Terror der Massenmeinung das Tabu verhängt hat. Diese Tabuhälfte des inneren Kosmos Mensch ist das Reich der Schmerzen, sind die Labyrinthe des Leidens, die das Menschheitsgeschick durchlagern, die jeder einzelne Mensch, der vom Weibe geboren ist, zu durchwandern hat auf Straßen, die unentrinnbar zum Todesort hinführen. Sie wird vom Tod geradezu dominiert, diese Hemisphäre, und das Tabu hängt die Todeswirklichkeit vor unseren Augen zu.

Wie gern hören wir die Beweise unserer Forscher, daß der Mensch ein biologisches Wesen sei! Wie gern lassen wir uns in den Raum nach unten, nach hinten zurücksinken, um uns im tierhaften Ursprung zu verstecken vor dem Geschick, ein Mensch zu sein!

V]

Die Tabuierung des Todes. An dem Punkt, der Tod heißt, ist in den letzten zweitausend Jahren etwas anders geworden. Wie in so vielem hat sich auch hier menschliche Existenz in den Extremfall hinaus gesteigert. In der vorchristlichen Welt war »Schoß und Grab« noch ungetrennt beisammen. Die Religionswelt der Alten war Kult des Todes. Das »schöne Leben« der Hellenen ist mit hartem Griffel auf diesen Hintergrund gezeichnet. Ihr Mythos schöpft das Thema des Todesfluches bis zum äußersten Grauen aus. Die zarte Trauer auf den Gesichtern der einst Lebenden, wie sie, auf den etruskischen Sarkophagen hingelagert, uns anblicken, vergißt keiner, der sie sah. Die Etrusker wohnten mit den Toten in ihren Städten zusammen. Die Straßen der lebenden Stadt gingen unvermittelt in die Straßen der Totenstadt über. Totenmale sind die Pyramiden der ägyptischen Religion. Gräber die romanischen Dome des frühen Abendlandes. Plato hat die Philosophie als Nachdenken über den Tod bezeichnet. Philosophie ist Weisheitsliebe aus der Todesweisheit des Fleisches. Lehre uns den Tod bedenken, betet der Psalmist, auf daß wir weise werden. Leiden und Sterben, wie auch immer anders – lächelnd, nicht weinend – umkreisen die Religionen des fernen Ostens.

Lange hält in der Menschenwelt das Schwergewicht der Todeswirklichkeit an, am leichtesten dort, wo noch elementar gelebt wird. Die hessischen Bauern, unter denen ich lange gewohnt habe, gaben ihren Töchtern in der Brautausstattung das Totenhemd, die Totenstrümpfe für Mann und Frau und die sechs weißen Tragtücher für den Sarg mit. Es waren Gebrauchsgegenstände. Bei jedem Öffnen der Truhen sah man sie liegen. Der rasche Tod galt ihnen als Gottesgericht. Auch sie starben wahrhaftig so ungern wie alle Lebendigen. Aber von ihrem Seelsorger erwarteten sie als erste Pflicht, die Todesnähe vor ihnen nicht zu verheimlichen. Sie wollten nicht unvorbereitet sterben. Ich habe noch die ersten Zusammenstöße solcher Todesweisheit mit der modernen Illusionswelt des tabuierten Todes erlebt, wenn die Angehörigen meiner Bauern in die ferne Universitätsklinik fuhren, um von dem alten Vater, der Großmutter, den Abschied für immer zu nehmen. Ich habe erlebt, wie ihnen der Mund zugehalten, wie sie hinausgejagt wurden.

Durch die Vor-Tode der Krankheit werden wir auf den Fließbändern unserer klinischen Großapparaturen von Station zu Station an das Tabu herangeschleust. Wie Schlachtvieh unter der Bolzenpistole betäubt, taumeln wir schließlich in den Tod hinein. Heute ist das Tabu über den Tod aufgerichtet durch alle Stockwerke unseres menschlichen Hauses.

Anstelle der Todesangst ist die Leidensangst getreten. Eine Welterscheinung! In der Medizin entstand hier die virtuose Technik der Anästhesie, in der Pharmazie eine ganze Industrie schmerzbetäubender Mittel.

Aus klinischen Berichten (H. Hübschmann) erfährt man, daß zum Beispiel bei Herzinfarkten heute nicht mehr die Todesangst, sondern die Schmerzangst vorherrsche. Darüber hinaus aber werden noch andere Formen der Angst beobachtet, die als »soziale Angst« verstanden werden können. Der Kranke hat Angst vor den sozialen Folgen seiner Krankheit. Wer wird für die Kosten aufkommen? Wird die Versicherung bezahlen? Welche beruflichen Folgen wird seine Krankheit für ihn haben? Welche gesellschaftlichen? Der Kranke hat Angst, in seinen »Weltbezügen« beeinträchtigt zu werden. Er hat Angst, sein »soziales Gesicht« zu verlieren. Der Gedanke an den Tod ist wie verdrängt, die »kreatürliche Angst«, die ja viel mehr ist, viel elementarer ist, als es nur ein Gedanke sein kann. Es ist wichtiger, über Veränderungen in der Versicherungsgesetzgebung unterrichtet, als auf den Tod »vorbereitet« zu sein. »Die metaphysische Demenz, die totale Verdrängung der Todesangst durch die Sozialangst ist sehr charakteristisch« (H. Hübschmann).

Wie es keine Existenzangst mehr gibt, so auch keine Existenzschuld. Wir haben unsere Schuld gleichsam delegiert an die Umstände, an die Verhältnisse, an die Eltern, man könnte auch sagen – an die anderen. Und merken nicht, daß wir mit der Schuld auch unser Selbst und damit unsere Freiheit an das »Prestige«, an die »Gesellschaft«, an die »Erbmasse« abgetreten haben.

Die Schmerzangst der modernen Menschen hat auch einen politischen Bezug. Sie macht uns so hochempfindlich den Terrortechniken der Diktaturen gegenüber. Diese haben eine Art von Gegenkunst der Schmerzerzeugung in der Folterung erfunden, wie sie in den Konzentrationslagern, in den Kellern der geheimen Polizeien der ganzen Welt zur Perfektion gebracht wurde. Nicht Angst vor dem Tode, sondern Angst vor der Todesart, vor dem Grad ihrer Schmerzsteigerung – und -tiefe war das Entscheidende.

Diese Verdrängung der Todesangst bei den Erleidenden hat aber auch eine Entsprechung bei denen, die töten. Auch bei ihnen ist der Tod wie entwertet, wie in das Nichtwirkliche abgeschoben.

Im Mittelalter stand der Henker außerhalb der Gesellschaft, sein Beruf war geächtet. Hier war der Tod noch qualifiziert als ein Urgeschehen, das in die Zone des Unverfügbaren hinabreichte oder aus ihr hervorbrach. Tötung war eine Befleckung, die aus der Antastung des Unantastbaren folgte. Anders die Massenhinrichtungen in den totalitären Regimen im Zeitalter der Massengesellschaft. Hier setzten sich die Henkerbataillone aus Familienvätern und Biedermännern zusammen. Die Voraussetzung war hier die Einschätzung des Todes als quantité négligeable, als einer nur quantitativen Größe. Sie konnte ins Ungemessene gesteigert werden, bar jeden qualifizierten Charakters, etwa als menschliche Befleckung oder Frevel gegen Gott.

Alle Dinge hängen zusammen. Wir suchen uns dieser Verflechtung in ein Unverbindliches hinaus zu entziehen. Aber diese Entlastung ist ein Trick, eine Scheinmanipulation. Wie im Guten, so hängen wir auch im Bösen mit allem Geschehen zusammen. Unser Distanznehmen von den Massenmorden ist der pharisäische Versuch, uns vor der verborgenen Mitschuld, die existentielle Schuld ist, zu entlasten. Wir sind mitschuldig durch die Unterschlagung des Todes als eines Urphänomens menschlicher Existenz. Es wird in seinem faszinosen tremendum in verdoppelter Wucht und ungeahnter Gestalt zurückkommen. Der zu äußerster Quantität gesteigerte Massenmord wird als qualitative Zerstörung im Bereich der Seele und des Geistes von uns erfahren. Im Sturz der Normen und Werte in der Wissenschaft, in der individuellen und kollektiven Schizophrenie der Seelenwelt spüren wir bereits die Vorwehen eines sozusagen wissenschaftlich qualifizierten Todes.

Die Einblicke, die sich vom Erlöschen der Todesangst im modernen Menschen in seine innere Verfassung ergeben, zeigen Veränderungen im Wesen des Menschen an, die bisher unbekannt waren und deren Folgen nicht vorausgesehen werden können. Auf der Oberfläche der Dinge auseinanderliegende Vorgänge hängen im Wurzelgeflecht zusammen. Daß dieser Umstand mit im Spiel ist, müssen wir noch lernen.

Eine Frau war es, die in der Leserzuschrift einer süddeutschen Zeitung darauf aufmerksam machte, daß die Anti-Baby-Pille eigentlich eine »Anti-Menschen-Pille« sei. Diese Pille richtet sich gegen das

Leben in seiner verborgensten Quelle und ist Tötung unter dem Anschein von Lebenshilfe. Diese Umkehrung kommt aber nicht zum Vorschein, weil die Tabuierung des Todes schon in den tieferen Schichten des Bewußtseins kräftig geworden ist. Wir entsetzen uns über Auschwitz und fragen, »wie war das möglich?« Es war möglich, weil schon lange vorher der Tod tabuiert, das Böse banalisiert worden war. Erst die Lüge dieser Banalität hat Auschwitz möglich gemacht.

VI]

Das Leben – der »Güter höchstes«? Hatte nicht einmal ein deutscher Dichter gesagt, es sei das »Leben« der »Güter höchstes nicht«! Und dann im Nachsatz: der Übel aber größtes sei die Schuld? Unvollziehbar in unserem heutigen Bewußtsein! Evolution ist für uns Evolution des Lebens, und Ziel des Lebens ist wiederum Leben. Vor den entgegenstehenden Faktoren in diesem Prozeß besteht eine Art Gehirnverschluß. Eine Biomystik ist entstanden, eine Massenstimmung, aus der sich jener schwärmerische Jubel erheben konnte, der Teilhard de Chardins Naturphilosophie als den Beginn einer neuen Religion begrüßte. So geschah es der Natur gegenüber. In der Geschichte war es schon schwieriger, den Evolutionsgedanken so unkritisch zu dogmatisieren, wie in der Natur geschehen. Dennoch siegt er auch hier. Die Fortschrittsidee ist hier die Vorstellungsweise, unter der in der Geschichte das Wunschbild zum Massen-Leitbild wird.

Seitdem sich der Mensch in der Wissenschaft in die Macht eines Halb-Gottes versetzt sieht, ist er auf der Traumstraße in die Glücksräume ungeahnter technischer Paradiese im Vormarsch. Er hat die Verwirklichung des Gottesreiches in den »totalen Revolutionen« der Neuzeit in die eigene Regie genommen. Er wird das Geheimnis der Lebensentstehung in den Griff bekommen. Er entdeckt sich als Biotechniker. Er wird die Krankheit ausrotten aus seiner Welt. Er wird eine Welt ohne Leiden in einer neuen Gesellschaftsordnung heraufführen. Leiden nicht mehr als Schicksal, das der Mensch hinzunehmen hat! Recht auf Glück besteht für einen jeden, wie es in der amerikanischen Unabhängigkeitserklärung von 1776 heißt.

Zu den unveräußerlichen Rechten, vom Schöpfer verbürgt, gehört nach ihr »das Leben, die Freiheit und das Streben nach Glück« –

pursuit of happiness. Und in den »Grundlagen des Marxismus-Leninismus« heißt es, die kommunistische Gesellschaft eröffne »der Menschheit unbegrenzte Möglichkeiten, das Leben zu genießen, seine Freuden voll auszukosten«.

Der Versuch, mit jedem Mittel sich dem Leiden zu entziehen, ist in einer solchen Welt legitim. Wo das Leben »der Güter höchstes« ist, wird die Schuld zum kleinen Übel, verschwindet sie schließlich ganz. Mord wird Liebestat, wo eine verzweifelte Mutter ihr Kind tötet, weil es verkrüppelt geboren ist, wie in Lüttich und Frankfurt mit ärztlicher Hilfe geschehen; oder ein Vater seinen geisteskranken Sohn vergiftet, wie in München.

Die Urweisheit des alten Mythos ist vergessen, der noch weiß, daß die Schlange ihr Unheil unter der Gestalt des Heils anbietet. Dieses Sich-Anbieten des Unheils unter der Maske des Heils hat unsere Generation dreimal hintereinander erfahren. Es wäre ein Verbrechen, das nicht auszusprechen.

1914 – Vaterland, 1933 – Drittes Reich, 1965 – Welt-Friede. Und jedesmal war da der Enthusiasmus, der sich jeder Selbstkritik verschloß, Freunde zu Feinden machte, Mann und Weib, Vater und Sohn trennte, die Besten unserer Zeit von Sinnen sein ließ.

Wie ein lautloser Schneefall rieseln heute die Großen Worte aus unseren Massenmedien hernieder: Friede! Toleranz! Nächstenliebe! Brüderlichkeit aller Welt Enden! und begraben die Wahrheit unserer Wirklichkeit unter ihrem Leichentuch. Eine idealistische Wunschlüge unserer aufgeklärten Daseinsplatitüde! Wo keine »Unterscheidung der Geister« mehr sein darf, wo keine Bereitschaft mehr ist, nach der Wahrheit zu fragen, für sie Verwundung zu empfangen und ihren Fälscher zu verwunden, da neigt sich die Welt ihrem Todesschlaf entgegen. Der Geist gleitet lautlos in seine Entropie hinein. Ein Endphänomen geschichtlichen Daseins müssen wir in solcher Verlarvung des Unheils vermuten. »Beide, Propheten und Priester, verstehen sich aufs Lügen. Mit Lügen trösten sie mein Volk. Sie sagen, es solle sein Unglück gering achten. Sie sagen Friede! Friede! Und ist doch kein Friede« (Jes. 6, 13, 14). Christus selbst sieht seinen Widersacher in der Welt Boden gewinnen in seiner eigenen Gestalt: als Gegen-Christus. Darum der unablässige Hornruf: Wachet! Wachet!, den er seinen Jüngern nachschickt.

Ein Ruf von andringender Gegenwärtigkeit. Dieses Doppelgesicht im Zwielicht unseres Welttages ist das Gesicht unserer Tage. Zu keiner Zeit überschattete Unheil in Heilsgestalt so täuschend mächtig ein Jahrhundert wie das unserige, in dem Ideologie das Rauschgift auf der Traumstraße der politischen Heilsreligionen geworden ist. Die Diktatur des Lebenstriebs hat uns auf der ganzen Erde überrannt. Nur noch, was dieser Raster faßt, das gibt es. Alles andere fällt zwischen durch. Wir bilden nur noch die Vorstellungen, wie sie die gußeisernen Matrizen des modernen Bewußtseins vorprägen. Unser Wahrnehmungsvermögen liegt unter örtlicher Betäubung, und zwar nach der anderen Hälfte der Welt hin, die Grab, nicht Schoß heißt. Nach dorthin sind wir farbenblind.

Daß Leiden und Tod zur Grundverfassung der Menschenexistenz schlechthin gehört, darf man nicht mehr sagen.

VII]

Der Wunsch verführte uns. Wo liegen die Ursachen für diesen Prozeß? Zwei entgegengesetzte Bewegungen bündeln sich hier. Viktor von Weizsäcker weist darauf hin, daß in der technischen Zivilisation dank der Daseinserleichterung, die Bereitschaft des Menschen zu leiden sich verkehre in den Anspruch, vom Leiden befreit zu werden. Dieses Entlastungsbegehren des Menschen wird zugleich von der entgegengesetzten Seite her verstärkt durch die Überlastung des Menschen in der gleichen technischen Zivilisation. So kommen Scheinlösungen durch Selbsttäuschungen zustande, Entlastungsversuche, die zugleich zerstören, Therapien, die verkappte Krankheiten sind.

Die Welt ist anders. Der Mensch ist anders. Wir entrinnen uns nicht. So treiben wir, narkotisiert, dem Ende entgegen, zugleich mit der Auflösung unserer Widerstandskraft der rettenden Bindung beraubt. Schließlich sind wir im Tod der letzten steinernen Wirklichkeit nackend preisgegeben.

Aber eben darum wird der Tod und alles, was mit ihm gesetzt ist, tabuiert. Das Tabu gilt nicht mehr dem Schoß, es gilt dem Grab. Etwas Merkwürdiges ist vorgegangen. Das Geschlechtliche ist befreit. Der Makel des Obszönen weicht von ihm. Prüderie ist ein Laster geworden. Das Tabu über dem Schoß ist weggehoben und auf das Grab gelegt. Was einst Prüderie vergangener Zeiten war, und dem Schoß galt, gilt nun dem Grab. Über den Tod spricht man nicht. Über meinen und deinen, über den konkreten Tod. Aber über den Tod der anderen, über den abstrakten, den statistischen Tod, den Foto-Tod, den Fernseh-Tod; den – so könnte man sagen – in den Massenmedien »verbalisierten«, zum Geschwätz gewordenen Tod.

Ein amerikanischer Forscher, so war irgendwo zu lesen, habe während hundert Stunden vor dem Fernsehschirm folgendes festgestellt: 12 Morde, 16 Gewehrduelle, 21 Erschießungen, 20 Unfälle mit Waffen, 37 Boxkämpfe, ein Messerstich (von hinten), 4 Selbstmordversuche, 4 Abstürze von Felsen, 2 Autos angezündet, 2 Morde durch Lynchjustiz, 1 Frau vom Zug überfahren, 1 Mann von einem Pferd niedergetrampelt. Außerdem wurden noch zahlreiche Menschen auf dem Bürgersteig umgefahren, mehrere Menschen am Galgen hingerichtet.

Der alte christliche Apostel mit seinem »Tod, wo ist dein Stachel« ist längst überholt. Wir haben das viel gründlicher besorgt, dies Stachel-Ziehn: Irrtum! Der Tod ist schon längst kein Tabu mehr. Auch dies Tabu ist zerstoben: der Tod ist Unterhaltung geworden.

Eine junge Lehrerin an einer oberbayrischen Schule ließ ihre zwanzig Acht- und Neunjährigen aufschreiben, was sie bei einem Fernsehkrimi empfinden (Südd. Ztg. v. 25. 3. 64). Fast alle »genießen« es, wenn vor ihren Augen gemordet wird. »Man kann daraus lernen, wie man einen umbringt«, schreibt einer der Wichte. Ein anderer: »Ich freue mich, wenn sie Menschen aufhängen, mir gefällt das Raufen.«

Wir haben uns vom Tode fortgelogen. Diese Illusion ist eine Letzt-Situation, hinter der nichts mehr kommt.

Daß wir unser Altwerden nicht mehr verkraften, hängt mit dieser Entwicklung des Todes zusammen.

Während unsere Bildliteratur nur strahlende Jugend zeigt und in den Gesellschaftsspalten unserer Zeitungen nur noch »jugendliche« Jubelgreise gefeiert werden, vollzieht sich unter der Decke lautlos die Katastrophe der alten Menschen, die das Altwerden nicht mehr meistern.

Ein Arzt mit besonders weitreichender Erfahrung machte mich jüngst auf die wachsende Zahl von Selbstmorden alter Menschen aufmerksam. Der Zerfall der Existenz nicht nur körperlich, auch geistig und seelisch, die Einsamkeit, unheilbare Leiden und schließlich der Tod in Verlassenheit, ohne die wärmende Nähe eines liebenden Menschen im letzten Erkalten, stelle die schwerste aller Prüfungen dar, die dem Menschen heute auferlegt sei, ohne daß er noch die Kraft besäße, sie zu bestehen. Ein bekannter Künstler unserer Tage sagte bei einem Gespräch an seinem fünfundsiebzigsten Geburtstag, wir alle seien heute von Lebensgier zerstört. Das gelte für die ganze Generation. Es ist das geradezu konstitutionell für uns. Man hat es mitbekommen. Kein Angehen dagegen scheint zu verfangen.

VIII]

Das Numinose des Todes bleibt! Indes – wir bleiben dem elementaren Einbruch ausgesetzt, den diese drei Buchstaben bezeichnen. Sie lassen sich nicht wegtünchen. Ihr Mene-tekel kommt immer wieder an der Wand hervor. Der Tod behält sein tremendum.

Was erschütterte uns alle beim Tode Kennedys, beim Tod Johannes XXIII.? War es nicht die Plötzlichkeit, mit der sein Blitz hinter der Wand hervorschoß? Daß es das gibt, daß *so* mächtig das Sinnlose ist, daß dieses Gesicht des Wahnsinns für eine Sekunde uns aus dem Abyssus herauf so nackt ansehen konnte!

In kaum einem Wort, das in unserer Generation laut wurde, war so elementar »Wahrheit des Seins« wie in Jacqueline Kennedys: »Nein! Nein!«, mit dem sie sich über den Sterbenden beugte. Wahrheit, weil zugleich Liebe darin war. Und jene Ohnmacht großen Stils, die zum Menschengeschlecht gehört, wenn Wirklichkeit über es fällt, deren wir nicht Herr sind, die uns fremd ist bis zum Entsetzen, die Wunschbilderwelt unserer Illusionen, Utopismen, Idealismen mit einem Schlag für eine Schocksekunde als Scheinwelt entlarvend. Wir alle sahen damals in einer verwirrenden Einmütigkeit Weltpolitik, Großtechnik, Wirtschaftsstrategie im Lichte der Wahrheit in dieser Sekunde sicherungslos schweben. Es war einfach so: die Figuren auf dem Schachbrett waren durcheinandergestoßen. Wodurch? Durch eine verirrte Kugel? Es ist blamabel zu sagen: Niemand wußte es, weiß es noch heute, weil es niemand wissen kann.

Aber wir weigern uns, die Lehre einzustecken: daß *so* Geschichte ist, daß *so* der Mensch ist. Die Welt ist anders, als wir sie haben möchten.

Die gleiche Hilflosigkeit übermannte uns beim Krebstod des großen Konzilpapstes. Sollte uns gezeigt werden, wie unbedeutsam das edelste Vorhaben des Menschen ist im Anblick der Letzten Dinge? Sollte uns gezeigt werden, daß es Letzte Dinge gibt, die niemandem in der Menschenwelt zu Gebote stehn? Daß wir vielleicht schon mitten darin in diesem Größeren, Anderen stehn? »Der Mord brach in ein Selbstverständnis der Welt ein, in der sich der Mensch als letzte Instanz begriff. Er hat ein anderes Gegenüber enthüllt, das sich unserer Vergeßlichkeit einschärft durch den gottverlassenen Augenblick« (Rolf Schroers, Merkur, Heft 191, S. 65). Das Dunkel, aus dem der Schuß auf Kennedy kam, kann nicht aufgehellt werden. Es ist ein Dunkel schlechthin. Gerade dies aber ist es, was unsere Ohnmacht so nackend sein läßt. Das Dunkel ist ebenso unaufhellbar tief wie das Dunkel, aus dem heraus der Krebstod das Leben Johannes XXIII. mitten im Griff nach den Sternen zu Boden riß: aus dem jeder Tod jedes Menschen jeder Zeit hervortritt, auch der meine.

Es gibt das Unberechenbare, das Überraschende schlechthin, das ganz und gar Unmögliche und dennoch ganz und gar Wirkliche. Es gibt dieses Grausame, Gewalttätige, das wie das Einreißen einer Schranke ist, die nicht sein darf, einer Schranke, die sich der Mensch zu seiner Sicherheit selbst gemacht hat, die ihn vom Offenen der wahren Wirklichkeit zurückhält wider ein verborgenes höheres Recht. In seinem Sinnlosen ist das Überraschende numinos: es weist über sich hinaus.

IX]

Tod als Existenzdurchbruch. Beidemal ist im Tod[27] – im Mord, wie im Krebs – etwas wie Gewalttat am Werk, beidemal, im verübten wie im erlittenen Tod. Es scheint, daß eine Macht im Tod am Werke ist, sei sie im Menschen, sei sie außer dem Menschen, die eine Schranke – ohne höchstes Recht errichtet – durchbricht. Es ist wie ein dunkles Wissen darum, daß diese Schranke, hinter der sich menschliches Leben sichert, etwas Vorläufiges, Provisorisches ist. Tod, als geübter wie als erlittener, ist Existenzdurchbruch, auf eigene Faust offen verübt oder kraft verborgener Menschheitsschuld erlitten. Das Urphänomen des Todes, aktiv wie passiv, begleitet die

Menschheitsgeschichte seit dunkelsten Vortagen: als Kriegertod, als Opfertod, als Henkertod, als Brudermord, als Selbst- und Massenmord: Immer geschieht im Sterben des Menschen, blind und wild, ohnmächtig und wahnsinnig das Anrennen gegen die letzte Schranke, geschieht Existenzdurchbruch.

Wie dämonisch auch immer, dieser Existenzdurchbruch ist ein Positum. Er sagt, so wie es ist, kann Existenz nicht bleiben. Er sagt nicht, wie sie anders sein soll. Er zerstört nur die Schranke und läßt uns im gleichen Augenblick wieder hinter die Schranke zurückfallen. Das gilt, wie vom geübten Tod so auch vom erlittenen, sei es auf eigene Faust wie gegen den Himmel gezielt, oder kraft geheimer Ruchlosigkeit (Anaximander) wie sühnend erlitten.

Als Existenzdurchbruch ist der Tod ein Positum. Die »ungeheure Macht des Negativen« (Hegel) schafft eine Leere vor ihm, eine Leere, in der schlechterdings nichts ist: in der Raum ist für das Unmögliche. Hier steht der Auferstandene. Oder er steht überhaupt nicht. Hier steht er und vollzieht den Existenzdurchbruch von der anderen Seite her, den das Evangelium als den Anbruch des neuen Äon bezeichnet.

Warum wird es uns so schwer, uns zu dem zu bekennen, was wir sind? Was ganz schlicht wahr ist? Was wir den Alltag entlang von morgens bis abends und in den Traum hinein exerzieren müssen?

Wie gehalten ist unser Auge, nicht zu sehen, daß am Ort des Unheils – wenn überhaupt irgendwo in der Wirklichkeit – der Auferstandene steht. Gibt es diesen Ort nicht, so gibt es auch ihn nicht.

In der Todesposition steht er und erwartet uns.

Um des Unheils willen, das wir ins Tabu abgeschoben haben, steht er dort.

Unheil, so sagen uns kluge Leute, gibt es nur am Rande der Dinge, eine Begleiterscheinung des Heils, das sich unwiderstehlich »evolviert«. Da die Welt im selbstentzündeten Licht endlich aufklart, wozu noch »Licht der Welt«, noch »Salz der Erde«? Man beizt mit Salz, wo Fäulnis ist. Man entzündet ein Licht in der Nacht, aber nicht am hellen Mittag unseres Menschheitstages. So sagen die klugen Leute.

Die kapitale Lüge eines ganzen Zeitalters legt sich vor uns quer mit einer Wand, die bis in den Himmel reicht. So können wir den Auferstandenen nicht mehr sehen. Aber er ist noch da. Sein Da-Sein hängt nicht von unserem Gesehen-haben ab. Er steht noch immer hinter der Wand und wartet auf uns.

Unsere Verlogenheit ist es, die den Tod zur »ungeheuren Macht des Negativen« sich hinter der Wand anstauen läßt.

Am Ort des Unheils steht der Auferstandene. Er hält diese Position, er erwartet uns dort. Gerade hier hat die ewige Liebe den Menschensohn hingestellt, gerade hier in die Wirklichkeit der »ungeheuren Macht des Negativen«, in ihr Todeszentrum, das unsere kapitale Lebenslüge leugnen möchte. Und mit ihr Ihn.

Es war ein Dichter (Hölderlin), der wußte, »daß im Tod sich der Gott mit dem Menschen paart«. Und ein Heide, der im Tode die Heilung empfing und dem Asklepios jenen berühmten Hahn zu opfern befahl.

Uns aber geschieht es, daß wir – am Ende der Tage? – statt der »Gesichter der Götter« nur noch »Dinge« und auch diese nur noch mit ihrem »Rücken« (E. Bloch) sehen.

Im Auferstandenen hat Gott den Tod zum Ort der ewigen Liebe gemacht. Liebe und Tod gehören hier zusammen in einer neuen Ordnung. Es ist nicht die alte Ordnung, in der Schoß und Grab, Eros und Tanathos im Liebestod sich vereinigen. Der Auferstandene ist Existenzdurchbruch in eine neue Daseinsform. Die »ungeheure Macht des Negativen« kehrt ihr verborgenes Positum nach außen. Ihr Nein ist in Wirklichkeit das Ja der ewigen Liebe.

Was tun?

Hier ist der Einzelne gerufen, nicht die Menge. Hier bin ich gerufen, mich zu meinem Menschsein zu bekennen, indem ich mich zu meinem Todesgeschick bekenne. Ich muß glauben wider den Augenschein, wider die Meinungsdiktatur des Zeitgeistes, wider das Wunschbild der Massenwelt, wider ihre Glücks-Mystik. Hier bin ich Partisan des Auferstandenen. Der Maquis ist mein Ort in der Welt. Die »kleine Zahl« ist es, die die Verheißung (nicht für sich!) für die Welt hat. Daß der Glaubende zum »Partisan« im »Maquis« wird, das geht nicht zu Lasten des Evangeliums. Zu welchen Lasten geht es wohl? Am Ende gar zu unseren eigenen, die wir so raffinierte Routiniers der Selbstrechtfertigung – möglichst noch mit Hilfe der Theologie – geworden sind.

X]

Und jetzt – der Überschritt in die Existenz! »Das revolutionärste Buch, das wir besitzen«, nannte C. F. von Weizsäcker in seiner Rede in der Paulskirche das Neue Testament. Er sagte von ihm, es sei noch nicht erschöpft. Viele Strukturen der modernen Welt stammten aus ihm. Aber sie seien »einseitig aufs Diesseitige« gewandt, »sie seien, wie man sagt, säkularisiert«. Sie sind, so könnten wir fortfahren, Endformen und im Vordergrund der Welt verbraucht.

In welchem Sinn ist das Neue Testament »das revolutionärste Buch«, das wir haben? Das Revolutionäre sitzt dort, wo es noch nicht in die Säkularität hinein verbraucht ist. Ich glaube, diese Kostbarkeit ist von uns dort zu suchen, wo Befremdendes unter der Stachelkrone des Ärgernisses unantastbar geblieben ist. Aufbrauchen läßt sich an jenem Befremdenden in der Säkularität das Kreuz diesseits der Auferstehung. Ohne den Auferstandenen ist das Kreuz eine menschliche Möglichkeit. Es ist dann der Ort eines hohen Selbstopfers des Menschen für die höchsten Ziele der Humanität geworden. Das Befremdende ist nicht der »Leidende Gerechte«. Er ist ein binnenweltlicher Typus. Schon Plato kannte ihn. Und aufbrauchen in der Säkularität läßt sich erst recht die Auferstehung jenseits des Kreuzes. Sie ist dann, wie dort das Kreuz, zur Idee geworden und eingeweltet als Fortschrittsglaube, als Entwicklungsdogma der Impuls eines mystischen Materialismus geworden, der aus sich selbst die Welt zur ihrer letzten Vollendung emportreibt. Das Befremdende ist nur dort unversehrt, wo es sich im Ärgernis von Furcht und Verschweigen, von Nichtglauben und Ablehnung kundgibt. Das Befremdende ist, daß der »Leidende Gerechte« nicht hingerichtet, vielmehr daß er auferstanden ist. »Wie«, davon sagen die Berichte nichts. Nur, *daß* er auferstanden, davon reden sie.

Ich komme am Schluß noch einmal auf dieses Befremdende zurück, ohne sein Ärgernis auch nur lindern zu können. Es bleibt der Orgelpunkt der Berichte: dieses *Daß* des Ereignisses. Die Denkform des Wie-es-geschah steht nicht hoch im Kurs in ihren Texten. Im Auferstehungsevangelium kommt sie überhaupt nicht vor.

Das Verschweigen des Wie folgt aus der Sache. In ihm spricht sich aus, daß hier etwas vorgeht, das für das kausale Denken nicht greifbar ist und das es dennoch gibt. Diese Tatsache muß zur Folge haben, daß hier eine leere Stelle erscheint: das kausale Denken stürzt hier in ein Luftloch ab.

Das gehört zur Sache, dieses Aussetzen des kausalen Denkens, wie es gleicherweise zur Sache gehört, legendarische Sprachform brauchen zu müssen, wo Kausalität aussetzt. Im Beschreiben wird die Sprache von der Sache her, die sie beschreibt, zwangsläufig »legendarisch«. Hier bringt sich Wirkliches legitim zur Aussage.

Kausalität ist die Form der vergehenden Zeit. Das Wie zu kennen, das hieße für unser Erkennen Zementierung in der Kausalität, das aber wäre: in der endgültigen Vergangenheit. Kausalität schließt Vergegenwärtigung von Zukunft her aus. Sie schließt aus, daß im Auferstehenden schon der Wiederkommende, daß im Beginn schon Vollendung *mit* beginnt. Im Frühglanz jenes Auferstehungsmorgens ist der Wiederkommende schon da. Vom Wie etwas auszusagen, ist vom Wesen der Sache her ausgeschlossen. Alles steht auf dem Daß. In diesem Daß bekundet sich der dynamische Charakter der Zusammenhänge: Auferstehung – Wiederkunft. Als Weltverwandlung realisiert er sich. Es ist! Es geschieht! Gleichgültig das Wie.

Alles steht auf dem nackten Vorgang. Daß es geschieht: dies und sonst nichts. Dieses Daß stößt uns ins Existieren hinein. Und zwar in ein Existieren, das Verwandlung ist jenseits des Wie, jenseits von Verstehen.

In der Osterepistel spricht der Apostel zu seiner korinthischen Gemeinde von diesem Hineingenommensein in das Ereignis der Existenzverwandlung. In der Bewegung, in der jener Gekreuzigte dieser Auferstandene wird, geschieht ein Überschritt, ein Sprung über die Schwelle zwischen dem alten und dem neuen Äon, in den der Glaubende mithineingenommen ist. Nicht in radikalen, ethischen Maximen, die doch nur den Menschen unter das harte Joch unerfüllbarer Forderungen drücken, ist jene Dynamik zu suchen, welche das Neue Testament das »revolutionärste Buch, das wir haben«, sein läßt. Man muß es lesen, wie handfest, wie realistisch der Apostel die Korinther in diesen Überschritt hineinstößt.

Darum feget den alten Sauerteig aus, auf dass ihr ein neuer Teig seid, gleichwie ihr ungesäuert seid! Denn auch wir haben ein Osterlamm, das ist Christus, für uns geopfert (1. Kor. 5, 8).

Was er ihnen jetzt sagt, ist nicht weniger als: Ende des Passahritus, Ende der kultischen Religion.

Kein Ritus mehr, sondern Existenz. Dies ist jetzt euer Passahlamm: der auferstandene Gekreuzigte. Ende des Festes der süßen Brote: Ihr selbst seid jetzt der Süßteig der Wahrheit. Nicht zurückblicken auf die Historie, auf das Rote Meer und die Befreiung aus der ägyptischen Knechtschaft. Die Stunde der Wahrheit hat euch geschlagen und in der Wahrheit seiend, lebend, atmend, seid ihr frei. Ende der Religion, der Institution, der Zeremonien. Hier ist mehr als der Tempel. Ende der Rassen, der Nationen. Hier ist nicht Jude noch Grieche. Ende der Gesellschaftsordnung: Hier ist weder Herr noch Knecht (Gal. 3, 26 ff.; Kol. 3, 11). Ende der Naturordnung: Hier ist weder Männlich noch Weiblich. Alle seid ihr einer in dem Christus Jesus. Ende der Beschneidung mit Händen: Dies ist euer neues Sakrament, die »Beschneidung«, mit der Jesus, der Christus, beschnitten war, geschehen in seiner Kreuzigung und Auferweckung von den Toten. Man muß das spüren, diesen Überschritt *in ein schlechthin Anderes, vom Kult in die Existenz, vom Verstehen in das Es-selber-sein, diesen Schöpfungsstoß in das totum novum des Äons des Auferstandenen.*

Die »archaia«, die alten Dinge, liegen hinter uns, sagt der Apostel (2. Kor. 5, 17). Und der alttestamentliche Prophet sagt: Denkt nicht zurück an die »alten Dinge«. Neues mache ich, der ich einen Weg ins Meer bahne (Jes. 43, 16. 18f.). Unsere Unrast, unsere Zukunftssüchtigkeit, unsere Neuerungswut ist numinos. Die Bibel sagt uns, wohinaus sie will. Die Sucht selbst weiß es nicht.

Aus Altem kann nur Altes hervorkommen. Neues, das aus Altem hervorgeht, muß immer wieder altern. Die Geschichte erzeugt nur immer wieder neues Vergangenes. Dies ist das Gesetz der vergehenden Zeit. Sagen wir ruhig der Todes-Zeit.

Das Neue, das ein totum novum ist, kommt nur aus der Macht des ganz und gar Anderen. Eben darum der Auferstandene. Das gehört einfach zu ihm. Es ist sein Reservat. Es steht und fällt mit ihm.

XI]

Der Auferstandene ist der Erstling des »Reiches der Himmel«. Am Schluß des Markus-Evangeliums war die Rede gewesen von Flucht, von Furcht und vom Verschweigen.

Warum?

Im Vers vorher wird erzählt, es habe der Engel im Grabe zu den Frauen gesagt: Er ist nicht hier. Er ist vor euch nach Galiläa gegangen. Dort werdet ihr ihn sehen, wie er es vorausgesagt hat. Dieses »Ihr werdet ihn sehen« ist der stehende Ausdruck der Prophetie für den wiederkommenden Menschensohn, und »Galiläa« der Name für den Ort seines Erscheinens.

In der berühmten Korintherbriefstelle (15, 5 ff.) wird derselbe Ausdruck gebraucht: »Und wurde gesehen« von einzelnen, von den Zwölfen, von Fünfhundert auf einmal. In der Morgendämmerung steht er am Ufer des galiläischen Meeres und bereitet den Jüngern, die draußen fischen, auf dem Rost die Morgenmahlzeit. Hier heißt der Ausdruck: »Er zeigte sich ihnen«. Sie erkennen ihn. Keiner aber sagt es. Auch hier das Schweigen. Es ist ein arcanum. Viele haben Augen, aber sehen es nicht. Nur die nehmen wahr, denen es »gegeben« ist. Schweigen und Furcht ist über diesen Erscheinungen. Denn Auferstehung, das heißt zugleich ein Ungeheures: Befremdung höchsten Grades. Es heißt: Ende und Gericht.

Das Erscheinen des Auferstandenen ist umstrahlt von dem ersten Licht des letzten Tages. Die Väter gaben ihm den schönen Namen des »jüngsten«. Wie ein zartes, aurorisches Aufleuchten sind diese ersten Erscheinungen in Galiläa. Wie der tagenden Sonne, noch wenn sie unter dem Horizont steht, etwa bei stürmischer See da und dort Lichtflecken auf den Wellenkämmen vorausjagen, so dieses »Sich-Zeigen«, dieses »Gesehenwerden« in Galiläa, des »in den Wolken des Himmels« am »jüngsten« aller Tage wiederkommenden »Menschen-Sohnes«. So läuft er sich selbst voraus in die Dämmerung des Welt-End-Morgens hinaus. In dieser Gleichzeitigkeit der Endphase der Geschichte leben wir mit den Jüngern. Auch wir haben unsere Zeichen, andere, neue, die wir kennen lernen müssen mit gleicher Furcht und gleichem Schweigen.

XII]

Das Ja in der »ungeheuren Macht des Negativen«. Mir kommt hier noch einmal Hegels Wort von der »ungeheuren Macht des Negativen« in den Sinn. Eben dieses Negative ist uns zum Zeichen der absoluten Hoffnung inmitten der sich auflösenden Relationen gesetzt. Warum das Relative? Nicht deshalb, weil es nicht zugleich auch die ungeheure Macht des Positiven gäbe. Ist doch die Geschichte Heilsgeschehen, je mehr dem Ende zu, desto näher der Vollendung. Nein, das Negative ist uns zum Zeichen gegeben. Im Zwielicht müssen wir das Auge umstellen auf das Dunkle. Das »Licht« hat der »Fürst dieser Welt« für sich beschlagnahmt: das Messianische der Heilsbilder: das Diabolon der Utopien, der Traumstraßen und Friedensparadiese. Für den wiederkommenden Christus ist in der Zeit nur das Dunkle übriggeblieben: die Passion und das Gericht. Der Gegen-Christus hat ihm das Licht gestohlen. Das Negativum allein ist als unbenütztes, vom Fürst dieser Welt auf den Müll geworfenes Erkennungszeichen noch verfügbar.

Dem Thomas werden die Wunden hingehalten zum Erkennen. Nicht wie ein Fingerabdruck oder ein Muttermal zur Identifikation. Nein, zum tieferen Erkennen dessen, was der Mensch, was seine Welt ist. Die Wunden! Das sind Löcher, Höhlen, Orte des Nichts, Zeichen der »ungeheuren Macht des Negativen«.

Schuld ist, die diese Höhlen ausgebrannt hat. Unsere Schuld ist es, die wir, Genossen des ungläubigen Thomas, in diesen Höhlen betasten müssen.

Hegels Satz von der »ungeheuren Macht des Negativen« ging auf den Tod. Hegel hatte dieser Negativität das Vermögen zugemessen, die Positivität aus sich hervorzubringen. Wenn der Geist sich der absoluten Selbstzerstörung stellt, ihr »ins Angesicht schaut«, dann wird er sich in ihr wiederfinden. »Dieses Verweilen ist die Zauberkraft, die es (das Negative) in das Sein umkehrt.«[28]

Hier im Angesicht des Todes enthüllt sich der illusionäre Charakter von Hegels Idealismus. Es ist absurd, daß aus dem »Unwirklichen« (dem Tod) durch Verzauberung das Sein hervorgehe. Das wäre magische Dialektik. Im Tod als »absoluter Zerrissenheit« (Hegel) machen wir – kraft seiner Auswegslosigkeit – die einzige Absolutheitserfahrung in concreto unserer Existenz. Er ist Ende schlechthin, Ende, das nicht schon als Ende wieder Anfang wäre. Der Anfang muß neu gestiftet werden. Und das geschieht im Auferstandenen. Der Gekreuzigte ist nicht per se der Auferstandene. Er ist »auferweckt«. Dieses Wort meint einen Akt. Mit ihm werden wir aus der Symbolik, aus der Spekulation in die Geschehenswelt der Geschichte verwiesen. Hier berühren sich »dieser Kosmos« und »das

Reich der Himmel«. Auf der Schwelle dazwischen steht Er: in der Geschichte.

Das Auferstehungsgeschehen beurteilt die Vernunft als ein Absurdum. Darin bekundet sie ihr »am Ende sein«. Es ist ihre unfreiwillige Prophetie. Das Auferstehungsgeschehen leitet die Endzeit der Geschichte als Ganzes ein. Das Gottesreich ist nicht mehr nur nahe, es ist angebrochen. Auferstehung, Verklärung, Auffahrt gehen ineinander über. Ja, in der zur Erfüllung hin sich aufhebenden Zeitlichkeit sind sie derselbe Vorgang. In der Erscheinung (Epiphanie) ist schon Anwesenheit (Parusia) und in der Anwesenheit Wiederkunft. Glaube ist Gegenwart, unvollziehbar für das wissenschaftliche Denken. In der Finsternis der Welt, in ihrem Negativum gegenwartet der vorlaufende Christus dem Glaubenden.

Glauben, das ist Ergriffensein von der anderen Wirklichkeit, die offen ist, in deren Offensein die Kausalkette nicht mehr schlüssig bleibt, in der Zeit und Raum sich als relativ erweisen, nicht mehr »an sich«, sondern nur an anderem sind, das zur »weich«-gewordenen Kausalität gehört.

Es gibt einen intellektuellen Terror, der unser Denken in Matrizen prägen will, die praktikabel sind. Zeit und Raum sind Provisorien. Gott hat die »Zeit« und den »Raum« nicht da sein lassen, damit wir uns an ihnen mit unseren begrenzten Möglichkeiten festkrampfen und ihm den Weg verlegen in das Offene, das *sein* Offenes ist, offen für seine Möglichkeit, die für den Menschen immer Unmöglichkeit heißt. Hier auf der Schwelle zwischen meinem Unmöglich und seinem Möglich steht – für uns unsichtbar – der Auferstandene. Er steht auf der Schwelle zum Offenen hin. Das verschlossene Grab ist ein Gleichnis unserer im Hiesigen verschlossenen Welt, in deren Sicherheitsgrenzen wir uns wie im Grab versiegeln. Siegel und Stein sind zerbrochen. Das Grab ist offen und leer. Seine Höhle ist das offene Tor, durch das wir Christus nach in die Freiheit der Söhne Gottes schreiten werden. Kein Dualismus! Diesseits und Jenseits hangen zusammen, vom Offenen umgriffen, von fernher gehalten.

Nicht anders als den Frauen am Grabe geschieht es auch uns, daß wir uns entsetzen und hinter die Sicherheitsgrenzen unserer geschlossenen Welt flüchten.

Niemand ist gezwungen, das Risiko dieses Wagnisses auf sich zu nehmen. Aber er muß sich gefragt sein lassen, ob er damit dem wirklichen Charakter des Daseins nicht ausweicht auf illusionäre Sicherheiten hinaus. Dies wäre mehr als verständlich. Das Verlangen des Menschen unserer Zeit geht auf Entlastung nach allen Seiten hin. Die Bibel indes versteht das Menschengeschlecht als eines, das durch Zumutung stärker, nicht schwächer wird. Es wird dem Menschen zugemutet, das zu sein, was er ist: einer der wagen muß und gewagt wird. Dies ist dem Menschen vorgegeben und bleibt ihm vorgegeben. Hier im Offenen wird er – wenn überhaupt – dem Auferstandenen begegnen. Denn das Offene meint nichts anderes als die Möglichkeit des Unmöglichen. Es ist der Raum Gottes, bei dem »alle Dinge möglich sind«. Gibt es ihn wirklich, so läßt er sich nicht einfangen im Netz unserer Denk-Systeme und Weltentwürfe. Das Offene der Freiheit ist seine Dimension, wenn ein solcher Begriff ihm gegenüber überhaupt angewandt werden darf. Weil das Reden und Denken der Bibel von dieser Dimension her bestimmt ist, deshalb ist sie das »revolutionärste Buch«, das es gibt. Nach dieser Wirklichkeit hin ist sie offen! Das ist das Dynamit in ihr. Ihre Bedrohung unserer Welt der Relativitäten hat schöpferischen Charakter. Hinter dem geringeren Nein steht das größere Ja. Nicht trotz des Gerichtes, sondern kraft des Gerichtes bleibt ihr Wort Evangelium.

Das Evangelium

Dem Menschen unserer Zeit dargestellt

VENI CREATOR SPIRITUS

*Erstveröffentlichung in zwei Auflagen
im Verlag Hans von Hugo, 1940.
Dritte Auflage im Katzmann-Verlag,
Tübingen 1951.*

Vorwort von 1940 zur ersten Auflage

In Wirrsal und Zerrüttung der Christenheit entbrannte im Schreiber dieses Buches das Verlangen, der Sache, um die es im christlichen Glauben geht, neu innezuwerden. So begann er, wieder das Evangelium zu lesen. Er wählte das kürzeste und schlichteste der vier, das Evangelium nach Markus, zum Führer auf diesem Wege.

Es hat der Schreiber auf diesem Wege Erfahrungen machen müssen, von denen er einige dem Leser zuvor bekanntgeben will. Sie können ihm zur Warnung oder zur Ermutigung dienen.

Jener Sache inne wurde er immer nur in dem Maße, als er der ungeschminkten Wirklichkeit des Menschendaseins standhielt. Es gilt also, mit dieser Wirklichkeit die härteste Fühlung zu halten. Nur in dem Raume, wo Fleisch und Blut wohnen, beginnt das Evangelium, zu klingen und unser Lebenswort zu werden. Jeder Ausgangspunkt »abstrakten«, »zeitüberlegenen« oder wie großartig auch immer sich gebenden Anspruchs wird hier als Illusion entlarvt. Der Weg führt auf der Erde entlang, und nur das ist ehrlich durchschritten, was von ihm die brennenden Sohlen zu schmecken bekamen: als ein Mensch meiner Zeit, noch genauer, als deutscher Mensch, mußte ich ihn durchschreiten für die Menschen meiner Zeit. Da erst, in dieser Schranke, wurde dem Wegsuchenden das große Geschenk zuteil, Erdboden unter die Füße zu bekommen. Dem Geschlechte, mit dem ich geboren bin, mit dem zusammen mich die Kostbarkeit des gemeinsamen Erdentages verbindet, dessen Schuld meine Schuld und dessen Schicksal mein Schicksal ist, dem widme ich diesen Bericht.

Zum zweiten mußte ich erfahren, daß auf diesem Wege alle großen Fragen des Menschengeschlechtes wieder neu aufbrechen. Nicht eine Stimme, die in der Brust der Kreatur schlummert, der hier Schweigen geboten werden könnte im Anblick des Einen, der ihr auf diesem Wege begegnet! Vor diesem Einen bersten alle Deiche der Doktrinen, der Konfessions- und Schultheologien. Hier muß der Denker in der Strömung des offenen Meeres den Arm des Schwimmers wieder regen. Kein System, kein Prinzip, keinerlei Grundsätzlichkeit hilft ihm hier mehr. Der »Weg, der zum Leben führet«, ist ein gefährlicher Weg, ist ein Pilgrim- und ein Streiterweg. Das christliche Denken, das man Theologie nennt, ist dem Wissenschaftsmythos der letzten Jahrhunderte verfallen, gleichgültig, ob orthodox, paradox oder ketzerisch. Im Angesichte des Einen, dem man auf diesem Wege begegnet, muß auch das christliche Denken neu werden. Und zwar von einer Seite her, die mit dem humanistischen Geiste wenig zu tun hat. So wolle der Leser keinerlei neue Parolen oder Rezepte erwarten. Diese Fündlein zerflattern alle vor dem Einen, dem hier begegnet wird.

Drittens haben sich mir auf diesem Wege alle tiefsinnigen Vorwände des erschöpften Geistes entlarvt. Vor allem jene Ausflüchte, daß, was wahr sei, auch einfach sei; daß der Mensch gut sei; daß die Welt vollkommen sei. Keine größere Unterschätzung dessen, was der Mensch ist, als solche Ausflucht vor dem Dasein, das wir als Menschen zu leben haben! Und keine vermessenere Beschränktheit vor dem, was die »Heimlichkeit Gottes« heißt! Hier brechen nicht nur alle großen Fragen noch einmal auf. *Hier bricht unser ganzes Dasein noch einmal auf – zu seinem zweiten Anfang.*

Eben darum geht es, um dieses Aufbrechen, um diesen zweiten Anfang.

Vorwort von 1948 zur dritten Auflage

Den beiden kurz hintereinander folgenden Auflagen des Jahres 1940 konnte damals wegen Versagung des Druckpapiers keine weitere Auflage folgen.

In Hunderten von Briefen und in immer neuen Gesprächen bezeugten Menschen beider Konfessionen den Dienst, den es getan hat. Zwei Arten von Menschen fielen dabei besonders auf.

Der Mensch, der in der Härte des Alltags des hinter uns liegenden Jahrzehnts wie zu einer Art Andachtsbuch nach ihm griff. So ist es in manchem Soldatengepäck – trotz seiner fünfhundert Seiten – bis tief nach Rußland hineingetragen worden. Und in der Heimat lag es – trotz seiner ungewohnten Gedankengänge – auf manchem Nachttisch zum regelmäßigen Gebrauch zwischen dem Warnruf der Sirenen.

Dann aber gehört es jener Menschenart in besonderer Weise an, die es oft jahrelang liegen hatte, ohne etwas mit ihm anfangen zu können, bis der unerklärliche Moment des aufgetanen Ohres kam. Er kam, wenn das Schablonenwerk christlicher Vorstellungen und Gefühle endgültig in Staub zerfallen war und der Leser sich, nackt wie ein Stein, in das Elementare der Existenz zurückgeschleudert vorfand. Für diesen Leser war das Buch ein Wort im Wendepunkt seines Lebens.

Das Evangelium kündet den Christus als den Besieger der Dämonen.

Im heiligen pneuma ist er heute gegenwärtiger denn je, da die Dämonokratien sich im Raume der Geschichte immer deutlicher entschleiern.

Durch die zerfallenden Hüllen der historischen Christentümer hindurch aber schimmert zugleich die Johanneische Kirche, die Kirche des Dritten Artikels der Heiligen Trinität als der apokalyptische Trosthelfer dieses Geschlechtes hindurch.

Zum Geleit (1966)

Die Ohnmacht und das Christuslob

Dies war die Bedrohung 1940: Mißbrauch des Glaubens durch die politische Gewalt. Und Unterdrückung dort, wo sich der Glaube nicht mißbrauchen lassen wollte.

Mißbrauch und Unterdrückung ist die Gefahr, die in diesem erzpolitischen Jahrhundert dem Glauben droht. Heute wie damals!

Es ist pharisäisch, auf die Verbindung »Thron und Altar« im 19. Jahrhundert mit dem Anklagefinger zu weisen und selbst nicht den Balken im eigenen Auge gewahr zu werden.

Im Kielwasser der west-östlichen Spaltung der Welt bekämpfen sich heute in Europa ein politisches Rechts-Christentum und ein nicht weniger politisches Links-Christentum. Das doppelzüngig gemachte Evangelium führen beide Fronten als Waffe im Munde.

Diese Bedrohung des Christusglaubens durch den ideologischen Mißbrauch ist in einem politischen Jahrhundert par excellence, wie dem unsrigen, von wachsender Dringlichkeit geblieben, je zeitgerechter ideologisiert desto gefährlicher.

War es im Nationalsozialismus die völkische Idee, die den Glauben korrumpierte, so im Machtbereich der Sieger »links« die Verbindung Sozialismus und Religion, wie »rechts« Kapitalismus und Konfession. »Religion«? »Konfession«? Ist in praxi die Demaskierung nicht schon längst geschehen? »Säkularität«, »mündige Welt«, »religionsloser« Christ, »Theologie ohne Gott« muten wie verschämte Versuche an, den Untergang des historischen Christentums mit moderner Plakatur zu kaschieren.

Das Zeitalter der Allianzen zwischen Religion und Politik geht zu Ende. Was da heute noch restet, ist eine kaum mehr verhüllte Ideologisierung des Christentums im Dienste der politischen Mächte. In solcher Lage helfen keine Beweise. Ideologie ist ja gerade die Kunst zu beweisen, daß das Böse gut sei, am liebsten, daß es dieses Böse überhaupt nicht gebe.

Da ist keine Hilfe bei der Wissenschaft. Sie ist wertfrei: Für sie gibt es weder Böses noch Gutes. Eine Ohnmacht großen Stiles der totalitären Politik gegenüber ist die Kehrseite dieser ethischen Bindungslosigkeit. Die Wissenschaft, die Großmacht unserer Zeit, ist wehrlos den Ideologien ausgeliefert. Das ist ein Hauptgrund der Gefährdung unserer verwissenschaftlichten Welt.

Der Nichtung des Wertes ging die Verachtung des Wortes voraus. Hinter der Ideologie steht Faustens Mystifikation der Tat. Hier war Hitler nur das Symptom der Geheimreligion des Jahrhunderts.

»Weinstock« und »Reben« heißt es im Evangelium, »Frucht« heißt es und nicht »Tat«. Die Frucht läßt sich nicht ohne die Wurzel und den Stock haben. Wohl aber die Tat. Sie wächst aus unserem Willen. Sie ist »unsere« Tat. Darum sagen wir »Tat« und nicht Frucht, weil wir die Wurzel los sein wollen, die uns abhängig macht, die unsere Mündigkeit in Frage stellt. Unsere Taten haben die Früchte gefressen. Abgeerntet steht der Weinstock in der nackten Weltlichkeit dieser Zeit.

Was soll der Glaubende in dieser Lage tun? Er soll tun, wie die Männer im feurigen Ofen: den loben, den er liebt, gleichgültig, ob Zeit oder Unzeit ist. Dies Lob ist nicht zeitgebunden. Es gilt zu aller Zeit mit gutem Grund. Denn dort ist der Fundus, aus dem allein wir bestehen hier in der Zeit. Dieses Buch kontempliert die Wurzel: Christus.

Ihn, den Wurzel-Christus, den die Religiösen zum Tod verurteilten und die Politischen hängten, ihn, das gemeinsame Opfer der religiösen Politik und der politischen Religion, wieder zu entdecken und ihn von Markus, dem Evangelisten, »vor die Augen malen« zu lassen, »als wäre er unter uns gekreuzigt« (Gal. 3, 1), um solches Christus-Lob ging es damals unter dem Druck mißbrauchten und vergewaltigten Glaubens.

Es muß das so bleiben, heute wie einst, wo der »göttische« Teufel – mit Luther zu reden – den »schwarzen« abgelöst hat. Der *gute* Antichrist ist unterwegs. Drum merkt ihn keiner.

Das Befremdende und die Christusliebe

Nicht daß ich die Wissenschaft verachtete! Ich lernte bei Harnack und Overbeck die Profanität der Kirchengeschichte erkennen, bei Gunkel und Weinel die Texte der Bibel mit den Augen der historischen Kritik lesen. Dies war damals die befreiende Entdeckung:

Das Befremdende an den biblischen Texten wurde als historisch, das heißt als »zeitbedingt«, begriffen und vom modernen Bewußtsein der Unverbindlichkeit längst verblichener Weltbilder ausgeliefert. Es war die große Zeit des Historismus. Indes, die Zeiten jener wissenschaftlichen Unschuld sind längst vorbei. Der Bruch der Zeiten, der jetzt folgte, legte tiefere Seinsschichten bloß.

Die Libertät am Jahrhundertanfang hatte eine Leere zurückgelassen. Von Kierkegaard her suchte die Theologie in dieser Verlegenheit dialektisch und existentiell wieder einen ersten Grund unter die Füße zu bekommen. Aber eben nur dies, mehr nicht. Zurück blieb die Isolierung des »Glaubens« durch die Dialektik, die Einschnürung seines »Wesens« auf die Existenz.

Ein enthusiastischer Aufbruch der folgenden Theologengeneration in die Säkularität folgte. Theologie schien sich in Anthropologie, danach in Soziologie, schließlich in politische Ideologie aufzulösen. Die Leere wurde jetzt erst recht offenbar. Vielleicht, daß sich das Vakuum erst wieder mit Welt auffüllen mußte, so wie man Pflanzen mit dem ganzen Topf ins Wasserbad setzt, die am Verdorren sind. Indes, wie überall, bleiben Anleihen, die man bei anderen macht, ein Werk der zweiten Hand. Erst recht in der Theologie! Je mehr die biblische Welt in die allgemeine Profanität hinein nivelliert wurde, desto mehr fesselte mich gerade jenes Element in ihr, das die historische Kritik einst als Befremdendes ausgeschieden hatte. Das Ausgeschiedene kam zurück.

Aber eines hatte die Kritik hinterlassen: es lagen meisterhafte Analysen eben jener befremdenden Elemente jetzt vor. Eben gerade diese Analysen hatten dank ihrer philologischen Qualität die entgegengesetzte Wirkung, als von ihnen beabsichtigt. Gold war auf den Müll geraten. Indem sie abwerteten, werteten sie auf. Sie halfen dem Schreiber zur Wiederentdeckung der Gegenwärtigkeit des der Vergangenheit für immer Übergebenen. Korn war es, aus Mumiensärgen geborgen, das im Erdboden des heute gelebten Tages sich jung bekeimte. Gerade das historisch Interessante war jetzt das Uninteressante. Wohingegen die Worte selbst, kraft ihrer überraschenden Existenzdichte, kraft ihrer unmittelbaren Schlüsselkraft den undurchdringbaren Realitäten unserer Gegenwart gegenüber, kraft der Unberührtheit ihrer Erzgüsse durch den Wortverschleiß unserer ausgelaugten Sprachwelt – jetzt – das Erleuchtende waren.

Es erwies sich als das Dynamit, das den Weg wieder freisprengte zum Kern der Dinge. Das Unzumutbare, in die Vergangenheit wie für immer Versenkte, kam jetzt von vorne, aus der Zukunft, in überraschender Wiedererkennung auf den die Bibel Lesenden zu. So geschah es, daß moderne Existenz sich selbst auslegte als biblische Existenz – kraft des Befremdenden.

Zu dem Geschichtssturm, der seit 1914 Untergründe unserer Existenz an den Tag heraufwühlte, die bislang verborgen geblieben oder vergessen worden waren, gewann dieses Befremdende die Kraft des Ursprungs in Gegenwart zurück. Worte wie pneuma und doxa, charisma und mysterion, eschaton und antichristos, ktisis und synteleia, soma und sarx, propheteuein und metamorphousthai wurden Schlüsselworte für das Geheimnis, die das Neue Testament zum »revolutionärsten Buch«, das wir besitzen, machten. Als geschichtlicher Zeitgenosse de profundis erlittener Existenz las ich das Evangelium als Weissagung neu. Mit so geöffnetem Auge reiste ich 1928 zwischen Nil und Kaukasus im Aufbruch einer neuen Zeit.

Ein Christus erschien, der dieser Welt Ausweglosigkeit das Ende ansagt, indem er selbst ihr Ende ist. Aber eben dies darf man nicht sagen. Hier wird das Befremdende zu Provokation. Denn diese Welt will ja kein Ende haben. Sie glaubt ihre eigene Unendlichkeit. Christus ist dieses Ende in jeder Dimension, sei es des Kreuzes, sei es der Auferstehung, sei es der Fleischwerdung, sei es der Wiederkunft. Dies ist das Revolutionäre, das man nicht sagen darf. Das »Zeichen, dem widersprochen wird«, voran von der Theologie, die ihn, den Wiederkommenden, im Felsengrab »spätjüdischer Apokalyptik« versiegelt zu haben glaubte. Im Ärgernis scharf gehalten, ist das Salz der Heilsamkeit auch auf unseren Tag gekommen. Das Befremdende ist das Gültige. Im Schmerz des Ärgernisses gibt sich das Aroma der Wahrheit uns kund.

Nur die Liebe bekennt sich zu solcher Verbindlichkeit. Nur die Liebe holt aus der Unverbindlichkeit des Historischen das Provozierende in die Verbindlichkeit des heute gelebten Tages herauf. Die Liebe, an der der Glaube teilgenommen hat, der von verbindlicher Wahrheit weiß. Nicht das Atom ist das Problem. Das Problem ist das menschliche Herz. Dieses Wort sagt man dem großen Einstein nach. Nur Person kann lieben, und nur Person kann diese Wahrheit einer »Erkenntnis aus Liebe« sein.

Christus-Kontemplation mitten unter den Zeichen der Zeit, dieser Zeit, will das Folgende sein, heute wie einst. Dies zuerst und vor allem Tatendrang. Er allein ist das mysterion der Geschichte. Allein *mit* ihm, *in* ihm, »im *Geiste*« und kraft der Weissagung dürfen wir wagen, an der Verantwortung für die Welt gehorsam mitzutragen.

DAS EVANGELIUM

Dies ist der Anfang des Evangeliums von Jesus Christus dem Sohn Gottes

Daß mir das eine gegeben werde, ohne das kein Zugang ist zu Gott! Ohne das jene enge Tür nicht gesehen wird, geschweige durchschritten. Das eine, das uns Heutigen fehlt wie nichts anderes; das unserem Bewußtsein schon entsunken ist; dessen Mangel stete, unbewußte Schuld geworden ist: die Ehrfurcht.

Der Seher auf Patmos sieht einen Engel fliegen mitten durch den Himmel. Er hat ein »ewiges Evangelium« zu verkünden, allen Zeiten und Völkern. Was er mit großer Stimme ruft durch den Himmel hin, das ist: »Ehrfürchtet Gott! Anbetet den, der gemacht hat Himmel und Erde, das Meer und die Wasserbrunnen!« Ohne dies Eine kein Finden der Tür! Wie tief auch immer unsere Weisheit sein möge, wie umwälzend unsere Erfindungen, wie verwirrend reich die Erkenntnis unserer Wissenschaften, es ist uns nichts nütze. »Dies ist der Anfang des Evangeliums von Jesus Christus, dem Sohn Gottes.« Immer und immer wieder lese ich diesen Satz, mit dem das Evangelium beginnt. Er wird ein versiegelter bleiben – ohne die Ehrfurcht. Ehrfurcht haben heißt Kraft haben, sich selbst zusammenzureißen, sich selbst Halt zu gebieten und still zu verharren vor dem unergründlichen Geheimnis. Ehrfurcht ist die Kraft der großen Stille an jener Grenze, über die keiner hinüberkommt. Ich bekenne, daß hier die einzige Begegnung in der Welt ist, in der ich mich zu solcher radikalen Bescheidung in die Knie gerungen finde. Man muß nicht nur zehn, man muß dreißig Jahre lang das Rad des Denkens nach allen Seiten hin und mit allen Künsten bewegt haben, um innezuwerden, daß dieses Rad, aus sich selbst bewegt, nicht einen Schritt weiterkommt; daß es sich immer tiefer hineinmahlt in den Sand und schließlich verschluckt wird von der Wüste.

Mit dem Mute der letzten Ehrlichkeit bewehrt, muß einem an dieser Stelle die Gewißheit zuteil werden, daß es nur eine einzige Möglichkeit gebe, mit seinem Gefährt wieder flott zu werden: sich dem Unfaßlichen zu beugen. Und zwar nicht als dem allgemeinen Weltgeheimnis, sondern exakt, eindeutig, verbindlich, realistisch. Alle Konstruktionen entlarvend, allen Wahn entblößend, alle Räusche zerblasend, alles Verschwommene gestaltend, alle Nebel zerteilend, Bahn brechend, Weg weisend, Ziel setzend: *Der Eine ist der Sohn.*

Dies ist der *Anfang*. Also dieses »euangelion« geschieht in der Zeit, denn »Anfang« ist ja immer in der Zeit. Mit diesem Worte »der Anfang« setzt Gott gleichsam den Keil mit der Spitze auf das rollende Band der Zeit. Er zeigt mit der Spitze auf einen ganz bestimmten Punkt auf diesem Band. Er berührt es in diesem Punkt und – durchstößt es. Der Zeiger, der hier zeigt, wird wirklich zum Keil, der durchbohrt; der das unendliche Band, genannt Zeit, an einem bestimmten Punkte durchsticht; der den Kreislauf an einem bestimmten Punkte aufsprengt; der das Ungeheuerlichste vollzieht, was vor den vernünftigen Geist kommen kann, wenn er das rollende Rad – an einem bestimmten Punkte aufgesprengt – dennoch weiterkreisend findet. Das sagt mir das Wort »Dies ist der Anfang«. Dies ist der Anfang nämlich, den Gott selbst setzt, mit dem er die Zeitordnung sprengt.[1] Dies ist der Anfang, das heißt, dies ist der Eingriff Gottes. Das, was keinen Anfang hat, fängt an auf Erden – das Gottesreich. Das, was nie und nimmer einen Anfang haben kann kraft der Logik der Ewigkeit, fängt an, damit es da sei, damit es bei uns sei, die wir nur in der Zeit, genauer, in der Geschichtszeit eingepanzert, daran teilhaben, damit die ewigen Dinge nun endlich für uns mit aller Härte greifbar werden. »Dies ist der Anfang«, das sagt mir, daß es nun wirklich aus sei mit den Mythen, mit den Ideen, mit den allgemeinen Wahrheiten, die »in allen Religionen vorhanden« und »zu allen Zeiten« gegenwärtig seien. Es besagt mir, daß es nun mit diesen Allgemeinheiten, Gedanklichkeiten, Wunschbildern, Idolen, Phantomen zu Ende sei. Es sagt mir, daß hier das Unmögliche, das Gewünschte, das in Sehnsucht »Gespielte« *Ereignis* wurde. »Und es begab sich«, so beginnt die Geburtsgeschichte. Das heißt: Es *geschah*, es *ereignete* sich. Noch genauer: »zu der Zeit«. Dieser Anfang ist Anfang in der Zeit. Ist genauso Geschichte wie jenes Gebot des Cäsars Augustus, »daß alle Welt sich schätzen ließe«. Jenes Wort »der Anfang« besagt mir das Entscheidende über den Charakter der neuen Wahrheit. Daß es nämlich keine logische Wahrheit sei, keine Wahrheit des Mythos, keine innere Wahrheit der ewigen Schau, sondern daß diese Wahrheit – horribile dictu – *passiert sei!* Daß diese Wahrheit sich *ereignet* habe! Ja, daß dieses Ereignis eine – Person sei! Es besagt mir, daß diese Wahrheit – Gott selbst sei, der alle Mittlerschaften, die sich zwischen ihn und seine Menschen gestellt haben, überrannt habe. Daß er die Mittlerschaft des Wortes, des Gefühles, des Bildes durchstoßen habe. Daß er alle Himmelsleitern der menschlichen Philosophien umgestoßen, alle kunstvollen Stufen und Brücken, alle »Wege zu Gott« übersprungen habe. Daß er durch jede Idee, Mythik und Mystik unmittelbar zum Menschen selbst hindurchgedrungen sei: daß Gott Mensch ward. Mit souveräner Unbefangenheit hat er durch das ganze große Weltgemächte hindurchgegriffen, in Einfalt alle Gegenwehren der Klugen entwaffnet. Das heißt es: Die Wahrheit ist Ereignis geworden, ward Mensch.

Das ist das Evangelium, dieses Ereignis: ward Fleisch.

Man muß sich einmal der Realität, die »geschichtlich« heißt, gestellt haben. Man muß sich diesem *Incarnatus est* gestellt haben. Und hat sich eingefleischt in uns. Und das von Gott gesagt! Man muß sich dieser Realität gestellt haben, um zu merken, daß hier gerade kein Mittler steht zwischen Gott und Mensch, daß hier Gott und Mensch einander direkt gegenüberstehen und jede Mittlerschaft aufgehoben ist. »Ward Fleisch« – so über alle Vorstellung hinaus hart ist uns Gott auf den Leib gerückt, wie das nur möglich ist. So hart, daß er unser Leib selbst geworden ist. Wir stehen nun Gott so direkt gegenüber, wie ein Mensch dem andern nur gegenüberstehen kann. Nicht mehr vergeistigt, verinnerlicht oder in einer anderen Weise gebrochen, etwa im Hindurchscheinen durch unsere religiösen Gedanken und Erlebnisse. Der Menschgewordene bedeutet die Befreiung von diesen dämpfenden, vermittelnden, filtrierenden Zwischenschichten der Seelenwelt. Er bedeutet das leibhafte Nahesein des mittlerlosen, direkten Gegenübers.

Dem muß man sich gestellt haben, um zu erkennen, daß man in der Religionswelt bisher nicht über das Träumen hinauskam und daß man unter dem Evangelium erwacht ist und *Ihm Selbst* nun leibhaft gegenübersteht. Gott nur zu träumen, ihm aber nicht zu begegnen, ist die große Gefahr, die uns außerhalb des Evangeliums, jenseits dieses Gegenübers, droht. Was geschieht im Traum? Nichts! Nämlich nichts Wirkliches. Warum? Weil dort kein echtes Gegenüber ist. Ich bin allein. Es fehlt mir das echte Gegenüber. Ich kann mir wohl ein solches träumen, es fehlt ihm aber die Hauptsache: wirklich zu sein. Es muß da erst ein anderer, zweiter Mensch sich aus irgendeinem Hause aufmachen, durch meine Türe gehn und am Tisch mir gegenüber Platz nehmen. All das Außerordentliche muß erst geschehen, damit ich ein echtes, kein geträumtes Gegenüber habe. Was da zu mir hereingetreten ist, das ist vielleicht mein Schicksal gewesen. Ein einziges Wort kann es sein, das ich nun nicht mehr zu mir selbst im Raume sage, sondern das zwischen uns, zwischen mir und meinem Gegenüber, fällt und unser Leben vielleicht in eine neue Richtung stößt; das Macht hat, uns aufzubauen oder zu zerstören. So *gegenüber*, so im wirklichen Raum, nicht im geträumten, müssen wir das Gotteswunder sehen lernen, von dem das Evangelium spricht: »Und alles Fleisch wird den Heiland Gottes sehen.«[2] *Sehen!* So unmittelbares Gegenüber soll er sein. Dieser sehr harten Begegnung nicht auszuweichen, hier nicht auf der Flucht befunden zu werden, dieses Ehrgefühl sozusagen hat mich immer wieder bei der Stange gehalten und mir das bequeme Ausweichen »in des Herzens Traum« verwehrt.

Das Eingehen Gottes in die Geschichtlichkeit ist der eigentümliche Realismus des Christentums. In ihm wird bezeugt, daß Gott selbst nicht vor dem Äußersten zurückgeschreckt ist, um uns, seinen Geschöpfen, offenbar zu sein: zu einer bestimmten Stunde einzugehen in die Zeit, die vergeht, und »geschichtlich« zu werden.

»Und ward Fleisch.« Geboren aus einem bestimmten menschlichen Weibe mit Namen Maria, der Jungfrau. Unter einem bestimmten Volk der antiken Welt, den Juden. Mit einem bestimmten menschlichen Namen, Jesus, aus der bestimmten Stadt Nazareth in der Provinz Galiläa. Wobei aber diese Massivität der Dinge zugleich vom Ewigen her durchgeistet bleibt. Jenes bestimmte Volk war von Gott vorher bestimmt. Und jene bestimmte Frau war vom Schöpfer selbst berührt und jener gewöhnliche Name hieß Heiland. Dieser Jesus ist der Gottessohn, ist der König. Er ist Gott in einer genauen Beschränkung, in einer bestimmten Zurüstung. Gottgebunden unter ein besonderes Amt. Er ist nicht Gott, der Allwissende, der Allgegenwärtige, der Allmächtige, der Allweise. Das würde unweigerlich den Fleischgewordenen wieder hinausmanövrieren aus der Geschichte, ihn wieder hinüberspielen in die Philosophie, in die allgemeine religiöse Wahrheit, in die Christusmythe. Der Gottessohn ist der – aus dem Licht, da keiner zu kann – *herausgetretene* Gott. Gott hat sich in Jesus von Nazareth herausgezeugt aus seiner überschwenglichen Gottheit. Herausgezeugt und in unsere eigene Gestalt hinein gefangengegeben. Er ist nicht Gott »an sich«. Er ist der Gebundene, der sich selbst bindende und gefangengebende Gott: für uns. Christus ist der uns Menschen *zugewandte* Gott. Er ist der uns im Menschenwesen, in Menschengestalt, das heißt in der Weise unseres eigenen verweslichen Fleisches und Blutes zugewandte Gott. Der Menschwerdende ist kein anderer als der Menschensuchende. Er ist Gott in der besonderen Gestalt des Retters. Er ist der menschensuchende, der in die Not einmarschierende, der in die Hölle einschwenkende Himmel. Er ist Gott im Kampf. Er ist der kämpfende Gott, der zur Schlacht gerüstete Krieger, der alle Zeichen des Kämpfers, der das ganze Grauen der Schlacht über sich hingebreitet trägt: Das Kreuz! Das Blut! Die Wunden! Christus ist Gott in der ganz besonderen, einmaligen und unwiederholbaren Geschichtsgestalt des mit uns und für uns und durch uns die ganze Drangsal des Geschichtsverhängnisses durchbraßtenden Gottes. Er ist Gott, der uns sein Antlitz zugewandt hat, hinunter in die Tiefe der Erdennacht, so daß wir ihn dort unten wirklich sehen können. Er ist der in den Schacht der Geschichtswelt zur Hilfe eingestiegene Gott. Ich möchte sagen »mit Maske und Grubenlicht«. Wie der Taucher in die Taucherglocke eingeschlossen, der sich neben die Wand des U-Bootes legt, um den Schlauch mit dem Sauerstoff anzuschließen. Gottessohn, das heißt: der helfende Gott. Das heißt: der eigens zur Hilfe in unsere Leibeswelt hineingekrochene Gott.

Das ist es, was das Evangelium sagt: *In dem Christus Jesus brechen die himmlischen Kräfte in diese Erdenwelt ein. Er ist Leben aus dem Himmel, auf der Erde gelebt, in seiner Gestalt uns dargereicht.*

Das allein ist es, was mich am Christentum fesselt. An einem Christus, der ein Lehrer, ein Weiser, ein großer Mensch oder ein Religionsstifter war, habe ich kein Interesse mehr. Das war einmal, als ich die Welt noch nicht kannte und jenes »Dogma vom Menschen« meine Vernunft mit der »intellektuellen Redlichkeit« bei der Ehre gepackt und mich zu ihrem Knecht gemacht hatte. Da war ich Armer noch bereit, das Geheimnis der Gottheit und die Wirklichkeit des gelebten Lebens den trügerischen Klarheiten der Formeln zu opfern. Wenn Christus nicht Gott selbst ist, der dem menschlichen Geschlecht zu Hilfe kommt, dann habe ich kein Interesse an ihm. Wenn er nichts anderes ist oder tut oder bringt, als was wir selbst auch sind, tun oder vermögen, dann ist er überständig, und es ist wahrlich an der Zeit, ihn abzutun. Ob Christus der Gottessohn sei, er allein und sonst keiner – das ist die Frage. Ist er es nicht, so taten die Juden recht, wenn sie ihn kreuzigten. Und recht geschähe, wenn er durch alle Zeiten hin hundert- und tausendmal gekreuzigt würde. Ist er es aber, dann sind die Folgen unabsehbar, für mich, für jeden einzelnen Menschen, für jedes Geschlecht, für jede Zeit, für jedes Volk. Ist er es wirklich, so ist die Welt aus der Angel gehoben bis hinein in das kleinste Menschenschicksal und bis in die Ordnung der Elektronen und Amöben. Dann hat die große Verwandlung begonnen.

Wenn Christus der Sohn Gottes ist – dann ist hier das Unfaßliche geschehen, daß in der strömenden, der »unendlichen« Zeit ein neuer Anfang gesetzt worden ist. Hier ist das biblische Denken anders als das natürliche. Nämlich in Sachen der *Zeit!* Ich ahne, daß das biblische Denken so schwer in unser natürliches Denken hineinpaßt, weil es Dinge von der Zeit weiß, die das natürliche Denken nicht weiß. Die es gar nicht wissen darf, weil es dann nicht mehr die Denksicherheit besitzt, auf die unser Verstand den Anspruch macht. Ich ahne, daß das natürliche Denken um seiner selbst willen so tun muß, als ob die Zeit eine Ordnung von der Sicherheit der Mathematik sei. »Als ob« – sage ich. Das heißt: Es muß eine Annahme gemacht werden, eine Voraussetzung untergeschoben werden, die es überhaupt erst ermöglicht, folgerichtig zu denken. Folgerichtig, sagt die Sprache. Die Zeitvorstellung des natürlichen Denkens vollzieht sich also in einer »Folge«. Das Zeichen dieser Folge ist die »Linie«, über die hin die unendliche Zeit »abläuft«. Die Uhr »mißt« sie. Sie ist die »Uhrenzeit«, sie ist »mechanische« Zeit, wie ja auch die Uhr eine Maschine ist, die keinen Tag und keine Nacht kennt, sondern nur den Umlauf des Rades. Sie ist eine Maschine, die darin ihr Werk und Wesen hat, daß die Zeit folgerichtig, das heißt lückenlos, Glied an Glied »abläuft«. Darum sprechen wir ja auch vom Kausal-»mechanismus« allen Geschehens in der Zeit.

Es geschieht also hier das Unfaßliche, daß Gott diese »Richtigkeit« stört, ein Glied herausstößt, die Kette sprengt und einen neuen Anfang setzt. Hier, so könnte man sagen, hat die Christenheit eine undeckbare Blöße, durch die hindurch man direkt auf ihr Herz zielen kann. Heißt das nicht, jenes Ereignis, das die einzige Gotteserscheinung in dieser Zeit zu sein begehrt, zu einem bloß »historischen« zu machen? Denn einmal in die Zeit eingegangen, ist es ein Vergangenes. Mit der Zeit, in der einer geboren war, wird er auch begraben. Dieser Jesus von Nazareth, so schließt man, kann nicht mehr Christus für uns sein. Er ist vergangen und gehört einer vergangenen Zeit an. Auch von ihm gilt dann sein eigenes Wort: »Laßt die Toten die Toten begraben.« Was wir brauchen, so schließt man, ist ein neuer Gottesoffenbarer, heute, in unserer Zeit.

Das Evangelium sagt uns, daß Christus diesen Urteilsspruch des natürlichen Menschen auf sich genommen habe. Er hat sich nicht nur verwerfen lassen, er hat sich tatsächlich auch von der Todeszeit verschlingen lassen. Im Galaterbrief heißt es, daß Christus mit uns unter die »stoicheia tou kosmou« getan sei. Darin eben sollte ja doch sein uns helfendes Nahekommen bestehen. Nun sind aber die »stoicheia« das, was der Mensch die »ewigen Ordnungen« nennt, zu denen auch die Zeitordnung gehört mit ihrem »Werden und Vergehen«. Christus war dieser Grundordnung bedingungslos unterworfen: bis zum Tode am Kreuz. Daran also hängt mit einem Wort, *daß es geschehen ist,* wovon das Evangelium spricht, und nicht bloß erdacht, erträumt oder erdichtet ist. Die Wirklichkeit im Sinne härtester Geschichtsrealität hängt von diesem Eingang Gottes in die vergängliche Zeit ab. Man kann hier nur weiter sagen: Entweder war es Gott, der in unserem Fleische eingekehrt ist: dann genügt das für alle Zeiten. Hat Gott diese Erde – daß ich sage – einmal leiblich berührt, so ist sie durch diese Berührung durchtränkt, geschwängert, verwandelt, *ein für allemal.* Oder es war nicht Gott, der sie berührt hat. Es war nur unser eigener Geist, der Gott gespielt hat, getarnt unter der Gottesmaske, der Genius, der Menschheitsgeist. Dann gilt die »ewige Wiederkehr«. Denn nur der, der gefangen ist unter jene »ewigen Ordnungen«, hat die ewige Wiederkehr nötig. Ist er ja doch nicht der Herr des Todes, sondern sein Knecht.

Es kommt alles darauf an, daß ich dem *Ereignisse* gerecht bleibe. Nämlich, *daß es geschehen ist.* Dann nämlich vermag ich zu erkennen, daß im Gefolge dieses *Urgeschehens* eine Reihe von *Geschehnissen* in das Zeitgeschehen hineinbrechen, die Anbruch von der Wurzel her, die die große Verwandlung bedeuten. Auf diesen *Vorgang* habe ich zu *achten,* nicht logisch zu *denken.* Es »entwickelt« sich nichts, weder im »Aufstieg« noch im »Abstieg«. Es rollt kein »Kreislauf«, es »verkettet« sich kein Kausal- oder sonstiger Mechanismus. Nein! Was im Gottessohne sich ereignet, ist dies: Die Himmelsschleuse hat sich um einen Spalt geöffnet, der Schöpfungssturm bricht wieder herein. Ich muß also erkennen lernen, daß die Menschenzeit durch den Gott, der in ihr Mensch geworden ist, sich zu verwandeln beginnt. Diese Verwandlung zu sehen, ist schwer. Es ist schwer, wegen der Größe des Raumes, über den sie sich erstreckt; und wegen der Tiefe, bis in die sie hinabgeht. Da liegt die Schuld ganz und gar bei uns, deren Leben siebzig Jährlein währt und deren Blick nur das sieht, was vor Augen ist.

Als geschrieben steht in den Propheten

Da wird von der verwandelten Zeit geredet. Da wird gesagt, daß hier wirklich etwas an der Zeit geschieht, nämlich daß sie durchbrochen wird, daß sie nicht im Sinne des Uhrzeigers einfach weiterläuft: Vergangenheit – Gegenwart – Zukunft. Da wird mir gesagt in dem Wort »Propheten«, daß einmal schon vor menschlichen Augen Zukünftiges in ferner Vergangenheit Gegenwart war. Ein gewaltiger Finger drückt den Zeiger zurück in die Vergangenheit, der eben noch Gegenwart zeigte. Und dann stößt er ihn vor aus der Vergangenheit heraus über die Gegenwart hinaus und sagt, daß das Vergangene auch das Zukünftige sei. Das meint der merkwürdige Satz, der im Neuen Testament so oft steht: »Auf daß die Schrift erfüllet würde.« Die *vergehende* Zeit gilt also hier nicht mehr unumschränkt.

Da ist etwas mitten in der vergehenden Zeit, das Dauer hat, das ihr Zahn nicht anzufressen vermag; das nicht mitkreist und doch in allem Kreisenden drin ist. So wie der Weltäther in jeder Schwingung drin ist zugleich an allen Orten, hier und dort, einst und heut. Es ist da etwas, das heute ist und morgen – und schon damals war. Was *aufgeschrieben* werden mußte, damals, auf daß es heut und morgen sich erweise als das Dauernde. Daher das Gewicht, das in der Bibelwelt die »Schrift« hat als das Zeichen, das Kraft besitzt, das Dauernde festzuhalten. Durch die Schrift legt der Prophet fest das Zukünftige, das ihm in der Vergangenheit damals schon als Gegenwart nahe war. Etwas, hinter dem der Ewige selbst steht, der »zuvor« geredet hat »durch die Propheten«, weil er schon zuvor *war*. Und der derselbe ist *heut*. Der spricht: »Ich bin, der ich war.« Der spricht: »Ich bin, der ich sein werde.« Das ist der Sinn jener Formel: »nach der Schrift«. Das Neue Testament kennt nur diesen Gebrauch der Heiligen Schriften der Juden: den Erweis, daß der Einstige auch der Gegenwärtige sei und der Gegenwärtige auch der Einstige war. Das Schriftverständnis der Urchristen ist denkbar einfach und großzügig: an der »Schrift«, das heißt an dem in der Vergangenheit Gesiegelten den in der Gegenwart anwesenden *selben* Gott zu erkennen. Um solchen Erweises willen kann man einen kleinen Satz aus seinem Zusammenhang reißen, alles übrige aber als wertlose Gesteinsmasse behandeln, in der der Edelstein ruht. Das ist der Sinn jenes Satzes: Als geschrieben steht in den Propheten. Daß *er* der zu aller Zeit Anwesende ist, daß *er* seinen Weg fest durchhält durch den unaufhörlichen Geburtssturm und Todessturz der Zeiten hindurch. Und daß *er* seinen Abdruck hinterlasse im flüssigen Lavastrom einstiger Gegenwart, damit die erstarrte ihn noch bezeuge künftiger Gegenwart. Das ist die »Schrift«, dieses Siegel.

Der Prophet lebt ein doppeltes Leben. Er lebt wie alle im Strom der vergehenden Zeit, deren Zeichen die Schlange ist, die auf der Erde kriecht, die in der Waagerechten lebt, die sich im Auf und Ab der Welle bewegt und die sich in ihren eigenen Schwanz beißen muß, will sie sich befreien von dem Verhängnis ewiger Unrast. Dann aber lebt er noch »senkrecht« in der anderen Zeit, in der Gotteszeit, in deren Ruhe das Künftige Gegenwart ist. Denn was er da sieht, spürt, hört, ist Wirkliches, muß »da« sein, um gesehen, gespürt, gehört zu werden. Ist echte Gegenwart, dem natürlichen Zeitsinn noch verborgen als Zukünftiges. »*Nach* mir *wird* kommen, der *vor* mir *gewesen* ist.«[3] So formuliert der Täufer mit den Buchstaben der *vergehenden* Zeit die Grundformel der *ewigen Zeit*.

Das ist es, was es zu packen gilt: daß der Prophet Wirkliches sieht; daß er Zukünftiges – dem Gesetz der flüchtenden Zeit entnommen – mit Gottes Augen als das Gegenwärtige sieht. Das ist es, was es zu packen gilt: daß an der natürlichen Menschheit eine Verwandlung vor sich geht, daß die natürliche Zeit gar kein unverrückbares Weltgesetz ist.[4] Sie ist lediglich der ewigen Zeit abgesplitterte und eigenmächtig gewordene Zeit; in der es in Wahrheit gewaltig rumort; in der noch ein Rest himmlischer, reiner Zeit ankämpft gegen die Tyrannei der abtrünnigen Zeit, die sich in ihrer Selbständigkeit behaupten will hinter der Tarnkappe des Weltgesetzes. Dieser *Rest aus dem Paradiese* gibt nicht Ruhe. Er wartet auf seine Befreiung. Er streckt sich danach, mit der Gotteszeit, von der er losgesprengt wurde, die ursprüngliche Verbindung wiederzugewinnen.

Der Paradiesesrest ist der Ursprungsrest. Und dieser Rest ist unzerstörbar. Er ist unzerstörbar, weil er das Schöpfungsmal des Menschen birgt. Im Geschöpflichen ist der Schöpfer selbst anwesend. Das Geschöpfliche ist eine Qualität, und zwar – höchstseine!

In den theologischen Kämpfen des sechzehnten Jahrhunderts ist der Christenheit das Verständnis des Ersten Artikels des Glaubensbekenntnisses, der Gott als den Schöpfer aller Dinge bekennt, verlorengegangen. Unser Glaube ist zur Christusreligion verkümmert.

Über der Sorge, den Abstand zwischen Schöpfer und Geschöpf zu wahren, ist uns das Positivum außer Augen geraten, das heißt, von Gott geschaffenes Wesen, nicht getöpferter Ton zu sein. Schöpfung ist kein Töpferhandwerk. Es ist auch keine Bildhauerkunst. Wer sich in solchen Vergleichen bewegt, versteht von der Sache so viel wie der

Ochse vom Geigenspiel. Schöpfung ist das Mysterium, aus dem Gleichen das dennoch Andere durch das bare Wort hervorzustoßen. Das Unenthüllbare des Geheimnisses ist immer noch am besten in dem Satz von der Schöpfung aus dem Nichts bekundet. Die Qualität, Geschöpf zu sein, ist gänzlich unableitbar, sie sei denn abgeleitet vom Schöpfer. Sie hat es an sich, das Geschöpf originaliter mit seinem Ursprung zu verbinden[5]; sie läßt keinerlei Ursache, Zwischenglied oder Mittlerschaft auch nur denken; sie wird gestiftet jenseits jeder Kausalität, eher dem Magischen zu vergleichen, wenn wir menschlich reden wollen, gestiftet durch das Wort, welches Gott selbst ist.

Es gibt nur ein Verhältnis, das dem Geschaffensein vergleichbar ist: das des Gezeugtseins. Darum stehen im Ersten Artikel des christlichen Glaubensbekenntnisses die beiden Namen »Vater und Schöpfer« zusammen. Darum redet Christus den Menschen im Gleichnis vom verlorenen Sohn als den Gezeugten an, der *Sohn* bleibt, geschehe, was da wolle, Sohn selbst noch am Schweinekofen, im gleichen Schmutz mit den Säuen verkommen. Das Erbteil des väterlichen Blutes, die Qualität der Sohnschaft, bleibt ihm unzerstört. Das Paradieseserbe umschließt die Möglichkeit der Heimkehr, der Metanoia schlechthin. Das Paradieseserbe ist unzerstörbar. In der ganzen Schöpfung kann es keine Macht geben, die stärker wäre als die des Schöpfers und das von ihm Geschaffene zu verderben vermöchte. Selbst der Mensch, der sich kraft seines freien Willens wider Gott entscheidet, tut dies genau und ausgemacht kraft seiner Geschöpflichkeit, deren vornehmstes Zeichen dieser sein freier Wille ist. Gerade in der Feindschaft gegen Gott ist das Geschöpf gehalten, seine Geschöpflichkeit zu beweisen. Nur weil der Mensch Geschöpf ist, und zwar Geschöpf der höchsten Rangstufe, nämlich Ebenbild, kann er sich wider den Schöpfer stellen.

Wenn wir das Gleichnis vom verlorenen Sohn gelten lassen, dann kann Gott selbst nicht seine Vaterschaft zurücknehmen. Was hier geschehen ist im Haben eines Sohnes, ist nicht umkehrbar. Es ist da etwas ausgegangen, was nicht mehr zurückgenommen werden kann. Es ist wahres Sein, das hier ausgegangen ist, und das bleibt unzerstörbar, so wahr es aus Gott selbst hervorging als sein Wort. Schöpfung ist das Prius aller Dinge, das erste der drei allumfassenden Grundworte der heiligen Trinität.

Die »radikale Verderbtheit der menschlichen Natur« zu denken, dieses Denken ist eine der unheimlichsten Gestalten der Verzweiflung, der Quälsucht und der Gottesleugnung, zu der der Mensch fähig ist. Daß sein Ort ein theologischer ist, leuchtet an den untersten Rang des Diabolischen, in den der Mensch hinabreicht: Seine Gottessucht nimmt die Form der Todessucht an, die Selbstvernichtung sucht. Aber selbst diesem Akt der Selbstzerstörung ist das Stigma der Geschöpflichkeit auf die Stirn gesetzt, ist er doch nichts anderes als der Elementarakt der Kreatur, zu ihrem Ursprung zurück zu müssen, und sei es um den Preis der eigenen Vernichtung.

Diabolus heißt der Verkläger, der Schmäher des Menschen vor Gott. Da er ein großer Theologe und ein noch größerer Psychologe ist, weiß er die Demut und die Wahrheitsliebe des Frommen im »Stehen vor Gott« kunstvoll zu mißbrauchen zur Selbstbezichtigung und Selbstvernichtung. Aber wir haben einen Fürsprecher vor Gott, in dessen gerechter Anwaltschaft er uns als Tröster ersteht wider den Verkläger. Kein Durst ist brennender, kein Hunger ist fressender als der nach Gerechtigkeit, zutiefst und zuletzt nach Gerechtigkeit angesichts des unfaßbaren Loses des Menschen, in dem sich Schuld und Schicksal, Erbschaft und Umwelt, Leid und Wahn zum gordischen Knoten verschlingen. Das gehört zu dem Trost, den der Fürsprecher Geist uns gibt: die Sättigung mit der Gerechtigkeit, die die Wahrheit spricht, weil sie allein die Wahrheit kennt. So hilft der vergessene Dritte Artikel vom Geist dem vergessenen Ersten vom Schöpfer. Das ist der schlaue Kniff des Diabolus, des Durcheinanderwerfers: die heilige Dreiheit durch eine falsche Optik lautlos auseinanderzulösen, indem er uns ein Glied vor dem andern wichtig macht, um es schließlich gegen die Vergessenen auszuspielen.

Nur wenige Zeilen noch, dann treten wir unter dem Zeichen des »Heiligen Dreieinigen« durch das Tor der Taufe in die Erdengeschichte des Sohnes mit dem Evangelisten ein. Nicht als dogmatische Formel, sondern im Zeichen der Kraft als weltrettendem Geschehen begegnen wir ihm: Die Taube Geist und die Stimme des Vaters reißen die Himmel auf und geleiten den Sohn auf den Weg seiner Sendung hinaus.

Man schämt sich beinahe, darauf hinzuweisen. Aber die Alten, die zu diesen Dingen noch ein Verhältnis hatten, wußten, daß allein der Name des Heiligen Dreieinigen die Vollmacht birgt, die Macht der

Finsternis zu bannen. Eine Theologie braucht nur dieses Geheimnis ihrer Vollmacht zu verlieren, um zum Irrstern zu werden. Einmal aber verloren, ist es schwer wieder zurückzugewinnen. Kein trinitarischer Schematismus der dogmatischen Systeme bringt es jemals wieder. Es gibt auch eine Dämonisierung der Theologie. Um sie muß man wissen. Sie gehört zu den abgründigen Möglichkeiten des menschlichen Geistes. Weil der Theologe erleuchtet durch Offenbarung denkt, ist sein Denken mehr als jedes andere Werk des menschlichen Geistes auch der Verfinsterung durch dämonischen Angriff ausgesetzt. Das muß so sein. Nicht umsonst steht die Theologie im Kampf zwischen Himmel und Hölle am exponierten Punkt der Szene. Da hilft kein Pathos der Distanz. Der dialektisch sich Sichernde gleicht dem Kämpfer, der, Abstand nehmend, mit dem Rücken voran dem hinter ihm wartenden Gegner blindlings und geradewegs in den Arm sinkt. Man muß davon etwas erfahren haben, um mit Dankbarkeit und Bescheidung sich des geschmähten Lichtes der Vernunft zu bedienen, ohne das kein Theologe, gleichgültig welcher Verpflichtung, auch nur ein Wort, geschweige denn auch nur einen Satz zu stammeln vermag.

Ist das Ursprungserbe ungleich viel mehr als die Gabe der Vernunft, so gehört sie dennoch zu ihm.

Sie ist die Spitze des Eisberges, dessen tragendes Massiv unter Wasser unsichtbar schwimmt. Wie das Massiv dem Meere, so gehört der Ursprungsrest dem Sein selbst, nicht aber dem menschlichen Bewußtsein an. Das gibt ihm den Rang seiner existenzgründenden Kraft zugleich mit dem Charakter der Verborgenheit.

Es verstärkt die Verborgenheit, daß der Ursprung uns nicht als Fülle, sondern nur noch als Rest gegeben ist. Dies bleibt das Grundmerkmal der allmenschlichen Situation in der Ordnung der Todeszeit. Er ist nirgends »ganz« anzutreffen. Er ist den vergänglichen Dingen in der vergehenden Zeit und im endlichen Raum in einer ungreifbar feinen Dosierung beigemischt. Er ist gleichsam der atomare Vorgang, aus dem die Dinge inmitten der Todverfallenheit ihr Sein haben und der sich nur mittelbar, mit dunklem Zeichen dem Bewußtsein anzeigt.

Jener Rest ist wirklich da. Er ist die ewige »Unruhe«, die uns nicht ruhen läßt, bis unser Herz wieder zurückfindet zu seinem Ursprung. Er ist die ewige Unruhe der Menschenwelt, die dem Menschen den

Zusammenhang seiner *Herkunft* bewahrt und ihn sich strecken heißt nach der *Hinkunft* in der »Vollendung der Welt«.[6] Er stammt von der Ewigkeit, und er ist es, der auch den Ruf der Ewigkeit vernimmt. Und er ist es, der aller Geschichte den Charakter des Kampfes erhält, den Kampf wider die vergehende Zeit, wider das Versinken in Tod und Vergessen. Der heilige Rest ist es, mit dem sich der kämpfende Mensch je und je verband, um dem Fluch der flüchtigen Zeit zu trotzen und – ihrem allmächtigen Strome sich entgegenstellend – in Dauer und Gegenwart sein Dasein zu gründen.

Es ist nicht unwichtig, diese Restkräfte in ihrem Kampf innerhalb der Geschichte so deutlich wie möglich ins Gesichtsfeld zu bekommen.

Es geht uns jetzt also um den Kampf, der in der Geschichte aus dem Schöpfungsrest heraus gegen die Todeszeit im Schwange ist. Es gilt also jetzt, den Blick freizubekommen für das, was in der Geschichtszeit noch als »ewige Zeit« vorfindlich ist diesseits des Christusereignisses. Es gilt jetzt, gleichsam durch Zeitlupenaufnahme festzuhalten, was in der Fallbewegung der Zeit als Gegenschwingung dem Fall entgegenwirkt.[7]

Daß in der zerfallenden Zeit überhaupt noch gelebt werden kann, das geschieht kraft der ewigen Zeit. Die zerfallende Zeit ist nicht bei sich allein. Ihr ist ewige Zeit beigemischt, damit sie überhaupt noch wese. Die ewige Zeit gleicht dem glühenden Sonnentropfen des ägyptischen Mythos, der alldurchdringend die Todeszeit durchrinnt als balsamischer Äther, von dem die Geschichte, dem Nilstrom gleich, immer und immer wieder schwillt und Frucht bringt. »Er läßt seine Sonne aufgehen über die Bösen und die Guten[8]«, und die Bösen dürfen da noch voranstehen, denn sie haben es am nötigsten. Es wird da ein Dauerndes im Wechsel erfahren. Durch allen Zerfall hindurch bewährt sich eine Erhaltung nicht nur von formloser Kraft, sondern auch von Gestalt und Wesen. Auch im Mann ist das Kind noch da, im Greise der Jüngling und wenn auch nur noch als ein fern durchschimmerndes Bild. Ja mehr – im Kind und im Mann und im Greis bleibt der Kern der Person immer der gleiche. Ihm eignet die Kraft, rückwärts und vorwärts zu strahlen und den Ablauf der Zeit zu durchbrechen. Es kann in einem ersten Zug des erwachenden Kindesantlitzes die Düsterheit eines ganzen künftigen Schicksals unleugbar wetterleuchten. Es kann lieblichster Frühling der Jugend noch einmal aufleuchten in Blut und Seele des Greises. Der Säugling, der, eben geboren, mit noch geschlossenen Augen neben der blühenden Mutter im Bett liegt, hat das in sich zurückgezogene schrumpflige und seltsam mürrische Gesicht des alten Mannes. Und der Greis wird, wie die Sprache weiß, wieder »kindisch«. Beides ist, wenn man davorsteht, gleicherweise erschütternd. Je mehr ein Mensch noch vom *ganzen* Menschen hat, desto stärker restet in ihm noch von der ewigen Zeit. Es kann Zukünftiges in die Gegenwart herab- und Vergangenheit in sie heraufkommen. Das ist der Anachronismus der lebendigen Zeit. Die gedachte, die logische Zeit darf freilich einen solchen nicht kennen. Es gibt ein »Weltalter ante Christum« und ein »Weltalter post Christum«. So verschieden sie sind – da schwingt im Weltalter-ante ein Christliches schon voraus. Und da klingt im Weltalter-post ein Heidnisches nach und schwillt zur mächtigen antichristlichen Stimme. Es gibt religiöse, politische, technische Zeitalter, und in jedes schwingt mit Untertönen auch das vergangene oder erst künftige Anliegen schon und noch mit ein. In jeglicher Gegenwart also ist dies alles nebeneinander – ineinander – gegeneinander: Paradies und Hölle, Tugendleben und Lasterleben, Jungsein und Altsein, der zerteilenden Kraft der zerfallenden Zeit gemäß als das große Stückwerk des Lebens, dessen Einheit dennoch dunkel geschaut wird. Ja, nicht nur geschaut! Dessen Einheit erfahren wird als die Macht, die unserem Schicksal seine unbegreifliche Gestalt gibt, dahingegeben der zerfallenden Zeit.

Hinter dieser Erfahrung steht die Wahrheit, daß in die verrinnende Zeit unaufhörlich eine rückflutende Welle miteinschwingt. Es wirkt in der Todeszeit unaufhörlich ein Wiederheilen, ein Wiederbringen, ein Wiederkommen. Die frühe Menschheit hat diese Gestalt des Daseins im Symbol des Rades angeschaut. Das Zeichen des Rades ist ein Abwehrzeichen, eine Fei-Rune gegen die wahre Gestalt des Lebens, die zwar nicht genannt, doch aber verspürt wurde, und die eben nicht die Gestalt des Wunschbildes, des in sich ausgewogenen Kreislaufes ist, sondern des unwiderruflich schließlich doch im Tode endenden Lebens.

Dort, wo die *ewige Zeit* am Faulholz der verweslichen Zeit gleichsam phosphoresziert, da leuchtet der Schöpfungsrest auf. In ihm wirkt der letzte Rest des paradiesischen Menschen.

Dieser *Schöpfungsrest* wirkt es, daß die Zeit nicht völlig auseinanderfalle in ihre einzelnen Teile, sondern daß da noch ein Zusammenhang, ein unbegreifliches Aneinanderhaften statthabe, daß in der Eile eine seltsame Weile, daß in der Turbulenz des Wechsels Dauer wundersam walte.

Die »aufhaltende Macht« ist das Paradieseserbe im Schöpfungsrest. Seine Pflege, sein »Kult«, hat in den heidnischen Religionen mit Recht die größte Bedeutung besessen. So lebt der Mensch im Ahnenkult, dem Vergehensgesetz der Zeit zum Trotz, einfältig die Tatsache aus, daß der Ursprung nicht vergangen ist; daß er wider die Zeit in der Zeit beharre; daß er unversehrbare Gegenwart besitze. Im Ahnenkult »hält« der Sohn den toten Vater in der Gegenwart, indem er ihn ehrt, ihn speist und behaust. Die Pflege des Väterlichen ist der Sinn der Kultusübung vor dem Ahnenbilde. Denn der Ahn ist Gegenwart. Er ist mächtigere Gegenwart als einst, da er lebte. Denn einst, da er lebte, war er unterworfen der Zeit. Jetzt aber regiert er in sie hinein, »jenseits« von ihr, von »oben her«, von zeitjenseitiger Gegenwart her. Durch ihn, den Ahn, wird die Sippe der magische Raum, in dem die Zeit mitten im reißenden Strom der Vergänglichkeit stillezustehen scheint, in dem das vergehende Leben zurückgebannt und in Anwesenheit gehalten wird. Sie ist der große Vater- und Mutterleib, der – noch zweigeschlechtig, dem Urmenschen gleich – die Geschlechter übergreifend auch noch Zeit und Raum durchgreift; der mit immer neuer Lebenszeugung der Zerfallsgewalt zu wehren begabt ist; der es in sich hat, die ihm Eingeleibten zu speisen aus dem Born des Ursprungs und die Urkraft in der Blutsfolge durch den Tod hindurchzutragen.

Es ist dieses Wissen um das Geheimnis der Zeit, das dem germanischen Sippenkult zugrunde liegt. Der dänische Forscher Wilhelm Grönbech[9] hat diese Dinge uns wieder aufgedeckt. Die Sippengemeinschaft steht über die Zeiten hinweg in Zusammenhang, vorwärts und rückwärts. Das, was »zusammenhält«, nennt der Germane *Seele*, die Einzel- *und zugleich* Sippenseele ist. Sie reicht in das Dunkel der Ursprünge hinab und greift hinaus bis in die fernsten Geschlechter. Vergangenheit, Gegenwart und Zukunft schichten sich nicht übereinander im Ablauf der Zeit. Sie sind gleichsam *ein* Raum, der durch Schotten abgeteilt ist, durch deren geisterhafte Querwände der Mensch hin und her geht. Das Geheimnis liegt im Ineinander der Zeiten. Der abgeschiedene König sitzt in seinem

Totenhügel und herrscht von dort aus, wie er einst im Leben von seiner Halle aus herrschte. Er ist im Tode König kraft dessen, was er ist, nicht kraft dessen, was er war. Wie dicht liegen hier heidnisches und christliches Zeitgefühl nebeneinander! Auch der König Christus herrscht kraft dessen, was er ist, nicht kraft dessen, was er war.

Das Bewußtsein des frühen Menschen ist anders als das unsere. Was bei uns zur »Erinnerung« abgeblaßt ist, das ist bei ihm noch Kraft: den Ursprung bannende, rückrufende, ihn immer wieder entspringenmachende Kraft. Sein Bewußtsein besitzt jenen Sog in die Tiefe, wo die Quellen springen, jenen Wurzelsog, der die Kraft herausholt aus dem Ort der Entspringung. Der Mensch der Frühe lebt aus seinem *Her*kommen. Der Mensch der Späte aus seinem *Hin*kommen. Der Mensch der Frühe ist ein Geborener, ein Entsprungener. Die Wurzel gibt ihm sein Leben. Auf ihr steht er bis zu seinem Ende. Er ist ein Stehender und seine Tugend ist seine Standkraft. Der Mensch der Späte ist ein Zielender, ein Läufer; ihm kommt alles darauf an, daß er *fort*komme und *hin*komme. Sein Leben steht auf Hinkunft oder, wie die Sprache sagt: auf Zukunft.

Diese Bannkraft des frühen Menschen heiße der »Rückruf«. Er lebt aus dieser Kraft des Rückrufs. Sie ist die größte Kraft des frühen Menschen. Sie ist die Kraft, mit deren Hilfe der frühe Mensch gegen den Strom der vergehenden Zeit anschwimmt, der vom Ursprung weg in die Tiefe unweigerbar sein Gefälle hat. Nicht Hin-kunft also, sondern Her-kunft wirkt als die schaffende Macht im Zeitbewußtsein des Menschen der Frühe. Ihr eigen ist, in jedem Gegenwärtigen das *Gewesene* als noch Anwesendes zu offenbaren.[10] Ihr Anliegen ist, die Vergängnis zu überwinden durch Vergegenwartung. Der Rückruf ist die mystische Teilnahme des Ur am Nun und des Nun am Ur; ist der Versuch, den Abstand aufzuheben, in den das Zerfallsgesetz der Zeit alle Dinge zerfallen läßt in »einstige« und »heutige«. Der Rückruf preßt das Ur und das Nun gegen die Zerstückelungsgewalt der zerfallenden Zeit zusammen und läßt aus beiden Gegenwart werden. Dieser Rückruf ist ein kultischer Akt. Es ist das Wort, das zu »besprechen« Macht hat. Es hält durch »Bespruch« die Kreatur, die auf der schiefen Ebene der fallenden Zeit zum Tode hinabgleitet. Der Rückruf ist zugleich nämlich immer auch *raum*mächtiges Wort. Denn es gibt ja keine Zeit ohne den Raum, weil alles, was geschieht, *zugleich* in der Zeit *und* im Raum geschieht. Der Raum, der hier gemeint ist, ist nicht der gedachte Raum der Philosophie, sondern der Raum, in dem wir Geborene und Sterbende, Schreitende und Greifende sind. Es ist der Raum, der uns angeht, der unser Schicksal ist und als »Natur« auf uns zukommt. Es ist im strengen Verstande der Leberaum des Menschen. Die Dämonien der Zerstörung, die Gewalten des Dunkels und des Todes, die im Raume sitzen, sind dem Genius kindlicher Weltalter auf das deutlichste spürbar gewesen. Daher die Bedeutung, die für sie die Herrschaft über den Raum besaß. *Bild* ist für sie beherrschter, weil gestalteter Raum. Und das Bildzeichen des *Symbols* das Zeichen des beherrschten Raumes. Hier ist der einzige Begriff, der in unserer Sprache noch eine hinweisende Kraft besitzt auf jene Übung der Frühe, mit Bannspruch dem Zerfall des Lebens im Todesraum der Zeit zu wehren.

Es ist vor allem jene Eigenschaft des frühen Menschen, die Edgar Dacqué als »Natursichtigkeit« bezeichnet hat.[11] Sie ist Herrschenkönnen in noch paradiesischem Verstande insofern, als eine »Beeinflussung« der Naturkräfte von innen her erfolgt. Und zwar vom Innen der Natur her und vom Innen des Bewußtseins her; denn die beiden Innenräume stehen noch in einem Zusammenschwang, der – um die Beispiele Dacqués zu nennen – durch den »Gedanken« (genauer durch das »Wort«) zum Beispiel Steinkolosse zu entschweren und dann zu heben vermag, deren Bewegung für die technischen Möglichkeiten selbst unserer Zeit nur schwer vorstellbar ist. In diesem Sinne mögen auch Pflanzenarten Werk des natursichtigen Menschen gewesen sein, wie etwa der noachitische Weinstock, dessen naturjenseitiger Ursprung in der biblischen Überlieferung noch gewahrt ist. An dieser Gabe des frühen Menschen glänzt eine Spur von dem Charisma des paradiesischen Menschen auf, über die Dinge und Wesen der Erde durch das *geistliche Wort* zu herrschen.

Es gehört zu dem Eindrucksvollsten, was der Orient heute noch dem Europäer zeigt: die Beispiele solcher Macht des Menschen über die Kreaturen, die er als »Bannung«, »Beschwörung«, »Besprechung« kraft des Wortes und des Zeichens ausübt. Die Beschwörung der Kobra zum Beispiel, die Feiung vor Hornissen und die Austreibung von Ameisen sind mir einwandfrei verbürgte Vorgänge, die im Fall des Schlangenbeschwörers ein regelrechtes Handwerk darstellen, dessen Berufsgeheimnis von Vater zu Sohn weitergegeben wird. Bedeutsam ist hierbei, daß der Beschwörer seine Macht über die betreffende Tiergattung verliert oder der Gefeite wieder verwundbar wird, sobald er ein Tier der Gattung getötet hat. Das Leben darf nicht verletzt werden, denn es selbst, das Leben, ist die Kraft, die es als ihr Wesen in sich trägt, den Tod aufzuhalten. Hier wird der *göttliche* Ursprung des Lebens respektiert.

Das, was in der Zeit die Bannung: das gebietende »Halt!« ihrem Fließen ist, das ist im Raum die Entrückung aus der Starre des Stehens, aus der Schwerkraft des Hier-und-nirgend-anders-Seins. Im Wahrtraum des frühen Menschen ist der Mann entrückt in das Morgen und an den Ort der noch ungeschlagenen Schlacht, ist er außer Leibes, der auf dem Lager noch schlummernd unter seinem Dache liegt: Er sieht sich vom Feinde besiegt und auf der Walstatt liegen. Der Fakir der Indier scheint der letzte Menschentypus zu sein, der noch heute Spuren dieser geheimen Restkräfte der Raum- und Zeitüberwindung bewußt bei sich bewahrt hat. Sein Sichlebendigbegraben ist der magische Versuch, die Kluft der Zeit zum Schließen zu bringen. Alle diese Dinge gehen im Raume vor sich: die Hebung der Lasten, die Stiftung des Weinstocks, die Beschwörung der Tiere, das Lebendigbegraben, die Zusammenheilung der abgebissenen Zunge. Es ist, als würde der in der Zwangsordnung des Naturgesetzes eingefrorene Naturraum gleichsam »aufgetaut«. Als würde, wie in der zerfallenden Zeit die Gotteszeit, so auch im Naturraum der Gottesraum erlöst und dem Schöpferworte in ihm freier »Raum« gegeben, damit es, vom Gesetz des Stoffs entschwert, in ihm »spiele«.

Hier harrt in der Verwesungshülle der Paradiesesrest seiner Erlösung. Daß er da ist, läßt sich nicht beweisen. Ganz zufällig, unvermittelt und ohne einzusehenden Grund »schnappt« die Zeit manchmal gleichsam für eine Sekunde aus dem Kausalmechanismus aus und verrät so die untergründige Anwesenheit der Gotteszeit. Es ist wahrhafte Gotteszeit und wahrhafter Gottesraum, an den hier der frühe Mensch verworren und frevelnd noch rühren darf. Es ist dieselbe Gotteszeit und derselbe Gottesraum, der sich dem Joseph öffnet im Wahrtraum, der ihn die drohende Gefahr des Kindesmordes *sehen* läßt und ihn mit Christus nach Ägypten fliehen heißt. »Der Engel des Herrn«, heißt es, »erschien ihm im Traum«.[12] Oder die Männer der Bibel wurden der anderen Welt inne »vom heiligen Geist im Traume« oder in der Entrückung.[13]

Es ist der Schöpfergeist, der im Ersten Artikel derselbe ist wie im Dritten; aus dessen Kraft und Macht keine andere Zeit und kein anderer Raum hervorgehen als der ewige, einige Zeit-Raum Gottes. Auch wir Heutigen sind dem Zuge der Herkunft nicht ganz entwachsen. Zu kostbar ist die haltende Kraft von Wurzel und Ursprung, als ihrer Bundesgenossenschaft zu entraten im Kampf gegen das eherne Gesetz der Vergängnis, auch für uns Heutige noch. Doch hat in unserem Weltalter die andere Kraft das Übergewicht erlangt, die *Hinkunft* heißt. Wo er hinkomme, darum geht es dem Menschen unserer Zeit. Was ihm entschwand im Ursprung der Dinge hinter sich, in der Vergangenheit, das sucht er jetzt vor sich in der Zukunft. Er stellt sich nicht mehr gegen den Strom der Vergängnis wie der frühe Mensch. Er sucht ihn zu überwinden durch Überflügelung. Er schwimmt mit ihm. »Mit uns ist die neue Zeit«, so singen alle Revolutionen des Zeitalters. Nun gilt die Dynamik alles: Fortschritt, Aufbruch, immer von neuem, immer schneller, immer totaler. Der moderne Zeitbegriff ist durch und durch von dieser Dynamik der Hinkunft geprägt. Das Entscheidende an ihm ist dabei die Bewegung. Diese moderne Anschauung von der Zeit hat ihre wissenschaftliche Formulierung in der These der heutigen Physik gefunden, daß *alles* »Energie« sei, daß die Welt lediglich aus Energie»formen« bestehe und daß der unbewegte »tote« Stoff nur eine andere »Form« der Energie sei. Der Satz »die Zeit ist eine Form der Energie« ist unmittelbar aus dieser Anschauung heraus gesprochen. Das Eindrucksvollste ist darum heute an der Zeiterfahrung ihr »Tempo«. Der gesamte Lebensvorgang, heiße er »Geschichte«, heiße er »Natur«, ist in die Helle des vom Willen beherrschten Bewußtseins emporgehoben und empfängt hier »bewußt« jene Steigerung und Beschleunigung, die als Dynamik erfahren und begehrt wird. Die Meisterhand des Menschen liegt am »Schaltwerk der Geschichte«. Das Organische wird ein Technisches. Kein Organisches, das nicht technisch, das heißt bemächtigt wird. Und kein Politisches, das nicht sein Dasein hätte dank der Technik. Die Technik in die Hand zu bekommen, ist heute das wichtigste Anliegen jeder Art von Politik. Darum ist die heutige »Zeit« wie keine andere je auf die Technik, die Energiewirtschaft gerichtet. Und die Technik kennt kein brennenderes Problem als die Überwindung der Zeit durch Kraft. Der Raum hat neben der Zeit schon keine selbständige Bedeutung mehr. Er ist nur noch Anlaufbahn, über die hinweg man der Zeit zu Leibe geht mit sich überbietenden Rekorden. Wir haben keinen »Raumgeist«, aber einen »Zeitgeist«. Die Zeit ist ein Strom geworden, dessen Dynamik man heute bewußt in das Kraftwerk der Geschichte hineinschleusen und speichern kann. Schon ist Europa im Blick auf die technischen Möglichkeiten »zu klein geworden, um darin Krieg zu führen«. Das motorisierte Massenheer hat hier schon keinen Entfaltungsraum mehr. Das »Heer ohne Raum« ist da. Nur noch eines Druckes scheint es zu bedürfen am »Schaltwerk der Geschichte«, dann ist die Erde, die zu klein geworden ist für die vielen Herren, ein einziges Weltreich. Es scheint das »messianische Reich« zum Greifen nahe vor dem Menschen der Hinkunft zu stehen.

Denn vorne liegt jetzt, was einst hinten zu liegen schien: das Paradies.

Hier kommt die Verwandtschaft zu dem modernen Anliegen der Technik noch einmal zum Ausdruck, das Überwindung von Raum und Zeit ist; nun aber, da wir einmal der Bewußtheit verfallen sind, mit den Mitteln derselben in bewußter Steigerung höchsten Grades! Denn das ist die Technik: der geschlossene Einsatz aller rationalen »Mittel« – das »Instrument!«, die »Maschine!«, die »Organisation!« – zur endlichen Hinkunft in die »neue Welt«. Der Raum wird »erobert«, wie es charakteristisch heißt: der Erdraum bis zu den Gipfeln der Alpen und den Wüsten der Arktis; der Luftraum bis in die Stratosphäre hinauf. Die Erde wird klein und kleiner. Es spricht der Mensch von Kontinent zu Kontinent. Zugleich mit dem Raume schwindet auch die Zeit zusammen. Denn Schnelligkeit ist zugleich besiegter Raum *und* besiegte Zeit.

Wie sehr auch immer der herkommende wie der hingehende Mensch der Vergehende bleibt, wie sehr auch immer sein Kampf ohne den letzten Siegeskranz bleibt – dieser Kampf des Wesens Mensch: daß die zerfallende Zeit Heilung finde und der zerspaltene Raum wieder zusammenwachse, – reift heute zu höchster metaphysischer Zeichenkraft heran. Er zeigt den Menschen in dem rasenden Wettlauf mit der Zeit, in der alles zerfällt; in der die Sterne zerfallen und die Atome zertrümmern, in der auch der Raum zerfällt, den der Mensch als sein letztes empfing, den er selbst erfüllt: den schmalen Leib seiner Sterblichkeit.

Wahrhaftig, die Kreatur Mensch ist nicht einverstanden mit der

Herrschaft des Todes. Wie sehr auch immer Vernunft den Allzubewußten zu williger Knechtschaft versuche, sein edelster Teil bäumt sich auf mit ohnmächtigem Trieb und gibt – wider Vernunft und Willen – dem recht, der *in der Zeit* sein eigen Fleisch ward. Sein eigen Fleisch ward, um die Fessel dem einstigen Ebenbilde von den Gelenken zu sprengen.

Ohne Reinigung des Auges können wir also im biblischen Zeit-Raum nicht sehen. Es muß da eine Verwandlung des Auges vor sich gehen.

Es geht das nicht mit einem Schlage, sondern allmählich, in Stufen, wie bei der Heilung des Blindgeborenen, der nach der ersten Berührung die Menschen nur erst verschwommen erkennt[14], als sähe er Bäume. Aber diese Reinigung muß geschehen. Das Auge ist des Leibes Licht, sagt Christus. Und wir sollen zusehen, daß dieses Licht nicht Finsternis sei. Die Reinigung ist also unerläßlich, weil das Auge – sage und schreibe – Finsternis sein kann. Sie ist so tiefgreifend, daß sie als Verwandlung des Auges zu fassen ist. Sie ist ein Teil der großen Verwandlung, die Christus für die Welt bedeutet. Christus nimmt mich in diese Verwandlung mit hinein, mich, den Denker, indem ich im Zeit-Raum Gottes sehen lerne. Gott greift in die Zeit hinein und verwandelt ihre Ordnung. Er verwandelt mich mit, der ich in dieser Ordnung denke. Allmählich geht es wie bei dem Blindgeborenen; denn auch diese Heilung ist, wie jede Heilung, ein Schöpfungsvorgang. In der alten Ordnung wächst die neue. In meinem natürlichen Auge wächst mein geistliches Auge. Er zerstört mein natürliches Auge nicht, er verwandelt es. Er schafft mir kein neues Auge an Stelle des alten. Was er tut, ist – die angeborene, die natürliche Blindheit in Gesicht verwandeln. Ja, so ist es: Natürlich ist die Blindheit, in der wir geboren sind; und die muß weg, nicht das Auge. Auch im blinden Auge ist das Licht, aber noch ungeboren. Und dieses ungeborene ist der Paradiesesrest, den der Blindenheiler zum Lichte ruft. Die Heilung beginnt, und wie der Blindgeborene durch die Schleier hindurch die Umrisse wogen sieht, so lerne ich durch die natürliche Denkordnung hindurch mitten in der vergehenden Zeit das Christusereignis zu sehen.

»Siehe / ich sende meinen Engel vor dir her / der da bereitet deinen Weg vor dir.«

»Siehe«, heißt es. Ja, diese Aufforderung ist nötig. Sie meint jenes neue Sehen im Zeit-Raum Gottes, ohne das ich blind bleibe und wahrlich den Engel *nicht* sehe.

Wie ein ungeheures Gewölbe schiebt sich der Zeit-Raum Gottes über die natürlichen Ordnungen herein. Er saugt sie in sich auf wie der sonnige Herbst die Bodennebel. Jetzt liegen alle Riegel gelöst. Und aus unserer eigenen Mitte tritt der Engel hervor, die Türe aufzustoßen. Sie aufzustoßen von innen! Denn der Engel, der sie öffnet, ging von uns aus, ist ein Engel der Erde, ist der Größte der Weibgeborenen. Ja, es gibt auch Engel der Erde. Engel, die Menschen sind. Die den Weg bereiten diesseits – für den König, den die Heerscharen geleiten jenseits. Die Engel im Himmel und die Engel auf Erden, die arbeiten zu dieser Stunde Hand in Hand. Die Engel auf Erden sind der gefangene, heilige Rest aus dem Paradies. Sie formieren sich zum Stoßtrupp in der eingeschlossenen Festung. Die himmlischen Heerscharen aber umgeben sie mit ungezählten Sturmsäulen von Licht. Das Lied von Bethlehem hat den heiligen Rest geweckt. Die in der Erde verborgene »Reliquie des Paradieses« beginnt zu erwachen. Sie steht auf in Engelsgestalt und bricht hervor. Hinter Johannes stehen die Magier aus dem Morgenlande, die Hirten auf dem Felde, die Mütter, Maria und Elisabeth.

»Es ist eine Stimme eines Predigers in der Wüste: bereitet den Weg des Herrn / machet seine Steige richtig.«

Aus der Einsamkeit der Wildnis erhebt sich die Stimme: »Bereitet den Weg.«

Was sollen wir tun? Bereiten sollen wir. Ja, wir können etwas tun. Wir sollen es, es ist befohlen. Damit beginnt das Evangelium, mit solchem Befehl zur Bereitschaft. Wir grübeln über die Verborgenheit Gottes nach in unserer Zeit. Wir fragen in unserer Verlassenheit: Wo bist du, Gott? Warum schweigt Gott?

Sollte es etwa an uns liegen? Sollten wir die Bereitschaft verloren haben? Sollte hier der geheime Grund liegen, daß die Mutter Christenheit so unfruchtbar geworden ist? Ein halbes Jahrtausend hat der Kampf erfüllt um Werke und Glauben. Das Wichtigste aber hatten wir darüber vergessen: den Schoß, der beides umschließt. Wir haben die Maria in uns verloren, die bereit ist, sich zu öffnen von ganzem Herzen, von ganzer Seele und mit allen Kräften. Wir haben vergessen, daß vor Gott dem Menschen nur eines zugeschaffen ist: der Weiblich-Empfangende zu sein. Kein Zweifel, das Menschengeschlecht hat die Kraft der Hingabe verloren. Die Erde hat aufgehört, mütterlich zu sein. Sie hat sich emanzipiert vom Himmel. Sie ist ihr eigener Herr geworden. Sie will sich selbst befruchten und sich selbst genießen. Sie ist eine himmellose Erde und unfruchtbar geworden. Sie weiß seitdem überhaupt nicht mehr, was sie in der Welt soll. Ja, seitdem die Erde himmellos geworden ist, seitdem sie in sich selbst zurückgekrümmt ihren Nabel beschaut, weiß sie nicht mehr, was die Welt ist. Ist die Erde ein Weltkörper unter Weltkörpern? Was sind die Sterne? Ebenso sinnlose, ungeheure Ballungen von Stoff? Was ist die Welt selbst? Ein ungeheures Präzisionswerk sinnloser Rotationen? Woher des Wegs? Wohin des Laufs? Keine Antwort. Ausgeschieden aus dem Universum. Nicht mehr seine Mitte. Irgendwo im Grenzenlosen rollend, in sich selbst gekrümmt, unfruchtbar.

Ja, wir bedürfen des Engels, der die Tore aufstößt, die unsere zornigen Hände verschlossen halten. Und wir sehen ihn jetzt mit dem Auge, das hell geworden ist. Denn die Engel gibt es und ohne sie würden wir nie bereit. Aber nicht jeder sieht die Engel, nur die mit den geöffneten Augen, die Magier, die Gott suchen, die Hirten, die den Zeichen glauben, und die Mütter, die sprechen: »Mir geschehe, wie es bestimmt ist.« Unsere verriegelten Tore helfen uns nichts mehr gegen sie. Sie stehen plötzlich mitten unter uns. Stehen unter uns als Menschen unserer Zeit, mit denen wir leben, essen und trinken und schließlich zu Grabe gehen.

JOHANNES DER WAR IN DER WÜSTE / TAUFTE UND PREDIGTE VON DER TAUFE DER BUSSE ZUR VERGEBUNG DER SÜNDEN. UND ES GING ZU IHM HINAUS DAS GANZE JÜDISCHE LAND UND DIE VON JERUSALEM UND LIESSEN SICH ALLE VON IHM TAUFEN IM JORDAN UND BEKANNTEN IHRE SÜNDEN. JOHANNES ABER WAR BEKLEIDET MIT KAMELSHAAREN UND MIT EINEM LEDERNEN GÜRTEL UM SEINE LENDEN / UND ASS HEUSCHRECKEN UND WILDEN HONIG. UND PREDIGTE UND SPRACH: ES KOMMT EINER NACH MIR / DER IST STÄRKER DENN ICH / DEM ICH NICHT GENUGSAM BIN / DASS ICH MICH VOR IHM BÜCKE UND DIE RIEMEN SEINER SCHUHE AUFLÖSE. ICH TAUFE EUCH MIT WASSER. ABER ER WIRD EUCH MIT DEM HEILIGEN GEIST TAUFEN.

Kein Mythos also, sondern Geschichte. Keine Ideengeschichte, sondern ganz hart und exakt – Weltgeschichte: »in dem fünfzehnten Jahr des Kaisertums des Kaisers Tiberius, da Pontius Pilatus Landpfleger in Judäa war und Herodes ein Vierfürst in Galiläa und sein Bruder Philippus ein Vierfürst in Ituräa und in der Gegend Trachonitis und Lysanias ein Vierfürst zu Abilene. Da Hannas und Kaiphas Hohepriester waren, da geschah der Befehl Gottes zu Johannes, des Zacharias Sohn, in der Wüste.[15] Dies geschah zu Bethabara, jenseits des Jordans, da Johannes taufte.[16]«

Der Befehl war gegeben, und Johannes stand auf. Ein Recke, riesengroß. Dort stand er auf, wo die alte Menschenwelt sich scheidet von der neuen Gotteswelt. Der Größte, sagt Christus von ihm, in der alten Menschenwelt. Da stehen die strahlenden Herrschergestalten und die Stifter der Religionen. Er aber ist größer als sie. Da steht er, draußen, vor den Städten der Menschen, unter dem nackten Himmel. Er braucht nichts von dem, was uns andere alle bindet. Auch der Härteste von uns braucht noch ein Dach über sich. Auch der grimmigste Kriegsmann trägt noch ein Kleid. Nicht einmal Brotes bedurfte der Gewaltige. Sein Haupt legte er zur Ruhe unter einem überhängenden Felsen. Ein Fell deckte den braunen, staubigen Leib. Die hornige Heuschrecke speiste er, und den Wespen befahl er, ihm die Nester voll Honig zu lassen. Niemanden brauchte er und nichts von dem, was die Menschen schufen. Freier als jeder König stand er da und rief über die Welt hin, daß sie Buße tue, denn der Tag des Gerichts sei nahe. Ganz Jerusalem macht sich auf und kommt zu ihm hinaus. Tausende reisten tageweit durch die wasserlose Wüste und lagerten sich um ihn. Da stand er: Einer gegen alle. Die Kleinen sind nur stark in der Masse. In den Städten und im Menschenalter, da gilt die Macht der größten Zahl. Hier aber ist einer, der ist stärker. Der ist als einzelner stärker wie sie alle zusammen. Er weiß es auch, daß er stark ist. Er sagt es, daß nur einer noch stärker sei als er. Und so steht er, dieser Mann, nichts im Rücken als die Bergwüste Juda, vor ganz Jerusalem, vor den Regierenden, vor den Sadduzäern und Pharisäern, vor den Soldaten, vor den Geldleuten, vor der grauen Menge der Tausend.

Was wollten sie? Nicht ein Rohr war hier zu sehen, das im Winde wankt, sondern eine Wurzel, die den Felsen umklammert. Nicht ein Prächtiger vom Könighofe war hier zu sehen. Ein Streiter war hier zu sehen, arm und eisenhart. Was wollten sie? Einen Propheten sehen? Ja, der mehr denn ein Prophet ist, sagt Christus von ihm. Denn das Zeitalter der Propheten versank hinter ihm. Ein Gewalttäter, sagt Christus von ihm, der in den Streit zieht. In den neuen Streit, der mit ihm anhebt, um den Preis des Himmelreichs, das von ihm an, wie Christus sagt, die Gewalttäter an sich reißen. Da steht er, ein Starker und ganz ohne Furcht. Und jetzt beginnt er zu kämpfen. Der eine allein gegen ein Volk. Gegen ein ganzes Weltalter geht er an. Geschmeiß, sagt er zu den Gewaltigen, seien sie, Brut der Schlange. Und zu den Juden, die pochen auf den Adel ihrer Abstammung, sagt er, Gott brauche sie gar nicht; Gott könne dem Abraham aus diesen Steinen Kinder erwecken. Dem ganzen Volk aber sagt er prophetisch, daß an seinen Stamm die Axt gelegt sei. Nur eine Rettung gebe es, die Taufe der Buße, die wegspüle den Frevel der Väter, die Schuld der Söhne. Die wegspüle den Fluch der Jahrhunderte und abwasche die Fäulnis eines ganzen Geschlechts. Hinunter in den Strom stößt er ein ganzes Volk. Dreimal taucht er sie unter, die Tausende; bis über den Scheitel soll das Wasser strömen, hinunter ins Tote Meer soll sie geschwemmt werden, die Last der Sünden. Daß der Weg frei sei in das Königreich der Himmel und daß der auf ihm einziehe, der es bringe. Nun neigt sich der Riesige vor dem einen tief in den Staub. Nicht wert sei er, im Staube ihm die Schuhriemen zu binden. In der alten Welt habe er noch mit Wasser getauft. In der neuen aber, die der andere bringe, werde das Wasser in Wein verwandelt werden, da würde Taufe sein mit Geist und mit Feuer.

Und es begab sich zu derselbigen Zeit / dass Jesus aus Galiläa von Nazareth kam und liess sich taufen von Johannes im Jordan. Und alsbald stieg er aus dem Wasser und sah / dass sich der Himmel auftat / und den Geist gleich wie eine Taube herabkommen auf ihn. Und da geschah eine Stimme vom Himmel: Du bist mein lieber Sohn / an dem ich Wohlgefallen habe.

Das klingt wie Legende, aber es klingt nur so. Wie sollte das Geheimnis, das Geschichte wird und nun Geschichte *ist*, in einer anderen Form erklingen auf dieser Erde? Die Sprache besitzt hier keine andere Möglichkeit mehr als das Stammeln in diesen Bildern und Zeichen. In der Legende spricht der Sprachgeist in Zungen. Das Wort zerbricht ihm und verwandelt sich ihm über dem, »was kein Ohr gehöret«! Die Glossolalie ist die letzte, die höchste Möglichkeit, die einzige vor dem Letzten und Höchsten, wenn sie nicht verstummen will. Die Bibel ist voller Glossolalie. Darum ist sie so voller Anstöße für uns. Aber das ist genau der Augenblick, auf den es ankommt, der Augenblick des Anstoßes. Dann spricht die Bibel. Das kann nur klingen und singen, wie es auch nur klingen und singen konnte in der Nacht von Bethlehem. Hatte sich zuvor unter den Tausenden nur der lehmige Fluß der Erde geöffnet, so öffnet sich jetzt über dem Einen der Himmel. Und wie er da heraufsteigt, kommt die Taube aus dem geöffneten Himmel auf ihn hernieder. Nun ist der Himmel wieder offen, der so lange verschlossene! Die Erde hat den Himmel wieder und Geburt aus dem Himmel ist wieder möglich. Der Himmel ist wieder geöffnet, der Geist des ersten Schöpfungstages ist wieder da. Und nun kann die Schar der Tausende ihm nachziehen unter den geöffneten Himmel und wieder aus dem Himmel geboren werden aus Feuer und Geist.

Taufe ist Zeugung und Geburt. Und Christustaufe ist Geburt aus dem Himmel. Die Erde geht jetzt wieder mit dem Himmel schwanger. Das Fleisch mit dem Geist. Der alte Adam mit der neuen Kreatur. Der irdische Mensch wird Mutter des himmlischen. So liegen jetzt Erde und Himmel, Mensch und Gott durch den Sohn ineinander wie die Frucht im Schoß. Das Taufevangelium verkündet die Welt als den irdisch-himmlischen Durchdringungsraum der göttlichen Liebe. Die Grenze zwischen Diesseits und Jenseits ist nicht mehr. Bei den Philosophen, da ist die Grenze noch. Aber in der Welt ist sie nicht mehr. *Der Geist ist da: Das ist das Leben aus dem Himmel, auf der Erde gelebt.* Was in der Taufe des Christus geschieht, ist dasselbe, was in der Geburt nach der Ordnung der Zeit dreißig Jahre zuvor geschah. Getrennt nur nach der »äußeren Satzung« der vergehenden Zeit, eins aber im Raume der Gotteszeit. Dort Gabriel und Maria, hier die Taube und der Strom, zwischen beiden aber emporsteigend der eine, selbe: der Sohn. Es gibt alte Verkündigungsbilder, die noch die Einfalt jenes biblischen Sehens der Einheit haben: Sie zeigen die Maria kniend vor dem Engel der Verkündigung, während die Taube auf sie niederfährt. Es ist dasselbe Geschehen: dort in der Verborgenheit allein gen Himmel offen und für Gottes Auge. Hier offen für das Auge der Tausende, für unsere Augen, daß wir *unsere* Taufe sähen, die Taufe zum neuen Leben. Und den Weg zu Gott, den der Sohn öffnet.

In der Lukanischen Geburtsgeschichte wird die Menschwerdung Gottes als universelles Ereignis aufgedeckt. Christus, geboren *»aus* Maria der Jungfrau«. Geboren *aus* dem Geschöpfe, in dem die ganze Schöpfung versammelt, ihren Herzpunkt hat: dem Menschen. Bei Markus ist das Ereignis in der genauen Zuspitzung auf unsere Menschengeschichte aufgedeckt: in der Taufe. In die Taufe zieht er uns mit nach. Er ist hier der Vorangehende, wir die ihm Nachgehenden. Nachfolge ist hier auf diesem Weg, der unser eigenster ist, nämlich die Geschichte, möglich. Als der Getaufte zwingt er uns hinter sich. Beide Male aber ist es der Geist. Bei Lukas der Geist im Blick auf die Schöpfung: »empfangen« und »geboren«. Bei Markus im Blick auf die Geschichte: »erwählt« und »gesandt«. Das geht uns Menschen direkt an. Uns Menschen als Geschichtswesen, die mit ihrem Schicksal ringen. Hier in diesem Ringen gesellt sich uns der Geist bei. Im Eingang in den Geschichtsraum, als mit uns Kämpfender und Leidender und für uns Siegender, wird Christus Geist, bildet er sich uns an als pneumatisches Leben. Christustaufe ist der Gotteseingang in die *Geschichts*welt.

Merkwürdig, daß man den Geist *sieht*[17] in der biblischen Welt. Ist doch sonst der Geist gerade das, was man nicht sieht. Das hängt mit dem Sehgesetz zusammen im Zeit-Raum Gottes. Und dann das andere und Wichtigere. Es hängt mit dem Heiligen Geist selbst zusammen. Nämlich damit, daß er Geist des *Gottes* ist. Mag man vom Geist des Menschen grundsätzlich sagen, er sei unsichtbar, so gilt das nicht vom Gottesgeist. Also den Geist kann man sehen, denn er ist der Schöpfergeist. Und so liebt er, unter den Geschaffenen im Geschaffenen zu erscheinen. Man sieht ihn als Taube, als feurige Zunge. Von diesen urchristlichen Realismen lebt noch etwas in der Sinnenhaftigkeit des alten Kirchenliedes:

> Der du der Tröster bist genannt,
> des allerhöchsten Gottes Pfand,
> du Liebesquell, du Lebensbronn,
> du Herzenssalbung, Gnadensonn;
>
> du siebenfaches Gnadengut,
> du Finger Gotts, der Wunder tut,
> du lösest aller Zungen Band,
> gibst frei das Wort in alle Land.

In der humanistischen oder rationalen Anschauung, die wir vom »Geiste« gehabt haben, sind wir es auch in der Theologie gewohnt worden, wie den Menschengeist, so auch den Gottesgeist als Unsichtbaren zu vermeinen. So ist es gekommen, daß der *Heilige Geist* den Christen aus dem Auge und der Kirche aus ihrem Leben entschwunden ist. Er ist sichtbar, denn es gibt die »Früchte des Geistes« und die »Gaben des Geistes«. So ist es geschehen, daß in unserem humanistischen Christentum mit seinem Geist auch seine Früchte und Gaben verschwanden. So ist es gekommen, daß die eine Not zur quälendsten Frage in unserem Geschlechte geworden ist: die Frage, wie man ein Christ werde. Ja, noch entblößender: was überhaupt ein Christenmensch sei. So ist es gekommen, daß das christliche Menschenbild erlosch am Ende des allerchristlichsten Jahrtausends. Daß die Schöpfung des Geistes, der Christusmensch, nicht mehr offen vor allem Volk mitten in unserem öffentlichsten Leben als das Leitbild des Menschen dastand. Daß es zerbrach, in Asche zerfiel und eine Unzahl neuer Menschenbilder darüber hinwucherten.

Der Schöpfergeist ergreift nämlich den *ganzen* Menschen. Die Bildung, die er uns gibt, erstreckt sich nicht nach der Art menschlicher Erziehung nur in dem engen Ausschnitt der bewußten Existenz. Er bildet uns *ganz*, denn er will das Vollkommene. Er bildet uns bis hinab in die unzugänglichen Wurzeln unseres Wesens, die jenseits unseres Willens und unseres Verstandes in den Schöpfungsgrund selbst eingebettet sind. Er bildet uns die Gestalt bis hinaus in die letzte Erfüllung unserer Bestimmung, die jenseits unseres irdischen Lebenslaufes im Gottesreiche liegt. Er bildet uns nach keinem geringeren als nach dem Bilde Gottes selbst: nach Christus, des Christen erstgeborenem Bruder. Und zwar jeden Einzelnen, was auch immer er sei: als heute lebenden Menschen, als Arbeiter, als Soldat, als Kaufmann oder was er sonst sei. Kaum zu ermessen der Verlust, den die Welt erlitten hat mit dem Verlust des Christusmenschen! Es blieb jetzt nur noch das einzelne mehr oder weniger zufällige Menschenbild, ja, es blieb jetzt oft nur noch ein Typus übrig, der – kaum in Entfaltung – schon wieder von einem anderen oder gar mehreren zu gleicher Zeit überholt oder verschlungen wurde. Ihres herrschenden Urbildes beraubt, stürmen heute die zahllosen kleinen Menschenbilder alle haltlos durcheinander. Der atomisierte Mensch im Spiegel seiner Ideale! Da ist der Entdecker, der Erfinder, der Forscher. Da ist der Kaufmann, der Unternehmer. Da ist der Soldat, der Bauer. Und da ist der Arbeiter als »Herrschaft und Gestalt«. Da ist der Gentleman, der Sportsmann, der Weltmann. Da ist der kollektive Mensch, der politische Mensch, der Massenmensch. Die Verdünnung, ja der Zerfall unserer ganzen Lebenssubstanz werden hier förmlich greifbar. Mit anderen Worten, es kann hier jeder an seiner eigenen Menschenexistenz mit Händen greifen, daß das Entschwinden des Christusmenschen das Wesen Mensch schlechthin in Trümmer stürzen läßt. *Bei keinem der Ersatzbilder findet sich noch die Beziehung zu Gott als Grund und Mitte aller anderen Beziehungen.* Die auf Gott bezogenen Berufstypen verfallen vielmehr der Lächerlichkeit.

Zusammen mit den großen christlichen Sendungsvölkern des Abendlandes, den Römern und Angelsachsen, haben wir Deutsche es erfahren, was es heißt, ein nach Christus geprägtes Menschenbild zu tragen. Es ist die Christusschöpfung des Heiligen Geistes in unserer Mitte gewesen, die den deutschen Menschen im christlichen Kaiser, im Ordensritter, im christlichen Adel deutscher Nation einst befähigte zum Amte seiner Weltsendung. Denn Christsein hieß damals noch die Verantwortung für die Welt tragen. Hieß damals noch die Sorge um das ewige Heil des Menschengeschlechts zu treuen Händen empfangen haben. Das war der Sinn des »Reichs«.

Die Katastrophe der Christenheit ist heute eine innere Katastrophe. Sie bezeugt sich am handgreiflichsten im Verschwinden des christlichen Menschenbildes aus dem Bewußtsein des Zeitalters. Das weist auf ein Verschwinden des christlichen Menschen selbst hin. Dieses Verschwinden ist eine Folge des versiegenden Geistes. Denn der Geist ist es, der ihn schafft. Nur über den Dritten Artikel kommt die Christenheit wieder zu ihrer eigenen neuen Geburt.

Wir werden also den Heiligen Geist, wie die Kirche den Christenmenschen schaffenden Gott nennt, bevor wir überhaupt wieder von ihm berührt werden können, erst einmal wieder entdecken und verehren lernen müssen.

Es ist nicht so, daß er erst mit Pfingsten in die Geschichte mit dem Heer seiner feurigen Zungen einmarschiert. Verborgen hatte er schon immer sein Werk. Mit der Christustaube aber tritt er offen in die Welt, schwebt er über den Wassern seines neuen, zweiten Schöpfungsmorgens. *Das Leben des Christus auf der Erde ist der Durchbruch des Geistes in den offenen Raum der Geschichte, ist der Anbruch des Reichs.* Alles, was Christus tut, tut er kraft des Geistes. In ihm offenbart er sich durch und durch als der tatgewaltige Gott, der mit neuer Schöpfung in die Geschichte hereinbricht und die Welt verwandelt. Darum sind die Christustaten Verwandlungstaten. Indem die Christustaten im Evangelium beschrieben werden, werden des Geistes Taten beschrieben.

Es gibt also schon vor Pfingsten den Geist samt allen Zeichen, die ihn begleiten. Ist er doch der creator spiritus des ersten Schöpfungstages und zugleich aller Tage der Zeiten. Ist der Geist Kraft, so der Logos nichts anderes als seine Gestalt im Akt des Schaffens. Der Logos ist das Geist-*Wort*. »Und das Geist-Wort ward Fleisch.« Es ist dasselbe, das im Anfang »schwebte auf dem Wasser« und das Gott war und »sprach«.[18] Und nun stößt es in die Geschichtszeit herein. Kraft ihrer besonderen Art als vergehende Zeit, kraft ihrer »Fleischlichkeit« vereinmaligt es sich in ihr an einem bestimmten Ort in einem bestimmten Menschen: als das Leben aus dem Himmel auf der Erde gelebt. »In ihm war das Leben, und das Leben war das Licht der Menschen.« Und bricht durch die Mauer der Finsternis hindurch und leuchtet in ihr. »Und das Licht scheinet in der Finsternis und die Finsternis hat's nicht begriffen« ... »und der Geist ward Fleisch und wohnte unter uns, und wir sahen seine Glorie, eine Glorie als des eingeborenen Sohnes, voll der Wahrheit und der Gnade.«

Was Faust bei Goethe meint, ist der humanistische Geist, der darum auch nichts taugt. Sehr viel mehr echte Ahnung von Geist steckt in dem altnordischen Heidentum. Dort hat es mit dem Wort »Geiser« den Stamm gemein. Es liegt darin das altnordische Geisa, das Wüten heißt und vom Feuer wie von der Leidenschaft gilt. In der vorgermanischen Wurzel besitzt es auch noch einen aktiven Zug. Es ist hier nicht nur Außersichsein, sondern auch Außersichbringen, mit dem Beiklang von Zorn und Zürnen.[19] Welch eine Selbsterkenntnis des heidnischen Geistes, der dennoch mehr von seinem Urbilde in sich trägt als die humanistische ratio! Die Souveränität des Schöpfers ist der heidnischen Selbsterkenntnis noch gegenwärtig, wenn sie der Heide auch nur als herrische Willkür zu fassen vermag. Es ist das abgründige Geheimnis der Gottheit selbst, das den »Geist des Herrn-Herrn« umzittert. Seine Lästerung kann nicht vergeben werden. Gnadlos vernichtend ist der Ausbruch dieses seines heiligen Zornes. Schauervoll ist die Majestät seines Herrschertums. Undenkbar, daß ihn der Mensch in seine Hand bekommen könnte. Darum sagt Christus, er sei unfaßbar wie der Wind. Und wie der Wind wehe er, wo er wolle. Zwar höre man sein Sausen, aber man wisse nicht einmal sein Woher und Wohin. Und der Täufer sagt: »Gott gibt den Geist nicht nach dem Maß.«[20] Das ist die Ordnung. Die muß man erkennen. Die Ordnung, in der sich der Geist uns restlos entzieht, von der des Täufers Wort handelt: »Ein Mensch kann nichts nehmen, es werde ihm denn gegeben vom Himmel.«[21]

In dem Verhältnis von *Wort* und *Geist* liegt eine Spannung von gefahrvoller Stärke. Sie bricht unweigerlich auseinander dort, wo das Wort zum Buchstaben und damit zum Gesetz wird. Dann wird die Spannung zur Dialektik, zur Dialektik von Gesetz und Geist. Solche Dialektik aber ist Aufruhr wider den Geist. Denn der Geist ist der Herr.

Das Gesetz ist die Gestalt, unter der der Versucher der Christenheit naht, um sie mit dem »Wort Gottes« wider den »Geist Gottes« zu reizen. Er naht ihr, wie er Christus nahte, mit dem Schriftwort im Munde und spricht: »Es stehet geschrieben.« Von der Furchtbarkeit dieser Versuchung gibt die Geschichte der Kirche das erschütterndste Zeugnis.

Wie bringt es der Böse fertig, über das Gotteswort Dunkel und darin Verwirrung auszubreiten? Wo steckt der Kunstgriff, mit dem er diese Verkehrung zustande bringt? Es ist schwer, dahinterzukommen. Wahrscheinlich sind sie zahllos, seine Kunstgriffe. Aber einer davon wird in der Versuchung selbst sichtbar. *Er macht die Schrift zum Gesetz.* Er trachtet, sowohl Gott wie Christus zu binden durch ein Wort der Schrift. Er will sie beide binden und zwingen mit seinem »*Denn es stehet geschrieben!*«. Es ist ebenso einfach wie durchschlagend, die Art, wie Christus diese Fesselung unter das Gesetz aufhebt. »*Wiederum*« sagt er, »steht in der Schrift.« Wiederum! Er befreit die Schrift durch sie selber. Er gibt Gott die Freiheit zurück und sich selbst, indem er die Schrift gegen die Schrift stellt, mit der ihn der Böse fesseln will.

Das aber ist das Grauenvolle am Werke des Bösen, daß er sagen kann: »Im Namen Gottes! Denn es stehet geschrieben!« Das ist das Grauenvolle, in dem er eigentlich zum *Versucher* wird. Es scheint, als sei gerade dieser Rückfall des »Wortes« in das »Gesetz« die besondere protestantische Versuchung geworden.

Auch die Sprache hat Stoff, hat Körper. Die Bibelauslegung der Reformation ist nicht ohne das humanistische Textverständnis entstanden. Der Text bezeichnet am deutlichsten den Wort*stoff*. Dort aber, wo der Wortstoff in den Vordergrund tritt, wird die Vernunft gerufen zu seiner Bewältigung, weil hier die Wahrheit abhängt vom Stoffe. Weil sie richtiges Verständnis des Buchstabens, weil sie Richtigkeit ist im Sinne eines wissenschaftlichen Zusammenhanges.[22] Ist doch in Wirklichkeit der Buchstabe nur der Leitkörper, der Zuleitungsstoff für den Strom, ganz und gar nur des Geistes Knecht.

Das humanistische Textverständnis bildet sich am Wortstoff. Es ist *Stoff*verarbeitung und ist *Verstehen* des Textes als des *geschriebenen* Wortes. Es ist buchstäblich *nur* Schrift-Verständnis. Hier tauchen die ersten Spuren dessen auf, was nachher in der profanen Geschichts- und Sprachwissenschaft das Verstehen von Texten schlechthin geworden ist. Innerhalb der protestantischen Theologie hat sich aus dieser humanistischen Wurzel jene sakrale Philologie entwickelt, aus der gleicherweise der »Biblizismus« als biblische Wissenschaft wie die »historische Theologie« als kritische Wissenschaft hervorging.

Bei beiden spielt eine entscheidende Rolle das Wortgewissen. Bei der einen in der Bindung an den Wissenschaftsbegriff, bei der andern in der Bindung an den Schriftbegriff. Erlaubt die wissenschaftliche Bindung über den Vorwand des Gewissens dem Ausleger, über Geltung und Verwerfung der einzelnen Schriftteile zu entscheiden, so erlaubt dem andern die Schriftbindung über den Vorwand des Gewissens, einzelne Teile, ja einzelne Sprüche herauszuheben und sie zum Nenner des Ganzen zu machen.

Beide Wege führen zur Auflösung der Bibel.

Das wissenschaftliche Wortgewissen öffnet den menschlichen Philosophien das Einströmen in den Glaubensraum. Unter dieser Überflutung vollzieht sich die Einebnung des Christlichen in das Weltliche.

Das biblizistisch gebundene Wortgewissen aber sprengt den Fels der Schrift in sich selbst auf, indem es die Möglichkeit gibt, so viel Teilwahrheiten zu behaupten, als es Kernsprüche gibt. Das ist der Zerfall der Christenheit: von innen her gesehen, in unzählige, »allein wahre Kirchen Christi«, von außen her gesehen, in ebenso zahlreiche Säkularismen, apokryphe Christentümer und Weltanschauungen. Hier in diesem Wortgewissen geht ein reißender Wolf in der Christenheit um. Hier ist das Gewissen nicht mehr an Gott gebunden, sondern Gott unter dem Gewissen zerrissen. Das muß so sein, wo Gott nicht Fleisch geworden, sondern »Wort« geblieben ist. Der Wortgebliebene wird zur Beute des Gewissens.

Erwin Reisner hat diese Lage der protestantischen Theologie in seinem Buch »Der Baum des Lebens«[23] beschrieben. Er hat das herrschende Schriftverständnis erkannt als jenes stumme Hören, das nur nachspricht. Und das, indem es das Gehörte, nein, eigentlich nur das Geschriebene wiederholt in anderen Ausdrücken, glaubt, den redenden Gott vernommen zu haben. Ein »Hören an sich«, und noch dazu von »Schrift«, gibt es überhaupt nicht. Dieses »Hören an sich« ist etwas Abstraktes. Ich könnte auch sagen, ist ein Totes, ist ein Monolog. Wort, das nur gehört wird und ohne Antwort bleibt, ist totes Wort. Es wäre besser überhaupt nie gesprochen. Gottes Wort lebt davon, nicht daß es gehört wird, sondern daß es beantwortet wird. Die Antwort ist die sechzig- und hundertfältige Frucht, mit der die Erde dem Samen des Wortes antwortet. Reisner hat die Lebendigkeit des göttlichen Redens darin recht erkannt, indem er es als Gespräch erkannt hat. Die Bibel hört auf, ein Buch zu sein, und das Christentum eine Buchreligion, indem Gott und Mensch über ihr durch die Zeiten hindurch in ein Gespräch kommen. In ein Gespräch, in dem die letzten Schicksalsdinge der Kreatur Mensch verhandelt und zur Entscheidung gebracht werden. Reisner hat richtig erkannt, daß dort, wo es nur beim Hören des Wortes bleibt, der Mensch nicht vom Lebensbaume, sondern vom Erkenntnisbaume ißt. Daß er da eigentlich noch gar nicht Christ geworden ist, weil er noch unter dem Gesetze lebt. Es ist diese Worttheologie eine Theologie im vorchristlichen Raume. Eine Theologie des Gesetzes, mit der ganzen Not des Gesetzes und dem Zusammenbruch der menschlichen Welt unter seiner Geißel. Es geht dies bis in die Kleinigkeiten unserer theologischen Wahrheitsfindung aus der Schrift unter dem Fluch des Erkenntnisbaumes hinein. Wir wollen auf diesem Wege aus der Schrift erkennen, was sie »grundsätzlich« lehrt etwa über das Verhältnis von »Volk und Staat« oder von »Rasse und Christentum« oder wie die Urgemeinde »grundsätzlich« ausgesehen oder gar »verfaßt« gewesen sei und wie die Themen dieser Art alle heißen mögen. Wir wollen es »grundsätzlich« wissen, das heißt, wir wollen das Gesetz kennen, das diesem Verhältnis zugrunde liegt, mit der Absicht, auch die gegenwärtige Gestalt christlichen Lebens über diesem Prokrustesbett der »Grundsätze« zuzurichten. In Wirklichkeit aber steht über viele und entscheidende Fragen unserer Zeit nichts in der Bibel geschrieben, und alles Hören führt uns hier nur in die unkontrollierbare Hörigkeit fragwürdigster Triebe und Süchte des religiösen Menschen, die sich darunter eingeschlichen haben. Hier gibt es nur eins: in der Anrede Gottes durch das Evangelium die väterliche und gütige Aufforderung zum Gespräche zu vernehmen. Die Antworten auf jene Fragen, die Gott gerade in den großen Zeiten der Geschichte völlig neu vor uns auftauchen läßt, will er von uns erkämpft, nicht aus der Bibel abgelesen haben. Er will sie von dort her in freiem Wagen beantwortet haben von der Christenliebe selbst, von seiner Kirche, von seiner Gemeinde in der Welt. *Denn der Geist Gottes wird im Dritten Artikel bekannt nicht als Geist der Schrift, sondern als Geist der Gemeinde der Heiligen.* Er ist nicht der Schriftgeist, sondern der Schöpfergeist. Zu jeder Zeit immer neue, mächtige Gegenwart. Der Historismus hat uns vergessen lassen, daß es eine lebendige, erneuernde, schöpferische Weitergabe (traditio) in der Christenheit gibt und daß die Gemeinde selbst ihr lebendiger Träger ist. Mit Christus ist das Gesetz zu Ende. Es darf nun nicht wieder das Gesetz mächtig werden über das Neue Testament, das Evangelium wieder zur vorchristlichen »Heiligen Schrift« machen. Das Alte Testament ist dabei nicht aufgehoben. Es bleibt »Heilige Schrift«. Aber mit dem Evangelium beginnt das radikal Neue. Daß es auch »geschrieben« wurde, ist, wie Luther richtig sah, nur ein »Gebrechen des menschlichen Geistes«;[24] daß es die Not erzwungen hat und nicht »die Art ist des Neuen Testamentes«. »Evangelium ist eigentlich nicht das, was in Büchern steht und in Buchstaben verfaßt wird, sondern mehr eine mündliche Predigt und lebendiges Wort und eine Stimme, die da in die ganze Welt erschallt und öffentlich wird ausgeschrien, daß man's überall hört.«[25] Um dieses *Eigentlich* geht es dem großen »Abbruch und Gebrechen des menschlichen Geistes« gegenüber. Dieses Eigentliche ist die Sache, die nicht verloren werden darf über den Zugeständnissen an das »Gebrechen des Geistes«.

Darum geht es, um die Sache. Ihr Verlust ist die Wurzel der Katastrophe, die sich heute in der Christenheit abspielt. Wenn wir erst wieder einmal angefangen haben werden, um sie zu wissen, dann wird es aus sein mit der Vermessenheit unserer »grundsätzlichen« Aussagen, unserer Systeme und Begriffskünste, wie orthodox, paradox oder ketzerisch auch immer sie sich gebärden. Diese Sache wieder zu wissen, darum geht es. Sie wieder zu erkennen von ferne, so ehrfürchtig, wie man ein Heiligtum erkennt. Diesen Anfang wieder zu finden, der ein *Lebens*anfang ist, darum geht es. Je mehr mir klar wird, was es mit dem Heiligen Geiste auf sich habe, desto deutlicher wird mir, daß Theologie niemals »prinzipielle« Theologie sein kann. Es handelt sich in der Theologie in ihrem glücklichsten Fall um die Aufdeckung dieses Anfangs. Daß wir überhaupt wieder auf den Weg kommen und Christen werden, um diesen Anfang geht es. Im Wort »Anfang« steckt das Fangen drin. Das ist keine leichte Sache, dieses Fangen. Schiffbrüchigen wird ein Seil zugeschossen vom Ufer. Dieses Seil fangen, ist die Rettung. Ist der Anfang des neuen Lebens. Das heißt Theologe sein, so auf dem Vordersteven zu stehen, das Seil zu fangen, das uns Gott zuwirft. Daß wieder ein neuer Anfang werde in der Christenheit. Daß Gott wieder einen neuen Anfang kriege in der Welt. Daß die Welt nicht verloren bleibe, sondern Rettung nun auch wirklich geschehe. Theologie ist heute wieder theologia viatoris. Theologie auf der Sturmfahrt, Theologie auf dem Kampf- und Pilgrimspfade. Das heißt – es geht hier nicht mehr um die Lehre allein. Es geht um das Leben, es geht um die Seele, daß sie nicht verlorengehe, auch wenn wir die ganze Welt gewönnen. Darin sind wir allezeit gleichzeitig mit der Urchristenheit, in der

Not, auf solchen Anfang verwiesen zu sein. Der Anfang ist gemacht, damals in der Urchristenheit. Er muß aber auch unser Anfang werden. Und er kann es werden, denn er ist ja nicht vergangen. Der vergehenden Zeit ist ja die Macht genommen. Der Durchbruch, der im Christusereignis damals geschah, ist ja durch alle Zeit hindurch geschehen.

Der Heilige Geist ist die Biene Christi, die über den Acker der Menschenwelt braust und die Blüten bestäubt mit dem himmlischen Fruchtstaube.

Der Teufel versucht dem Heiligen Geist den Weg zu verlegen durch das Gesetz. Es gelingt ihm das überall, wo er uns das Evangelium zum Gesetz verkehren kann. Indem wir die Schrift als das nehmen, was sie ist, nämlich die Beschreibung des Anfangs, in dem auch wir mit gezeugt sind, bleibt der Raum frei für den Geist, zum Auslauf hinaus in die Zeiten der Zeitalter. Und es gibt einen Fortgang von diesem Anfang her. Es gibt ein Wachstum aus dem gesetzten Saatkorn. Es gibt einen kühnen, freien Lauf des Geistes durch die Geschichte hin. So wahr Christus ins Fleisch kam und dieses Ins-Fleisch-Kommen kein philosophisches Prinzip oder religiöses Gesetz ist, sondern Geschichtsereignis, hat auch der Geist im Fleisch sein Werk, ist er auf das Fleisch »ausgegossener Geist«. Der Geist ist der in die Geschichte hinein ausgeteilte Christus. Er ist die Wirkform des geschichtsmächtigen Christus. Er ist Christus, in die Zeiten hineingeopfert und ausgespendet von Geschlecht zu Geschlecht. Der Geist ist »Christus heute«. In der Geschichte, in der wir unseren Ort haben, gibt er uns den lebendigen Anteil. Ohne dem Geist solche Freiheit zu lassen, wären wir keine Christen heut, gäbe es kein charismatisches Leben mehr heut und morgen in der Welt.

Und alsbald trieb ihn der Geist in die Wüste. Und er war allda in der Wüste vierzig Tage / und ward versucht von dem Satan.

Unter dem Wasser taucht er hervor unter den geöffneten Himmel herauf, über sich die Taube, schneeweiß, mit den Füßchen feurigrot von Glut. Nicht gesehen, schießt aus der Tiefe herauf zugleich das andere Flügeltier, der Drache, mächtig, mit seinem Schweif ein Drittteil der Sterne vom Himmel zu fegen. In einer doppelten Epiphanie begegnen sich Himmel und Hölle.

Aus dem Bade des Geistes auftauchend, stellt ihn der Feind, der böse Geist. Mit diesem Kampfe ist das Thema seines Erdenwerks angeschlagen. Es ist so, daß der Heilige Geist sogleich den bösen hinter sich hat.

So ist die Welt des Menschen. Der Kampf, der in ihr tobt, ist der Kampf zwischen diesen beiden. Der Weg, der zum Siege führt, ist noch dunkel. Christus muß ihn sich erkämpfen durch die Nacht aller Zweifel, Versuchungen und Verwirrungen.

Die schwerste aller Versuchungen kam aus der Geschichte seines Volkes auf ihn zu: aus der Erwählung, die irdisch verstanden war; aus der Verheißung, die durch Rauch und Flamme kreatürlicher Sucht verdunkelt ward. Es war die urjüdische Versuchung des politischen Messianismus.[26] In der Darstellung des Matthäus (Kapitel 4) findet sich der Hinweis darauf. Wie mächtig diese Strömung war in seiner Zeit und seinem Volke, zeigen die nun folgenden Ereignisse. Diese Strömung war es, die ihn emporheben sollte, die ihm die Jünger zutrug – der Verrat des Judas, das Schwert des Petrus! – und die den sich Weigernden schließlich an den Felsen wirft.

Brot solle er aus den Steinen machen. Das ist die Versuchung, durch Magie das Reich zu schaffen. Durch Zauber soll er die Erde verwandeln in Brot. Brot, das ist die Quelle des irdischen Lebens. Das ist Macht, Reichtum, Wohlfahrt, Stärke, Gold, Trieb, Samen. Das ist die Quelle aller Energien der Menschheitsbeglückung, des sozialen Friedens, des Völkerfriedens, des Reichs des irdischen Messias. Das soll er schaffen, weil er im Bunde stehe mit den höchsten Gewalten. Die solle er brauchen, damit der Mensch lebe auf dieser Erde, das volle, starke Leben, das hervorbricht aus dieser Quelle, die Brot heißt. Den magischen Stab trage er in den Händen; er solle an den Felsen schlagen.

Christus sieht mit ganz anderen Augen als der Versucher. Er sieht vor allem den Menschen ganz anders. Er sieht ihn viel größer. Er sieht ihn nicht nur unter dem Gesichtspunkt, Kreatur von Erde zu sein, die von der Erde Brot nehme und dann wieder zu Erde werde. Er sieht den Menschen nicht als Erde essende Kreatur. Er sieht ihn ganz nahe bei Gott. Er sieht ihn als den, der nicht nur vom Brot lebt, sondern von dem Wort, das aus Gottes Munde geht. Hier ist im Anfang des Weges die Entscheidung bereits gefallen gegen das politische Messiasidol der Juden. Der Mensch ist der Träger des Reichs. Das ist seine Urbestimmung, die alles Politische nur parodiert.

Dann soll er von der Zinne des Tempels springen, sei er ja doch der Sohn. Zu der Versuchung, durch Magie zum Ziele zu gelangen, tritt jetzt die Versuchung, es mit den Mitteln, die die Religion bietet, zu erreichen. Hier löst sich der Mensch von der Erde. Er mißachtet ihr Schwergewicht. Er tut, als lebe er in einem anderen Raum ohne Schwere, in dem das gottversucherische Abspringen in den Abgrund gebotene Pflicht sei. Hier bieten sich nicht die Steine der Erde dar, tief unten, sondern hoch erhoben über der Erde der heiligste Ort, des Tempels Zinne. Da wird es geistig, losgelöst (das Abstrakte!), hier gilt Idol, Logos, Schrift, Doktrin, Gesetz. Hier kennt man die Künste, Gott zu zwingen; hier leben die mystischen, die aszetischen, die spirituellen Menschen. Hier lockt der verführerischste Rausch: durch Lösung von der Erde, durch Ertötung des Leibes, durch Vergewaltigung der Seele sich in Gott zu entrücken. Christus erkennt, daß hier der Frevel waltet.

Der Versucher selbst jedoch ist weder der magische noch der religiöse Mensch. Er hat die beiden nur vorgeschoben. Sie dienen ihm nur als versucherisches Bild.

So geschieht das Letzte, was überhaupt geschehen kann: Der Versucher läßt die beiden Masken fallen und zeigt sich ihm nackt. Er zeigt sich ihm in seiner ganzen Schönheit: als der vom Himmel Gefallene, als der Göttliche. Jetzt stehen sie einander gegenüber, Auge in Auge. Ein Kraftfeld von unermeßlicher Stärke breitet sich aus um den Fürsten dieser Welt. Es weiten sich die Horizonte in das Unendliche der Räume und Zeiten. Christus sieht jetzt alle Reiche der Welt. Nun bricht aus des Versuchers Antlitz der Blitz des Tigerauges, der bannt. Das Faszinosum aus dem Blick des Basilisken, der einst aus der Schöpfungsnacht empor das Haupt in das Paradies hob, strömt mit urgewaltiger Woge über ihn hin. Ihn will er haben. Nieder mit ihm in den Staub! Bete mich an!

Christus greift jetzt zum Machtspruch. Dem Befehl schleudert er den Befehl entgegen. Das Wort wird jetzt Schwert, das aus seinem Munde geht.

Und war bei den Tieren und die Engel dieneten ihm.

Christus hat den Bösen besiegt. Nun ist mit einem Male um ihn her wieder der Urstand des Paradieses. Es fallen die Schranken. Gott ist bei den Tieren. Die Schöpfung ist wieder eins. Und die Engel dienen ihm.[27] Der Himmel steigt wieder nieder auf die Erde. Der Kosmos ist wieder heimgeholt zu Gott: »Und war bei den Tieren.«

Er tut jetzt das, was der Mensch nicht tat: Herrschaft üben, aber paradiesisch, charismatisch! Die niedere Kreatur emporlieben zu ihrer Bestimmung. Charismatokratie sollte sein Herrschen sein. Das Gottesreich rettet das Paradies nach vorn in seine Grenzpfähle hinein.

Als der neue Mensch, als das wiederhergestellte Ebenbild schreitet Christus aus der Taufe, die Taube über sich, wieder ins Paradies zurück. Das ist, was hier »in der Wüste« geschehen war. Der Weg ist offen. Jetzt kann sich die Schöpfung zu ihrer Vollendung aufmachen, ihm nach. »Und war bei den Tieren und die Engel dieneten ihm.«

Nachdem aber Johannes überantwortet war / kam Jesus nach Galiläa und predigte das Evangelium vom Reiche Gottes und sprach: Die Zeit ist erfüllt und das Reich Gottes ist herbeigekommen, tut Busse und glaubt an das Evangelium.

Der Heiland der Welt schickt sich jetzt an zu seinem Kampfesgang. Der Täufer war verhaftet. In den Verliesen des Königs Herodes wartete er der Hinrichtung entgegen. Die Welt des Täufers ist zu Ende. Jetzt erst ist die Stunde gekommen, jetzt erst ist die Zeit erfüllt.

Er predigte. »Predigen« heißt bei Luther noch etwas anderes als unser mühsames, ausgeklügeltes, innerlich unsicheres und deshalb oft so jäh entgleisendes Reden auf den Kanzeln. Es heißt: »euangelizein«, »die Königsproklamation kundgeben an die Welt«.[28]

Der Herold ist verstummt, jetzt spricht der König selbst. Aus vier Sätzen besteht seine Kundgebung:

Die Zeit ist erfüllt.
Das Königreich Gottes ist herbeigekommen.
Kehrt um auf euerem Weg.
Glaubt dieser Botschaft.

Er selbst sagt, daß die Zeit »erfüllet« sei. Sie war also vorher noch nicht »voll«. Es war darin nur erst eine Bewegung auf die »Fülle« hin; ein Hunger und ein Durst, ein Drängen und ein Treiben, ein Dichten und ein Trachten in der Menschenzeit, ohne daß sie Erfüllung erlangen konnte. Jetzt aber hat es »voll« geschlagen. Die Zeit ist erfüllt. Die Flut setzt ein: das »pleroma theou«, »die Fülle der Gottheit«, beginnt, die Welt zu füllen.

Die Fülle ist das Gottesreich. Kann es einen Namen geben, der die Fülle strotzender, runder, trächtiger benennt als das *Gottesreich!* »Reich der Himmel« heißt es an anderen Stellen. Das ist das Äußerste. Darüber hinaus kann es nichts mehr geben. Das füllt die äußersten Horizonte, die Horizonte Gottes, hinter denen nichts mehr kommen kann. Und dieses Äußerste beginnt heute, jetzt, hier!

Das Gottesreich war vorher noch nicht in der Geschichte. Ein Neues ist in ihr angebrochen. Ein Fremdes in sie eingebrochen. Die Begegnung einer Wirklichkeit zu machen steht dem Menschen bevor, für die er noch keine Denkmöglichkeiten besitzt. Die Erfahrung mit ihr fordert den Menschen in einen neuen Stand hinaus, einen neuen Stand des Sichvorstellens, des Urteilens, des Geöffnet- und Hingegebenseins, der mit dem Worte »glauben« den Menschen zu ergreifen beginnt.

Umkehr! ruft die Stimme.

Es ist darin das Signal: »Das Ganze halt!« und zugleich ein neues In-Marsch-gesetzt-Werden mitten aus dem großen Halt heraus. Wie es eben zum Stehen gekommen ist, da schwenkt es auch schon um, wie Ebbe umschwenkt. Noch im Ausebben setzt die Flut schon wieder ein in tausend Rinnsalen und Myriaden Tropfen. So nahe ist es, so drängend-bedrängend wie zugleich verborgen in den Tropfen und in den Rinnsalen.

Reich heißt Revolution der Revolutionen. Und das von einer ganz anderen Dimension her. Von einer Dimension her, die in der Geschichte noch nicht in Kraft war, die sich weder vertikal bewegt noch horizontal und die im Evangelium das pneuma hagion genannt ist.

Diese Kraft wirkt mit Stößen in die Geschichte hinein, unberechenbar, verdeckt, in ihre Kausalgewebe, in ihre Periodenabläufe, in das Geschiebe ihrer Zusammenbrüche hinein.

Das »Mittelalter« war so ein Stoß. Das regnum Dei ist seine Größe gewesen, das Ernstnehmen der Totalität Gottes in einer universitas Christiana. Im Wort vom Reich blieb der Christenheit damals noch der Auftrag verwahrt, daß ihr, ihr ganz allein und sonst keinem, das *Welt*heil zu treuen Händen anvertraut war. In »Reich« ist die Weltliebe und die Weltsorge Gottes bekundet.

Das Wort vom Reich ist das Urevangelium. Es ist das kerygma theou, die Botschaft Gottes par excellence, das *eine* auserwählte Wort. Es stellt die Rangordnung wieder her im Organon der offenbarten Wahrheit, das die Bibel ist. Als »Literatur« sind die biblischen Schriften einander gleich. Nicht aber als Künder des Heils. Die Bibel ist Organon, keine Literatur. Sie ist corpus mysticum, Leib mit Haupt und Gliedern. Die Evangelien sind Haupt. Ihr Heilswort ist das Hauptwort, in dem die Prophetie und die Episteln das Prädikat geben. Immer dort, wo diese Rangordnung durchbrochen wird, lauert die Anarchie und Häresie im Hinterhalt.

Das Reich *ist* der Sohn. Das ist das evangelische Grundwort. Der einst Menschgewordene sprengt sein Vergangensein auf im Menschwerdenden zur ständigen Gegenwart: das ist das Reich. Dieses Wort ist Kern, in dem der ganze Baum darin ist. Der Kern keimt. Der Keim hat Sprengkraft. Aber sanfte! Er »treibt«, »sprießt«, »schlägt aus«, »stößt durch«. Die Natur ist das Vorbild, das Senfkorn, das Weizenkorn.

Je in dem Stoße, in dem es in die Geschichte hineinstößt, geschieht Gewaltmäßiges, Gewalttätiges. Es geschieht Revolution, aber sonderlich und anders. Revolution auf Taubenfüßen. Die Taube aber ist der Geist. Und der Geist ist Feuer.

Feuer ist in dem Gewaltmäßigen. »Ach, daß es schon brennte!«[29] spricht der Sohn. Und Schwert geht da im Schwange. »Wer nichts hat, verkaufe sein Kleid und kaufe ein Schwert!«[30] spricht der Sohn. Und der Wind des Geistes – wie seltsam, daß *beides* »pneuma« heißt! – macht sich auf und bläst in die Flamme, und keiner weiß, von wannen der Unheimliche weht. Feuersturm und Schwert! (Und ja, dann immer – in Klammern – auch dies: Taube und Öl!) Gottesreich ist Sturmzentrum. Es übt Gewalt und weckt Gewalt. Tausende stehen auf und trachten hineinzukommen mit Gewalt. Und kommen nicht hinein.[31] Und Abertausende kommen hinein. Denn das Reich leidet Gewalt, und die Gewalttäter sind es nun doch wiederum, die hineinkommen.[32]

Je in dem Stoß, in dem es in die Geschichte hereinbricht, übersteigt es den Menschen, preßt es ihn an die Wand, klemmt es ihn in die Sackgasse. Das ist seine absonderliche Unmenschlichkeit, eine Unmenschlichkeit von oben, nicht von unten.

Umkehr! Umkehr! ruft die Stimme wie eine Glocke im Sturm. Der Mensch bricht aus, flieht, verliert den Atem, taumelt, reißt sich empor, verhält bebend, knockout geschlagen von einer unsichtbaren Hand, atmet tief, sammelt sich wieder.

So etwas geschieht im Ausgang des Mittelalters. Der Mensch zerbricht unter dem Stoß. Sein Bewußtsein zerbricht. Hie Werkgerechtigkeit, hie Glaubensgerechtigkeit! Aber Gerechtigkeit beide Male! Darin lebt noch das Reich, in der Gerechtigkeit so oder so, auf beiden Seiten. Das Zerbrechen ist nicht das Ende. Es geht weiter. Denn der Schrei nach Gerechtigkeit läuft weiter, schwillt an, entfesselt, rasend, blindwütig, die in der Welt los gewordene Gewalt der Wahrheit. Es ist der Schrei nach dem Reich.

Die Reformation ist: Sich-Verhalten, Einatmen, Nach-innen-Gehen. Ist Wiederaufgerichtetwerden vom Sturz, Wieder-auf-die-Füße-Gestelltwerden unten auf der untersten Stufe zum Altar. Welcher Christenmensch wollte leben und erst recht sterben ohne das Wort vom versöhnten Gott? Aber die Rechtfertigungslehre ist nur die eiserne Ration im Marschgepäck der Pilger Christi. Sie ist das Anfangswort, das Wort unten am Fuße des Altars. Das Wort zu Häupten, das Wort, das die Fülle hat, heißt: das Reich.

Ein geheimes Flüsterwort hebt heute wieder an, geht wieder durch die Christenheit: das Wort von der christlichen Hoffnung.

Ein Zeitalter geht zu Ende. Es ruckt im Ackerboden, der die Welt heißt. Das Reich holt zu neuem Stoße aus. Neu, anders, unberechenbar. Nicht mehr nur ein Leuchter, sondern schon eher ein Blitz. Die Zeit ist voller Zeichen.[33] Sie ist selbst ein einziges großes Zeichen. Darum sehen wir es nicht, das Zeichen, so, wie man den Wald vor Bäumen nicht sieht.

Das Reich kommt, langsam, wie alle ganz großen Dinge. Einem riesigen Weltkörper gleich, der sich unserer kleinen Erde nähert, aus unermeßlichen Fernen, langsam, damit er sie nicht zermalme. Die Entladungen, die Beben und Umlagerungen der Kräfte sind noch gewaltig genug zwischen den beiden! Da braucht es ganze Weltalter an Länge der Zeiten, daß sich die Begegnung vollziehe.

Incarnatus est, das heißt: Der Weg ist frei. Sie können jetzt zusammenkommen, die Menschenwelt und das Gottesreich. Denn der Mensch kann jetzt wirklich umkehren. Incarnatus est, das heißt: Der Berg, der über den Weg gestürzt war, ist ins Meer versetzt und versunken. Dort, wo vorher der Bergsturz war, ist jetzt ebene Bahn. Es ist jetzt wirklich wahr: Der Weg zu Gott ist wieder offen. Es ruckt geheimnisvoll in der Tiefe der Dinge ein neues Werden. Ich selbst kann neu werden. Bei meinem Denken fängt es an. Ich kann nun auch *sehen*, wenn der Täufer sagt: *»Siehe!«* Ich *sehe* nun das Opfertier, das riesenstarke; den Gott, der den Berg auf seinem Rücken wegträgt.

Die Konsequenzen sind so tiefgreifend, daß der kleine Mensch sich scheut, den Weg zu betreten. Es hieße, den eigenen Weg als falsch zu bekennen. Es hieße, sich selbst fahrenlassen und es auf den hin wagen, der den Berg hinweggetragen hat. Es wagen mit seinem ganzen Leben, Wesen und Sein. Es hieße: *glauben!* Und eben das wagen wir nicht.

Hier sitzt der Knoten. Keiner kann sich heute von uns ausnehmen in der Christenheit von dieser Not. Ja, ich sage: in der Christenheit. Es müßte völlig anders stehen mit ihr und der ganzen Welt, wenn Glauben in ihr wäre. Neulich hörte ich von einem Mädchen erzählen, das sich vom Religionsunterricht abgemeldet hatte. Einer Mitschülerin, die sie fragte, warum, sagte sie: »Ich kann nicht glauben, daß Jesus gelebt hat.« Vor drei Generationen sagte Faust, der Mann, zu Gretchen, daß ihm der Glaube fehle. Das Gretchen hat's ihm inzwischen schon lange nachgesagt. Heute ist es bis zu den kleinen Mädchen heruntergekommen, dies Nichtglaubenkönnen. Ja, ich spüre es bei mir selbst, es liegt wie eine Lähmung aller Seelen über uns, dieses Nichtglaubenkönnen. Glauben – an sich selbst, an das, was wir sehen, was wir wünschen, an unsere Menschenziele und Menschentaten, das können wir. Dieses Glauben hat unsere ganze Seele verschlungen. Unsere Seele, die Gottes Bild ist.

Glaubet an das Königreich der Himmel! Das ist der Schlußsatz der großen Proklamation. Beschwörend klingt das Wort »Glaubet!«

an mein Ohr, der ich heute lebe in dieser Zeit. Beschwörend, verheißend, drohend, bittend. Ein Warnruf, ein Lockruf, ein Befehl, ein Zuruf im letzten Augenblick.

»Es kann nicht wahr sein«, sagen die draußen vor den Toren der Kirche. Und die drin: »Es ist wahr!« Warum aber überzeugt dies Zeugnis nicht? Weil da drinnen in der Kirche so viele Wahrheiten gefunden werden von dem *einen*, der die Wahrheit ist, die einander bestreiten. Es stimmt also auch hier in der Kirche nicht, sonst könnte es nicht den Streit der Wahrheit um die *eine* Wahrheit in ihr geben. Sollten am Ende gar die Wahrheiten drinnen in der Kirche auf demselben Acker gewachsen sein wie die Wahrheiten der Welt? Sollte etwa unser Glaube heimlich von der humanistischen Ratio leben? Spielt etwa darum bei uns das »Verstehen« und das »Verständlich«-Sein und »Verständlich«-Machen diese Rolle? Sollten wir dem humanistischen Wissenschaftsmythos heimlich verfallen sein? Sollte etwa gerade hier das Verhängnis seinen Grund haben, daß das Christusleben in der Christenheit zur »Lehre«, zum »Worte«, zu »Satz« und »Gesetz« geworden ist? Daß wir allenfalls noch Moral, aber kein Charisma, daß wir allenfalls noch Gesetz, aber keinen Geist mehr in der Christenheit haben? »Glaubet!« Dieser Ruf tönt heute in das Ohr der Kirche. Er stellt heute die Christenheit. Wenn ihr Glauben hättet als ein Senfkorn, ihr, die ihr meinen Namen tragt, die Christenheit! »Glaubet!« ruft er uns zu durch die Stimme seiner Feinde, durch die Stimme der Zweifler, durch die Frager draußen vor den Toren. Ihr Zorn, ihre Abwendung, ihr Haß enthält die unbewußte Anklage gegen uns drinnen: daß unser Glaube schwach geworden ist.

Das Verlangen, daß alles immer »einfach und klar« sein soll in der Welt, ist Flucht vor der Wahrheit. In diesem Verlangen bringt sich der Mensch um die Wirklichkeit seiner eigenen Existenz und aller Dinge. Wir sind noch Sterbliche. Es gibt noch Schlaf, Nacht und Tod. Das Licht des aufgeklärten Geistes ist künstlich. In seine Helle sich hineinmanövrieren heißt sich aus dem Leben herausstehlen in ein Künstliches, in ein Selbstgemachtes, heißt den verhängnisvollen Schritt tun in ein nur Halbwirkliches, nur Halbwahres. Es ist geradeso, als hielte der Mensch die tausendkerzig erhellte Nacht seiner großen Städte für Tag. Es ist kein Tag! Die Finsternis dahinter ist um so dichter, das Geheimnis darin um so drohender und der Mensch darin um so preisgegebener, je leidenschaftlicher er es leugnet und sich in Sicherheit wiegt. Gesetz, Vernunft, Logik sind nur ein Lichtlein in dieser Nacht. Wohl dem, der seinen Kerzenstumpf hütet! Er kann ihm leuchten für den nächsten Schritt, nicht weiter. Wo dieses Lichtlein scheint, tagt es noch nicht, klart der Morgen noch nicht am Horizont, sind wir noch mitten auf dem Wege in Sturm und Nacht.

Das »Glaubet!« des Sohnes Gottes führt uns vor diese Wirklichkeit unserer Menschenexistenz. Nicht vor den Ausschnitt, den das Licht der Vernunft mit seinem Blendkegel daraus herausschneidet. Es führt uns vor die *ganze* Wirklichkeit. Da heißt es nicht mehr: »und werdet wissen«. Es lebt von diesem Schlangenworte nur der Wissenschaftsmythos. Da heißt es: »Glaubet!« Wissen kann man nur den Ausschnitt, das Ganze nur glauben. »Und werdet wissen«, das hatte Adam in den Ausschnitt des Lichtkegels hineingelockt. Und nun finden wir nicht mehr heraus, wie das Tier des Waldes im Scheinwerferkegel, und kommen unter die Räder. »Glaubet!« das heißt auch in der Dunkelheit sehen können.

Wo vom Glauben die Rede ist, da kann man von der Wahrheit nicht schweigen. Denn Glaube ist Glaube an die Wahrheit. Glaubet an das Evangelium, das ist: Glaubet an die Wahrheit. Es geht hier also um die Wahrheit, die nicht im Lichtkegel der Vernunft ihren Raum hat. Es geht hier um die Wahrheit, *die in der Wirklichkeit unserer Existenz ihren Raum hat*. Denn das Evangelium ist nicht in den Lichtkegel dieser unserer Vernunft eingetreten. Es ist in die Welt eingetreten. Hier ist der Ort, für die »Welt« jenes Wort zu gebrauchen, das der Evangelist Johannes für sie gebraucht: Es ist in den Kosmos eingetreten. Das also ist der Raum, in dem diese Wahrheit steht, von der es heißt: »Glaubet!« Es ist an der Zeit, die Wahrheiten, die in der Christenheit für das Evangelium ausgegeben werden, auf das schärfste daraufhin anzuschauen, ob sie Wahrheiten sind, die im Lichtkegel der Vernunft stehen und von ihm her erst einleuchten, oder ob sie die Wahrheit sind, die in den Kosmos hineintrat. Die ihr Licht aus dem Himmel hat und nun den Kosmos erleuchtet. Die das Licht der Welt ward.

Ja, es gibt Theologie! Sie ist das höchste Amt, das der Mensch als Denker überhaupt empfangen kann. Es gibt darin auch Vernunft. Es gibt sogar darin Vernunft am Hauptpunkte. Denn nur als Vernünftiger bin ich ein Denkender. Es gibt in der Theologie die Vernunft, die zuvor gebetet hat. Und der es geschenkt worden ist, den

Befehl zu befolgen: Glaubet! Es gibt in der Theologie die Vernunft, die in der »metanoia« in die große Verwandlung hineingerissen wurde und die beginnt, neue Kreatur zu werden.

Wir müssen den Mut haben, nach einem jahrhundertelangen Ringen zwischen Glauben und Wissen in der Theologie uns zu dieser Vernunft zu bekennen. Sie ist auch nur Glied am Leibe des Christus, hat aber dann auch den Charakter des Glieds empfangen. Sie gehört dann zu den »Ämtern«, den »Kräften«, den »Gaben« charismatischer Ordnung. Sie ist eine Bedienungsgabe, eine »diakonia« des *einen* Geistes geworden. Das erste freilich, was sie weiß in diesem neuen Stande, ist: daß sie die Wahrheit nicht mehr »besitzt«, sondern daß sie die Wahrheit *zeigt*. Denn die Vernunft ist jetzt dienende Vernunft geworden. Die Wahrheit selbst bleibt die eine, die unverrückbare. Nur die Zeiger wechseln mit den Zeiten. Eine Theologie, die mehr als zeigen will, die sich wie das logische Denken mit der Wahrheit selbst verwechselt, läuft aus dem Dienst, nämlich: auf diese Wahrheit *hinzuweisen*. Sie steht in der Welt als ein Totenmal und wird von der Welt auch so begriffen und bezichtigt. Sie verwechselt sich mit dem Evangelium und beraubt die Welt des hinzeigenden Johannesfingers am Kreuze. Es ist jetzt niemand mehr da, der hinzeigt. Die Wahrheit entgleitet dem Glaubenswege. Die Welt ohne Weiser stürzt in immer tiefere Irrläufe hinab. Der der Weiser sein sollte, stellt sich jetzt selbst hin als das Gewiesene. So steht in der Welt ohne Wahrheit nur noch das starre Mal, das sich mit der Sache selbst verwechselt; und gibt der Welt das Recht, diese Strohpuppe ins Feuer zu werfen. So züchtigt Gott den Frevel einer Christenheit, die das Evangelium mit ihren Doktrinen gleichsetzt. Sie ist vom Heiligen Geiste verlassen und hat in dieser Verlegenheit sich den anderen Christen, den humanistischen, den logischen, den rationalen oder irrationalen Geistern öffnen müssen, um einen Ersatz zu haben. Der Geist der *ganzen* Wahrheit ist aber ein den Weg weisender Geist. Er wird ausdrücklich als einer, der solche Weisung und Führung gibt, im Evangelium bezeichnet: »Der wird euch in die *ganze Wahrheit leiten.*«[34] Er ist es also, der uns auf den Weg hilft und der Theologie die Zeigekraft gibt. Obwohl er »Geist der Wahrheit« heißt, wird er nicht wie der Geist der Vernunft von sich selber reden. Es wird in ihm also kein Aussagen und Begreifen geben. Er wird sich als der *Hin*zeigende und der *Hin*leitende treu bleiben. Er wird – in der Ausdrucksweise des Evangelisten – nur das sagen, was er gehört hat. Und nur auf das hinzeigen, was im Anmarsche ist.[34] Es gibt keine christliche Theologie jenseits dieser Merkzeichen des »Geistes der Wahrheit«. Theologie jenseits dieser Merkzeichen ist vorchristliche Theologie aus der Selbstgenügsamkeit der Vernunft, in der *Aussagen* über Christus gemacht werden, den man begriffen hat und im Lehrsatz besitzt.

Es ist ein großer Segen, daß im Gericht unserer Zeit diese strohernen Christusse der Doktrinen alle verbrannt werden. Ihrer ledig, werden wir den Blick wieder frei bekommen auf den *Einen*. Er ist wirklich da. Ein Theologe ist dann begnadet, wenn er *ihn* »gesehen« hat, und hat dann sein Höchstes vollbracht auf dieser Erde, wenn er auf Ihn hat »hinweisen« dürfen.

Die Wahrheit, um die es hier geht, die hat es an sich, daß zunächst erst einmal alle, die sie gesehen haben, schweigen. Schweigen, wie man schweigt vor Gott. Und dann niederfällt und anbetet. Und dann geht man hinaus, und draußen fängt man an, miteinander zu sprechen. Fängt man an, auf den andern hinzuhören und wieder zu schweigen. Theologie wird jetzt zum Gespräch in der Christenheit, nicht mehr zur Auseinandersetzung. Denn man hat gesehen und angebetet. Es gibt jetzt nur noch Theologie solcher in der Christenheit, die vom Tisch des Herrn kommen, ein Leib geworden sind und nun draußen auf der Kampfbahn einander zum Ziele helfen. Aller Kampf in der Christenheit kann nur noch dieser positive Kampf sein um die Sache selbst: Sie im Auge zu behalten, sie immer schärfer ins Auge zu bekommen, Wort und Gedanke, Werk und Wandel zur höchsten Zeigekraft zu entwickeln, deren wir fähig sind. So kann Theologie nur Gespräch auf dem Wege sein, hilfreiches Reden miteinander unterwegs: theologia viatorum. Die Zeit ist dann vorbei, wo Theologie treiben heißt im Monolog reden. Im Monolog reden muß jeder, der vom Denkgrund der Ratio und nicht von der Anbetung her denkt. Mit dem Christus, den er zerrissen hat, bleibt er selbst einsam. Unsere Einsamkeit heute ist so groß, daß der theologische Monolog nicht einmal mehr sektenbildende Kraft hat. Heute bildet er nur noch Schulen, in denen die Theologen, unter sich gelassen, ganz einsam geworden sind. Wir lernen wieder, daß Theologie nur das Gespräch *danach* ist. Das Gespräch *nach* dem Ereignis. Die *nachträgliche* Bemerkung derer, die gesehen haben.

Hier ist der Punkt, an dem die tiefste Umwälzung heute unseres theologischen Denkens wartet. Hier ist der Punkt, an dem sich das vollzieht, was ausgesprochenermaßen die Buße des Theologen werden muß in der Abdankung eines fremden Wahrhaftigkeitsbegriffes in der Theologie. Es ist der Sündenfall der nachreformatorischen Theologie geworden, der Hereinfall auf den humanistischen Wahrheitsmythos der Neuzeit. Er trägt die Hauptschuld an dem Frevel des zerstückten Christus. Jedem Versuch, den Weg zu dem *einen* Christus in der Christenheit wieder zurückzufinden, verwirft hier der humanistische Wahrheitsbegriff die Bahn. Kraft der ratio kann er nur durch Scheidung erkennen. Kraft der ratio kann er nur zu einem zerstückten Christus kommen. Seine Wahrheit kann immer nur geteilte, nie aber »die ganze Wahrheit« sein. Seine Wahrheit muß notwendig dialektisch sein und den Christus in die dialektische Selbstzerspaltung hineinspannen, die die Lehrentwicklung auf protestantischem Boden bis zur Selbstvernichtung entwickelt hat. In Verbindung mit dem humanistischen Textbegriff reißt er die Bibel in dieses System der dialektischen Selbstzerreißung in feindliche »Wahrheiten« mit hinein. In Verbindung mit dem humanistischen Gewissensbegriff verkehrt er endlich die christlichen Menschen, voran die Theologen, zu miteinander Streitenden, und zwar grundsätzlich um der »intellektuellen Redlichkeit« der Einzelnen willen. Das Elend muß wohl noch etwas größer werden, bis wir uns auf den wahrlich schwersten Weg nach der anderen Wahrheit machen, die »aus dem Geist« ist. Es gibt in der Christenheit nur *Wahrheit geistlich!* Es gibt in ihr nur Wahrheit, in die »der Geist leitet«. Es gibt in ihr nur Wahrheit, die Leben ist, nämlich charismatisches Leben. Es gibt in ihr nur Wahrheit agapisch! Man muß vorher erst geliebt haben, dann erst gibt es hier – und zwar unabdingbar – Erkennen. Man muß zuvor erst die *Brüder* geliebt haben, dann kann man mit den großen Symbolen der Christenheit sagen: Ich glaube! Ich glaube, weil ich liebe. Es gibt in der Christenheit zur christlichen Wahrkeit keinen Zugang als durch die Begnadung mit der Agape. Die altchristliche Aufforderung, vor dem Bekennen des »christlichen Glaubens« einander zu lieben, besteht zu Recht. Die Wahrheitserkenntnis ist eine Frucht des Geistes. Denn der Geist allein »leitet« in die *ganze*, in die *eine* Wahrheit. Der Primat der Liebe – das ist das Christliche. Im Konflikt zwischen Wahrheit und Liebe hat die Liebe den Primat. Die Entscheidung für die Wahrheit jenseits der Liebe bleibt immer eine Entscheidung in Richtung auf mich selbst, bleibt immer eine humanistische Entscheidung. Die humanistische Wahrheit ist immer zuerst Wahrheit *für mich*. Wahrheit *für mein* Gewissen, Wahrheit *für mein* Heil. Auch für den Religiösen heißt es dann im Ringen um die Wahrheit: *Ich* und Gott, *Ich* vor Gott, *Ich* für Gott, *Ich* von Gott. Auch der Christ hat Gottes Wahrheit »an sich« nicht. Er hat sie nur »in der Liebe«. Die Liebe hat den Vorrang.

Keine Wahrheit, ohne daß zuvor geliebt worden wäre. Lieben! Und dann erkennen. Hier ist der andere Mensch von vornherein mit eingeschlossen. Und kein Erkennen der Wahrheit, in der er, der andere, nicht miterkannt wäre und miterkennte! Hier läuft die Linie nicht durch zwei Punkte, von denen wirklich sicher nur einer, nämlich das »Ich« ist, sondern durch drei. Hier ist in der Wahrheit immer der Nächste mit einbeschlossen und damit auch der dritte Punkt erst eigentlich in den Umkreis des Möglichen gekommen: Gott.

Erst in der Liebe ist die Wahrheit gewürdigt, wirklich zu sein, die »für sich« und »an sich« alle Chance besitzt, nur eine Idee zu bleiben.

Die Wahrheit, in der das Ich der einzige sichere Punkt, Gott der nur erwünschte ist, hat zum Ursprung ganz gewiß den humanistischen Geist. Die Wahrheit, in der der Liebende der Erkennende wird und der Erkennende der Liebende bleibt, hat zum Ursprung den Heiligen Geist. Denn die Liebe *ist* der Geist. Der Geist aber ist der Herr. Darum hat in der Christenheit die Liebe den bedingungslosen Primat: Sie ist der Herr.

Glaubet! Kein Zweifel, darin schwingt die agapische Wahrheit, nicht die humanistische Wahrheit. Darum bekenne ich meinen christlichen *Glauben* und *lebe* in einer *Glaubens*gemeinschaft, um dieser Wahrheit willen, die sich nur dem gibt, der als Liebender ihr naht. Ich glaube, weil ich geliebt wurde, und liebend glaube ich. Glaubet! sagt Christus. Um diesen Befehl komme ich nicht herum. Hier, wo dieses Wort steht, dieses Wort »glauben«, da also muß unter mir die Schwelle der Entscheidung liegen. Es taucht immer wieder auf im Evangelium, und zwar immer an der Stelle, wo »Es« passiert, wo alle Hebel einschnappen und der Strom in die Maschine fährt. Nicht: »Tut Buße!« ist das letzte Wort. Es ist vielmehr das erste. Es steht am Anfang, draußen vor der Tür. Es ist noch ein vorchristliches Wort. Es ist das letzte und höchste Wort, das da draußen überhaupt ertönen kann. Wo der Befehl »Glaubet!« ertönt, da durchschreitet der Mensch zum ersten Male die Türe und setzt die Fußspitze auf das neue Land. Die große Verwandlung hat jetzt begonnen.

Im Wort *glauben* steckt der Stamm *lieben – loben:* gelieben, geloben = glauben. Und zwar ist das Merkwürdige dabei, daß die Vorsilbe »ge« die Tätigkeit anzeigt, die den Liebenden zum Gelobenden werden läßt. Es ist darin das *Ge*lübde, das *Ge*löbnis der Liebenden. Der *Ge*laube ist also eine Weise der Liebe. Und was ich darin tue, was mein Anteil ist, ist der Anteil des Liebenden darin. Um dieses Anteiles willen kann Christus mir befehlen: Glaube! Er befiehlt mir. Er sagt mir, daß ich das kann, *Er*, der Sohn. Es soll mich daran keiner irremachen. Er ruft es hinein in meine Ohnmacht, in meine Glaubensohnmacht, die umflüstert ist von allen bösen Stimmen der Finsternis, die mir sagen: Du kannst nicht glauben. Du willst nicht, du sollst nicht glauben. Er ruft es mir hinein in diesen Strudel: Glaube! Er ruft es, also kann ich es. Dieser Zuruf ist der Zuruf des Liebenden. Er ruft nur deshalb so leidenschaftlich, so eintönig, so unschweigbar: »Glaube!«, weil er der Liebende ist. Und der Zuruf des Liebenden, daß der andere der Geliebte sei, der ruft das Wiederlieben ins Dasein. Es ist hier kein Bild so wahr, so ausschöpfend wie das Gleichnis der Liebenden. Glaube!, das heißt: Sei bereit, mich zu empfangen. Du bleibst unfruchtbar, wenn du nicht empfängst. Löse den Krampf deiner Verschlossenheit. Dann wird Christus in dir geboren, dann wirst du Christus werden. Gläubig werden, das heißt in der Urchristenheit: Christus werden. So wächst alles ineinander in diesem Wunder des kleinen Wortes: glauben. Das Lieben und das Geliebtwerden. Das Leben und das Geloben. Das Zeugen und das Gezeugtwerden. Das Gebären und das Geborenwerden.

Warum wird Christus heute nicht mehr geboren? Weil wir uns nicht mehr bereit machen. Ja, wirklich-*machen*. Schon lange nicht mehr in der Christenheit! Und nun haben wir es verlernt seit vielen Generationen, dieses Sich-bereit-*machen*. Das muß die Seele wieder ganz neu lernen, das muß sie wieder zu üben anfangen, ganz von vorne. Sie muß dieses Üben lernen in der Dunkelheit unseres Tages. Denn Gott ist nun in die Verborgenheit gegangen nach so langer Versäumnis vieler Geschlechter. Unser Volk hat ihn nicht mehr empfangen, und so konnte er auch nicht mehr geboren werden in ihm. Und nun ist es dunkel um uns her geworden.

Glaube! habe ich gesagt. Und glaubet! hat *Er* gesagt. Da steckt schon etwas von der Versäumnis drin, in diesem »Glaube«, in dem ich mich gemeint fühle und ich mich vordränge. Es will nicht privat bleiben. Glaubet! Das geht an alle. Das geht an die Völker. Das geht an den Kosmos. Denn, der da spricht, ist der König, der Sohn.

O du Geschenk der Tränen, der lösenden, der befreienden Tränen, in denen Trotz und Stolz zerschmilzt! In denen endlich sich der Krampf der eingekrümmten Seele löst. O du Geschenk der Tränen, die alles lösen, Zorn, Verzweiflung. Die den Irrlauf gestehen und flehen, daß sich alles wende. O du Geschenk der Buße, der Heilung der Vernunft, der Verwandlung alles Lebens. O du Geschenk des reinen, neuen Anfangs. O du einzige Wahrheit, die du zugleich auch Weg bist zur neuen Kreatur!

DA ER ABER AN DEM GALILÄISCHEN MEER GING / SAH ER SIMON UND ANDREAS / SEINEN BRUDER / DASS SIE IHRE NETZE INS MEER WARFEN. DENN SIE WAREN FISCHER. UND JESUS SPRACH ZU IHNEN: FOLGET MIR NACH. ICH WILL EUCH ZU MENSCHENFISCHERN MACHEN! ALSOBALD VERLIESSEN SIE IHRE NETZE UND FOLGTEN IHM NACH. UND DA ER VON DANNEN EIN WENIG FÜRBASS GING / SAH ER JAKOBUS / DEN SOHN DES ZEBEDÄUS / UND JOHANNES / SEINEN BRUDER / DASS SIE DIE NETZE IM SCHIFF FLICKTEN. UND ALSBALD RIEF ER SIE. UND SIE LIESSEN IHREN VATER ZEBEDÄUS IM SCHIFF MIT DEN TAGLÖHNERN UND FOLGTEN IHM NACH.

Er geht am Gestade des Sees entlang, dessen Land er sich zur Heimat gewählt hat. Im weiten Rund säumen ihn die volkreichen Städte und Dörfer, eingebettet in den Kranz der Maulbeer- und Olivenhügel. Dort am Gestade geht er und sieht. Er sieht dort Menschen. Er sieht sie mit dem wunderbaren Blicke dessen, der den Nathanael schon sah, bevor er unter dem Feigenbaume war. Er sieht dort Menschen. Fischer sind es. Zwei hat er ersehen, mit seinem Blick umfaßt und sie geliebt, gerade, da sie ihre Netze ins Meer warfen. Er ruft sie an. Sie schauen auf, verlassen ihre Netze und folgen dem Rufer. Und dann geht er weiter. Jetzt nicht mehr allein, sondern zwei hinter ihm. Da sieht er wieder Boote, einen Vater mit seinen Söhnen und

Tagelöhnern. Und da ersieht er sich noch einmal zwei. Sie sitzen im Boot und flicken die Netze ihres Vaters. Er ersieht sie, liebt sie und ruft. Und alsbald verlassen sie ihre Netze und ihren Vater und folgen dem Rufer.

Lukas[35] sagt von Christus, er sei in »des Geistes Kraft« nach Galiläa gekommen. Der Gang, den er jetzt tut bis zum Tage seiner Auferstehung, bleibt eine unverständliche Sache ohne dieses: »in des Geistes Kraft«. Und der »logos« ward Fleisch. Das darf keinen Augenblick vergessen werden von dem, der diesen Lauf beschreibt. Eine Wolke von Kraft steht unsichtbar um ihn her, wo auch immer er geht. Die alte Christenheit wußte das noch. Für sie war es das schlechthin Selbstverständliche, daß diese Wolke um ihn stand. Sie hat das mit jenem einfachen Zeichen zum Ausdruck gebracht, das wir den Heiligenschein nennen. Sie verstand diese Kraft des Geistes noch so realistisch, wie sie tatsächlich ist. Auf den Bildern, die sie vom Christus malte, bildete sie diese Glorie als einziges plastisch aus. Sie schrägte sie reliefartig aus der Wand hervor in den Raum.

Nicht einer, der ihm nachgefolgt wäre und ohne diesen Glanz geblieben wäre! Auf allen leuchtete er auf,[36] der Königsglanz der Macht.

Es heißt hier nicht, daß die vier Fischer Herd und Brot stehenden Fußes verließen, weil er sie überredet habe oder auch überzeugt. Es heißt hier nur, daß er sie sah und befahl. Er befahl nur mit drei Worten. Das war alles und das genügte. Es ging da ein *Ausstrahlen* vor sich, und ein *Einflußnehmen* aus der *Kraft des Geistes*. Ich glaube, daß alles Christwerden solche Einfließung ist. Das Unerklärliche des Christseinmüssens kann nur auf solche Weise zustande kommen. Die Netze, die sie eben noch in den Händen gehalten hatten, der Anblick des Vaters, das Ruhen im Wohlstande eines alteingesessenen Gewerbes, die Tagelöhner, die staunend den Söhnen nachsahen, wie sie aus solchem Erbe hinausgingen, das alles hatte wahrlich Überzeugungskraft genug. Aber sie folgten ihm. Sie müssen. Und das ist seine Macht, daß dieses Müssen ein Wollen wird.

Nicht einer von den vieren ist ein Taglöhner. Söhne sind sie. Edle, wohlgeborene Söhne würdiger Väter. Es ist nicht so, daß Christus sich das Geringste gesucht habe zur Jüngerschaft. Dann hätte er sich vier aus den Taglöhnern ersehen. Nicht den Einfältigen sucht er, sondern den Einfachen. Den Menschen, der einfach ist durch die

Schlichtheit seiner Arbeit an den Dingen der Welt. Die vier arbeiten, um zu essen und damit andere satt werden. Er nimmt sie heraus aus der grauen Reihe derer, die ihr Leben schlicht führen nach dem Gebot: zu arbeiten auf dem Acker, der den Fluch trägt. Die einfache Seele trägt noch mehr vom Schöpfungsrest in sich. Das Ebenbild Gottes ist noch nicht zum Grunde gesunken. Es schwebt unter der Oberfläche im Wasser und schimmert unter dem Spiegel noch deutlich herauf. Aber die Seele, die sich dem Wissen ausgeliefert hat, wird von der Vernunft zerteilt und in sich selbst uneinig. Sie hat nun nicht mehr die Einfachheit des einen Sinnes, sondern die Zwiefalt der Gedanken, die miteinander streiten, einander anklagen, sich gegeneinander entschuldigen.37 Nur die einfache Seele kann der Einfließung des Geistes Raum geben. Nur die Kinder gehen zum Gottesreiche ein. Und das Kind in diesen Bärtigen schlägt das Auge wunderbar groß und tief in der Seele auf und – folgt nach.

Kein Mensch ist in der Lage, jene Nachfolge zu fordern, die sagen kann: »mir«, als allein der Sohn. Jeder Mensch muß, ob er will oder nicht, über sich hinausweisen. Nur der Sohn nicht, der den Geist hat, der der Geist ist, der *Es Selbst ist*.

Und das ist der Kampf, der hier beginnt am Ufer des Sees, dessen Schilf leise in der Brandung wogt, durch die vier sturmgebräunte Jünglinge jetzt zum Strande stoßen. Es geht nicht um eine neue Erkenntnis, nicht um eine neue politische oder moralische Ordnung. Es geht nicht einmal um die Stiftung einer neuen Religion oder die Gründung einer Kirche. *Es geht hier um den Menschen, um nichts weniger, um nichts mehr.* Fischer sollt ihr bleiben, sagt er zu ihnen. Aber Fischer des höchsten Grades. »Ich will euch zu Menschenfischern machen.« Darum also geht es, wenn man ihm folgt. Wenn sein Geist in einen eingeflossen und man ihm verhaftet ist. Dieselbe Macht, die von ihm ausstrahlt, die soll jetzt auch von dem Jünger ausgehn. Macht ist es. Unerhörte, beinah aufreizende Ausübung von Macht. Wie ein Netz über die Fische hingeworfen wird und die Gefesselten überwältigt gefangen führt, so wird hier in dem neuen Amte Macht geübt über die Menschen. Es ist wahrhaft königliche Macht, die hier zu üben befohlen wird. Die antike Welt kannte für den Erlöserheros drei Zeichen. Das Zeichen des Fischers, des Gärtners und des Hirten. Alle drei Zeichen hat Christus für sich beansprucht. Sie sind die Zeichen der absoluten Herrschermacht, jetzt aber geübt aus der charismatischen Vollmacht der Liebe. Zeigt das Fischerzeichen den unwiderstehlich Zwingenden, so das Gärtnerzeichen den Hegenden und das Hirtenzeichen den Sichopfernden.

Gott ward Mensch und der Menschgewordene ruft Menschen zu Menschenfischern.

Es geht um den Menschen im Evangelium. Es geht im Evangelium um die Rettung des Menschen. Nicht dieser oder jener einzelner Menschen, sondern um die Rettung des *Geschlechts* Mensch, des *Geschöpfes* Mensch, des *Ebenbildes* Gottes. Denn eben das ist in Gefahr. In der Sorge um dieses Geschöpf ist der königliche Hirte, Gärtner und Fischer ausgegangen aus dem Himmel und in den Raum der irdischen Geschichte getreten. Im Kampfe für dieses Geschöpf ist sein Leben zur Schlacht und sein Sterben zum Opfertode geworden.

Unsere Zeit spürt wieder etwas von der Notwendigkeit der Rettung des Menschen. In den Erfahrungen, die sie macht, wird wieder etwas von dem Uranliegen der Weltgeschichte erfahren. Es wird heute wieder erfahren über die ganze Erde hin bei allen Völkern, daß im Leben selbst ein Feindliches sein Haupt erhebt. Es ist die Größe der Zeit, daß diese Erfahrung in ihr wieder durchbricht durch die bunten Flitter, die eine glatte und fade Lebensverhimmelung über die Abgründe unserer Existenz, dem alten Adam sehr zu Gefallen, gebreitet hatte. Es kommt uns heute der Kampfcharakter unseres Daseins in seiner durchgehenden Linie wieder zu Gesicht vom Einzelleben bis zum Völkerschicksal. Es stimmt da etwas nicht, es ist da etwas in den Gründen nicht in Ordnung. Es liegt da im Grunde der Welt ein Feindliches, das heraufstößt an die Oberfläche der Geschichtstage. Meine Generation ist im Krieg wieder unter dieses Uranliegen geführt worden. Was wir dort erfahren haben, ist gerade für diese Generation von grundstürzender Neuheit gewesen. Heute, nachdem zwei Weltkriege hinter uns liegen und sowohl der Abstand der Zeit wie unablässiges Durchprüfen ein Erkennen begünstigen, habe ich kein anderes Wort für jenes Phänomen als den Satz, daß es einen Teufel gibt;[38] daß er seine Macht ausübe mit so brutaler Gewalt, als wir bereit sind, ihn zu leugnen; ja, daß diese Leugnung das Feld der Welt ihm so widerstandslos preisgegeben habe, wie sie, preisgegeben zu sein, offenbar wurde. Es ist unserem Geschlecht gar keine Zeit mehr gelassen worden, des langen und breiten darüber zu philosophieren, ob es einen Teufel gebe oder nicht. Wir sind einfach mitten in den Kampf hineingeschleudert worden. Denn die Bedrohung zielt ebenso radikal und total auf Wurzel und Kern unseres Daseins, wie sie sich zugleich meisterhaft zu tarnen versteht. An zahllosen Punkten unserer Daseinsfront und in tausend Gestalten läßt sie sich aufzeigen. Jedoch kommt es auf dieses Aufzeigen nicht in erster Linie an. Zudem bleibt sie immer getarnt und daher voll Zweideutigkeit, für die Feiglinge voller erwünschter Vorwände, vorher den Kopf in den Sand zu stecken. Zum mindesten sehen wir, daß da gewaltige Energien fort und fort aufbrechen, denen sich gewaltige Energien entgegenwerfen zur Abwehr. Es geschieht dies am deutlichsten in den Kriegen und Revolutionen. Es ist der gleiche Grund, aus dem die zerstörenden Energien der entfesselten Natur, der Krankheiten, der Seuchen, der Leidenschaften und des Todes hervorbrechen. Bis dorthinein verlängert sich die Front der Abwehr, die der Mensch kämpft. Viel wichtiger als die stets vordergründige Beschreibung dieser Erscheinungen ist das instinktive Erspüren der Bedrohung durch die Seelen der Völker selbst. Hier wird gespürt, daß diese Bedrohung nichts Geringeres ist als die Bedrohung der Schöpfung selbst. Das Geschöpf Mensch beginnt heute zu ahnen, daß mit dem Dahinsinken des Volkstums ein letzter, unersetzbarer Schöpfungsrest ihm entgleitet. Es gibt ja keinen mütterlichen Schoß der Christenheit mehr, es gibt ja kein regnum christianum mehr, in dem das Schöpfungserbe Bergung und Schutz besäße. Was mit dem Kampf um die gallikanischen Freiheiten seit 1407 anhebt in Europa und heute über die ganze Welt hingeht, ist Selbsthilfe der Kreatur über den Trümmern der zerbrochenen Kirche und des versunkenen christlichen Reiches.

Diese Bedrohung ist in ihrer strengsten Verdichtung die Bedrohung des Menschen schlechthin. Denn er ist der Inbegriff der Geschöpfe. *Es geht im Evangelium um die Rettung des Menschen. Die Mitte des Evangeliums ist nicht Gott, sondern der Mensch: der Mensch in höchster Gefahr*.

Der Gott des Evangeliums ist nicht der Gott »an sich«, von dem die Philosophie weiß, sondern der dem Menschen zugewandte Gott. Er ist der aus dem Himmel herausgegangene, auf der Erde einmarschierte Gott. Das Schlachtfeld ist die Erde und der Feind »der altböse«. In dieser Gefahrenzone ersten Grades rückt Christus in den Kampf vor. Alles andere brauchen wir nicht. Alles andere haben wir selbst von der Erde und aus eigenen Kräften. Wozu Christus? Weil der Böse ist! Warum Christus? Um *diesen* Kampf zu kämpfen, in dem die zusammengeballte Kraft der ganzen Völkerwelt nicht mehr wiegt als die hilflose Faust eines Kindes. Um diesen Kampf zu kämpfen, ward Gott Mensch. Ihn zu kämpfen für uns, mit uns! Darum »Immanuel«: Christus ist »Gott mit uns« in diesem Kampfe. Worum geht es im Evangelium? Darum geht es. Man muß diese Dinge so einfach und massiv sagen, wie sie sind: Es geht gegen die Dämonen. Christus ist der Entbanner der Schöpfung. Darum geschieht es, daß er mit der Taube auf dem Haupte den Heeren der Dämonen entgegenschreitet. Und die harten Fischersöhne treten hinter ihm in seine Spur.

Und sie gingen gen Kapernaum. Und bald am Sabbat ging er in die Schule und lehrte. Und sie entsetzten sich über seine Lehre. Denn er lehrte gewaltiglich und nicht wie die Schriftgelehrten. Und es war in ihrer Schule ein Mensch / besessen mit einem unsaubern Geist / der schrie und sprach: Halt! Was haben wir mit dir zu schaffen / Jesu von Nazareth? Du bist kommen / uns zu verderben. Ich weiss / wer du bist: Der Heilige Gottes. Und Jesus bedräuete ihn und sprach: Verstumme und fahre aus von ihm! Und der unsaubere Geist riss ihn und schrie laut und fuhr aus von ihm. Und sie entsetzten sich alle / also / dass sie sich untereinander befragten und sprachen: Was ist das? Was ist das für eine neue Lehre? Er gebeut mit Gewalt den unsaubern Geistern / und sie gehorchen ihm. Und sein Gerücht erscholl alsbald umher in das galiläische Land.

Und nun gehen sie in die Hauptstadt am See, er nun nicht mehr allein, sondern mit ihnen; und nicht mehr in die Einsamkeit, sondern unter die Menschen. Dort geht er hin, wo sie zusammentreffen, leibhafte Menschen wie wir auch. Und dort an dem gewöhnlichen Ort des Gottesdienstes trifft er auf den Feind.

Es erhebt sich jetzt der Ansturm der Unterwelt.

Es ist kein Mensch wie alle andern auch. Er saß unter den andern, und keiner hatte es erkannt, daß in ihm der Feind Gottes lauerte. Ja, es war sogar das Gotteshaus! Es war einer der Kirchgänger, in dem Christus auf den Feind traf!

Der Böse tritt immer getarnt auf. Er tritt zehnfach getarnt auf, seitdem er die Begegnung mit dem Sohne Gottes gemacht hat. Durch ihn wurden den Menschen, die an ihn glaubten, die Augen geöffnet, so daß sie den Bösen sahen. Mit der jungen Christenheit war plötzlich in der Welt, in allen Völkern, eine Phalanx von Kämpfern aufgestanden, die den Feind Gottes zu sehen begabt waren und über die er keine Macht mehr besaß. Es brach die Front auf der ganzen Linie zusammen, die der Böse mit tausend festen Plätzen in den vorchristlichen Kulturen und Religionen – man könnte sagen – harmlos und offen – vor aller Augen besetzt hielt. Damals wurde die ganze Natur entbannt, und wir gewannen jenen Mut zur Naturerforschung und Natureroberung, die heute unser technisches Weltalter heraufführte. Der Böse verlegte seine Linie zurück. Er besetzte jetzt neue, den Menschen unbekannte Kontinente. Er wich aus dem Sichtbaren und suchte die Unsichtbarkeit. Er nahm im Kern der Schöpfung jetzt Stellung ein. In der Welt der Seele selbst fand er jetzt seinen uneinnehmbaren Hauptstand, er, der selbst keine Seele hat und keine Seele ist, der verflucht ist, Nur-Geist zu sein, Geist ohne Seele.

Dieses Nur-Geist, das ist es, was ihn so zäh tarnt, was ihn so schwer erkennbar macht.

Vielleicht war jener Mensch ein angesehener Mann. Einer der Wortführer in der Synagoge. Da aber geschah es, daß ihm die Tarnung nichts mehr half, zum erstenmal. Sonst waren die Leute so leicht zu täuschen gewesen. Wann ließen sich die Menschenkinder nicht auch lieber täuschen, als wenn es um den Bösen geht! Das will keiner wahrhaben, daß er da sei. Ja, daß es überhaupt einen Teufel gebe. Und der Böse, der der größte Seelenkenner unter der Sonne und allen Sternen ist, weiß diese Angst der stolzen Menschlein weidlich zu nützen. So ist das erste Wort, das er in die Herzen flüstert, wenn er unter die Menschen tritt: »Er ist nicht!« »Es gibt ihn nicht!« Zu dem Frommen flüstert er: »Wie dürfte es ihn geben? Es wäre eine Beleidigung der göttlichen Allmacht!« Zu dem Aufgeklärten flüstert er: »Wie kann man so etwas glauben als Mensch von heute! Das ist Pfaffentrug.« Er ist in der Theologie gewaltig zu Hause, und alle Künste der Metaphysik stehen ihm spielend zu Gebote. Man hat niemals einen tiefsinnigeren und überzeugenderen Philosophen gehört, wenn er doziert. Aber mitten in dieser Leugnung seiner selbst ist der große Lügner bereits voll am Werke. Er ist der große Magier, der sich selbst wegzaubert, um die Wehrlosen um so sicherer in seinem Garne davonzutragen.

Jetzt aber zum erstenmal stand da einer in der Menge, dem gegenüber der Zauber nicht mehr wirkte, der immun war, der mit unblendbarem Auge ihn durch und durch schaute, wer er war. Und da schrie er auf. Ja, er schrie fassungslos, hemmungslos, von Wut übermannt, ließ alle Masken und Künste und Schleier fahren und schrie es gerade heraus: »Halt! Ich erkenne dich! Ich weiß, wer du bist! Halt! Kampf zwischen uns auf Tod und Leben! Du bist der einzige jenseits meines Machtkreises! Du bist der Herr der Geister! Vernichtung über uns!«

Er erkennt, er weiß! Und weicht nicht.

Im Evangelium steht an dieser Stelle das Wort epitimia. Es ist ein merkwürdiges Wort. Es meint Züchtigung, in der der Gezüchtigte zugleich geehrt wird. Es ist gleichsam der Fachausdruck für die Austreibung, die Christus übt. Sie steht weder Menschen noch Engeln zu. In der Legende, in der der Erzengel Michael dem Teufel den Leichnam Mosis entreißt, sagt Michael zum Bösen: »Gott züchtige dich! Nicht ich.«[39] Er weiß, daß der Böse aus Gott gefallen, daß er Ab-Gott, abgefallener Gott ist. Er weiß von der Hoheit des Bösen, der ein wahrer Fürst, ein »Fürst dieses Kosmos« ist, und er läßt ihm die Ehre, von Gott selbst das Gericht zu empfangen.

Und so wird der Böse jetzt gezüchtigt. Wo Geist gegen Geist kämpft, da steht nur das Wort zu Gebote als Waffe. Da wird das Wort zum blanken, tödlichen Stahl. Es kreuzen die beiden die Klingen, und das Wort des Bösen zerbricht, und er verstummt. Knirschend reißt der Rasende den hilflosen Leib, brüllt noch einmal auf »mit großer Stimme« und krümmt sich dann unter der Ferse des Siegers zusammen.

Entsetzen liegt für eine Sekunde über dem Saal. Dann bricht eine Bewegung los. Stimmen schreien durcheinander. Was ist das? Wer ist der? Eine neue Lehre! Eine Lehre – *mit Macht gepaart!* Anders als die der Schriftgelehrten. Die war nicht schlecht gewesen. Sauber in den Begriffen. Exakt in der Beweisführung, geschult an der hohen Tradition der klassischen Theologie, gegründet auf Moses und die Propheten.

Hier aber ist Macht. Hier ist *Voll*macht. Hier wird geboten. Und wird gehorcht. Wird wahrhaft und wirklich gehorcht. Sie sehen es mit Augen und hören es mit Ohren. Wird gehorcht! Und der Gehorchende ist der Fürst der Hölle selbst.

Das war sein »Gewaltiglich-Lehren«, daß sein Wort sofort umsprang in »Wunder und Taten«; daß es die Welt verwandelte im Augenblick, wo auch immer sein Hauch auftraf; daß es herrscherliches Wort war, dem das Gebieten anstand wie dem Winde das Blasen. Er konnte das Wort [40] vor versammeltem Volke wagen, das aus seinem Munde nicht stolz, das nur selbstverständlich war:

> Der Geist des Herrn ist auf mir.
> Zum Könige bin ich gesalbt
> und gesandt, der Welt in Not ihr Heil zu künden.
> Ein Heiler der zerstoßenen Herzen.
> Ein Löser der Gebundenen.
> Ein Erleuchter der Blinden.
> Ein Durchbrecher aller Bande.
> Ich, der Künder der Zeiten des Heils.

Und das Entsetzen ergriff, die es hörten. Alsbald aber war sein Name in aller Munde rings in dem Land um den See.

In einer kleinen Schrift über den alpenländischen Menschen las ich kürzlich, der Alpenländer stehe im Rufe einer besonderen kirchlichen Frömmigkeit. Der Verfasser meint, dies gelte nicht ganz zu Recht. Es lebe in dieser Frömmigkeit vielmehr eine »tiefere«, oft unbewußte Scheu vor geheimnisvollen Mächten, die beschworen sein wollten. Der Verfasser, und gerade das war das Interessante, hielt – mit den meisten der Zeitgenossen – für »Christentum« auf jeden Fall etwas ganz anderes, nur nicht diese »tiefere Scheu« vor den Mächten, »die beschworen sein wollen«. Er hielt offenbar für »Christentum« das Gegenteil von dem, als was es in die Welt kam: als Vollmacht über die Dämonen. Das echte Heidentum steht dem Evangelium seiner Existenz nach so nah, wie der moderne Aufgeklärte ihm fernsteht. Dieses Mächtigsein über die finsteren Gewalten ist von Anfang bis zu Ende das Leben des Heilandes Christus. Hier liegt das Geheimnis seines Sieges in der heidnischen Welt. Es war sein Sieg über die zugleich geehrten und gefürchteten, auf jeden Fall aber noch als Wirklichkeit erkannten Gewalten des entweihten Kosmos.

Für unser Empfinden am auffallendsten ist der Respekt, mit dem im Evangelium diese Gewalten ernst genommen sind und zugleich im Gericht noch Ehrung empfangen, und sei es nur darin, daß die Größe der Macht des Bösen voll erkannt ist. Er ist der große Versucher, dem »alle Reiche der Welt« zu Füßen liegen, der »Fürst dieser Welt«, der große Drache, der – stürzend – mit seinem Schweife noch ein Drittel aller Sterne vom Himmel fegt;[41] der vom Himmel fällt im Blitzschein des Lichtgottes; die große Urschlange, die den Sieger in die Ferse sticht, der ihr den Kopf zertritt. Darum ist der Kampf mit ihm eine »epitimia«, eine Ehre, die ihm Gott zuteil werden läßt. Wenn das edle Heidentum in seinem seherischen Wirklichkeitssinn hier zugleich ehrte und fürchtete ganz jenseits von Gut und Böse, so war es das einzige, was es ehrlicherweise tun konnte.

Mir scheint, was uns am meisten von jener heidnischen Welt trennt, ist ein merkwürdiger Realismus, mit dem jene Welt sich selbst darlebt, und eine Unbefangenheit, mit der sie sich erkannte: So *sind* wir! So *ist* es! Der Heide ist ganz und gar ein Seiender; ob schlecht oder recht, ob im Segen oder Fluch, ob im Sinn oder Wahnsinn. Und seine Religionen sind Verehrungen dieser Mächte des Seins. Sein Realismus steht in größter Nähe des Evangeliums, das mit derselben Unbefangenheit den Menschen in seinem Sein meint und heimsucht.

Dort geht der Weg, den Christus nimmt: auf der gemeinen Menschenstraße, durch die Häuser ihrer Arbeit, durch die Stuben ihres Alltags, ihres Geborenwerdens und Sterbens. Nicht »Sollen« und »Wollen« begegnen hier einander, sondern Mensch begegnet dem Menschen im gelebten Leben. Gott begegnet in einem Menschen, in diesem ganz bestimmten Menschen Jesus von Nazareth, zu *der* Stunde und an *dem* Orte dem Teufel, und dem auch wieder nur in einem Menschen, in einem Menschen der damaligen Zeit, an einem bestimmten Ort, zu einer bestimmten Stunde des Tags in der Schule von Kapernaum.

Und sie gingen alsbald aus der Schule und kamen in das Haus des Simon und Andreas mit Jakobus und Johannes. Und die Schwiegermutter Simons lag und hatte das Fieber. Und alsbald sagten sie ihm von ihr. Und er trat zu ihr und richtete sie auf und hielt sie bei der Hand. Und das Fieber verliess sie / und sie diente ihnen. Am Abend aber / da die Sonne untergegangen war / brachten sie zu ihm allerlei Kranke und Besessene. Und die ganze Stadt versammelte sich vor der Tür.

Und er half vielen Kranken / die mit mancherlei Seuchen beladen waren / und trieb viel Teufel aus und liess die Teufel nicht reden / denn sie kannten ihn. Und des Morgens vor Tage stund er auf und ging hinaus. Und Jesus ging in eine wüste Stätte und betete daselbst. Und Petrus mit denen / die bei ihm waren / eilten ihm nach. Und da sie ihn fanden / sprachen sie zu ihm: Jedermann suchet dich. Und er sprach zu ihnen: Lasst uns in die nächsten Städte gehn / dass ich daselbst auch predige. Denn dazu bin ich kommen. Und er predigte in ihren Schulen in ganz Galiläa und trieb die Teufel aus.

Daß etwas geschieht, wo Christus hinkommt, das ist das Entscheidende. Daß das Christusereignis, das er selbst *ist*, sich fortpflanzt mit jedem Schritt, den er tut, in die Menschenwelt hinein!

Es sind kleine, vordergründige Geschehnisse mitten im Alltag der Leute. Dort ein Besessener im Gotteshaus, hier eine Kranke in der Stube und draußen vor der Stadt ein Leprakranker, der ihn von ferne anruft. Aber jedes dieser Geschehnisse hat eine seltsame Durchsichtigkeit. Jedes einzelne Geschehnis ist gleichsam ein schmaler Sehschlitz, an den ich das Auge fest anlegen muß und durch den hindurch ich dann hinter der Mauer in das ganz nahe herbeigekommene Gottesreich schaue. Jedes einzelne Geschehen ist der schmale, spitze Fußpunkt eines mächtigen Sehwinkels, der sich hinausweitet in eine unendliche Ferne, in die der geöffnete Himmel hereinscheint. Man muß die Geschichten des Christuslebens auf Erden nehmen wie kleine Muscheln und sie ans Ohr halten, eine nach der anderen. In einer jeden hört der Lauschende die himmlischen Meere rauschen.

Er besucht die Eltern des Petrus. Im Haus liegt eine Verwandte in hohem Fieber. Nichts selbstverständlicher, als daß man es ihm sagt und daß er sie heilt. Nicht anders als auch jenen Besessenen, denn die Front ist hier wie dort die gleiche: die Macht der Zerstörung, die der Böse hier wie dort gegen die Menschenwelt heranführt. Kranke *und* Besessene! Zweimal in dem kleinen Abschnitt von der Fiebernden stehen sie beide nebeneinander, weil hinter ihnen beiden der *Eine*, der Böse, der Vernichter der Kreaturen Gottes, steht.

»Kranke und Besessene« brachten sie zu ihm, als es des Abends kühle ward. Viele Kranke und viele Besessene. Und die ganze Stadt versammelte sich vor dem Haus. Keiner wollte daheim bleiben. Es war kein Durchkommen mehr auf der Straße. Es geschah da etwas, das sie alle anging.

Und doch wußte keiner eigentlich, was. Nur die Dämonen wußten es. Nur die Dämonen erkannten ihn und begehrten, den Schleier ihm vom Gesicht zu reißen, unter dem der Göttliche dahinschritt auf seinem Erdenweg.

Den Menschen blieb er verborgen bis an sein Ende. Wahrhaft unerkannt wandelte er dahin. Dem einen Petrus, dem in einer wunderbaren Stunde vom Himmel her der Schleier gelüftet ward, verdunkelte sich alsbald wieder der Sinn.

Er bleibt verhüllt. Und er hütet sorgsam den Schleier, der Himmlische. Nur die Dämonen erkennen ihn. Nur die Dämonen begleiten sein Erdenwallen als die einzig Wissenden. »Und ließ die Teufel nicht reden. Denn sie kannten ihn.«

Und es kam zu ihm ein Aussätziger / der bat ihn / kniete vor ihm und sprach zu ihm: Willst du / so kannst du mich wohl reinigen. Und es jammerte Jesum / und reckte die Hand aus / rührte ihn an und sprach: Ich will's tun. Sei gereiniget! Und als er so sprach / ging der Aussatz alsbald von ihm / und er ward rein. Und Jesus bedräute ihn und trieb ihn alsbald von sich und sprach zu ihm: Siehe zu / dass du niemand nichts sagest. Sondern gehe hin und zeige dich dem Priester und opfre für deine Reinigung / was Mose geboten hat / zum Zeugnis über sie. Er aber / da er hinauskam / hub er an und sagte viel davon und machte die Geschichte ruchbar / also dass er hinfort nicht mehr konnte öffentlich in die Stadt gehen. Sondern er war draussen in den wüsten Örtern / und sie kamen zu ihm von allen Enden.

Welch eine Szene mit dem Aussätzigen, dem Verfluchten, Ausgebannten, Unberührbaren! Er kniet vor ihm nieder, und Christus neigt sich zu dem Verpesteten und rührt ihn mit Händen an. Rührt ihn an und spricht zu ihm, befiehlt der Krankheit, wie man einem Wesen befiehlt.

An nichts wird es so sichtbar wie an den Krankenheilungen, wohin der Weg Gottes sich streckt. Er streckt sich nach dem Menschen, nach der Erde. Das Gottesreich hat ein der Erde zugewandtes Gesicht. Darum ist es ein *kommendes*, ein in die Welt, in unsere Welt hereinkommendes. Dein Reich komme: zu uns! Auf diesem »Kommen« liegt alles Gewicht, daß es ein Kommendes, ein Nahendes, ein uns Zugewandtes ist. Das Antlitz des Heiligen Geistes ist nach dem Weltinneren gewandt. Der Heilige Geist ist der diesseitig werdende und der diesseitig bleibende Gott. Der Fleischwerdende ist die große Diesseitswendung Gottes. Daß diese Wendung ebenso radikal wie total ist, das weist die Heilung der kranken Leiber aus, die den Christusweg täglich, ja stündlich kreuzen.

Das Heil vom Himmel ergreift den Menschen ganz, nicht nur seine Seele, seinen Geist. Ist doch das alles eines und untrennbar. Ist das Fleisch mitgeheilt, so ist die Schöpfung ganz heil geworden. Sie kann nicht sein ohne das geheilte Fleisch. Denn keine Geschichte auf Erden geschieht, es sei denn im Fleisch. Daß es immer Menschen von Fleisch und Blut sind, das ist es, was der Geschichte den »blutigen« Ernst ihrer Wirklichkeit gibt. Im Fleisch der Kreatur ist auch die gesamte Geschichtswelt mit hinübergenommen in das Gottesreich.

Daß Gott Fleisch ward, heißt, daß der Zwiespalt bis in die untersten Schlünde des Kosmos hinab ausgeräumt wird, daß der Schöpfungsleib ohne Rest und ganz ausgeheilt wird, daß Gott alles in allem auch im *Fleische des Leibes* sein will.

Christus heilt den kranken Leib. Daß wir den Leib nicht verachten! Im Menschenleibe ist die ganze Welt enthalten. Er ist ihr Inbegriff, aus Fleisch und Blut gebaut. Er enthält alles, was es in der Welt gibt, vom Himmelsgewölbe und den Sternen an, die er in Stirn und Augen trägt, bis zu den Gärungen und Verwesungen des Abgrunds, die in den niederen Rängen seines Leibes sich anzeigen. Er hat Triebquellen in sich, in denen das Tierreich enthalten ist, und ein Wachsen und Weben in sich, in dem das Gesetz der Pflanze die Fäden im Schlafe zusammenschließt.

Im Leibe aber trägt er das klopfende Herz. Durch seinen Schnittpunkt ziehen die guten und die bösen Geister hindurch, die Teufel aus den Tiefen herauf und die Engel aus den Höhen herab. Sie treten durch die Pforte des Menschen hinaus und werden Geschichte und Schicksal der Welt.

Diese Pforte, dieser Brennpunkt, dieser Inbegriff, gebaut aus Fleisch und Blut und Herz samt Seele und Geist, dieser Weltschlüsselpunkt, das ist der Mensch. Der Mensch, der vergeht wie die Blume auf dem Feld. Und bleibt dennoch die Schöpfungsmitte in all seiner Hinfälligkeit, die Gott sucht, die er heimsucht, gerade und auch im Fleische. Die er heimsucht ganz und ohne Rest, um welches vollkommenen Sieges willen er selbst Fleisch ward.

Das will er sein und mit uns teilen – ganz! Dahinein ist er gezeugt und geboren, eingewebt und geschweißt, und die Hülle soll keiner lüften, in der er uns so nahe ist, solange er im »Fleisch« unter uns wandelt. Unausdenkbar, was geschähe, wenn die Menschen entdeckten, was in der Hülle verborgen in ihres Fleisches Mitte steht! Die Rasenden würden den Gott zerreißen und verschlingen. Die Verdurstenden würden die Quelle, die sie nährt, in ihrer Gier zertreten. Die Flamme, die ihnen leuchtet, würden die Feuerholenden mit den nackten Fingern ersticken. Denn die ewige Liebe selbst ist es, die sich verbirgt im »Fleisch«. Daß sie uns nahe sei, so nahe als nur irgend möglich, daß sie uns berühre und heile *ganz*, das macht es, daß sie sich mit uns unter die gleiche Decke streckte, die »irdisch Fleisch« heißt.

Ist jedes Wunder ein Lüften der Decke, so folgt fast jedem Wunder die Bedrohung zu schweigen. Als sei nichts Sonderliches geschehen, soll der Aussätzige sich der Behörde stellen.

Der aber kann nicht schweigen. Sein Herz strömt über. Er ist ein Neuer geworden am Leib und an der Seele.

Und über etliche Tage ging er wiederum nach Kapernaum. Und es ward ruchbar / dass er im Hause war. Und alsbald versammelten sich viele / also dass sie nicht Raum hatten auch draussen vor der Tür. Und er sagte ihnen das Wort. Und es kamen etliche zu ihm / die brachten einen Gichtbrüchigen / von vieren getragen. Und da sie nicht konnten zu ihm kommen vor dem Volk / deckten sie das Dach auf / da er war / und gruben's auf und liessen das Bette hernieder / da der Gichtbrüchige innen lag. Da aber Jesus ihren Glauben sah / sprach er zu dem Gichtbrüchigen: Mein Sohn / deine Sünden sind dir vergeben. Es waren aber etliche Schriftgelehrte / die sassen allda und gedachten in ihrem Herzen: Wie redet dieser solche Gotteslästerung? Wer kann

Sünden vergeben / denn allein Gott? Und Jesus erkannte alsbald in seinem Geist / dass sie also gedachten bei sich selbst / und sprach zu ihnen: Was gedenket ihr solches in eurem Herzen? Welches ist leichter / zu dem Gichtbrüchigen zu sagen: Dir sind deine Sünden vergeben / oder: Stehe auf / nimm dein Bett und wandle? Auf dass ihr aber wisset / dass des Menschen Sohn Macht hat zu vergeben die Sünden auf Erden (sprach er zu dem Gichtbrüchigen): Ich sage dir / stehe auf / nimm dein Bett und gehe heim! Und alsbald stund er auf / nahm sein Bett und ging hinaus vor allen / also dass sie sich alle entsetzten und priesen Gott und sprachen: Wir haben solches noch nie gesehen.

Er kann sich nicht mehr öffentlich zeigen. In der Einsamkeit der Berge verbirgt er sich. Aber kaum taucht das Gerücht auf, daß er wieder da sei, beginnt das Volk wieder zu wandern, ihm nach.

Er ist in einem Hause in der Stadt am See, und die Menschen stehen bis hinaus auf die Straße. Er sagt den ganz und gar Hingenommenen, es stehe das Königreich der Himmel auf dieser Erde nahe bevor.

Da wird das Dach abgedeckt zu seinen Häupten, und an Stricken schwebt ein Bett mit einem kranken Manne herein und setzt vor seinen Füßen auf. Und nun geschieht etwas, was wider alle Annahme war. Wider des Mannes, der Schriftgelehrten und unsere eigene Annahme. Es geschieht, gestehen wir, etwas tief Enttäuschendes. Ein jeder wartet jetzt, daß er den Kranken wandeln heiße. Aber es geschieht nichts. Christus sagt nur etwas. Er sagt ihm, daß ihm seine »Sünden« »vergeben« seien. Und eben hier müssen wir innehalten. Denn hier ist etwas Außerordentliches im Gange.

Freilich sieht es zuerst ganz und gar nicht so aus. »Sündenvergebung« war für die Damaligen eine ebenso geläufige religiöse Redewendung wie für uns Heutige. Die Welt vor Christus kannte sehr wohl Sündenvergebung: durch das Judentum. Man kann die Religion der Psalmen geradezu ein Leben aus der Sündenvergebung nennen. »Vergib mir alle meine Sünde«, fleht der Psalmist im 25. Psalm. »Ich sprach: Ich will dem Herrn meine Übertretungen bekennen. Da vergabst du mir die Missetat meiner Sünde.«[42] Das aber geschieht aus der Barmherzigkeit, die Gott mit seiner hinfälligen Kreatur hat. Kein Mittler ist nötig. Die Vaterliebe Gottes ist Grund genug. »Er aber war barmherzig und vergab die Missetat.«[43] Auch die Seligkeit des Losgesprochenen, des mit Gott ins reine Gekommenen, kennt der Psalmenfromme. Es ist der Lobespsalm gerade die Danksagung dessen, der die Vatergüte des grundlos Liebenden und Vergebenden erfuhr. »Lobe den Herrn, meine Seele, und vergiß nicht, was er dir Gutes getan hat. Der dir alle deine Sünde vergibt. Barmherzig und gnädig ist der Herr, geduldig und von großer Güte. Er handelt nicht mit uns nach unseren Sünden. Wie sich ein Vater über Kinder erbarmt, so erbarmt sich der Herr über die, so ihn fürchten.«[44] Es ist dies eine Gestalt natürlicher Frömmigkeit, wie sie in allen Religionen mit einem tiefen Tone anklingt, die etwas von der Liebe der Vatergottheit wissen. In der Religion der Psalmen hat sie sich nur zu ihrem klarsten Ausdruck erhoben. Christus steht in dieser Überlieferung. Aus ihr stammt vieles, was man seine »Lehre« nennt. Vieles in ihr ist jene natürliche Sittlichkeit, wie sie dem Heiden ins Herz als »natürliches Recht« (Luther) und dem Volk Israel schwarz auf weiß in Schrift und Siegel gegeben ward. Er lehrt uns beten: »Und vergib uns unsere Schuld, wie wir vergeben unsern Schuldigern.« Die Sündenvergebung ist also etwas, was der Mensch Gott gleich tun kann und soll. Christus setzt diese Sündenvergebung, von der die natürliche Religion weiß, nicht außer Kraft. Er löst das Gesetz nicht auf. Das Neue, das er bringt, bringt er nicht nach menschlicher Art, die nur durch Auflösung, durch Revolution hindurch Neues zu setzen vermag. Er bringt das Neue durch Verwandlung des Alten. Das heißt, er bringt es durch einen Schöpfungsakt, der am Alten vollzogen wird. Weder durch »Entwicklung« noch durch »Umsturz« geht es bei ihm, sondern durch *Schöpfung*.

Die Sündenvergebung der alten Welt verdichtet sich unmittelbar vor dem Tor der neuen in einer eindrucksvollen Handlung noch einmal: in der Taufe des Johannes. Sie ist die Taufe »zur Vergebung der Sünden.« Und es geschieht, daß sich der Gottessohn unter diese Taufe bückt. Es geschieht das Unfaßliche zu des Täufers eigenem Erstaunen. Christus geht durch dieses uralte Natursakrament hindurch, das zugleich aus jüdischer wie heidnischer Wurzel dunkel hervorwuchs, und gibt dem Wünschen, das sein Kult ausdrückte, die Erfüllung. Es war das Wünschen der Kreatur, im Taufakt – in der Sprache des Alten Testaments: die »ganze Gerechtigkeit«, in der heidnischen Kultsprache: die »neue Geburt« – zu erlangen. Darum verstand der alte Kult in seinen tiefsten Ausprägungen die Taufe als eine Tauche in den Tod. Darum kannte er auch die Taufe mit Blut. Christus läßt sich mit der Sündertaufe taufen. In ihm bückt sich Gott selbst unter die Sündertaufe. Wo Gott selbst zur Taufe ging, da war die »ganze Gerechtigkeit« erfüllt, da war »neue Geburt« erst wahrhaft möglich geworden. Da mußte das Wünschen des Mythos hinter dem lebendigen Gotte selbst her unwiderstehbar hindurchbrechen zur Erfüllung.

Das Mysterium der Verwandlung, das hier anhebt, deutet der Täufer an mit dem Ausspruch, daß der, der nach ihm komme und vor ihm gewesen sei, »mit Geist und mit Feuer« taufen werde. Der Geist aber ist der Schöpfer und das Feuer die Kraft der schöpferlichen Wandlung, die im Schmelzungsvorgange zugleich zu läutern und zu klären vermag.

Wir sind hier ganz nahe an das Außerordentliche herangerückt, das in jenem Augenblick im Gange war. Es wird nicht ausgesagt. Es ist in keiner Weise lehrbar. Es muß dem, was da *geschieht*, unmittelbar abgelesen werden. Genau so, wie es nur wieder ein Geschehen werden kann, wie es sich geschehend allein fortzeugt. Das aber ist die Sache selbst, um die es im Evangelium geht, um dieses lebenzeugende Leben aus dem Himmel.

Die Sündenvergebung der Gottvaterreligion kann gelehrt werden. Ja, sie kann befohlen werden. Denn sie ist nichts anderes als eine Änderung der Gesinnung. Der vergebende Gott ändert seine Gesinnung gegen den Menschen, und der vergebende Mensch ändert seine Gesinnung gegen den Mitmenschen. »Und erbarmte sich und wandte seinen Zorn.« Das ist und bleibt ein Großes, unter Gott und Menschen getan. Und es sei ferne, zu tun, als sei diese Sündenvergebung der vorchristlichen Frömmigkeit »aufgelöst« und nichts mehr nütze. Wir Menschen könnten ohne sie unseren menschlichen Tag nicht eine Stunde lang leben.

Das aber ist es, worum es jetzt und hier geht: daß da etwas *geschieht*. Und zwar nicht nur »geistig« in der »Innerlichkeit«, sondern total, an der Welt. Daß hier etwas *göttlich* geschieht, daß es *ganz* geschieht. Nichts anderes will der Umstand besagen, *daß hier neben der Vergebung die Heilung steht, daß hier beides Eines ist*.

Wir sind wirklich schwierige Wesen, wir Menschen. Nicht Gott und sein Evangelium sind schwierig, nein, wir sind es. Bietet man uns

»Lehre«, so schreien wir empört nach dem »Leben«. Stehen wir aber vor dem Leben, so preisen wir begeistert die Lehre. Dann soll mit einem Male alles, was der Christusgemeinde über dem *Leben* von Jesus Christus nach seiner Auferstehung aufging, hinterhergeredete, ausgedachte und hinzugefügte Menschendinge sein? Wir gleichen hier unartigen Kindern, denen es auf keine Weise recht gemacht werden kann.

Was uns in der *Lehre* Christi gesagt wird und was uns so glatt eingeht, ist das gute Alte: Denn es ist dir gesagt, Mensch, was gut ist. Du sollst lieben Gott deinen Herrn von ganzem Herzen und deinen Nächsten als dich selbst. Was ihr wollt, das euch die Leute tun, das tut ihr ihnen. Niemand hat größere Liebe, denn daß er sein Leben lässet für seine Freunde. Es könnte sogar sein, daß das, was wir sittlich nennen, an manchem anderen Orte besser gesagt ist als von ihm.

Aber was da in seinem *Leben gelebt* wird, was da geschieht, darin springt uns das Ungeheure selbst an. Das reißt uns hinein in die große Verwandlung, in das Feuer der Schmelzung und den Schöpfungssturm des Geistes. Nicht in Buchstaben schreibt Gott, sondern im Geschehnis. Nicht mit Tinte, sondern mit Blut. Der Mensch selbst ist der Buchstabe, mit dem er dem Menschen sich deutlich macht. Im Christusleben lebt Gott selbst und in allem, was darin geschieht, geschieht er selbst mit. Die Taufe des Johannes bleibt nun nicht nur eine Beschwörung und eine Prophetie, der Mythos der Heiden nicht nur ein Wünschen und Wissen. Zum Wasser der Tiefe tritt der Geist aus der Höhe, und herauf steigt sie jetzt *wirklich:* die neue Kreatur. Die Vergebung wirkt jetzt nicht mehr nur den versöhnten Sinn. Sie reinigt nicht mehr nur die Gesinnung. Sie stillt nicht mehr nur den Zorn und vergißt nicht mehr nur, was geschehen war. Sie räumt nicht nur aus und wehrt nicht nur ab. Sie wird jetzt Angriff. Ein ungeahnter Strom von Kraft schießt in sie ein und läßt sie auswachsen zum Generalschlag gegen den Bösen selbst. Denn der Böse selbst ist es, der hinter beiden steht, dem Besessenen *und* dem Kranken, dem Sünder *und* dem Gichtbrüchigen.

Ich habe schon immer heimlich bei mir den Verdacht gehegt, daß die Seuchen gar nicht durch bestimmte Mikroben verursacht würden, daß diese vielmehr nur die Vordergrunderscheinung einer hintergründigen Fremdenergie zerstörenden Charakters seien. Was im Körperlichen sich ereignet, ist nur die sichtbare Nachzeichnung jener die Gesamtheit unseres Wesens angreifenden Zerstörung. Die Mikrobenwelt aber ist gleichsam Farbstoff, in den der Kurvenschreiber getaucht ist. Stellt man sich das Grundwesen der Seuche als Energie geistiger Art vor, so läßt sich die lückenlose Ursachsverkettung, in der die Mikrobe als die Urheberin der Krankheit erscheint, erkennen als der lückenlos gewebte Schleier, hinter dem sie sich birgt. Sie läßt keine Masche fallen, damit der forschende Blick an keiner Stelle »dahinter« schaue. So lückenlos ist dieses Gewebe, daß wir es als Ursächlichkeit deuten müssen und unser Erkennen in seinem Netze hängen bleibt, ohne die wahre Ursache dahinter erkennen zu können. Die eben in der Naturwissenschaft aufgebrochene Frage »Kausalität oder Statistik« öffnet den Weg neu zu solcher Wirklichkeitserkenntnis, es gibt Energien jenseits der stofflichen Bindungen. Es gibt *Geist*, schöpferisch frei im Guten *und* im Bösen. Der Ahnung ist kund, was dem Wissen verschlossen ist. Im Berliner medizinischen Viertel ist auf dem Karlsplatz der Kampf mit der Seuche dargestellt als ein Ringen zwischen Mensch und Drachen. Das ist keine »symbolische« Darstellung. Es stellt den unsichtbaren, aber entscheidenden Grundvorgang dar, der dem Evangelium noch das Selbstverständliche war, wenn es berichtet: »Und er half vielen Kranken, die mit mancherlei Seuchen behaftet waren *und* trieb viele Teufel aus.«

»Sünde« und »Krankheit« sind nur Gestalten, in denen der Böse aktiv wird in der Welt und die der Mensch aus eigener Kraft nicht mehr los wird.

»Christus« – das heißt: es wird jetzt durchgegriffen. Durchgegriffen bis in den Raum des versehrten Leibes. Und zwar vom Hauptpunkte her, wo der Böse sitzt. *Die Christusvergebung ist eine Heilung*, eine Wiederherstellung, ein Aufrichten und Geraderücken, das der Welt bis an die tiefste Wurzel geht. In diesem Doppelakt macht er die Wahrheit kund, daß der Menschensohn Macht hat, »die *ganze* Gerechtigkeit« zu erfüllen, auch die dem Leib gilt.

Diese Wahrheit ist es, die in jenem Geschehen unter dem geöffneten Dach unter den Menschen sich sichtbar macht. Nicht ein neues Gesetz, kraft dessen nun jeder Kranke dank der Vergebung seiner Sünden Heilung zu fordern habe. Sondern Wahrheit wird hier sichtbar, in der die »Herrlichkeit Gottes offenbar wird«. Diese Wahrheit sagt uns nicht: Dir geschehe das gleiche. Sie sagt uns: Da schau her! das ist Christus. Darauf läuft's hinaus mit ihm für die ganze Welt. Sie wird uns praktiziert an einem einmaligen, besonderen Beispiel, nämlich dem Beispiel unter dem geöffneten Dach. Praktiziert an einem ersten Exempel, daß es einmal wirklich geschehen sei und gesehen werde, wer *Er* sei und was *sein* Vergeben für eine Wirkung habe in die Tiefe und das Ganze der Schöpfung hinein.

Die Vergebung, die Christus bringt, ist die Verwandlung der Welt. Sündenvergebung, das heißt jetzt: die Schöpfung geht weiter. Die festgefahrene wird jetzt herausgerissen, sie wird wieder flott gemacht, auch wenn einstweilen noch gelitten und gestorben wird. Das heißt jetzt, der Schöpfergeist geht zum dritten Male aus vom Himmel. Er begnügt sich nicht mit der angeblich »besten aller Welten«, mit der sich abzufinden die ängstlichen Philosophen hinter ihren Schreibtischen uns einreden wollen. Er, der kühnste aller Täter, schreitet jetzt zur Vollendung dessen, was er begann. Nun steht neben der Sündenvergebung »Auferstehung des Fleisches« und »ein ewiges Leben«. Das *ist* sie jetzt, die Sündenvergebung, die Christus bringt. Sie *ist* Auferstehung des Fleisches. Sie *ist* die Heilung des Gichtbrüchigen. Seht, das ist meine Macht! Die Macht, die ihr noch nicht kennt. Leibhafte, harte, massive Macht. Die man daran erkennen kann, mit Händen betasten kann, daß sie auch den Leib heilt. Daß sie die Seele samt dem Leib heilt, daß sie den *ganzen* Menschen heilt. Was hier geschieht unter diesem geöffneten Dach, was hier leibhaft im Geschehnis zu einem Beispiel hingestellt wird, ist genau dasselbe, was im Glaubenshymnus der Kirche als letztes und höchstes Werk der vollendeten, der geheilten, der wieder *ganz* gewordenen Schöpfung angebetet wird.

Was hier geschieht unter dem geöffneten Dach, das hat der Psalmist schon prophetisch geahnt: »Der dir alle deine Sünde vergibt *und* heilet alle deine Gebrechen.« In diesem »und«, da steckt das Entscheidende, das Neue Gottes darin. Da steckt das ganze Evangelium darin, welches das große Und Gottes ist, in dem er Himmel *und* Erde zusammenbringt und sein Geschöpf Mensch, das sich so übel mitgespielt hat, wieder heil macht. Sie haben recht, die Schriftgelehrten, nur zu recht, die da sagen in ihrem Herzen, daß nur Gott Macht habe, die Sünden zu vergeben. Denn *dieses* Vergeben, das hier geübt wird, ist allerdings nur Gott selbst zu Händen. Und die Menschenmenge in ihrer Einfalt sagt wahr, weit über ihr Verstehen hinaus, sagt wahr für die Geschlechter aller Zeiten: »Wir haben solches noch nie gesehen.«

Und er ging wiederum hinaus an das Meer. Und alles Volk kam zu ihm und er lehrte sie. Und da Jesus vorüberging / sah er Levi / den Sohn des Alphäus / am Zoll sitzen und sprach zu ihm: Folge mir nach! Und er stund auf und folgte ihm nach. Und es begab sich / da er zu Tische sass in seinem Hause / setzten sich viel Zöllner und Sünder zu Tisch mit Jesu und seinen Jüngern. Denn ihrer waren viele / die ihm nachfolgeten. Und die Schriftgelehrten und Pharisäer / da sie sahen / dass er mit den Zöllnern und Sündern ass / sprachen sie zu seinen Jüngern: Warum isset und trinket er mit den Zöllnern und Sündern? Da das Jesus hörte / sprach er zu ihnen: Die Starken bedürfen keines Arztes / sondern die Kranken. Ich bin kommen / zu rufen die Sünder zur Busse / und nicht die Gerechten.

Welch eine Zumutung, dieser Ruf, der den Matthäus trifft, mitten in seinem Arbeitstag! Welch ein Entschluß, die Entscheidung! Und doch kann dem Manne nichts Größeres geschehen als der Ruf zur Entscheidung. Er konnte sagen, daß er zu »bescheiden« sei und zu solcher Nachfolge nicht berufen. Er konnte sein »Gewissen« vorwenden und sagen, es gestatte ihm nicht, aus seiner Arbeit zu laufen. Er konnte auch sagen, daß es ihm seine »innere Wahrhaftigkeit« nicht erlaube, dem zu glauben, der das Gottesreich für herbeigekommen halte und sich selbst göttliche Macht zumesse. Er konnte das alles und noch vieles mehr. Aber dann ging er der Entscheidung verlustig, die sein Leben löste aus *seiner* Arbeit und *seinem* Gewissen und *seiner* Wahrhaftigkeit und *seiner* Überzeugung; die ihn nachfolgen hieß einem anderen, die ihn zum Dienenden machte an einem Größeren, die ihn löste aus der Selbstumkreisung der eigenen Mitte und ihn öffnete zur Hingabe, groß und ganz.

»Und er stund auf und folgte ihm nach.« Der Zweifel ist des Mannes ärgster Feind. Den Faulen meidet er, nur den Kämpfer fällt er an, und da immer den besten.

O kostbares Geschenk, das Geschenk der Entscheidung! Sie nun alle hinter sich getan haben, die überzeugenden, triftigen Entschuldigungen, die ehrbaren Rechtfertigungen, die holden Selbsttäuschungen, die ganze, so verführerische Metaphysik des Skeptikers und aufgeklärten Mannes! Was für ein armes Leben, das Leben der zwiespältigen Herzen! Dieses Vor- und wieder Zurücklaufen; dieses Probieren und Schmecken und wieder Beiseiteschieben und am Ende erkennen, daß man sich im Kreise um sich selbst gedreht habe! Wie läppisch, den Weg, der dir gewiesen, nur für falsch zu halten; dann aber auch keinen anderen zu beschreiten, weil man keinen weiß, in Wirklichkeit aber sich weitertreiben zu lassen auf einem Weg, dessen Ziel man gar nicht kennt.

Ja oder nein zu sagen ist der Sinn deines Daseins. Darum bist du Mensch geboren. Darin bist du frei. Schändlich aber, am Ende zu erkennen, daß man seine Ehre verlor, weil man einst nicht den Mut zum Entschlusse fand.

O edler Mut zum Kampfe! O kostbare Gabe der Entschließung!

Nun sind die Würfel gefallen. Nun ist es gewagt bis in alle Ewigkeit hinaus. Denn dieser Entschluß ist eine Entscheidung in die Ewigkeit hinaus.

Diese Entscheidung, die dort in *diesem* Manne auf der Straße an dir vorübergeht.

Nun gewinnst du die Einfalt. Der Weg gibt sie dir. In Gedanken kannst du spielen mit den Wegen. Da kannst du zwei und drei zu gleicher Zeit gehen. Aber jetzt in der Entschließung kannst du nur einen gehen; und das ist es, was dich einfältig und vom Zweifel losmacht. Das Herz, das sich für den Weg entschlossen hat, empfängt vom Wege Richtung. Denn der Weg, für den es sich entschloß, kann nur *einer* sein, will er überhaupt ein Weg sein, nicht nur eine Philosophie oder Anschauung. Er kann nur *einer* sein, wie auch sein Ziel nur eines sein kann.

Ein Weg aber wird er, indem er beschritten wird. Indem der Wanderer jetzt den Fuß auf ihn setzt, merkt er, wie der Weg jetzt Macht über ihn bekommt. Er merkt jetzt, wie der Weg auf einmal sein Herr wird, der ihm sein Schicksal bringt.

Es gilt heute, eine neue Zucht zu gewinnen, eine neue Härte der Seele zurückzugewinnen.

Eine neue Zucht, sage ich, eine neue Nüchternheit, eine neue Wachsamkeit. Auch die Seele kann ihren Weg nicht finden ohne die Tugenden des Kriegers.

Der Sinn des Weges ist sein Ziel. Davon lebt er; das ist die ungeheure Saugkraft, die alles mit sich reißt, was seine Röhre füllt. Es ist der Sinn des Weges, ebenso des niedersten Lebewesens wie der ganzen Völkerwelt. Nur der Wahnsinnige läuft um des Laufens willen.

Noch ferne sein heißt noch wenig vom Ziel, und nahe sein heißt viel vom Ziel unter den Füßen haben. Je näher am Ziel, desto mächtiger wird seine Strahlkraft; desto mächtiger saugt es an sich heran. Auf dem Wege sein heißt: wachsen, sich auffüllen aus dem Ziel, das noch Geheimnis ist.

Man kommt nur zum Ziel, wenn man sich dem Weg unterwirft, wenn man sich hineinschickt in die schmale, enge Schlucht, gleichsam in den Tunnel, den er durch die Grenzenlosigkeit hindurchbohrt. Der Weg überwindet den grenzenlosen Raum, indem er ihn mitten durch-schneidet. Man kommt nur zum Ziel, wenn man sich diesem Gesetz des Weges unterwirft. Diesem Verzicht auf das Rechts und Links, auf das Hinausschweifen in das Gelände. Der Weg ist eine Fessel, die zuerst bindet, und eine Schleuder, die uns dann packt und vom Ort unseres Anfangs in das Ziel hineinschießt. Du bist Kugel und wirst geschossen. Du wirst mit dem Pulver zusammen in die Explosionskammer eingeschlossen und mußt die Führung dulden, die dir das Rohr gibt, willst du zum Ziele gelangen. Das Gesetz des Weges ist unerbittlich. Welch ein Unterschied zwischen einer Kugel, die ruht, und einer, die auf dem Wege zu ihrer Bestimmung ist! Eine Kugel, die ruht, ist wie der Stein, auf den sie hingelegt ward: tot, ein Nichts ohne Bestimmung. Aber die Kugel, die unterwegs zum Ziele ist! Sie ist schon ein Verwandeltes. Sie ist nicht mehr nur Kugel. Sie ist ganz stürmende Leidenschaft, dem Ziele entgegen. Sie ist nicht mehr nur Kugel, sie ist ein anderes Wesen. Sie ist ein Gefährt, beladen mit Schicksal, mit ungeborenem Geschehnis, das sie wirken wird, angelangt am Ziel ihrer Bestimmung. Sie ist vom Ziel her schon ergriffen. Sie ist im Sturm ihres Dahinjagens schon im Vorschmack der Vereinigung mit dem Ziel; der Wollust, ihre Bestimmung zu erfüllen, diesem Zwang nicht mehr ausweichen zu können, sondern ganz und gar Erfüllung sein zu wollen, zu müssen, zu werden.

Der Weg aber hat die Kraft, dem Wanderer Einfalt zu verleihen allein darin, daß sein Ziel das *eine*, ausschließliche letzte Ziel hinter allen Zielen ist. Würde es nur ein vorläufiges Ziel sein – und sei es noch so hehr, wie nur irgendeins auf dieser Erde –, so würde es nicht die Macht haben, die große Einfachheit dem Wanderer zu geben, die ihm die Entscheidung in die Ewigkeit hinaus, hinein in das Ziel aller Ziele gibt. Das aber verleiht der Weg, der nichts anderes als die Fußspur des Gottessohnes ist und der aufhört, ein Weg zu sein, einen

Fußbreit jenseits dieser Fußspur Gottes. In dieser Strenge liegt das Geheimnis seiner Einfachheit; in dieser Strenge, die Treue zum Weg ist. Sie ist die göttliche Einfachheit, die sancta simplicitas, die Einfalt des Herzens, das durch die Vielfalt aller Ziele dieses Erdenlebens hindurch auf das *eine* Ziel zielt.

Also sich zu diesem Wege entschließen, macht das Herz einfach. Auf ihm schreiten aber kannst du nicht ohne Reinheit.

Reinheit! Die Reinheit des hinter dem Sohne Einherschreitenden ist nicht Sündlosigkeit.

Die Reinheit, die eine Schwester der Einfalt ist und ohne die es kein Beschreiten des Weges hinter dem Sohne her gibt, ist die *Reinheit der Sehnsucht*. Die Reinheit, die durch Schuld und Fehle hindurch, durch Irrweg und Erschöpfung hindurch das Ziel will. Ist die Lauterkeit der Sehnsucht, die durch alle Notdürfte dieses Leibes, durch alle Zwangsläufe des Schicksals hindurch, durch die ganze wilde Wirrnis dieser Welt hindurch nicht locker läßt, immer glühender und glühender wird von Sehnsucht nach dem Ziel und Treue bewahrt.

Die Reinheit des einfältigen Herzens ist seine Treue. Sie ist die Lauterkeit des unbestechbaren Herzens, das durch keinen Hintergedanken, durch keine Nebenabsicht zerspalten, an dem einen Ziele hängt. Sie ist eine Treue ganz besonderer Art. Sie ist die Treue der Sehnsüchtigen, der Hüter des verborgenen Wunsches der Kreatur. Die Reinheit des Herzens, die der Talisman der Wanderer ist, das ist die Reinheit der Empfindung, in der auch der verlorene Sohn noch rein bleibt, bis zur untersten Stufe der Erniedrigung am Trog. Nämlich der Empfindung der Sehnsucht nach dem Vaterhause.

In dieser Sehnsucht sucht mich am Trog der Vater heim. Sie ist der letzte Rest meines Adels, der mir sagt, woher ich komme. Der mir sagt, daß mein Ziel auch mein Ursprung ist, den wiederzusehen, dem Aug in Auge gegenüberzustehen, meine Sehnsucht sucht.

Diese Sehnsucht des Wünschenden ist der letzte Laut, der sich dem versinkenden Ebenbild in seiner Verlorenheit noch entrafft.

Und eben um dieser Reinheit willen ruft Christus den Geld- und Weltmann hinter seinem Banktisch hervor in seine Nachfolge. Denn diese Reinheit ist eine ungeheure Kraft. Sie ist Kraft, die nicht aus dem Willen strömt. Solche Kraft besaßen die Pharisäer, die Führer der größten Willensreligion, die die Welt je sah, des Gesetzesjudentums. Sie ist Kraft, die noch aus der Schöpfung selbst quillt, Urkraft jenseits des Willens, des bewußten Daseins. Urkraft, die nicht aus dem »Ich-will« entspringt, sondern aus dem »Ich-bin«. Ich bin Gottes Geschaffener! Ich bin sein Ebenbild, wie sehr auch immer versehrt! Ich bin's! Ich bin's!

Christus hat eine wunderbar feine Ironie im Umgang mit Menschen. Eine gütige, eine durch und durch humorige Ironie. Er kann die Gegner einfach zusammenlächeln, zu Boden lächeln. Er lächelt sie hier einfach über den Haufen, die feierlichen, gestiefelten und gespornten Geistesritter vom Gesetz. Ja, ihr habt das Ebenbild! Ihr seid es selbst! Ihr Starken! Ihr Gesunden! Er lächelt nur. Er sagt kein Wort darüber hinaus. Kein Bekehrungsversuch! Keine Entrüstung!

Und wie er da die Pharisäer in Harnisch geraten sieht, wie sie sich so stark vorkommen in ihrer Gottähnlichkeit, da geht ihm sein großes Herze auf in Liebe für die anderen. Ihm, dem allein Starken und Gesunden, der Überfluß hat und sich gerne neigt dem, der nicht hat. Denn es ist recht so, daß der Schwache das Starke verehrt, der Starke aber ritterlich den Schwachen sucht. So sei es denn, lächelt er zu den »Starken« hinüber: Für die »Schwachen«, die »Kranken«, die »Sünder«, wenn ihr so wollt, bin ich gekommen.

Vor diesem Lächeln zerbrechen die ehernen Tafeln der alten Welt. Eine neue Ordnung der Werte steigt auf. Hier wägt die ewige Hand. Und da wird gewogen und zu leicht befunden. Da werden die ersten die letzten. Und die letzten die ersten. Eben gerade darum geht es nicht, um das Starksein oder Zuschwachsein, um das, was wir so nennen. Gottes Interesse uns Menschen gegenüber liegt an einem anderen Punkt. Es liegt jenseits von »stark« und »schwach«. Es liegt – und dies mit einer alle Sentiments der Starken und Ressentiments der Schwachen beiseite lassenden Sachlichkeit – dort, wo wir alle, die Starken und die Schwachen, seiner Hilfe, ja seiner und nur seiner Hilfe bedürfen.

Wir stehen hier an einer Stelle, an der die Sache des Evangeliums sich mit ungewöhnlicher Klarheit herausschält. Wir erkennen es an dem, was bei Christus fehlt: die Sünderpredigt. Es fehlt nicht die Strafpredigt, die der Richter der Welt seinen Feinden entgegenschleudert. Es fehlt nicht das – Wehe euch, Pharisäer! Das – Wehe dir, Chorazim und Bethsaida! Das – Wehe dir, Jerusalem! Aber dieses eine fehlt, die Sünderpredigt. Was Sünde sei, das ist bei ihm nur gelegentlich zu erfahren. Die Sünderpredigt gehört in die vorchristliche Welt, in die Welt des Propheten und des Täufers. Sie wird vorausgesetzt als das Selbstverständliche, was zuvor geschehen sein muß und worin außer Zweifel gestellt wurde, was damit gemeint war an harter, übermächtiger, unleugbarer, jedem Menschen guten Willens einsichtiger Erfahrung seiner selbst.

Mit Christus tritt ein radikal Neues in diese Welt, in der Johannes die Sünderpredigt tat. Es ist der Geist, der jetzt in sie ausgeht, und das Gottesreich, das herbeikommt. Die Erfahrung, die die Menschenwelt mit sich gemacht hat und deren stärkster Ausdruck die Sünderpredigt ist, muß zu ihrem Ende gekommen sein. Jetzt setzt die Wendung ein. Ohne Vorrede und Vorspiele. Die waren im Alten Testament der Juden und im Mythos der Heiden alle ausgeredet und zu Ende gespielt. Jetzt setzt die Wendung ein, hart, unmittelbar, radikal. Jesus Christus ist der Heiland der Welt. In diesem Worte »Heiland« ist gesagt, worin die Wendung besteht. »Christus« – das heißt: *Es setzt jetzt die Hilfe selbst ein.* Es setzt jetzt die große Verwandlung ein, die Heilung heißt. Darum deckt er nicht die Sünde auf. Die liegt schon offen da. Darum beweist er nicht das Dasein des Teufels: Nein! Das Zubodenschlagen, wo er ihn findet, ist seine Sache. Er heilt die Wunde, wo er sie sieht. Das ist sein Amt. Nicht der Täufer, sondern der Heiland zu sein! Hier geht die feine und scharfe Linie hindurch, die die Welt der vom Weibe Geborenen von der Welt trennt, in der die von Gott Geborenen aufstehen, deren Kleinster größer ist als der Größte in jener anderen. Diese feine und scharfe Linie muß man sehr genau ins Auge bekommen, will man die Sache erkennen, um die es im Evangelium geht. »Buße« und »Vergebung« sind Worte aus der Welt des Täufers. In der Welt des Sohnes Gottes gebraucht, werden sie andere. Die »metanoia«, die »Buße«, ist hier nicht weniger als die Geburt des neuen Menschen selbst und die Vergebung der Anbruch der großen Verwandlung, die den Kosmos bis in den Stoff hinein erlöst. Mit andern Worten: Buße und Vergebung fallen bei Christus eigentlich in eins zusammen. Sie sind nur noch Hülsen, denen das Gottesreich bereits unmittelbar selbst entkeimt.

Selbstverständlich hängt mit *Selbstverständnis* zusammen. Im Ursinn »selbstverständlich« steckt also das Verständnis des Menschen von sich selber. Sein Selbstverständnis ist also das Selbstverständliche. Das Selbstverständliche, das Christus voraussetzt, ist: daß es mit dem

Menschen nicht stimme und daß der Mensch sich selbst nicht in den ewigen Einklang zurückbringen könne. Hier an dieser Stelle taucht der große Gegenspieler des Sohnes Gottes auf, der Pharisäer. Er ist deshalb sein Feind, weil er der Feind dieser Wahrheit vom Menschen ist. Der Pharisäer bringt das Antievangelium, nach dem der Mensch sein eigener Heiland sein könne.

Es sind da also in der Welt vor Christus zweierlei Weisen des menschlichen Selbstverständnisses. Das Selbstverständnis des Pharisäers ist die klassische Form jüdischer Religion. Und das Selbstverständnis des Zöllners die Frucht der Selbsterfahrung des heidnischen Menschen. Hier rühren wir an den tiefsten Grund, um des willen Christus von den Juden abgelehnt und von den Heiden angenommen wird. Die Not, in die das Evangelium steigend in der Welt kommt, gründet in dem Fortschritt des jüdischen Selbstverständnisses, des Pharisäismus in den Völkern der Welt. In dem Maße, als die Seele eines Volkes pharisäisch wird, muß sie Christus ablehnen. Sie spricht mit dem Pharisäer: Gott, ich danke dir, daß ich nicht bin wie dieser da, der einen Christus braucht. Ist der Pharisäer in der »Welt diesseits von Christus« ein Typus von überragender Eindrucksgewalt gewesen und geblieben, so steht hinter dem Zöllner auch nichts Geringes an Seelengewalt. Der Genius des Heidentums bezeugt das Selbstverständnis des Zöllners. Er tut dies nicht zuletzt in den Mythen der Germanen, in ihren Weltendsmythen, in der Erkenntnis des parsistischen Mythos vom Dasein des Bösen, vom Weltschicksal, das im Kampf zwischen der guten und der bösen Macht entschieden werde. Man denke an die erhabene Traurigkeit des griechischen Göttergläubigen, die Nietzsche zu ihrem unverdächtigen Wiederentdecker unter uns hat; und an die Tatsache des Opfers, in der die ganze vorchristliche Religionswelt bekennt, daß nur durch Blut, und zwar durch das Blut des Gottes selbst, das Wirrsal gebändigt, der Zorn beschworen, der Frevel gesühnt und die Hölle gebannt werde. Kann es eine tiefere Melancholie geben als das buddhistische Bekenntnis vom Leben, das Leiden sei, oder die platonische Überzeugung, daß der sterbliche Mensch nicht im Wesen, sondern im Schein lebe?

Die Erfahrung, daß etwas in den Fundamenten nicht stimme, war eine Grunderfahrung der Welt vor Christus. Sie kommt in dieser Erfahrung überein von allen entgegengesetzten Punkten ihrer inneren Welt, sei es Philosophie oder Mysterienkult, sei es der Opferritus oder der Mythos, sei es der archaische Mensch oder die Antike, sei es Asien oder Europa. Diese Erfahrung ist tatsächlich das *Selbstverständliche* für sie. Es ist so selbstverständlich, daß man erst spät in die Reflexion »darüber« eintritt und diese Erfahrung darlebt in der kultischen Lebensgestalt.

Immer wieder sind es bestimmte Stellen des Menschendaseins, an denen diese Erfahrung, einer Stichflamme gleich, aufbrennt und alles um sie her zu Boden wirft. Eine dieser Stellen ist die Krankheit. Daß der Mensch ihr unterworfen sei, in der heimlich verpuppt immer schon der Tod lauert, bleibt ein unlösbares Rätsel. In der alten Welt hat daher die Schlange ihr unheimliches Schillern. Sie ist zugleich Heils- wie Unheilszeichen. Dieses Preisgegebensein des Menschen zwischen einem gewissen Unheil und einem ungewissen Heil ist es, das sein Dasein in jene Rätselhaftigkeit eintaucht. Wir reden in diesem Zusammenhang vom Zufalle. Auch wir wehren uns dagegen, daß der Zufall ein Wesentliches unseres Daseins bedeute. Vor einiger Zeit wies ich in einem Brief an einen Freund auf dieses Merkmal unserer Existenz hin. Worauf er mir schrieb, man dürfe doch dem Zufall nicht diese Rolle eines Gottes in der Welt zuerkennen. Doch ohnmächtig bleibt alle unsere Entrüstung. Denn so, wie wir unser Leben erfahren, müssen wir auch unser Dasein in dieser Preisgegebenheit erkennen. So hart es uns ankommt, vor diesem Gesichte standzuhalten – es ist die Erfahrung, die überall und zu allen Zeiten in tausendfältiger Einzelheit immer wieder neu gemacht wird. Ein sinnloses Geschehen kann die Macht haben, ein Menschenleben auszulöschen. Wenn man in das Leben hineinschaut, etwa als Seelsorger, so steht man immer wieder vor Fällen, die einem den Hals zuschnüren, wo jedes Trostwort einem als Vermessenheit erscheint und einem nichts anderes übrigbleibt als die stumme, teilnehmende Träne. Ich denke da an einen mir bekannten Bürgermeister, den befähigtsten Mann des ganzen Kreises, der mitten aus bedeutsamen Unternehmungen heraus mußte, weil er am Stich einer Wespe, die er beim Trinken verschluckt hatte, erstickte. Ich denke an das, was im Kriege geschehen ist. Wieviel unerblühte Menschenleben sind da nicht mitten im ersten Sproß geknickt. Im ersten Sproß ihres Lebens, ihrer Liebe, ihrer Ehe, ihres Werkes! Ich denke an die stolzen Völker und die großen Reiche, die geendet haben in Fäulnis oder Gewalttat, in Vermessenheit oder Selbstmord. Ich denke da an die Völkerwanderung: ein Wandern, niemand weiß, woher und wohin, und ein Töten und Sterben, niemand weiß, warum und wozu. Damit Leben sei, welches der Tod nur immer wieder verschlinge? Welch eine Preisgegebenheit der Kreatur Mensch! Ich bin gerade von hier aus so mißtrauisch geworden gegen alle Geschichtsphilosophie und Romandichtung des Menschen, in welchen er ebenso ergreifend wie vergeblich um eine Sinngebung ringt, nämlich dann, wenn es vorüber ist, wenn der Abstand der Entfernung, wenn das Außer-Schußweite-Sein uns erlaubt, die Dinge nicht mehr so ernst zu nehmen, wie sie sind, wenn sie über uns gehen.

Es muß dasselbe gewesen sein, was Christus erlebt hat, wenn er, von diesem Rätsel, einem Tiger gleich, angesprungen wurde im Anblick von Krankheit und Tod. Wir finden bei ihm nirgends den Versuch einer Sinngebung *hinterher*. Für ihn ist Krankheit und Tod der Anlaß, das Schwert unmittelbar hindurchzustoßen gegen den, den er dahinter weiß. Darum vergibt er dem Gichtbrüchigen, bevor er ihn heilt. Es gibt nur diese beiden Möglichkeiten im Anblick des Daseinsrätsels, entweder da hindurchzustoßen mit dem Schwert, wie es der tat, der Macht dazu hatte; oder es auszusagen klar und ungefärbt und dann zu erschauern und zu verstummen. Diese Aussage der vorchristlichen Welt ist in der antiken Tragödie auf uns gekommen, wie sie Äschylos und Sophokles schrieb. Diese Tragödien sind ja nicht Literatur in unserem Sinne, sie sind Aussagen des Menschen von sich selbst in der unmittelbarsten Form der kultischen Feier eines ganzen Volkes. Sie sind Kultspiele zu Ehren des Heros, der sich opfert. Hier öffnet sich mit einem Spalt der Hintergrund. Das Rätsel wächst aus einem Frevel. Er ist der Ursprung der großen Störung.[45]

In der Welt nach Christus wächst der Mut, das Geheimnis des Frevels als *Schuld* zu erkennen. Shakespeare, an der Grenze von christlichem Mittelalter und der aufgeklärten »Neuen Zeit«, gibt dieser Erkenntnis – selbst nicht Christ – den klassischen Ausdruck des ganzen Jahrtausends. Das, was ihn bewegt als Vorchrist, ist die Erkenntnis, daß dieser Frevel schuld sei, darin das Rätsel nicht lösend, vielmehr es erst recht verdichtend!

Wie gewaltig dieses Bewußtsein »diesseits von Christus« auch heute noch in einem edlen, ursprünglichen und starken Menschen aufstehen kann, beweist das Schicksal des berühmten Spitzbergenforschers Sven Lundbergh. Eines Tages war seine Expedition von einem

Schneesturm überfallen worden. Die beiden Jäger Hedmann und Steffens wurden in einem schwachen Boot durch den aufgewühlten Fjord vom Sturm in das offene Meer hinausgetrieben. Das hieß: dem sicheren Tode entgegen. An demselben Tage war ein Funkspruch aus der Heimat eingegangen, der Lundbergh völlig unerwartet den Tod seiner Braut meldete.

Lundbergh begab sich mit dem kleinen Motorboot seiner Expedition auf die Suche nach den Jägern. Fünf Tage lang suchte er. Unzählige Signalschüsse waren abgefeuert, unzählige Feuerzeichen auf den Klippen abgebrannt worden. Die Jäger blieben verschollen.

Vier Jahre später fand man die Skelette der beiden, unter einem Haufen Steine das Tagebuch der beiden mit den Aufzeichnungen ihrer letzten Stunden. Sie hatten Lundbergh vorbeifahren sehen und mit letzten Kräften ein Signalfeuer entzündet. Im Tagebuch stand diese Zeile: »Wir hatten uns so gefreut, aber er ist vorbeigefahren.« Lundbergh geriet in eine furchtbare Erregung bei dieser Nachricht. Aber das Tagebuch erwies sich als echt und an der Richtigkeit seines Berichtes war kein Zweifel möglich. Lundbergh, als Forscher wie als Mensch von höchstem Ehrbewußtsein, schrieb eine Rechtfertigungsschrift. Wozu? Natürlich, um seine Unschuld zu beweisen. Wie er aber selbst auf dem Höhepunkt seiner Rechtfertigung dazu kommt, das »schuldig« auszusprechen, das ist das Große an diesem Schicksal. Er hatte es gerade einleuchtend gemacht, daß die beiden Jäger sich in einer Lage befanden, in der der Mensch Halluzinationen hat. An dieser Stelle heißt es in der Schrift: »Ehrlich bleiben! Jetzt ist der Teufel da! Ich war nicht in Gefahr zu halluzinieren, ich nicht? Ich habe Sigrid nicht im Sarge gesehen? Ich habe, ich habe sie gesehen. Ich habe sie deutlich gesehen! Vielleicht zog hinter dem Sarge ein Feuerrauch in die Höhe, und den habe ich nicht gesehen.« Und dann weiter unten: »Sie haben mich gesehen, und ich habe nur den Sarg gesehen. Schuldig!« Und dann der Schluß: »Diesen Satz werde ich nie überwinden: ›Wir hatten uns so sehr gefreut, aber er ist vorbeigefahren.‹ Schuldig! Schuld verlangt Sühne.«

Lundbergh erschoß sich, achtunddreißig Jahre alt. Kein Mensch konnte ihm das abnehmen, diese Sühne. Wenn sie auch selbst weiter nichts war, als zur Vernichtung der zwei anderen noch seine eigene hinzuzutun. Es sei denn, der andere Mensch, der für ihn hätte einspringen können, wäre ein Gott gewesen.

Der Aufsatz, dem ich diesen Bericht verdanke,[46] trägt die Überschrift »Schuld«, aber mit einem Fragezeichen. Es ist dies das Fragezeichen des hilflosen, skeptischen Menschen unserer Zeit. Lundbergh hatte noch die Kraft, zu sagen, *daß Schicksal Schuld sei*. Wer will vor diesen Mann hinstehen und sagen, er irre? Er hat gesagt: Schuld! Und das ist eine Antwort, die in ihrer Wahrheit ein letztes Wort ist. Das ist auch die Schuld, von der die Alten in der Zeit vor Christus wußten. Die Philosophen nennen sie die Existenzialschuld des Menschen. Nicht darin bin ich schuldig, wessen ich mir »bewußt« bin, sondern schon in meiner Existenz bin ich schuldig. Erst hier erscheint die Schuldfrage, die des Namens *Sünde* wert ist, nicht dort, wo ich bewußt »Unrecht« tat. Meine »Vergehungen« empfangen erst ihr Gesicht auf dem Hintergrund jener anderen Schuld, an der ich restlos schuldig bin wie Lundbergh, der sich mit dem Tode bestrafte, und die zugleich über mich hinausgreift in eine Schuldgemeinschaft umfassenden Charakters. Unser Dasein ist von einer Tiefe, die von der Vernunft nicht aufgehellt werden kann. Sein Geheimnis bleibt. Hier steht ein Grenzpfahl unverrückbar. Das Geheimnis, das auf diesem Grunde liegt, ist einem Eisberg gleich. Seine Spitze vermag das Licht der Vernunft zu bescheinen. Seine Masse schwebt in verborgener Tiefe.

Das meint der Satz, daß der Mensch durch Schicksal schuldig werde. Daß er schuldig werden müsse und daß dieses Schuldigwerdenmüssen echtes Schuldigsein ist, für das er zu sterben habe. Diese Erkenntnis gehört, wie oben deutlich wurde, zu den Urerkenntnissen der menschlichen Seele. Sie tut sich kund in meinem – letztlich unbegründeten – Schuldbewußtsein. Über die Widerspenstigkeiten des Verstandes hinweg ruft sie ihr »schuldig«. Ich fühle mich schuldig, darum bin ich schuldig. Mein Verstand sagt mir, das sei widersinnig. Er sagt mir, es könne einer nur verantwortlich gemacht werden für das, was er getan habe. Die Tatsache meines Lebens, das ich nicht von mir empfangen habe, die Erfahrung meines Schicksals, das mir verhängt ward, der Geschichtsgang, in den ich hineingeboren wurde, zählt es mir mit Ruten auf den Rücken, daß ich die Schuld der anderen, daß ich die Schuld derer vor tausend Jahren mitzutragen habe. Sie sagt mir darin, daß diese Schuld der Einstigen die meine sei. Sie lehrt mich die Schuldgemeinschaft des sterblichen Geschlechts erfahren. Denn alle vom Weibe Geborenen sind eines Fleisches, eines

Samens und einer Schuld. Der Verstand will den Einzelnen herausretten aus dieser Schuldverflechtung. Die Schicksalsverflechtung straft ihn Lügen. Unsere Väter sind in uns. Die vor tausend Jahren sind in uns. Wir sind mit ihnen ein Fleisch. Darum büßen die Kinder die Sünden der Väter. Indem du den ererbten Samen deiner Väter wieder zu Saat und Frucht bringst in deinem Leben, wirst du Teilhaber ihrer Schuld. Du mußt solches Erbe zu Same und Frucht bringen kraft der Ordnung der Natur. Du mußt es mit jedem Atemzug, den du lebst. Denn du hast mit dem Erbe, aus dem du Leben hast, auch den Samen empfangen, aus dem du schuldig wirst. Darin waltet die Gerechtigkeit, die höher ist als die des Menschen, darin, daß die Schuld der Väter bei dir erhoben wird. Die Vernunft sieht ein Gestern und ein Vorgestern, ein Heute und ein Morgen. Sie sieht das Hintereinander wie die Glieder einer Kette. Gott aber sieht dies alles an einem Tage beisammen. Wir sehen es »längs«, Gott sieht es »die quer«. Wir sehen es nacheinander, Gott sieht es ineinander. Wir sehen das Stückwerk, Gott sieht das Ganze. Es ist dies wirklich so. Die Schuldgemeinschaft umschließt uns von allen Seiten. Ganz besonders eindrücklich wird das erfahren von der Schuld, die innerhalb einer geschlossenen Generation getan und getragen wird. Auch die Generationen unter sich stehen in einer Schuldgemeinschaft. Die Schuld holt uns nicht nur von hinten her ein, sie stellt uns auch von rechts und von links. Die Schuld des Königs wird zur Schuld des ganzen mit ihm lebenden Volkes. Was das handelnde Glied eines Volkes tut, leiden alle Glieder mit, ob sie wollen oder nicht, ob sie es wissen oder nicht. Schuldig sind sie mit ihm, denn die Schicksalsgemeinschaft ist auch die Schuldgemeinschaft. Sie sind zusammen schuldig vor Gott; auch wenn die Strafe sie nicht mehr zu Lebzeiten erreicht, verfallen sie ihr in Kind und Kindeskind. So ist dem Menschen der Weg auch verstellt nach vorne hin. Es gibt kein Ausbrechen aus dieser Kette. Von der Schuld kann sich niemand losmachen, den die Schicksalsgemeinschaft band, auch wenn er »innerlich« die Tat des für ihn Handelnden verwirft. *Diese* Schuld aber – das ist die »Sünde«. Die Sünde der *Welt*.

Christus geht jetzt mit dem Matthäus in sein Haus, das große Haus eines reichen Mannes. Küche und Keller öffnen sich, und viele setzen sich mit ihm zu Tische, »Zöllner und Sünder« mit Jesu und seinen Jüngern. Dort sitzt er mitten in der Welt unter den Menschen dieser

Welt. Teilt mit ihnen Brot und Wein und Rede. Draußen aber stehen die Gerechten und zürnen. Warum setzt sich Christus mit den Sündern an einen Tisch? Was ist es, das er liebt an ihnen?

Es gibt eine Strömung in der Christenheit, die will ihm unterschieben, er liebe das Geringe um seiner Dürftigkeit willen, das Schwache um seiner Ohnmacht willen. Sie unterschiebt es Gott, einen, man muß schon sagen, krankhaften Hang zum Minderwertigen zu haben. Diese Strömung ist ein Rest der vorchristlichen Askese, die Nietzsche als das »antiheidnische Heidentum« in der Welt vor Christus bezeichnet hat.[47]

Was ist es, was Christus liebt an den »Zöllnern und Sündern«? Die Ehrenleute haben die Einladung zum großen Abendmahl abgesagt. Nun sollen die Diener hereinrufen, wen sie finden an den Zäunen und Hecken. Liebt der König den Lumpen am Bettler? Den Eiterfluß am Kranken? Liebt Christus am Zöllner, der hinten im Tempel steht und an seine Brust schlägt, die Verzweiflung dessen, der sich selbst erniedrigt? Nein, er liebt nicht den Schmutz, der dieses Leben befleckt. Nicht das, was niedrig ist, gemein, schwach, von minderem Werte, liebt er. Er liebt am Zöllner dies eine: »Und leugnete nicht.« Er liebte an ihm die unbändige Kraft, die hier beim Zöllner das Ebenbild noch hat. Die Kraft, nicht rechts und links zu schauen, über das Urteil und Vorurteil der anderen durchzubrechen zu ihm. Die Kraft des großen, stürmischen, kindlichen Herzens, das ja sagt, ja zur Sünde, ja zu seiner Hilflosigkeit. Die unbändige Kraft, die unter der Sünde hervorstößt, emportaucht und das brennende Herz Christus entgegenhebt. Das brennende Herz der Sehnsucht nach Gott – das ist es, was Christus liebt. Das kühne, glühende, stürmische, brennende Herz, das da lodert unter den Lumpen dessen draußen am Zaune, wie er da sein Gesicht gegen die Stäbe preßt und mit großem Auge hinaufschaut zum erleuchteten Saal.

Die Sehnsucht ist die göttliche Traurigkeit des verlorenen Sohnes nach dem Vaterhause. Sie kommt niemals über einen Menschen ohne das Geschenk jenes lösenden, die Fesseln brechenden Mutes, den die Bibel De-Mut nennt. Es ist der Mut, die Fesseln der Knechtschaft, der Schuld, der Krankheit und des Todes überhaupt erst einmal zu sehen, in denen sich der Mensch vorfindet. Der Mut des edlen, zarten, hochgeborenen Herzens, diese Fesseln als fremd, ihm nicht zugehörig und ihn schändend zu begreifen. Es ist der Mut: sich erst einmal unter die harte Wahrheit zu bücken, daß die Kreatur Mensch, zum Herren geboren, sich in der Welt in einer Lage vorfindet, die offen und verborgen die Zeichen der Knechtschaft aufweist. Es gibt kein Christwerden ohne dieses Sichbücken unter die harte Wahrheit vom verlorenen Sohne. Selig sind die göttlich Traurigen! Selig sind, die dieses Leid tragen und sich bücken unter die Streiche der Wahrheit, die frei macht, indem sie züchtigt!

Bei dem Besessenen begann der Kampf. Das war der Böse in der plumpsten Form, wie er sich das leisten kann in primitiver Daseinslage. Beim Pharisäer endet er. Der Pharisäer ist die letzte und gefährlichste Position, die der Böse in der Welt gegen Christus errichtet. Der Pharisäer ist die Spitze der Waffe, die die Hölle gegen Christus kehrt.

Im Pharisäer wird der Böse zum großen Magiker der Seelen. Wer wollte nicht gut sein! Wer wollte das nicht als das erwünschte »Evangelium« hören: daß der Mensch gut werden könne durch sich selbst! Gibt es eine einleuchtendere, einfachere und geradere Wegweisung zur Vollkommenheit als dies? Der Zöllner sah, daß Christus selbst der Starke, der Gerechte, der Gesunde sei und daß er neben ihm offenbar werde in seiner Blöße. Der Pharisäer, dem magischen Bilde bereits verfallen, sah sich selbst als den Starken und den Gesunden und den Gerechten: *Er sah sich selbst als den Christus.* Und eben darin wurde er zum falschen Christus, der jeder selbst aus eigener Kraft werden kann. Wo dieses magische Bild in die Seele eingeht, ersteht der Wahnglaube – Gott zu werden, wie Gott zu sein durch sich selbst. Wo diese Verzauberung wirkt, vereist die Seele. Das brennende Herz loht jetzt Christus nicht mehr entgegen. Die Seele umkrampft sich jetzt selbst, und in der erstickenden Enge gibt es nur noch ein Glimmen, ein Kohlen und ein Schwelen des Herzens, das nur noch in einer dämonischen Stichflamme in den leeren Weltraum hinaus von Zeit zu Zeit sich Luft zu schaffen vermag. Man muß die Weltgeschichte in ihrer dunklen Rätselhaftigkeit einmal auf diese Verzauberung hin prüfen.

Es ist nicht ohne Grund, daß der Kampf, zu dem Christus gesandt ist, an seiner, des Pharisäers, Front zur Entscheidung kommt.

Und die Jünger des Johannes und der Pharisäer fasteten viel. Und es kamen etliche / die sprachen zu ihm: Warum fasten die Jünger des Johannes und der Pharisäer / und deine Jünger fasten nicht? Und Jesus sprach zu ihnen: Wie können die Hochzeitleute fasten / dieweil der Bräutigam bei ihnen ist? Solange der Bräutigam bei ihnen ist / können sie nicht fasten. Es wird aber die Zeit kommen / dass der Bräutigam von ihnen genommen wird. Dann werden sie fasten. Niemand flicket einen Lappen von neuem Tuch an ein alt Kleid. Denn der neue Lappen reisset doch vom alten und der Riss wird ärger. Und niemand fasset Most in alte Schläuche. Anders zerreisset der Most die Schläuche / und der Wein wird verschüttet / und die Schläuche kommen um. Sondern man soll Most in neue Schläuche fassen.

Die Täuferbewegung ist eine religiöse Volksbewegung großen Stils gewesen. Wenn sie auch in den Schatten hinter Christus zurücktreten muß, auch noch durch die Evangelien hindurch bleibt diese ihre Größe sichtbar. Es hatte einen Augenblick gegeben, wo sich der Täufer und Christus die Waage hielten; wo die Frage das Volk bewegte, wer ist der »Christus«, Johannes oder Jesus? Eine Zeitlang taufte Jesus noch neben dem Johannes. Beide hatten Jünger, und der Kampf zwischen den Jüngerschaften kam noch lange nicht zur Ruhe. Es muß einen Rest der Täuferjünger gegeben haben, der diesen Anspruch für Johannes nicht preisgab. Man spürt diesen Kampf noch im ersten und dritten Kapitel des vierten Evangeliums.[48] Johannes berichtet vom Täufer, die Regierenden hätten Beauftragte zu ihm geschickt, um sich zu vergewissern, ob er der Christus sei. »Und er bekannte und leugnete nicht; und er bekannte: Ich bin nicht Christus«, so berichtet der Evangelist, habe er geantwortet. Diese Spannung erkennt man auch aus den drei anderen Evangelien.

Zugleich wird ein anderes deutlich aus den Berichten der drei: daß die Jünger des Johannes Christus gegenüber in einer Front mit den Pharisäern erschienen. Immer steht dieses bemerkenswerte »und« zwischen den beiden. »Die Jünger des Johannes *und* die Pharisäer fasteten viel«, heißt es bei Markus. Bei Matthäus sagen die Johannesjünger: »Warum fasten wir *und* die Pharisäer so viel?« Und bei Lukas heißt es: »Warum fasten Johannes' Jünger so oft, *desselbigengleichen* der Pharisäer Jünger; aber deine Jünger essen und trinken.«

Die Spannung, die hier besteht, bricht erschütternd in des Johannes Frage auf, die er Christus vom Kerker des Herodes aus überbringen läßt.⁴⁹ Es ist die Frage des Zweifels, der nicht fern von der Verzweiflung ist. »Bist du, der da kommen soll, oder sollen wir eines anderen warten?« Als die Boten Christus wieder verlassen, nimmt er Anlaß, öffentlich von Johannes zu sprechen. So stark war das Volk von der Johannesfrage bewegt. Er sagt dem Volke einmal, Johannes sei mehr als irgendein Prophet. Es ist die Rede, in der er von ihm sagt, er sei der größte der Weibgeborenen. Indem er ihn erhebt zum höchsten Rang des Menschenreichs, erniedrigt er ihn zugleich unter den Kleinsten im Gottesreich. Er bleibt der, der abnehmen muß. »Der von oben her kommt, ist über alle. Wer von der Erde ist, der ist von der Erde und redet von der Erde.« Jetzt aber, sagt Christus, kommt eine Zeit, in der vom Himmel geredet wird, eine Zeit, in der das Himmelreich nicht mehr ferne ist, sondern im Sturm erobert wird. Es bricht jetzt die Himmelreichszeit an mitten in dieser Menschenzeit. Das ist die große Wende.

Es ist hier wieder jene scharfe und feine Linie der Unterscheidung, die man genau im Auge behalten muß, um die Sache zu sehen, um die es im Evangelium geht.

Die Linie der Unterscheidung ist so scharf, daß diesseits von ihr der Täufer und die Pharisäer aneinanderrücken Christus gegenüber auf der anderen Seite. Dieses Nebeneinander von Pharisäismus und Täufertum hebt das Neue unübersehbar deutlich ins Gesichtsfeld, das mit Christus kam. Es ist so neu, daß ihm gegenüber der eigene Vorläufer mit dem Erzfeinde zusammenrückt.

Die Unterscheidung läßt sich mit zwei Worten umschreiben: *Geist und Gesetz*. Die Welt des Täufers ist – wie die Menschenwelt schlechthin – Welt, die besteht nur durch das Gesetz. Die Welt aber, die mit Christus kommt, besteht nur durch den Heiligen Geist. Dialektisch ist dieses Verhältnis nicht. Es scheint nur so in der Spannung der ersten Begegnung der beiden. Das Gesetz muß abnehmen, der Geist wachsen. Denn der Geist ist der Herr. Er nimmt das Gesetz auf in sein Reich, aber als Knecht.

Das, was der Pharisäer und der Täufer gemein haben, nennt das Evangelium Fasten. Der Fastende ist der vom Gesetze Gezeichnete. Es fastet der Gläubige der Gesetzesreligion. Fastend bekennt er sich zu ihr. Bekennt er sich zur Knechtschaft unter dem Gesetz bis hinein in die Bereiche des Körperlichen. Im Fasten wird die Unterwerfung unter das Gesetz geübt bis hinab in die Triebsphäre. Der heroische Charakter der Gesetzesreligion ist ihre eigentümliche Kraft. Die Johannesjünger fühlten sich in der Meisterschaft der Zucht, im Radikalismus der Bußpredigt, im Aktivismus der Radikalen den Christusjüngern gegenüber in stolzer Überlegenheit. Der eisenharte, wetterbraune Recke der Wüste war in jedem seiner Jünger noch einmal neu erstanden: beide zusammen, Meister und Jünger, die höchste Leistung der Religion des Gesetzes, die es auf Erden gab! Von der Taufe her waren für sie die entscheidenden Gedanken Reinheit und Reinigung; vollkommene Reinigung, Reinigung der Seele und des Leibes.[50] Reinheit ist das edle Anliegen der Religion des Gesetzes. Zu ihr gehört auch derjenige Teil der heidnischen Religionswelt, der den großen heidnischen Protest gegen die Triebdämonie darstellt. Es ist jenes »antiheidnische Heidentum«, aus dem die asketischen Religionsformen hervorgehen. Eine Asketik erwächst hier, die nicht die Unedelsten unter den Jünglingen zur Täuferbewegung zog. Es ist das Hochziel des *Reinen*, das als Urbild der Religion des Gesetzes im Schoße liegt. Man unterschätzt den Pharisäer, wenn man hier nicht auch sein Anliegen erkennt. Christus spricht selbst von einer »Gerechtigkeit der Pharisäer«, die religiöse Gerechtigkeit, das heißt, Reinheit war. Die Religion des Gesetzes ist die klassische Religion des homo religiosus, des religiösen Menschen schlechthin, der in ihr seinen Entfaltungsraum hat. Denn hier steht alles auf der eigenen Leistung, auf dem religiösen Werk, dessen Ziel Reinheit – die Taufe! – ist. Nicht, daß Johannes dem geheimen Urbild des Pharisäismus verfallen gewesen wäre, in dem der Mensch sich selbst als seinen eigenen Heiland wie Narziß im Spiegel erkennt. Er ist sich seines Vorläufertums bewußt. Diesen Lauf aber tut er noch ganz und gar in der alten Welt, deren Denken und Handeln und Fühlen unter der Ordnung des Gesetzes stand. So sehr er sich seines Vorläufertums bewußt war, so verschleiert vermag er nur den zu erkennen, dem er die Bahn macht. »Ich kannte ihn nicht«, wiederholt er im vierten Evangelium immer wieder von neuem. Um wieviel größer aber war die Gefahr für seine Jünger, zurückzugleiten in die Gesetzeswelt, ja, überhaupt nicht loszukommen von ihr und mit dem Blicke hängen zu bleiben an dem, der in dieser Welt den Vorlauf tat und nicht mehr! »Meister« sagen sie zu ihm.[51] So gleiten die Täuferjünger von ihrem Anlauf wieder zurück von dem Berg, dessen Spitze sie nicht erklommen, und stehen unversehens wieder neben den Jüngern der Pharisäer.

Die Schwere des Ringens, das sich hier vollzog zwischen Gesetz und Geist, bricht deshalb zur klaren Entscheidung nur bei dem Täufer selbst durch. Erst mit dem Ende seines Lebens ist sein Schicksalsbild übersehbar. Es lassen sich ihm alle Stätten dieser Entwicklung ablesen in dem Augenblick seines Abschlusses.

Johannes beginnt im Gefängnis zu zweifeln. Der Zweifel, der ihn befällt, stellt sein Lebenswerk in Frage. Sollte er für den Falschen die Bahn bereitet haben? Wie kam Johannes zu solchem Zweifel? Es genügt nicht, die Gründe in seiner hoffnungslosen Lage zu suchen. Es muß ein sachlicher Grund gewesen sein, der ihm zur Enttäuschung gereichte. Ich glaube, daß er ein anderes Christusbild in sich trug, als nachher der Fleischgewordene es ihm bot. Welcher Art dieses Bild war, sehen wir an ihm selbst. Denn es kann keine Frage sein, daß der Vorläufer das ihn ganz und gar erfüllende Leitbild seiner Sendung auch vorlebte. Er hat den Christus gesehen noch im Raum der Gesetzesreligion: als sein eigenes größeres Selbst, als den alttestamentlichen Droh- und Bußpropheten, als den Asketen und Reinen, dessen Geist Feuer ist, der für ihn nur an einer Stelle deutlich hinauswächst über die schon gekannte höchste Norm des homo religiosus: dort, wo er zum Richter wird, zum Richter der Welt mit der Wurfschaufel und dem Feuerbrand in der Hand. Das war die Christus*idee*, wie sie in der Vorstellungswelt der Gesetzesreligion nicht anders erwachsen konnte. Und nun erlebt er den ganz anderen. Er erlebt immer und immer wieder, was seine Jünger in die Worte fassen: Wir fasten und beten, ihr eßt und trinkt. Und er selbst sitzt mit den Sündern und Zöllnern zu Tische. Und nun sitzt er, der Vorkämpfer, als der Märtyrer seiner Idee im Kerker auf dem Bergschloß des Herodes. Der andere aber, für den er dies alles litt, lief unten im Lande frei umher, rührte nicht einen Finger, um ihn, seinen Getreuesten, zu lösen, sondern verkündete, daß der Tag der Hochzeit angebrochen und er der Bräutigam sei.

Der Täufer kommt nicht über seine Christus*idee* hinaus. Er ist, um dogmengeschichtlich zu reden, Doket. Er hält Christus im Scheinleib der Idee gefangen. Er läßt Gott nicht wirklich Mensch werden. Als fühle er, daß, wenn der Logos wirklich Fleisch werde, ihm die Voraussetzung seiner Existenz unter den Füßen schwinde. Die Bußpredigt und die Sündertaufe leben von der vorchristlichen Metaphysik des »unendlichen qualitativen Unterschiedes« zwischen Gott und Mensch. Nur im Pathos der Distanz dröhnt das Bußwort auf mit dem Klang der »absoluten Wahrheit«, des »letzten Wortes«, das Gott spricht. Fleischwerdung, das heißt aber Aufhebung dieses unendlichen qualitativen Unterschiedes, radikal, von der Wurzel her. Das Evangelium gibt dieser Erfahrung des vorchristlichen Menschen recht, indem es sie zu gleicher Zeit überwindet. Das ist die Täufertragödie. Christus wird ihm in dem Augenblick zweifelhaft, wo er Fleisch wird und den Schritt über ihn hinaus tut. Der Fleischgewordene sieht so ganz anders aus, widerspricht so ganz dem Grundsatz seiner Religion der Buße, daß er hier nicht über die Schwelle hinwegkommt. Die Antwort, die ihm Christus gibt, stößt genau in diese Leere hinein, die ewig Leere bleiben muß oder vom Fleischgewordenen erfüllt wird. Christus weist ihn auf die Verheißung hin, auf ihr Bild vom Kommenden, zugleich mit dem, was jetzt geschieht. Er soll sehen, daß beides jetzt zusammenfällt, Verheißung und Erfüllung, Bild und Verleibung in dem Ereignis seiner Erscheinung. Die große Verwandlung vollzieht sich in actu vor den Augen der Zeit: Die Toten stehen auf und der Rettungsruf wird der Schöpfung in Not zugerufen. Und selig, wer sich nicht daran ärgert, daß Gott Fleisch geworden ist, daß der Bräutigam erschien, daß nun Zeit des Essens, des Trinkens und des Freuens ist, weil Gott Hochzeit macht mit den Sündern. Für Johannes ist nicht das Kreuz das Ärgernis. Das hat er an seinem eigenen Leibe Christus vorweggetragen. Für ihn ist das Ärgernis, daß dieses Kreuz nicht das letzte Wort sein soll. Für ihn ist der Bräutigam, der Auferstandene das Ärgernis. Die Lehre des Täufers und seiner Jünger war eine Art Theologie des Kreuzes, die nicht über das Kreuz hinauskommen kann, über das Fasten, Leiden, Zweifeln mit der Krönung im Martyrium. Die das Kreuz am Ende aller Wege des Menschen sieht und es nicht glauben kann als Kreuz des Auferstandenen. Wir wissen nicht, was in des Täufers Seele noch vorging, ehe sein Haupt fiel. Aber das, was wir sehen an seinem und seiner Jünger Leben, ist die Wahrheit, daß jeder, der an der Schwelle stehenbleibt, die Buße heißt und auf der das Kreuz steht, unerbittlich zurückgleitet unter das Gesetz. Es bleibt beim Fasten, beim Büßen, bei der Sünderpredigt, bei der Sündertaufe und bei der Sündenvergebung der vorchristlichen Religion. Es bleibt bei der Zweifelsfrage: Sollen wir eines anderen warten? Ist er wirklich der Fleischgewordene? Und schließlich schattet die Verzweiflung herüber, die, ob getrost oder ungetrost, Verzweiflung bleibt und damit diesseits von Christus und ohne den Geist. Wer so weit vordrang bis zur Schwelle und auf ihr stehen blieb als dem vorgeschobensten Punkte der ganzen Menschenwelt und nicht über sie hinausgehoben ward in den Saal des Bräutigams, der steht wie keiner so hart am düsteren Nichts. Hier, am düsteren Nichts, »siebzigtausend Klafter tief« der Abgrund unter dir, lauert die »Schwermut«, die »Angst«, das »Furcht und Zittern« der Täufer-Kierkegaard-Situation. In der es dann nur noch eine einzige Möglichkeit gibt, den Sprung ins Ethische, den Sprung zurück unter das Gesetz. Am Rande des Nichts erhellt sich jetzt der düstere, der ganz besondere Heroismus, der selbstquälerische Heroismus der Religion des Gesetzes. Der Täufer ist kein Märtyrer nach der Ordnung des Himmelreichs. Er ist nur ein Märtyrer, wenn man den Ausdruck hier brauchen darf, nach der Ordnung des Menschenreichs. Er läßt sein Leben nicht als Blutzeuge des Christus, er läßt es als politischer Märtyrer, der für die Heiligkeit des Gesetzes gegen die Obrigkeit kämpft, die sie verletzt. Er kämpft im politischen Raum für das Gesetz, das der Erde gilt.[52] Er bleibt, der er war von Anbeginn. Der Mann, der in der Wüste seinen Standort nahm, einer gegen die ganze Welt. Das heißt, er verharrt in der »prinzipiellen Opposition« bis dorthin, wo sie endet: vor seinem eigenen König, und er das Haupt verliert. So bleibt die Theologie des Täufers die Theologie auf der Schwelle, vorchristliche Theologie. Weil ihre Lehre von der Welt Satanologie ist, bleibt die Buße ihr letztes Wort. Weil sie Christus nur als Richter am Ende aller Dinge sieht, bleibt sie Eschatologie. Ihre Ethik aber Martyriologie. Denn wo man das Gesetz, nicht aber den Fleischgewordenen für den erschienenen Gott hält, da bleibt dem Kämpfer nur der heroische Untergang im Widerspruch gegen die gesetzlose Welt. Da ist der Geist noch nicht ausgegossen, der religiöse Mensch noch nicht überwunden im Christenmenschen.

Am Täuferschicksal sieht man, wo dieses Ringen immer enden muß. Die Täufergestalt wächst zum großen Zeichen auf, das warnend über die Christenheit hinragt. Denn die Gefahr eines Rückfalls in den vorchristlichen Raum ist für sie deshalb so groß, weil Christus die ganze vorchristliche Welt mit umfaßt. Sie bleibt der Schoß, aus dem sich die Schöpfung in ihrer zweiten Geburt erhebt. Die aber ist nun im Anbruch. Und sie steht nicht mehr unter dem Zeichen des Zuchtmeisters, sondern unter dem Zeichen des Bräutigams. Ist das Wasser das Element der vorchristlichen Welt, so der Wein das Gewächs des Gottesreichs. Wie Wasser und Wein stehen die beiden zueinander, wie Fasten und Hochzeit.53 Das Wasser in den Krügen der Reinigung wird zum Brautwein der Freude.54 Es ist junger, starker, wilder Wein, der in neue Schläuche gehört. So stark und wild, daß der Mensch zurückweicht vor ihm in die vorchristliche Welt und ihm der alte, der vom Gesetz gekommen ist, milder erscheint.55 Er selbst, Christus, ist der Weinstock, in dem der neue steigt und wächst, die Reben mit seinem Feuer überströmend. Aber noch ist der Most nicht Wein. Noch muß er erst wachsen, muß er gekeltert werden. Noch gärt er in den Zeitaltern wie in Krügen, schäumend und spritzend, das Gewächs des Weinstocks, bis es einst genossen wird am Tisch in Gottes Reich.

Schon in diese ersten Worte des Evangeliums hinein klingt ferner Hall von Sturm und Kampf. Eine kleine Weile wird der Bräutigam von den Hochzeitern hinweggenommen. Sein Sterben wird nicht das Sterben des Märtyrers sein, den das Gesetz in den Protest gegen die Obrigkeit treibt. Dem, der die Macht über sein Leben in Händen hat, sagt er, daß er diese Macht zu Recht besitze, weil sie ihm von oben her gegeben sei. Hier wird kein »Heiliger Protest« mehr erhoben. Hier ist nicht Martyrium, hier ist Opfer. Hier opfert sich der Bräutigam als der Liebende. Hier gibt sich die ewige Liebe selbst dar und wird zum Weine des Heils für die Kreatur, die seufzt und sich sehnt immerdar.

UND ES BEGAB SICH / DASS ER WANDELTE AM SABBAT DURCH DIE SAAT. UND SEINE JÜNGER FINGEN AN / INDEM SIE GINGEN / ÄHREN AUSZURAUFEN. UND DIE PHARISÄER SPRACHEN ZU IHM: SIEHE ZU / WAS TUN DEINE JÜNGER AM SABBAT / DAS NICHT RECHT IST? UND ER SPRACH ZU IHNEN: HABT IHR NIE GELESEN / WAS DAVID TAT / DA ES IHM NOT WAR UND IHN HUNGERTE SAMT DENEN / DIE BEI IHM WAREN? WIE ER GING IN DAS HAUS GOTTES ZUR ZEIT ABJATHARS DES HOHENPRIESTERS UND ASS DIE SCHAUBROTE / DIE NIEMAND DURFTE ESSEN DENN DIE PRIESTER / UND ER GAB SIE AUCH DENEN / DIE BEI IHM WAREN? UND ER SPRACH ZU IHNEN: DER SABBAT IST

UM DES MENSCHEN WILLEN GEMACHT / UND NICHT DER MENSCH UM DES SABBATS WILLEN. SO IST DES MENSCHEN SOHN EIN HERR AUCH DES SABBATS. UND ER GING ABERMAL IN DIE SCHULE. UND ES WAR DA EIN MENSCH / DER HATTE EINE VERDORRETE HAND. UND SIE HIELTEN AUF IHN / OB ER AUCH AM SABBAT IHN HEILEN WÜRDE / AUF DASS SIE EINE SACHE ZU IHM HÄTTEN. UND ER SPRACH ZU DEM MENSCHEN MIT DER VERDORRETEN HAND: TRITT HERVOR! UND ER SPRACH ZU IHNEN: SOLL MAN AM SABBAT GUTES TUN ODER BÖSES TUN / DAS LEBEN ERHALTEN ODER TÖTEN? SIE ABER SCHWIEGEN STILLE. UND ER SAH SIE UMHER AN MIT ZORN UND WAR BETRÜBET ÜBER IHR VERSTOCKTES HERZ UND SPRACH ZU DEM MENSCHEN: STRECKE DEINE HAND AUS! UND ER STRECKTE SIE AUS. UND DIE HAND WARD IHM GESUND WIE DIE ANDERE. UND DIE PHARISÄER GINGEN HINAUS UND HIELTEN ALSBALD EINEN RAT MIT DES HERODES DIENERN ÜBER IHN / WIE SIE IHN UMBRÄCHTEN.

Es schürzt sich langsam der Knoten zum Kampf. Christus bricht das Sabbatgebot. Es ist jetzt der Kampf zwischen Gesetz und Geist. Der Geist ist der Herr. Und der bringt jetzt das Gesetz dorthin, wo es hingehört: unter sich.

Das Gesetz ist die gewaltigste Macht, die es auf Erden gibt. Gewaltig dadurch, daß es dem Menschen das Leben bewahrt. Dadurch ist das Gesetz in der Welt diesseits von Christus der unumschränkte Herr. Im Alten Testament heißt es: Wer nach ihm tut, wird dadurch leben. Das kostbare Leben auf Erden, das Zeichen des Schöpfungserbes, das uns auf den Weg aus dem verlorenen Paradies mitgegeben ward! »Auf daß du lange lebest«, heißt die einzige Verheißung, die das Gebot hat, das die Angel ist, in der die zweite Tafel an der ersten schwebt, das Gebot, in dem die kahle Hoheit des Ersten Fleisch und Blut verbindlicher Gegenwart für den Menschen unten auf Erden gewinnt. Christus tut jetzt etwas, was ihn hart in die Nähe des Teufels bringt, der ja der »Gesetzlose« in der Bibel heißt, indem er sich jetzt gegen die lebenerhaltende Grundmacht zu kehren scheint. Er ist aber nicht der Auflöser des Gesetzes. Das ist der anarchische, der nihilistische Geist der Tiefe. Er ist nur der Herr des Gesetzes. Dieser Herrenordnung des Geistes von oben unterwirft er jetzt das Gesetz unten. Es ist ein Herrscherakt. Indem er sich das Gesetz unterwirft, beweist er sich als den Herrscher. Was er tut, ist von umstürzender Kühnheit. Das Gesetz war Gottesgesetz. Die Wendung gegen das Gesetz mußte für die Hüter des Gesetzes unweigerlich den Eindruck einer Wendung auch gegen Gott haben. Christus scheut es nicht, diesen Eindruck zu erwecken. Er beruft sich auf den Raub der heiligen Brote, den David einst ausführte, um den eigenen und der Seinen Hunger zu stillen. Das war Tempelraub. Mochte es ruhig scheinen in den Augen der Hüter des Gesetzes, daß er sich gegen Gott kehre! Er war wirklich der Herrscher. Das Brot, das er am Sabbat vom Acker nahm, war verwandeltes Brot. Es war jetzt das wahrhaft heilige Brot, nicht mehr das Weihbrot des Tempels. Dieses heilige Brot, von ihm am Sabbat genommen, verwandelte den Sabbat. Er blieb Sabbat. Er blieb der Gottestag – und doch war er ein anderer geworden. Er war von innenher anders geworden, durch das Brot, das Christus am Sabbattage vom Acker genommen hatte. Er war von innenher anders geworden. Von dem her, was Christus in sein Gefäß hineintat, mit dem er es füllte, mit dem Brot der Liebe. Brot der Liebe! Jetzt durchschaut man auch die Unabhängigkeit, die Unbekümmertheit dieses Herrscheraktes, mit dem er Besitz ergreift vom Gesetze Gottes. Man gewinnt nicht den Blick für das, was Christus ist, wenn man nicht sein Herrentum sieht. Ein herrscherlicher Mensch war aufgestanden, nicht auf einem Thron, sondern aus dem Dunkel des heimlichen Gottes. Ein herrscherlicher Mensch, dessen Tun entweder die Vermessenheit eines Wahnsinnigen oder – *das göttliche Tun selbst war.* »Ich aber sage euch, daß hier der ist, der auch größer ist denn der Tempel..., des Menschen Sohn ist ein Herrscher auch über den Sabbat.«[56] Nun erst befreit, wird der Sabbat zum Tag des bewahrten und geheilten Lebens. Die Hungrigen werden gestillt. Das Weib, »das der Satan gebunden hatte achtzehn Jahre«, wird gelöst, richtet sich wieder gerade und preist Gott. Und der Blindgeborene empfängt am Sabbat sein Augenlicht. Das alles aber, ohne den Sabbat aufzulösen. Kein Schwarmgeistler findet hier auch nur einen Stein verrückt, der den Weg freigäbe seinem religiösen Nihilismus. »Ihr beschneidet den Menschen am Sabbat!« Wohl denn! Ich mache am Sabbat den ganzen Menschen gesund. Herrscher sein heißt in der Freiheit atmen, in der allein sich gebieten läßt. Und diese Freiheit beweist er: einer allein gegen eine ganze Welt. Er beweist sie als der Liebende. Denn das »Gesetz der Freiheit« ist, zu lieben. Im Brot der Liebe zieht jetzt das Königreich der Himmel in den alten Sabbat ein.

Der Geist, der der Herrscher ist, ist zugleich der Geist, der liebt. In der Welt vor ihm, da hieß es, der Sabbat ist um Gottes willen gemacht. »Und Gott ruhete am siebenten Tag.« Und alles, was der Mensch tut an diesem Tage bis hin zu dem Bissen Brot, den er ißt, und dem Fuß, den er vor seine Türe setzt, geschieht mit dem Blick auf Gott, ist Tun »um Gottes willen«. Wie kann es anders sein in der Welt vor Christus, als daß der Mensch es ist, der Gott sucht. Als daß, was unten ist, sich ausstreckt nach dem, was oben ist! Als daß der Schwache sich sehnt nach dem Starken! Es ist die eine, ausschließliche Bewegung aller vorchristlichen Theologie, Philosophie und Religion: die Richtung des Menschen von der Erde in den Himmel, von unten nach oben. Der Mensch vor Christus bleibt der gottsucherische Mensch. Jetzt aber ist es umgekehrt geworden. Jetzt hat sich Gott aufgemacht von oben nach unten. Er, der Starke, sucht jetzt ritterlich das Schwache. Er kann es sich leisten, ohne an seiner Ehre dabei zu verlieren. Er ist aus dem Himmel gegangen und hat die Engel allein gelassen und ist der menschensuchende Gott geworden. Jetzt ist nicht mehr Gott die Mitte des gottsuchenden Menschengeistes, jetzt ist der Mensch die Mitte des menschensuchenden Gottesgeistes. Der Mensch in Not, der Zielort der ewigen Liebe. Das sagt uns der, in dem Gott bei uns einkehrte, in dem Er selbst Mensch ward. Das sagt uns Gott – unerhört es auszusprechen – als des *Menschen* Sohn. Er sagt uns jetzt, daß der Gottestag »um des Menschen willen« gemacht sei. Daß der *Mensch* an diesem Tage gerettet werde und lebe. Dieses Wort strömt jetzt als das himmlische Licht selbst für alle Zeiten über diesen Gottestag hin. »Gütiger Menschenfreund«, so redet von jetzt an die alte Kirche Gott in ihren Gebeten an.

Da ist ein Mensch mit verdorrter Hand unter der Sabbatmenge. Jetzt – was wird er tun? Ein Schweigen legt sich über die Menge. Wird er's noch einmal wagen? Dann muß es zum Zusammenstoß kommen. Denn hier ist Antastung der heiligsten Ordnung, der Grundfeste aller Gemeinschaft, in der Mensch und Ding auf Gott hin geordnet ist. Das Schweigen der Spannung liegt über den Menschen. Die Schändung des Gesetzes kann ein zweites Mal nicht ungestraft hingehn. Da ruft er in den Haufen hinein: »Tritt hervor!« Da steht er, der Mensch, und streckt seine verdorrte Hand fragend, bittend, beschwörend empor. Sie sieht gar nicht mehr aus wie eine Menschenhand. Sie sieht aus wie ein fremdes, unheimliches Zeichen des Grauens, wie er sie da emporhält. Christus läßt ihn stehen, wie er da steht, und wendet sich an den Feind: Wozu ist der Gottestag da? Die Seele zu erhalten oder zu töten? Seele, sagt Christus und sieht dabei auf den emporgehobenen Gliederstumpf. Denn er sieht den Menschen ganz. Da ist alles eins. Er sieht den Leib und sagt: Seele. Er sieht die Seele und sagt: Leib. Noch einmal: Was ziemt sich für den Gottestag? Daß der Tod darin herrsche? Oder das Leben? Da ist ein Schweigen ringsum. Zum erstenmal steigt ihm jetzt der Zorn auf. Zum ersten Male wird es offenbar in diesem Verstummen, in der Kluft dieses Schweigens, daß es hier einen Kampf geben mußte, der nur mit Blut geendet würde. »Strecke deine Hand aus!« Und die Hand ward ihm gesund.

Hier gibt es kein Halt. Alle Schranken fallen. Das Reich dringt über jedes Hindernis hinweg ein in die Welt. Es dringt ein in die Sabbatordnung mit neuem Dasein. Es wartet nicht, weissagt nicht, hofft nicht. Es ist da; es verwandelt stehenden Fußes das Alte in das Neue.

Das Charisma *ist* das »neue Gesetz«. Darum beginnt die Bergpredigt mit der Seligpreisung der Bettler um den Heiligen Geist. Denn der Heilige Geist ist der Stifter des neuen Lebens. Darum handelt die Bergpredigt vom Leben unter dem »neuen Gesetz«, vom charismatischen Leben.

Kraft der schöpferischen Verwandlung gilt dabei, daß das Alte nicht zerstört wird. So über alles Begreifen hinaus neu die Ordnung des Reiches ist, so ist sie dennoch nur das erfüllte, nicht das aufgelöste Gesetz. Das »Alte« ist jetzt das zertrümmerte Atom, dem in einem unerschöpflichen Springbrunnen die reine Energie, das charismatische Leben, urgewaltig entstürzt. Es ist das aufgesprengte »alte« Gesetz, aus dem durch den Erfüller Christus das Leben der neuen Welt entbunden wird. Im Stande dieser Entbindung, dieser Aufsprengung, stehen wir in der Geschichte seit Christus. Die *Wende* ist in vollem Schwunge; die ist es, die uns seitdem schüttelt. Sie hebt an, sie regt sich, sie wendet um. Die Erde, die umkämpfte, an einer Stelle ist sie frei geworden. An einer Stelle, die sonst noch nie ein Lebender passierte. Hier liegt die Front jetzt plötzlich außerhalb der Feuerzone. Es ist die Stelle, an der der Sieger auf seinem Vormarsch schon am weitesten vorstieß. Die tiefe, selig-geheimnisvolle Stille der Erwartung lagert jetzt über ihr mit dem ersten Anhauch des Friedens, während rechts und links noch die Kanonen donnern. Lauscht man aber in der Stille der Nacht vorwärts, so hört man schon von drüben das Dröhnen der Kolonnen des nahenden Befreiers.

Es ist dieselbe Erde und doch eine ganz und gar andere. Es ist dieselbe Geschichte und doch eine neue. Wo die Erde direkt unter die Gottesherrschaft kommt, da begibt sich Schöpfung »noch einmal«. Und zwar zunächst am Gesetz selbst. Das Wort, »das zu den Alten gesagt ist«, im Gottesreich noch einmal gesagt, ist ein anderes, ist *neu* geworden. »Ein neu Gebot gebe ich euch!«[57] Dieses Gesetz heißt im Neuen Testament ganz offen das »Gesetz der Freiheit«. Jakobus sagt vom Christen, daß er durchschaue in das Gesetz der Freiheit; nämlich durch den Spiegel des tötenden Gebotes, das nur vom Sollen spricht und den Menschen in der fruchtlosen Pein des ohnmächtigen Sollens und Wollens zurückläßt. Das Gesetz der Freiheit aber nennt er das »vollkommene« Gesetz, das es an sich hat, den Täter »selig« sein zu lassen »in seiner Tat«.[58] Wo solche Seligkeit ist, da ist das Hindurchschauen schon ein Hindurchdringen zum charismatischen Leben geworden. Es ist Anbruch und Gegenwart. Der Zeiger rückt und zeigt die erste Sekunde der erfüllten Stunde. Jetzt direkt: Strecke deine Hand aus am Sabbat! Der Sabbat ist jetzt erfüllt mit dem Reich. Der Beweis der Kraft folgt dem Geist auf dem Fuß, jetzt im Augenblick. Denn der Geist ist nach dem Weltinnern gekehrt. Er ist der weltzugewandte Gott. Das Reich kommt. Es kommt, es kommt! Die Erde steht und das Reich marschiert. Es marschiert auf der Erde ein. Da steht die alte, zornige, sauersehende Sabbatordnung, entrunzelt sich, wird jung und glänzt auf im Morgenlicht des Reichs. Da, seht! Es kommt, es zieht ein mit der heilenden Hand. Es ist Erfülltheit. Es ist Dasein. Es ist Gegenwart. Es ist erfüllte Zeit, verklärte Erde, es ist heilender Leib. Für Christus gibt es keine Entzweiung von Wahrheit und Leben. Aber auch nicht die »Identität« oder »Immanenz« der Philosophien. Hier *geschieht* etwas. Hier *wird* etwas. Hier ist eine Dynamis am Werke. Hier geht eine Verwandlung vor sich. Hier wird die Wahrheit Leben. Sie bleibt nicht mehr abstrakt bei sich, im Ideal entrückt. Sie steigt herunter auf den Weg, wird wandelnde Wahrheit, Fleisch und Bein. Da, seht her, sagt Christus. Ich bin der Weg, auf dem die Wahrheit jetzt marschiert und Leben wird, euer, der Menschen auf Erden leibhaftes Leben wird. Da, seht her! Ich bin der Weg, auf dem Gottes Reich hereinmarschiert in diese düstere, alte Gesetzesfestung und des Menschen verdorrte Hand wieder aufblühen läßt im Morgen des neuen Gottestages.

Das ist, was dort geschieht. Ein Angriff von nie wieder gehörter Kühnheit.

Es war höchste Zeit für den König und die Maßgebenden, daß sie sich berieten. *Dieser* Angreifer mußte durch äußersten Zugriff aus dem Weg geräumt werden.

ABER JESUS ENTWICH MIT SEINEN JÜNGERN AN DAS MEER. UND VIEL VOLKS FOLGTE IHM NACH AUS GALILÄA UND JUDÄA UND VON JERUSALEM UND IDUMÄA UND VON JENSEITS DES JORDANS UND DIE UM TYRUS UND SIDON WOHNEN / EINE GROSSE MENGE / DIE SEINE TATEN HÖRETEN UND KAMEN ZU IHM. UND ER SPRACH ZU SEINEN JÜNGERN / DASS SIE IHM EIN SCHIFFLEIN HIELTEN UM DES VOLKS WILLEN / DASS SIE IHN NICHT DRÄNGTEN. DENN ER HEILETE IHRER VIEL / ALSO DASS IHN ÜBERFIELEN ALLE / DIE GEPLAGT WAREN / AUF DASS SIE IHN ANRÜHRETEN. UND WENN IHN DIE UNSAUBERN GEISTER SAHEN / FIELEN SIE VOR IHM NIEDER / SCHRIEN UND SPRACHEN: DU BIST GOTTES SOHN! UND ER BEDRÄUETE SIE HART / DASS SIE IHN NICHT OFFENBAR MACHTEN. UND ER GING AUF EINEN BERG UND RIEF ZU SICH / WELCHE ER WOLLTE / UND DIE GINGEN HIN ZU IHM. UND ER ORDNETE DIE ZWÖLFE / DASS SIE BEI IHM SEIN SOLLTEN UND DASS ER SIE AUSSENDETE ZU PREDIGEN UND DASS SIE MACHT HÄTTEN / DIE SEUCHEN ZU HEILEN UND DIE TEUFEL AUSZUTREIBEN. UND GAB SIMON DEN NAMEN PETRUS. UND JAKOBUS / DEN SOHN DES ZEBEDÄUS / UND JOHANNES / DEN BRUDER DES JAKOBUS / UND GAB IHNEN DEN NAMEN BNEHARGEM / DAS IST GESAGT: DONNERSKINDER. UND ANDREAS UND PHILIPPUS UND BARTHOLOMÄUS UND MATTHÄUS UND THOMAS UND JAKOBUS / DES ALPHÄUS SOHN / UND THADDÄUS UND SIMON VON KANA UND JUDAS ISCHARIOT / DER IHN VERRIET. UND SIE KAMEN NACH HAUSE. UND DA KAM ABERMALS DAS VOLK ZUSAMMEN / ALSO DASS SIE NICHT RAUM HATTEN ZU ESSEN. UND DA ES DIE SEINEN HÖRETEN / GINGEN SIE AUS UND WOLLTEN IHN HALTEN. DENN SIE SPRACHEN: ER IST VON SINNEN.

Jetzt begann man im Volk bereits zu merken, um was es hier ging. Da war nicht nur einer, der Kranke heilte und Besessene befreite. Da ging es um mehr. Es ahnte plötzlich dunkel die Front, die da vor ihren Augen mit den zwei Malen, die Krankenheilung und Teufelsaustreibung hießen, abgesteckt worden war. Es ahnte die Tiefe, die sich dahinter erstreckte. Über dem Kampf um den Sabbat war ihnen dieses Ahnen gekommen. Und das war es, was über alle Sensationen hinaus jetzt in den Seelen der Menschen die Flamme einer unbeschreibbaren Erregung entzündete.

Volkshaufen brachen jetzt auf bis hinunter in das südliche Land um Jerusalem. Sie scheuten wochenlange Wanderung nicht, um an den See zu kommen. Schon sprang die Erregung auf das nichtjüdische Grenzland über. Jenseits vom Jordan her zogen die Menschen aus den Steppen und westwärts her auf den Straßen der volkreichen Hafenstädte Tyrus und Sidon. Christus entwich zuerst mit seinen Jüngern an die stilleren Gestade des Sees. Dort war er aber bald gefunden. Der Andrang der Heilungsuchenden war lebensgefährlich. Sie umdrängten ihn, versuchten den Saum seiner Kleider auch nur zu berühren, sie fielen auf ihn, gestoßen und gedrängt, verzweifelte Kreatur, die, schon im Untergang, wild ausgreift nach dem Einzigen, dem Retter. Mit Gewalt enthoben ihn die Jünger in ein Boot und legten sich mit ihm darin vor das Ufer. So sprach er vom Schiff aus über das Wasser hinüber zum Volk.

Wo er stand oder durchkam, schrieen die Geister auf in den Menschen, von denen zuvor niemand wußte, daß sie in ihnen seien; die Besessenen selbst nicht, auch nicht die Umwelt. Schrieen auf, tauchten herauf aus dem Versteck der fremden Seele, sahen in höchster Erregung aus besessenen Augenpaaren und erkannten ihn, wie er da vorüberging. Erkannten ihn und riefen: Du bist Gottes Sohn!

Jetzt entwich er vom See in die Berge. Er fühlte, daß seine Stunde stieg. Er sah sein Volk als Feld zur Ernte reif und sandte Arbeiter in die Ernte. Zwölfe berief er. Zwölf nach der heiligen Zahl der Stämme seines Volks. Die Zwölfe rief er heraus und in den Zwölfen sein Volk. Die Zwölfe hatten ihn nicht gewählt. Hier gab es keine persönlichen Entscheidungen. Hier war der Herr. Und der erwählte, wen er wollte. Und nur der Gerufene kam. Er wählte nicht nach dem, was vor Augen lag. Er wählte die Zwölf nicht zu Großen in der Geschichte. Ihre Wahl geschah im geheimnisvollem Erblicken des verborgenen Wesens hinaus in die himmlische Zeit. Er wählte nicht, wie wir Menschen wählen, denen die sichtbare Leistung das Letzte ist. Wählte er doch auch abgründig geheimnisvoll den Jünger, der ihn verriet. Auch der war gewählt. Auch seine Wurzel war eingesenkt in den heiligen Anbruch, der in jener Ordnung geschah. Er wählte die Zahl zwölf, die in seines Volkes Baum auf ihn hingewachsen war. Er, die Krone, und zwölf Zweige ringsum. Er, der Stock, und zwölf Reben aus ihm. Das ist das Urbild der Gemeinde, das er hineinsetzt in das wogende Chaos des Volkes. Er setzt es hinein als den Fruchtbaum, den Weinstock, aus dem der Saft des Heiles perlt in schwerer Last der Traube. Damit alle genesen und leben, die von ihm nehmen. So ordnet er die Zwölfe, daß sie bei ihm sein sollten, nicht für ihn und nicht für sich, *sondern für die draußen, für die Welt. Das ist der Anfang seiner Kirche. Hier liegt ihr Grundgesetz. Das Grundgesetz aber ist Dienst an der Welt.* Predigen, Heilen, Bannen. Er ordnete die Zwölf und als letzten legt er sich die Schlange mit eigener Hand ans Herz, der Furchtlose, der Liebende, der unbegreiflich Kühne, den zwölften, Judas, der ihn verriet.

Das waren Stunden, das waren Tage! Er kam vom Berge zurück und ging in ein Haus. Schon war er entdeckt, bestürmt und beschworen. Alle Ordnung des Tageslaufes setzte aus. Nicht einmal mehr zu essen war möglich.

Die Seinen gingen aus, ihn zu halten. Er schien von Sinnen.

Die Schriftgelehrten aber / die von Jerusalem herabgekommen waren / sprachen: Er hat den Beelzebub und durch den obersten Teufel treibt er die Teufel aus. Und er rief sie zusammen und sprach zu ihnen in Gleichnissen: Wie kann ein Satan den anderen austreiben? Wenn ein Reich mit ihm selbst uneins wird / mag es nicht bestehen. Und wenn ein Haus mit ihm selbst uneins wird / mag es nicht bestehen. Setzet sich nun der Satan wider sich selbst und ist mit ihm selbst uneins / so kann er nicht bestehen / sondern es ist aus mit ihm. Es kann niemand einem Starken in sein Haus fallen und seinen Hausrat rauben / es sei denn / dass er zuvor den Starken binde und alsdann sein Haus beraube. Wahrlich ich sage euch: Alle Sünden werden vergeben den Menschenkindern / auch die Gotteslästerungen / damit sie Gott lästern. Wer aber den Heiligen Geist lästert / der hat keine Vergebung ewiglich / sondern ist schuldig des ewigen Gerichts.

Denn sie sagten: Er hat einen unsaubern Geist. Und es kam seine Mutter und seine Brüder und stunden draussen / schickten zu ihm und liessen ihn rufen. Und das Volk sass um ihn. Und sie sprachen zu ihm: Siehe / deine Mutter und deine Brüder draussen fragen nach dir. Und er antwortete ihnen und sprach: Wer ist meine Mutter und meine Brüder? Und er sah rings um sich auf die Jünger / die um ihn im Kreise sassen und sprach: Siehe / das ist meine Mutter und meine Brüder! Denn wer Gottes Willen tut / der ist mein Bruder und meine Schwester und meine Mutter.

Dieses Stück des Markusevangeliums enthält Keilschriftzüge. Jedes Geschlecht steht neu vor ihrem Rätsel. Jede Zeit muß es neu in ihre Sprache übersetzen. Es zeigt Christus mitten in dem Kampf, in dem er seine Sendung erfüllt. Es zeigt ihn, häuptens mit der Taube, im Kampf gegen den Bösen in seiner gefährlichsten Gestalt: im Kampf mit dem religiösen Menschen selbst. Die Stunde dieses Kampfes zwingt ihm das furchtbarste Wort ab, das er überhaupt gesprochen hat. Nämlich daß derjenige, der den Geist lästere, nicht mehr erreicht werde von der vergebenden Liebe Gottes. Er spricht dieses Wort aus im Kampf mit den »Religiösen«. An diesem Wort, das wahrlich alle Schauder eines »letzten Wortes« ausströmt, kann man es merken, daß wir hier an der Hauptfront des Christuskampfes stehen.

Das Dämonische hat es an sich, keiner Theorie den Zugang zu bieten. Man kommt auf theoretischem Wege schlechterdings nicht zu seiner Erkenntnis. Man weiß von ihm nur, wenn man von ihm selbst berührt ist. Ja, eigentlich auch das noch nicht einmal. Denn gerade der vom Dämon Berührte ist gekennzeichnet durch sein Nichtwissen. Es geht ihm wie den von gewissen Krankheiten Angesteckten, deren Mikroben zugleich Betäubungs-, Rausch- oder Luststoffe im Blute erzeugen. Niemand auf der ganzen Welt, der sich unberührter vom Dämonischen wähnt als der Pharisäer! Also – man weiß vom Dämonischen erst dann, wenn man wieder von ihm los ist.

Und auch das hat seine Ordnung, daß diese Erfahrung nirgends eindringlicher gemacht wird als in der Kirche selbst. Seitdem ich hier in der Kirche diese Erfahrung gemacht habe, weiß ich die Dämonen in der Welt als die Harmloseren. Je offener sie sich geben, desto harmloser. Je gefährlicher, desto dichter ihre Tarnung. Darum bleibt der Pharisäer der Erzfeind von Christus. Es gibt zwar tausend Gestalten von ihm auch draußen in der Welt, aber in der Synagoge lebt seine Urgestalt. Wehe der Kirche, in der noch die Synagoge herrscht! Wo der Pharisäer ist, ist auch der Sadduzäer nicht weit, der stets zeitgemäße Zerschwätzer der göttlichen Wahrheit. Kirche unter den Dämonen, das bedeutet Kirche im Streit mit sich selber. »Wie kann ein Satan den anderen austreiben? Wenn ein Haus mit ihm selbst uneins wird, mag es nicht bestehen.« Kirche unter den Dämonen, das haben wir geschmeckt in unseren Tagen. Kirche unter den Dämonen, welch ein Anblick, den hier das Ganze der Kirchengeschichte bietet! Zerstückte Kirche! Zerstückter Christus! Zerstückt von den Dämonen. So tief vorgetragen ist der Angriff des Bösen – bis in den Glauben selbst: daß der Glaube glaubt, die mit sich selbst streitende Kirche sei der Wille Gottes. Hier in der Kirche wird der Entscheidungskampf gekämpft mit dem Bösen. Nicht auf dem politischen Felde draußen, sondern auf dem Felde der Kirche. Hier kreuzen der Geist und der Böse die Waffen.

Die Schriftgelehrten wissen genau Bescheid um die *Magie*. Was sie sei, dem geben sie hier ihre klassische Formel: Pakt mit dem Bösen und durch ihn – Macht.

Der Begriff *Magie* ist einer der verworrensten Begriffe, die es gibt. Er ist sozusagen von Natur verworren. Von der Sache her, die hier gemeint ist, liegt ein Dunkel über ihm, das unaufhellbar ist und bleibt. Die Sprache ist hier wie ein Seismograph, der in größter Nähe des Bebenherdes nicht mehr mißt, sondern die Skala rechts und links überschlägt. So nah ist die Sprache mit dem Wort »das Magische« am Geheimnis selbst.

Das Wort »magisch« ist verpönt, weil es peinlicherweise in unserer Weltrechnung die unbekannte Größe immer wieder auftauchen läßt. Es zeigt uns peinlicherweise, daß diese ebenso geniale wie kühne Rechnung nicht stimmt. Hier mit diesem Wort wird eine Grenze sichtbar, die unser Erkennen ausschließt von dem Entscheidenden selbst. Die uns von der letzten Erkenntnis, von der letzten Weltbemächtigung ausschließt. Das uns deshalb zugleich merken läßt, wie verworren, unordentlich, unbereinigt unsere menschliche Lage in der Welt ist, um nicht zu sagen, wie preisgegeben sie ist. Und hier sitzt der Haken, den wir mit Mißvergnügen spüren, wo dieser Wortstamm in unserer Sprache auftaucht.

Der Vorwurf, den die Schriftgelehrten Christus machen, ist kein geringerer als der, daß er Magie treibe. Es ist ein abgefeimter Schachzug, mit dem sie ihm hier unterschieben wollen, was sie selbst tun. So hart spüren sie den Angriff des Geistes gegen sich vorgetragen, daß ihnen nur noch eines bleibt, den auf sie geschleuderten Spieß wieder umzudrehen. Das ist ihre Behauptung: daß die von ihm ausströmende Kraft nicht Heiliger Geist sei. Daß hier vielmehr mit dem Bösen paktiert werde. Man sieht, wie von der Sache her, die mit dem Worte Magie gemeint ist, sich unmittelbar auch über diesen Vorgang hin das Dunkel beispielloser Verwirrung breitet: Der Heilige ist der Böse.

Das, was im Anblick dieser Verwirrung zu gewinnen ist, das ist Klarheit über die Mächte, die hier sich messen: pneuma und daimon.

Ursprünglich ist der Mensch *geschöpflich*. Das heißt nicht nur, daß er ein Geschaffener ist. Es heißt mehr. Es sagt, daß wir dem Schöpfer zu eigen gehören, weil wir von seinem Wesen zu eigen empfingen. Geschöpf sein dürfen heißt, in seiner Anwesenheit weilen, bei ihm wohnen; heißt, ihn schauen Auge in Auge; mit ihm, aus ihm, in ihm leben. Heißt geborgen ruhen im ewigen Schoße. Seinen Atem atmen, den er uns gab zu einem lebendigen Odem. Sein Leben speisen, das er uns reichte, in seines Baumes Frucht. Das aber ist nicht mehr. Zwar scheuen wir das Erwachen zu dieser Wahrheit wie nur eines und umklammern brünstig den paradiesischen Traum. Dennoch ist sie wahr. Sie ist so wahr, daß kein Menschgeborener mehr weiß, woher er komme, und was das noch Schlimmere ist: sich dieses Nichtwissens schäme. Er ist ein Ursprungsloser. Er hat keine Abstammung. Er ist ein »proles«, ein vaterloser Sprößling, der Proletarier unter den Kreaturen Gottes. Mit lässiger Geste sucht man diese peinliche Frage von sich zu schieben. Weder die Geschichts-, noch die Geistes-, noch die Naturwissenschaft weiß hier die Antwort. Und so lebt man dahin, wird dahingetrieben »aus dem Dunkel in das Dunkel«, wie man halb melancholisch, halb pathetisch zu sagen pflegt. Denn auch das »Wohin« wissen wir nicht. Wie unser Ursprung, so ist auch unser Ziel vor unsrem Auge verborgen. Darüber wenigstens sind wir uns in der ehrlichen Stunde heute alle einig. »Wo bist du, Gott?« fragt der Mensch, das einsamste Wesen. Und über dem Frager wölbt sich das Geheimnis des Firmaments und bleibt versiegelt. Und unter ihm wölbt sich das Rätsel der Erde, seiner stummen Gebärerin. Abgeschnitten zum Ursprung hin und abgeschnitten zum Ziele hin treibt seine Welt im grenzenlosen Raume, in der grenzenlosen Zeit, ein Mal der grenzenlosen Einsamkeit. Und dennoch treibt sie, denn der Strom trägt. Dennoch schwebt sie, sieht man auch keinen Pfeiler. Dennoch lebt sie, denn ihre Mitgift ist groß.

Dieses: *dennoch leben ohne Gott, ist ihr magisches Sein.*

Das magische Sein ist Leben ohne Gott aus der Mitgift des Paradieses. Wohlgemerkt, hier ist noch nicht Magie, sondern nur magisches Sein. Alles Sein, das wir kennen, vor Christus, ist magisches Sein, weil Sein in der Einsamkeit. Wenn wir sagen: »die« Natur, »die« Geschichte und sie persönlich anreden, so geben wir dieser Tatsache Ausdruck. »Die« Natur und »die« Geschichte haben in der Einsamkeit die Stelle Gottes eingenommen. Die Natur, so sagen wir, ist »die große Nährerin«; die Geschichte »das Weltgericht«. Jeder kennt diesen Sprachgebrauch und übt ihn ungezählt. Ja, wir sagen direkt: die Natur *ist* Gott; wenn auch von der Geschichte, die uns näher steht und darum genauer gekannt ist, zaghafter: daß Gott »in« ihr sei. Wir sagen damit, daß die Natur aus sich selbst und die Geschichte aus sich selbst lebe. Gott ist die große Verlegenheit unseres Denkens, denn er ist tatsächlich nicht da. Wir zehren tatsächlich in der Einsamkeit von der Mitgift, die wir nicht bekamen, sondern, wie der verlorene Sohn, nahmen, die eine geraubte Mitgift ist. Von ihr also leben wir. Wie, ist absolutes Geheimnis, wie die Speise – in mir Leben wird, wie Brot – Seele und Geist wird. Es ist ein absolutes Geheimnis, wie der Mensch wird in Zeugung und Geburt. Wie Seele, Geist, Gedanke, Tat, Schicksal wird aus einer Samenzelle, aus der dies alles herauswächst und Mensch heißt. Das ist damit gemeint, wenn ich bekennen muß, daß unsere ganze Existenz eine magische Existenz ist.

Die Erfahrung seiner Preisgegebenheit in diesem magischen Sein ist die Grunderfahrung des menschlichen Geschlechts. Es hat eine Reihe von Namen in allen Sprachen mit Geltung in allen Zeiten ausgebildet, die dieses »Preisgegebensein-und-dennoch-leben« meint: Schicksal, Zufall, Tod, Glück, Fluch, Segen, Verhängnis, Gnade, Wille, Kraft. Das Heidentum hatte noch tiefere Erkenntnis von dieser Ursituation des Menschen, indem es hinter diesen Namen Gottheiten erkannte und sich verehrend ihrer Macht neigte; wie ja überhaupt an dieser Grenze, wo geheimnisvoll aus dem schwarzen Nichts heraus

Leben wird, alle Religion ihre Wurzel sitzen hat. Selbst heute, in Zeiten religiösen Niedergangs, lebt Religion in der Breite des Volkes noch dort, wo das magische Sein unleugbar dicht uns am Leibe liegt: bei der Geburt, bei der Hochzeit und beim Tode.

In jenem »Preisgegebensein-und-dennoch-leben« macht nämlich der Mensch auch die Erfahrung seiner besonderen Gefährdung. Indem der Mensch aufhörte, geschöpflich zu sein, in die Gottesferne hinausglitt und sein Leben nur noch magisches Sein ward, fiel auch die Kette vom Nacken des Bösen. Den Bösen kann allein Gott halten. Er ist das abgründigste Rätsel, das nur bei Gott selbst unter Schloß und Riegel gehalten ist. Nun lauert es dem Menschen auf, wie es in der Abel-Kain-Geschichte heißt: »Vor der Türe«. »Nach dir hat es Begier, du aber sei sein Herr!« sagt Gott zu Kain, den Menschen an sein Herrentum erinnernd. Es hat im magischen Sein, das noch nicht von sich selbst weiß, das noch ein schlafendes Sein ist, diesen Charakter des Lauerns bei sich. Dann erst, wenn das Böse zum Sprunge vorschnellt, wird das magische Sein bewußt, wird es Magie.

Immer zugleich aber bleibt das Sein in seiner untersten Schicht magisches Sein, Sein im Schlafe. Immer zugleich behält das Böse diesen Grundzug der Schlange, die zugleich wahr und falsch sagt, deren Frage zugleich halb gut und halb böse ist; die zunächst überhaupt nur fragt und in deren Frage der dumpfe Anruf des unteren Kreaturreichs an den Menschen aufklingt, er möge doch die Herrschaft ergreifen, zu der ihn Gott berufen hat und die unfertige Schöpfung zu ihrer Bestimmung führen.[59] Es ist darin Frage, geladen mit aller Spannung hin auf gute und richtige Antwort. Frage, geladen zugleich mit Versuchung zum Fehl, *und* Ansporn zum Rechten. Genau wie in der Verheißung der Schlange das Uranliegen der Menschenschöpfung selbst aufgegriffen war, nämlich, daß der Mensch Ebenbild, daß er wie Gott zu sein geschaffen war. Im magischen Sein schwebt der Mensch genau zwischen Himmel und Hölle. In dem Unentschiedensein dieser Lage, in dem »Preisgegebensein-und-dennoch-leben«, sind alle Möglichkeiten der Schlacht enthalten, die jetzt hier entbrennt. Wie ja auch die Schlange im Mythos aller Völker zugleich ein Heils- und ein Unheilszeichen ist. Es scheut sich ja selbst das Evangelium nicht, in Christus die Schlange in das Heilszeichen verwandelt zu sehen.[60] Im Urbild der Schlange kommt das unerlöst Unentschiedene des magischen Seins zum Vorschein, das noch nicht dämonisch geworden ist. Es ist das Zwischenwesen der im Dämmer lauernden, nach beiden Seiten hin sprungbereiten Zwischenwelten, die beim Menschen anklopfen im dunklen Drang, Führung und Erlösung bei ihm hoffend. Ihr Suchen und Drängen wird dem Menschen zu Versuchung und Fall.

Denn der Mensch ist frei geschaffen. Seine Freiheit ist zugleich das Adelszeichen des freien Schöpfers, der ihn schuf, wie auch der Inbegriff des Schöpfungsgeheimnisses selbst. Darum dieses Sichlösen von Gott, darum dieses Sichregen der Bosheit, um dieses Geheimnisses willen.

Magisch – dämonisch: das sind die Katarakte der gottverlierenden Kreatur. Jetzt kommt das Erwachen. Jetzt wird der Seele ihr magisches Sein *bewußt*. Jetzt öffnet sich die Tür, und was sich lauernd duckte, springt über die Schwelle, das Haus der Seele zu besitzen. Wonach verlangt der Böse? Er verlangt nach dem Ebenbild, das der Mensch ist. Er verlangt den Menschen ganz, er verlangt nach der Seele des Menschen. Das Kostbarste, was es in der Schöpfung gibt, die Krone der Schöpfung, der strahlende Juwel in der Krone, der Mensch hat es ihm angetan. Er ist sein höchster Preis. Ihn braucht er. Wird der Mensch sich ihm geben oder nicht? Er, der Mensch, bleibt der Verantwortliche, weil der Herr, nicht der Knecht, immer der Verantwortliche bleibt. Nur durch den Menschen kommt der Böse in der Schöpfung zur Herrschaft. Das ist es, was er wohl weiß. Der Böse ist in die Schlange gefahren. Das ist seine Fleischwerdung, durch die er dem Menschen naht. Die Fleischwerdung in der dumpfen, dunklen, unerlösten Kreatur. Mit ihm zusammen drängt jetzt alle blinde, tumbe und wilde Gewalt unerlöster Welten zum Licht empor. Und zwar über die Schlüsselposition des Menschen hinweg, der einzigen Schleuse an diesen unendlichen Meeren der Nacht.

Wie wird die Entscheidung fallen? Werden diese Meere der Nacht erlöst werden zum Lichte durch den Bösen wider Gott – oder durch den Heiligen für Gott? Beides über das Wegekreuz hinweg, das Mensch heißt?

Nun schürzt sich der Kampf. Nun flammt das Licht auf im Rachen der Schlange, das der Böse vom Himmel mit sich reißt, als ihn Christus herabstürzen sah »wie einen Blitz«. Der Schlaf des magischen Seins ist aus, der Seelenraum erhellt sich, Bewußtheit glänzt auf. Der Mensch erwacht jetzt und verliert die Sicherheit des Schlafenden. Zweifel ficht ihn an. Woher? und Wohin? Gewalten umdrohen ihn. Sind sie gut oder böse? Er ist ferne von Gott. Eben darum zweifelt er. Entscheidung muß fallen, denn es geht um Leben und Tod. Er muß *wissen*, es müssen ihm die Augen »aufgetan« werden. Er muß wissen, was nur Gott weiß, nämlich, was gut und böse ist. Und es müssen ihm die Augen aufgetan werden, damit er tun kann, was nur Gott tun kann, nämlich über jene Grenze hinübergreifen; nicht mehr nur unter der dunklen Wurzel empfangend am Schicksalsborne zu ruhen. Sondern mit aufgetanem Auge die Hand hineinzutauchen und frei seine Wasser zu schöpfen. Diese Kunst aber heißt Magie. Zu ihr kommt man nur, indem man das tut, was die Weisheit des Volkes den »Pakt mit dem Teufel« nennt. Man schreibt ihn mit Blut und gibt dem Bösen darin das, wonach er begehrt: nach der Seele, nach dem Ebenbild. Nun fährt der Böse in das Ebenbild, nun wird der Teufel Gott im Menschen. Das, so behaupten die Schriftgelehrten, sei in Christus geschehen.

Man muß genau sehen, was Magie ist, um die Unerbittlichkeit jenes Fluchwortes aus dem Munde des Sohnes zu ertragen. Magie ist Zauber. Der Mensch schließt durch Worte, Zeichen, Namen, Ideen, Ordnungen, Bilder die Urkraft auf. Das heißt, er schließt sie auf jenseits des Kausalitätsgesetzes. Nur das Aufschließen geht durch Zauber vor sich. Die gewonnene Kraft zu *nutzen* ist allerdings nur unter dem Kausalitätsgesetz möglich. Es bedurfte eines ganz bestimmten Welt*bildes*, um zum Beispiel den Stoff als Kraft fließen zu lassen. Seine Vernutzung geschieht unter dem Kausalitätsgesetz. Das Zeichen, das dem technischen Weltalter zugrunde liegt, ist ein durch und durch magisches Zeichen, weil es nur wirkt, indem sich ein Geschlecht ihm hingibt oder »an es glaubt«. Das magische Zeichen eines Weltalters wird erst sichtbar, wenn die Hingabe an dasselbe gebrochen ist und man Abstand gewinnt. Man kann dieses Zeichen des technischen Zeitalters mit dem Wort ratio bezeichnen. Die Genialität des Menschen besteht darin, je für eine Zeit das Zeichen zu finden, das in ihr zu wirken vermag. In einer wissenschaftlichen Abhandlung fand ich die Definition: »elementare Kraftübertragung« für Magie. Sie trifft durchaus diesen Zug des Zauberns am magischen Handeln, denn dort, wo die Kraftübertragung elementar ist, geschieht jene zwischengliedlose, unvermittelte, vernunftwidrige Schließung des Kontaktes über jene unüberschreitbare Grenze hinweg, die den

Menschen vom Ursprung trennt. Das Zeichen, das »gemacht« wird an jener Grenze, um sie zur Öffnung zu bringen, ist die schlechthin letzte Möglichkeit des Menschen. Die ganze Welt vernünftiger Ordnung und klarer Gesetzlichkeit, die sich diesseits der Grenze dann entwickelt, ruht auf diesem Zeichen als der äußersten Voraussetzung, für den Menschen noch erkennbar. So geht das technische Zeitalter auf ein ganz bestimmtes Weltzeichen oder Weltbild zurück, das zum erstenmal deutlicher Kontur zu gewinnen scheint, etwa bei Bacon oder Descartes. Was hat andere Zeitalter gehindert, technische Alter zu sein? *Gekonnt* hätten sie es grundsätzlich auch. Sie waren durch andere Zeichen gebannt. Denn die Zeichen haben bannende Kraft. Alles, was außerhalb ihres besonderen Lichthofes liegt, sinkt in die Nacht zurück, hat keine Anwesenheit mehr. Die Weltzeichen oder Weltbilder sind keine Erkenntnis der Weltwirklichkeit. Sie sind die Erkenntnis des magischen Gesetzes, unter dem ein Zeitalter »neu« werden, »neue Zeit«, »neue Welt«, das heißt neuer Ausweg aus der Preisgegebenheit werden kann. Die Genialität des Menschen besteht darin, die Zeichen zu finden, unter denen die Auslösung der magischen Kraft für dieses »Neue« gelingt. So waren es das Kopernikanische und das Ptolemäische Weltbild für ihre Zeitalter. So sind es die modernen Weltbilder. Was hier vor sich geht, ist Schuld in jenem Grundsinn der Urschuld, die auch zugleich Schicksal ist. Aus der es kein Entrinnen gibt. Um derentwillen Christus kam. Unter die er trat, die er auf seinem Rücken trägt, den Bann brechend, den Geist vor sich herstrahlend als Flammenschwert, das aus seinem Munde geht.[61]

Die Magie spielt an der Grenze, die zwischen Christus und seinem Gegenbild läuft. Sie *spielt*. Darin liegt ihre Verlockung. Solange nämlich noch jene Zeichen nur Weltbilder sind, wie sie auch die Sprache nennt, das heißt Seelenraum einer Epoche, hat Christus noch die Möglichkeit, in ihrem Raum zu erscheinen. Sobald diese Zeichen aber sich vor Christus schieben und das Christuszeichen selbst zu sein behaupten, sobald jene Leitbilder der Seele das Christusantlitz rauben, ist jene Stunde da, von der Christus sagt, daß in ihr die falschen Christi aufstehen würden. Das ist das Unheimliche an der Magie: Dort, wo der Mensch, von seinem dunklen Drange richtig geleitet, Gott zu schauen sucht, dort an jener Grenze will auch das magische Bild uns erscheinen. Dort, wo Christus erscheint, wo die Lebensquelle fließt, dort schiebt sich der falsche Christus ins Blickfeld.

Die tiefsten Sehnsuchtsbrunnen brechen jetzt im Geschöpfe Mensch auf im Anblick des Bildes, das ihm Christus zeigt. Magie bringt immer Entfesselung des Willens. Über den Willen hin wird der Mensch dämonischer Mensch. Es ist der Wille, sich selbst zu überfliegen. Es ist das »Über-sich-hinaus-Lieben« Nietzsches: der Wille zum Übermenschen, der Wille zum Gottesmenschen, der Wille zur vollkommenen Existenz, der Wille zum Gottesreich. Und die Entscheidung fällt hier über die Weiche des Willens, nämlich, ob der Mensch des Teufels Willen tut oder Gottes Willen. Magie, das ist die Erzwingung des charismatischen Menschen. Das ist die Geburt des höllischen Charismatikers, des dämonischen Menschen. Dämonisch leben heißt: leben aus dem gestohlenen Gott. Luzifer hat ihn heruntergebracht vom Himmel. Dämonische Kräfte sind abgefallene göttliche Kräfte. Darin liegt ihre schier unermeßliche Stärke. Magie ist Selbstbegnadung, ist Selbstsegnung mit dem geraubten Gott. Magie ist die Kunst des Geschöpfes, die höchste Kunst, die je unter der Sonne gefunden und geübt ward: die Kunst, ohne Gott zu leben. Magie ist Macht zum Leben ohne Gott. Man kann jetzt auch sagen: Sünde ist die Kunst des Lebens ohne Gott. Sünde ist das Verlockendste und Berauschendste, was je in des Menschen Herz kam. Sünde ist das Hochziel, vor dessen Glanz jedes andere Ziel verblaßt. Sünde, das ist die vermessene, über alle Begriffe begehrenswerte Kunst des Lebens ohne Gott. Das ist unser, des Menschen Triumph, die berückende, taumelschwere Entdeckung: daß wir leben können ohne Gott. Das ist der Triumph unserer Gottlosigkeit, einer Gottlosigkeit, wie sie noch nie eine Zeit sah. Eine trunkene, wilde Sicherheit überrennt uns. Es erobert sich die Erde eine neue, einzigartige Gottlosigkeit. Eine positive, eine aktive, eine schöpferische Gottlosigkeit. Eine Gottlosigkeit, die ohne Gott fertig wird, weil sie sich in den Besitz der Kraft Gottes gesetzt hat und mit dieser Kraft auf sich selbst steht, wächst und triumphiert.

Und so stehen wir, so schweben wir und stürzen nicht – siebzigtausend Klafter tief über dem Abgrund – aus eigener Kraft.

Sagen wir es ruhig. Lassen wir die Scheu vergangener Zeiten fallen: im Frühlicht eines harten Morgens, wie er noch nie über der Welt tagte, eines Morgens ohne Gott.

Sagen wir es ruhig, daß es einen Gott gibt. Ja, es gibt einen Gott. Sagen wir es ruhig, daß wir an ihn glauben!

Und daß wir ohne ihn, den es gibt und den wir glauben, fertig werden. Das ist unsere Gottlosigkeit. Die Gottlosigkeit, die zu leben, zu blühen und zu wachsen vermag im Angesichte Gottes, den es gibt, und – ohne ihn!

Das ist die Situation, in die der Mensch kommt, der mit dem Bösen den Pakt schließt und durch ihn Macht bekommt. In steigender Erregung fragen die Schriftgelehrten Christus wieder und wieder: »Aus welcher Macht tust du das?«

Sie nennen hier den springenden Punkt in der Magie mit Namen: Macht! Darum ging es. Hier sitzt das erregende Moment für sie, die die Machthabenden im Volke sind, und zwar in dem besonderen Sinn der Macht über die Seelen. Sie sind die Virtuosen der Volksführung durch das höchste geistige Prinzip, durch das religiöse Gesetz. Und da ist einer, der hat mehr Macht als sie! Darum jagt sie die Frage nach der Vollmacht dieses Mannes. Aus welcher »dynamis« heraus geschieht, was hier geschieht? Da sich Christus ihnen nicht preisgibt in seinem Heiligsten,[62] geben sie selbst die Antwort. Diese Antwort aber läßt sie, die Meister der Religion, wie unter dem Blitzlicht, an der Spitze der Christusfeinde erkennen.

Christus war hier auf die Generallinie der Hölle gestoßen. Eine so grenzenlose Verwirrung war ihm jetzt vorgelagert, daß der Christus für den Antichristus stand. Wo es aber daran war, daß er, der Christus, in Verdacht stand, der Antichristus zu sein, da war der Weg zu Gott unwiderruflich verlegt und höchste Gefahr im Verzuge. Denn keiner wußte jetzt mehr, ob da Gott oder der Abgott am Wegende warte. Das war die Verwirrung der Hölle selbst, in der er, der Diabolos, der große Durcheinanderwerfer, die Wetter der Verzauberung spielen ließ und Christus den Antichristus nannte. Hier, dieser Front gegenüber, mußte die ewige Liebe, wollte sie sich nicht umsonst der Welt dargebracht haben, zum Richtstein werden: »Wer auf diesen Stein fällt, der wird zerschellen; auf wen aber er fällt, den wird er zermalmen. Und da die Hohenpriester und Pharisäer seine Gleichnisse hörten, verstanden sie, daß er von ihnen redete.«[63]

Christus sagt, daß die Pharisäer und Schriftgelehrten es seien, die mit ihrer Unterstellung den Geist gelästert haben, und zwar in einem Augenblick, da er einen Menschen von seiner Besessenheit befreit. Sie fallen Gott in den Arm in dem Augenblick, da er ihn zur Rettung der Kreatur ausstreckt. Der Heilige Geist ist dieser ausgestreckte

Gottesarm, ist der Gott in dem Augenblick, da er aktiv in der Geschichte wird. Im Augenblick der Mobilmachung wird hier der Dolchstoß von hinten getan. Das ist die Lästerung des Geistes, dieser Dolchstoß in den Rücken des himmlischen Heeres in dem Augenblick, da es einmarschiert durch das Tor der Welt.

Christus und seine Feinde verhandeln in diesem Gespräch über den bösen und den Heiligen Geist, über nichts anderes als den Kampf, der zwischen ihnen selbst ausgekämpft wird. Die Austreibung, die in den anderen Evangelien diesem Berichte unmittelbar vorhergeht, ist nur das zufällige Anzeichen, ist nur der äußere Anlaß. Christus sticht das Geschwür nur oben an der Haut ein wenig an, die Wirkung geht aber hinab bis in den unzugänglichen Herd der Verkrebsung. Das ist der Grund, warum die Schriftgelehrten, ohne daß sie es merken, eben weil sie die Mitgetroffenen sind, sich vor den unreinen Geist stellen, auf den Christus zustößt. Unabsichtlich decken sie so die Front auf, in der sie mit dem Bösen stehen. Denn der Schlag, den sie versuchen, zielt gegen den Christus, der eben einen Besessenen befreit hat.

Zwei Erkenntnisse gehen uns über diesem Zusammenstoß auf. Erstens: daß es im Universum nur einen einzigen Ort gibt, der nicht unter dem Banne ist. Es ist der Ort, auf dem Christus steht. Das Universum ist in einem Ausmaße unter dem Banne, daß selbst noch die Religiösen ersten Grades, die Virtuosen der Religion, unter dem Banne sind. Ja, daß gerade sie die Spitze des Widerstandes gegen den Entbanner bilden. Nur der Christusort ist frei vom Bann. »So ich aber den Teufel durch den Geist Gottes austreibe, so ist ja das Reich Gottes zu euch gekommen«, sagt Christus nach dem Bericht des Matthäus.[64] Und bei Lukas heißt es: »So ich aber durch Gottes Finger die Teufel austreibe, so kommt ja das Reich Gottes zu euch.«[65] Der Geist ist also »der Finger an Gottes rechter Hand«, mit dem er in die Welt hineingreift und sie entbannt. Er ist der eingreifende Gottesfinger. Christus selbst aber ist der starke Gewappnete, der nun über den Fürsten dieser Welt kommt, ihn überwindet, ihm seinen Harnisch abnimmt und »den Raub austeilt«.[66] Der Durchbruch ist schon geschehen. Der Finger Gottes langt schon herein, tief in die Welt und baut das Gottesreich in die Welt, so, wie sie da steht, sich empört, durcheinanderstürzt, hinein. Der Stärkere ist nun über den Starken gekommen. Und im Hause des Starken stürzt alles übereinander, denn der Kampf ist noch in vollem Gange. In ungeheurem

Ringen rollt dieser Turm des Himmels herein in die Schlacht, die Flamme der Verklärung unablässig gegen die Mauern der Finsternis hauchend, die um ihn wachsen. Wo ihre Lohe zündet, strömt das charismatische Leben ein in die Geschichte. Seine Fleischwerdung ist die Charismatisation der Geschichtswelt. Sie löst den Schöpfungsrest aus seiner Fessel. Sie ruft das geschöpfliche Sein wieder heraus zur Freiheit der Gottessöhne aus dem magischen Sein. Die Welt muß Gottes werden. Die Welt muß Christusort werden ganz und gar. Sie muß frei werden von der Verzweiflung des Magiers und der Tyrannei der Dämonen. Auf daß Gott wieder sei alles in allem und die Entzweiung der zerrissenen Kreatur ein Ende habe.

Und das ist das andere, was an Erkenntnis aus diesem Zusammenstoß uns zuwächst: daß die Schöpfung in sich entzweit ist. Und daß sie auf keine andere Weise wieder eines wird, es sei denn, sie wird wieder mit Gott einig. Wer im Christusort steht, steht in der Heilung; der allein. Alles, was jenseits dieses Ortes noch steht, steht unter der *Illusion* der Einung. Diese Illusion ist die geliebteste aller Illusionen des erschöpften und entwurzelten Menschen. Er hat nicht mehr die Sehkraft, die wirklichen Dinge zu sehen. Er hat nicht mehr den Mut, die Wahrheit zu ertragen. Er hat seine adlige Erbmasse verloren, die ihn mit Zorn erfüllt über den Knechtstand, in dem er und die Kreaturen sich befinden. Er besitzt nicht mehr die ungebrochene Gesundheit des zum Leben Geschaffenen, die den Tod wittert, das unnatürlichste Vorkommnis im ganzen Universum. Er ist schon mürbe geworden. Er hat sich schon breitschlagen lassen und läßt sich nun schwarz für weiß vormachen, »daß der Tod sein Freund sei«, daß »ohne Schatten kein Licht sei« und er »in der besten aller Welten lebe«. Nun heult er mit den Wölfen und hält es für orphischen Gesang. Er sehnt sich nach der Unberührtheit der niederen Kreatur. Er neidet ihr die Unversehrtheit ihrer Ordnungen. Er sehnt sich nach Geborgenheit im Kreislauf ihrer Ordnung und wähnt, in ihren Schoß zurück sich geben zu können. Das könnte aber nur sein, wenn er aufhören würde, Mensch zu sein und unter sich selbst sänke. Da er das nicht kann, muß er es sich einbilden. Muß er der Illusion leben, er wäre schon unter sich selbst hinabgesunken. Muß er sich verzehren in der ehrlosen »Liebe unter sich hinab«. In der Einsamkeit seines magischen Seins, fern von Gott, ist er seines Ranges verlustig geworden, ist ihm der höchste Maßstab entfallen.

Nun zürnt er dem, der ihm die Wahrheit über sich selbst sagt. Und redet leidenschaftlich und unabhängig vom »Ganzsein«. Er philosophiert vom Ganzen, er ist es aber nicht. Er philosophiert über die Einheit von Wissen und Glauben, von Lehre und Leben, von Wahrheit und Wirklichkeit, von Idee und Geschichte, von Geist und Seele und vielem anderen noch. Was ist das, die Einheit von Leben und Lehre, von Idee und Tat, jenseits der Einung von Mensch und Gott? Eine Illusion, eine »wasserlose Wolke«, die im Grenzenlosen hängt. Nur dort ist der Mensch wieder ein Einiger, ein Ganzer geworden, wo er wieder mit Gott einig und ganz wird. Christus ist der Gotteinige. Die Durchchristung der Welt aber ist ihre Wiedervereinigung mit Gott. Außer durch Christus besteht tatsächlich nur die einzige Möglichkeit, *ganz* und *einig* zu werden mit Hilfe des obersten Teufels dadurch, daß man Baal mit Beelzebul austreibt. Dann aber wird es so gehen, daß der Beelzebul wieder den Baal austreibt. Es wird nun die Dialektik der Anarchie wie eine Lawine anwachsen jenseits des einzigen, der der Welt Herr ist. Es tritt jetzt die Dialektik der Hölle in Kraft: Wenn er zurückkommt, der böse Geist, so findet er das Haus, aus dem er eben getrieben ward, »gekehrt und geschmückt«. Dann geht er hin und nimmt »sieben Geister zu sich, die ärger sind, denn er selbst«. Etwas anderes kann die Selbstaustreibung des Teufels nie sein. Er ist der *Wider*sacher in Person. Er ist die Widersachung aus Grundsatz und Wesen. Er ist der ewige wesentliche »Anti« seiner selbst. Er ist der Gott der Zwietracht, der Dämon der Zweifelsucht. Er ist das dialektische Prinzip des miteinander streitenden, sich miteinander verwechselnden »Guten und Bösen«. Er ist der mit sich selbst zerfallene Gott. Der sich selbst gegen sich selbst ausspielende Gott. Er ist in seiner Widersachung so furchtbar, nicht um seiner Widergöttlichkeit, sondern um seiner Gottähnlichkeit willen. Er widersacht Gott, indem er dieselbe Sache, die auch Gottes Sache ist, zu der seinen macht; indem er ihn nachahmt, ihm nachfolgt auf seinem Wege und vor Gottes Werk immer die Dublette seiner eigenen, abgöttischen Kunst stellt.

Eben das ist die »Unruhe« im dialektischen Uhrwerk, die mit ihrem Hin und Her die Unhaltbarkeit jedes »Standpunktes« in die zerstörende Dynamik des ewigen Anti-seiner-Selbst unaufhörlich hinüber- und herüberführen muß. Das *letzte* Ziel liegt immer wieder noch unendlich weit weg, das *höchste* Ideal ist schließlich doch immer nicht erreicht, das *Ganze* ist in Wahrheit eben doch nicht begriffen. So steht gegen den Idealisten der Materialist und umgekehrt. Gegen den Vitalisten der Spiritualist und umgekehrt. Gegen den Rationalisten der Visionär und umgekehrt, gegen den Positivisten der Mystizist und umgekehrt und so fort die endlose Straße.

Es bietet wie kein anderes Feld menschlichen Werkes die Dialektik des Denkens den Beweis dar für den *nihilistischen* Charakter des »autonomen«, des »absoluten«, des »in sich selbst ruhenden« Geistes des Menschen. Er ist nicht weniger als die Projektionsebene dieses in sich verzwisteten Bewußtseins des Menschen.[67] Der Mensch treibt denkend mit Gott nicht weniger als nur jede mögliche Willkür. Er denkt ihn nicht nur »als« gut, »als« böse, auch »als« beides zugleich. Er denkt ihn »als« finster, »als« licht, »als« frei, »als« unfrei, »als« innerweltlich, »als« überweltlich, »als« Natur, »als« Geist, »als« Stoff und »als« Idee, »als« Kraft und »als« Form, »als« faßlich, »als« unfaßlich, »als« völkisch, »als« menschheitlich, »als« kosmisch, »als« moralisch, »als« Person, »als« großes Es, »als« Mann, »als« Weib. Er denkt Gott immer »als«. Und dieses »Als« immer zugleich »anders als«. Ja, er denkt ihn als den, der da ist, und als den, der da nicht ist: Sogar als den Nichtseienden ihn zu denken, hat der Geist im Satanismus seiner alles auflösenden Dialektik fertiggebracht. Man muß den versehrten Erkenntnisgeist des Menschen als das nehmen, was er ist, nämlich als den alle Zeiten selben und gleichen, der sein dialektisches Spiel treibt in tausend Gestalten durch die Völker und Zeiten und Genien und Einzelwesen hindurch, um ihn zu erkennen im Nihilismus seiner sich – selbst im Bejahen – verneinenden Dämonie.

Die Dialektik ist das Wesen der Sünde. Ist der Satanismus selbst. Sie ist es, die den Tod wirkt. Denn die höllische Fruchtbarkeit dieser manischen Polspaltung ist die Selbstzersetzung, die Selbstaufreibung der Weltsubstanz.

Nicht das Denken an sich ist satanisch. Es ist ursprünglich göttlich. Aber es ist versehrt. Man könnte sagen, durch Infektion mit dem Bazillus »Dialektik«. Wie ja überhaupt für das Dämonische kein besseres Gleichnis in der Körperwelt vorhanden ist als das der Seuche. Das Denken des Menschen, ursprünglich wie bei Gott unzerspalten eins im Denken und Leben, ist mit einem Spaltbazillus geschwängert und nun der *Entzweiung*, dem *Zweifel* und der *Verzweiflung* preisgegeben. Man darf wohl sagen, daß die hierdurch hervorgerufene Zerstörung nirgends so kraß in die Erscheinung trat wie im jüdischen Geist. Nicht umsonst sind es die Pharisäer, die diesen Spruch wissen von dem den Baal austreibenden Beelzebub. Und nicht umsonst hat der rabbinische Jude Saulus und nachmalige Apostel Paulus gerade an diesem Punkt die Befreiungstat des Christus am tiefsten empfunden. Er schildert Christus [68] als den König, der auf seinem Siegeszug auch dem Denken der Kreatur keinen Pardon gibt. Es wird nicht zerstört von dem Sieger, es wird von ihm »gefangengenommen«. Der Dämon, der in ihm rast, wird ausgetrieben, und das erlöste Denken wird jetzt unter den Frieden Gottes gestellt, der »höher ist als alle Vernunft – hyperechousa panta noun«.

Im christlichen Denker beginnt das entzweite Denken wieder zu heilen. Der christliche Denker beginnt wieder in Gemeinschaft mit Gott und den Wesen zu denken. Er philosophiert nicht »über« die »Ganzheit«, er »behauptet« sie nicht, er »beansprucht« sie nicht; er *übt* sie im *Vollzuge* jedes einzelnen Gedankens, indem er *liebt*. Es wendet sich jetzt wieder der Geist liebend zur Seele, um sich mit ihr zu vermählen. Das war das dämonische Verhältnis zuvor, da der Geist die Seele notzüchtete und mißbrauchte. Da er sie nicht liebte, sondern sie »besessen« hielt und »riß«, wie das Evangelium unnachahmlich sagt. Wie Geist und Seele zueinanderkommen, wie der Gedanke im Willen Macht gewinnt, das bleibt ein Rätsel. Alles aber steht darauf, daß diese Vereinigung nicht im Zorn, sondern in der Liebe geschehe. Der liebende Gedanke verklärt auch den Willen zum Liebenden. Jetzt hat nicht mehr der Dämon Raum durch den Willen in der Welt, sondern das Charisma. Welch ein Unterschied, ob der mächtige Wille in der Welt, von der Sucht berauscht, wie ein Flammenberg durch die Welt rollt, voller Gier, diese Welt in Nahrung zu verwandeln für seine Flamme, oder ob der mächtige Wille den »Willen Gottes« tut. Magie ist Willensverschreibung an die Dämonen. Wer den Willen Gottes tut, der allein ist frei vom dämonischen Willen. Es ist der magische Mensch der Weltverfallene, der charismatische aber der Weltmächtige.

Der Abschnitt, in dem Christus seine Jünger »Mutter und Bruder« heißt, gehört unmittelbar noch in den Zusammenhang dieses Geschehens. Die große Erregung, in der Christus aus diesem Zusammenstoß herausschreitet, flammt hier noch in verzehrendem Glanze in dem vertrauten Zusammensein mit den Seinen nach. Seine Mutter und seine Brüder suchen ihn. Sie mögen es wittern – mit der Liebe der Blutsverwandten –, daß Christus eben eine große Gefahr bestanden habe. So suchen sie ihn, um ihn zu bergen im Schoß der Sippe. Um zu verstehen, was Christus in diesem Anspruch auf sich zukommen sieht, muß man den lukanischen Schluß der Geschichte danebenhalten. »Es erhob ein Weib im Volk seine Stimme und sprach zu ihm: Selig der Leib, der dich getragen hat, und die Brüste, die du gesogen hast.«[69] Beide Male lehnt Christus ab. Er lehnt den Anspruch des magischen Seins ab. In Mutter und Brüdern, in dem urwüchsigen Weib aus dem Volk erhebt sich jetzt die Stimme der Erde, die auch ihn, den Sohn Gottes, geboren hat. Liebend, bittend, beschwörend erhebt sich die Erde und zeigt ihm ihr Zeichen, daß er sich vor ihm neige. Würde er folgen, so fiele seine Simsonlocke. So wiche die »Kraft des Geistes« von ihm, mit dem »Finger Gottes« die Erde zu entbannen und in das Reich der Himmel hinaufzuheben. So sagt er zum Weib aus dem Volk: »Ja, selig sind, die das Wort Gottes hören und bewahren.« Und zu Mutter und Brüdern: »Wer Gottes Willen tut, der ist mein Bruder und meine Schwester und meine Mutter.«

UND ER FING ABERMAL AN ZU LEHREN AM MEER. UND ES VERSAMMELTE SICH VIEL VOLKS ZU IHM / ALSO DASS ER MUSSTE IN EIN SCHIFF TRETEN UND AUF DEM WASSER SITZEN. UND ALLES VOLK STUND AUF DEM LANDE AM MEER. UND ER PREDIGTE IHNEN LANG DURCH GLEICHNISSE. UND IN SEINER PREDIGT SPRACH ER ZU IHNEN: HÖRET ZU! SIEHE / ES GING EIN SÄMANN AUS ZUM SÄEN. UND ES BEGAB SICH / INDEM ER SÄTE / FIEL ETLICHES AN DEN WEG. DA KAMEN DIE VÖGEL UNTER DEM HIMMEL UND FRASSEN'S AUF. ETLICHES FIEL IN DAS STEINIGE / DA ES NICHT VIEL ERDE HATTE. UND GING BALD AUF / DARUM / DASS ES NICHT TIEFE ERDE HATTE. DA NUN DIE SONNE AUFGING / VERWELKTE ES UND DIEWEIL ES NICHT WURZEL HATTE / VERDORRTE ES. UND ETLICHES FIEL UNTER DIE DORNEN. UND DIE DORNEN WUCHSEN EMPOR UND ERSTICKTEN'S UND ES BRACHTE KEINE FRUCHT. UND ETLICHES FIEL AUF EIN GUT LAND UND BRACHTE FRUCHT / DIE DA ZUNAHM UND WUCHS. UND ETLICHES TRUG DREISSIGFÄLTIG UND ETLICHES SECHZIGFÄLTIG UND ETLICHES HUNDERTFÄLTIG. UND ER SPRACH ZU IHNEN: WER OHREN HAT ZU HÖREN / DER HÖRE; UND DA ER ALLEIN WAR / FRAGTEN IHN UM DIES GLEICHNIS / DIE UM IHN WAREN SAMT DEN

Zwölfen. Und er sprach zu ihnen: Euch ist's gegeben /
das Geheimnis vom Reiche Gottes zu wissen. Denen aber
draussen widerfährt es alles durch Gleichnisse / auf dass sie
es mit sehenden Augen sehen und doch nicht erkennen und
mit hörenden Ohren hören und doch nicht verstehen /
auf dass sie sich nicht dermaleinst bekehren und ihre Sünden
ihnen vergeben werden. Und er sprach zu ihnen: Verstehet
ihr dies Gleichnis nicht / wie wollt ihr denn die andern
alle verstehn? Der Sämann säet das Wort. Diese sind's aber /
die an dem Wege sind: Wo das Wort gesät wird und sie es
gehört haben / so kommt alsbald der Satan und nimmt weg
das Wort / das in ihr Herz gesäet war. Also auch die sind's /
bei welchen aufs Steinige gesät ist: Wenn sie das Wort
gehört haben / nehmen sie es bald mit Freuden auf und haben
keine Wurzel in sich / sondern sind wetterwendisch. Wenn
sich Trübsal oder Verfolgung um des Wortes willen erhebt /
so ärgern sie sich alsbald. Und diese sind's / bei welchen
unter die Dornen gesäet ist: Die das Wort hören und die
Sorgen dieser Welt und der betrügliche Reichtum und viel
andere Lüste gehen hinein und ersticken das Wort und
bleibet ohne Frucht. Und diese sind's / bei welchen auf ein gut
Land gesäet ist: Die das Wort hören und nehmen's an und
bringen Frucht / etlicher dreissigfältig und etlicher
sechzigfältig und etlicher hundertfältig. Und sprach zu
ihnen: Zündet man auch ein Licht an / dass man's unter einen
Scheffel oder unter einen Tisch setze? Mitnichten / sondern
dass man's auf einen Leuchter setze. Denn es ist nichts
verborgen / das nicht offenbar werde / und ist nichts Heimliches / das nicht hervorkomme. Wer Ohren hat zu hören /
der höre! Und sprach zu ihnen: Sehet zu / was ihr höret!
Mit welcherlei Mass ihr messet / wird man euch wieder
messen und man wird noch zugeben euch / die ihr dies höret.
Denn wer da hat / dem wird gegeben. Und wer nicht hat /
von dem wird man nehmen auch / das er hat. Und er sprach:
Das Reich Gottes hat sich also / als wenn ein Mensch Samen
aufs Land wirft und schläft und stehet auf Nacht und Tag.
Und der Samen gehet auf und wächset / dass er's nicht weiss.
Denn die Erde bringet von ihr selbst zum ersten das Gras /
darnach die Ähren / darnach den vollen Weizen in den Ähren.
Wenn sie aber die Frucht gebracht hat / so schicket er
bald die Sichel hin. Denn die Ernte ist da. Und er sprach:

WEM WOLLEN WIR DAS REICH GOTTES VERGLEICHEN UND DURCH WELCH GLEICHNIS WOLLEN WIR ES VORBILDEN? GLEICHWIE EIN SENFKORN / WENN DAS GESÄT WIRD AUFS LAND / SO IST'S DAS KLEINSTE UNTER ALLEN SAMEN AUF ERDEN. UND WENN ES GESÄET IST / SO NIMMT ES ZU UND WIRD GRÖSSER DENN ALLE KOHLKRÄUTER UND GEWINNET GROSSE ZWEIGE / ALSO DASS DIE VÖGEL UNTER DEM HIMMEL IN SEINEM SCHATTEN WOHNEN KÖNNEN. UND DURCH VIELE SOLCHE GLEICHNISSE SAGTE ER IHNEN DAS WORT / NACH DEM SIE ES HÖREN KONNTEN. UND OHNE GLEICHNIS REDETE ER NICHTS ZU IHNEN. ABER INSONDERHEIT LEGTE ER'S SEINEN JÜNGERN ALLES AUS.

Wo sah man je einen Heiligen, einen Propheten so umdrängt von den Menschen wie diesen Jesus von Nazareth! Er muß schon wieder die Wasserkanzel besteigen. Luther übersetzt unvergleichlich sinnenhaft: »also, daß er mußte in ein Schiff treten und auf dem Wasser sitzen und alles Volk stund auf dem Land am Meer.« Christus spricht durch Gleichnisse. Er nahm seine Texte, so heißt das, nur in den seltensten Fällen aus den Heiligen Schriften der Vergangenheit. Er nahm seine Texte, so heißt das, aus der lebendigen Welt. Er konnte das tun, weil die Welt selbst Gleichnischarakter hatte. Sie war ja trotz allem von Gott geschaffene Welt. Auch die Scherbe atmete mit jedem Zuge das unersetzbare Leben, das ihr die göttliche Töpferhand einst gab. Da war natürliche Prophetie drin, in den Dingen. »Wem wollen wir das Gottesreich vergleichen? Durch welches Gleichnis wollen wir es vorbilden?« »Vorbilden«, verdeutscht es Luther. »Setzen«, »hinstellen«, sagt der Grundtext. Wo bietet die Welt den Grundstoff dar, aus dem wir das Gottesreich vorausbilden – im Gleichnis? In der lebendigen Welt erspürt er allenthalben, wie sie *angelegt* ist auf das Gottesziel, auf die Vollendung im Gottesreich.

Es ist da im Gleichnis auch noch etwas anderes. Es hat nicht nur Kraft, mit der Anschauungsmacht des Vorausgeschaffenen, mit der Unmittelbarkeit einer Vorschöpfung auf die Sache selbst zu weisen, nämlich als ihr Bild. Es hat auch noch die andere Fähigkeit, unmittelbar einleuchtend zu machen, daß es die Sache selbst noch nicht ist. Ja, es hat die Kraft, zu verstocken den, der diese ihre Ordnung mißachtet. Das Bild ist nicht die Sache selbst. Weh dem also, der das »Bild«, der das »Gesetz« für die Sache selbst nimmt. Er leidet den

Fluch der Heidenwelt, sehend zu sehen und doch nicht zu sehen. Er leidet den Fluch der Judenschaft, hörend zu hören und doch nicht zu hören. Der Sehende, der blind ist, bleibt im Bilderdienst hängen. Der Hörende, der taub ist, im Gesetzesdienst. Keiner von beiden tritt hinter die Wand. Bild und Tafel werden den beiden zum falschen Gott. Erschütternd die Macht dieser Verstockung! Die Unzählbaren, die da vorüberziehen, nicht über die Erscheinung der Natur hinausgelangen; die über dem Gesetze den König selbst nicht erkennen; die sagen, das Welt*bild*, das Welt*gesetz*, das ist mein Gott. Daß da keine Macht stark genug ist, den Bann zu brechen! Ja, wie ein Feuerhauch unvorstellbarer Gerichte bricht es hier hervor, dieses: »Auf daß«! »Auf daß« sie nicht dermaleinst sich bekehren und ihre Sünden ihnen vergeben werden!

Das Geheimnis ist es, um das es hier geht. Um das Gottesgeheimnis seines Reiches in der Welt. Das hinter der Bilderwand steht und das keiner vernimmt, es sei denn durch den Geist. Der muß kommen. Der kann auch die Nacht der Verstockung durchbrechen. Er muß das Licht hinter der Bilderwand anzünden. Das Licht muß auf den Leuchter gehoben werden, hoch herauf in die Mitte, damit es leuchte durch die Wand. Man soll den Geist nicht dämpfen, sondern auf den Leuchter heben. Und nun leuchtet es, nun beginnt die Wand zu leben, nun fängt sie an, wundersam zu erglühen; durch und durch strahlt sein Glanz, »gibt der Welt ein' neuen Schein«. Durch und durch strahlt sein Glanz, nichts Heimliches ist mehr, das jetzt nicht hervorkomme. Alles wird aufgedeckt, auch der zornig sich wehrende Böse steht plötzlich da im Glanze dieses Lichts. Unvertüncht wird der Sprung gesehen, der die Scherbe, die unersetzbar köstliche, rings umzieht. »Es bleibt nichts heimlich, das man nicht wissen werde.« »Was ich euch sage in der Finsternis, das redet im Licht. Und was ich euch predige ins Ohr, das redet auf den Dächern.« Ihr seid es, denen ich mit vollem Maße gab. Ihr wißt das Geheimnis des Reiches. Nun fällt der Segen über euch und wächst. Die Gabe, die ihr empfingt, ruht nicht. Sie ist Same, der wächst. Sie ist Kraft, die schwillt. Sie hat Himmel in sich. Und der ruht nicht, bis er die ganze Erde sich anverwandelt hat. Man wird euch deshalb mit größerem Maße messen als die anderen. Denn wer viel empfing wie ihr, von dem wird auch viel gefordert werden. Das charismatische Leben ruht nicht. Es ist mit dem Wort der Evangelien »dynamis«. Es stellt die ganze Welt von jetzt an unter das Gesetz seiner Dynamik. Die große Verwandlung hält jetzt niemand mehr auf. Entweder wachsen nach oben für den, dem gegeben ward, unwiderstehlich, durch jedes Hindernis, Felsen sprengend, Berge bewegend. Oder abnehmen nach unten hin für den, dem genommen ward. Dem das Keimauge genommen ward, habe er besessen zuvor, was er auch wolle. Verwesen, verderben, vom Wurme gefressen! »Denn wer nicht hat, von dem wird man nehmen auch, das er hat.«

Der Same ist das Gleichnis des Himmelreichs. Der Same trägt das Schöpfungsgeheimnis in seiner Hülle. Und das Schöpfungsgeheimnis ist auch das Geheimnis des Himmelreichs. Genau wie der Same im Acker, so ist das Reich in der Welt. So verborgen, von niemandem bemerkt, sich selbst überlassen, der Verwesung überantwortet. Und zugleich so keimkräftig, den großen Acker durch und durch schwängernd mit dem Geäder der Keimung, ihn bis zum Bersten füllend mit der Trächtigkeit geheimnisvollen Wachstums. Christus darf es von seinem Erdenwandel sagen, daß mit ihm das Reich »da« sei; ja, daß es mit ihm da sei, *in* den Menschen, den Pharisäern, *mitten in* seinen Feinden, *mitten in* der Welt;[70] daß da, wo er mit dem Gottesfinger die Dämonen überwinde, das Reich über die Menschen hereinbreche. Denn er, Christus, ist ja das »Korn«. Er ist das Geheimnis, »verborgen seit Grundlegung der Welt«. Denn darum, um nichts weniger, handelt es sich beim »Geheimnis des Himmelreiches«.[71] »Ich will meinen Mund auftun und aussprechen die Heimlichkeiten von Anfang der Welt.«[72] Mit keinem geringeren Anspruch als diesem leitet Christus seine große Eröffnung des Himmelreichsgeheimnisses ein. Es sind eine Vielzahl von »Verborgenen Dingen«, es sind die »mysteria« des »Königreichs der Himmel«. »So ist das Königreich Gottes: als wenn ... ein Mensch den Samen wirft auf das Land.« »Das Königreich der Himmel ist gleich einem Menschen, der guten Samen sät..., ist gleich einem Senfkorn, das ein Mensch nahm und säete auf seinen Acker.« In ihm ist das Geheimnis der Schöpfung selbst noch einmal gegenwärtig mitten in der Geschichtswerkerei, die der Mensch macht, in welcher Macht der Mensch »verbraucht« und »bezweckt« und »verwertet«, was er nicht geschaffen, sondern aus dem Geheimnis des Saatkorns empfangen hat, das für ihn Brot wird und ihn erhält. Das Geheimnis der Schöpfung, das den Samen wachsen heißt und das für den Menschen schlechthin unanrührbar bleibt. »Denn der schläft und stehet auf, Nacht und Tag. Und der Same geht auf und wächset, daß er's nicht weiß.« Das große Saatkorn ist der Christus. Christus ist das Gotteskorn, in dem sich Gott selbst auf den Acker der Welt aussät. In die Menschenwelt hinein sät er sich aus. Und Menschen sind die Frucht. Die Christusfrucht ist nicht wieder ein Mensch, natürlich wie zuvor. Es ist ein neues Geschöpf. Es ist der *neue Mensch.* »Du Narr, was du säest, wird nicht lebendig, es sterbe denn. Und was du säest, ist nicht der Leib, der werden soll, sondern ein bloß Korn.«[73] Was wir hier zu sehen bekommen auf dem Geschichtsacker, das ist nur Korn, das eingesät wird und das auch mit seinem Keim unter der Scholle verdeckt bleibt. Die Frucht ist der »Leib, der werden soll«, und den könnte nur eine »himmlische Physiologie« beschreiben. Sein *Anderssein* zeigt die schlichte Gleichnissprache, indem sie sagt, was das Korn aus sich hervortreibt und was auf jeder neuen Stufe der Entfaltung bis zum überwältigenden Wunder *anders* ist als das Korn tief unten: »zum ersten Halm, danach Ähre, danach voller Weizen in der Ähre«. So ist die Frucht dasselbe wie der Same und doch ein anderes. Unten im Erdreich west das bescheidene Korn in seiner Gruft. Oben im Gottesreich schwebt die Ähre auf dem Halme hochgereckt im Glanz des Mittags. Sie *ist* das Korn, *aber* »hundertfältig«. So drückt das Gleichnis das Anderssein der »neuen Kreatur« aus, die das Alte nicht verachtet, sondern in wundersamer Erhöhung zur Hundertfältigkeit in das Neue hinüber sich verwandeln läßt. Es ist eine Frucht, die hier reift. Es ist eine Frucht, die zum erstenmal das sein darf, was die Frucht sein soll: Vollendung, Schönheit, Fülle. Und das als aufgefalteter Kern, als zur Sonne emporgehobene Ährenkrone der Freude, als Ziel, als End-Ziel, als Voll-Ende, als zur Ruhe eingehende, rundum erfüllte Reife, die zum erstenmal dem furchtbaren Kreisel von Wiedergesätwerden und Wiederverwesen in endloser Zerzeugung ihrer selbst entnommen wird; die zum ersten Male dem Fluch entnommen wird, doch nicht zum Ziel gelangt zu sein, doch nicht ruhen zu dürfen, wieder hinab zu müssen in den tantalischen Umlauf des ewig Unvollendeten, des ewig von vorne Beginnenden, der jeden werdenden Tag dieses Kosmos wieder in die Nacht der Gebärung hinunterstürzt; die – zum erstenmal der Sorge bar um den morgigen Tag – sich hinbreiten darf dem Ernteherrn als Opfergabe der Freude im seligen, ewigen Heut.

Jünger und *Reifer* – dies beides gehört unter der Saatkornordnung zusammen. Nur wer Jünger geworden ist, kann reifen. Jünger werden heißt gezeugt werden. Jünger heißt Gezeugter, Geborener, Gesäter des Christus sein. Jünger werden heißt ein jüngerer Christus geworden sein. »Ich bin der Jünger von ihm« heißt: Ich bin der von ihm jung Gewordene, der Sohn von ihm, der kleine Christus.

Ist die Reife also das Voll-werden, das Mit-Leben-sich-füllen, von Leben-satt-werden, so ist der Vollendungsstand: die Fülle-selbst-sein! Der Leib-Christi-selbst-sein!

In der Reife bin ich ein anderer als in der Saat. Ich bin ein Erfüllter, ein Gestillter. Der Durst des Saatkorns ist gestillt. Es ist Frucht geworden. Die Frucht aber wird geerntet, zermahlen und zum Gottesbrot ausgebacken: Wir werden Christi Leib.

Dieses Reifwerden ist das Mysterium der Geschichte. Es ist das besondere Werk des Heiligen Geistes. In den stillen Gluten seiner Feuertaufen wird das Geschichtsfeld erntereif. Es wird auf ihm reif der Weizen des Gottesreichs, um des willen auch dem Unkraut sein üppiges Leben gefristet bleibt. Um dieses Reifwerdens willen darf der Geist nicht gelästert werden.[74] Denn er macht reif. Und in der Ernte kommt der Sinn des ganzen Geschichtslaufes zutag: das Reich.

»Der Acker ist die Welt«, sagt Christus.[75] »Denn also hat Gott die *Welt* geliebt – houtos gar egapesen ho theos ton *kosmon!*«[76] Dieselbe Welt, die das Licht nicht kannte, den Kosmos in der Nacht.[77]

Gott verwandelt, aber zerstört nicht. Er verwandelt eher die Hölle schließlich noch in das Himmelreich hinein, als daß er da ein Nichts sein ließe. Der Nihilismus bleibt das ausschließliche Geschichtsspiel des Teufels. Gott verwandelt und bleibt darin seinem Schöpfergenius treu. Er verwandelt, aber anders, als wir Menschen das vermögen und nach solchem Vermögen den Begriff uns bilden. Darum sagt das Evangelium: er mache alles *neu*. Daß Himmel und Erde »vergehen« werden, besagt nicht, daß sie zu »Nichts« vergehen werden. Es besagt das Gegenteil. Es besagt, daß sie in eine neue Gestalt *hinüber*gehen werden. Es besagt das von der einen, von der alten Welt. Es besagt das von der Erde, von dieser Erde; vom Menschen, diesem verweslichen Menschen, von dir und von mir.

Die Welt ist also nicht verworfen. Sie ist sogar berufen. Sie ist zum Acker berufen. Ja, sie ist nicht nur berufen, sondern auch bestellt. Bestellt – mit dem Samen des Reichs. Die Frucht *ist* die Scholle, aber verwandelt. Der Christ *ist* die Erde, aber verwandelt. Die Ähre ist verwandelte Ackerkrume. So geläutert, verklärt, über sich selbst erhöht wie die Erde sich in der Ähre erkennt, so darf sich der »Acker der Welt« im Königreich der Himmel wiedererkennen. Und dabei restet gewaltige Urkraft noch in dieser Erde. Sie empfängt nicht nur. Sie sendet ihre Säfte und Salze zum Korn. Sie bringt hervor, wie Christus sagt, »von ihr selbst« – automate – »aus eigenem Triebe« das ganze Gewächs. Sie ist vom Schöpfer angeredet. Und sie antwortet ihm. Sein Wort ging aus, der heilige Same, in das Fleisch und *wird* in der Auferstehung des Fleisches das Reich.

Der Sprache der Bibel wohnt die Kraft einer gewaltigen Verleibung inne. Sie meint wirklich noch das, was sie sagt. Die Vergeistigungssucht unseres rationalistischen Denkens hat diese Geistleiblichkeit der göttlichen Welt, um die es sich in der Bibel handelt, in eine platonische Unwirklichkeit verwandelt, die das größte Hindernis für unseren Einblick in die Gotteswelt ist. Wenn also Christus von sich selbst sagt, er habe gemäß der vorbildenden Weissagung von Jonas in des Walfisches Bauch drei Tage und drei Nächte im »Herzen der Erde«[78] gelegen, so wird uns hier gesagt, was das war, als Christus im Grabe des Josef von Arimathia ruhte. In der Menschwerdung des Sohnes Gottes wurde der Kosmos der Nacht vom Schöpfer gewürdigt, mütterlicher Schoß der neuen Schöpfung zu sein. So nämlich durch und durch schöpferlich, jasagend, bringt Gott die Welt zurecht, indem er sie ruft, seiner Gottheit Ackerschoß zu sein. »Der Acker aber ist die Welt.« Diese Offenbarung, daß Gott in seiner Menschwerdung den Kosmos der Nacht durch die Gottesmutterschaft sich zur Gehilfin der Erlösung berufen habe, ist von der jungen Christenheit mit liebender Dankbarkeit erkannt worden. Und zugleich die Tatsache, daß in solcher Berufung der Jungfrau Maria zum »himmlischen Tor« auch unsere Erlösung angebrochen sei, und zwar so, daß gerade dort der Auf-Bruch, die Lösung beginne, wo wir Menschen am spürbarsten und vollständigsten der Verlorenheit preisgegeben sind: in der stofflichen Welt. Denn wir sind ja Fleisch, sind ja Erdmänner und erfahren hier die Preisgegebenheit des Stoffes in ihrer übermächtigen Gestalt: im Tod. Nicht die stoffliche Welt an sich ist der Sitz der Sünde. In ihr wird lediglich unsere Gottverlassenheit am tiefsten, härtesten und umfassendsten von uns erfahren, nämlich als Nichtigkeit des Staubes, der als Grundstoff der Welt seine Nichtigkeit ohne den Heiligen Geist stärker als jedes andere Element zu erfahren hat. Erhebt sich erst das Fleisch wieder zur Verklärung, so ist das All wieder himmlisch geworden. Die Auferstehung des Fleisches ist das Haupt- und Staatssiegel auf den totalen Sieg Gottes. Es macht den Schlußpunkt im Artikel vom Heiligen Geist.

»Mit meinem Staubgewand, das er nahm aus dir, hat, Unversehrte, Reine, o Mutter-Jungfrau, Gott sich bekleidet, er, der erschuf die Äonen und mit sich vereinte des Menschen Natur«, singt Andreas von Kreta.[79] »Unser erdhaftes, verderbliches Wesen hast du zum Himmel erhoben, o Reine.«[80] – »Du hast unsern Erdenstaub durch Gottes Einweihung in dir, o Allreine, zum Himmel erhoben.« Und darum vermag der Hymniker fortzufahren, gerade sie, des »Staubes« Erheberin, »sei aller Erretterin aus der Gefahr«.[81] Gerade darum geschieht es, daß die Mutter Gottes in jenen Gefahren als Erretterin angerufen wird, die dem Menschen als Staubgeburt drohen: in Krankheit, in Erde-, Wasser- und Wettersnot.

Jenen Geschlechtern, die einst für die »Gottesgebärerin« kämpften, war noch in ungebrochener Kräftigkeit das Bewußtsein um die Realität der Weltverlorenheit flammendes Teil ihres menschlichen Fleisches und menschlichen Blutes. Sie spürten noch in der Weisheit ihrer Einfalt, daß eine Erlösung der »Seele« ohne die Leibeswelt ein Phantom sei. Sie waren die letzten, die wirklich noch wußten, daß die Heimholung der *Welt* der Urruf des Evangeliums ist. Eine Spur von jener frühchristlichen Gewißheit, daß im Evangelium der Staub und darin das Gesamt der Schöpfung angerufen ist, klingt mit einem beinahe urchristlichen Klang noch einmal in des evangelischen Gottfried Benedikt Funk Osterhymnus »Halleluja, jauchzt ihr Chöre« unvermutet auf:

Unsern Staub mag Staub bedecken,
du wirst ihn herrlich auferwecken,
der du des Staubes Schöpfer bist.
Du wirst unvergänglich Leben
und Kraft und Herrlichkeit ihm geben,
dem Staube, der dir teuer ist.

Aber auch hier ist schon Verzicht getan auf den anwesenden Gott und jegliche Verklärungskraft in Hoffnung hinausgehalten aus dem gegenwärtigen Geschichtslauf und erst in seinem Enden erwartet. Jenen Frühchristen war es noch das Selbstverständliche, daß der in der Gottesgeburt »im Fleisch« Erschienene nun auch für alle Zeit im Fleisch *da* war und daß diese seine Anwesenheit nicht mehr zurückgeworfen werden konnte, daß sie vielmehr spürbar und vom Menschen anrufbar gegenwärtig sein mußte. Die alte Kirche wußte noch um das *ganze* Geheimnis des Dritten Artikels. Indem sie bekannte, bekannte sie das von ihr gelebte Leben aus dem Geist. Sie wußte noch, daß »Fleischwerdung« und »Ausgießung auf alles Fleisch« dasselbe war und daß sie davon lebte. Zu der Gewißheit des im Menschgebornen wieder geschichtsinwärts gewordenen Gottes kam auch die Gewißheit seiner räumlichen Beiwohnung der Welt. Jene Frühchristen wußten noch, was dem atomisierenden Einzeldenken des individualistischen Verfalls immer unfaßbarer wurde: daß, wenn Gott einen einzelnen Menschen leiblich-wirklich berührt habe, er damit das ganze Menschengeschlecht und in ihm den ganzen Kosmos berührt habe; daß in Maria, der jungfräulichen Mutter Gottes, der ganze Kosmos beschattet und heimgesucht war als die harrende und seufzende Kreatur, die ohne ihren Willen und ohne ihre Schuld der Vergänglichkeit unterworfen war.[82] Der von Gott in der Gottesgebärerin zur Mutterschaft gerufene »Acker Welt« bringt hervor »von ihm selbst« das Reich. Das Reich aber ist der Sohn, in dem der alte Himmel und die alte Erde wiedergeboren, in dem Himmel und Erde neu werden. »Wie aus Fäden, in Meerpurpur getaucht, o Reine, ward das geistige Purpurgewand des Emanuel Fleisch, drinnen in deinem Schoße gewebt.«[83]

Es ist die dualistische Philosophie, die im Christentum die Schafstallpsychose der »kleinen Herde« verschuldet hat und die Christus in ihrem Schafstall festhalten will auf seinem Weg aus den Himmeln *in die Welt.* Hier wird ganz und gar vergessen, daß der Hirte Christus ja nur deshalb in den Schafstall hineingeht, um seine Schafe herauszuführen *in die Welt* (Vers 3), nämlich »wie Schafe unter die Wölfe«.[84] Und zwar tut er das, indem er sie zu solchem Gang ein jedes »bei seinem Namen« ruft und dann herausführt *in die Welt.* Das ist der Sinn der Türhütung, daß in der Kirche die Jünger bereitgehalten werden für Christus, um in seiner, nicht aber in einer falschen Christusgefolgschaft den großen Gang *in die Welt* zu tun. Denn eben in diesem Heilandsgang in die Welt vollzieht sich das Mysterium der

Geschichte: die Verwandlung der Welt. »Ich habe noch andere Schafe«, sagt Christus, »die sind nicht aus diesem Stalle. Und dieselbigen werden meine Stimme hören und wird *eine* Herde und *ein* Hirt werden.« Man muß dieser Psychose jenes Wort zu Petrus entgegenhalten: »Was Gott gereinigt hat, das mache du nicht gemein.«[85] In dem Tuch aber, das vom Himmel herab ihm auf den Tisch sank, war »alles« Getier, wie es ausdrücklich heißt, sogar einschließlich der Schlange (!), als »von Gott gereinigt« ihm zur Speise vorgesetzt. Hieß das alte Gebot »Iß nicht!«, so heißt das neue: »Stehe auf, schlachte und iß!« Denn die göttliche Reinigung ist Verwandlung. Ist Verwandlung der Welt mitsamt – der Schlange!

UND AN DEMSELBEN TAGE DES ABENDS SPRACH ER ZU IHNEN: LASST UNS HINÜBERFAHREN. UND SIE LIESSEN DAS VOLK GEHEN UND NAHMEN IHN / WIE ER IM SCHIFF WAR. UND ES WAREN MEHR SCHIFFE BEI IHM. UND ES ERHUB SICH EIN GROSSER WINDWIRBEL UND WARF DIE WELLEN IN DAS SCHIFF / ALSO DASS DAS SCHIFF VOLL WARD. UND ER WAR HINTEN AUF DEM SCHIFF UND SCHLIEF AUF EINEM KISSEN. UND SIE WECKTEN IHN AUF UND SPRACHEN ZU IHM: MEISTER / FRAGST DU NICHTS DARNACH / DASS WIR VERDERBEN? UND ER STUND AUF UND BEDRÄUETE DEN WIND UND SPRACH ZU DEM MEER: SCHWEIG UND VERSTUMME! UND DER WIND LEGTE SICH UND WARD EINE GROSSE STILLE. UND ER SPRACH ZU IHNEN: WIE SEID IHR SO FURCHTSAM? WIE / DASS IHR KEINEN GLAUBEN HABT? UND SIE FÜRCHTETEN SICH SEHR UND SPRACHEN UNTEREINANDNR: WER IST DER? DENN WIND UND MEER SIND IHM GEHORSAM.

Zu landen war nicht möglich vor der Mauer Volks am Strande. Was hätten sie wohl mit ihm gemacht, wenn er unter sie getreten wäre? Das war das Erregende, das Niegehörte an seiner Verkündigung, das Umwälzende, alle Pfeiler aus ihrem Grunde Hebende, *diese* Nähe des Gottesreiches. Daß es schon so weit war, wie man da hörte und vor Augen sah mit diesem Manne! Denn er redete nicht nur mit niegekannter Gewalt über die Seelen. Er tat das auch, was er kündete. Das war wie ein Sturmbock, der immer dröhnender, immer härter an das eiserne Tor der Welt hämmerte. Schon lockerten sich die Angeln aus ihrer Verankerung im Gemäuer. Schon sah das Volk die riesigen Flügel wanken und auf sich niederstürzen.

DAS REICH BRICHT IN DEN NATURRAUM EIN 271

So hießen sie die Menge auseinandergehn. Noch am selbigen Abend hinüber an die andere Seite des Sees zu fahren, beschlossen sie. Einer Flucht glich diese Abfahrt. Einer Flucht vor dem Volke am Ufer. Sie nahmen ihn, wie er im Schiffe war, ohne sich noch mit Zehrung zu versehen oder sonst Gerät. Sie konnten gerade nur kehrtmachen und in See stechen. Eine kleine Flottille war es geworden. Denn was da noch an Booten am Lande war, hatte losgemacht und sich neben die Wasserkanzel des Sohnes Gottes gelegt. Ganz nahe wollten sie ihm sein. Kein Wort sollte verlorengehen. Sie tranken seine Stimme ein in ihre Seelen. Und schon vom Glanz seines Auges ging eine Gewalt aus, die aus den tiefsten Verschüttungen herauf jedem Einzelnen das Ebenbild hob. So fährt er nicht allein hinaus. In seinem Banne segelt eine ganze Fischerflottille.

Es begann jetzt zu dunkeln, und ein Sturm erhob sich. Ein Sturm, wie er in den Tropen im Wechsel vom Tag zur Nacht sich gerne erhebt. Eine Windsbraut kam vom Ufer herüber in einer schwarzen Säule. In ihrer wilden Umdrehung zusammengewunden, trug sie Lohen von Sand, Sturmnacht, Wetterwolken, Blitze. Und mitten über dem See brach die Ungeheure entzwei und entlud ihr Verderben. So kam es, daß die Wellen von allen Seiten zugleich über Bord hereinstürzten, ebensowohl von vorn wie von den Seiten. Die Schiffer warfen sich dem Element entgegen. An allen Seiten zugleich, in den Segeln, in den Tauen, am Steuer. Und dann schöpfen, Wasser schöpfen, denn jetzt ging's um das Leben. Sie waren allein in der Finsternis mit einem Schlage. Weder rechts noch links war ein Begleitschiff mehr zu sehen. Wer solche Lage kennt, weiß, daß jetzt kein Wort mehr gesprochen wird. In jedem Griff liegt Tod und Leben verborgen. Und im Brüllen des Sturmes, im Peitschen der Segel, im Rasseln der Ketten verweht jedes Wort. Und er, der Hohe, den sie hier fuhren, schlief hinten im Schiff! Das hatte mit Nerven nichts zu tun. Auch nicht mit Mut. Das war mehr als Nerven und Mut. Wie stählern man sich auch immer beides in ihm denken mochte. Das war – in ihrer Unberührbarkeit – eine Geborgenheit von einer anderen Welt. Und nun empören sich die, die ihn verehren und ihm folgen. Denn das war nicht mehr menschlich.

Da liegt es, das Saatkorn Gottes, das Schiff zur Hülse, den Elementen im Schoße, die um ihn her toben. Der Same liegt im Schoße der blinden, wilden, unerlösten Kreaturen, die ihn noch nicht erkannt haben. Ihnen völlig preisgegeben, von ihnen zugedeckt und verschlungen. In diesem Schoße liegt er, in dem Urgrund und Abgrund der Mütter. Dort liegt er und schläft. Er liegt dort im Sturm alle Tage der Zeit und schläft.

Das ist das Bild der Geschichtswelt, dieser See, über den der Taifun seine Flutwoge treibt. Ein winziges Schifflein treibt darin. Wahrlich, eine Nußschale auf der hohen, schwarzen Wasserwand. Und darin schläft er, der Macht hat, sie zu stillen, weil auch sie es ist, die er geschaffen hat.

Die Verzweifelten wecken ihn. Ob er nicht danach frage, daß sie verderben? Und nun steht er auf und spricht. Er spricht zu dem, was wir vernunftlose, »tote« Materie nennen. Er redet sie an. Und die Angeredete vernimmt ihn. Wie ein Erwachen geschieht es im Stoffe. Wie ein unergründliches, dunkles Augenaufschlagen: sie erkennt ihn. Sie empfängt Ohr, die taube, und hört jetzt. »Und ward eine große Stille.«

Wie groß ist unsere Ferne von der »Natur«! Das ahnt man, wenn man sieht, wie nah der Gottessohn ihr war. Hier geschah wirklich etwas zwischen den beiden. Hier hob sich ein Antlitz, ein Auge und ein Ohr ihm entgegen, von dem wir nichts wissen. Wie ferne sind wir von der Natur! So ferne, daß wir ihr wahres Antlitz gar nicht mehr sehen. Wir sehen nur noch einen Ausschnitt an ihr. Eine winzige Kante, mit der sie vorspringt in unser Dasein und an der wir unsere Nägel einschlagen, ein paar von unseren Menschensachen daran aufzuhängen; das, was wir »Naturgesetz« nennen oder »Weltordnung«. Mit welchen Künsten wir ihr jeden nur möglichen Vorteil für uns ablisten. Vorteil ist es, den wir herauswirtschaften an dieser Kante, an die wir unsere Faust gekrallt haben. Das andere aber, was dahintersteckt, davon wissen wir nichts.

Wie fern sind wir der Natur! Am fernsten dort, wo wir ihre Finsternis leugnen, den Abgrund bis zum Rand voll nie gezähmter Gewalten der Zerstörung. Ja, sie kann auch lächeln. Lächeln mit einer Gewalt, wie nichts auf der Welt, weil sie Gewalt noch aus dem Paradies hat. Aber der weiß nichts von ihr, der sie nur lächeln sieht. Was dem arglosen Jüngling verstattet ist, bleibt Schande des Mannes, dem Weisheit ziemt. Eine doppelköpfige Göttin ist die Natur.

Wie fern ist unser Geschlecht von der Natur, das sich geborgen wähnt in der Festung, geborgen wähnt und leugnet, bis es hervorbricht aus dem Herzen der Festung selbst, der Sturm der zerstörenden Gewalten, und die eisernen Engel, die der Mensch sich selbst schuf, sich gegen ihren eigenen Herren kehren mit ihrer Kraft. Dann bebt die Erde und reißt ihre Schlünde auf, und dann werfen sich die Hügel über die Ohnmächtigen. Dann atmet jeder Hauch von Luft die Pest.

Auch dort läuft die Front, die Christusfront. Auch dort hinab dringt der entbannende Ruf. – »Und ward eine große Stille.«

Eins kann er nicht verstehen, der Sieger, die Furcht. Wer könnte sagen von den Menschgeborenen, daß er nicht seine Ohnmacht verspüre, wenn er mit dem Berge kämpft in der eisigen Wetternacht und der Berg ihn da hängen und fallen läßt. Wer dürfte sagen, er zage nicht, wenn die Elemente *diesen* Hauch ihm entgegenhauchen und ihm *so* die Stirne zeigen. Ja, es gibt da eine gnadlose, sinnlose, rohe Macht im Universum der Elemente, die uns zwingen will, uns selbst zu verleugnen, für ein »Staubkorn« zu halten, sie selbst aber, die ungeheure Masse Stoff, als Gott anzubeten, nur deshalb, weil wir ihr preisgegeben sind. Da aber steht er und springt uns bei. Er rettet die Ehre des Ebenbildes gegen den Ansturm des sinnlos Erhabenen, vor der Übermacht der dumpfen Kräfte, vor den mächtigen Meeren und den Umkreisungen der feurigen Kugeln in der Eisnacht des Weltenraums.

»Wie seid ihr so furchtsam!« Das kennt er nicht, dieses Sichfürchten des kleinen Menschen im ungleichen Kampf mit der Urgewalt. »Wie, daß ihr keinen Glauben habt?« Seltsames Ding, dieses Glaubenhaben. Glauben haben und keine Furcht haben, das muß dasselbe sein. Glauben haben und so schlafen können hinten im Schiff auf dem Kissen, so schlafen, wie er dort schlief, das muß dasselbe sein. Glauben haben und so gebieten können, wie er dort gebot, in einem Toben der Elemente, das jedes Wort schon erstickt, bevor es ausgesprochen war – so gebieten können und Gehorsam finden, das muß dasselbe sein. Davon nur einen Hauch verspürt haben, davon nur einen Tropfen, ja, nur das winzigste Perlchen schmecken von diesem, was Christus Glauben nennt, das muß das Größte sein, nein, das Notwendigste, Unentbehrlichste, um keinen Preis der Welt zu teuer Erkaufte, könnte man es kaufen!

Und sie kamen jenseits des Meeres in die Gegend der
Gadarener. Und als er aus dem Schiff trat / lief ihm alsbald
entgegen aus den Gräbern ein besessener Mensch mit einem
unsauberen Geist / der seine Wohnung in den Gräbern hatte.
Und niemand konnte ihn binden / auch nicht mit Ketten.
Denn er war oft mit Fesseln und Ketten gebunden gewesen /
und hatte die Ketten abgerissen und die Fesseln zerrieben.
Und niemand konnte ihn zähmen. Und er war allezeit /
beide / Tag und Nacht auf den Bergen und in den Gräbern /
schrie und schlug sich mit Steinen. Da er aber Jesum sah von
ferne / lief er zu und fiel vor ihm nieder / schrie laut und
sprach: Was hab ich mit dir zu tun / o Jesu / du Sohn Gottes /
des Allerhöchsten? Ich beschwöre dich bei Gott / dass du
mich nicht quälst. Denn er sprach zu ihm: Fahre aus /
du unsauberer Geist / von dem Menschen. Und er fragte ihn:
Wie heissest du? Und er antwortete und sprach: Legion
heisse ich. Denn unser ist viel. Und er bat ihn sehr / dass er
sie nicht aus derselben Gegend triebe. Und es war daselbst
an den Bergen eine grosse Herde Säue an der Weide. Und
die Teufel baten ihn alle und sprachen: Lass uns in die Säue
fahren. Und alsbald erlaubte es ihnen Jesus. Da fuhren
die unsauberen Geister aus und fuhren in die Säue. Und die
Herde stürzte sich von dem Abhang ins Meer (ihrer waren
aber bei zweitausend) und ersoffen im Meer. Und die Sau-
hirten flohen und verkündigten das in der Stadt und auf
dem Lande. Und sie gingen hinaus zu sehen / was da geschehen
war. Und kamen zu Jesu und sahen den / so von den Teufeln
besessen war / dass er sass und war bekleidet und vernünftig
und fürchteten sich. Und die es gesehen hatten / sagten ihnen /
was dem Besessenen widerfahren war und von den Säuen.
Und sie fingen an und baten ihn / dass er aus ihrer Gegend zöge.
Und da er in das Schiff trat / bat ihn der Besessene / dass
er möchte bei ihm sein. Aber Jesus liess es ihm nicht zu,
sondern sprach zu ihm: Gehe hin in dein Haus und zu den
Deinen und verkündige ihnen / wie grosse Wohltat dir der
Herr getan und sich deiner erbarmt hat. Und er ging hin
und fing an auszurufen in den zehn Städten / wie grosse
Wohltat ihm Jesus getan hatte. Und jedermann verwunderte
sich. Und da Jesus wieder herüberfuhr im Schiff / versammelte sich viel Volk zu ihm und er war an dem Meer.

Es ist die Furcht, die lügt. Es gibt eine erhabene, glänzende Lüge. Eine, daß ich so sage, philosophische, metaphysische Lüge, die von der Furcht geboren ist. »Wie, daß ihr so furchtsam seid?« sagt Christus. »Fürchtet euch nicht«, sagt das Evangelium immer wieder väterlich neu an jenem Rande der Welt, an dem uns wahrlich der Schauder übermannen kann. Wohl, wir fürchteten uns und leugneten an jenem Rande, da uns die Natur die Rätsel ihrer Nacht auch nur ein wenig lüftete. Nun wohl, wir wichen vor ihnen zurück. Wir erklärten, daß die Nacht nichts sei und der Tag alles. Und nun bricht es in unserem Tage hervor, das, was wir dem Schoße der Nacht ableugneten! Da gibt es nämlich Gräber mitten in diesem Tage. Mitten in diesem Tage tun sie sich auf, verschlingen und werden verschlossen. Alles mitten am hellen Tage. Unaufhörlich tun sie sich auf und schließen sich wieder, nachdem sie verschlungen haben. Jede Stunde, jede Minute, jede Sekunde. Wo der Mensch seinen Fuß hinsetzt auf diesem Sterne, da öffnet es sich so und da schließt es sich so. Und aus den Gräbern, da bricht ein Unbändiger hervor, den niemand binden kann, auch nicht mit Ketten. Er bricht aus den Gräbern hervor und rast durch das Land auf die Berge. Und von den Bergen wieder hinab in die Gräber. Schreit, zerreißt die Ketten, zerreibt die Fesseln, zerbricht die Gitter, in die man ihn legt auf seinem Weg durch die Städte. Schreit und schlägt sich den Leib mit Steinen.

Unter der Christushand gewinnen alle Dinge ihre Verdichtung. Unter ihr schießt plötzlich alles zum Urbild zusammen, was zum Menschen gehört. Alle Einzelheiten, Merkmale, Möglichkeiten und Charakterzüge, die zu dem Vorgang, die zu dem Geschehnis *Mensch* gehören, kommen hier zuhauf herbeigeeilt aus den fernsten Zeiten. Aus dem, was vergangen ist und dort verborgen, aus dem, was erst kommt und noch nie in der Wissenden Sinn war. Alles das, was sonst zerteilt durch die Zeiten hin erscheint, wovon jede Generation nur dieses oder jenes Bruchstück zu Gesichte bekommt, das schießt hier unter der Christushand zum Ganzen zusammen. Denn um ihn her kommt die Zeit ja zum Stehen, die zerteilende, auseinandergliedernde und aneinanderreihende Zeit. Die hilflose, vergehende Zeit, die nur in einem mühsamen Hintereinander das Zerstückelte auf dem Faden ihrer mörderischen Mathematik wieder aufreihen und zusammenbringen kann, wird um ihn her wieder Fülle der Zeit. Das ist das Seltsame, das, wie wir sagen möchten, »Legendäre« an dem, was sich unter seiner Hand begibt, im Vergleich zu dem großen Auseinanderfall der Dinge, in dem wir ohne ihn in der gottlosen Zeit leben. Was da also geschieht unter seiner Hand, hat etwas Exemplarisches an sich, etwas zeitlos Exemplarisches und darin eine Gültigkeit, die zunächst im Widerspruch mit dem zufällig Vereinzelten steht, das den Horizont des natürlichen Menschen anfüllt. Man muß dieses Exemplarische, das sich unter der Christushand begibt, in die Mitte jenes Horizontes stellen, der angefüllt ist mit dem Wirrwarr des Zufälligen. Dann plötzlich rückt auch in ihm das Verwirrte zum Urbild zusammen.

In dieser Dämonenaustreibung geschieht ein solches Urbildliches. Es geschieht so verdichtet, daß wir uns selbst, ein Stück von unserm eigenen Schicksale, darin geschehen sehen. Und was wir als kraß, als nackt daran empfinden, gehört notwendig zu solcher Verdichtung, wozu dann noch die Entschleierung hinzukommt, die sich unter der Christushand vollzieht und die Hüllen fallen läßt, die unserem vordergründigen Gesicht zum Wesen selbst zu gehören scheinen. Nun tritt die »nackte Wahrheit« vor das Auge. Da kann auch eine mächtige Sehkraft das Blinzeln ankommen, wenn es da hinschaut!

Unserer rationalistischen Sprache fehlen die Worte für die Dinge, von denen hier geredet ist. Sie gibt es ja gar nicht für den aufgeklärten Geist. Darin liegt die Schwierigkeit, in unserer Wirklichkeit das zu erkennen, wovon hier geredet ist. Es ist hier geredet von dem Menschengeschlecht, das sich vom Ursprung losgelöst hat, das einsam geworden und dem Geiste der Tiefe verfallen ist. Es wird hier davon geredet, was mit sieben Schleiern zuzudecken wir allen Grund haben. Und was trotz unseres verzweifelten Wehrens immer deutlicher durch diese Schleier hindurchwächst: die Katastrophe der Masse Mensch. Denn eine Katastrophe ist es, gegen die Christus hier angeht. Der aus der Wurzel des Lebens Gebrochene lebt in den Gräbern. Er hat den Kampf aufgegeben, er hat den Glauben verloren, daß er eine Bestimmung habe. Nun bricht das heraus, was sein innerstes Wesen ist. Kahl, brutal. Mit schauerlicher Ehrlichkeit sagt er von sich aus, daß er der zwischen den Gräbern Lebende sei. Er ist zum Gegenbild des Ebenbildes geworden. Und nun bricht es in dem Einsamen, in dem preisgegebenen Todesmenschen auf: das unbändige Rasen der *Sucht*. Es ist die heimatlose, die zeitlose, abgeschnittene, wähnende, irrende Kraft, die jetzt hier in der Einsamkeit zwischen den Gräbern hervorschießt. Ein Feuer aus dem Himmel, das nun Stichflamme wird, die den Einsamen frißt. Unsere Sprache hat da noch dies alte Wort, das wir hier brauchen können, das Wort Sucht. Es muß hier in seinem Grundsinn angewandt werden: nicht als Sucht »nach« etwas, sondern als Sucht, die mich frißt, von der ich besessen bin; von der ich »süchtig« bin, wie es in der Prägung »mondsüchtig«, »schwindsüchtig« noch lebt. Es ist jenes Wort »Sucht«, das mit »Seuche« und »siech« zusammenhängt. Die rationalistisch verkümmerte moderne Sprache hat das Urphänomen der Sucht nicht zu packen vermocht, weil es in seiner Unerklärbarkeit sich der Aufklärung entzieht. Um die Tatsache jedoch ist auch sie nicht herumgekommen, wenn sie verschwommen und verlegen zugleich vom »Triebe« redet. Von der Triebwelt, von Leidenschaft, Schicksal und Erbe. Wenn sie wissenschaftlich wird, bildet sie verharmlosende und täuschende Prägungen. So in dem Fremdworte: Bios, Vitalität, Dynamik und ähnlichen Erfindungen.

Dieses »Es« bricht hier hervor aus den Gräbern, die es haßt. Denn die Sucht entspringt einem Entbehren, einem Mangel, einer Leere. Sie entspringt wahrlich »zwischen den Gräbern«. Keine Macht vermag sie zu bändigen. Jedes Gesetz schlägt sie entzwei. Durch jede Fessel hindurch stürmt sie unablässig über sich selbst hinaus, nach Füllung, nach Sättigung und Stillung begehrend. Aus den Gräbern stürmt sie hinauf auf die Berge. Und aus den Bergen reißt es sie wieder hinunter in die Gräber. Das Unbändige ist ihr Zeichen. »Und niemand konnte ihn binden«, heißt es und dann noch einmal: »und niemand konnte ihn zähmen«. Und so geht es hin und her, Tag und Nacht, von den Gräbern in die Berge und von den Bergen in die Gräber. Und auf diesem Wege durch Ketten, Fesseln, Gitter, die immer wieder neu zertrümmert werden. Die edle Freiheit des Ebenbildes kehrt hier wieder als fressende Gier, die jetzt aber nur noch die Anarchie stiftet. Dieser Dämon ist uns bekannt als ständig umdrohende Gegenwart, vor dessen Hereinbruch das Menschengeschlecht ständig bebt und den es als Anarchismus kennt. Dahinter lauert das letzte, der Nihilismus. Auch das Gesetz der Selbstliebe hält den Süchtigen nicht mehr. Er rast gegen sich selbst, ergreift Steine und schlägt sich den eigenen Leib. Eine Wollust der Selbstvernichtung hat hier die Kreatur, die Gott einst schuf, ergriffen. Man denkt da an Dinge, die auch heute in der Völkerwelt umgehen. An den verzweifelten Dämon Masse, der im freiheits- wie im gerechtigkeitssüchtigen Menschen solches Kettenzerbrechen, solches Bergestürmen und solche Selbstschändung übt. Hier bricht hervor, was aller Ketten spotten wird, wenn Christus ihm nicht noch einmal begegnet in der Völkerwelt unserer Zeit. Das ahnt er, dieser Geist. Schon längst hat er ihn von ferne erkannt und darum brüllt er auf im Christushasse. Er brüllt auf, der Dämon Masse, des Name »Legion« ist. Kein gewaltigeres Zeugnis für seine Gegenwart, für die andringende Macht des Heiligen Geistes, der über seinen Häuptern schwebt, als dieser wilde Aufschrei: »Jesu, du Sohn Gottes, des Allerhöchsten!« Nun kommt die Zerschneidung. Das ist Qual, denn sie sind in eins gewachsen, Mensch und Teufel. Einer hält sich für den anderen, einer spricht durch den anderen. Der Teufel versteckt sich hinter dem Menschen und hebt das Ebenbild zu Schild und Maske vor sich. Und das Ebenbild scheint die verlorene Glorie und Kraft durch ihn wieder zurückzugewinnen. Eine Gemeinschaft der Interessen ist hier gestiftet, die Mensch und Teufel in einer Front zusammenschmieden gegen den Sohn. Da läuft er herzu, der besessene Mensch, und fällt nieder auf seine Knie: Das ist das Ebenbild. Und dann tönt Fluch hervor aus der Maske: »Ich habe nichts mit dir zu tun.« Und nun fällt das Schwert hernieder und teilt sie auseinander. »Legion« stürzt dort hinab, dorthin, wo sie das Ebenbild hinhaben wollte: zu den Säuen. Denn auch der Böse hat Macht der Verwandlung, kann den, den er hat, verwandeln nach unten. Nun vollendet sich der Sturz. Erst in die Säue, dann in die Tiefe, in das Nichts.

Der Befreite aber heftet sich an des Erlösers Spur. Der aber wehrt es ihm. »Gehe in dein Haus«, sagt er ihm, »arbeite und nähre die Deinen.«

UND SIEHE / DA KAM DER OBERSTEN EINER VON DER SCHULE
MIT NAMEN JAIRUS. UND DA ER IHN SAH / FIEL ER IHM ZU FÜSSEN
UND BAT IHN SEHR UND SPRACH: MEINE TOCHTER IST IN DEN LETZTEN
ZÜGEN. DU WOLLEST KOMMEN UND DEINE HAND AUF SIE LEGEN /
DASS SIE GESUND WERDE UND LEBE. UND ER GING HIN MIT IHM.
UND ES FOLGTE IHM VIEL VOLKS NACH UND SIE DRÄNGTEN IHN.
UND DA WAR EIN WEIB / DAS HATTE DEN BLUTGANG ZWÖLF JAHRE

gehabt und viel erlitten von vielen Ärzten und hatte all ihr
Gut drob verzehret und half ihr nichts / sondern vielmehr
ward es ärger mit ihr. Da sie von Jesu hörte / kam sie im Volk
von hinten zu und rührete sein Kleid an. Denn sie sprach:
Wenn ich nur sein Kleid möchte anrühren / so würde ich
gesund. Und alsbald vertrocknete der Brunnen ihres Blutes.
Und sie fühlte es am Leibe / dass sie von ihrer Plage war
gesund worden. Und Jesus fühlte alsbald an ihm selbst
die Kraft / die von ihm ausgegangen war / und wandte sich
um zum Volk und sprach: Wer hat meine Kleider angerührt?
Und die Jünger sprachen zu ihm: Du siehst / dass dich das
Volk dränget und sprichst: Wer hat mich angerührt?
Und er sah sich um nach der / die das getan hatte. Das Weib
aber fürchtete sich und zitterte (denn sie wusste / was an
ihr geschehen war) / kam und fiel vor ihm nieder und sagte
ihm die ganze Wahrheit: Er sprach aber zu ihr: Meine
Tochter / dein Glaube hat dich gesund gemacht. Gehe hin
mit Frieden und sei gesund von deiner Plage. Da er noch also
redete / kamen etliche vom Gesinde des Obersten der Schule
und sprachen: Deine Tochter ist gestorben. Was mühest
du weiter den Meister? Jesus aber hörte alsbald die Rede /
die da gesagt ward / und sprach zu dem Obersten der Schule:
Fürchte dich nicht! Glaube nur! Und liess niemand ihm
nachfolgen denn Petrus und Jakobus und Johannes / den
Bruder des Jakobus. Und er kam in das Haus des Obersten
der Schule und sah das Getümmel und die da sehr weinten
und heuleten. Und er ging hinein und sprach zu ihnen:
Was tummelt und weinet ihr? Das Kind ist nicht gestorben /
sondern es schläft. Und sie verlachten ihn. Und er trieb
sie alle aus und nahm mit sich den Vater des Kindes und die
Mutter und die bei ihm waren / und ging hinein / da das Kind
lag. Und ergriff das Kind bei der Hand und sprach zu ihm:
Talitha kumi! Das ist verdolmetscht: Mägdlein / ich sage dir /
stehe auf! Und alsbald stund das Mägdlein auf und wandelte.
Es war aber zwölf Jahre alt. Und sie entsetzten sich über
die Massen. Und er verbot ihnen hart / dass es niemand
wissen sollte / und sagte / sie sollten ihr zu essen geben.
Und er ging aus von dannen und kam in seine Vaterstadt.
Und seine Jünger folgeten ihm nach. Und da der Sabbat kam /
hub er an zu lehren in ihrer Schule. Und viele / die es
hörten / verwunderten sich seiner Lehre und sprachen:

Woher kommt dem solches? Und was für Weisheit ist's / die ihm gegeben ist / und solche Taten / die durch seine Hände geschehen? Ist er nicht der Zimmermann / Marias Sohn / und der Bruder des Jakobus und Joses und Judas und Simon? Sind nicht auch seine Schwestern allhie bei uns? Und sie ärgerten sich an ihm. Jesus aber sprach zu ihnen: Ein Prophet gilt nirgend weniger denn im Vaterland und daheim bei den Seinen. Und er konnte allda nicht eine einzige Tat tun / ausser wenig Siechen legte er die Hände auf und heilte sie. Und er verwunderte sich ihres Unglaubens. Und er ging umher in die Flecken im Kreis und lehrte.

Es bleibt immer dieselbe Front. Sie geht durch mehrere Stockwerke zugleich: ein Stockwerk unter der Erde, eines im Wasser, eines auf der Erde und eines in der Luft. Es ist eine Front und viele Ebenen, auf denen er vorstößt. Da sind die unerlösten Elemente, da sind die Besessenen, da sind die Kranken, da sind die Toten, da sind die Sünder, da sind die Pharisäer. Da ist Knechtschaft von oben bis unten, und da ist *ein* Böser, der sie alle darin hält. Und *einer*, der kommt, die Bande zu lösen. Sie zu lösen, radikal anders als seine Vorfahren, die Könige, Helden und Propheten. Nämlich von innen her zu lösen. Durch des »Geistes Kraft« zu lösen. Dort, im unzugänglichen Innenpunkte, wo es die Welt »im innersten zusammenhält«.

Ein Vornehmer naht sich ihm jetzt. Ein Mann der oberen Stände. Wie er jetzt vor ihm steht und in *dieses* Auge schaut, fällt er vor ihm nieder. Das ganze Volk, das in hellen Haufen Christus umdrängt, sieht es. Jairus ist sein Name. Es heißt hier nicht wie im Märchen, »ein« Oberster. Es heißt hier: der Oberste Soundso. Es gab noch zu der Zeit, da der Markusbericht geschrieben ward, Leute, die sagen konnten: »Ja, den hab' ich gekannt. Das war damals mit seiner Tochter. Der und der weiß das auch noch.«

Und nun gehen sie miteinander. Die Volksmenge folgt. Es war ein schweres Vorwärtskommen wieder einmal, so drängen sie ihn. Viele rühren an sein Kleid, aber es geschieht nichts. Einem Weibe aber geschieht es, daß sie gesund wird. Anrühren! dachte sie, nur anrühren! Heimlich von hinten! Und nur den Saum. Das genügt. Er soll gar nichts merken. Nun hatte sie sich durchgekämpft und rührte mit ihrer Hand den Saum. »Und fühlte es am Leibe, daß sie war gesund worden.« War das »magnetische Kraft«? Kein Mensch weiß, was das heißt. Aber hier geschah etwas leiblich. Hier ging eine Kraft aus von Leib zu Leib und verwandelte den Leib. Diese Kraft ist der Geist, der den Leib liebt, weil er ihn geschaffen hat; der sich auf ihn niedersenkt und ihn, den Leib, heilt, auf daß der geheilte Leib wieder ein Stück von ihm werde. Die geheilte Schöpfung ist ungeteilte Geistleiblichkeit. Darin ist der *Heilige Geist* anders als alles von uns sonst »Geist« Genannte. Liebend sucht er den Leib und schafft ihn neu. Es gibt nur eine einzige Kraft im Evangelium, und das ist der Geist. Der Geist hatte des Weibes Blutgang gestillt. Christus redete sie an als sein Kind. »Mein Kind«, sagte er zu ihr, »meine Tochter«. Sie gehörte jetzt zu denen, über die er seinen Arm ausgereckt hatte und gesprochen: »Siehe, das ist meine Mutter, das sind meine Brüder.« Er sagte nicht zu ihr: »Du abergläubische Person, was hast du da getrieben hinter meinem Rücken?« Das sagte er nicht. Das haben wahrscheinlich die Pharisäer gesagt. Er sagt: »Dein Glaube hat dich gesund gemacht«, nicht »dein Saumanrühren«. Denn du hast angerührt, nur weil du Glauben hattest. Und so war beides zusammen. Das Leibliche und das Geistliche. Das Anrühren und das Glauben. Da lag sie vor ihm. Sein Weg war gesäumt von solchen, die vor ihm lagen. Eben noch der Oberste, den jeder kannte, jetzt das namenlose Weib aus dem Volk. Das gehört auch dazu, dieses Vor-ihm-Liegen, damit richtig wurde, was hier geschah. Damit konnte es sein Bewenden nicht haben, mit dem Heimlich-von-hinten-Anrühren und dann wieder verschwinden. Nun wird es festgemacht, nun wird die Kraft gebunden, die eben nur übergesprungen war: »Friede mit dir und bleibe gesund.«

Ein Diener war herangetreten aus des Obersten Hause. Er meldete dem Herren, daß sein Kind verschieden sei. Nun brach alle Hoffnung zusammen in dem väterlichen Herzen. Und wieder kommt dieses merkwürdige Doppelwort: Nicht fürchten, sondern glauben! Vor dem Christusauge muß die ganze Menschenwelt in Furcht eingetaucht erschienen sein. Überall Furcht. Furcht bei den Seefahrern im Sturm, Furcht der Menschen vor dem Besessenen, Furcht der Dämonen vor Christus, Furcht des Weibes vor der Krankheit und Furcht vor ihrer Entdeckung. Und Furcht des Vaters vor dem Tod der Tochter. Wer will hier einen Stein aufheben im Kreise dieser Sichfürchtenden und sagen: Da hätte ich mich nicht gefürchtet? Er trete ruhig hinzu, so er ehrlich ist. Es gibt auch edle Furcht. Das ist nicht die Furcht vor, sondern die Furcht für: die Furcht für den anderen. Hier fürchtet der Vater für sein Kind. Wenn wir vom Tode reden, so denken wir meistens nicht an das Leid dieser liebenden Furcht. Wir denken dann fast immer nur an die Furcht, die wir selbst vor dem eigenen Tode haben. Und da ist es denn sehr billig, sich in frechen, gleichgültigen oder plump vertraulichen Reden dem Tod gegenüber zu ergehen. Denn solange man noch über den Tod *redet*, ist man noch weit vom Schuß. Warum aber denken wir immer nur an den eigenen Tod, wenn wir vom Leid des Todes sprechen? Möglich, sogar wahrscheinlich, daß hier alles ganz anders ist, als wir Menschen uns das denken, die Furchtsamen wie die Dreisten. Denn wer noch lebt, ist nicht im Tode. Und wer tot ist, lebt nicht mehr. Aber das andere Leid, daß der Tod um sich her frißt, in das lebendige Fleisch derer hinein, die um die Bahre herumstehen! In die verwundeten Herzen derer, die leben bleiben! Dieses Leid kann niemand leugnen. Seine Größe verschließt auch das Lästermaul des Hoffärtigen. Er bückt sich und zuckt vor ihm zusammen, wie frech er auch zuvor das Haupt erhoben habe. Schaudernd übermannt den Überbleibenden dies Wissen, daß es nicht stimmt mit einer Welt, in der es den Tod gebe; daß es nicht stimme, und wenn sich alle Philosophen, Staatsmänner und Wohltäter der Menschheit zugleich aufmachten. Keines Beschwichtigung vermochte dieses Leid zu beschwören, diesen Urlaut aller Kreatur zu ersticken, der hier heraufbricht aus unzugänglicher Tiefe, mächtig wie der Schrei eines Tieres; der hier steht, in dem Auge des Vaters, ohne Ton und Silben zu finden, stumm und groß in dem Auge des Vaters für sein Kind und den Christus jetzt sieht. »Nicht fürchten, Mann!«, sagt er zu ihm. »Nicht fürchten!« – »Jetzt glauben, jetzt!«

Durch diese Mauer, die Tod heißt, bricht keiner hindurch. Mauer? Für ihn ist es nur ein Schleier. »Nicht tot, das Mädchen schläft«, sagt er. Da lachen die andern, die die Mauer sehn, durch die keiner hindurch kann, die Zeit und Ewigkeit scheidet. Für ihn aber gibt es diese Scheidung nicht. Das wogt schon ineinander. Die Zeit ist schon besetztes Land für ihn, wenn auch spärlich, mit wenigen kühnen Vorposten. Daß er einst auferstehen wird, davon leuchtet schon sein Angesicht, und wo er hintritt, fällt der Glanz davon auf Menschen und Dinge. Die Auferstehung, die noch hinter dem Horizonte steht, wirft ihren Strahl auch nach hinten, rückwärts in die Zeit. Die Berggipfel, die eben noch in der Nacht versunken schienen, haben schon erstes junges Licht. Auf die Mauer fällt der Glanz von seinem Angesicht. Nun wird sie durchscheinend, nur noch ein Schleier. Christus schaut durch ihn hindurch. Er schaut das Kind schon auferstanden. Was Wunder, daß er es auch in die Zeit zurückruft, wo doch die Gipfel schon erglänzen! Merkwürdig, daß er alle, die er vom Tode zurückruft, wieder in diese Welt ruft. Merkwürdig nur für uns, die wir so gern über den Toten sagen: Du hast's nun gut! Er ging in eine »bessere Welt«. Wohl dir, du ruhst nun aus vom Kampf! Merkwürdig für uns, die wir vor der Mauer stehen und ihn verlachen, aber nicht merkwürdig für ihn, denn – das Reich ist da! Nun ist der Tod nur der höhere Schlaf und die Toten die »Entschlafenen«.

Die Taube ist ausgeflogen und schwebt noch einmal über der Tiefe. Der Geist ist ausgegossen. Wohin? Auf das Fleisch. Das Reich kommt. Wohin? In die Welt. Und wo der Geist ausgegossen ist und das Reich kommt, da kann man auch wieder die Toten rufen in die Welt, in die das Reich kommt. So sieht Er es. *Seine* Toten, des Jairus Kind, jener Mutter einzigen Sohn[86] und Lazarus,[87] den Freund, ruft er zurück in die Welt, in die das Reich kommt, in der er steht. Wo er steht, da atmet die Erde unter ihm, da atmen die Gräber unter ihm die Auferstehung. Wo er steht, gibt es keinen Tod mehr, da ist der Tod ein Schlaf geworden. Seitdem stirbt keiner mehr, der dort in die Grube niederfährt, wo er steht. Seitdem »entschlafen«, die seinen Namen tragen. Sie sterben nicht. Alle, die seinen Namen tragen, sind Fleisch und Bein, das die Auferstehung atmet. Sie schlafen sich hindurch zur verklärten Erde. Auf die Erde zurück werden sie alle gerufen werden wie die drei, die Christus zurückrief. Auf die Erde, die sie geboren hat, der sie gehören und der verheißen ist, daß zu ihr das Reich komme. Das Kind schläft. Christus ruft es, wie man einen Menschen ruft, weckt, morgens zur Arbeit: »Steh auf!« sagt er zu ihm. Er faßt es bei der Hand und hebt es durch die Mauer hindurch. Und dann sollten sie keinen Lärm machen von dem, was da geschehen war. Es war zu selbstverständlich für ihn, wahrlich, es hatte wirklich nur geschlafen. Zu essen aber, das sollten sie ihm geben.

Den einzigen Sohn der Witwe ruft Christus, und der tritt sogleich aus dem dünnen Schleier hervor. Auch über Lazarus' Grab gibt es Widerspruch. Ja, ihr meint: »tot«, sagt Christus. Ihr müßt es wohl meinen, denn ihr steht vor der Mauer. Ich aber weiß, daß er nur schläft. Es ist da nur ein Duft, ein Nebel, der vor ihm lagert, und ich rufe ihn da hindurch. Martha, in schönem Sinn ein kirchenfrommes Weib, sagt, sie wisse wohl um die Auferstehung am Jüngsten Tage. Jetzt aber spricht es Christus aus, daß der Jüngste Tag schon da sei. Daß er selbst der Jüngste Tag sei, er selbst die Auferstehung und das Leben. Da kommt dieses Wort »Glauben« wieder und sprengt alle Ordnung aus Erfahrung und Vernunft auseinander. »Wer an mich glaubt«, so sagt er, »der wird leben, *ob er gleich stürbe.*« Und noch einmal wiederholend, hämmernd, das Unfaßbare erhärtend: »Und wer da lebet und glaubet an mich, *der wird nimmermehr sterben.*« Das ist Aufhebung des Zeitgesetzes und der Zeitordnung. Nacht und Last ist der Tod zugleich. An ihm, dem Tod, geschieht jetzt die Entschwerung und Entnachtung, die Durchleuchtung und Verklärung der großen Verwandlung. Vier Tage ist Lazarus gelegen. »Er stinkt schon«, heißt es im Evangelium. Und nun kommt er heraus. Nicht gegangen, nein, schwebend kommt er heraus. Vom Flügel des mächtigen Wortes gehoben: »Und der Verstorbene kam heraus, gebunden mit Grabtüchern an Händen und Füßen und sein Angesicht verhüllt.« Und jetzt erst spricht Christus zu den Umstehenden: »Löset ihn auf und lasset ihn gehen.« So steht Christus in der Geschichte der Menschenwelt. Das Evangelium aber ist die Auferweckungsgeschichte der Kreatur Mensch.

Den Gottessohn führt der Weg jetzt in seine Vaterstadt. Nun steht das Menschliche um ihn herum auf und ficht ihn an. Daß er ein Mensch war gleich wie wir, das wird hier an seiner Ohnmacht offenbar. »Ist er nicht der Maria Sohn, der Zimmermann? Kennen wir nicht seine Brüder, seine Schwestern?« Es reckt sich das Menschliche auf rings um ihn und hebt den Zweifel hoch empor vor ihm und heißt ihn stehenbleiben mitten auf dem Wege. »Woher kommt dem solches?« Und der Neid ärgert sich an ihm. Kein Glaube ist da. Kein Glaube, der wie ein Rolldamm vor ihm her durch den Sumpf wuchs, auf dem der Sturmwagen des Reiches sich vorschob in die Welt. Kein Glaube ist da. Nun sinkt er. Der Sumpf greift nach ihm.

Wie gut, daß das da steht: damit wir sehen, wie sehr er ein Mensch war, uns gleich. Das ist das eine. Zu sehen, wie wenig das ist, ein Mensch zu sein. Und dann das andere. Was uns in die Hand gegeben ist mit dem Glauben. Wenn wir nicht glauben, so haben wir die Macht, ihm den Arm zu brechen, ihn im Sumpfe versinken zu lassen. Es kann kein Zweifel sein, daß wir Menschen die starken Mitwirker Gottes sind. Glaube ist Hingabe. Nur wer sich ihm ausliefert in der Hingabe, ausliefert, sage ich, der wirkt mit beim göttlichen Tun. Aber wo kann Hingabe sein, wo Zweifel ist und Neid? Geht es Christus heute bei uns nicht wie einst in seiner Vaterstadt? Sagten wir nicht, er ist ein Mensch wie wir? Ist da nicht Zweifel um ihn und Neid? Nun sinkt er ab im Sumpf seit dreihundert Jahren. Da schlägt ihm der Glaube keinen Rolldamm, da ist keine Hingabe, da ist keine Bereitschaft seit dreihundert Jahren. Darum schweigt Gott und sein Sohn versinkt in diesem Schweigen mitten unter uns. Und stunden auf und stießen ihn zur Stadt hinaus und führeten ihn auf einen Hügel des Berges, darauf ihre Stadt gebauet ward, daß sie ihn hinabstürzten.

Aber er ging mitten durch sie hinweg.[88]

UND ER BERIEF DIE ZWÖLFE UND HUB AN UND SANDTE SIE JE ZWEEN UND ZWEEN UND GAB IHNEN MACHT ÜBER DIE UNSAUBERN GEISTER. UND GEBOT IHNEN / DASS SIE NICHTS BEI SICH TRÜGEN AUF DEM WEGE DENN ALLEIN EINEN STAB / KEINE TASCHE / KEIN BROT / KEIN GELD IM GÜRTEL / ABER WÄREN GESCHUHT / UND DASS SIE NICHT ZWEEN RÖCKE ANZÖGEN. UND SPRACH ZU IHNEN: WO IHR IN EIN HAUS GEHEN WERDET / DA BLEIBET INNEN / BIS IHR VON DANNEN ZIEHET. UND WELCHE EUCH NICHT AUFNEHMEN NOCH HÖREN / DA GEHET VON DANNEN HERAUS UND SCHÜTTELT DEN STAUB AB VON EUREN FÜSSEN ZU EINEM ZEUGNIS ÜBER SIE. ICH SAGE EUCH WAHRLICH: ES WIRD SODOM UND GOMORRA AM JÜNGSTEN GERICHT ERTRÄGLICHER GEHEN DENN SOLCHER STADT. UND SIE GINGEN AUS UND PREDIGTEN / MAN SOLLTE BUSSE TUN. UND TRIEBEN VIEL TEUFEL AUS UND SALBETEN VIEL SIECHE MIT ÖL UND MACHTEN SIE GESUND. UND ES KAM VOR DEN KÖNIG HERODES (DENN SEIN NAME WAR NUN BEKANNT) UND ER SPRACH: JOHANNES DER TÄUFER IST VON DEN TOTEN AUFERSTANDEN: DARUM TUT ER SOLCHE TATEN. ETLICHE ABER SPRACHEN: ER IST ELIA. ETLICHE ABER: ER IST EIN PROPHET ODER EINER DER PROPHETEN. DA ES ABER HERODES HÖRTE / SPRACH ER: ES IST JOHANNES / DEN ICH ENTHAUPTET HABE. DER IST VON DEN TOTEN AUFERSTANDEN. ER ABER / HERODES / HATTE AUSGESANDT UND JOHANNES GEGRIFFEN UND INS GEFÄNGNIS GELEGT UM DER HERODIAS WILLEN / SEINES BRUDERS PHILIPPUS WEIB.

Denn er hatte sie gefreiet. Johannes aber sprach zu Herodes: Es ist nicht recht / dass du deines Bruders Weib habest. Herodias aber stellte ihm nach und wollte ihn töten und konnte nicht. Herodes aber fürchtete Johannes / denn er wusste / dass er ein frommer und heiliger Mann war. Und verwahrte ihn und gehorchte ihm in vielen Sachen und hörte ihn gerne. Und es kam ein gelegener Tag / dass Herodes auf seinem Jahrstag ein Abendmahl gab den Obersten und Hauptleuten und Vornehmsten in Galiläa. Da trat herein die Tochter der Herodias und tanzete / und gefiel wohl dem Herodes und denen / die am Tisch sassen. Da sprach der König zum Mägdlein: Bitte von mir / was du willst / ich will dir's geben. Und schwur ihr einen Eid: Was du wirst von mir bitten / will ich dir geben bis an die Hälfte meines Königreichs. Sie ging hinaus und sprach zu ihrer Mutter: Was soll ich bitten? Die sprach: Das Haupt Johannes des Täufers. Und sie ging alsbald hinein mit Eile zum Könige / bat und sprach: Ich will / dass du mir gebest jetzt zur Stunde auf einer Schüssel das Haupt Johannes des Täufers. Der König war betrübt. Doch um des Eides willen und derer / die am Tische sassen / wollte er sie nicht lassen eine Fehlbitte tun. Und alsbald schickte hin der König den Henker und hiess sein Haupt herbringen. Der ging hin und enthauptete ihn im Gefängnis und trug her sein Haupt auf einer Schüssel und gab's dem Mägdlein / und das Mägdlein gab's ihrer Mutter. Und da das seine Jünger höreten / kamen sie und nahmen seinen Leib und legten ihn in ein Grab. Und die Apostel kamen zu Jesu zusammen und verkündigten ihm das alles und was sie getan und gelehret hatten. Und er sprach zu ihnen: Lasset uns besonders an eine wüste Stätte gehen und ruhet ein wenig. Denn ihrer waren viele / die ab und zu gingen / und hatten nicht Zeit genug zu essen.

Er will das Volk. Er will die Welt. Er bildet einen Sturmtrupp zur Eroberung. Er will keine Sekte. Was er jetzt hier stiftet, ist kein Kultverein, keine Religionsgemeinschaft. Es ist die Urgestalt seiner Kirche. Und diese Urgestalt ist eine Kampfschar. »Und sandte sie«, steht über ihr geschrieben. Gesandte sind sie, und zwar: in alle Welt. »Gehet hin in alle Welt«, das ist das Urwort der Stiftung, die Sendung! Das ist das Gesetz der Kirche, ihr Wesen, das sie ausmacht in jedem ihrer Taten und Gedanken. Das ist ihr Sinn, der allein und ausschließlich ihr Daseinsrecht in der Welt gibt. Diese Stiftungsurkunde ist das Manifest eines Eroberers. Es ist das Manifest Gottes, der jetzt in die Welt einmarschiert, um seine Königsherrschaft, die »basileia«, in ihr zu errichten. Das Haus dieses Sturmtrupps, seine Burg in der Welt, heißt daher auch »basilika«, das Königshaus.

Die Stiftungsurkunde der Kirche enthält die Kriegsregel, die er seinen Kämpfern mitgibt. Es geht in die Schlacht. Wehe denen, die euch nicht aufnehmen. Es wird Sodom und Gomorra, den hurerischen und lasterbübischen Städten am Jüngsten Tage erträglicher gehen denn ihnen. »Denn ich bin nicht gekommen, Frieden zu bringen, sondern das Schwert.«[89] »Ja, wer nichts hat, der verkaufe auch noch sein Kleid und kaufe dafür ein Schwert.«[90] »Ich bin gekommen, daß ich ein Feuer anzünde auf Erden, was wollte ich lieber, denn es brennete schon.«[91] Die Entscheidungsstunde hebt jetzt an zu schlagen. Wer nicht für mich ist, der ist wider mich. Und wer nicht wider mich ist, der ist für mich. Keine Möglichkeit, die dazwischen bleibt. Auch den Staub schüttelt von euren Füßen, denn auch der Staub ist mit ihnen verflucht, die euch nicht aufnehmen. Wie auch der Staub gesegnet ist unter den Füßen derer, die euch aufnehmen. Das Schwert der Entscheidung geht durch und durch, durch die ganze Schöpfung von oben an bis unten aus. Auch Staub und Stoff der Erde wird mit hineingerissen in sie.

Nur der Mächtige kann erobern. Nur der Mächtige kann Gewalt verleihen denen, die er gesendet. Mit dem Akt der Machtspendung beginnt die Stiftung der Kirche. Der erste Artikel der Stiftungsurkunde heißt: Und gab ihnen Macht.[92] Gab ihnen genau die Macht, die er selbst besaß, die Macht über den Bösen: gab ihnen den Geist. Die Macht ist der Geist. Der Feind ist der Böse. Die Beute ist die Welt.

Nicht Engel sind es, die er sendet; die sind nur die Diener, die Helfer. Menschen sind es: Jünger, Söhne! Zu zweien sendet er sie aus. Denn die Kirche ist Gemeinde. Da gibt es keine einzelnen, keine Alleingänger. Da ist in der Zahl zwei die Einsamkeit schon im Ursprung überwunden. Zweisamkeit ist der Anfang der Kirche. Da gibt es keine Selbstgespräche. Da ist das Wort schon von Zeugung her ein Liebeswort, das nicht allein bleibt, das den anderen Menschen sucht. Das strahlt unbändig nach außen. Der Sohn schickt die zwei, und die zwei suchen den dritten und werden drei. Und so geht es hinaus. Auf daß ihrer viele Söhne werden und keiner verlorengehe. Denn also hat Gott die Welt geliebt. Das ist der Kern der Kirche, dieser Sturmtrupp. Er ist der Lichtkern, von dem her die Strahlung ausschießt in die Welt. Und darum herum schweben die Unzählbaren, die vom Strahle getroffen sind. Beide gehören unweigerlich zusammen. Der Lichtkern und der Lichthof. Sie sind der Lichtleib der Kirche. Gott ward Mensch: Nun ist das Atom Mensch zertrümmert und hervor bricht die Flut des Lichtes.

»Und gebot ihnen!« Das Gebot enthält die eigentlichen Kriegsartikel. Die Evangelien bringen sie im ganzen an drei verschiedenen Stellen.[93] Alle geben einen anderen Wortlaut. Selbst der offene Widerspruch findet sich. Schuhe heißt es bei dem, keine bei dem anderen. Einen Stecken bei dem einen, keinen bei dem andern. Kein Gesetz gibt Christus. In Widerspruch und Verschiedenheit der Texte hält der Geist die Bahn frei in die Zukunft hinaus zur freien Führung und zur freien Aneignung. Sichtbar werden muß nur eines: *die neue Gestalt des Kämpfers*, der von der Auferstehung her kämpft für das Reich der Himmel. Sichtbar werden muß die Gestalt des neuen Kämpfers ohne Vorangang und ohne Überbietung. Die Gestalt des Kämpfers, wie sie die Welt noch nicht gekannt hat. Des Kämpfers ohnegleichen; dessen Schwert der Heilige Geist ist und der in einer Zuchtübung steht, die vom Geiste kommt. Der Geist aber ist der Herr. Alle aber, die ihm dienen, macht er sich gleich. Es ist ein Herrendienst, in dem nur Herren dienen können. Der Herr ist der Freie. Das besagt die Kriegsregel mit dem Wörtchen »kein«. »Keine« Tasche, »kein« Brot, »kein« Geld. Davon ist der Herr frei: von der Knechtschaft.

Zuerst die Knechtschaft, die vom Besitze ausgeht. Wenn wir das einmal so recht durchschauen könnten, so recht bis zum Grund, was an Knechtschaft vom Besitze her über uns fällt! Keine Tasche, kein Geld! Vielleicht hat es nur wenig Zeiten gegeben, die so tief in der Knechtschaft vom Besitze her stecken wie die unsere. Man könnte geradezu sagen, daß die »Tasche« und das »Geld« die Zeichen unseres Zeitalters sind. Da wird alles andere letzthin zum Nebensächlichen: Ehre, Gesundheit, Land und Volk. Die Hauptsache, daß ich verdiene, sagt der junge Mensch, der ins Leben tritt; wie, ist gleich. Nie war die Welt so vollgestaut mit Gütern, die für Geld zu haben sind, wie heute. Unsere Bedürfnisse sind ins Grenzenlose gestiegen.

MILITIA CHRISTI. DIE BOSHEIT REGT SICH   289

Bis ins Besinnungslose hinein sind wir *bedürftig* geworden. Es ist kaum mehr möglich, einen anderen Gedanken zu haben als die Stillung dieser Bedürfnisse. Als die Freien schickt Christus seine Kämpfer in diese Welt: keinen Beutel, kein Geld. Ein Herrentum ohnegleichen atmet unter ihrer rauhen, armen Haut.

Kein Brot und nur einen Rock auf dem Leib, sagt Christus. Das ist die andere Knechtschaft; die Knechtschaft, die vom Leibe ausgeht. Wie kann sich der Leib auswachsen zu einem Riesen der Sucht! Wie kann uns dieser Riese knütteln, unsern Willen, unsern Geist zu kläglichstem Knechtstum! Welch eine Tyrannei kann er üben, der hungrige, der durstige, der frierende, der wollüstige, der schlaftrunkene, der feige Leib! Welch eine Ermannung, um diesen Riesen in Zucht zu halten, ist er einmal süchtig geworden und ins Wuchern und Geilen geraten! Das ist die Härte des Soldaten, die Herrschaft über den Leib, die Freiheit vom Bedürfenmüssen.

Wo ihr in ein Haus geht, da bleibet. Wo ihr euren Fuß hingesetzt habt, da weicht nicht zurück. Wer die Hand vom Pflug zieht und hinter sich sieht, der taugt nicht. Ihr habt einen festen und gewissen Geist empfangen. Hier gibt es kein Hadern mit sich selbst. Skrupel gehören dem Teufel. Die Zerrissenen taugen hier nicht. Denn ihr seid die Entschiedenen. Ihr seid die, über die entschieden wurde, über die ich entschied, da ich euch berief, euch aussandte und euch gebot. Die Entscheidung tragt ihr vor euch her in die Häuser. Weigert man sich euch, so geht. Auch den Staub, der von ihnen auf euch fiel, sollt ihr von euch schütteln.

Und grüßt niemand unterwegs. Laßt euch nicht ablenken. Vertändelt eure Stunden nicht am Weg mit Geschwätz. Sammelt alle Kräfte, Geist und Sinne auf das *eine* Ziel. Laßt alles, was euch nichts angeht, am Wege liegen; wie gut auch immer es sein möge. Lernt, das Kleine klein und das Große groß sein zu lassen. Übt euch in der Absage an alles, was nicht das eine ist, das nottut. In der Stunde der Entscheidung wird vieles Große klein. Übt euch darin, so zu sprechen: *Das* ist es nicht. Das ist *jetzt* nicht mehr wichtig. Grüßet niemanden, das heißt, werdet auch unabhängig vom Beifall derer, die euch begegnen, denn sie wissen nicht, was ihr wisset, nämlich das Große vom Kleinen zu scheiden und das Unwichtige zu meiden vor dem Wichtigen. Sie wissen es nicht, deshalb grüßet sie nicht. Tadelt sie aber auch nicht, denn es ist am Weg verlorenes Geschwätz.

DAS EVANGELIUM

Wenn ihr aber grüßet, so grüßet nur, die euer wert sind. Denn der, dem ihr dient, ist der Herr. Euer Gruß ist eine Kostbarkeit. Euer Gruß ist die größte Kostbarkeit, die einem Hause zuteil werden kann. Euer Gruß ist die Christusgabe selbst. Ihr Name heißt »Friede«. Heil kommt mit dem Gruß zu ihm: Friede sei mit dir! Euer Gruß ist ein Wesen, das euch geleitet. Ist ein Engel, den ihr tragt, der von euch ausgeht, wenn ihr ihn entbietet. Ist ein Wesen, unabhängig von euch. Ein Wesen, das urteilen kann, ob der Gegrüßte des Heiles wert sei. Das dann bleibt, wenn er wert ist, das wieder zurückkommt, wenn er es nicht ist.[94] Euer Gruß ist also kein »Wort«, er ist kein »Gefühl« oder »Wunsch«. Er ist Gabe, die Leibhaftigkeit hat. Er ist der Geist selbst, der ausgeht, der sich schenken, versagen und wieder zurückkommen kann. In dem der Anhauch der Berührung ist und die aufgelegte Hand.

Friede, das ist das, was nach dem Siege kommt. Es ist die Frucht des Sieges. Es ist das Heil des neuen Lebens. Das neue, das christianische Dasein. Es ist Friedensfürstschaft. Es ist die Herrschaft des Herren. Denn der Geist ist der Herr. Es ist das Reich. Ihr verkündet es. Eure Verkündung ist der Gruß, der es bringt. Euer mächtiger Gruß ist das kommende Reich.

Sie gingen. Und es gab ein Erwachen im Volk. Und es kam vor den König. Der König verspürt die Größe der Zeit. Er spürt ihre Verwandlung. Er hat noch vom Ursprünglichen genug in sich, um zu spüren, daß nicht die Zeit der Herr ist, daß vielmehr das, was in der Zeit geschieht, Gewalt über sie hat. Er spürt jetzt, daß das Gesetz der Zeit gebrochen ist. Daß es jetzt nicht mehr gilt, was die »Unwiederbringlichkeit alles Vergangenen« heißt. Die Zeit gerät ins Stocken. Sie fällt zurück in ihre eigene Vergangenheit, bricht wieder herauf in die Gegenwart. Der König spürt, daß es das wirklich gibt, die Aufhebung des Zeitgesetzes. Vergangenheit und Gegenwart stürzen jetzt ineinander. Nichts ist unwiederbringlich in der Zeit. Es gibt keine Einmaligkeit in der Geschichte dort, wo Christus den neuen Anfang über alle Gewohnheit, Messung und Gesetzlichkeit hinaus in die Zeit hineintreibt und ihre Kette bricht. Johannes der Täufer ist von den Toten auferstanden, sagt er. Ja, es gibt Auferstehung, es gibt Wiederheraufbringung. Nichts ist verloren im Universum. Auch das Volk weiß es. Etliche sprechen: Er ist der Elias, der *wieder*gekommen ist. Der König aber bleibt dabei: Es ist Johannes, den ich enthauptet habe; er ist von den Toten auferstanden. Das ist der Raum der Welt, der sich jetzt auftut und in den hinein der Weg des Ausgesandten führt. In ihr sitzt der Herodes hoch auf seinem Felsenschloß und herrscht über sie. Über diese Welt, deren Horizonte jetzt zu schwanken beginnen. Er sitzt dort und ist dort ein Herr über sie, ein Herr, der selbst gebeutelt wird von der Sucht. Er will es nicht. Er ist von gutem Sinn und wird dennoch geschüttelt von der Sucht. Der so Geschüttelte aber zerstört das Gesetz. Er ist der König und zerstört das Gesetz, von dem er selbst, sein Haus und sein Land, das Leben haben. Aber die Sucht geht weiter. Ihr Dämon ist von geiler Fruchtbarkeit. Er packt die Königin und rast jetzt gegen den Propheten. Der König und die Königin verwüsten Gesetz und Propheten. Die Sucht verschlingt das Königshaus samt dem Volke. Erst muß der König selbst heran. Da er sich setzte auf seinen Stuhl, sein königlich Kleid anlegte und sprach, daß das Volk rief, es ist eines Gottes Stimme, schlug der Engel die vermessene Sucht mit der furchtbaren Krankheit.[95] »Und ward gefressen von den Würmern.« Nach dem König aber kommt das Volk. Jerusalem, Jerusalem, daß du nicht erkanntest! Schon dröhnen die Streitwagen Roms von ferne, und Brandschein steht unter dem Horizont.

»Das Wort Gottes aber wuchs.« Es marschiert mit den Männern der Zucht unter die Dämonen. So sende ich euch, sagt Christus, in die Herodeswelt. Ich sende euch wie die Schafe unter die Wölfe in eine Welt, wo auch die Wölfe im Schafskleid umgehen. Daß ihr die große Zucht nicht vergeßt, die euch in diesem Wirrsal in meiner Gefolgschaft hält: die Zucht des Geistes. Daß ihr hier keiner Verführung verfallt und ein jeder stracks vor sich sehe, auf den geistlichen Weg und das geistliche Werk. Denn der Geist ist die Macht, eine andere habt ihr nicht. Fürchtet euch nicht, Friede sei mit euch. Gleich wie mich der Vater gesandt hat, so auch ich. Und bläst sie an und spricht: »Nehmet hin den Heiligen Geist«, er wird für euch sprechen, wenn die Gewaltigen euch vor ihre Stufen fordern.

Das Haupt des Johannes trägt das Mägdlein auf der silbernen Schüssel in den trunkenen Saal. Seine Jünger aber nehmen den Leib und bestatten ihn. Des Christus Ausgesandte aber kommen zurück von ihrem ersten Lauf in die Welt, in der eben des Johannes Haupt gefallen war. Das alles berichten sie ihm. Und daß ihnen die Dämonen untertan sind.

Und jetzt gehen sie hinaus aus dem Wirbel um sie her. So überlaufen waren sie, daß ihnen nicht Zeit zum Essen blieb. Sie gehen hinaus in die Einsamkeit der Natur. Die Stille, die speisende, die nährende, die klärende, die suchen sie.

Und er fuhr da in einem Schiff zu einer wüsten Stätte besonders. Und das Volk sah sie wegfahren. Und viele kannten ihn und liefen daselbst hin miteinander zu Fusse aus allen Städten und kamen ihnen zuvor und kamen zu ihm. Und Jesus ging heraus und sah das grosse Volk. Und es jammerte ihn derselben / denn sie waren wie die Schafe / die keinen Hirten haben. Und fing an eine lange Predigt. Da nun der Tag fast dahin war / traten seine Jünger zu ihm und sprachen: Es ist wüste hie und der Tag ist nun dahin. Lass sie von dir / dass sie hingehen umher in die Dörfer und Märkte und kaufen sich Brot / denn sie haben nichts zu essen. Jesus aber antwortete und sprach zu ihnen: Gebt ihr ihnen zu essen! Und sie sprachen zu ihm: Sollen wir denn hingehen und für zweihundert Groschen Brot kaufen und ihnen zu essen geben? Er aber sprach zu ihnen: Wieviel Brote habt ihr? Gehet hin und sehet! Und da sie es erkundet hatten / sprachen sie: Fünf und zween Fische. Und er gebot ihnen / dass sie sich alle lagerten als bei Tischen voll auf das grüne Gras. Und sie setzten sich nach Schichten / je hundert und hundert / fünfzig und fünfzig. Und er nahm die fünf Brote und zween Fische und sah auf gen Himmel und dankte und brach die Brote und gab sie den Jüngern / dass sie ihnen vorlegten. Und die zween Fische teilte er unter sie alle. Und sie assen alle und wurden satt. Und sie huben auf die Brocken / zwölf Körbe voll und von den Fischen. Und die da gegessen hatten / der waren fünftausend Mann.

Christus benützt ein Schiff, um stracks quer über den See abzuschneiden und der Volksmenge zu entgehen. Die aber wird es gewahr und läuft am Ufer entlang. Vom Zuzug aus allen Städten schwillt sie an, kommt ihm zuvor und empfängt ihn drüben am anderen Ufer. Wie eine Herde, die ihren Hirten sucht, sah er es vor sich, das »große Volk«. Sie hängen an seinem Munde. Zeit und Stunde vergessen sie.

Schon ist der Abend da und nichts zu essen. Und da geschieht die wunderbare Speisung.

Ja, es ist so, die alten Ordnungen, die die Welt zusammenhalten, die lösen sich jetzt, verlieren ihre Dichtigkeit und werden durchlässig. Sie verlieren ihre Starrheit und werden willig. Sie verlieren den Knechtszwang und beseelen sich mit helfender Freiheit. Nur dort begibt sich dieses Lösen, wo er mit seinem Finger daranrührt. Und dieses Lösen ist so, daß da nicht der Sturz in die Tiefe folgt wie überall dort, wo wir Menschen uns an diese Ordnungen zu rühren vermessen. Sie löst sich in die Fülle, in die Seligkeit, sie löst sich aus der Klammer der »toten Form« in Gottes freie Schöpferhand hinein. Auch der Raum verliert seine Starre. In der großen Verwandlung wird alles wieder flüssig. Die enge Wabe des Raumes blüht auf, weitet sich, Honig vom Himmel zu fassen. Die Mathematik des Raumes verwandelt sich und gibt neuer, nicht weniger unerbittlicher Ordnung Bahn. »Fünf« und »zwei« blühen auf und weiten sich und füllen die Fünftausend. »Fünftausend« wird so klein wie fünf und zwei, und fünf und zwei erfüllen die Fünftausend. Eine neue Gleichung tritt da in Kraft: $5 + 2 = \infty$. Ja, gleich Unendlich! In dem kleinen Raum der fünf und zwei wächst jetzt das Brot aus dem Himmel. Es wächst über die Fünftausend hinaus und kommt in zwölf Körben wieder zurück zu dem, von dem es ausging. Das ist der Raum, der – von Christus erfüllt – noch einmal flüssiges Magma wird in der Schöpferhand und dem neuen Gesetze gehorcht der verwandelten Welt.

Und alsbald trieb er seine Jünger / dass sie in das Schiff träten und vor ihm hinüberführen gen Bethsaida / bis dass er das Volk von sich liesse. Und da er sie von sich geschafft hatte / ging er hin auf einen Berg zu beten. Und am Abend war das Schiff mitten auf dem Meer und er auf dem Lande allein. Und er sah / dass sie Not litten im Rudern. Denn der Wind war ihnen entgegen. Und um die vierte Wache der Nacht kam er zu ihnen und wandelte auf dem Meer. Und er wollte an ihnen vorübergehn. Und da sie ihn sahen auf dem Meer wandeln / meineten sie / es wäre ein Gespenst und schrieen. Denn sie sahen ihn alle und erschraken, aber

294 DAS EVANGELIUM

ALSBALD REDETE ER MIT IHNEN UND SPRACH ZU IHNEN: SEID GETROST / ICH BIN'S. FÜRCHTET EUCH NICHT! UND TRAT ZU IHNEN INS SCHIFF / UND DER WIND LEGTE SICH UND SIE ENTSETZTEN UND VERWUNDERTEN SICH ÜBER DIE MASSEN. DENN SIE WAREN NICHTS VERSTÄNDIGER WORDEN ÜBER DEN BROTEN / UND IHR HERZ WAR ERSTARRET. UND DA SIE HINÜBERGEFAHREN WAREN / KAMEN SIE IN DAS LAND GENEZARETH UND FUHREN AN. UND DA SIE AUS DEM SCHIFF TRATEN / ALSBALD KANNTEN SIE IHN UND LIEFEN IN ALLE DIE UMLIEGENDEN LÄNDER UND HUBEN AN DIE KRANKEN UMHERZUFÜHREN AUF BETTEN / WO SIE HÖRETEN / DASS ER WAR. UND WO ER IN DIE MÄRKTE ODER STÄDTE ODER DÖRFER EINGING / DA LEGTEN SIE DIE KRANKEN AUF DEN MARKT UND BATEN IHN / DASS SIE NUR DEN SAUM SEINES KLEIDES ANRÜHREN MÖCHTEN. UND ALLE / DIE IHN ANRÜHRETEN / WURDEN GESUND.

Nun aber bedarf er der Stille. Mit Gewalt treibt er die Jünger von sich, verlangt vom Volk, daß es zurück in die Städte gehe und steigt auf einen Berg.

Die Stille, die er sucht, heißt Gebet.

Die Jünger sind im Schiff mitten auf dem See, tief zur Nacht. Sie hatten widrigen Wind und kämpfen an gegen Seegang und Finsternis. Da schreitet er auf dem See, naht und tritt zu den Entsetzten ins Schiff. Ein Gespenst, so schreien sie. Denn ihr Herz war erstarrt und konnte nicht begreifen, wie auch unsres erstarrt ist und leugnet. Da sind wir ganz gleich mit den Jüngern. Da stehen wir mit ihnen in einer Zeit. Nicht eine Stunde liegt zwischen ihnen und uns. Daß er der Sohn sei, daß er Gott sei, wissen heute wie einst nur die Dämonen und brüllen auf gegen ihn, heute in der Welt wie einst. Sie wissen, daß er Macht hat. Der Raum, der sich noch eben weitete, um Raum des himmlischen Brots zu werden, verklärt sich jetzt rings um seine Gestalt. Was wir die Schwere nennen, dieser Durst, dieser Zug und diese Last der Stoffe, löst sich, zertaut, wird so leicht wie ein Klang, wie ein Lichtschein, wie ein Gedanke. Wo Sturz und Fall war, ist jetzt ein Schweben. Schwerkraft ist jetzt verwandelt in tragende Kraft. Eine neue, selige Ordnung des Raumes, der erlösten und verklärten Räume greift nun Platz für einen kleinen Augenblick, daß uns auch das offenbar wurde, unserem dunklen, gebundenen Auge zum Geschenke, damit es sich einst in der großen Erleuchtung daran erinnere, was es nicht glauben konnte. Erst an Land erkennen sie ihn. Und nun setzt der Sturm von neuem ein. Auf den Marktplätzen werden die Kranken zusammengetragen, dringt das Gerücht her, daß er käme. Daß sie nur möchten den Saum seines Kleides anrühren!

Und es kamen zu ihm die Pharisäer und etliche von den Schriftgelehrten / die von Jerusalem kommen waren. Und da sie sahen etliche seiner Jünger mit gemeinen / das ist mit ungewaschenen / Händen das Brot essen / tadelten sie es. (Denn die Pharisäer und alle Juden essen nicht / sie waschen denn die Hände manchmal / halten also die Aufsätze der Ältesten. Und wenn sie vom Markt kommen / essen sie nicht / sie waschen sich denn. Und des Dings ist viel / das sie zu halten haben angenommen / von Trinkgefässen und Krügen und ehernen Gefässen und Tischen zu waschen.) Da fragten ihn nun die Pharisäer und Schriftgelehrten: Warum wandeln deine Jünger nicht nach den Aufsätzen der Ältesten / sondern essen das Brot mit ungewaschenen Händen? Er aber antwortete und sprach zu ihnen: Wohl fein hat von euch Heuchlern Jesaia geweissagt wie geschrieben stehet: »Dies Volk ehret mich mit den Lippen. Aber ihr Herz ist ferne von mir. Vergeblich aber ist's / dass sie mir dienen / dieweil sie lehren solche Lehre / die nichts ist denn Menschengebot.« Ihr verlasset Gottes Gebot und haltet der Menschen Aufsätze von Krügen und Trinkgefässen zu waschen. Und desgleichen tut ihr viel. Und er sprach zu ihnen: Wohl fein habt ihr Gottes Gebot aufgehoben / auf dass ihr eure Aufsätze haltet. Denn Mose hat gesagt: »Du sollst deinen Vater und deine Mutter ehren.« Und: »Wer Vater oder Mutter flucht, der soll des Todes sterben.« Ihr aber lehret: Wenn einer spricht zum Vater oder Mutter: »Korban / das ist / es ist Gott gegeben / das dir sollte von mir zu nutz kommen / der tut wohl. Und so lasst ihr hinfort ihn nichts tun seinem Vater oder seiner Mutter und hebt auf Gottes Wort durch eure Aufsätze / die ihr aufgesetzt habt. Und desgleichen tut ihr viel. Und er rief zu sich das ganze Volk und sprach zu ihnen: Höret mir alle zu und vernehmet's: Es ist nichts ausser dem Menschen / das ihn könnte gemein machen / so es in ihn gehet. Sondern das von ihm ausgehet / das ist's / das den Menschen gemein macht. Hat jemand Ohren zu hören / der höre! Und da er von dem Volk ins Haus kam / fragten ihn seine Jünger um dies Gleichnis. Und er sprach zu ihnen: Seid ihr denn auch so unverständig? Vernehmet ihr noch nicht / dass alles / was aussen ist und in den Menschen gehet / das kann ihn nicht gemein machen? Denn es gehet nicht in sein Herz / sondern in den Bauch / und gehet aus durch den natürlichen Gang / der alle Speise ausfeget. Und er sprach: Was aus dem Menschen gehet / das macht den Menschen gemein. Denn von innen / aus dem Herzen der Menschen gehen heraus böse Gedanken: Ehebruch, Hurerei, Mord, Dieberei, Geiz, Schalkheit, List, Unzucht, Schalksauge, Gotteslästerung, Hoffart, Unvernunft. Alle diese bösen Stücke gehen von innen heraus und machen den Menschen gemein.

Die Gewaltigen in der Hauptstadt konnten jetzt nicht mehr untätig zusehen. Man mußte zunächst einmal sich unterrichten, was hier überhaupt vorging im Volk. Es wird eine Abordnung in den Norden des Landes geschickt, um sich an Ort und Stelle die Dinge zu besehen, die da geschahen. Denn es war bereits so weit, daß ihre Macht im Volk in Frage gestellt war. Nicht die Macht, die man mit Schwert und Gesetzgebung ausübt, sondern jene viel wichtigere Macht, die Macht über die Seelen.

Der Kampf um die Macht entbrennt. Die Dinge schürzen sich zur Entscheidung. Daß wir den Pharisäer ernst nehmen! Er war des Herren Christus Feind.

Nicht der selbstgerechte kleine Bürger und Mucker, den wir darunter verstehen, war der Gegner von Jesus Christus. Kein ernsthafterer, entschlossenerer, kein imponierenderer Feind als der Mensch, der im Evangelium den Namen »Pharisäer« trägt. In ihm verkörperte sich das Sendungsbewußtsein des einen Volkes, das sich als »Volk der Erwählung« wußte. Er war der Träger der theokratischen Überlieferung seines Volkes im Gegensatz zum weltbürgerlichen Freisinn der Sadduzäer. Im Tempel, im »Hause Gottes« selbst, hatte er den Regierungssitz. Das Gesetz aber war das göttliche Fundament seiner Regierungsgewalt. Neben dem Hohenpriester fristete das Königtum schon lange nur ein Schattendasein im Lande. Darum sagt Christus zu ihnen, sie säßen auf dem »Stuhl Mose«. Der Stuhl Mose[96] ist der Gottesstuhl der jüdischen Theokratie.

Man beobachtete Christus und die mit ihm eine Weile. Man bemerkt, daß seine Jünger die Überlieferung brechen. Das aber heißt, daß sie sich revolutionärer Handlungen schuldig machen. In der »Lehre der Ältesten« waren alle jene Regeln enthalten, die den erprobten Weg rechts und links absteckten, der zur Verwirklichung des »höchsten Gebotes«, des Willens Gottes führte. Die Lehre war also Lehre des Weges, der zur Verwirklichung des höchsten Solls, der zu seiner Verwirklichung führte. Diese Lehre vom Wege war der Inbegriff der »Satzung«. Die Weisen, die Priester, die Maßgebenden hatten sie erarbeitet in langer Geschlechterfolge. Sie war erwachsen aus der edlen Sorge des Menschen, das höchste Gebot zu erfüllen, den göttlichen Willen zu verwirklichen und den vollkommenen Zustand zu schaffen.

Die antike Welt verfügte auf diesem Weg über umfassende Erfahrungen. Über Erfahrungen, denen Kämpfe größten Ausmaßes und Erschütterungen im Kern der Dinge vorausgegangen waren. Das Volk Israel macht da keine Ausnahme. Es ist zunächst auch nur ein Volk wie alle anderen. Ein antikes Volk, das die Grundstruktur aller antiken Völker zeigt, nämlich die des kultischen Staates. Um es in seiner Wirklichkeit zu sehen, muß man die Zwangsvorstellung loswerden, daß es ein Abgrund trenne von den Heiden. Seinem Wesen, seinem Kern- und Grundstoff nach wie auch seiner Gestalt und Entfaltung nach ist es ein antikes Volk wie alle andern auch. Etwas anderes ist es, was in seinem Bewußtsein lebte. Man kann im *Wesen* gleich sein, im *Bewußtsein* himmelfern voneinander. Es gab in der antiken Welt solche Himmelfernen des Bewußtseins auch außerhalb Israels. Es gab Herrenvölker und es gab Knechtsvölker. Und das Bewußtsein des Hellenen, kein Barbare zu sein, war gleichfalls Erwähltseinsbewußtsein, geheiligt durch den Blutzoll der Kriege. Das Alte Testament ist die einzige Urkunde der antiken Welt, in der das Leben ihrer Völker an einem Beispiel uns bis in die Einzelheit des geschichtlichen und kulturellen Daseins überkommen ist. Die Griechen haben den Homer. Das Alte Testament enthält viel mehr als Homer. Es enthält ebenso Gesetzgebung, Kultusordnung und vor allem die Geschichte, in der Mythos, Gesetz, Kultus schicksalhaft dargelebt werden. Die Erwählung des Volkes Israel besteht nicht in einer besonderen Qualität. Möglich, daß andere Völker eine bessere besaßen, ja vielleicht sogar, daß Israel unter den antiken Völkern die verworrenste und gefährdetste Substanz aufwiese. Möglich, daß gerade deshalb Gott diesen »Stall« und diese »Krippe« in der antiken Völkerstadt erwählte, um dort auf die unterste Stufe zu treten, wenn er in der Welt erscheine. Das also ist das Besondere, das Ausschließliche des Volkes Israel, des Gottesstalles, der Gotteskrippe: verdienstlos erwählt zu sein zum Geschichtsort der göttlichen Erscheinung. Diese Schenkung, grundlos wie die ewige Liebe selbst, die *Gabe* des Sohnes, ist das Besondere, was Israel vor den andern voraus hat.

Diese Einsicht gibt der Zusammenstoß zwischen dem Sohn und den Repräsentanten dieses Volkes an die Hand. Die Religionen der antiken Völker waren nichts anderes als das, was hier die Pharisäer gegen Christus in Kraft haben wollen: die menschliche Lehre vom Wege zu Gott. Christus stößt hier also nicht nur mit seinem Volke zusammen, er stößt hier mit der Religionswelt des Menschen schlechthin zusammen. Er stößt mit dieser Religionswelt auf einer ganz bestimmten Stufe, nämlich auf der Stufe ihrer höchsten Läuterung zusammen. Die Kämpfe und Erschütterungen waren vorhin angedeutet, durch die jene Wegsuche hindurchführte. Die Tatsache des Dämonischen, die Erfahrung der grundbösen, nichtenden Urgewalt, blieb keinem Volk und keiner Völkerzeit in der Antike erspart. Je edler die Völker, desto tiefer wurde diese Erfahrung von ihnen gemacht. Es gab ganze Geschichtsepochen, die sich erfahrungslos und nichtwissend dem Dämonischen in kultischer Verehrung ergaben. Sie ist kaum mehr zu ahnen für uns, die Schlacht, die da entbrannte, die Länge ihrer Dauer und die Tiefe ihrer Wirkung, in der sich Apollo gegen den bacchischen Gott erhob. Er entbrennt auf der ganzen Front. Gerade auch in den orientalischen Religionen, die die Erfahrung der »unsaubern Geister« am tiefsten gemacht hatten. Hinter der kultischen Reinheit, hinter der rituellen Religion, hinter der Religion des Gesetzes im weitesten Begriff steht diese Sorge um die Reinheit des Menschen. Denn das begann man zu ahnen, daß nur das reine Herz würde Gott schauen können. Das ist das »antiheidnische Heidentum« Nietzsches, das im Platonismus seine philosophische und in der Asketik seine ethische Ausprägung fand. An der israelitischen Kultusgeschichte läßt sich diese Entwicklung verfolgen. Nicht nur das Opfer entfaltet hier seine Hauptkraft in Sühnung, in Reinigung, sondern auch das gesamte Dasein als kultisch durchdiszipliniertes bis in die Einzelheiten des persönlichen Lebens. Vom

Volke Israel war dieser Weg des reinen Lebens mit besonderer Inbrunst ergriffen worden. So geschah es, daß man hier einen unübersteigbaren Graben zog: zwischen sich, dem Reinen, und den anderen draußen, den Unreinen. Und hier an diesem Punkte geschah es, daß die Christusjünger revoltierten. Sie stellten sich außerhalb der Ordnung, die den Weg zu Gott freihielt von dem, was unrein war. Das hatten die Juden mit den Heiden offenbar gemein, diese verworrene, blinde und nur von außen kommende Erfahrung vom Dämonischen, Unreinen, Unzüchtigen als mit dem Stoffe verbundener Gewalten. Darum die Bedeutung der Erde, des Essens, der Geschlechtlichkeit für die kultische Reinheit. Es ist der Bereich, den Christus das, *»was außen ist«*, nennt. Und dem man folgerichtig auch nur mit *»Äußerlichem«* begegnen kann. Es gehört hierzu nicht nur der Ritus und der Kultus, es gehört hier das ganze System einer vom Leben losgelösten »Ideenwelt« hinzu. Auch dort, wo, wie in der heutigen Welt, weder Kultus noch Ritus verbindlich ist, ist die Macht der ideologischen Verfeinerungsformen um so größer. Überall dort leben sie, wo sich der Mensch aus der Mitte des gelebten Lebens mit seinem Schwerpunkt herausstellt in ein Ausgedachtes. Überall dort, wo Systeme, Doktrinen, Grundsätze (»die Satzung«) Verbindlichkeit verlangen; von außen her das gelebte Leben überfremdend, pressend, ist jener Geist am Werke, der den Pharisäer zu seinem Klassiker hat. Er steht heute wieder über einer Völkerwelt auf, die durch die verwandte Erfahrung der antiken Welt, durch die Erfahrung des Chaos, für ihn reif gemacht wird. Der Mensch sucht sich aus der Anarchie seines leibhaften Daseins zu retten, indem er »außen«, das heißt in der Abstraktion, den archimedischen Punkt zu gewinnen versucht, um Ordnung zu schaffen. Und das, weil von außen, auch mit Mitteln des Außen, genau wie jene damals.

»Korban«,[97] so nennen die Pharisäer ihr Tun: Sie sagen zu Vater und Mutter: Es ist »Gott« gegeben, das dir sollte von mir zunutze kommen. Man liebt das Abstrakte und läßt Vater und Mutter verhungern. In Wirklichkeit hat man sich aber nur auf bequeme Weise von seiner Verpflichtung losgekauft. Man sagt: »Gott« ist wichtiger als Vater und Mutter. Das aber ist nur der gedachte, nicht der wirkliche Gott. Der wirkliche stellt mich in Vater und Mutter leibhaftig. Man sieht hier, wie der Mensch anfängt, die Erde unter den Füßen zu verlieren. Er wird von ihr losgelöst: abstrakt. Eine Entwirklichung der ganzen Existenz bereitet sich hier vor. Der Mensch, dem Gedachten, dem Gesollten sich hingebend, entzieht sich der Erde. Der Dienst am Idol in der Unerreichbarkeit der blauen Ferne wird ihm zum Vorwand, zur Flucht vor der harten, unmittelbaren Erfüllung der Grundforderung menschlicher Existenz.

Hier vertritt uns deshalb Christus alle Wege. Mit erbarmungslosem Stoße schleudert er den Flüchtigen zurück auf die Erde, mitten hinein in das gelebte Leben, vor den, der unausweichlich der Nächste ist, und hält ihn da mit Fäusten fest und sagt ihm: Das ist Gottes Gebot! Er sagt ihm, deine puritanischen Handlungen, deine Grundsätzlichkeiten, deine Lehren und Systeme, deine ganze Metaphysik der Reinheit ist eine Phantomwelt, die nicht nur dein ganzes Wesen spaltet und schließlich kraft ihrer Überforderung zerbricht. Sie ist darüber hinaus auch noch das große Hindernis, *daß du lebst: das heißt: liebst!* Nicht mit Worten und Wünschen, nicht mit Dichten und Trachten, sondern mit deinem Sein, jetzt und hier. In alledem, was Gott jetzt und hier vor dich auf deinen Weg stellt, in dem, was er dir in deinem Schicksal auferlegt. Zum Beispiel darin, daß du Sohn bist! Daß du leiblicher Sohn und auch nicht nur theoretisch Sohn bist und daß du einen leiblichen Vater und eine leibliche Mutter hast, nicht nur das Idol von Ahne und Sippe, losgelöst von Fleisch und Blut. Es gibt keinen Gottesdienst, der am Menschen vorbeigeht. Es ist unerbittlich, wie Christus hier den Menschen, der seinen Weg am Nächsten vorbei zu Gott suchen will, zurückschleudert und ihm den Menschen in den Weg setzt. Es hat gar keinen Sinn, sagt er, zum Altar zu gehen und seine Gabe dort niederzulegen, wenn man seinen Bruder haßt und über seine Leiche hinweg zum Altar schreitet. Nicht, daß der Altar aufgehoben werde, nicht, daß es keinen Kultus mehr gebe auf dieser Erde! Nur daß wir dorthin *mit* dem Bruder hinaufsteigen, nicht wie Kain ohne ihn. Darum nennt Christus den Pharisäer den Heuchler großen Stils, der an seine eigene Lüge glaubt, der das Idol für Gott hält und der, dem Idol verfallen, Vater und Mutter verderben läßt. Und das alles mit »bestem Gewissen«! Gerechtfertigt auf jedem Wege »intellektueller Redlichkeit«. Ja, gezwungen durch die »innere Wahrhaftigkeit«. Es ist der Heuchler großen Stiles, der Illusionist, der »blinde Blindenleiter«. Wohl euch, sagt Christus zu ihnen, wenn ihr blind wäret und wüßtet es. Nun ihr aber sprecht, wir sind sehend, bleibt eure Sünde.[98]

Das Unreine aber, dem eure Sorge gilt, hat ganz anderen Ursprung, als ihr meint. Nichts, was von außen eingeht in den Menschen, hat Macht über ihn. Ist er doch der Schöpfungsherr. Aber das, was von ihm ausgeht, das hat Macht, ihn selbst und die Kreaturen gemein zu machen. Der Mund, der so mächtig ist, von dem solche Gewalt ausgeht, über ihn selbst hin und über die Welt, ist in ihm und heißt *Herz*. Nicht die Kreaturen, das Außen, so lehrt er, sind das Einfallstor des Bösen, sondern das *Innen*, des Menschen Herz. Sich selbst entrinnen will der Mensch, seiner Verantwortung, auf den Brücken der Religion. Aber er wird gestellt, er wird festgenagelt von dem, der »wußte, was im Menschen ist«. Aus dem Tor des Herzens hervor brechen »böse Gedanken«. Diese Samenkörner, die die Welt füllen mit »Ehebruch, Hurerei, Mord« vom ersten bis zum letzten ihrer Tage. Alle diese »bösen Stücke« gehen von innen heraus: »Dieberei, Geiz, Schalkheit, List«. Dies alles sind die Arten und Weisen einer einzigen Sache: der Sucht. »Unzucht, Schalksauge, Gotteslästerung, Hoffart, Unvernunft«, ein wahres Geschmeiß, eine Rotte wahrlich »unsauberer Geister«, die sich da plötzlich windet vor den Augen dessen, der mit kühnem Griff den Deckel wegnahm von dem Loche »*Innen*«. *Inwendig* aber ist's voll Raubes und Fraßes![99] Von dort her stürmt die Rotte hinaus in die Welt und läßt nichts übrig, das sie nicht hineinschleppte in das verbuhlte Maul, in diesen ewig schluckenden Schlund, der da im »Inwendig« schnappt, bereit, alles und alles in sich zu schlingen und nur noch Haufen Kots vom Feste des Lebens übrigzulassen.

Das sind die »bösen Gedanken«, die an der Luft des irdischen Tages plötzlich »böse Stücke« werden, wo der Mensch – verzückt im Idol und fern auf selbstgemachter Himmelssteige – vergißt, was er ist – unten auf Erden.

Und er stund auf und ging von dannen in die Grenze von Tyrus und Sidon. Und ging in ein Haus und wollte es niemand wissen lassen und konnte doch nicht verborgen sein. Denn ein Weib hatte von ihm gehört / welcher Töchterlein einen unsauberen Geist hatte. Und sie kam und fiel nieder vor seinen Füssen (und es war ein griechisches Weib aus Syrophönizien) und sie bat ihn / dass er den Teufel von ihrer

302 DAS EVANGELIUM

Tochter austriebe. Jesus aber sprach zu ihr: Lass zuvor die Kinder satt werden. Es ist nicht fein / dass man der Kinder Brot nehme und werfe es vor die Hunde. Sie antwortete aber und sprach zu ihm: Ja Herr. Aber doch essen die Hündlein unter dem Tisch von den Brosamen der Kinder. Und er sprach zu ihr: Um des Wortes willen so gehe hin. Der Teufel ist von deiner Tochter ausgefahren. Und sie ging hin in ihr Haus und fand / dass der Teufel war ausgefahren und die Tochter auf dem Bette liegend.

Der Kampf mit den Maßgebenden im Volke war jetzt offen ausgebrochen. Langsam wurde es unausweichlich über dieser abgrundtiefen Kluft, was es auf sich hatte mit diesem Kampfe. Es war überhaupt nicht abzusehen, wo das hinaus sollte. Es schien, als führe der Weg Christus vor eine Wand, über die es kein Hinüber gab; oder in einen Abgrund, in dem es nur ein Zerschellen gab. Denn im Pharisäer stand ihm sein ganzes Volk entgegen, das Volk mit seinem Erwähltheitsbewußtsein vor den Völkern der Welt, mit den uralten Ordnungen seines kultischen Lebens, mit Gesetz und Tempel Gottes. Nur ein einziger Anknüpfungspunkt schien ihm verblieben, das prophetische Wort, das in seinem Volke geheimnisvoll, unerklärbar seit unvordenklichen Zeiten lebte. Und auch um das mußte er kämpfen. Denn auch die Propheten nahmen die Maßgebenden im Volk für sich in Anspruch mitsamt der ganzen ehrwürdigen Vergangenheit, die zu pflegen sie in besonderer Weise sich in Pflicht genommen wußten. Ihr Heuchler, mußte er ihnen entgegenhalten, die ihr der Propheten Gräber bauet und schmücket der Gerechten Gräber und sprecht: »Wären wir zu unserer Väter Zeiten gewesen, so wollten wir nicht teilhaftig sein mit ihnen an der Propheten Blut. Wohlan, ihr Mördersöhne, erfüllet auch ihr das Maß eurer Väter!« Er begann zu ahnen, daß er gerade im Blutpunkt werde das Prophetenerbe auf sich zu nehmen haben. Denn so, wie die Sache jetzt stand, konnte dieser Kampf nicht anders ausgehen.

Was hatte zu geschehen? Sollte er den Boden seines Landes nicht verlassen, das sich so mit seinem Urgeiste jetzt gegen ihn zu wenden schien? Sollte er nicht das tun, was er seinen Zwölfen befohlen hatte, nämlich den Staub derer von den Füßen schütteln, die ihn nicht aufnahmen? Eine über alle Begriffe große Not bricht jetzt über ihn herein. Sollte das Volk, das von Gott für die Messiasgeburt bestimmt war, diese Geburt verwerfen, nachdem sie geschehen war? Sollte das möglich sein?

Er geht über die Grenze in das Land der Heiden. Niemand weiß, was ihn zu diesem Schritt bewog. Aber daß hier ein gewaltiger Kampf im Aufglimmen war, das wird aus den Gleichnisreden und Gleichnistaten ersichtlich, die seine künftige öffentliche Rede jetzt kennzeichnen werden und in der er die Verwerfung seines Volkes hart und schneidend kundgibt.

Eine Phönizierin bittet ihn um Hilfe für ihr unheilbares Kind. Und da mit einemmal weiß er, wo dennoch sein Platz ist: in seinem Volke. Mag ihm der Boden unter den Füßen entschwinden und nur noch der Kniestein von Gethsemane übrigbleiben! Diese Treue war Treue unter der Verheißung der Propheten, wie sinnlos auch immer sie aussah. Auf jeden Ausgang hin, auch auf den in der schwärzesten Nacht, mußte sie gehalten werden. »Es ist nicht fein«, sagt er zur Phönizierin, »daß man der Kinder Brot nehme und werfe es vor die Hunde.« Und doch wird er im gleichen Augenblick besiegt. Ein noch Mächtigeres steht hier plötzlich in diesem Weibe riesengroß vor ihm auf. Mit einem Ungeheuerlichen geht die Zukunft schwanger. Es geschieht da ein Bruch, eine Umkehr Gottes auf seinem eigenen Wege, die das Unterste zuoberst kehrt, die die Letzten zu Ersten macht und die Ersten zu Letzten werden läßt. Dieses Weib hat Macht, ihm den Weg zu verstellen! Ihm im gleichen Augenblick, da er sich in seinem Volk einschließt, eine Tür aufzustoßen in der unübersteigbaren Wand; eine Brücke gleichsam mit ihrem eigenen Leibe über die Kluft zu legen, über die hinweg er den Schritt tut in die *Welt der Völker*.

Es wird alles ganz anders, als die überkommene Anschauung von der Messiasprophetie es denkt. Kaum abgewiesen, wird die Heidin seiner Herr. Zwingt sie ihn, das zu tun, was er nicht wollte. Zum Heile der Myriaden, die unsichtbar draußen stehen hinter diesem Weibe in alle Zeitalter der Zukunft hinaus: die Heiden der Welt. Nun werden die Hündlein die Kinder. Das Reich wird ihnen gegeben, den andern aber genommen. Es wird ihnen gegeben, warum? Weil sie in diesem einen Weibe jenes Seltsame besaßen, das Glauben heißt. Jenes kühne, durch keine Drohung sich schrecken lassende Besitzergreifen der Gewalttäter, die von jetzt an das Reich Gottes an sich reißen, und das Glaube heißt. Sie glaubt und führt ihn gefesselt aus dem Raum der »Kinder des Reichs« heraus: Er heilt ihr, der Heidin, Kind! Um des Wortes willen des Weibes, das hier mehr Macht hatte, wahrlich, als Berge zu versetzen. Die Tür war aufgestoßen, er war hindurchgeschritten, und sie bleibt nun offen für alle Ewigkeit. Die Heidin, die »Unreine«, hat gesiegt über das Volk der Erwählung. Eine Heidin über ein ganzes Volk, auf dessen Seite Gott gestanden hatte! Ein Weib, eine Mutter, die glaubte!

Die Schwenkung der Menschengeschichte in die Gottesgeschichte hinein, das ist das Ungeheuerliche, das hier über dem Glauben der Heidin geschieht. Die religiöse Geschichtsphilosophie ist jetzt zu Ende. Eine radikal neue Logik des Geschehens, die Logik der Gottes*taten*, bricht jetzt unbändig, unberechenbar, überraschend durch die geheiligten Schranken. Das ist es, was Christus selbst hier erfahren muß, was jetzt ebenso verwirrend wie unwiderstehbar über ihn hingeht. Groß ist die Tragweite der hier beschlossenen Entscheidung für die kommende Geschichte der Christenheit. Die Tür, durch die Christus da unversehens hindurchgeschritten war, bleibt nun offen für alle Ewigkeit – auch wenn er jetzt wieder durch sie zurückgeht. Und das tut er. Denn er würde niemals endgültig und für die Ewigkeit durch sie hindurchschreiten können, hätte er nicht zuvor den Weg im eigenen Volk bis zum letzten Grenzstein durchschritten.

Und da er wieder ausging von den Grenzen von Tyrus und Sidon / kam er an das galiläische Meer / mitten in das Gebiet der Zehn Städte. Und sie brachten zu ihm einen Tauben / der stumm war / und sie baten ihn / dass er die Hand auf ihn legte. Und er nahm ihn von dem Volk besonders und legte ihm die Finger in die Ohren und spützte und rührte seine Zunge und sah auf gen Himmel / seufzte und sprach zu ihm: Hephatha! Das ist: Tu dich auf! Und alsbald taten sich seine Ohren auf und das Band seiner Zunge ward los und er redete recht. Und er verbot ihnen / sie sollten's niemand sagen. Je mehr er aber verbot / je mehr sie es ausbreiteten. Und wunderten sich über die Massen und sprachen: Er hat alles wohl gemacht. Die Tauben macht er hörend und die Sprachlosen redend.

Gott ist der größte Realist. Was sollte es anders heißen, als daß er der Schöpfer ist. Daß ihm wirklich die Realität zu Gebote steht. »Gott kann schaffen, was er will.« Es geht bei ihm in einem Grade realistisch zu, daß wir auf seiner Spur mit unserer Logik unaufhörlich in die Brüche geraten. Wir halten einfach nicht für möglich, was für ihn selbstverständlich, was seine Natur ist. Es gibt ein Sprichwort, das heißt: »Dem Ochsen ist alles Ochs.« So geht es dem natürlichen Menschen diesseits der großen Verwandlung. Es trifft hier tatsächlich das Wort von der Froschperspektive. Im Evangelium erscheint der große Realist Gott auf dieser Erde. In den Christustaten, da schmecken wir etwas davon. Daß sie gar nicht in unsere Froschperspektive passen wollen, geht ganz zu unseren Lasten. Er ragt nun einmal mit jedem Schritte turmhoch über unsere Häupter weg. Aus der heidnischen Asketik haben wir die Scheu vor dem Stoffe übernommen. Wir meinen, der Geist müsse sich von der Berührung mit ihm fernhalten. Es hat sich von daher auch im Christentum ein asketischer Begriff von »Geist« und »Geistigkeit« gebildet, dem Vergeistigung als ein erhöhtes Ziel vorschwebt. Ganz anders der Heilige Geist. Wenn hier bei der Heilung des Taubstummen der asketische Geist der Wirkende gewesen wäre, so wäre keine Hand aufgelegt worden. Bei Christus bleibt die Wendung zur Erde ein ganz Entscheidendes. Er ist der nach unten hin gewandte, zur Erde sich hin öffnende Gott. »Und legte ihm die Finger in die Ohren und spützete und rührte seine Zunge.« Er vermischt sich geradezu, sein Fleisch, muß man sagen, mit dem Fleische des Kranken. Wäre er nur Mensch wie wir, so könnte man sich denken, daß er es nötig hätte, Abstand zu nehmen von allem, was Erde heißt und Fleisch. Da er aber mehr als Mensch ist, hat er derlei Erwägungen nicht nötig. Ja, sie kommen überhaupt nicht in seinen Sinn. Hier wird gerade die Erde gerufen, wie einst der Schöpfer den Lehm rief, da er den Menschen formte. Dem Blindgebornen, dem er am Sabbat das Gesicht wiedergibt, legt er eine Salbe auf die Augen, die er aus Erde, mit seinem Speichel vermischt, bereitet. Der Geist ruft sich das Wasser und, mit ihm vermählt, zeugt er den Menschen, den »von oben her Gebornen« in der Taufe zum zweitenmal. Wie einst dem Lehmkloß vermählt sich der Odem des Geistes dem Brot und dem Wein, damit die himmlische Speise werde. Und mit Öl salben die Jünger die Kranken und machen sie gesund. Die Kreaturen sind bei Gott nicht verachtet. Sie sind ihm teuer, und der sie Liebende ruft ihnen. Müßig zu fragen, ob er es ohne sie könnte! Er tut es *mit* ihnen. Und das ist das viel Köstlichere. Denn hier bringt die Liebe das Universum wieder zusammen, indem sie die Wesen aus den äußersten Fernen wieder zur Vermählung ruft. Nicht das ist gut im göttlichen Urteil, daß der Geist im Abstand bleibe von den irdischen Werten, sondern daß der unaussprechlich Liebende diesen Abstand aufhebe und in seligem Vereine aller im gemeinsamen Dienste die Schöpfung wieder eine.

Eines ist offenbar Jesus Christus fremd: dieses Auseinanderfallen von Wahrheit und Wirklichkeit, von Erkenntnis und Sein, was doch uns offenbar aufsitzt, wo uns die Haut anliegt. Gerade und erst recht in jener philosophischen Reflexion, die im *Denken* diese »Ganzheit« neu »setzt« und dann meint, sie wäre auch im *Sein* dadurch in Kraft. Bei Christus ist Denken und Sein derart eines, daß auch nur die Möglichkeit einer Aufspaltung zwischen beiden bei ihm die Abwehr auslöst. Ich glaube, daß so etwas im Gespräch mit dem phönizischen Weibe vor sich gegangen ist. Sein Gespür für die kleinste Abweichung muß so groß gewesen sein, daß unser durch unendliche Reflexion aufgespaltenes Bewußtsein das kaum mehr nachzudenken vermag. Dasein und Werk war ihm so unlösbar mit seinem »Im-Volke-Sein« verknüpft, daß er mit jenem Schritte über die Grenze die Entwurzelung und das Gleiten ins Leere spürte. Hier war der begrenzte Raum ihm geschenkt, der bis zum letzten Winkel hin zu füllen war. Der so gefüllt bis zur äußersten Fassungskraft, berstend eine Welt aus den Angeln hob. Wozu die Erwählung dieses bestimmten Volkes? Aus demselben Grunde, aus dem er Erde und Speichel rief zu seinem Werk. Weil er die Erde sucht. Weil das Gottesreich nicht ein geistiges Reich, sondern ein Himmel- und Erdreich in einem ist. Es ist nicht von dieser Welt. Darin liegt seine Macht. Es ist aber in der Welt. Darin liegt seine Realität.

Zu der Zeit / da viel Volks da war und hatten nichts zu essen / rief Jesus seine Jünger zu sich und sprach zu ihnen: Mich jammert des Volks. Denn sie haben nun drei Tage bei mir geharret und haben nichts zu essen. Und wenn ich sie ungegessen von mir heim liesse gehen / würden sie auf dem Wege verschmachten. Denn etliche sind von ferne kommen.

DIE ZWEITE KEHRE DER ENTSCHEIDUNG

Seine Jünger antworteten ihm: Woher nehmen wir Brot hie in der Wüste / dass wir sie sättigen? Und er fragte sie: Wieviel habt ihr Brote? Sie sprachen: Sieben. Und er gebot dem Volk / dass sie sich auf die Erde lagerten. Und er nahm die sieben Brote und dankte und brach sie und gab sie seinen Jüngern / dass sie dieselbigen vorlegten. Und sie legten dem Volk vor. Und hatten ein wenig Fischlein. Und er dankte und hiess dieselbigen auch vortragen. Sie assen aber und wurden satt. Und huben die übrigen Brocken auf / sieben Körbe. Und ihrer waren bei viertausend / die da gegessen hatten. Und er liess sie von sich. Und alsbald trat er in ein Schiff mit seinen Jüngern und kam in die Gegend Dalmanuthas. Und die Pharisäer gingen heraus und fingen an / sich mit ihm zu befragen / versuchten ihn und begehrten von ihm ein Zeichen vom Himmel. Und er seufzte in seinem Geist und sprach: Was suchet doch dies Geschlecht Zeichen? Wahrlich ich sage euch: Es wird diesem Geschlecht kein Zeichen gegeben. Und er liess sie und trat wiederum in das Schiff und fuhr herüber. Und sie hatten vergessen / Brot mit sich zu nehmen und hatten nicht mehr mit sich im Schiff denn ein Brot. Und er gebot ihnen und sprach: Schauet zu und sehet euch vor vor dem Sauerteig der Pharisäer und vor dem Sauerteig des Herodes. Und sie gedachten hin und wider und sprachen untereinander: Das ist's / dass wir nicht Brot haben. Und Jesus vernahm das und sprach zu ihnen: Was bekümmert ihr euch doch / dass ihr nicht Brot habt? Vernehmet ihr noch nichts und seid noch nicht verständig? Habt ihr noch ein erstarret Herz in euch? Ihr habt Augen und sehet nicht / und habt Ohren und höret nicht und denket nicht dran / da ich fünf Brote brach unter fünftausend: Wieviel Körbe voll Brocken hobt ihr da auf? Sie sprachen: Zwölf. Da ich aber die sieben brach unter die viertausend / wieviel Körbe voll Brocken hobt ihr da auf? Sie sprachen: Sieben. Und er sprach zu ihnen: Wie vernehmet ihr denn nichts? Und er kam gen Bethsaida. Und sie brachten zu ihm einen Blinden und baten ihn / dass er ihn anrührete. Und er nahm den Blinden bei der Hand und führte ihn hinaus vor den Flecken. Und spützte in seine Augen und legte seine Hände auf ihn und fragte ihn / ob er etwas sähe. Und er sah auf und sprach: Ich sehe Menschen gehen / als sähe ich Bäume. Darnach legte er abermal die Hände auf seine Augen und

HIESS IHN ABERMAL SEHEN. UND ER WARD WIEDER ZURECHTGEBRACHT / DASS ER ALLES SCHARF SEHEN KONNTE. UND ER SCHICKTE IHN HEIM UND SPRACH: GEHE NICHT HINEIN IN DEN FLECKEN UND SAGE ES AUCH NIEMAND DRINNEN.

Das ist die Urform des Gottesdienstes der christlichen Gemeinde, das Brotbrechen und darin das Speisen des geopferten Leibes der liebenden Gottheit. Und sie brachen hin und her in den Häusern das Brot, erzählt Lukas[100] in der Geschichte der ersten Gemeinde. »Und er nahm die sieben Brote und dankte und brach sie und gab sie seinen Jüngern.« Das hat auch heute noch für das Ohr eines jeden Christen den Klang der Abendmahlsgeschichte. Daß sie die urchristliche Gemeinde so verstanden haben wollte, spiegelt sich in den Christusfragen wieder: ob die Jünger denn noch nichts vernähmen, ob ihr Herz noch immer erstarrt sei. Denn wer nichts vernimmt, ist noch draußen, dessen Herz ist verstockt. Er hat Augen und sieht nicht und hat Ohren und hört nicht. Es ist dazu ein erleuchtetes Gesicht und ein aufgeschlossenes Gehör nötig. Eine Lösung des erstarrten Herzens, daß es geöffnet sei. Darum, wer Ohren hat, zu hören, der höre. Den andern bleibt es verborgen. Der Evangelist Johannes, der am spätesten sein Evangelium schrieb, hat die zarte Andeutung des frühesten Evangeliums, des Markus, schon zu offener Aussage entfaltet. Sein sechstes Kapitel vom Lebensbrote hat die christliche Kirche zu allen Zeiten in diesem Sinne verstanden.

Drei Tage hatte die Volksmenge bei ihm ausgeharrt. Viele von ihnen waren von weit her gekommen. Und der Ort, an dem sie weilten, war das offene Land, draußen vor den Städten, die Wüste, wie der Evangelist sagt, wo es weder ein Dach noch einen Kaufladen gab. In solchen Tagen und Nächten teilten sie mit ihm sein Los auf Erden: nicht zu haben, da er sein Haupt hinlegte. Noch war im Volk sein Einfluß ungebrochen. Die wunderbare Speisung zeigt ihn auf der ganzen Höhe seiner Macht über die Seelen. Johannes berichtet, das Volk habe bei dieser Gelegenheit danach getrachtet, ihn zum Könige zu machen. Er hätte es haben können. Er hatte das ganze nördliche Land hinter sich. Er hätte mit Zehntausenden ihm blindlings ergebener Menschen nach Süden ziehen, Jerusalem einnehmen und sich auf den Thron Davids setzen können. Das ging im Volk um, dieser Ruf: Laßt uns ihn zum Könige machen. Christus aber, der merkt, daß sie sich seiner zum Staatsstreich bemächtigen wollen, »entwich abermal auf den Berg, er selbst allein«.[101]

Auch hier kommt es anders, ganz anders. Unergründlich wendet sich der Weg jetzt um, in das Entgegengesetzte hinaus.

Die Gegner steigern zugleich zielbewußt den Angriff. Sie verlangen jetzt von ihm ein Mirakel. »Bist du, was das Volk raunt, so tue ein Zeichen vom Himmel.« So zaubere, sagen sie zu ihm. Beweise den Besitz magischer Kräfte. Der Versucher springt noch einmal an und sagt: Sprich, daß diese Steine Brot werden! Springe von der Zinne des Tempels! Ja, es würde schon Brot gegeben werden, aber anders, ganz anders. Gebrochen würde es werden und Blut würde vergossen werden, damit die Welt Leben habe. Nicht durch magische Kunst würde der Welt das Leben gegeben werden, sondern durch Selbsthingabe, durch Selbstopferung Gottes. Ja, ein Zeichen sollte ihnen schon werden. Ein Zeichen über alles und jedes Mirakel hinaus, das Zeichen des Propheten Jonas.[102] Drei Tage würde der Geopferte im Bauche der Erde weilen, verschlungen von der Tiefe. Dann würde er heraufkommen: auferstanden. Das würde das Zeichen sein, das ihnen werden sollte. Was da bisher geschehen war, war nicht das, was die Pharisäer wollten. Das war die Ausstrahlung des Geistes, in ihrer Schlichtheit so selbstverständlich, daß hier nicht das Mirakel zu schmecken war. Diese Ausstrahlung zu sehen, hatten sie Gelegenheit genug gehabt. Das aber war es eben nicht, was die Verführer von ihm wollten. Nur noch eine Tat vollbringt er. Die letzte nach dem Bericht von Markus.

Einen Blinden bringen sie zu ihm. Er will nicht, daß man es sähe, was er jetzt tun wird. Der Sauerteig der Pharisäer beginnt bereits in den Seelen zu gären und die Herzen zu verstellen. Man will Mirakel sehen. Der Blick verdunkelt sich für jenes Strahlen, ebenso still wie mächtig. Draußen vor dem Ort salbt er die blinden Augen mit seinem Speichel, legt er die Hände in die erloschenen Höhlen und umhüllt den Umnachteten mit dem Lichtkleid der Liebe. Ob er etwas sähe, fragt er ihn. »Ja«, spricht er, »Menschen wie Bäume.« Da umfängt seinen Leib noch einmal die Schale der göttlichen Hände, und nun sieht er alles scharf. Den Ort aber solle er meiden und es niemandem sagen. Denn die Art dieses Geschlechtes ist buhlerisch, lüstern und voll Gier nach Neuem. Und wer die Perlen vor die Säue geworfen hat, der läuft Gefahr, von ihnen zerrissen zu werden. Was sie wohl sagten, die Menschen, daß er sei? Ob ihnen wohl etwas geschenkt wurde von jenem Licht, darin seine wahre Gestalt erkennbar wird? Immer dunkler wurde vor ihm der Weg. Wie sollte es weitergehn? Von diesem mirakelsüchtigen Geschlechte auf den Königsthron emporgetragen – das war der Weg nicht.

Welcher aber war es?

Das war die neue, große, alles um ihn her verdunkelnde Frage.

UND JESUS GING AUS UND SEINE JÜNGER IN DIE MÄRKTE DER STADT CÄSAREA PHILIPPI. UND AUF DEM WEGE FRAGTE ER SEINE JÜNGER UND SPRACH ZU IHNEN: WER SAGEN DIE LEUTE / DASS ICH SEI? SIE ANTWORTETEN: SIE SAGEN / DU SEIEST JOHANNES DER TÄUFER. ETLICHE / DU SEIEST DER PROPHETEN EINER. UND ER SPRACH ZU IHNEN: IHR ABER / WER SAGET IHR / DASS ICH SEI? DA ANTWORTETE PETRUS UND SPRACH ZU IHM: DU BIST CHRISTUS! UND ER BEDRÄUETE SIE / DASS SIE NIEMAND VON IHM SAGEN SOLLTEN.

Hier stoßen wir auf die Achse des Geschehens. Hier sehen wir, wie sie sich dreht und die Entscheidung fällt. In das letzte Geheimnis dieser Entscheidung hineinzuschauen, ist uns verwehrt. *Warum diese Wendung zum Kreuze?* Mit dieser Wendung wird ein Chaos von Fragen hochgeschleudert, bäumt sich ein wahres Verhau unlösbarer Widersprüche auf. Dem allen zum Trotze geht der Weg da mitten hindurch. Es ist wirklich ein Mysterium. Es ist das Mysterium, das aller Unfaßlichkeit zum Trotz es uns mit einer Zwangsgewalt ohnegleichen angetan hat; dem sich, uns selbst unbegreiflich, unser tiefstes Wesen entgegenöffnet, weil es in dem Gottesrätsel dieses Geschehens das Rätsel seines eigenen Menschseins in einer schlechthin einmaligen Unmittelbarkeit angerufen weiß. Gerade deshalb aber, weil uns diese Sache so über alles Verstehen hinaus elementar angeht, bleibt uns verhängt, immer und immer wieder neu nach dem Warum zu fragen. Man kann hier nichts Besseres tun, als genau dem Gang zu folgen, den Jesus Christus selbst jetzt nimmt. Warum diese Wendung nach Jerusalem? Mitten auf der höchsten Höhe seiner Macht, im Begriff, vom Volk zum König erhoben zu werden? Warum diese Lösung von diesem Volk? Warum der Weg der Einsamkeit?

Warum der Weg in die Höhle des Löwen, der ihn, den Ausgesonderten, zerreißen wird? Warum das Kreuz?

Man muß es wieder vor Augen gewinnen, wie sehr Christus selbst gerungen hat von Schritt zu Schritt wider eine undurchdringliche Finsternis, um sich den Weg – geradezu – aufzusprengen. Den Blick hierfür verlieren wir so leicht, weil der vollendete Weg vor uns liegt und das christliche Denken ihn seit zwei Jahrtausenden unter ein sich gegenseitig überblendendes Scheinwerferlicht stellte. Christus hat sich diesen Weg in die Nacht des Zweifels hinein erkämpfen müssen, so wahr er auch wahrhaftiger Mensch war.

Wenn er den Weg auch mit nachtwandlerischer Sicherheit vollendete, die Taube des Geistes über sich, so führte er dennoch durch die letzten Abgründe durchkämpften Streites.

Die Dämonen hatten ihn vor aller Welt als den Gottessohn ausgerufen. Wer war er? Hier über diese Frage geschah der Durchbruch. Und eine Antwort darauf, die alle Schauder des Grauens und des Triumphes über seine Seele ausschütten mußte. Ja, er war es. Er war der Erlöserkönig. Er war der Heilandkönig, verheißen durch die große Weissagung dieses Volkes. An diesem Wissen um sich selbst lassen die vier Evangelien keinen Zweifel. Er spricht hier zum erstenmal bei Markus von sich als dem *Menschensohne*. Das ist ein Name, der nicht nur in der Prophetie des Alten Testamentes, sondern auch im Mythos der Heiden für den göttlichen Heilandsmenschen vorausgebildet und damit der Gesamtantike geläufig war.

Das also ist der Kampf um diesen Durchbruch, der jetzt in ihm sich zur Entscheidung neigt. Lukas berichtet, die Jünger seien damals zu ihm getreten, »da er allein war und betete«.[103] Da sei es gewesen, daß er die Frage stellte: »Wer sagen die Leute, daß ich sei?« Die Leute also wußten die Antwort nicht. Das Volk war über die Täufersituation noch nicht hinausgekommen. »Etliche sagen, du seiest der Täufer«, andere sagen dies und wieder andere jenes. Das Volk sagt genau, wie wir heute auch noch: ein Prophet, ein Lehrer, ein Großer. Wir schweifen im Finstern. Wir meinen, je mehr wir schweiften, je verschwommener es um uns ist, desto näher seien wir Gott. Gott in der Natur? Ja. Gott in der Geschichte? Ja. Seinen Schleier aber lüftet er nicht. Er bleibt der verborgene Gott, ununterscheidbar von den Wahnschöpfungen unserer süchtigen Seele. Verworren mit den Dämonen, um derentwillen die Heiden auch den bösen Gott verehrten, um alle Gerechtigkeit zu erfüllen. Und ihr, wer sagt ihr, daß ich sei? Was ihm jetzt Petrus sagt, das ist ihm von Gott selbst gesagt. Denn daß hier dieser verborgene Gott da sei, daß er in ihm, dem Sohne, aus den sieben Schleiern herausgetreten sei, hier, hier und nirgends sonst, das war in keines Menschen Geist enthalten.[104]

Du bist es! Damit war der erste Jünger auf Felsenboden getreten und Felsenmann geworden. Christus, das heißt, Grund unter die Füße bekommen in dem Meere, das Gottheit heißt und das uns verschlingt. Christus, das heißt, einen Ort kennen, von dem man sagen kann: Hier! hier! Nicht rechts, nicht links, nicht oben, nicht unten schweife und gehe verloren! Hier, hier ist er, dein Gottesort. Hier, hier wird das wogende Meer Fels unter deinem Fuß, hier stehe, hier werde du selbst Felsenmann. Hier geschah es, hier ward Gott Mensch. Hier zerteilte er die Schleier, hier trat er hervor, dir gegenüber. Gott bleibt Gott? Ja, im Alten Testamente. In der christuslosen Welt bleibt der Mensch allein, auf sich gestellt. Hier aber heißt es: Gott ward Mensch.

Es gibt nur eine einzige Antwort, die in menschlicher Sprache hinreicht auf jene Frage »Warum?«. Aus Liebe. Damit er in jedem Schritte, in Kampf, Leiden und Sieg offenbar werde als der uns Liebende. Darum zerteilt er den siebenfachen Schleier und tritt durch seine wogende Nacht hindurch und sagt: Das bin ich. Da greife mich. Da fasse mich. Das ist mein Leib. Da speise mich. Und da ist Fleisch von deinem Fleisch und Bein von deinem Bein. So nahe bin ich dir, wie du selbst dir bist. Ich, der ich wohne in einem Licht, da keiner zu kann, zugleich dir so nah und zugleich dich auch behütend, beschirmend vor meinem Licht, verhüllt in diesem Fleisch und Bein. Christus! Da siehst du Gott selbst. Du sprichst: Wahrhaftiger Gott, vom Vater in Ewigkeit geboren! Da hast du mich, mein unzugängliches Licht. Und du sprichst: Wahrhaftiger Mensch, von der Jungfrau Maria geboren! Da hast du mich, verhüllt, damit dich mein Feuer nicht treffe. Ein Liebender, wenn er sich verhüllt, und ein Liebender, wenn er sich enthüllt. Damit er auf jede Weise mit seinem Menschengeschlecht sei, in Christus sein verzehrend Feuer verhüllend und mir zugleich sein Heil eröffnend. Liebe auf jede Weise, als Verborgener wie als Offenbarer. Das heißt: Christus, des lebendigen Gottes Sohn! Das heißt: der Menschgewordene. Der es nicht für einen Raub hielt, für eine besondere Leistung, für eine Herablassung und Selbsterniedrigung, der nur liebte. Denn nichts anderes vermag im Herzen dessen zu wohnen, der wahrhaft liebt. Gerade auch dort, wo Christus zur Hülle wird, in der sich Gott verbirgt. Wenn er sich uns offen zeigte, wäre es mit unsrer Freiheit dahin. Frei will der frei Liebende wiedergeliebt sein. Darum kommt er als der leidende Gott zu uns. Denn wer wollte ihm widerstehen, käme er im Triumphe! Das wird erst die Erscheinung des Endes sein. In der Zeit aber kommt er als der leidende Gott und wandelt so auf Erden unter uns. Und nur, wer ihn jetzt erkennt, wird ihn auch lieben und wird in solcher Liebe ein Freier sein. So hat er die Krippe, das Kreuz und das Volk der Verwerfung zwischen sich und uns gestellt und sich verhüllt hinter einer Gestalt, vor der jedermann das Angesicht verbarg. Damit wir ihn nicht liebten um des Lohnes willen, um des Nutzens oder eines Vorteils willen, damit wir ihn liebten jenseits von jedem berechnenden Kalkül, damit wir ihn als Freie, damit wir ihn wahrhaftig liebten. Das allein gibt Felsenmänner. Solche, die ihn aus freien Stücken wiederliebten. Das ist seine Gemeinde. Die Gemeinde dieser Felsenmänner, die die Liebe und sonst nichts überwand, vor ihm niederzusinken und zu rufen: Du bist Christus, des lebendigen Gottes Sohn.

Das aber genügt, dieses Petrusbekenntnis. Das ist das Urbekenntnis, von dem alle Bekenntnisse gekommen sind. Das ist die Wahrheit der Kirche. In dem Augenblick, in dem diese Wahrheit der Kirche ausgesprochen wird, ist sie da, die Kirche. Petrus ist es, der sie ausspricht. Petrus, der diese Wahrheit nicht von sich selbst hatte, der sie, ach, so bald, vergißt! Der ein erstarrtes Herz hat und nichts merkt und vernimmt. Petrus, der Christus zu verführen trachtet und der ein Satanas geheißen wird. Der zweifelt, verleugnet, in der Liebe arm ist und schließlich flieht. Petrus ist es, der dieses Bekenntnis tut. Und es genügt! Da soll nichts weiter hinzugetan werden zu diesem Bekenntnis; auch nichts abgetan werden davon. Das Wort sie sollen lassen stahn und keinen weiteren Gedanken dazu haben. Es genügt, um ein Christ zu sein. Wer es tut, dies »Bekenntnis von ferne«, zage wie Petrus, der wankt und vergißt, fern zwar, aber voll Ehrfurcht, niedersinkt und lobpreist: Du bist Christus – der gehört zu seiner Kirche, dessen Bande sind gelöst. Der hat die Schlüssel zum Himmelreich in Händen.[105] Nicht aus Eigenem hat er es. Geschenkt ward ihm alles, enthüllt und von obenher auferlegt. Das ist das Geheimnis, um des willen der Wankende dennoch Felsen heißt.

Und hub an sie zu lehren: Des Menschen Sohn muss viel leiden und verworfen werden von den Ältesten und Hohenpriestern und Schriftgelehrten und getötet werden und über drei Tage auferstehn. Und er redete das Wort frei offenbar. Und Petrus nahm ihn zu sich / fing an / ihm zu wehren. Er aber wandte sich um und sah seine Jünger an und bedräute Petrus und sprach: Gehe hinter mich / du Satan! Denn du meinest nicht das göttlich / sondern das menschlich ist. Und er berief zu sich das Volk samt seinen Jüngern und sprach zu ihnen: Wer mir will nachfolgen / der verleugne sich selbst und nehme sein Kreuz auf sich und folge mir nach. Denn wer sein Leben will behalten / der wird's verlieren. Und wer sein Leben verliert um meinet- und des Evangeliums willen / der wird's behalten. Was hülfe es dem Menschen / wenn er die ganze Welt gewönne / und nähme an seiner Seele Schaden? Oder was kann der Mensch geben / damit er seine Seele löse? Wer sich aber mein und meiner Worte schämet unter diesem ehebrecherischen und sündigen Geschlecht / des wird sich auch des Menschen Sohn schämen / wenn er kommen wird in der Herrlichkeit seines Vaters mit den heiligen Engeln. Und er sprach zu ihnen: Wahrlich ich sage euch: Es stehen etliche hie / die werden den Tod nicht schmecken / bis dass sie sehen das Reich Gottes mit Kraft kommen.

Jetzt ist er hindurch. Und da er hindurch ist, muß es vor aller Welt kund werden, daß des Menschen Sohn viel leiden muß. Es muß kund werden, weil der neue Weg, der Gottesweg, der *andere* Weg ist. Der Weg, wie er in keines Menschen Herz war, der Welt und den Jüngern unfaßbar. Er muß viel leiden. Warum? Weil er der Christus ist. Das wird ihm klar aus der Weissagung und aus den Schicksalszeichen der Stunde. Die eben beide decken sich. Was er lebt und was er liest, beides schließt sich zusammen zum Zeichen. Daß das Leiden auf ihn zukommt, spürt er über sich im gelebten Schicksal. Er erkennt daran, daß die Weissagung ihn meine, die vom leidenden Gottesknecht spricht. So bewährt eines das andere. Und er gehorcht. Christus führt wenig aus dem Alten Testament an Worten an. Ganz zentral nur zwei Stellen aus dem Jesaias. Das eine Mal am Anfang seines öffentlichen Laufes in der Proklamation, in der er seine Sendung verkündet. Das andere Mal am Ende, da er sich als den »Gottesknecht« der jesaianischen Weissagung erkennt.

Schon der erste Schritt auf diesem Wege zeigt ihm, daß er hier gegen alle stehe, selbst gegen seine Jünger. Eben noch hatte er zu Petrus gesagt: »Das hat dir mein Vater im Himmel offenbart«; und jetzt muß er zu dem gleichen sagen: »Gehe hinter mich, du Satan!« Denn Petrus weiß nur den menschlichen Weg. Den göttlichen muß Christus jetzt erst finden. Er muß ihn bahnen und dann selber gehen. Denn das Reich kommt trotzdem. Von dieser Ur-Kündung wird kein Wort abgebrochen. Das Reich kommt, es ist unterwegs, dennoch und trotz. Wie das aber geschehe, wie dieser Weg aussehe, auf dem es dennoch und trotz komme, das ist es, was jetzt zu erkennen ist. Das ist es, wovon Christus jetzt Lehre geben muß. »Und hub an, sie zu lehren«: *So* kommt das Reich. *So* wirkt der Geist.

Das ist das neue Gesetz und der geistliche Weg: Es sei denn, daß das Weizenkorn ersterbe, so bringt es viel Frucht. Winterstarre hält den Acker der Welt. Und darunter erstirbt das Weizenkorn und schwängert den Acker der Welt mit ersterblichem Keim. Wie das zugehe, dieses »dennoch und trotz«, dieser seltsame Weg des Sieges wider alles menschliche Gesetz geschichtlichen Tuns, das ist Christi besondere Lehre. Ja, es gibt auch eine *Lehre*, die ihm allein zu eigen gehört. In der er nicht mehr redet in der Denkweise des moralischen Gesetzes und des natürlichen Rechts. Es gibt eine besondere Lehre vom »Siege-dennoch-und-trotz«. Vom Fruchtbringen des ersterbenden Weizenkorns, vom Vorausleben der Auferstehung mitten in der todgeschwängerten Zeit. Sie ist enthalten in jenen dunklen Worten vom Reiche, das wir nur als das Kommende kennen, noch nicht als das Vollendete. Das anbricht, wird, keimt, im Schwange geht, dennoch und trotz. »Wahrlich, wahrlich ich sage euch, es sei denn, daß das Weizenkorn in die Erde falle und ersterbe, so bleibt's allein. Wo es aber erstirbt, so bringt es viele Früchte.«[106] Das ist das Thema, das er sich jetzt selbst erarbeitet an der Hand, die ihn jetzt in das Dunkel hineinführt. Es geht hier direkt und allein um das Bringen der Frucht. Es geht um die Art und Weise, wie der Heilige Geist die Frucht zustande bringe. Sie ist das Ziel, das Endgültige, die wahre Haupt-Sache. Also es geht darum, daß die Frucht werde, das Reich erscheine. Das Kreuz markiert nur die Durchbruchstelle, sonst nichts. Das Kreuz zeigt nur an, daß hier eine Kraftauslösung erfolge, die jenseits aller Maßstäbe liegt, die wir vom Menschen her kennen. Der neue Weg ist also der besondere, bislang noch nicht gekannte Weg, den der Geist nimmt, weil der Geist Kraft ist. Den nur der Geist nehmen kann. Der in ausschließlichem Sinne der *geistliche* Weg ist, weil der Geist die Kraft schlechthin ist. Sein Weg ist also Durchbruch, ist Kampf. Der Kampf aber geht bis aufs letzte, und der Sieg ist darum vollkommen. Der Befehl des Geistes lautet, das Reich aufzurichten – mitten in entbrannter Schlacht! Er hat die Kraft, die Rose erblühen zu lassen »mitten im kalten Winter«, in der Tiefe der »halben Nacht«.

Der Heilige Geist ist also der weltmächtige Geist, mächtig ihrer Ordnungen und ihrer Stoffe. Die Bahn, die er jetzt bricht, ist eine neue Art und Weise zu leben. Nämlich – unter seinem Gesetze der Welt mächtig zu leben.

Ist der dämonische Weg der Weg der Weltverfallenheit, so ist der *geistliche* Weg der Weg zur Weltmächtigkeit. Unter den Dämonen sein heißt, der Welt verfallen sein. Unter dem Geiste sein heißt, der Welt Herr sein. Sorget nicht! Das ist das Hohelied des weltmächtigen Herzens.[107] Erst, wer der Sorge Herr geworden ist, der ist ganz frei, der ist königlich frei. Da sitzt das Geheimnis, hellseherisch erkannt! Da, mitten im Alltag; im Staube der endlosen Straße; in der Unrast der Arbeit; unter den Stößen der Anfechtung: Sorget nicht! Mitten im feurigen Ofen, den drei Männern gleich, singen: Lobet! Lobet Gott! Sorget nicht! Da steckt der Friede drin als die Kraft des Menschen, der der Welt mächtig wird. Die Sorge ist ein großer Tyrann, der ein ganzes Heer von Büttel und Schergen befehligt. »Essen, Trinken und Sichkleiden«, das sind die Stricke, uns zu binden. Am eigenen Leib und Leben will uns die Niedertracht zu Knechten machen! Ein wirscher Haufe geht ihr im Gefolge: Mißtrauen, Argwohn, Furcht, Gewissensbiß! Verzagtheit, Murren, Nörgeln, verbittertes Herz! Gereiztheit, Haß! Unbeherrschtes Wesen, Jähzorn, Neid, Geiz! Rachsucht, Starrsinn, Trübsinn, Skrupel, Schwermut, Verzweiflung! Gotteskälte, Hochmut, Frevelmut, Gottversuchen!

Sorget nicht! Das ist der Schlachtruf gegen diese Dämonenbrut, die die Sorge in ihrem Schoße heckt. Der Heide ist der Dämonenknecht. Der Christ der Dämonenherr. »Solches alles tun die Heiden.«

Der Christ schläft mit Christus an Bord mitten auf dem Meer, mitten im Sturm. Dem Christen wächst mitten im feurigen Ofen Paradiesboden unter den Füßen. Sehet die Lilien! Sehet die Vögel! Sie leben noch vom Charisma des Paradieses! Und ihr? Seid ihr denn nicht viel mehr denn sie!

Nicht in ängstlichem Wachen liegen die fünf klugen Jungfrauen auf der Hut. Das eben nicht. Sie haben Öl, randvoll den Krug. Sie schlafen selig, eine Stunde vor Mitternacht. Eine Stunde, bevor der Bräutigam kommt!

Sind es nicht die Sorglosen, die Christus zur Rechten grüßt am Jüngsten Tag als die Gesegneten des Vaters, als die mit dem Charisma Begnadeten, die sich das Reich nicht ersorgten als Knechte, sondern ererbten als Kinder? Die Sorglosen, die ihn gespeist und getränkt hatten, ohne es zu wissen! Die ohne Sorge gelebt hatten. Ja, auch gerade dies: die ohne religiöse Sorge gelebt hatten. Ohne den fressenden Skrupel, der die Seele peint mit Angst um ihr Heil. Sorget nicht! Nieder mit der Knechtschaft! Trachtet nach der Herrschaft, der Königsherrschaft der Himmel!

Das also ist der neue Weg, um dessen Entdeckung es jetzt geht. Er ist nicht zu durchschreiten ohne das besondere Charisma des Gotteskämpfers, das nicht Feiung vor der Wunde, sondern Sieg – durch Todeswunde – ist. Darum freuet euch! Aber nicht, weil ihr Macht habt über die Dämonen.[108] Freuet euch, daß eure Namen unter die Sieger geschrieben sind im Himmel. Unter die Sieger im Himmel! Denn siehe, ich sehe den Satanas vom Himmel fallen als ein Blitz.

Weisung auf diesem Weg enthält bereits die Kriegsregel, die Christus den Zwölfen bei der Aussendung gibt.[109] Verstreut durch den ganzen evangelischen Bericht, sich häufend gegen das Ende hin, finden sich wiederholt Worte, die die gleiche Weisung enthalten. Es sind gerade die dunklen oder *ärgerlichen Worte*, die uns von ihm überliefert sind: vom Aufsichnehmen des Kreuzes, vom Sichselbstverleugnen, vom Nichtwiderstreben dem Übel. Dann die andere Gruppe von der Feindesliebe, vom Schlag auf die andere Backe und von der Demut. Und endlich die dritte und dunkelste – vom Abhauen der rechten Hand und vom Ausreißen des Auges, vom Vater und Mutter Verachten und vom Verlieren des Lebens um seinetwillen. Man muß das ungeheuerliche, übermenschliche Nein, das in allen diesen Worten lebt, begreifen als den Angriff auf das Hindernis, das sich dem Heiligen Geist auf diesem seinem Weg entgegenstellt. Es ist nur das kleine Nein. Das kleine grelle Nein draußen an der Oberfläche. Drinnen verborgen aber unter dieser galligen und stacheligen Schale wächst das große Ja.

Darum, um dieses großen Ja's willen beginnt Christus die Bergpredigt mit dem siebenfachen »Selig sind«. Selig meint nicht das private Glücksgefühl, das wir darunter zu verstehen pflegen. Gibt es überhaupt in der Bibel eine Stelle, deren Sinn so barbarisch verzerrt ist ins Sentimentale, Fade, Dekadente wie die Seligpreisungen?

Wo in den Evangelien »Rettung« und »Heil« gemeint ist, da setzt Luther dieses Wort: Seligkeit. Es ist ein Urwort des Evangeliums und muß von dem Stamme *sal* her verstanden werden, dem es in unserer Sprache zugehört. In den Worten Mühsal, Labsal klingt der Grundsinn noch durch, der die *Fülle* meint. *Voll*kommenheit, *Voll*endung, *Erfüllung* über alle Sinne und Vernunft. »Säligkeit« ist das Grundwort der christlichen Totalität. Man könnte das urchristliche Wort »pleroma« mit »Säligkeit« übersetzen. Gottsäligkeit: an der Fülle der Gottheit teilhaben. Kein Gefühl also wird damit gemeint, sondern ein Sein, eine Gestalt des Existierens. Die Gestalt des »neuen Lebens« und der »neuen Kreatur«. Der »Sälige« lebt also mitten in dem irdischen Kraftkreis schon aus dem zweiten, dem himmlischen Kraftkreis. Er lebt, wie die Bibel sagt, »aus dem Geist«. Er steht wieder im Stromkreis, der zwischen dem Paradies und dem Gottesreich sich schließt. Das heißt, sein Leben ist charismatisch durchwaltet. Von daher hat dieses Leben bereits jetzt die Qualität des Säligseins. Denn die Seligpreisungen sind in *diese* Welt hineingerufen. Es gibt kein Wort über die Seligpreisungen, erleuchteter als Bengels »spirant resurrectionem« – »sie atmen bereits die Auferstehung«. Es geht ihnen wie jenem anderen Kreis von Worten, die alle mit der christlichsten aller Silben ausgezeichnet sind und die das pleromatische »Selig seid ihr« in dieser Silbe wie eine Krone vor sich hertragen: eu-angelie – die Christuspredigt! eu-sebie – das Christusleben! eu-logie – der Christussegen und eu-charistie – das Christussakrament. Sie atmen die Auferstehung.

Daß der Geist die Quelle sei, sagt die erste Preisung. Selig, die mit leeren Händen zur Quelle kommen. Die erste ist die königliche, die alle anderen anführt, die alle anderen schon in sich trägt. Selig sind, die am Urbrunnen die große Bitte tun, mit der alle Bitten der Welt gestillt sind. Denn die den Geist haben, die werden jeder Not Herr, wie übermächtig sie auch immer über ihren Häuptern zusammenschlage. Die stehen wieder auf, in wie tiefe Tode sie auch immer fallen. Das Königreich der Himmel – das ist ihrer, sagt Christus. Selig der Bettler, der so beschenkt hinweggeht! Wahrhaft königlich ist er beschenkt. Das Reich selbst ist ihm gegeben worden.

Nun muß er die Flamme durch den Sturm tragen. Der König ist geboren. Aber Herodes trachtet dem Kindlein nach dem Leben. Und Maria geht ein Schwert durch ihre Seele. Er tritt jetzt hinaus auf den neuen Weg, den der Geist sich erstreitet und erleidet. Auf dem das Leid selbst in die große Verwandlung eintritt zur Seligkeit. Wovon die Alten noch mehr wußten als unsere Tage. »O Durchbrecher aller Bande«, singt Gottfried Arnold, »der du immer bei uns bist! Bei dem Schaden, Spott und Schande lauter Lust und Himmel ist.« Christus sagt: »Kommet zu mir, die ihr mühselig seid.« Als wollte er auch sagen: »Haltet euch nur an mich, bleibet bei meinem Wort und laßt gehen, was da gehet. Werdet ihr darob verbrannt, geköpft, so habt Geduld, ich will's euch süß machen, daß ihr's wohl sollt vertragen. Geht's euch übel, so will ich euch den Mut geben, daß ihr noch dazu lachen sollt und soll euch die Marter nicht so groß sein, der Teufel nicht so bös, wenn ihr auf feurigen Kohlen ginget, so soll euch dünken, als ginget ihr auf Rosen. Ich will euch das Herze geben, daß ihr lachen sollt, wenn der Türke, Papst, Kaiser oder sonstwer aufs allergreulichste zürnen und toben: allein kommt zu mir. Habt ihr Beschwerung, Tod oder Marter, so Papst, Türk, Kaiser euch angreift, erschrecket nicht, es soll euch nicht schwer zu tragen, sondern leicht und sanft werden, *denn ich gebe den Geist*, daß solche Last, so der Welt unerträglich wäre, euch eine leichte Bürde wird.« Das ist Luther in seiner letzten Predigt am 4. Februar 1546. Selig sind solche Leidträger. Denn was sie da über den dunklen, reißenden Strom, hochkeuchend, hinübertragen auf ihrer Schulter, ist Christus selbst. Selig die starken Christophori, die nun ihrer Last verfallen bleiben bis an ihr Ende. Sie kennen das Geheimnis: Sie leben aus ihm. Sie nähren sich aus ihm und wachsen am Leid zu Riesen empor. Die Last, die erst drückte, trägt jetzt den Träger!

Die Seligpreisungen sind ein Hymnus auf den Kampf, und zwar auf jenen besonderen Kampf, der auf dem neuen Weg, den bisher noch keiner kannte, zu bestehen ist und den der Geist weist. Das Absurde, am Rande des Unverständlichen Hinschwebende, dem Mißverständnis in jedem Worte sich kühn Preisgebende dieser unwiederholbaren Strophen ist der stärkste Ausdruck für das in Menschensprache nie gehörte Neue. Hier ist »neues Lied«, aber in den alten Worten der alten Sprache gesungen. Das ist es, was hier das Sprachgefäß aus »Kraft des Geistes« sprengt und aus Scherben es strömen läßt.

Selig, der gereinigt ist von Sucht und geläutert zur Herrschaft. Dessen Mut milde und stark ist wie alter Wein. Der von sich selbst gelassen hat und nun ein Liebender geworden ist. Auf seiner Schulter ruht die Herrschaft über das Erdreich. Selig sind die Zarten, denn sie werden das Erdreich besitzen. Selig die Ritter der zarten Stärke! Ihr Erobern wird das größte Geschenk sein, das die Kreaturen empfangen werden.

Selig, die da hungert und dürstet nach dem Unmöglichen, nach der neuen Gerechtigkeit, nach der vollkommenen Ordnung aller Wesen. In der keines Kindes unschuldige Träne mehr zu fließen braucht um des erlittenen Unrechtes willen. In der die tiefste Beleidigung des Geschöpfes Mensch ausgelöscht sein wird, die Gewalttat und Rechtsbruch heißt. Wo nicht ein Recht wider das des anderen mehr steht.

Selig sind die Umfangenden, die mütterlichen, großen Seelen, die heben und tragen, bergen und hüten, die Helferwesen in der Welt. Auch ihnen soll Hilfe werden. Auch sie sollen umfangen werden vom größeren Arm, daß alles umfangen sei in Gottes Arm und Schoß.

Selig sind die Gotteskämpfer auf den höchsten Stufen. Da wird Gott geschaut Auge in Auge. Da öffnet sich der Himmel. Nicht mehr himmellos ist dann die Erde. Die reinen Herzen sind es, um deretwillen er wieder aufgetan wird.

Selig sind die Gotteskämpfer, die gesiegt haben. Denn ihr Sieg ist Friedensstiftung. Sie sind die Gefürsteten vom höchsten Rang, des Vaters Söhne heißen sie.

Es ist ein ganz besonderes Wissen, das Christus um diesen Weg hat. Christus weiß das große verborgene Ja hinter dem kleinen und strengen Nein. Aus diesem Wissen hervor wachsen alle diese dunklen Worte, kurz, hart und in der gewöhnlichen Sprache des Tages, wie ein Befehl in der Kampfhandlung, hingeworfen. »Widerstrebet nicht dem Übel!« befiehlt er. Am Übel entdeckt er die Passion der Weltmächtigkeit. Widersetze dich ihm nicht. Nur der Furchtsame widerstrebt. Im Übel ist Unvermeidliches, ist Schicksal, kommt die Bestimmung, die Schickung auf dich zu. Fürchte dich nicht davor.

Widerstrebe nicht, aber halte stand. Weiche nicht, harre aus. Leide die Streiche, aber stehe. Leidenkönnen ist ein Charisma. Es ist voller Tapferkeit, voller Tapferkeit jener Zucht, die Härte wirkt, Treue, Standhaftigkeit, Harrenskraft, Gehorsam bis zum Tode. In seiner ansichhaltenden Zucht bleibt zugleich aller Rausch, alle Willkür, alles Ausfallen und Ausflüchten, alles wilde Umsichschlagen und alles erregte Tun niedergehalten. Es ist die hohe Kunst des Bereitseins, des Geöffnetseins und der höheren Führung; des mitten im Getümmel Stilleseins, Friedenhabens und Hinhörens auf den höheren Befehl. Das Charisma des Gehorsams ist darin. So wird man zum Organ, zum erlesenen Werkzeug der höchsten Führung, die den Weg weiß, auch wenn man selbst nur Finsternis um sich sieht. Luther sagt, daß hinter der dunklen Wand des Leides Gott stehe und auf uns warte. Dem Übel also nicht widerstehen heißt darum wissen, daß in ihm Gott sein kann. Nicht im Eigenen, im Selbst, das wir so gerne wahren, kommt er, sondern in dem, was von draußen kommt, in dem, was auferlegt ist. Also das Eigene aufgeben. Wahrlich, ein schwerer Kampf, eine Entscheidung, die an die Nieren geht. Die immer und immer wieder neu zu leisten ist. Und das Auferlegte nehmen, so wie es da auf uns wartet am Wege. Unausweichlich verhängt, unser Geschick. Es erkennen! Und dann nehmen! Das ist es. Christus nennt das: sein Kreuz auf sich nehmen. Ein jeder nehme sein Kreuz, nämlich das ihm persönlich auferlegte. Es steht hier nicht, daß wir in seiner Nachfolge das Christuskreuz auf uns nehmen sollen. Das wäre der vermessene Weg mystischer Selbstübersteigung. Sein Kreuz verbleibt ihm allein, der allein Kraft genug hat, es zu tragen, und das er trug *für uns!* Nicht *das* Kreuz trage sein Nachfolger ihm nach, sondern *sein* eigenes Kreuz. »Das« Kreuz trug er ja für uns. Daß sich keiner vermesse, dieses kostbare »für uns« abzuschwächen und irgendeinem christlichen Tun anzuähneln! Es wird immer die selbstgemachte Pein eines selbstgemachten Kreuzes sein! Eines selbstgemachten »Ärgernisses«, eines selbstgesuchten Leidensweges, eines selbstgemachten Martyriums.

Nicht selbstgemacht! Im reinsten Gnadenbereich des Auferlegten, des Verhängten widerfährt es uns allein. Im grauen, verborgenen Schicksalstag kommt es, was von Gott gegeben. Nur der Eiferer fordert da heraus, nur der Frömmler macht es sich selbst. Nicht auf eine Kreuzesmystik oder Kreuzestheologie sind wir hier gewiesen, sondern streng und schlicht ein jeder auf seine Existenz. Auf das ihm hier Widerfahrende, im Alltag seines Lebens. In ihn eingewickelt will Gott unser Teil sein. Dort sollen wir ihn finden. Darum keine Furcht. Die Furcht muß ganz und gar heraus aus denen, die auf diesem Weg dem großen Kämpfer folgen. Widerstrebet nicht dem Übel: Fürchtet euch nicht vor dem Übel. Der Furchtsame verschließt sich, der Furchtlose öffnet sich. Damit du offen bleibst, Gott zu begegnen. »Fürchte dich nicht! Siehe, ich bin es«, ruft es aus der dunklen Wolke hervor.

Der Sinn des Leides ist, den Menschen bereit zu machen, daß er sich löse aus seiner Selbstumkreisung, aus der Verkrampfung in die eigene Lebensplanung, daß er sich öffne für den Weltgang Gottes, sich diesem Gange einordne, hingebe und ihm diene. Und zwar gehorsam, ohne zu verstehen, blind. Das ist der Grund, warum das Leid nicht aufhören kann auf der Erde und in einem Leben. Und warum es sich sehr oft verstärkt, in der Leidensglut des Sterbelagers. Dieses Sichblindöffnen, dieses Gewaltleidenmüssen dem Weltgang Gottes gegenüber, den ich in keiner Weise zu überschauen vermag, muß sich als Leiden auswirken für mich. Gott kann die zehntausend irren, verlorenen, zersprengten Schicksalswege nicht anders zu sich herzwingen, seinem Weltgang einen, als durch solches Brechen, Durchkreuzen, Beschneiden unseres wirren Schweifens. Diese Erfahrung wird tausendfach von denen bestätigt, die jenes schlichte Lied immer und immer wieder singen beim Durchschreiten einer wichtigen Lebensstunde: »Wenn ich dann auch nichts fühle von deiner Macht, du führst mich doch zum Ziele auch durch die Nacht.« Zum Ziele, das nicht mein privates ist, sondern das Gottes Weltziel ist; das mit dem Wort des Evangeliums das Reich heißt, die Königsherrschaft der Himmel. In dessen Erfüllung zu münden jedes einzelnen Lebensganges Bestimmung ist. Das Leid ist der feurige Engel, der einst mit dem zweischneidigen Schwerte den Menschen aus dem Paradies vertrieb und der jetzt uns mit demselben Schwerte wieder dorthin zurücktreibt. Im Leide verwandelt sich die Schuld in die Heimsuchung, wie sich der austreibende Engel in den heimsuchenden verwandelt.

Solchen Sinn hat das Leid freilich nicht grundsätzlich. Es gibt keine grundsätzliche Erklärung des Leides. Eben um der Tiefe, um der Unlösbarkeit des Leides willen mußte Gott selbst als *Mit*-Leidender *mit*-eingehen. Es gibt nur einen einzigen Trost im Leid, nämlich den, daß Gott selbst dieses Leid mitleidet, dessen Sinn niemand ganz aufhellen kann. Daß dieses Mitleiden Gottes ein schöpferisches Mitleiden sei, nämlich aus der Gewalt hilfreicher Liebe, ein Leiden, das verwandeln kann, das allein gibt uns das Recht zu solcher Aussage.

Leid, Übel und Schuld stehen in geheimem Zusammenhang. Daß uns das Leid zum Heile verwandelt werden kann, hat seinen Grund allein im mitleidenden Gott. Gott leidet mit und macht den Raum des Leidens zu einem neuen Schöpfungsraum. Denn nur durch neue Schöpfung, nur durch Verwandlung der alten Welt kann die Schuldverflechtung aufgehoben werden. Der Same wird anders. Er wird jung, neu, rein. Er wird noch einmal in einen neuen, zarten Anfang getaucht. Er wird noch einmal »geschaffen«.

Christus ist der schicksalsinwendige Gott. Das ist das Evangelium, diese Gottbegegnung in Kampf und Geschrei, in Wirrsal und Irrtum, in Fluch und Schuld, Schweiß und Tränen dieses unseres irdischen Kämpferlebens. Das setzt freilich das Imkampfstehen voraus, dieses Wissen um das, was es auf sich habe mit dem Menschsein. Darin muß der Mann dem Jüngling vorangehen, denn den Jüngling schonen noch die Götter, indem sie ihm die goldene Binde vor die Augen legen. Der Mann soll vom Jüngling nicht verlangen, wovon ihm noch keine Kenntnis wurde. Nur eins kann man vom Jüngling verlangen, daß er nicht ewig Jüngling bleiben wolle, sondern daß auch er ein Mann zu werden begehre. Und dann das andere, daß er Ehrfurcht habe und so verharre, bis ihm die Binde von den Augen fällt.

Das ist die Kampfesbruderschaft Gottes mit seiner Kreatur. Darum heißt er der »Gott-mit-uns«. Der *Mit*-Kämpfer, der *Mit*-Leider, der *Mit*-Schuldner, der *Mit*-uns-Sterbende. Ja, und dann noch das andere, wo sich das Blatt wendet und der leidende Gott uns mit hindurchreißt zum Triumph der *Mit*-ihm-Auferstandenen. Das ist das einmalige fascinosum, das christliche Urphänomen, diese Gottesbegegnung, die wir da machen in der Nacht. Daß uns da heraus, wie aus dem Schweißtuch der heiligen Veronika, das Antlitz des leidenden Gottes anschaut, in unserem eigenen Antlitz das Antlitz des Menschgewordenen! Das ist das christliche fascinosum, diese Gottesbegegnung. Vor ihr bricht jeder Ansturm der Vernunft zusammen. Hier wird es plötzlich stille vor der Gewalt einer Realität, die bis in die letzte Falte hinein gebaut ist aus dem Wirklichkeitsstoff unserer eigenen Existenz. Hier hatten von jeher alle Künste und Beweise verspielt. Hier wird es einfach stille. Als unser Volk zum ersten Male diese Begegnung gemacht und dieses Gesicht gehabt hatte, trug es dieses Gottesbild hinaus an die Kreuzwege, an den Rand der Felder, auf die Bergspitzen, unter die Ulmen und Linden, um es festzuhalten und nimmermehr zu vergessen: Hier bist du uns begegnet, du Menschenfreund! Hier in dieser Welt unseres Leibes und Lebens, unseres Geborenwerdens und Vergehens! Hier, tief und innig eingewickelt in unser Fleisch und Blut, Gekreuzigter!

Wie er sich da hineinwickelte, sich mit uns behaftete, einleibte und einfleischte, mit uns schuld- und schicksalsgemein wurde – das berichtet uns das Evangelium. Wie ein unübersteigliches Gebirge türmt sich vor ihm die Welt auf. Und nun bricht der Geist den Weg hindurch. Christus aber, der sich ihn zu beschreiten anschickt, zeigt uns, wie der geistliche Kämpfer aussieht, der diesen Weg betritt. Er hat den Mut zum mehr als Gefürchteten: zum Verhaßten. Er greift gerade dort an, wo der tiefste Schrecken, wo die Gewalt des Schicksals am unwiderstehlichsten uns wieder zurückschleudert. Das wird wohl niemand leugnen, daß wir Menschen das Brett immer an der schmalsten Stelle sägen. Ein schlechter Stratege, der nicht nach Umgehung trachtet, der nicht die schwache Stelle suchte. Hier steht Christus allein mit seiner Strategie. Sie ist beseelt vom Mut zum Verhaßten, zum Widerwärtigen, zum Fliehenswerten. Sie führt durch die Schlucht der Verzweiflung, durch den Staub der Erniedrigung. Nichts hat er ausgelassen, keine Lücke ist gelassen. Nichts hat er sich erspart. Damit er überall uns begegnet! Damit keiner da sei, der sagen könne: an meinem Ort war ich allein gelassen! Auch dort war er bereits gewesen. Auch die Hölle hat er nicht ausgelassen. Die ganze Welt ist jetzt durchtränkt mit ihm. Schweißtuch ist sie geworden der heiligen Veronika. So ist Gott dieser Welt, die ihn nicht wollte, wieder Herr geworden. In seiner Passion ist er ihrer wieder mächtig geworden. Passion ist Weltmächtigkeit. Mächtig ist er ihrer geworden, ohne ihr auch nur einen Schein von Gewalt anzutun. Unverkümmert hat er ihr die Freiheit gelassen, hat ihr gewährt, auch ohne ihn leben zu können. Als dem liebenden, dem mit ihr leidenden Gott soll sie ihm zufallen.

Die Passion ist ein Leiden neuer Art. Wir dürfen uns hier nicht an das Wort hängen, das ein menschliches ist. Es muß uns zu Scherben gehen und aus der Scherbe muß hervortreten der »Herr der Heerscharen«. Es ist darin Kampf, aber in göttlicher Weise. Da sind wieder diese dunklen Worte, aus denen es hervorbricht, hart und kurz, wie man befiehlt in der Stunde, da es zum Sturm geht, da nicht mehr langen Fackelns Zeit ist, weil es auf des Messers Schneide steht. »Liebet eure Feinde! Segnet, die euch fluchen! Zur rechten nun auch noch die linke Backe!« Das ist kein neues Gesetz. Das sind Zeichen, die auf den Weg selbst weisen. *Spiele*, gleichsam *Bei-Spiele*, in denen Christus durch das lehrende Wort hindurch *beispielt* dem Gemeinten, der Sache selbst. Man muß es *machen!* Nur darin ist die Sache selbst. Die Sache aber ist immer wieder anders für jeden Menschen und für jede Zeit. Dieses Bei-Spielen läßt dem Heiligen Geiste den Raum frei zur schöpferischen Hilfe, die in jedem Falle anders ist und neu. Diese Worte sind Grundformen, unendlicher Abwandlung fähig in der Anwendung selbst. Also keine Gesetzgebung enthalten diese Worte der Bergpredigt. Kein Vorbild, das nachahmbar wäre, sondern es geschieht darin jenes schöpferische *Beispielen*, das den Nachfolger zum selbständigen, freien Schreiten auf den Weg bringen will. Christus tut hier dasselbe wie eine Mutter, die ihr Entwöhntes mit dem Löffel essen lehrt und mitkauend erste Eßversuche begleitet.

Also nicht Gebote enthalten diese Worte, am allerwenigsten Gebote für die Welt. Hier liegen die weltgeschichtlichen Mißverständnisse Tolstoijs und des politischen Schwärmertums, die niemand anderem als immer nur dem Teufel den Freipaß verschaffen können. Nur noch der Besessene vermag zu leugnen, daß aller politische Messianismus Lockspeise des großen Nihilisten der Hölle ist. Hier aber geht es um die neue Weise der Waffenübung auf der *geistlichen* Kampfbahn. Christus spricht hier zu denen, die ihm auf dieser Bahn nachfolgen. Es spricht hier der Ritter zu seinen Knappen. So mußt du kämpfen, daß du niemals aufhörst, ein Liebender zu sein. Denn da steckt das Geheimnis deines Sieges. Du kämpfst ja nicht, um zu kämpfen. Du kämpfst ja nicht, um dich zu berauschen an deiner Selbstvergewaltigung, mit der du das Schwert der Feindesliebe lüstern in dein eigenes Herz bohrst. Du kämpfst nicht, um selbst Streiche zu empfangen und darin als Märtyrer dich zu genießen. Das hieße Nihilist sein. Du kämpfst, um zu siegen. Das ist der Sinn deines Kampfes. Das allein beherrsche deine Gedanken: der Sieg. Wie im leiblichen Kampf das Schwert zum Siege führt, so im geistlichen die Liebe. Lerne die Liebe als Schwert erkennen. Unterscheide sie von der allgemeinen Menschenliebe. Es ist die Christusgabe der Agape, das charismatische Schwert! Nur der mit dem Charisma Begabte vermag zu kämpfen, denn er hat ein Schwert. Vernehmt ihr noch nichts? Warum ist euer Herz so erstarrt? Wer Ohren hat, zu hören, der höre! O du ungläubiges Geschlecht, wie lange soll ich mit euch leiden? Euer Feind ist kein anderer als der meine. Eben darum ist er der eure, weil er der meine ist. Der meine aber ist der Widerchrist. Das Schwert, das Liebe heißt, ist die einzige Waffe, gegen die er ohne Feiung ist. Er ist der Feind und gegen ihn habe ich es euch gegeben.

Es hat die Macht bei sich, ihm zu widerstehen, ohne ihn zu verletzen, und dennoch Härte, Unbeugsamkeit, Treue bis zum letzten zu bewähren. Je tiefer man in den Kampf hineingerät, desto mächtiger muß Schwert »Agape« Schwert Liebe werden, will es siegen. Das nennt Christus das Segnen derer, die ihm fluchen. Die Segensspendung ausschicken gleich einem Strahl, den Flucher damit überschüttend. Das gab es einst in der Geschichte, die von diesem Schwerte her voll seltsamer Wendungen, Durchbrüche und Fügungen ist. Und das wird es wieder geben.

Der mit dem Schwert der Liebe Kämpfende besitzt die Erfindungsgabe des Liebenden. Er wird immer neue Wege finden, den Angriff vorzutragen und zu siegen. Das heißt für ihn, um zu erobern. Um gefangenzunehmen, um den Feind für Christus zu erbeuten. Das ist der Sieg des Liebenden, daß er aus dem Widersacher einen Nachfolger mache. Darum laß es dir ein Kleines sein, mit ihm zwei Meilen zu gehen, wenn er dich um eine bittet. Fürchte dich nicht vor ihm. Geselle dich ihm mutig auf seinem Wege. Schone dich nicht! Solche Herr-Herr-Rufer wird Christus einst nicht erkennen, die dem Widersacher zwei Meilen versagten am Wege, weil sie selbst fürchteten, dabei den Weg in den Himmel zu verfehlen. Fürchte dich nicht, zu sitzen, da die Spötter sitzen, wenn du mit dem Schwerte der Liebe gegürtet bist.

Kein Kämpfer ohne Enthaltung. Das ist der Punkt, wo die ärgerlichen Worte auch den Gestählten noch ins Fleisch schneiden. Denn der hier spricht, ist der Meister über alle. Das Nein, das sie enthalten, ist das hilfreiche Nein, das die letzte Stufe zur Meisterschaft emporführt. Hier wird der frontale Angriff gemacht auf das Hindernis, das dieser Meisterschaft entgegensteht. In der »Armut«, der »Demut« und in der »Sanftmut« ist dieses Messer, das abschneidet, ist dieses Nein enthalten. Zugleich aber sind alle drei Mut. Mut zu diesem Nein, Mut zur Enthaltung. Scherbe nur ist auch hier das Wort. Man darf nicht außen daran haften, sondern muß sehen, was drinnen ist. In jenem dreifachen Mut steckt die Kraft der Lösung von der Knechtschaft. Wer ihren dreifachen Ritterschlag empfangen hat, der geht aus ihrer Züchtigung als Herr hervor. Armütig sein heißt Herr sein über die Knechtschaft, die in Besitz und Leib lauert. Demütig sein heißt Herr sein über die Knechtschaft, in die den Erdgeborenen, Erdverfallenen des Frevels überheblicher Sinn tausendfach stürzt. Sanftmütig sein heißt Herr sein über die Sucht: die Habsucht, das Sichgelüstenlassen, den Haß, den Jähzorn, die Herrschsucht, die Rauschsucht, die Tobsucht. Laß nicht den Zorn in dir aufwachen. Der dir den Backenstreich gibt, möchte dich dem Zorndämon ausliefern und dich als seinen Knecht sehen. Er möchte, daß du dich selbst schändest vor seinen Augen; und das tust du, wenn du zürnst. Er weiß, daß er schuldig wird, der dich schlägt, und möchte dich mit in seine Schuld hineinziehen. Das heißt Sanftmut haben, sich seinem Widersacher nicht ausliefern, sondern ein Freier und ein Herr bleiben. Darum sind nur die Zartmütigen die selig Berufenen, zum Herrschen Geborenen; sie sollen das Erdreich besitzen. Strenge, durch keine Milde angekränkelt, ist hier das unerbittliche Gesetz, wo die erlesen werden, denen die Herrschaft gebührt, denen das Erdreich zum Besitze gegeben wird. Wer Vater und Mutter mehr liebt als mich, spricht der König, der ist mein nicht wert. Wer sein Leben behalten will, der wird es verlieren. Haue deine Hand ab, dein Auge wirf von dir und vollende den Weg. Schwerste Narbe ziemt dem schwersten Streit.

Jetzt aber bäumt sich der Petrusmensch auf. Er wirft sich Christus in den Weg, der nach Jerusalem führt: »Das sei ferne von dir!« Der Petrusmensch führt ins Feld, was menschlich ist. Das Wort führt dabei der Teil unseres Wesens, den Christus das »Selbst« nennt. Und von dem er sagt, daß man es verleugnen müsse. Der sich aufbäumende Mensch ist nämlich der zerrissene Mensch. Er bäumt sich auf gegen den Weg, der bitter ist und der allein zur Heilung führen kann. Er bäumt sich auf, weil dieser Weg bitter ist und an seiner Bitterkeit die ganze Tiefe seiner Zerrissenheit zutage kommt. Er bäumt sich auf, weil er dieser Zerrissene nicht sein will. Der Zerrissene will, daß er nicht zerrissen sei. Er will in sich ruhen. Er will, daß die Welt in sich stimme. Er hat sein Dogma dafür. Im Blick auf das Schicksal heißt es: »So wie es ist, ist alles richtig.« Im Blick auf die Welt heißt es, sie sei die »beste aller möglichen Welten«. Im Blick auf den Menschen heißt es: »Der Mensch ist gut.« Das alles ist keine wahre, sondern eine süchtige Erkenntnis. Er will, was sein soll, aber nicht ist. Seine Sucht ist so grell, daß er im nächsten Augenblick dieses sein Dogma Lügen straft, drei-, vierfach hintereinander. Wehe aber, wenn es ihm einer auf den Kopf zusagt, dann schwört er Meineide, gleich wie Petrus. Denn hier ist Illusion. Es ist eine Illusion, daß der Mensch ganz sei. Versehrt ist er in den geheimsten Grüften seines Wesens, entweiht in seinem Heiligtum. So zählt uns das Leben mit eisernen Stecken erbarmungslos jede Stunde auf den Rücken, daß es nicht stimme mit uns. Von diesem Nichtstimmen her, aus diesem bitteren Brunnen, da quillt dem Arzte, dem Seelsorger, dem Rechtswahrer, dem Richter, dem Gesetzgeber, dem Krieger jene Fülle der Arbeit, die solche Berufe erst stiftet in der Welt und ihm die Hände kaum zur Nacht frei läßt. Die Verblendung, die hier nein sagt, verrät in ihrer Unheilbarkeit ihren dämonischen Zug. Wahrlich, hier ist ins Schwarze getroffen. Hier ist er bei Namen genannt: Satanas!

Petrus ist das Urbild dieses mit sich selbst hadernden Menschen. Er hat seinen falschen Frieden nur aus der Tyrannis, mit der ein Teil seines Wesens die anderen Teile unter die Schwelle drückt und sie dort lebendig begraben hält. Es ist eben jener Teil, dem Christus den Namen des Selbstes gibt. Es muß diese Tyrannis ausüben, sonst würde das in sich zerrissene Wesen Mensch in der Anarchie untergehen. Das Selbst also ist nicht unser ganzer Mensch. Christus sagt nicht, wir sollen unser ganzes Wesen verneinen, denn wenige Sätze weiter befiehlt er, die Seele zu bewahren als das höchste Kleinod. Die Tyrannis des Selbst ist also der Versuch, ohne Gott die Zerrissenheit auszuheilen und wieder ganz zu werden. Dieser Versuch aber verschüttet den Weg zu Gott. Er ist Rebellion. Rebellion des Selbst gegen Gott. Da steht es in Petrus auf dem neuen Weg, den der Geist jetzt bauen will, und ruft: »Herr, schone dein selbst!« Und nun gibt es ihm Christus zurück, das ihm Gebührende: Satanas! Gib die Bahn frei! Hinter mich!

Würde Christus nun auch sein Selbst schonen, dann gäbe es niemals ein Hinüber über die Kluft. Denn der Zwist wird nur überwunden dadurch, daß der Mensch wieder mit Gott einig werde. Und dorthin führt jetzt des Geistes Weg stracks zu, über diese Kluft. Darum geht es gerade durch die ärgerlichsten Worte hindurch wie ein Kehrreim: Um meinetwillen! und: Folge mir nach! Es muß nun dieses gottsucherische Schweifen aufhören. Es muß endlich der Weg gefunden und beschritten werden, der hinüberführt. Darum diese Bindung an ihn, wie der Seilführer beim Bergstieg die Nachfolgenden an sich bindet. Nur der gotteinige Mensch wird wieder mit sich selbst einig. Es gibt keine andere Möglichkeit. Jeder andere Weg ist Wahn. Und wenn jedes andere Wesen im ganzen Universum ohne Gott mit sich selbst wieder einig werden könnte, der Mensch kann es nicht. Denn ihn allein hat Gott mit seinen Händen gemacht unter allen Wesen, ihm allein hat er seinen Odem eingehaucht, er allein ist Sohn geheißen, er allein trägt Gottes Bild unter allen Wesen. Was nützte es dem Menschen, wenn er die ganze Welt gewönne und das Ebenbild verlöre? Er wäre nicht mehr Mensch. Er wäre unter alle Wesen gesunken. Denn seine Seele, des Menschen Seele, sie eben ist das Bild Gottes. Für die Welt trägt der Mensch dieses Bild. Hat er es verloren, so ist auch die Welt ohne Gottes Ebenbild.

Nur in ihrem Ursprung ist die Seele bewahrt. Gott blies dem Menschen ein seinen Odem zu einer lebendigen Seele. Das also sind wir.

Sind wir es noch? Das ist die Frage.

Ich hatte in einer großen Stadt einen Vortrag gehalten. Ich hatte gesagt, daß Christus gekommen sei, um uns dieses Ebenbild zu retten. In diesem Vortrag waren zwei junge Männer. Beide waren hochbegabt und hatten gute Positionen inne. Der eine war ein Architekt und der andere ein Ingenieur. Beide waren tief enttäuscht über meinen Vortrag. Der eine, der Architekt, hielt es nicht für wert, mir das auszusprechen. Ich hörte nur von anderen, er habe gesagt, das Ebenbild sei heute bei ihnen, den politischen Menschen, nicht bei den Christen. Deren Christus brauchten sie nicht. Der andere kam zu mir. Für ihn war das Ebenbild in der Welt überhaupt nicht mehr vorhanden. Er bekannte sich als einen, der mit Kierkegaard siebzigtausend Klafter über dem Abgrund im Leeren hinge. Das war an ein und demselben Abend geschehen. Zwei Männer gleichen Alters, aus dem gleichen Volk, aus der gleichen Bildungsschicht und wahrscheinlich wohl auch ähnlicher Herkunft. Der eine brauchte Christus überhaupt nicht, weil er sich im Besitz des Ebenbildes vermeinte. Dem anderen war es so gänzlich abhanden gekommen, daß er auch Christus als seinen Wiederbringer glaubte ablehnen zu müssen.

Das eine geht jedenfalls aus dieser Begegnung hervor, daß es mit dem Ebenbild nicht mehr stimmt. Daß das Ebenbild versehrt ist, und zwar schwer. Es hatte schon seinen Grund, daß der erste, der Ebenbildbesitzer, nicht zu mir kam. Er war ja im Besitz. Es ist der Satte, der Gerechte, der hat. Es kann seiner Antwort, daß er Christus nicht brauche, nur die andere Antwort gegeben werden, die Christus selbst gab: daß er ja auch zu den Satten und Gerechten nicht gekommen sei. Sie mögen sich mit den Künsten der Pharisäer helfen, ihre Illusionen aufrechtzuerhalten und sie vielleicht bis in ihre Todesstunde hinein zu bewahren. Es ist in der Tat ihnen gegenüber vielleicht nichts anderes möglich als diese herbe Wegwendung, die Christus übt. Denn man kann diese Behauptung nur tun, wenn man zugleich beide Augen schließt und sie noch mit Fäusten deckt gegen das, was die Welt ist; gegen das, was sie selbst an ihrem Nächsten mit zorniger Verurteilung tausendfach bemängeln; gegen das, was sie selbst sind. Mag es der Jugend nachgesehen werden, der die Götter die goldene Binde vor die Augen legten. Dem Manne nicht! Selbst ein Mann wie Goethe, dem jene »Gerechten« das gesunde Menschentum nicht absprechen werden, hat von sich selbst bekannt, daß es kein Verbrechen gäbe, das er in Gedanken, die geheimnisvoll in der Seele aufstiegen, nicht schon getan hätte. Als es im Jahr 1918 bei uns zu Ende ging, ging unter den Soldaten ein Buch herum, das aus der Schweiz über die Grenze gekommen und das verboten war. Es hieß: »Der Mensch ist gut.« Es war in hohem Maße geeignet, die innere Widerstandskraft des Soldaten zu zermürben. Eine fatale Nachbarschaft! Es gibt heute eine geheime, internationale Falschreligion, die auf den entgegengesetzten Fronten ihre Anhänger hat. Es ist der getarnte Nihilismus des modernen Menschen. Es heißt jetzt nicht mehr: Gott ist gut. Es heißt jetzt: Der Mensch ist gut. Mit dem Dogma vom »guten Menschen« tarnt er seine Flucht vor Gott. Wozu Christus? Wir selbst sind Christus. Die Philosophie der Illusionen ist die letzte Philosophie, die es in der Welt gibt. Ihr Vater ist die Angst, und ihre Mutter ist die Verzweiflung, welche beide der Illusionist verleugnet. Es kommt dann nur noch eines dahinter: das Nichts.

Da war es schon anders mit dem zweiten. Ihm war das Ebenbild noch nicht aus den Augen gekommen. Sein Herz brannte heimlich in Sehnsucht danach. Er hatte sich jener seligen Armut verlobt, die da betteln geht um den Heiligen Geist und der das ganze Himmelreich verheißen ist. Glücklich der, über den eine solche Stunde einmal hereinbricht; eine Stunde der Entscheidung, die sich nicht von der Stelle weisen läßt; in der – wie in höchster Gefahr – alle Dinge in einem nie gekannten Lichte nackt vor dem Auge stehen mit ihrem wahren Wert. In der die tausend kleinen Dinge endlich klein und die wenigen großen groß erscheinen. In der das Wort fällt: »Dies alles ist jetzt nicht wichtig!« Und der geheimste Wunsch hervortritt ans Licht, das einzige Mal im Leben, und seine Sehnsucht bekennt. Einer meiner Bauern erzählte mir einmal von den Rückzugsgefechten an der Marne. Er war Artillerist und führte ein Geschütz. Sie waren gerade mitten in einem Dorfe in Stellung gegangen, als eine Granate neben ihnen in die Straße ging. Einem Kanonier wurde von einem großen Splitter das Bein über dem Stiefel abgeschlagen. Der Mann, so erzählte er, habe sein abgerissenes Bein ergriffen, es an seine Brust gedrückt und ein über das andere Mal wie von Sinnen geschrien: »Mein Bein! Mein Bein!« So sieht die Stunde aus, die das Herz öffnet und uns aufschreien läßt; in der wir gewahr werden, daß wir nicht mehr *ganz* sind und wir aufschreien nach dem Ebenbild.

Die edle Sehnsucht war der heimliche Führer, der ihn zum anderen Menschen führte und sprechen ließ, während der andere, der Satte, einsam, ganz von sich selbst erfüllt, hinter dem Rücken dessen, der ihn getroffen hatte, schalt und von dannen ging. Er sah zunächst nur Risse, Sprünge, Löcher und Beulen dort, wo das Ebenbild lag. Unter dem zerfetzten Gewebe war es zunächst für sein Auge verborgen. Und doch war es da! Wie es da ist, das Bild, auch im Trümmerstück, das der Forscher in der Hand hält als einen unansehnlichen Block aus Stein.

Es ist deshalb nicht leicht, zu sagen, was das Ebenbild sei. Daß das Einfachste, das Selbstverständlichste – nämlich, daß der Mensch um sein Wesen wisse, um seinen Ursprung und seine Bestimmung – so schwierig, ja fast unmöglich sei, hat in dieser Versehrung seinen Grund. Buchstäblich dem Bruchstück, dem Splitter muß man es abbuchstabieren.

An dieser Stelle müssen wir ein entscheidendes Hindernis erst wegräumen, bevor wir zu seiner Wiedererkennung kommen können.

Nicht nur unser Denken, sondern auch unser Daseinsgefühl ist seit der Aufklärung durch und durch individualistisch gestimmt.

Ganz anders die Bibel! Zum Beispiel, wenn sie von der Schöpfung des Menschen spricht. Hier ist vom »Ersten Menschen« die Rede, von »dem« Menschen, vom »Adamsmenschen«. Es ist hier die Rede von dem geheimnisvollen *ganzen* Menschen, vom *Geschöpf* Mensch, vom *Ebenbilde*.

Es heißt dort ausdrücklich: Gott schuf *den* Menschen, nicht *die* Menschen. Er schuf ihn, den *einen*, mit seinen zwei Hälften: ein Männlein und ein Fräulein. Er schuf den *einen:* den ganzen, den vollkommenen Menschen, in dem die beiden *ein* Fleisch sind. In Christus war diese Vollkommenheit wieder neu erschienen. Er nennt sich deshalb auch den Sohn *des* Menschen. Der Menschensohn ist ein mythisches Urbild der vorchristlichen Welt. Er braucht diesen Ausdruck bei Markus zum Beispiel nur dort, wo es um sein Gotteskönigtum, seine Weltheilandschaft geht: nach dem Petrusbekenntnis, in der Weissagung seines Opfertodes, seiner Auferstehung und seiner Wiederkunft zum Weltgericht. Er ist in diesem großen Sinne *des* Menschen Sohn. Es ist in dieser Sohnschaft der ganze, der vollkommene Mensch wieder zusammengezeugt. In dem gleichen Sinne wird in der Bibel vom »ersten« Menschen und vom »zweiten« Menschen geredet. Vom »ersten Adam«, *in dem alle* verloren werden, und vom »zweiten Adam«, *in dem alle* gerettet sind.

Im mythischen Bilde zeichnet sich gleichsam in unserem Bewußtsein der Grundriß noch ab, über dem die zersprengten Teile der Schöpfung wieder zusammengeordnet werden können. Alles, was wir da noch finden, insonderheit in der Natur, die der Mensch hervorgebracht hat, muß man nehmen und als Bruchstück auf dem Grundriß einordnen. Wir sprechen zum Beispiel vom »großen Manne«. Wir sagen, der und der ist ein »Großer«. Die Sprache enthält in solchen Ausdrücken noch einen Hinweis auf das Ebenbild Gottes. Die »großen« Menschen sind diejenigen, die besondere Strahlungskraft besitzen, durch die sie oft ganze Völker, ja, Zeiten sich anverwandeln und einverleiben und so ein Stück vom Urmenschen verwirklichen. Wir sprechen vom »Napoleonischen Zeitalter« oder von der »Epoche Friedrichs des Großen«. Es gab einen »goetheschen« Menschen, das heißt einen Typus, den zu schaffen er Kraft durch eine Reihe von Generationen hindurch behielt. Legt man den Grundriß des Gottesmenschen unter die Geschichte, so sieht man gerade an den Großen, wie den Trümmerstücken der Wunsch innewohnt, sich zum Urbilde wieder auszuwachsen. Auch das, was wir Staat, Volk, König, Mann und Weib, die Künste, die Wissenschaften nennen, zeigt sich auf diesem Grundriß eingeordnet. Er lebt als Wunsch in der Gesamtleistung der Kreatur; er beseelt alles Gemeinschaftswerk der Menschengeschlechter. So ist die Kunst des Fliegens ein solches Gemeinschaftswerk der Menschengeschlechter. Seine äußersten Wurzeln verlieren sich im Dunkel der Vorzeit und sind Erscheinungen kosmischer Art. Es fliegen ja ebensowohl die Gestirne wie auch in besonderer Weise bestimmte Arten von Tieren. Und lange bevor der Mensch flog, wußten die Religionen, daß die Götter fliegen, daß sie Herren von Zeit und Raum sind. Dieses eine Beispiel nur für viele! Es wächst das Gemeinschaftswerk der Menschengeschlechter, das wir Kultur nennen, wie eine Koralleninsel aus tausend Meter Meerestiefe herauf, um oben über dem Spiegel das Wundereiland der Kultur an das Licht der Sonne zu heben. Ein solcher Korallenbaum ist das »Geschöpf Mensch«. Jeder »Einzelne« ist an ihm nur ein Knoten, der seine Zeit lebt und dann stirbt. Das Ebenbild erscheint in dem Mehr-als-Menschlichen, erscheint in dem, was über den Einzelnen grundsätzlich hinausschwingt, erscheint in dem Zwang zur unablässigen Selbstübersteigung des Nurmenschlichen, der in diesem Geschöpfe herrscht. Die Ausdrücke der Philosophie vom »absoluten Geist«, vom »universalen Geist«, von der »Weltseele« sind zwar denkbar hilflos in ihrer Verschwommenheit. Sie sind aber dennoch ein Hauch vom Selbstbewußtsein des Ebenbildes. So hat Gott die Kreatur Mensch angelegt. Unsere Verehrung, Begeisterung und Bewunderung des »Großen«, »Hehren«, »Erhabenen« in allen diesen Bruchstücken ist unbewußt uns einwohnende Verehrung des unversehrten Ebenbildes. Es kreist noch in unserem Blute. Es läßt das Menschengeschlecht zu keiner Stunde zur Ruhe kommen. Es wirkt diese höchste Wonne in uns, die alles über uns hinaus ins Ewige wünscht. Was da in uns *restet*, in uns *angelegt* ist und ruhelos drängt, das wird im Reiche wiedergewonnen sein. Es bringt die Wiederherstellung des Ebenbildes über dem verblichenen Grundriß. Darum kann Christus sagen: »Trachtet am ersten nach dem Gottesreich, *so wird euch dieses alles zufallen.*« Jeder Einzelne ist hier Splitter, gleichsam radiumhaltiger, goldhaltiger, ebenbildhaltiger Splitter. Welche

Macht hat doch immer wieder das Wort oder auch nur der Gedanke, daß der Nächste – ein Mensch sei! Wie manches vertierte Beginnen hat im Anlauf gestockt; wie mancher wildgeschwungene Arm hat die Waffe sinken lassen vor dem Zuruf: »Ein Mensch! Ein Mensch wie du!« Wie tief muß einer schon gesunken sein, der nicht über sich hinausgehoben würde in dem Augenblick, da er dies weiß: Ich bin ein Mensch. Ich bin! Das Personbewußtsein ist Weltmittebewußtsein. Das fehlt keinem Einzelnen. Das macht ihn zum Menschen. Darin hat er, wie klein auch immer er ist, Welthaltigkeit. Was schießt da in dieser Mitte, die »Ich bin« heißt, an Lebenswillen, an Ehrbewußtsein empor! Darin, daß wir Person sind, tragen wir das Ebenbild nunmehr nicht nur als Bild, sondern als Kraft.

Wenn Gott den Einzelnen ruft, so ruft er in ihm immer das Ebenbild an. Dein Selbst verneine, aber dein Ebenbild bejahe, liebe, errette! Darum herrscht im Himmel über einen einzigen, der Buße tut, Freude: um des Ebenbildes willen, das gerettet ist. Darum ist diese Buße des Einzelnen – Weltwende, ein Ereignis, von dem die Himmel widerhallen. Eine Seele sein heißt die Verantwortung für die Welt haben. Gottes Seelensorge ist immer Welt-Seelsorge. Der Mensch ist der Schlüsselpunkt im Universum. Unter dem Evangelium kannst du dich niemals als Einzelner verstehen, wenn du als Mensch angeredet wirst. In dir, in jedem einen ist das Ebenbild anwesend. Das mußt du hören, wie durch dich hindurch Gott die ganze Schöpfung ruft. Du bist Mitträger der Weltmitte, du bist Mitträger des Ebenbildes. Wundre dich nicht, daß er dich ruft. Gottes Gründlichkeit ist von unvorstellbarer Genauigkeit. Er kann sich das leisten. Er hat einen langen Atem. Er, vor dem tausend Jahre ein Tag sind. Du bist Zelle, und von der Zelle her baut er den neuen Himmel und die neue Erde auf. Zelle an Zelle, eine jede neu, eine jede Same des Reichs, eine jede eine Christuszelle.

Der Griff nach dem Menschen ist der Griff Gottes nach dem Kern seiner Schöpfung. Ist der Kern gerettet, so ist auch die ganze Schöpfung mitgerettet. Nicht der Kosmos ist das Schicksal des Menschen, sondern der Mensch ist das Schicksal des Kosmos. Das ist die große Wende, die den Stern von Bethlehem aus den Tiefen des Weltraums heraufsteigen ließ, um Christus zu grüßen. Nun war der Schwerpunkt aus seiner Verlagerung wieder zurück in seine Mitte gebettet. Nun lastete der Kosmos nicht mehr auf dem Menschen, nun war das

Ebenbild wieder aufgedeckt. Nun war der Kosmos entbannt und zur Gefolgschaft hinter dem Ebenbilde gerufen. Nun vernahm auch er frohe Botschaft: daß er noch nicht fertig sei, daß auch seines dumpfen Harrens eine Vollendung warte. Das ist die Wende, die mit Christus in das Universum trat. Wahrlich, was nützte es, wenn der Mensch diese ganze Welt gewönne, wenn er der magische Weltherr aller Elemente, aller Energien würde und nähme Schaden an diesem einen! Nicht nur, daß er verloren wäre. *Nein, auch, daß die Welt verloren wäre!* Dann wäre es schließlich so, wenn er, der Mensch, der magische Weltherr würde, daß auch Gott Knecht würde: der durch die Sterne gefesselte Gott, der im Netz ihrer brennenden Umläufe verbrennen würde wie Herkules! Gott, der Knecht der »Natur«! Was wäre das Universum ohne diesen »Odem«, dem Menschen zu einer »lebendigen Seele« gegeben? Was das Universum ohne das Ebenbild? Eine ungeheure Präzisionsmaschine mit Speichern unvorstellbarer Kraftströme, aber ohne einen auch nur ahnbaren Sinn. Was wäre es ohne Vater, ohne Mutter und ohne Sohn? Ohne Herrscher, Volk und Reich? Ohne Liebe, die verborgene Hingabe tausendfacher Selbstopferung? Ohne das Leben des *Menschen:* ohne die Seele, mein Freund, ohne das Ebenbild? Auch der Welt hülfe es nichts, auch sie wäre verloren, nähme der Mensch Schaden an seiner Seele. Was aber wäre das Ebenbild, dieses herrliche, ohne seine Wiederherstellung? Was wäre es als Torso, als Scherbe einstiger Schönheit, als Splitter einstiger Kraft? Das Reich der Himmel, sagt Christus, ist unterwegs. Die Vollendung naht. Diese Hoffnung, die Hoffnung auf das Unmögliche, das ist die christliche Hoffnung.

Ja, es hängt etwas an dieser Hoffnung. Es hängt etwas daran, daß du und ich dieser Hoffnung wahrhaft frönen. Es hängt alles daran, daß mein Nächster erwache, bevor ihm das Ebenbild entgleitet und er Masse werde. Daß unser Volk bereit sei, Christus zu begegnen, wenn er wieder durch es hinschreitet. Daß der christlichen Völkerwelt ihr Auftrag nicht aus den Händen entgleite in der Stunde der großen Entscheidung. Daß die Kirche neu werde und endlich der zerstückte Christus zusammenheile und der Fluch der getrennten Wahrheiten von den Kirchen genommen werde. Alle diese großen Schicksalsstunden unseres Volkes und der Christenheit haben in dieser einen Stunde mitgeschlagen, da über den einen Freude ist in den Himmeln.

Die Seele bleibt der archimedische Punkt. Die Entscheidungsfrage heißt nicht »Welt oder Seele«, sondern »Selbst oder Seele«. Für seine Seele sorgen heißt Verantwortung für die Welt tragen. Die Seelensorge ist die Sorge der Heiligen für die Welt. Sie wissen, daß nicht in der Welt das Heil des Ebenbildes, sondern im Ebenbild das Heil der Welt beschlossen liegt. Wehe denen, sagt Christus, die sich meiner Worte schämen in einem Geschlecht, wo das Selbst hurt mit den Kreaturen, die niedriger sind als der Mensch, und mir den Rücken kehrt, der ich das Ebenbild bin. Am Tage der Vollendung, da er erscheint in der Glorie Gottes, werden sie kein Teil an ihm haben. Auf diesen Tag hinaus geht es stracks. Darauf hinaus zielt in der Geschichte der unterirdische, alles tragende Strom mit Allgewalt. Schon lockert sich der Riegel des Todes, der alles Sein so fest beschlossen hält unter dem Gesetz der vergänglichen Zeit. Hier stehen schon welche aus dem neuen Geschlechte, dem Geschlechte der Sieger, die den Tod nicht schmecken werden, bis daß sie sehen das Reich kommen mit Kraft.

Und nach sechs Tagen nahm Jesus zu sich Petrus / Jakobus und Johannes und führte sie auf einen hohen Berg besonders allein und verklärte sich vor ihnen. Und seine Kleider wurden helle und sehr weiss wie der Schnee / dass sie kein Färber auf Erden kann so weiss machen. Und es erschien ihnen Elia und Mose und hatten eine Rede mit Jesu. Und Petrus antwortete und sprach zu Jesu: Rabbi / hie ist gut sein! Lasset uns drei Hütten machen: Dir eine / Mose eine und Elia eine. Er wusste aber nicht / was er redete. Denn sie waren bestürzt. Und es kam eine Wolke / die überschattete sie. Und eine Stimme fiel aus der Wolke und sprach: Das ist mein lieber Sohn, den sollt ihr hören! Und bald darnach sahen sie um sich und sahen niemand mehr denn allein Jesum bei ihnen. Da sie aber vom Berge herabgingen / verbot ihnen Jesus / dass sie niemand sagen sollten / was sie gesehen hatten / bis des Menschen Sohn auferstünde von den Toten. Und sie behielten das Wort bei sich und befragten sich untereinander: Was ist doch das Auferstehen von den Toten? Und sie fragten ihn und sprachen: Sagen doch die Schriftgelehrten / dass Elia muss zuvor kommen. Er antwortete aber

UND SPRACH ZU IHNEN: ELIA SOLL JA ZUVOR KOMMEN UND ALLES
WIEDER ZURECHTBRINGEN. DAZU DES MENSCHEN SOHN SOLL VIEL
LEIDEN UND VERACHTET WERDEN / WIE DENN GESCHRIEBEN STEHET.
ABER ICH SAGE EUCH: ELIA IST KOMMEN UND SIE HABEN AN IHM
GETAN / WAS SIE WOLLTEN / NACH DEM VON IHM GESCHRIEBEN STEHET.

Sechs Tage danach, heißt es, geschieht die Verklärung. Hier in dieser Woche vollzieht sich die Wende. Da dreht sich die Angel im Leben des Sohns auf dieser Erde. In dieser Woche zwischen dem Petrusbekenntnis und der Verklärung.

Ein »hoher Berg« heißt es hier ausdrücklich; und dann: »besonders allein«. Von den Zwölfen nimmt er nur drei mit sich. Was geschieht, was geschehen soll, geschieht nicht für ihn, sondern für die Welt. Darum muß die Gemeinde zugegen sein.

Es bereitet sich ein Unerhörtes vor. Luther übersetzt: »und verklärte sich vor ihnen«. Im Grundtext heißt es: »und wurde verwandelt«. Es ist das Wort im Griechischen, das für das Annehmen einer anderen Gestalt gebraucht wird. Die große Verwandlung wird jetzt zum ersten Male sichtbar, und zwar an ihm selbst. Luther sagt es gleich in der Übersetzung, was die neue Gestalt ist: sie ist Licht. Die Gewandung zerschmilzt in einer Weißglut, für die es keinen Vergleich mehr im Menschlichen gibt. »Weiß wie der Schnee, daß sie kein Färber auf Erden kann so weiß machen.« Luther übersetzt: »und verklärte sich«. Die Lichtwoge also brach aus ihm selbst hervor. Er war die Mitte der Gloriole. Es wird hier besonders bemerkt, daß es die Kleider waren, die »sehr weiß« wurden. Das heißt, am Stofflichen, nämlich an dem, was den Raum füllt, wurde die Verwandlungskraft am eindrücklichsten gesehen. In der Gloriole beginnt das Stoffliche zu brennen, ohne zu verbrennen, dem brennenden Dornbusch gleich; das meint: Es hat seine *Art* geändert, es ist *verwandelt*. Das Vergängliche in ihm ist ausgeläutert: Es ist verklärt. Die gleiche Verwandlung geschieht mit der Zeit. Die Wände der Zeiträume erglühen. Sie gleiten lautlos auseinander und zerfallen in Licht. Hindurch treten die Großen der Vergangenheit und stehen in Gegenwart. Die Zeit ist aufgehoben, der Raum ist fließendes Licht geworden. Die einst Vorläufer zu sein schienen, erweisen sich als Gleichzeitige. Sie stehen neben ihm, zur Rechten und zur Linken. Die Kraft dieses Lichtes bricht triumphierend durch alle Scheidewände hindurch. Sie verwandelt die Zeitalter in die *eine* große Zeit. Denn das Ewige ist jetzt gegenwärtig. Wo aber das Ewige gegenwärtig ist, gibt es keine Vergangenheit mehr. Das Morgen ist schon im Heute mit beschlossen. »Jesus Christus gestern«, das sind die Propheten und die Väter. »Jesus Christus heut«, das ist die selige Gegenwart, die durch kein Morgen in ihrer Unwiederholbarkeit geschmälert wird. Denn »Jesus-Christus-heut« kennt kein Morgen. »Derselbe«, nämlich der »Christus-heut«, mündet direkt in die Ewigkeit.[110]

Die einfältigen Fischerburschen hat es zu Boden geworfen. Sie wissen nicht mehr, was sie sagen. Nur eines wissen sie: Was hier geschieht, ist das Bleibende. Darum wollen sie hier bleiben und eine Stadt bauen. Daß der Weg noch einmal hinabführen könne, der Gedanke ist jetzt nicht faßbar; daß das Leben überhaupt weitergehen könnte, das alte Leben unten am See im vergänglichen Tage!

Aber es geht weiter. Was hier geschah, war nur Durchbruch, so wie der Sonntag die Werkwochen durchbricht, immer wieder neu. Und wie der Durchbruch immer wieder neu geschehen muß unten im Tal, wo die Schlacht entbrennt; wo von jetzt an jeder einzelne, der den Christusnamen trägt, der ein Jünger, der ein »kleiner Christus« geworden ist, zum Ort solchen Durchbruchs werden muß. Denn der Geist ist da! Der Jünger ist nicht mehr allein. Eine Wolke überschattet den Gipfel wie einst die Taube das Wasser. Abermals ertönt die Stimme vom Himmel, die sich zu diesem Manne als dem Sohne bekennt. Die Glorie ist der Geist. Sie ist der Leib des Geistes. Das unterscheidet den Heiligen Geist von allem anderen, was Geist und Geister heißt: daß er Leib hat. Der Heilige Geist hat Geistleiblichkeit, denn er ist der Schöpfergeist.

In diesem Bericht ist jeder Satz geladen mit Sprengstoff für das gewohnte Denken. Hier gibt es keinerlei Vermittlung zwischen dem biblischen und dem gewohnten Denken. Hier muß man sich entscheiden, entweder das eine oder das andere! Das bequemste ist natürlich, sich für das Denken der Gewöhnung zu entscheiden. Man muß sich dann Scheuklappen anlegen nach hinten in die Vergangenheit wie nach vorne in die Zukunft, wie auch – in die eigene Zeit! Man würde sonst bemerken müssen, daß es nichts Flüssigeres gibt als dieses Denken der Gewöhnung; daß auch die Gesetze der Logik von sehr begrenzter Gültigkeit und von schwankendem Charakter sind; daß der Denkgeist in der Vergangenheit anders dachte, sogar in noch nicht allzu ferner Zeit; ja, daß sich Gesetz und Wert uns, den Gegenwärtigen, heute unter den Händen verwandeln und daß niemand weiß, in welchen Geleisen der Denkgeist von morgen »gewohnt« sein wird zu laufen. Sieht man von dieser Infragestellung ab und läßt man das Denken im Hirn so ablaufen, wie man es gewöhnt ist und wie es alle Welt tut, so erübrigt sich jede weitere Frage und Antwort.

Wer mit der Bibel denken will, muß allerdings den schwereren Weg wählen. Und das tun wir. Wir tun es, zunächst auch nicht ohne eine Erwägung der Vernunft. Das biblische Denken besitzt nämlich im Blick auf unsere Existenz jene Fassungskraft, die dem, was wir *Wirklichkeit* und *Leben* nennen, in einer ganz anderen Weise gerecht wird als die aufgeklärte Denkart. Hier hat das Unberechenbare, das Geheimnis Raum. Hier ist nicht nur »Entwicklung«, »Verkettung von Ursache und Wirkung« möglich, sondern *Schöpfung*. Das biblische Denken umfaßt ein Raumreich, das jenem Grund aller Dinge Platz bietet, aus dem Schöpfung kommt. Und das zugleich dem Schöpfungsstoße zu seinem Auslauf Platz gibt, der ebenso unberechenbar ist wie der Ursprung. Der Offenbarungs-Zeitraum ist ein wirklicher Raum, der in seinen drei Dimensionen noch Durchlässigkeit für die vierte besitzt. Das aufgeklärte Denken verläuft in der Fläche, es ist zweidimensional. Es ist das Denken des Reißbrettes, des Zirkels und der Rechenmaschine. Es ist ein Denken, das nicht fliegen kann. Das nur dort sicher geht, wo es auf der meßbaren Fläche aufsetzt, wie auch der Fuß im Schritt auf die Erde aufsetzt und von Greifbarem zu Greifbarem springt. Daher kommen denn auch alle die Schwierigkeiten, auf die heute die naturwissenschaftliche Forschung allenthalben stößt. Man merkt mit einemmal, daß der meßbare Stoff sich unter der Hand aufgelöst hat in einen unmeßbaren »Stoff«, also *Nicht*-Stoff; und daß, mit Planck zu reden, dem Forscher die Sonde in der Hand größer geworden ist als die Sache, die er sondiert.

Das also ist das eine: Das biblische Denken hat mehr Fassungskraft für das Wirkliche, für das Lebendige der Existenz, für seine schöpferische Grundart. Das andere ist damit schon gestreift. Denn wo Schöpfung das Selbstverständliche ist, da ist Offenbarung das Notwendige. Der biblische Denkraum bietet also auch noch den Äther dar, auf dem die Lichtwelle der Offenbarung sich fortpflanzen und unser Auge treffen kann.

Das biblische Denken vollzieht sich nicht in Begriffen.[111] Denn es ist in keiner Form Philosophie. Im Weltalter vor Christus sind im Bewußtsein der Völker Formen in Fülle erwachsen, die noch ursprungshaltiger sind, paradiesesnäher als die abgelösten Begriffe der Philosophie. Aus ihnen hat der Heilige Geist einige gewählt, um ihm zum Gefäße zu dienen. Es ist die *Formen*welt des Mythos. Von *außen* her gesehen denkt also die Bibel in der mythischen Form. Sie tut dies, weil diese Form eine menschliche Form ist. Denn was hier eröffnet werden soll, soll ja uns, den Menschen, eröffnet werden. Sie wählt diese Form, weil sie eine Grundform des Bewußtseins ist, die sich an Grunderscheinungen, an Urphänomenen unserer Existenz bildet. Es bieten sich auf der Erde keine anderen Formen der Mitteilung dar für das Christusgeschehnis als die vom Mythos geschaffenen. Wenn überhaupt in menschlicher Sprache vom Christusereignis gesprochen werden kann, dann nur so.

Eines dieser Mythosworte ist die Doxa.[112] Es meint den Nimbus, die Aura, die Gloriole als das Zeichen göttlicher Gegenwart auf Erden. Der hervorbrechende Nimbus sprengt die Körperzelle und durchloht sie. Der Gott wird dann für die Umstehenden sichtbar. Der antike Mensch hat diese Erscheinung gekannt. Eine Erinnerung an solches Geschehen spiegelt die Ilias in der Erzählung von dem nimbusumflammten Achilleus.[113] Waffenlos, von der Botschaft der höchsten Bedrängnis des Freundes Patroklos, ja, des schon ihn ereilenden Todes betroffen, stürzt er in die Schlacht. »Die heilige Göttin« umkränzte sein Haupt »mit Gewölk, mit goldenem«, und ihm »entstrahlt ein ringsum leuchtendes Feuer«. Es hat hier seinen notwendigen Sinn, daß Achill den Gang in die Schlacht ohne Waffen tut. Im Nimbus trägt er die Waffe höherer Ordnung bei sich. Mit ihr »bewaffnet« ist er Träger der gottheitlichen Kraft geworden. So *erscheinend*, schlägt er die Gegner mit Blindheit. Sie fallen in die eigenen Lanzen und Kampfwagen.

Die homerischen Griechen sind es auch gewesen, die den Göttern den »ichor«,[114] das »Lichtblut«, zueigneten, wobei der altchristliche Hymnus einfällt, nach dem Christi »geistiges Purpurgewand«, sein »Fleisch«, »wie in Meerpurpur getaucht« in Marias Schoß »gewebt« ward.

Wendet man sich der Bibel zu, so findet man diesen Vorgang in überreicher Fülle. Er ist ein Grundelement der biblischen Welt.

Im Schein des *Regenbogens* bezeugt sich nach der wilden Sturmnacht der Sintflut Gott als der wieder Gegenwärtige. Gott selbst bezeichnet ihn als *seinen* Bogen. »Meinen Bogen habe ich gesetzt in die Wolken, der soll das Zeichen sein des Bundes zwischen mir und der Erde.«[115] Noch bevor Gott seinen Bund mit seinem Volk macht, schließt er diesen Urbund, den ersten in der geschichtlichen Zeit, mit dem Geschöpf »Erde«: »Zwischen mir und der Erde.« Er schließt ihn in der Glorie des Regenbogens.

In der Berufungsvision des Propheten Hesekiel liegt das großartigste biblische Beispiel einer Schauung der Doxa Gottes im Wahrbild des heidnischen Mythos vor. Er zeigt, wie offen und unverhüllt sich die Offenbarung dem Mythos anverwandelt und wie geladen mit Fülle und Leben die Gestalt ihrer sinnlichen Erscheinung ist, deren Grundstoffe der Prophet während seiner Verbannung auf babylonischem Boden empfing.

Zuerst sieht er es oben über den Cheruben in dem geöffneten Himmel »schrecklich wie ein *Kristall*«.[116] Dann sieht er über dem Himmel die Erscheinung, die »epiphaneia«: »gestaltet wie ein *Saphir*, gleich wie ein Stuhl und auf demselben Stuhle saß einer, gleich wie ein Mensch von Gestalt. Und ich sah und es war *lichthelle* und inwendig war es gestaltet wie ein *Feuer* um und um.«[117] Von den Lenden herab und herauf glänzt es wie Feuer. Denn die Doxa ist Kraft. Die Gloriole, die er im Himmel jetzt sieht, ist die gleiche, in der Gott einst seinen Friedensbund mit der Erde bekräftigte und in der er thront im Ende der Zeiten.[118] »Gleich wie der Regenbogen stehet in den Wolken, wenn es geregnet hat, also glänzte er um und um.« Und auch der Nimbus ist *Wolken*nimbus, hier wie dort. Eine Wolke ist das erste im Anfang der Schauung, die der Mitternachtssturm heranträgt »voll Feuers, das allenthalben um und um glänzte«. Und mitten in demselben Feuer war es lichthelle.

Die Wolkensäule, die im Alten Bund vor Israel herzieht durch die Wüste, ist *zugleich* auch Feuersäule. Sie »wich nimmer von dem Volk«. Denn sie ist Gottes allgegenwärtige Doxa. Auf dem Berge Sinai erscheint sie Mose als die »Herrlichkeit« Gottes »in einer Wolke«. Gottes Stimme ertönt aus der Wolke. Denn seine Doxa ist Gotteserscheinung nicht nur dem Schauenden, sondern auch dem hörenden Menschen.

Feuer und *Blitz* gehören zum doxatischen Charakter der Wolkenglorie.[119] Als Kraft und Licht, als Tat und Tag bricht die Doxa in ihnen aus der Glorie Gottes hervor. Sie bricht aus dem Wolken-*schleier* hervor. Denn die Doxa ist auch Schleier, zugleich offenbarend *und* verhüllend. Es ist nicht ohne Grund, daß der Nimbus ein Wolkenzeichen ist. »Darum soll mein Bogen *in den Wolken* sein!« Die Wolke und die Doxa gehören zusammen. Die »candida et lumina nubes«, die Lichtwolke, *ist* der Nimbus.[120] Die Völkerwelt sieht Christus kommen auf dem himmlischen Gewölk mit »dynamis« und großer »doxa«.[121] Es sind nicht der Erde Wolken, in denen Christus kommt. In allen Stellen heißt es: in des *Himmels* Wolken.[122] Es ist die Lichtwolke[123] der doxa. Und zwar ist die Wolkendoxa zugleich immer die dynamis. In seinem Prozeß sagt es Christus vor dem hohen Priester, daß er sitzen werde »zur Rechten der Kraft« und kommen werde in den »Wolken des Himmels«. Doxa und dynamis sind untrennbar.[124] Ja, die Glorie ist der »Leib« der Kraft. Wo die Glorie durchbricht, da beginnt deshalb auch die Aufsprengung der irdischen Zeit- und Raumform. Die Glorie ist lebende, lösende, entrückende Macht.[125] Die Glorie ist der Geist. Er lagert sich als Wolke über dem Bergesgipfel in dem Augenblick, da die Stimme die Gottesgegenwart in ihr bezeugt. Genauso wie bei der Himmelfahrt. »Eine Wolke hob Christus vor ihren Augen empor.« Die Seinen werden ihm »entgegen« »in Wolken durch die Luft hingerückt werden«.[126] Die Verklärten selbst umgeben die Kämpfer, die auf Erden noch in der Bahn laufen, als »Wolke von Zeugen«. Es mischt sich ihre verklärte Leiblichkeit mit der Glorie des Kämpfers. Sie erobern – im Kampfe Leib an Leib stehend – himmlischen Raum heraus aus dem umnachteten Kosmos. Es ist die verklärte Leiblichkeit derer, die wieder den Stand des reinen Anfangs erlangten, in dem Gott einst den Paradiesesmenschen schuf. »Aber ein *Nebel* ging auf von der Erde und feuchtete alles Land«, heißt es bedeutsam vor dem Schöpfungsakt. Dem Erdenkloß *blies* jetzt der Schöpfer ein »den lebendigen *Odem* in seine Nase«. Und also ward der Mensch eine lebendige Seele.[127] Die Doxa ist Leiblichkeit, ist »Nebel« und »Odem« göttlichen Ursprungs. Die Seele ist Leib, ist göttlicher Leib, der als charismatische Kraft weit hinauswogt und – strahlt über den »Kloß von Lehm«, um den sie steht wie die Flamme um den Docht.

Da bin ich schon weit hinausgekommen über das, was auf dem Berge der Verklärung geschieht. Denn wie sorgsam Christus auch immer die Schleier über dem Geschehenen zusammenhält, hier oben auf dem Berge war eine Quelle entsprungen, die zum unaufhaltsamen Strome wachsen wird. Sie war entsprungen, sie war ans Licht getreten, wenngleich sie ihren Lauf zunächst noch im unterirdischen Bette nimmt. »Aber am letzten Tage des Festes, der am herrlichsten war, trat Jesus auf, rief und sprach: Wen da dürstet, der komme zu mir und trinke! Wer an mich glaubet, wie die Schrift saget, von des Leibe werden Ströme des lebendigen Wassers fließen. Das sagte er aber von dem Geist, welchen empfahen sollten, die an ihn glauben. *Denn der Heilige Geist war noch nicht da; denn Jesus war noch nicht verkläret.*« [128] Auf der Linie, die der Flug der Taube nimmt, stoßen wir allenthalben auf den göttlichen Anachronismus. Sie durchkreuzt immer wieder die Linie, an der sich unser rationales Denken entlanghangelt. Der Geist, heißt es hier, war noch nicht da. Und – war doch schon da! In der Taube über dem Getauften. Und in dem Lauf, den Christus tut »in des Geistes Kraft«. Die Ausgießung des Geistes auf die Jünger geschieht erst zu Pfingsten und – war doch schon geschehen! Der Auferstandene haucht seine Jünger an und sagt: »Nehmet hin den Geist.« [129] Bei der Auffahrt hebt er die Hände über sie und segnet sie. Seinen Geist ihnen lassend, scheidet er.[130] Endlich aber enthüllt hier Christus vor der Auferstehung seine Auferstehungsgestalt. Er enthüllt sie und verdeckt sie wieder. Darum dürfen die Jünger niemandem sagen, was sie gesehen haben, »bis des Menschen Sohn auferstehe von den Toten«. Wahrlich, hier bringt der göttliche Anachronismus unseren menschlichen Chronismus gründlich durcheinander. Mit unbekümmerter Eigenmacht flutet die Fülle der Zeiten allerorten durch die zerfallende Zeit. Ihre Mauern zerspringen, und die Risse hindurch glüht der junge, göttliche Tag.

Und er kam zu seinen Jüngern und sah viel Volks um sie und Schriftgelehrte / die sich mit ihnen befragten. Und alsbald / da alles Volk ihn sah / entsetzten sie sich / liefen zu und grüsseten ihn. Und er fragte die Schriftgelehrten: Was befraget ihr euch mit ihnen? Einer aber aus dem Volk antwortete und sprach: Meister / ich habe meinen Sohn hergebracht zu dir / der hat einen sprachlosen Geist. Und wo er ihn erwischet / so reisset er ihn. Und schäumet und

KNIRSCHET MIT DEN ZÄHNEN UND VERDORRET. ICH HABE MIT DEINEN JÜNGERN GEREDET / DASS SIE IHN AUSTRIEBEN / UND SIE KÖNNEN'S NICHT. ER ANTWORTETE IHM ABER UND SPRACH: O DU UNGLÄUBIGES GESCHLECHT / WIE LANGE SOLL ICH BEI EUCH SEIN? WIE LANGE SOLL ICH MIT EUCH LEIDEN? BRINGET IHN HER ZU MIR! UND SIE BRACHTEN IHN HER ZU IHM. UND ALSBALD / DA IHN DER GEIST SAH / RISS ER IHN. UND FIEL AUF DIE ERDE UND WÄLZTE SICH UND SCHÄUMTE. UND ER FRAGTE SEINEN VATER: WIE LANGE IST'S / DASS ES IHM WIDERFAHREN IST? ER SPRACH: VON KIND AUF. UND OFT HAT ER IHN IN FEUER UND WASSER GEWORFEN / DASS ER IHN UMBRÄCHTE. KANNST DU ABER WAS / SO ERBARME DICH UNSER UND HILF UNS! JESUS ABER SPRACH ZU IHM: WENN DU KÖNNTEST GLAUBEN! ALLE DINGE SIND MÖGLICH DEM / DER DA GLAUBET. UND ALSBALD SCHRIE DES KINDES VATER MIT TRÄNEN UND SPRACH: ICH GLAUBE / LIEBER HERR. HILF MEINEM UNGLAUBEN! DA NUN JESUS SAH / DASS DAS VOLK ZULIEF / BEDRÄUTE ER DEN UNSAUBERN GEIST UND SPRACH ZU IHM: DU SPRACHLOSER UND TAUBER GEIST / ICH GEBIETE DIR / DASS DU VON IHM AUSFAHREST UND FAHREST HINFORT NICHT IN IHN! DA SCHRIE ER UND RISS IHN SEHR UND FUHR AUS. UND ER WARD / ALS WÄRE ER TOT. DASS AUCH VIELE SAGTEN: ER IST TOT. JESUS ABER ERGRIFF IHN BEI DER HAND UND RICHTETE IHN AUF. UND ER STUND AUF. UND DA ER HEIMKAM / FRAGTEN IHN SEINE JÜNGER BESONDERS: WARUM KONNTEN WIR IHN NICHT AUSTREIBEN? UND ER SPRACH: DIESE ART KANN MIT NICHTS AUSFAHREN DENN DURCH BETEN UND FASTEN.

Die vier sind miteinander in die Ebene hinabgestiegen. Schon schlagen die Wogen des Kampfes wieder über ihnen zusammen und reißen das Geschehnis auf dem Berge mit sich fort in das Vergessen. Inzwischen ist die Erregung im Volke gestiegen. Er tritt mitten unter die Menge, wie sie mit den Schriftgelehrten debattiert. Sein Anblick jagt ihnen Schrecken ein. Er war verschwunden gewesen für eine Zeit. Was mögen für Gerüchte umgegangen sein indessen! Nun laufen sie und grüßen ihn. Was hatten sie vorgehabt miteinander, wie er hinzukam? Seine Jünger hatten die Heilung von Besessenen versucht. Da und dort tauchten jetzt Menschen auf, die unter Gebrauch seines Namens sich auch seiner Kraft versichern wollten und Austreibungen versuchten. Da stand er auch schon vor ihm, der Vater mit seinem Sohn, der von einem sprachlosen Geiste gerissen ward!

Unser Vorstellungsvermögen ist in einer Weise verarmt, daß wir uns viele Dinge nicht mehr vorstellen können, die es nicht nur gibt, sondern die auch unser Wesen bestimmen und unser Schicksal sind. Es ist dies einmal anders gewesen. Unsere Sprache trägt noch die Abdrücke der seherischen Wahrnehmungen jener jungen und starken Zeiten an sich, in denen man Kenntnis von Dingen nahm, die man heute nur noch »bildlich«, nicht mehr ursprünglich will gelten lassen.

Es ist die Zeit, da man in der germanischen Religion mit den dämonischen Erscheinungen als den selbstverständlichen des menschlichen Daseins rechnete.[131] In der Tiefe des Volkes ist der Sprachgeist noch lange bildsam und der Wirklichkeit gehorsam geblieben unter wachsender Überschichtung durch die Bildungs- und Literatursprache. Der Sprachgeist sagt und versteht das ursprünglich wörtlich: »Der Gedanke *verfolgt* mich.« »Die Angst *treibt* mich *um*.« »Der Schmerz *zerreißt* mir die Brust.« »Die Sehnsucht *übermannt* mich.« »Die Ahnung *überkommt* mich.« »Die Verzweiflung *überwältigt* mich.« »Die Sorge *verzehrt, höhlt aus*.« »Der Zweifel *nagt*.« »Die Eifersucht *frißt*.« »Die Wut *packt* einen.« »Die Gier *verschlingt* ihn.« Der Mensch kennt sich in einem Zustand des Außersichseins. Man sagt direkt: »Ich war *außer* mir.« »Ich hatte eine Wut, ich *kannte mich nicht mehr*.« »Er war rein *weg* von sich.« Das heißt, er war nicht mehr bei sich selber. Eine Fülle von Worten hat die Sprache für diesen Zustand geprägt, in dem man einem anderen »verfällt«: *Hingerissensein, Entzückung, Verzückung, Entrückung, Berückt- und Verrücktsein*. Auch der Wortstamm, der mit *Einfließen, Einfluß* und so fort zusammenhängt, weist in den dämonischen Wirkbereich. Der Sprachgeist kann geradezu sagen: »Ich weiß nicht, was in mich *gefahren* war.« Diese Prägungen verraten die Erfahrung, die sie einst geschaffen hat.

Der Vater schildert hier das Leiden seines Sohnes nicht als einen Zustand: »Es« befällt ihn. Er hat, wie die Sprache auch hier seherisch sagt, »Anfälle«. Manchmal fällt ihn etwas Unsichtbares an. Dann ist er nicht mehr er selber. Die Sprache drückt hier einfach noch etwas von jenen Dingen aus, deren Dasein von unserem sehr lichtarm und enge gewordenen Innenhorizont nicht mehr aufgenommen wird. In allem, wovon das Evangelium handelt, setzt es den totalen Horizont mit der Unbekümmertheit des Selbstverständlichen voraus. Der ausschnitthafte Blickwinkel unseres jeweiligen Menschendenkens findet sich immer neu im Widerspruch zu ihm. Was hier mit diesem Knaben geschieht, das reicht bis zu uns hin!

Das ist das eine. Und dies das andere. Alles, was im Umkreise des Sohnes geschieht, hört auf, ein Zufälliges, Vereinzeltes, Damaliges zu sein. Es wird in einem Sinne wesentlich, daß das, was hier geschieht, von allen Zeiten her gefüllt und auf alle Zeiten hin gültig geschieht. In dem Kraftkreis von Jesus Christus füllen sich alle menschlichen Zufälligkeiten und Gewohnheiten zu Urgeschehnissen auf, in denen auch unser Schicksal bereits mitgeschehen ist. Tua res agitur! Bevor nicht jedes Wort, nicht jedes Geschehnis des Evangeliums davon wiedertönt, ist es für uns nicht lebendig geworden.

Die Qual, die der Knabe leidet, ist das Erregende. Sie übermag den Vater, das Äußerste zu tun und Christus um Befreiung zu bitten. Sie ist es auch, die auf die Umwelt eine besondere Art furchtsamen Entsetzens wirft.

Es ist die Gesamtgeschichte aller Zeiten und Breiten behaftet mit solchen Ausbrüchen des Quälgeistes. Es haftet ihnen mehr ein Vorspielcharakter dessen an, was heute in den Hauptakt eintritt, Zustand wird, Staatsgeist und offene Dämonokratie. Man sieht ganz deutlich, daß hier einer gequält wird, daß er schäumt, mit den Zähnen knirscht, zu Boden stürzt und sich wälzt. Und man sieht, daß ein anderer der Quäler ist. Das Grauenvolle daran ist, daß es keine Antwort auf die Frage: Wozu? gibt. Es gibt Vorwände von großer Blendkraft. Man erkennt sie daran, daß sie immer nur Vorwände bleiben, weil ihnen keine Erfüllung folgt. Der Quäler sättigt sich an der Qual. Die Qual selbst ist die Antwort auf die Frage: Wozu? Das weiß die Sprache in der Wendung: sich »weiden« an der Qual. Das Quälen ist nämlich die einzige Form nihilistischen Tuns. Es gibt hier nur noch einen Schritt weiter: die Selbstquälung. Und eben diesen Schritt zeigen die evangelischen Beispiele der Besessenheit. Sie sind zugleich auch Selbstquälung, die der Böse, mit dem Leibe des Besessenen verschmolzen, an sich übt. An diesem »Nichts-um-wieder-nichts«, an dieser Nichtungslust, die das Leben nur will, um noch quälen zu können, erkennt man den Fürsten der Finsternis, der hier sein Werk treibt, den großen Nihilisten der Hölle. »Und oft hat er ihn in Feuer und Wasser geworfen, daß er ihn umbrächte.« Umgebracht aber hat er ihn nicht.

Dieses Quälen und Gequältwerden hängt zusammen mit der Einsamkeit des Bösen, in die hinein er auch sein Opfer reißt. Daß der Böse einsam ist, von Gott geschieden, das ist die Strafe, die er trägt.

Sie muß keine kleine sein. Denn seine Entblößung ist so groß, daß er nicht einmal einen Leib hat und sich deshalb einen fremden zum Hause suchen muß. Der Böse ist der Einsame schlechthin. Der für alle Ewigkeit in die Ecke Gestellte, weil er Gott widersagte. Das hat ihn in das Grauen dieses Alleinseins hinausgeschleudert. Die Gottlosigkeit des Teufels ist der Fluch, der auf ihm liegt. Und nun bricht er hervor aus dieser Einsamkeit, eine einzige Flamme der Sucht, Menschen zu finden, sie zu behausen, sich einzuleiben und anzuverwandeln.

Diese Einsamkeit des Bösen hat an diesem besessenen Knaben eine besondere Verkörperung erfahren. Der Geist macht ihn sprachlos und taub zugleich. Kenner haben gesagt, daß Taubstummheit das schwerste aller seelischen Leiden sei, schwerer als die Erblindung. Denn dem Taubstummen sei die letzte Möglichkeit gemeinschaftlichen Lebens abgeschnitten, die das Wort darstellt. Er kann ein Wort weder ausschicken noch empfangen. Er sieht nur durch das Fenster des Auges hinaus in eine Welt, und nichts dringt heraus und herein. Im geräuschlos abgedichteten Turm seines Leibes sitzt er mitten in der Welt von ihr getrennt. Er ist der schlechthin Einsame. Hier ist das eigentliche Leiden der Menschenwelt *ohne Gott* bloßgelegt. Ein Dichter unserer Zeit hat das Wort getan, dies sei das tiefste Verlangen des heutigen Menschen, so recht von Grund ehrlich und ganz Mensch sein zu können *ohne Gott*. Dieses Verlangen ist schon Frucht, gewachsen auf den Fußspuren des Bösen. Man muß die Entartungserscheinungen, die Veränderungen am Menschenkerne einmal auf diese Einsamkeit hin überprüfen. Da ist eine vielbeobachtete Punktualität, ein Leben ohne Hoffnung, ein Glauben an den Tod. Ein Sichselbstverschließen und Einkrümmen des Ichs in sich selbst und ein Hintreiben im Strom des Masseseins. Es wird hier deutlich, daß es aus dieser Einsamkeit der Iche in der Masse und der Masse in der Welt ohne Gott nur noch eine Möglichkeit auszubrechen gibt: zu quälen – den anderen und schließlich sich selbst. Seines Ursprungs und seines Zieles in Gott beraubt, rotiert die Welt, einem abgesprengten Weltkörper gleich, um sich selbst, zerreibt sich an sich selbst und verbrennt. Die Liebe zu Gott und zum Nächsten, zu der der Mensch geschaffen ward, ist Urgewalt. Ziellos geworden, zerbrennt sie in ihrem eigenen Feuer.

Damit sind wir schon mitten hineingeraten in die Not, die uns der zweite Zug an diesem Besessenen verrät. Das Evangelium sagt von dem Knaben, er sei nach dem Anfall »verdorrt«. Der Mensch, der dem Zerstörungswerk des Bösen ausgeliefert ist, erleidet eine Veränderung an seinem Kerne. Es geht da ein Schwund vor sich, der in die Substanz hineinfrißt. Der Mensch schrumpft. Er wird weniger. Weniger in seinem Menschenkerne, weniger an Ebenbild. Es scheint, als ob sich diese Schrumpfung seit einigen Jahrhunderten verschärfte. Die Seelenmitte wird immer hohler. Draußen an den Rändern wuchert es wulstig. Alle Kräfte sind nach außen, an den Rand gerufen. Auch die Reserven sind in Anspruch genommen. Eine technische Zivilisation großartigsten Ausmaßes wächst außen an der Umrandung auf. Die menschliche Welt gleicht einer Frucht, deren Schale krebsig wuchert und dabei den Seelenkern eintrocknen läßt. Er »verdorrt«. So vergessen die christlichen Völker ihre Sendung. Sie vergessen den Adel ihres höchsten Dienstes. Sie vergessen die große Frage: Wozu? zu beantworten. Welchen Auftrag hat uns Gott gegeben in der Welt? Wozu bin ich da? Sich selbst dienen kann man nicht. Nur die Zucht gemeinsamen Dienstes unter ihrer Berufung kann Europas Völker retten vor dem Fluch der gegenseitigen Zerfleischung. Wahrlich, was hülfe es dem Menschen, wenn er die ganze Welt gewönne und nähme doch Schaden an seiner Seele! Ohne die Seele ist alles andere nichts: Volk, Land, Reich, Sitte, Blut, Erbe, Freiheit, Wahrheit, Gerechtigkeit, Ehre. Die Seele ist eben die Seele, wie die Sprache so schön sagt: »Die Seele vom Ganzen.« Sie ist es, die macht, daß alle die Güter uns wert seien. In der Seele ist das Lebenskleinod als die Gottesstiftung bewahrt. Die Seele bleibt das einzige, was der Mensch noch unmittelbar von Gott hat. Wo er einst ein Antlitz hatte, beginnt ein Ersterben, und Leere breitet sich dort aus. Im Antlitz aber hatte das Ebenbild seinen Ort. Das Haupt ist das Zeichen des Himmels am menschlichen Leibe. Der Mensch ist himmellos geworden. Es gibt keinen Himmel, sagt er! Das heißt: Er hat sich enthauptet. Sein Edelstes hat er abgeschlagen. Goethe sagt es für das ganze Zeitalter:

»Nach drüben ist die Aussicht uns verrannt;
Tor, wer dorthin die Augen blinzelnd richtet,
sich über Wolken Seinesgleichen dichtet,
er stehe fest und sehe hier sich um.«

Es ist der neue Menschentypus, den Goethe hier beschreibt. »Was er erkennt, läßt sich ergreifen.« Das ist sein Grundmerkmal. Man kann es auch umkehren. Nur was sich ergreifen läßt, ist wirklich. Es ist der Mensch, der nur noch Greiforgan ist, auf jeder Ebene seiner Lebensführung, als Wissenschaftler ebensowohl wie als Arbeiter. Es entsteht eine neue Menschenart, ein herkulischer Rumpf, der kein Haupt mehr, der vielleicht nur noch ein »Hirn« auf sich trägt. Es ist eine Art Aftermensch, ein Restmensch, ein zusammengeschrumpfter, ein Schrumpfmensch. Der Mensch hat aufgehört, eine Welt zu sein, die Schöpfungskrone, das Gottesbild. Er ist »verdorrt«. Zugleich schrumpft für ihn auch die Außenwelt zusammen. Was er erkennt, kann er ergreifen, nicht mehr, sagt der große Dichter. Dies und nicht mehr. Wirklich sind für ihn nur noch die Ausschnitte, auf die das Licht seines Verstandes fällt. Sein Arm ist der Radius seines Horizontes. Alles »jenseits« seines greifenden Armes und seines begreifenden Verstandes ist nicht. Er ist Kriechtier geworden. Auf deinem Bauche sollst du kriechen und Erde essen. Diesen Fluch muß heute auch seine Wissenschaft erfüllen. Denn der Mensch wächst entweder nach oben oder nach unten. Einen Stillstand gibt es für ihn nicht. Entweder nach oben oder nach unten. Entweder wächst er Gott zu oder dem Teufel.

Was er erkennt, ergreift er auch tatsächlich. Es gibt kein Geheimnis mehr, und müßte er sich den letzten Rest von Seele noch aus der Brust reißen. Im Massenstaat gibt es nur noch ein kollektives Denken und Fühlen. Das Geheimnis in jeder Form darf es nicht mehr geben. Das ist auch der Grund, warum es Gott nicht mehr geben darf, denn er ist *das* Geheimnis. Es kann ihn nicht mehr geben. Das Dasein Gottes ist Majestätsbeleidigung des Menschen. So kommt es im Osten zur »gemordeten Seele« (Grigol Robakidse). Dort übt die Kreatur Selbstverstümmelung. Im Westen mehr passiv, kommt es zur erlöschenden Seele. Ist es dort Mord, so ist es hier Schwund der Seele.

Man kann diesen Vorgang im Antlitz vieler Heutiger erkennen. Es erstarren ganze Bezirke im Gesicht. Es gibt da Felder, die nicht mehr leben, die wie vereist daliegen. Die Bewegung des Lebens strömt nicht mehr über sie. Es gibt Gesichter, deren Löcher wieder künstlich gedeckt sind, gleichsam mit Silberplatten, wie wir sie aus dem Felde von Schädelverletzungen her kennen. Gesichter, die nur noch zur Hälfte da sind, zur anderen Hälfte Prothese sind. Um den Mund und über den Augen erstirbt das Gesicht zuerst. Manche Gesichter sehen aus, als seien diese Partien von einem Fausthieb, der von innenher geführt wurde, zertrümmert.

Krampf und Einkrümmung sucht die Bruchstelle wieder zu schließen. Der Ernst dieser Gesichter wird tierisch. Die Entschlossenheit finster. Die Leidenschaft verbissen und der Mut vermessen. Dieser Menschentypus ist die größte Gefahr, die heute der Völkerwelt droht. Er ist gar nicht mehr menschlich. Er ist ein Vampir in Menschengestalt, damit er an den Lebenskern selbst herangelange und ihn verschlinge: die Seele. Er besitzt dämonische Ausstrahlung, die durch jede Sperrmauer hindurchzudringen vermag, denn er ist Geist. Kein Wall von Stahl und Feuer vermag ihn fernzuhalten. Keine Gesellschaftsform ist vor ihm sicher. Denn er ist Geist. Er behaust die Seelen, er kommt nicht von außen, er kommt von innen. Nirgends sieht man die Öffnung, durch die er einging. Er sitzt der Frucht schon in der Knospe. Er frißt von innen nach außen. Man sieht immer nur die Ausbruchsstelle. Diese Gefährdung zu wittern war den Deutschen gegeben in der Katastrophe des verlorenen Krieges. Hier wurde gespürt, daß die Welt an den Rand herantreibe, hinter dem der Untergang der Welt laure. Hier wurde gespürt, daß die Schöpfung selbst in ihren letzten, unersetzbaren Gütern gefährdet war. Es ist der edelsten Antriebe einer gewesen in der Selbstbesinnung der besten Deutschen, dieser Wille, im völkischen Aufbruch das Schöpfungserbe zu bewahren vor seinem Absturz ins Satanische. Es war ein elementares Sichaufbäumen gegen den Feind, der schon ganz nahe gespürt war.

Der vom Berge der Verklärung Herniedergestiegene tritt jetzt unter das Volk. Das sind wir heute: diese erregte Menge, der hilfesuchende Vater, die beratenden Weisen des Volkes und die Jünger in ihrer ganzen Hilflosigkeit. Vor ihm liegt der Verdorrte. Das ist seine Aufgabe: die Heilung. Kein anderer kann sie leisten. Denn hier muß der Böse geworfen werden. Und dessen ist kein anderer mächtig. Und dann muß Schöpfung geschehen. Denn was da zerstört ist, ist zerstörtes Geschöpf. Heilung ist hier Schöpfung. Anders entsteht er nicht, der neue Mensch. Jesus ergreift ihn bei der Hand: und er stund auf.

Das ist die große Frage, die den Jüngern jetzt keine Ruhe läßt.

Warum konnten wir ihn nicht austreiben? Wir, die wir doch deine Jünger sind? Da war des Kindes Vater dem Gottesreich näher. Erst war da Zweifel in des Mannes Seele. Kannst du auch was? fragt er Christus. Aber die Vaterliebe treibt ihn, er ist bereit, über die Kluft des Zweifels hinüberzuspringen. Glaube! Das ist's, Mann! Glauben können, das können ist alles können. Glauben können, daß er Macht hat, daß er der Sohn ist. Darin hat der Mann Macht über den Christus. Im Glauben kann er ihn mächtig machen, kann er ihn schwach machen, wie einst die Ungläubigen in Nazareth. Du kannst mitwirken mit Gott, du Mann, wenn du glaubst. Darin hat Gott seine Macht an dich abgetreten. Nur wenn du dich ihm hingibst, vorbehaltlos, und er mit dir und du mit ihm eines bist, und ihr nicht mehr zwei seid, dann seid ihr stark. Das ist der Glaube. Sich hingeben, mit Gott verschmelzen, daß nun *eines* sei. Daß Gott und Mensch eines sei im Glauben. Und daß nun aus dieser Vereinigung die Macht wider den Bösen hervorbreche. Darum sind alle Dinge möglich dem, der da glaubt: weil er mit dem einig geworden ist, der alle Dinge kann. Keine Kleinigkeit, dieses Glauben! Ein Totalakt, in dem man sich heranbringen muß an ihn, der alles kann und jetzt im Sohne, dort auf dieser Stelle der Straße, dir gegenübersteht. Da also, heißt es, sich herangeworfen! Die Liebe stößt ihn vor. Der Vater schreit: »Ich glaube, hilf meinem Unglauben!« Es ist das Stoßgebet, das ihm schon Millionen Versinkender nachgebetet haben. In diesem Gebet kommen die beiden zusammen, an deren beiderseitigem Tun es jetzt hängt. Der Mensch tut sein Äußerstes. Er glaubt und zugleich tut auch Gott das Seine, ohne das jenes Äußerste des Menschen nichts ist. Er hilft dem Unglauben. Und nun werfen die beiden ihr Tun zusammen in eins und – es geschieht.

Die Jünger aber, die berufenen Vertreter des Meisters, versagten, währenddem er abwesend war. Das war die offene Katastrophe ihrer Jüngerschaft. Der Vater hatte nicht versagt. Er gehörte nicht zum Kreis der Nachfolgenden. Er aber, so wie er war, hatte sich in die Flut geworfen, seinem Kinde nach. Schon halb ertrinkend, wurde er gehalten und sein Sohn mit ihm. Die Jünger waren die Wissenden, die Erzogenen, die mit ihm Lebenden. Aber das eine hatte gefehlt. Dieses Abspringen vom Ufer, dieses Sichhineinwerfen in die Flut auf Gedeih und Verderb. So fängt es an. Das ist der erste Schritt auf dem neuen Weg. So stößt man sich ab vom alten Land.

Dieser Weg, den es nun jetzt zu tun gilt, führt über Stadien. Die erste Stadie meint mit dem Glauben dieses Schlußmachen und Abspringen. »Hinweg Vernunft-Bedenklichkeit, hinweg des Fleisches Zärtlichkeit!« In dieser ersten Stadie ist der Glaubende der Empfangende. Es geschieht etwas an ihm und in der Welt zugleich. Es wird etwas anders. Ein Ende begibt sich, und das Geschenk des zartesten, reinsten Anfangs senkt sich auf seinen Lebensweg nieder. Der Sohn ist dem Vater noch einmal geschenkt. Die große Verwandlung hat begonnen. Des Mannes Leben wird jetzt anders. Nicht ein Glaubender, der vor Christus niedersank und empfing, der nicht in seines Lebens Wende eintrat! Die erste Stadie ist die Stadie der Bereitschaft niedersten Grades, in die man eintreten muß, wenn man ein Christ werden will. Sie ist nicht mehr als sich öffnende Bereitschaft. Dies freilich ganz, ohne Bedingung und Vorbehalt. Es ist darin ehrfürchtiges Nahen von fern, vor Christus Niedersinken, ihn Anbeten und klares Wissen um sein Nichtglaubenkönnen. Hilf meinem Unglauben! Das ist das Gebet im untersten Grad der Bereitschaft. Glücklich, wer in ihm steht. Er ist mächtiger als die Zwölfe. Und wenn er auch nur ein einfacher Vater aus dem Volke ist, der von ferne steht.

Dann gibt es eine zweite Stadie. Hier wächst der Christ in die tätige Bereitschaft hinein. Hier trägt er sein Kreuz. Hier lernt er im Leid den schicksalsinwendigen Gott erkennen. Hier übt er sich in der Weltmächtigkeit des neuen Herrenstandes, die Schicksalsmächtigkeit ist. Er widerstrebt dem Übel nicht mehr. Er versteht jetzt, wo der Meißelhieb hinzielt, mit dem Gott den neuen Menschen an ihm ausstemmt. Er bietet sich jetzt willig dem neuen Werden dar. Es ist eine Weltmächtigkeit, die er an sich selbst zunächst erfährt. Hier wird er Herr über sein Selbst.

In der dritten Stadie des neuen Weges wandelt sich die Bereitschaft zum Mitwirken an Gottes Werk für die Welt. Hier wächst die Weltmächtigkeit hinaus über die Grenze des eigenen Lebens. Sie wird jetzt Weltmächtigkeit für andere. Sie zeigt jetzt die Züge echter Herrschaft über Wesen und Dinge. Es ist die tätige Bereitschaft des höchsten Grades. Es ist die Bereitschaft des Betenden und Fastenden. Immer noch eine Bereitschaft! Denn Beten und Fasten ist nicht mehr als höchste Bereitschaft. Bereitschaft, mit der Kraft erfüllt zu werden, von der es dann heißen kann: »Diese Art kann mit nichts ausfahren

NICHT NUR ISRAEL, DIE JÜNGER, DIE KIRCHE! 353

denn mit Beten und Fasten.« Es ist die Stufe, auf der dann der Jünger wirklich neben den Meister tritt, auf der er der jüngere Meister ist. Auf der er den Abwesenden vertreten kann, denn er hat den Geist. Für ihn bereit sein heißt also: beten und fasten. Diese Bereitschaft ist schon ein Können. Sie ist die Meisterschaft des Kämpfers, sie ist Ritterschaft. Sie ist Betenkönnen. Sie ist wirkliches Sichaufschwingenkönnen bis hinauf in den Himmel, Sichemporheben und mit seinem Worte Fliegenkönnen bis an Gottes Herz. Das ist etwas, solche Betekunst! Beten können um den Heiligen Geist! Denn ein anderes Gebet gibt es hier nicht. Ein anderes Gebet ist ja auch völlig gegenstandslos, wo der Geist dem Kämpfer die letzte Meisterschaft verleiht.

Und Fasten. Fasten als der Inbegriff der neuen Zucht. Fasten nicht mehr als Gesetzeserfüllung, als religiöse Übung, als religiöses Verdienst, als religiöser Wert, als religiöse Technik und Virtuosität, Fasten nicht mehr als mir selbst zugute Kommendes. Sondern Fasten als Dienst für den Andern. Fasten als das Werk des Liebenden. Ein neues hilfreiches Fasten. So wie der Lebensretter, der viele Ertrinkende holte, durch Übung, Enthaltung und Zucht ein Starker wurde. Ein Starker für die andern. Beten und Fasten ist die Vorübung, die Bereitschaftsstellung für das Charisma. Für das Charisma der Liebe. Der charismatische Mensch ist der in der Liebe gespornte und gegürtete, gepanzerte und behelmte Kämpfer wider den Bösen. Nicht für sich, sondern ganz und gar für die Welt. Denn das Charisma ist Dienegabe an der Welt.

Die aber war von ihnen gewichen. Empfangen war sie von ihnen wohl. Sie bleibt nur dort und kommt nur dort, wo in »Beten und Fasten« die Bereitschaft des Meistergrades geübt wird.

UND SIE GINGEN VON DANNEN HINWEG UND WANDELTEN DURCH GALILÄA. UND ER WOLLTE NICHT / DASS ES JEMAND WISSEN SOLLTE. ER LEHRTE ABER SEINE JÜNGER UND SPRACH ZU IHNEN: DES MENSCHEN SOHN WIRD ÜBERANTWORTET WERDEN IN DER MENSCHEN HÄNDE UND SIE WERDEN IHN TÖTEN. UND WENN ER GETÖTET IST / SO WIRD ER AM DRITTEN TAGE AUFERSTEHN. SIE ABER VERSTANDEN DAS WORT NICHT UND FÜRCHTETEN SICH / IHN ZU FRAGEN. UND ER KAM GEN KAPERNAUM. UND DA ER DAHEIM WAR / FRAGTE ER SIE:

354 DAS EVANGELIUM

WAS HANDELTET IHR MITEINANDER AUF DEM WEGE? SIE ABER
SCHWIEGEN. DENN SIE HATTEN MITEINANDER AUF DEM WEGE
GEHANDELT / WELCHER DER GRÖSSTE WÄRE. UND ER SETZTE SICH
UND RIEF DEN ZWÖLFEN UND SPRACH ZU IHNEN: SO JEMAND WILL
DER ERSTE SEIN / DER SOLL DER LETZTE SEIN VOR ALLEN UND ALLER
KNECHT. UND ER NAHM EIN KINDLEIN UND STELLTE ES MITTEN
UNTER SIE UND HERZTE DASSELBIGE UND SPRACH ZU IHNEN: WER
EIN SOLCHES KINDLEIN IN MEINEM NAMEN AUFNIMMT / DER NIMMT
MICH AUF. UND WER MICH AUFNIMMT / DER NIMMT NICHT MICH AUF /
SONDERN DEN / DER MICH GESANDT HAT. JOHANNES ABER ANTWORTETE
IHM UND SPRACH: MEISTER / WIR SAHEN EINEN / DER TRIEB TEUFEL
IN DEINEM NAMEN AUS / WELCHER UNS NICHT NACHFOLGET. UND
WIR VERBOTEN'S IHM DARUM / DASS ER UNS NICHT NACHFOLGET.
JESUS ABER SPRACH: IHR SOLLT'S IHM NICHT VERBIETEN. DENN ES IST
NIEMAND / DER EINE TAT TUE IN MEINEM NAMEN UND MÖGE BALD
ÜBEL VON MIR REDEN. WER NICHT WIDER UNS IST / DER IST FÜR UNS.
WER ABER EUCH TRÄNKET MIT EINEM BECHER WASSERS IN MEINEM
NAMEN DARUM / DASS IHR CHRISTO ANGEHÖRET / WAHRLICH / ICH
SAGE EUCH / ES WIRD IHM NICHT UNVERGOLTEN BLEIBEN. UND WER
DER KLEINEN EINEN ÄRGERT, DIE AN MICH GLAUBEN / DEM WÄRE
ES BESSER / DASS IHM EIN MÜHLSTEIN AN SEINEN HALS GEHÄNGET
UND ER INS MEER GEWORFEN WÜRDE.

Das ist es – daß sie das Wort nicht vernahmen! Und nun fürchten sie sich auch noch vor ihm!

Die Menschen werden ihn töten. Die Seinen aber verstehen ihn nicht und fürchten ihn. Da klingt zum zweitenmal das Wort vom großen Leiden auf. Es ist wie der Klang einer Glocke, die vom Grunde des Meeres herauftönt und mit fremdestem Ton das Herz der Jünger berührt. Wie ein Windstoß reißt dieses Wort für einen Augenblick die Wolkendecke auf über der Erde, und man sieht durch den Riß hindurch hoch im Azur still, feierlich und unbeirrt Wolkenzüge in eine ganz andere Richtung ziehen. »Und wird am dritten Tage auferstehn.« Das bleibt auch diesmal wieder das letzte Wort. Das Haupt- und Schlußwort, in dem das Geheimnis des Evangeliums vor ihren Augen noch verschlossen ruht.

Wie ganz anders zog der Flug ihrer Gedanken! Eine neue Zeit würde kommen, eine neue Ordnung der Dinge entstehen. Israel würde ihr Träger sein, und sie, seine Jünger, würden es machen. Sie würden die ersten der neuen Zeit sein und die Spitze der neuen Ord-

NICHT NUR ISRAEL, DIE JÜNGER, DIE KIRCHE! 355

nung. Die Ersten – welche würden das wohl sein. Wie sehen die aus, die den Maßstab tragen? Die Führenden, die das Ganze prägen? Dabei aber war die Antwort heimlich schon gegeben: Wir sind es, die ihm nachfolgen. Und im Jüngerkreise selbst: Ich bin es, der ihm am dichtesten auf der Spur folgt.

Damit steht die andere Frage auf: Wer gehört überhaupt zu ihm? Nur wir Zwölfe, die wir ihm nachfolgen? Hat Christusmacht nur der Christusjünger? Nur die Zwölfe waren aus Beruf und Haus herausgerufen. Nur die Zwölfe teilten nachfolgend sein Leben. Da waren aber Hunderte und Tausende im Volke, in den Berufen und in den Häusern, die ihm angehörten. Ja, die in der Christuskraft die Teufel austrieben. Die Front war da rechts und links ins Unabsehbare hinaus schon gewachsen, die Christus gegen den Bösen in der Welt führte. »Uns«, sagen die Jünger. Da sahen wir einen, der »uns« nicht nachfolgte und in deinem Namen wirkte. *Uns*, sagen sie, nicht *dir*. Gehört dieser draußen zu uns? Nein, er tut es nicht. Denn nur wir folgen dir nach. Ja, nicht nur die ersten möchten sie sein, auch die einzigen. Eine Urfrage der Kirche steht hier auf. Die Frage nach dem wahren Christen. Wer gehört Christus an, wer nicht? Wer gehört zur Kirche, wer ist drinnen, wer ist draußen? Wer führt in der Kirche, wer verkörpert das Christusurbild? Wer ist der wahre Christ? Wer sind die Nachfolger? Und wer sind die Mißbraucher, die Ketzer, die Irrlehrer?

In der Not ihres Daseinskampfes hat die Kirche hier Antworten gefunden, die anders lauten als die Christusantwort. Antworten, in denen die Jüngerantwort weiterlebt. »*Wir* sind die ersten«, und »diese folgen dir nicht nach«. Es wäre überheblich, wenn man sich als Leser dieser Worte so einfach auf die Seite der Christusantwort stellte. Denn auch die Jüngerantwort hat ihr Gewicht. Man wird ehrlicherweise zunächst weiter nichts sagen können als: So sind wir, so machen wir es. So aber will er es. Zwar ist das Gewicht der Jüngerantwort groß. Die Praxis des Kampfes scheint sie immer wieder zu bejahen. Und doch bleiben wir schuldig in ihr. Und das, was recht ist, hat allein der Meister gesagt.

Die Gefahr der Kirche, daß in ihr der »religiöse Mensch« der erste sei, ja, der einzige, daß außer ihm keiner Christ sein könne, ist auf das Ganze gesehen wahrlich groß. Und dieser Blick auf das Ganze gibt Christus recht gegen die praktische Klugheit der einzelnen, drängenden Stunde. Die Kirche darf nicht eine Vereinigung der religiös begabten Menschen sein. Dort, wo der homo religiosus, der »Religiöse«, der erste und der einzige ist, ist das Gesetz der Sekte in Kraft gesetzt. Es gibt ebensowohl eine religiöse Veranlagung wie zum Beispiel eine heroische. Die Kirche hat aufgehört, der Christusleib zu sein, wenn der Religiöse aufsteht gegen den Heroischen und allein Nachfolger sein will. Ich nehme den heroisch Veranlagten lediglich zum Beispiel aus der großen Zahl der Menschenbegabungen. Gerade dieser Kampf des Religiösen gegen den Heroischen in der Kirche zeigt den dämonischen Zug, den jenes »der erste und der einzige sein wollen« bedeutet. Gerade dem Geist, den er austreiben will, dem verfällt der Religiöse, der gegen den Heroischen kämpft, so leicht. Er richtet dort, wo er selbst verdammlich ist. Wo sein Protest letzten Endes auch ein heroischer Protest ist, ein antiheroischer Heroismus, der ihn auf den vermessenen Weg des selbstgemachten Martyriums treibt. Er will den Heroischen zertrümmern »zur höheren Ehre Gottes« und – in diesem Machtakt über den Hohen triumphieren! In der Verkehrung der Nachfolge Christi ist der Religiöse vom Teufel selbst hinters Licht geführt. Um den Religiösen her lagert der Eifergeist, der Schwarmgeist, der Richtgeist, der Zorngeist. Gerade er ist es, der Religiöse, der »radikale Christ«, der »bewußte« Christ, der »Christ im Ernst«, der dem Widersacher Gottes die Türen öffnet in das innerste Heiligtum, wenn er der erste und der alleinige bleiben will. Es ist kein Schritt so schnell getan, schneller, als er zum Bewußtsein kommen kann, vom Heiligen zum Pharisäer. Das aber heißt nach der Lehre, die uns der Kampf des Christus im Volke der Juden gibt, vom Erwählten zum Antichristen. »So jemand will der erste sein, der soll der letzte sein vor allen und aller Knecht.« Ich glaube, daß sich dieses Wort der Religiöse als die Mahnung zu Herzen nehmen muß, die ihm auf den Leib geschrieben ist. Denn gerade der Religiöse möchte kraft seiner Begabung hier der erste sein. Er möchte sich kraft seiner Veranlagung, die wie jede andere Veranlagung natürliche Veranlagung ist, dafür halten, vor den anderen ein Nachfolger zu sein. Es gibt aber keine Nachfolge auf Grund meiner Veranlagung, meines Willens, meines Gewissens, meiner Entscheidung. Man kann Christus nur einen Herrn heißen durch den Geist. Wie man auch den Bösen besiegen kann nur durch den Geist. Und der weht, wo er will. Wer nicht wider uns ist, der ist für uns,

ALLES FLEISCH! BERUFEN ZUR KINDSCHAFT 357

sagt Christus. Es weitet sich jetzt der Horizont der Kirche in das Unendliche. Der Acker ist die Welt, sagt Christus, nicht weniger. Der Geist ruft die Begabungen. Auch die heroischen, auch die politischen, auch die künstlerischen Begabungen. Er ruft alles, was er schuf. Auch die väterlichen und die mütterlichen Menschen. Er ruft die harte Hand des Arbeitsmannes und erwählt sie. Die Gradheit und Zucht des Soldaten ist ihm lieb. Auch die kernige Einfalt des bäuerlichen Menschen. Denen diene der Religiöse. Er sei ihr Knecht, heißt hier der strenge Befehl. Der Geist ist ausgegossen auf alles Fleisch. Er verklärt, er durchchristet sie alle, die er ruft. Alle Kreaturen sind zur Christusförmigkeit berufen. Alle haben ihr Urbild in *ihm*. Alle bewahren ein besonderes Stück vom Ebenbild. Alle sind gerufen, im Christusleibe das Ebenbild wiederherzustellen.

Christus nimmt ein Kindlein, drückt es an seine Brust, liebkost es und stellt das Kleine unter die Männer: Das Kindlein müßt ihr aufnehmen. Ihr seid ganz auf dem Fehlwege. Ihr seid ganz ferne von mir auf dem Wege, den eure Gedanken wandeln. Ich bin wie dieses Kind. Wenn ihr das seht, dann seid ihr mir nahe. In euren Gedanken wird es einen großen Umsturz geben. Wenn ihr mich finden wollt, dann müßt ihr von den Ehrensitzen heruntersteigen und dieses Kind fassen. Dann habt ihr mich gefaßt, dann habt ihr Gott gefaßt. Fassen müßt ihr es und aufnehmen. Müßt's *in* euch nehmen und es werden. Wenn ihr in mein Reich eingehn wollt, so werdet ihr dort nicht eingehn als die Meister der Religion, sondern als solche, die wieder Kinder geworden sind.

In der Welt beginnt sich ihm alles zu versagen. Sein Volk, seine Obrigkeit und seine Jünger. Da greift er zum Kinde. Es ist das einzige, was dem Sohn Gottes noch verbleibt, alles andere versagt ihm die Anknüpfung. In allem anderen erlischt die Gleichniskraft. Da nimmt er das Kind, liebkost es und stellt es in die Mitte: Das ist nun mein letztes Wort. Darüber hinaus gibt es jetzt nur noch das Verstummen und das Gericht. So wie ihr seid, gibt es keinen Weg für euch in das Reich. Der Mensch mit seinen Veranlagungen reicht nicht zu. Er muß ein neuer, ein zweiter werden. Der vom Weibe Geborene muß ein vom Himmel Geborener werden. Es muß ihm der Geist gegeben werden. Das eben heißt: noch einmal jung werden, Kind werden, zweite Unschuld und zweite Unmittelbarkeit durch Zeugung empfangen. Das kindliche Herz ist in sich unentzweit. Es kann lieben und vertrauen, sich fürchten und sich hingeben. Es hat noch Ursprünglichkeit und ist deshalb zu allem, was ganz ist, begabt. Es ist noch fähig, das ganz und ungeteilt zu tun, was glauben heißt. Kind sein heißt hier, noch ganze Sache machen können. Wahrlich, ich sage euch, es sei denn, ihr werdet wie die Kinder, so könnt ihr nicht in das Reich Gottes kommen. Durch die zweite Kindwerdung hindurch geht der Weg aller. Ja, es kann vor diesem Tore geschehen, daß hier gerade der Religiöse der letzte wird, weil er der Fernste ist in der Unkindlichkeit seiner Bewußtheiten, seiner Entscheidungen und Skrupulositäten; daß vor ihm die anderen hindurchgehen, die Mütter, die Soldaten, die Weltkinder.

Das also ist denen gesagt, die die ersten sein wollen. Wollen sie es aber allein sein und die anderen ausschließen, so gilt dieses: Wer durch meinen Namen mächtig ist in der Welt, dem weigert es nicht, daß er zu mir gehöre. Er wird der letzte sein, der mich verleumde. Wer nicht wider mich ist, der ist für mich. Das ist die einzige Grenze, die uns trennt vom Bösen. Denn nur der Böse ist nicht für mich. Jeder ist für mich, der euch tränkt, sei es auch nur mit einem Becher Wassers, weil ihr Christus angehört. Der hat mich getränkt.[132] Er soll keinen Unritterlichen beschenkt haben. Wehe dem aber, der einen von jenen ärgert, die von ferne stehen und zage im Glauben sind. Wehe, wer einen der Kleinen ärgert draußen vor den Toren der Kirche, die noch schwach im Glauben sind – meine Hand halte ich über sie. Wehe dem, der sie ärgert! Es wäre ihm besser, daß ihm ein Mühlstein an den Hals gehängt wird. Die Kirche ist keine Grenzstadt, deren Mauern Freund und Feind scheiden. Die Kirche ist eine Stadt, die auf dem Berge liegt, die alle sehen, weit hinaus in das Land. Die Kirche ist ein Leuchter, auf dem das Licht steht. Gerade die Dunkelheit ist es, in die sie hineinleuchtet. Die Kirche ist immer zugleich auch Christenheit. Weltdurchsalzende, weltdurchstrahlende Kraft. In der Erklärung zum Dritten Artikel bestimmt Luther geradezu die Kirche als Christenheit. Diese Weiträumigkeit, diese Entgrenzung in den Raum hinaus, vermag die Christusgemeinde vom Felsen her, der ihre Mitte ist. Fels ist sie, unverrückbar, von härtestem Urgestein, in den Menschen, die Christus bekennen als den Gottessohn. Das ist das Unberührbare. Hier, wo so bekannt wird, ist Gott. Hier ist das Mysterium, das unanrührbar bleibt, vor dem sich aller Knie beugen. Seine Unbedingtheit ist das Geheimnis der christlichen Freiheit. Wo diese Mitte unverrückbar steht, bedarf die Kirche keiner Scheidewand nach außen. Hier ruht das Geheimnis der weltumfangenden Kirche. Sie kann lieben ohne Grenzen, weil sie hier gegründet, ihrer selbst über alle Sinne und Vernunft gewiß ist.

Je mehr ich die »halbe Wahrheit« des im Menschenmaß begrenzten Denkens erkenne, desto mächtiger wird mir jenes »glaubende Denken«, das am Christusmysterium in der Welt erwuchs. Jenes glaubende Denken, das mit dem Petrusbekenntnis zum erstenmal in die Welt trat und das alle Ebben und Fluten des menschlichen Denkens felsengleich durchstand. Ich neige mich ehrfürchtig vor den Worten der altkirchlichen Väter, in denen jenes Denken im Wort sich seine Zeichen schuf. Jenes gläubige *An-Denken* des Christusereignisses in den altkirchlichen Symbolen! Sie umschließen die Urworte der Christenheit. Unter der eindrucksvollen Überzeugungsmacht menschlichen Denkens verblaßte auch mir einst dieses Väterzeichen zum bloßen altertümlichen Bild. Auf seinem goldenen Grunde schien mir der Christus schon längst erstorben zu sein. Da begegnete er mir neu auf meinem Wege von ganz entgegengesetzten Seiten her: von vorne, von der Gegenwart her. Wie ich da ging, mit Tausenden außen, durch die Stürme großen Geschehens, durch Krieg, Volksschicksal und sich wendende Zeit, innen aber durch die verschwiegene Not letzten Ringens der Seele, da trat er wieder auf mich zu, und ich sah, *daß er derselbe war, den auch die Väter kannten.* Ich sah, daß er derselbe war. Ich sah, wie der Goldgrund des alten Bildes fließendes Licht wurde und der lebendige Christus aus ihm heraus auf mich zutrat. Er ist die Mitte, der die Nahen und die Fernen, die Kleinen und die Großen, die drinnen und die draußen alle zu sich zwingt.

So dich aber deine Hand ärgert / so haue sie ab! Es ist dir besser / dass du als ein Krüppel zum Leben eingehest / denn dass du zwo Hände habest und fahrest in die Hölle / in das ewige Feuer / da ihr Wurm nicht stirbt und ihr Feuer nicht verlöscht. Ärgert dich dein Fuss / so haue ihn ab! Es ist dir besser / dass du lahm zum Leben eingehest / denn dass du zween Füsse habest und werdest in die Hölle geworfen / in das ewige Feuer / da ihr Wurm nicht stirbt und ihr Feuer nicht verlöscht. Ärgert dich dein Auge / so wirf's von dir!

Es ist dir besser / dass du einäugig in das Reich Gottes gehst / denn dass du zwei Augen habest und werdest in das höllische Feuer geworfen / da ihr Wurm nicht stirbt und ihr Feuer nicht verlöscht. Es muss ein jeglicher mit Feuer gesalzen werden und alles Opfer wird mit Salz gesalzen. Das Salz ist gut. So aber das Salz dumm wird / womit wird man's würzen? Habt Salz bei euch und habt Frieden untereinander!

Wer der erste sein will, wer am nächsten bei mir sein will im Zug der Nachfolgenden, der gedenke des Gesetzes, das der Geist den Schreitenden auf den neuen Weg mitgibt: daß der Jünger Herr werde. Daß er Herr werde, indem er – seiner selbst Herr wird! Daß er die Zucht übe, bis die Sucht ausgeläutert ist und der Geist durch ihn die Macht übe. Das ist das Gericht,[133] daß das Licht in die Welt gekommen ist. Er ist das Licht, das nicht nur leuchtet. Indem es verklärt, brennt es auch. Zucht üben heißt: sich diesem Gericht des Lichtes aussetzen. Seiner Flamme dort nicht widerstreben, wo es im Schicksalsofen zur Drangsalshitze wird. Begreifen, daß es dort unser Heil wird. Nicht die Finsternis mehr lieben als das Licht, die mit schwülem Schlafe uns betäubt und unsre bösen Werke deckt.

Der Christ ist der *sich selbst* Richtende. Dieses Selbstgericht des Glaubenden lagert sich wie ein Schutzwall um das Christusmysterium her. Wenn er aber zu richten beginnt an den andern, an den Kleinen, an den Schwachen und an der Welt, dann trägt er mit jedem Wort, das richtet, an diesem Schutzwall ab. Denn es geht hier um das Mächtigwerden. Es geht hier um den weltmächtigen Dienst des Christen. Es wird hier nicht Askese gefordert um ihrer selbst willen oder Selbsterniedrigung um ihrer selbst willen. Es geht hier um das Fasten als die Zucht zum Dienst.

Nichts aber bedarf größerer Macht als solcher Dienst. Er ist ausrichtbar nur in Vollmächtigkeit. Denn auch das zuchtlose Wort hat Macht. Das vergegenwärtigen wir uns viel zu wenig, daß auch der böse Geist durch und durch mächtig ist in der Welt. Unausdenkbar wäre es, wenn es nicht Gegenmacht in der Welt gäbe! Wenn nicht auch der Heilige Geist durch und durch Macht wäre. Jede Lebensstunde, die wir noch leben, jeder Atemzug und jeder Schritt ist ein Beweis dieser Macht des Heiligen Geistes. Daß er so mächtig gegenanhält, dem verdankt es die Welt, daß sie noch nicht schier hin ist.

Jedes zuchtlose Wort ist böser Geist. Es ist böser Geist siebenfach, wenn ich es auf der Kanzel spreche. Es trifft durch die Luft hindurch den Abwesenden, gegen den es gezielt ward. Kein zuchtloseres Wort auf der Kanzel, kein feigeres und kein ehrloseres Wort, als das, das den Feind richtet. Dreimal feige und ehrlos, wenn er nicht anwesend ist. Es hat Macht. In des Heilandes Christus Lehre geht es wirklich um das neue Mächtigsein. Fasten heißt da zuerst: Brechen der alten, bösen Macht. Wir müssen wieder fasten lernen auf den Kanzeln oben.

Das zuchtlose Wort trifft den Feind und treibt ihn wie ein Wurfgeschoß erst recht in seine Bosheit hinein. Es hilft ihm nicht zu seiner Seligkeit. Es hilft ihm zu seiner Verdammnis. Es verchristet ihn nicht, es verteufelt ihn. Die Bezichtigung zum Beispiel, ein Ketzer zu sein, *macht* den Getroffenen, der vielleicht erst auf halbem Wege ist, zum Ketzer. Sie nimmt ihm die Möglichkeit, aus seinem Suchen und Irren zurückzukehren. Die Bezichtigung *macht* ihn zum Antichristen, zum Mörder, zum Lügner. Sie macht ihn dazu durch die Luft, auf tausend Kilometer, hinterrücks, ohne daß er es hört und weiß. Sie trifft ihn unter der Schwelle seines Bewußtseins im geheimen Zentrum seines Herzens. Die Bezichtigung ist ein Urteil. Sie schneidet dem Feinde den Rückweg ab. Es ist jetzt wider seine Ehre, sich zu bekehren. Er kann sich nicht in Ehren von Christus überwunden bekennen. Denn da ich ihn gerichtet habe, muß er sich nun zu mir bekehren. Er müßte mir recht geben, nicht aber Christus. Heimlich verlange ich in meinem Urteil, recht zu behalten und über ihn zu triumphieren. Ich habe mit meinem Richten ihm den Weg zurück abgeschnitten. Mein Andeuten, Zumuten und Verdächtigen hebt an das Licht des Tages herauf, was in ihm schlummerte. Dem Bösen, der vor seiner Türe lauerte, habe ich selbst die Türe aufgestoßen. Ich habe meinen Feind dem Bösen in die Arme getrieben. Nun freilich habe ich recht. Nun freilich bin ich gerechtfertigt. Kraft seiner Ehre kann er jetzt nicht mehr zurück. Damit ich recht behalte, der ich auf der Seite der Wahrheit stehe. Damit ich recht behalte und er verderbe. Mein Wort war nichts anderes als der tödliche Zuruf an einen Schlafwandler am Rande des Abgrunds. Es stürzt ihn dort hinab. Mein Wort, das im Namen der Wahrheit gesagt war, das vielleicht ein Wort des Heilandes der Menschen war, hat ihn ermordet. Es hat ihn ermordet, weil es der Richtgeist in den Mund genommen hatte, wie einst auch der Versucher in der Wüste die heiligen Worte in den Mund genommen hatte. Welch ein Gericht über die Kanzel wird einst an jenem letzten Tage ergehen, wenn alle die Ermordeten aufstehen und die Worte vor Gottes Thron hochheben, mit denen man sie von der Kanzel herab erschlug.

»Was vom Munde ausgeht, das verunreinigt den Menschen«, sagt Christus. Es verunreinigt den, der es ausspricht; es verunreinigt den, der es hört, und den, der es nicht hört auf tausend Kilometer Ferne hinaus. Man sollte diesen Spruch inwendig auf jede Kanzel meißeln, zum Prediger hingewandt.

In der Christuslehre vom Neuen Weg heißt es genau umgekehrt! Segnet, die euch fluchen. Widerstrebt nicht dem Übel. Wer dem Übel widerstrebt, kommt ganz unweigerlich in das Fluchen. Dieses Wort stellt die Weiche zwischen Segnen und Fluchen. Widerstrebt nicht! Segnet! Das Widerstreben ist dabei das Vorwort und das Segnen das Hauptwort. Nicht widerstreben ohne segnen heißt mitten auf der Weiche stehen bleiben. Nicht widerstreben und weiter nichts heißt, dem Feinde das Feld kampflos überlassen. Durch die Weiche hindurchfahren und dann kämpfen, das ist es. Und zwar recht kämpfen. Auf dieses »recht« kommt im Christenkampfe alles an. Denn allein der recht kämpft, empfängt den Kranz. Also segnen! Segnen, das heißt recht kämpfen von der Kanzel herunter. Klagen und anklagen und Gott bitten für seine Sache, das kann ich aus meinem eigenen Fleisch und Blut, das ist billig. Aber segnen kann ich nur durch den Heiligen Geist, und das ist teuer.

Auch das segnende Wort hat Fernwirkung. Es hat Flügel. Bevor du es ausgesprochen hast, kann es schon bei dem sein, dem es gemeint ist. Das segnende Wort ist ein Engel, der tausend Meilen in einem Nu überfliegt. Ist mir das zuchtlose Wort auf der Kanzel verboten, so ist mir das segnende befohlen. Ich kann es ohne jedes Bedenken brauchen, auch für den Abwesenden. Es erreicht ihn ganz gewiß. Die Kanzel des Segnenden ist ein Funkturm, dessen Wellenlänge über die ganze Erde bis in den Himmel, ja, bis in die Hölle reicht. Denn der Strom ist der Geist. Du bist nie mächtiger als durch dein segnendes Wort. Daran hindert nicht, daß dir sein Flug verborgen ist. Sein Flug muß vor dir verborgen sein, damit dem Segen durch deine Hoffart nicht die Schwinge gebrochen werde. Es hat Kraft nur als Wort des Liebenden. Der Spender des segnenden Wortes ist in dieser Macht Gott sehr nahe, von dessen Munde es heißt, daß die Kreatur lebe von einem jeglichen Wort, das aus ihm gehe.

Das segnende Wort ist so mächtig, daß es den verwandelt, der es spricht. Es verwandelt ihn bereits, bevor er es gesagt hat. Schon wenn er es denkt, bricht es aus der Stille seines Antlitzes hervor als ein Licht und steht wie ein Glanz über der Gemeinde.

Sich selbst aber schone der Starke nicht, und gehe es um die Hand, den Fuß, das rechte Auge. Auf daß er frei und noch stärker werde. Denn in der Gemeinde richten nicht die Starken über die Schwachen, da tragen die Starken die Schwachen auf ihrem Rücken davon. Das sei das einzige Gericht der Starken an den Schwachen, daß man sie in den Himmel trage.

Der Starke also bringe auch das Opfer des Starken, sei es Hand, Fuß oder rechtes Auge. Wie kann da die Frage unter uns noch sein, ob es ein sacrificium intellectus, ein Opfer des Verstandes gibt! Unter denen, die ihm nachfolgen! Ja, das gibt es. Nicht nur ein Opfer, sondern das mit Salz gesalzene Opfer. Denn das Opfer, das nicht mit Salz gesalzen ist, trägt den Keim der Verwesung, die Schwermut, bei sich. Das mit Salz gesalzene Opfer ist durchläutert, ist das verklärte Opfer. Die Flamme, die hier brennt, frißt das Opfer nicht, sie verklärt die Gabe. Der Heilige Geist gibt einen neuen Herrn auch dem Willen, dem Gewissen, auch dem Verstand. Das sacrificium intellectus ist nicht die schmerzliche Aufopferung, die einen Verstümmelten hernach zurückläßt. Sie ist die große Hingabe meiner denkenden Seele zu ihrer Heimsuchung und Verklärung in der Vernunft Gottes. »Und habt Frieden untereinander.« Das ist das wichtigste Wort dort, wo vom Salz, vom Feuer, vom Ärgernis und vom Gericht die Rede ist. Es heißt hier nicht: Habt Salz untereinander; das ist: Habt das Gericht untereinander. Nein, es bleibt dabei, richtet nicht! Und wer sich selbst richtet, der ist schon gerichtet. Es bleibt dabei, daß dieses Schwert, dieses Feuer und dieses Salz nur das Opfer schneidet, brennt und salzt, das ich selbst bringe, das ich selbst bin. Wo das alle tun, da waltet Friede, da ist die Kirche.

Und er machte sich auf und kam von dannen an die Örter des jüdischen Landes jenseits des Jordans. Und das Volk ging abermal in Haufen zu ihm / und wie seine Gewohnheit war /

LEHRTE ER SIE ABERMAL. UND DIE PHARISÄER TRATEN ZU IHM UND FRAGTEN IHN / OB EIN MANN SICH SCHEIDEN MÖGE VON SEINEM WEIBE. UND VERSUCHTEN IHN DAMIT. ER ANTWORTETE ABER UND SPRACH: WAS HAT EUCH MOSE GEBOTEN? SIE SPRACHEN: MOSE HAT ZUGELASSEN EINEN SCHEIDEBRIEF ZU SCHREIBEN UND SICH ZU SCHEIDEN. JESUS ANTWORTETE UND SPRACH ZU IHNEN: UM EUERES HERZENS HÄRTIGKEIT WILLEN HAT ER EUCH SOLCH GEBOT GESCHRIEBEN. ABER VON ANFANG DER KREATUR HAT SIE GOTT GESCHAFFEN EINEN MANN UND EIN WEIB. DARUM WIRD DER MENSCH SEINEN VATER UND MUTTER LASSEN UND WIRD SEINEM WEIBE ANHANGEN UND WERDEN SEIN DIE ZWEI EIN FLEISCH. SO SIND SIE NUN NICHT ZWEI / SONDERN EIN FLEISCH. WAS DENN GOTT ZUSAMMEN-GEFÜGET HAT / SOLL DER MENSCH NICHT SCHEIDEN. UND DAHEIM FRAGETEN IHN ABERMAL SEINE JÜNGER UM DASSELBIGE. UND ER SPRACH ZU IHNEN: WER SICH SCHEIDET VON SEINEM WEIBE UND FREIET EINE ANDERE / DER BRICHT DIE EHE AN IHR. UND SO SICH EIN WEIB SCHEIDET VON IHREM MANNE UND FREIET EINEN ANDERN / DIE BRICHT IHRE EHE.

Galiläa, das Land um den großen See, das Land, das Zeichen gesehen hatte und Worte gehört hatte wie keines je zuvor, lag jetzt hinter ihm. Er hatte sich jetzt stracks gen Jerusalem gewandt. Die Jünger folgten ihm blind, voll Widerspruch, dunkles Verhängnis ahnend und dennoch ganz in seinem Banne. So zieht er hin, jeden Tag auf jeder neuen Strecke Weges Massen Volks um sich. Und er predigt ihnen. Kein Tag, wo ihn nicht der Feind anspringt, verborgen in der wogenden Menge. Die Unterredungen, die er mit ihm sucht, sind öffentliche Verhöre. Man will ihn öffentlich fangen. So wird auch die Falle öffentlich gestellt.

Sie fragen ihn, ob Scheidung erlaubt sei. Er verweist sie an Mose. Ja, der habe sie erlaubt. »Um eures Herzens Härtigkeit willen«, gibt er ihnen zur Antwort. Damit ist das Verhör zu Ende. Im Text kommt jetzt ein »Aber«. Das wart ihr und Moses, euer Zuchtmeister. Aber! Jetzt geht es der Sache auf den Grund. Jetzt kommt die wirkliche Antwort über Mose, die Pharisäer und alle Moralitäten hinaus. Aber! Zwei mächtige Worte stehen hinter diesem Aber. In das aufgeregte und böse Wasser dieses pfäffischen Disputes wirft Christus wie zwei erratische Blöcke die Worte »Anfang« und »Schöpfung« hinein. »Aber von Anfang der Schöpfung« – und nun geht es weiter,

und die Urzeit steigt auf wie ein Gebirgszug aus einer anderen Welt –
»hat sie Gott geschaffen, ein Mann und ein Weib«. Die Rede geht
nun gar nicht mehr zu den Pharisäern hin; sie geht durch sie hindurch auf die ewigen Dinge selbst, die die ewigen waren und sie auch
noch sein werden, wenn die letzten Dinge vergangen sind. Daheim
fragen die Jünger noch einmal. Ja, die Ehe ist unlösbar. Sie ist unlösbar, *weil sie in ihrer Einheit das Urbild Gottes selbst ist.*

Es mag wohl kaum eine größere Not geben im menschlichen Dasein als die Not der Ehe. Sie ist es, die hinter dieser Frage der Pharisäer steht und die ihr das Gewicht gibt. Die Not ist deshalb so groß,
weil sie in der Ordnung entspringt, die dem Menschen zum höchsten
Glücke gesetzt ist. Ihr bittres Wasser entspringt unter den Fundamenten des Paradieses. Das zu seiner Vollendung in Einheit Bestimmte kann diese Einung nicht erfüllen. Das ist die Not des Mann-
und Weib-Seins: die Entzweiung der Geschlechter, wie übermächtig
auch immer die Naturgewalt der Liebe sei. Die Vollendung in der
Erfüllung bleibt versagt: die vollkommene Einung. An keiner Stelle
seines Daseins hat der Mensch je und je so stark empfunden, für das
Paradies geschaffen und aus ihm gestoßen zu sein. Es ist das verlorene Paradies, dessen er sich in der Entzweiung der Geschlechter
bewußt wird. So, wie ein jeder von ihr berührt wird und keiner ohne
ihre Narbe bleibt, auch der Mensch der glücklichsten Ehe auf dieser
Erde nicht, so wahr ist die Entzweiung der Geschlechter eine Urnot
des Menschendaseins. Sie ist eine Urnot, weil in ihr ein Urstand
der Schöpfung versehrt ist. Die Entzweiung der Geschlechter rührt
an den Kern des Menschen dort, wo alles menschliche Leben aus
der Schöpfungswurzel wächst. Eines Johann Jakob Bachofens [134]
Geschlechterphilosophie hat diesen Kampf zu ihrem Gegenstand
gemacht, der in die Geschichtswelt durch die Verzwistung der Geschlechtsmächte eingezogen ist. Sie liefert den Beweis, daß es Geschichte nicht gäbe ohne diesen Kampf. Ja, daß die Geschichte als
Kultur- und Sittengeschichte der Kampf der Geschlechter um die
Gestaltung der Lebensordnungen *ist.*

Die Größe der Not läßt sich am sichersten ablesen an den Lösungsversuchen, die der Mensch ihr entgegengestellt hat.

Die Einehe gehört nicht zu diesen Lösungsversuchen. Sie geschieht
noch aus der Urerinnerung an das Urbild. Sie ist noch Gehorsam

unter das Gesetz des Paradieses, draußen, vor seinem Tore geübt. Die Einehe ist dank dieser Urerinnerung zu allen Zeiten in allen Kulturen und Völkern vorhanden gewesen. Aber gerade an ihr entband sich die Not immer wieder von neuem, weil in ihr die urbildliche Ordnung auch noch in einem Weltstand aufrechterhalten wurde, der unter dem Zeichen der Entweihung und Versehrung der Schöpfung steht.

In dieser Not hebt nun das Ringen der männlichen und der weiblichen Lösungen an.

Neben der Einehe geht die Vielehe in allen nur denkbaren Formen einher, als Vielmänner- und Vielweiberehe. Als gesetzliche Ordnung und als illegitimer Brauch.

Von ungewöhnlicher Aufschlußkraft für die metaphysische Beziehung dieser Not sind zwei Erzählungen der Bibel aus dem Anfang des Menschengeschlechts. In der einen wird uns erzählt,[135] daß die »Töchter der Menschen« sich verleiten ließen, Ehen einzugehen mit den »Söhnen Gottes«. Hier sucht das Weib die Lösung der Not, indem sie sich vom Manne löst und sich dem Gotte hingibt, um sich wieder zurückzuzeugen mit ihrer ganzen Nachkommenschaft in den Urstand des Paradieses. Wir wissen von uralten Kulten, deren Sinn die Vereinigung des menschlichen Frauengeschlechts mit einem Gotte war. Diese Kulte sind im Heidentum nie ausgestorben. Es gab auch Zeiten, in denen sie in Jerusalem herrschten. Darum sagt der Prophet[136] zu Jerusalem: »Du nahmest auch dein schön Geräte, das ich dir von meinem Gold und Silber gegeben hatte, und machtest dir Mannsbilder draus und triebest Hurerei mit denselben. Und nahmest deine gestickten Kleider und bedecktest sie damit, und mein Öl- und Rauchwerk legtest du ihnen vor. Meine Speise, die ich dir zu essen gab, Semmel, Öl, Honig, legtest du ihnen vor zum süßen Geruch. Ja, es kam dahin, spricht der Herr, Herr, daß du nahmest deine Söhne und Töchter, die du mir geboren hattest, und opfertest sie denselben, sie zu fressen. Meinst du denn, daß es ein Geringes sei um deine Hurerei, daß du meine Kinder schlachtest und opferst sie denselben?« Diese Kulte sind der Versuch, wieder in den göttlichen Urstand aufzusteigen, aus dem der Mensch stürzte. Sie sind der Versuch, durch Vergötterung jene Not der Entzweiung zu überwinden. Aber es entstehen auch in der biblischen Erzählung aus diesen »Engelehen« nur die Titanen. Über sie ergeht das Gericht der Sintflut.

Wer die Geschichte der Weibesleidenschaft kennt, der wird immer wieder auf dieses Suchen der Eva stoßen nach dem Adam des Paradieses, nach dem göttlichen Menschen. Unbewußt sucht sie ihn immer. Glaubt sie ihm zu begegnen, so will sie sich ihm auch hingeben. »Das ist der Rechte, der andere war es nicht.« Die Frau spricht es wohl zuweilen direkt so aus: »Er ist der mir von Ewigkeit her Bestimmte« und bricht unter der Gewalt dieser Empfindung Gesetz, Brauch und Herkommen. Durch diese Empfindungswelt hindurch schwingt Urerinnerung. Es ist der Versuch des Weibes zur Selbsterlösung durch Wiedereintritt in die erste Bestimmung.

Die andere biblische Erzählung spielt gleichfalls vor dem Ausbruch eines Gottesgerichts. Bricht über die vornoachitische Menschheit die Wasserflut herein, so über die sodomitische die Feuerflut. Beide Male steht auf dem Schuldregister an erster Stelle die Schändung der Geschlechtsordnung durch den Menschen. Hatte sich die vornoachitische Menschenwelt in den Töchtern Evas weggewandt vom menschlichen Manne, so wenden sich in Sodom und Gomorra die Söhne Adams vom Weibe. Hatten die Frauen, die religiöser denken, das Menschengeschlecht wieder vergotten zu können geglaubt durch Verbindung mit den »Söhnen Gottes«, so begehren die Männer, mächtig zu werden im Bunde mit Männern. Der Mann glaubt sich auf diese Weise allem Schwächenden entziehen zu können, was im Verfallen an Weib und Weibesgeburt ihn lähmt, fesselt, ausschöpft und zur Erde zieht. »Sondern waren stolz«, sagt der Prophet, »und taten darum Greuel vor mir.« Der Mensch ahnt, daß ihm in der Zeuge- und Gebärkraft ein Stück der Schöpferkraft selbst verblieb. Er versucht instinktiv mit Hilfe dieser Kraft sich wieder zurückzuzeugen in den Urstand. Er ahnt, daß die Versehrung sehr groß sei, daß die Wiedergutmachung nur durch einen Schöpfungsakt erfolgen könne. Der babylonische Turm ist ein riesenhafter Phallus, dessen Spitze bis an den Himmel reicht. Es ist der ewige Versuch des versehrten Geschöpfes, durch Schöpfung den Stand der Vollkommenheit wiederzuerlangen, sich zu retten durch »ek-porneuein«, wie es die Bibel mit grimmiger Nüchternheit nennt: »auszuhuren« aus der Ordnung des Geschlechts; durch »hinter anderem Fleische hergehen«, wie es ein jeder in seiner Weise tat und tut, sei es vor, sei es nach Noah. Beides immer nur, um den Fluch zu brechen und den Weg zurückzufinden.

Die Lösungsversuche, die man jetzt noch nennen könnte und die in Wahrheit keine sind, liegen alle an jenem äußersten Rande der Verzweiflung im Anblick der Unlösbarkeit dieser Not. Dem Hetärismus von seinen kultischen Formen an bis hin zum Dirnentum steht die Amazone und der Asket gegenüber, die mit Versagung und Verschneidung dem Greuel von Schändung, Roheit und Vertierung antworten. Nicht nur an der Fülle der Lösungsversuche, sondern auch an der Größe des gewagten Einsatzes läßt sich die Unstillbarkeit dieser Not ablesen.

Es gehört zu den folgenschwersten Entwicklungen innerhalb der Geschichte der Christenheit, daß dieser Not nicht die Hilfe geleistet wurde, die ihrem Ausmaß entsprach. Diese unheilvolle Entwicklung wurde eingeleitet durch die Verbindung des Christentums mit jener asketischen Gegenbewegung, die im Heidentum gegen die Übermacht der bacchischen Dämonien emporwuchs. So nahm das Christentum in diesem Kampfe Partei. Die Folge war eine Verschärfung der Heillosigkeit bis zum äußersten. Es hat sich der Anschein herausbilden können, als sei für den Christen die Geschlechtlichkeit an sich Sünde, ja, der Sitz der Urschuld selbst.

Die Not des entzweiten Geschlechts hat einen überaus einfachen Grund. Sie ist nichts anderes als die Gottlosigkeit des Menschen. Daß der Mensch im Geschlecht nicht mehr einen Gottescharakter, ein Gottesstigma sieht, daß er in ihm nicht mehr das einzige, seiner stofflichen Natur eingestiftete Gotteszeichen wahrnimmt, das ist das Unheil! Im Stoff trägt der Mensch gleichsam einen Siegelabdruck von des Schöpfers Hand noch an sich. Einen Siegelabdruck, der nichts anderes sein kann als eine Aussage über das Wesen des Schöpfers selbst. Das ist es, worauf Christus zurückweist, über Kult und Gesetz hinaus, zurück auf diesen »Anfang der Schöpfung«. Darauf kommt alles an, hier liegt das Geheimnis und der Schlüssel dazu. Hier wird also von einer Urordnung geredet, von einer Urbildung, nämlich von der Urordnung, die Gott ausgebildet hat in der Menschenschöpfung. Die Stelle, die Christus meint, ist die erhabenste Stelle auf der ersten Seite der Bibel.[137] »Dann sprach Gott: Lasset uns Menschen machen nach unserm Bilde, uns ähnlich, und sie sollen herrschen..., und Gott schuf den Menschen nach seinem Bilde, nach dem Bilde Gottes schuf er ihn, *als Mann und Weib schuf er ihn.*« Die zweite, schon zerbröckelte Fassung des Schöpfungsmythos läßt noch deutlich durchschimmern, daß der urbildliche Mensch *ein* Wesen war. Hier ruht Eva Adam noch über dem Herzen als eine Rippe. Und noch von ihm gelöst, erkennt er, der Mann, das Weib als sich selbst: Männin redet er sie an. Im urbildlichen Menschen sind die beiden Schöpfungsmächte noch unentzweit geeint. Sie sind in ihm noch »ein Fleisch«. Deshalb wird der Mann sich von Vater und Mutter lösen und den Schritt wieder zurücktun, gleichsam hinter Vater und Mutter zurück, um wieder seine andere Hälfte zu gewinnen und mit ihr ein Ganzes zu werden. »So sind sie nun nicht zwei, sondern ein Fleisch.« Nicht kraft des Eheschlusses zweier zufälliger Menschen, sondern kraft jener Gottesschöpfung im Anfang. Sie zündet mit Urimpuls von Generation zu Generation hindurch und wirkt das »eine Fleisch«.

»Wir«, sagt der Schöpfer und »ein Bild, das uns gleich sei«. Und nun steht es da. Da ist das »wir« herausgetreten und steht nun im Ebenbilde da: ein Mann und ein Weib. Die Schöpfergewalten, die Vatermacht und die Muttermacht gehören zum Wesen des Schöpfers. Der Geschlechtscharakter ist Gotteszeichen. Ebenbild sein heißt auch dieses Zeichen tragen.

Gewisse Dinge muß man wissen. Sie nicht wissen bringt großes Unglück in die Welt. So muß man wissen, daß das Geschlecht von Gott stammt und daß das Vatersein und Muttersein ein Nachleben des göttlichen Urlebens ist.

Darin hatten die alten Naturreligionen recht, in ihrem Ernstnehmen des Geschlechts, wie tief umnachtet auch immer. Die Geschlechtsordnung ist beim heidnischen Menschen eine kultische Ordnung und darin noch zu Gott hingewandt. Die Urerinnerung daran pflanzt sich fort im stofflichen Strom. Von ihr »leuchtet« das Blut. Als »Blutleuchte« wirft sie ihre Lichter hinein in das Bewußtsein. Dort wird sie Mythos.[138] Es gibt in ihm eine Vorstellung, in der die Welt und der urbildliche Mensch dasselbe sind. Im Weltei liegen im Dotter und Eiweiß Männliches und Weibliches noch ineinander. Der Einzelmensch ist nur ein Splitterstück vom himmlischen Menschen. Alles Treiben und Drängen in der Welt der Einzelnen geht auf die Wiedervereinigung im himmlischen Menschen. Am bekanntesten ist die Stelle aus Platons Symposion. Der mythische Urmensch[139] trug hier die nachmals geschiedenen Menschen noch zum Ganzen vereint in sich. Die Götter, so wird hier erzählt, hätten aus Angst vor der unermeßlichen Kraft und Fruchtbarkeit dieses Wesens die beiden Hälften voneinander getrennt. Es ist bedeutsam, daß wir Menschen leibliche Wesen sind. Im Leib steht uns das Schöpfungswunder noch sinnlich greifbar vor Augen. Es ist begreiflich, wenn den maßstablos gewordenen Menschen dieses Wunder des leiblichen Lebens so überwältigt, daß er seinen Restcharakter nicht mehr erkennt. Dennoch muß es der Größe des göttlichen Schöpfungswerkes zugebilligt werden, daß es nur noch ein Rest ist dessen, was einst war und wieder sein wird. Gerade im Geschlechtscharakter ist die Versehrung des Ebenbildes am offenkundigsten. Hier ist die Hierarchie seines geistleiblichen Mysteriums gleichsam abgebaut worden bis auf den untersten Rang jener Stufe, die wir mit der ganzen stofflichen Schöpfung teilen. Das nicht sehen heißt für ewig der Versehrung verfallen sein, heißt die entweihte Schöpfung für ewig ihrer Hoffnung auf Wiederherstellung, auf Vollendung berauben.

Wir tragen da eingestiftet in das Erbe des Leibes zwei Mahner bei uns, zwei sokratische Daimonien, die im menschlichen Blute zu raunen nie aufhörten. Die unbestechlichen Mahner der Versehrung und Entweihung nicht zu vergessen: Schamgefühl und Keuschheit.

Das Schamgefühl ist ein Daimonion der Traurigkeit, ein dunkler Genius, der in sich das Wissen um die Schuld des verlorenen Paradieses, um die Schuld des aufgespaltenen Gottesbildes Mensch durch alle Zeiten hindurch trägt. Scham ist ein Urgefühl der schuldhaft versehrten Kreatur. Nach der biblischen Erzählung entzündet es sich im Gewahrwerden des Nackendseins. Dieses Gewahrwerden ist das Erkennen des Entblößtseins, nämlich zuerst vor Gott, dann aber auch eines jeden vor dem andern. Es ist das Erkennen der ersten Menschen, daß sie nicht mehr vom Gottesleibe gedeckt und himmlisch bekleidet, sondern von Gott »los«, vor ihm »nackend« geworden waren. Die vertraute Gemeinschaft der Einleibung und Einkleidung in Gott ist gewichen. Es ist aber auch gewichen die vertraute Gemeinschaft der Einleibung und Einkleidung der ersten Menschen ineinander, da Mann und Männin noch ein Mensch waren und einer den anderen mit seinem eigenen Wesen beleibte und bekleidete, behauste und behütete. Voreinander bedecken sie sich mit dem Schurze. Das ist die zerrissene Schöpfung. Sie sind jetzt einander los und sie sind Gott los. Der Schleier der himmlischen Glorie umhüllt sie jetzt nicht mehr. Der Schurz trennt sie jetzt alle voneinander. Nacktsein heißt nichts anderes wie Durst und Hunger haben: außerhalb dieses nährenden, wärmenden und kraftgeladenen Leibes der Gottheit zu leben und nun auf eigene Faust für Ersatz zu sorgen.

Die angeborene Vorstellung, die der Mensch von sich mitbringt, verlangt die Ergänzung des »Kleides«. An dem Urbild seiner selbst gemessen, fehlt ihm etwas. Aus diesem elementaren Fehlen kommt der Zwang zur Kleidung. In ihm drückt sich aus, was uns fehlt. Besonders deutlich im Bedeckungstrieb des frühen Menschen. Er ist Trieb, sich zu schmücken. Es fehlt ihm der Gottesschmuck des himmlischen Leibes. Und es ist kultische Handlung: Er bedeckt sich mit dem religiösen Symbol, mit dem Talisman, dem Amulett, das besagt: mit dem Gotteszeichen. Das aber ist die Urform der Bekleidung. Es fehlt ihm die Gotteskraft des himmlischen Leibes: Es fehlt ihm Gott selbst. Der frühe Mensch hat noch das große, edle Gefühl vom Menschen, das ihm sagt, so sei er nicht vollständig, sondern halb, eines Wesensteiles entblößt. Er empfindet Nacktheit noch als Mangel, weil er dem Ursprung noch nahe genug ist.

Ist das Schamgefühl die Erinnerung an das Leben im unversehrten Urstand, so die Keuschheit der Verzicht auf eigenmächtige Überwindung der Entzweiung. Die Christenheit weiß sich deshalb von jeher als die bräutliche Menschenwelt, die in unberührter Jungfräulichkeit dem *einen* entgegenharrt, dem Christus, der allein die Vermählung mit Gott vollzieht.

In der Keuschheit lebt ein letztes, spätes, aber untrügliches Wissen in unserm Blut, dicht neben der Sucht des Triebes, von der Reinheit der paradiesischen Liebesgemeinschaft. In ihr war Gott alles in allem. Auch die einende Liebesmacht, in der »Mann und Männin« ein unteilbar Ganzes waren.

Der Kaukasier Grigol Robakidse berichtet in seiner Novelle »Magische Quellen« von der Sitte der »Scorpheri« bei dem Bergstamm der Chewsuren.[140] Es sind dies Liebende, die sich einander verloben mit dem Gelübde der Keuschheit. Sie teilen miteinander die Zärtlichkeiten der Liebenden, liegen auch beieinander zur Nacht, doch ohne einander zu berühren. Sie bleiben in innigster Liebe miteinander verbunden bis in das hohe Alter, ungeachtet der Verheiratung, der Vater- und Mutterschaft des einzelnen Partners. Dies Verhältnis gilt als besonders heilig, und sein Bruch zieht Ausstoßung aus der Sippe nach sich.

In der Frühzeit der Menschheit gab es noch Keuschheit mit Kult und Sitte gestaltender Kraft in den Völkern. Kaum vorstellbar mehr für uns Menschen von heute! Nur in der eigenen Kindheit bricht jene Macht der Keuschheit noch einmal in jedes Menschenleben über alle Vernunftberechnung hinweg wunderbar ursprünglich auf: in jenem unerklärlichen Aufbäumen des innersten Wesens, wenn das Kind erfährt, daß der Mensch *so* wird, *wie* er wird! Und wenn im Anblick dieser ebenso unfaßbaren wie wirklichen Tatsache da etwas in ihm zu Bruche geht, was in Schamgefühl und Keuschheitsverlangen als nichtgeheilte Wunde bis an sein Lebensende immer wieder neu aufbricht.

Das also ist die erste große Hilfe, die wir in der Not des entzweiten Geschlechtes empfangen und die uns Christus mit seinem Hinweis auf den »Anfang der Schöpfung« gibt. Denn das gehört ganz unweigerlich zusammen in dem Bibelwort, das Christus nach der übereinstimmenden Anschauung der Kirche hier gemeint hat: nämlich, daß Gott den Menschen schuf ihm zum Bilde *und* daß er ihn schuf, einen Mann und ein Weib.[141] Dieser letzte Satz folgt dem ersten geradezu als Aussage. Das nämlich *ist* das Ebenbild. Diese beiden Sätze sind durch einen Doppelpunkt miteinander verknüpft zu lesen. Es kann keinen noch so gewichtigen Grund theologischer Art geben, um das Ganze dieser Aussage zu zerreißen. In ihm ist uns die unersetzbare Hilfe gegeben, die uns in dieser Not nicht nach unten in die Hölle, sondern genau umgekehrt, nach oben zum Urbild hinschauen läßt. Wir sind in dieser Not so hart vom Teufel bedrängt, wegen der Gottnähe dieser Not; denn es geht in ihr um das Ebenbild, um seine Schändung oder Erfüllung. Dieses Christuswort verleiht der Not geradezu die Qualität, gesegnete Not zu werden! Es wendet die gewaltige Kraft des Triebes, die in ihr brandet, von der Hölle weg auf den Himmel hin.

Diese Hilfe hat die Kirche Mann und Weib in einem besonderen Akte zu geben: in der Trauung. Sie traut hier die beiden in die Gemeinschaft des Ebenbildes wieder hinein. Sie »traut« hier einen Teil dem anderen Teile wieder an. Trauung ist Wiedervereinigung der Hälften. Die Kirche hilft in der Trauung Mann und Weib, daß das, was in der Ehe geschehe, heraufgehoben werde in seine Gottesbestimmung. Sie hilft ihnen, daß ihre Ehe *christlich* werde, nämlich, daß der Schöpfungsvorgang, der zwischen den beiden webt, aus dem

Frevel seiner Gottesferne herausgehoben werde und seine Urbestimmung wiedererlange. Sie erhält ihre Beziehung auf die Urehe, sie wächst wieder auf das Ebenbild zu. Ja, mehr, das Ebenbild verwirklicht sich jetzt selbst in der ehelichen Liebe. Wie die beiden Hälften in Gott selbst durch Liebe ineinander verschmolzen sind, so bestimmt dieses Gesetz die ganze Rangordnung des ebenbildlichen Lebens bis zur äußersten Stufe der sinnlichen Liebe. Daß es die Liebe sei, die das ganze All zusammenhält und zur Einheit verschmilzt, lehrt uns das Ebenbild bis hin zu dem Rest, den wir selbst noch darstellen. Das ist es, was der Christ glauben darf, daß er im ehelichen Stande auf das Ebenbild, das Christus ist, hinwächst. Daß seine Durchformung auf Christus hin hier geschehe. Und daß in der Verschmelzung der ehelichen Gemeinschaft eine Stufe der Christusförmigkeit erlangt wird.

Erfüllt mit diesem Lobpreis sollen Mann und Weib vom Traualtar hinaus in ihr Leben gehen: Welch eine Gabe, daß die Ehe danach gebaut ist, nach diesem Urbild des Menschen in Gottes Herz!

Daß man in der Urchristenheit die Ehe in diesem Sinne verstand, legt die Bemerkung des Apostels nahe, daß der ungläubige Teil durch den gläubigen *geheiligt* ist und daß auch die Kinder, die aus einer Ehe hervorgehen, in denen nur der eine Teil Christ ist, *heilig* sind.[142] Aus dieser Stelle ist deutlich zu sehen, daß es sich um eine charismatische Wirkung handelt,[143] in die der ungläubige Teil der Ehe einfach mit hineingenommen wird samt den Kindern; um eine Wirkung also, die vom Willen des Einzelnen unabhängig ist. Ist ein Teil dem Geiste geöffnet, so ist auch das Ganze geheiligt. Denn daß hier das *Ganze* werde, darum geht es. Die Hilfe, die also hier gegeben wird, ist nicht nur eine Erkenntnis, sondern sie ist Geistgabe. Daß eine Ehe christlich werde, daß durch sie hindurch wieder Ebenbild wachse, ist Charisma. Die Bereitschaft eines Teiles in der Ehe genügt. So eng ist die Gemeinschaft! So vollkommen die Einung zum Ganzen, die sich in einer christlichen Ehe vollzieht! Daran ändert der Abfall nichts, der in dieser Sache in der Christenheit Norm geworden ist.

Der Parallelbericht bei Matthäus läßt keinen Zweifel, daß es ein Mysterium ist, von dem Christus hier redet. Die Unlösbarkeit der Ehe fassen hier die Jünger als Gesetz, das der dem stofflichen Triebe verfallene Mensch nicht erfüllen könne. Daß es sich darum nicht handeln kann, geht schon aus dem Christuswort hervor, es habe schon der die Ehe gebrochen, der ein Weib ansieht, ihrer zu begehren. Er hat die Urehe gebrochen. Er hat Frevel geübt durch seinen Gedanken, der aus der Tiefe des Herzens übermächtig aufsteigt und direkt Gott selbst trifft, seine Urordnung und so die Urehe bricht, die Gott »im Anfang« gestiftet hatte. Darum, weil Gott im Anfang das Ganze, nicht aber die Hälften schuf, um dieses Ganzen willen, das Ebenbild heißt, ist die Ehe unlösbar. Der Ehebund des Einzelmenschen, in der entweihten Schöpfung geschlossen, birgt den Paradiesesrest nicht als Einehe, sondern als unlösbare Ehe in sich. Er ist ein Akt der freien Hingebung. Für Christus ist das ein untrennbar Eines, die Urehe und die Einzelehe. Jede Einzelehe lebt ja von der Urehe her. Wir denken da ganz bruchstückhaft in der Vereinzelung der einzelnen Fälle. Uns scheint die Episode der Einzelehe – losgelöst von Ebenbild und Urehe – selbständige Existenz zu haben. Unser Denken ist restlos atomisiert, buchstäblich »zerfallen«. Christus denkt noch vom Urleben und Gesamtleben her, wie er selbst ja das Ebenbild ist, eine vollkommene Mannes- und eine vollkommene Weibesseele in sich zum Urbild verschmelzend. Darum sagt er: »Das Wort fasset nicht jedermann, sondern denen es gegeben ist.« Die Entbannung jener Not und ihre Rückwendung zum Ursprung geschieht also nicht ohne den Geist. Sie trägt charismatischen Charakter. Sie ist nicht ohne die Kraft Gottes und eine Vorauswirkung der Auferstehung. Denn in der Auferstehung gibt es weder Mann noch Weib, wie Christus den Sadduzäern sagt.[144] Das aber nicht als Geschlechtslosigkeit: Im Auferstehungsleibe sind die Hälften wieder zu unlösbarer Einheit zusammengeschmolzen. In ihm sind die Hälften nur als das Ganze da. Einzelgeschlecht ist gespaltene Schöpferkraft. Im wiederhergestellten Ebenbild, im Auferstehungsleibe, ist sie wieder ganz. Das ist die »Kraft Gottes«, von der Christus den Sadduzäern unterstellt, sie wüßten nichts davon. Die volkstümliche Rede von der Geschlechtslosigkeit der Engelwesen ist nur in dem Sinne richtig, daß sie nicht »männlich« und »weiblich« sind. Sie tragen die ungespaltene »Kraft Gottes« noch in sich. Nicht das Getrenntsein, sondern das Einfleischsein ist das Ursprüngliche. Das ist der Grund, um des willen in der Welt Ehe eingegangen wird.

Mann und Weib sind nach den Worten Christi deshalb auch einander völlig ebenbürtig. Sie sind nicht gleich, sondern das Verschiedenste, was es unter der Sonne gibt: zeugend und gebärend, wirkend und duldend, sich darstellend und sich verschleiernd – die beiden ebenbürtigen Hälften des Ganzen. Keinem von beiden kommt vor dem anderen das Recht der Scheidung zu. Scheidung, ob vom Manne oder vom Weibe getan, bejaht jedesmal von neuem den Urfrevel der Entzweiung. Und darauf allein kommt es an.

Der Zusammenhang, den der gottebenbildliche Mensch mit der *dreieinigen* Gottheit hat, tritt hier zutage. Der christliche Vatergott ist kein »maskulines Prinzip«. Wie Adam als Rippe verborgen, so trägt er, verborgen in sich, die mütterliche Wesenheit. In dieser Verborgenheit wahrt er das Urzeichen der Weibesmacht: den Schleier. Gott-Mutter bleibt verborgen! Darum bleibt sie auch unbenannt in der Heiligen Dreieinigkeit. In Strenge wird hier die Ordnung des Wesens gewahrt. Sichtbar, gleichsam öffentlich, ist Gott-Vater, vor aller Welt mit Namen genannt. Wo er aber waltet als Gott-Mutter, schwebt der Schleier, die Wolke, die Glorie, der Geist. Im Gleichnis vom verlorenen Sohn ist nur vom Vater die Rede. Nicht etwa, weil die Mutter schon gestorben wäre, sondern weil der Vater hier Gott ist und der *zugleich auch Mutter ist*. Man muß nur einmal lesen, wie hier durch die väterliche Strenge und Würde hindurch gleichsam die Mutter hindurchbricht. Wie es den Vater jammert, wie er aus dem Haus läuft, in ungehemmter Wallung ihm entgegen, ihm um den Hals fällt und ihn küßt, das ist urmütterlich getan. Wie er ihn bekleidet, mit einem Fingerreif schmückt, in die Küche Befehl schickt und das Fest anrichtet mit Gesang und Reigen, das alles ist so väterlich und so mütterlich in einem zugleich, wie es nur sein kann. Das ist die Einheit der beiden in der Liebe.

Wenn man den Sprachgebrauch des Neuen Testaments verfolgt, so muß dieses Vater- und Muttertum als das für Gott Selbstverständliche empfunden worden sein. Man vergißt nämlich so leicht beim Lesen alter Texte, daß es gerade die Selbstverständlichkeiten sind, die nicht gesagt werden, weil sie noch unbezweifelt, das heißt selbstverständlich in den Fundamenten des Daseins ruhen. Das griechische Wort »gennáo«[145] bedeutet nämlich zugleich Zeugen *und* Gebären. Luther hat mit genialer Erspürung des Ursprünglichen nicht übersetzt: von Gott *gezeugt*, sondern *aus* Gott *geboren*, von obenher *geboren*. Es heißt auch nicht *von* Gott geboren, das würde die Übersetzung »gezeugt« nahelegen, sondern *aus* Gott, nämlich aus Gottes Schoß. Hier ist gar kein Deuteln möglich. Gebären aus dem Schoß ist das

Mutterwerk. Ist das Mutterwerk Gottes. Der Christ ist durch Gott-Mutter zur Welt gebracht. Das heißt: »*aus* dem Geist geboren sein«. Wo in der Dreieinigkeit der Geist angerufen wird, dort wird Gottes Mütterlichkeit angerufen. Das alte Testament bekennt ihn direkt als weibliche Wesenheit. »Ruach«, der Geist, ist ein Wort weiblichen Geschlechts. Überall dort, wo Gott mit der Lebensentstehung zu tun hat, wirkt er als Geist. Vor der Schöpfung »brütet« er über der Tiefe. Er birgt das Ursprungsgeheimnis in sich. Er ist der creator spiritus, der Schöpfer Geist. Nicht als männliche Taube, sondern als Täubin[146] läßt er sich auf den Sohn in der Jordantaufe nieder. Christus will nach seiner Abwesenheit den Verwaisten als mütterliche Macht nahe sein: Er will ihnen den »Tröster« senden. »Ich will euch trösten, wie einen seine Mutter tröstet.«[147] Über diesem Worte ist Zinzendorf zum einsamen Erinnerer an die mütterliche Person in Gott in der nachreformatorischen Zeit geworden. »Denn dafür sollt ihr saugen und satt werden von den Brüsten ihres Trostes. Ihr sollt dafür saugen und euch ergetzen von der Fülle ihrer Herrlichkeit. Denn also spricht der Herr: Siehe, ich breite aus den Frieden bei ihr wie einen Strom. Und die Herrlichkeit der Heiden wie einen ergossenen Bach. Da werdet ihr saugen. Ihr sollet auf den Armen getragen werden, und auf den Knien wird man euch halten. Ich will euch trösten, wie einen seine Mutter tröstet.« Das ist von Jerusalem gesagt, von Zion. Stadt und Burg, Mauer und Turm sind die uralten Zeichen des Muttertums. Die Stadt ist Gottes Stadt, und der Turm ist Gottes Turm, die Mutter Kirche. Sie ist es, der die Kinder geboren werden sollen wie der Tau aus der Morgenröte.[148] Wie schwer sind wir protestantischen Menschen gestraft mit der Versäumnis dieser Wahrheit. Bis in den Bau hinein hat unser kirchlicher Raum alles verloren, was Bergungsort, Mutterhaus, Heimat, Himmel auf Erden auch nur andeuten könnte. Und wie sehr braucht der Christ, ein Pilger und ein Kämpfer auf der Erde, diesen Rastort, diese Gottesburg zur Heimat! Sollte die große Auswanderung unseres Volkes aus seiner evangelischen Kirche, die seit 1650 beginnt und heute zur Katastrophe anschwillt, etwa auch damit zusammenhängen, daß bei uns Gottes Mütterlichkeit verleugnet wurde? Kein Wunder, daß die Kinder aus einem Hause flüchten, wo keine Mutter mehr waltet. Hier setzt die protestantische Verkürzung der Fülle des Evangeliums ein. Hier löst sich der Sohn aus dem Mysterium der Dreieinigkeit. Die drei Glieder lehnen nur noch äußerlich aneinander. Der Stromkreislauf ist gestört. Seit der Reformation hat die Auflösung der Dreieinigkeit im christlichen Gottesglauben gefährlich an Raum gewonnen. In der Christenheit löste sich zuerst der Glaube an den Geist heraus (Kant! Der Kritizismus). Er wanderte ins Profane aus und wurde der Inbegriff einer »Philosophie des Protestantismus« (Hegel! Der Idealismus). Und auch der Glaube an den Schöpfer begann ein Sonderleben in Naturmystik und Pantheismus (Goethe! Die Romantik). Nur die Mittelsäule trug noch. Auch sie zeigte schließlich nur noch das Kreuz, nicht aber den mehr, der daran hing und das Kreuz überwand: den Auferstandenen. Es blieb für das christliche Denken eine Theologie des Kreuzes als Inbegriff der reformatorischen Wahrheit.

Gott-Sohn ist nur dort, wo Gott-Vater und Gott-Mutter ist. Sie alle drei sind einander der unauflösbare Sinn ihres gegenseitigen Seins. Im Sohn wird das Ebenbild gezeugt und geboren im Urschoß der Gottheit. Und wir alle, die wir dem Erstgebornen nachgeboren sind, die wir aus Gott geboren sind, tragen das Ebenbild. Darin sind wir Christen, darin sind wir jüngere Christusse. So wächst das Ebenbild hinein in die Menschenwelt. Es wächst dort, in sie hineingezeugt und aus ihr herausgeboren, »es wächst dort aus Wasser und Geist«. Der Geist hat sich auf das Fleisch ergossen und sich mit ihm gemischt. Die Jungfrau Maria hat er zur Gottesmutter gemacht. Das ist die Gottestat, daß die Liebe das All wieder eint und daß diese Einung Zeugung sei und Geburt. Daß es sich hier um Kindwerden und Kindschaft handele, das besagen alle christlichen Urworte vom Zeugen und Geborenwerden des neuen Menschen, vom Sohngotteswerden und von der »palingenesia« des Kosmos, von der Wiedergeburt der Welt.

Die Taufe steht darum im Eingang alles Christwerdens. Es ist die zweite Geburt, die Gottesgeburt aus vereintem Himmel und Erde. Denn in Christus hat Gott die Schöpfung wieder zu einem Leibe zusammengezeugt. Darum heißt Christus sich selbst den »Sohn des Menschen«, und darum heißen die Menschen den Christus Jesus »Gottes Sohn«.

UND SIE BRACHTEN KINDLEIN ZU IHM / DASS ER SIE ANRÜHRETE. DIE JÜNGER ABER FUHREN DIE AN / DIE SIE TRUGEN. DA ES ABER JESUS SAH / WARD ER UNWILLIG UND SPRACH ZU IHNEN: LASST DIE

Kindlein zu mir kommen und wehret ihnen nicht. Denn solcher ist das Reich Gottes. Wahrlich ich sage euch: Wer das Reich Gottes nicht empfähet als ein Kindlein / der wird nicht hineinkommen. Und er herzte sie und legte die Hände auf sie und segnete sie.

Da kommen Mütter und tragen ihre Kindlein mitten hinein in das Gespräch der Männer. Da stehen sie mit ihren Kindlein mitten im Disput der Gelehrten, die Christus nicht verstehen wollen, und zwischen den Fragen der Jünger, die nicht verstehen können. Es ist gerade, als hätten die Frauen die Antwort lebendig auf ihren Armen hereingetragen. Die blinden Jünger sehen nichts. Sie wollen die Frauen vertreiben. Aber Christus sieht. Er sieht hier die leibhaftige Antwort. Er spricht: Laßt sie zu mir kommen, die Kindlein, sie sind auf dem geraden Weg in mein Reich. Ihr Männer werdet es schwer haben. Sähet ihr doch, daß es darum geht, zu sein, was diese sind! Wie soll es zugehen, fragt der hochgebildete Nikodemus in der Nacht, daß ein Mensch wieder in seiner Mutter Leibe gehe und noch einmal geboren werde? Ihr wißt nicht, daß ihr Gott zur Mutter habt und daß die Täubin über dem Wasser schwebt und die Erde schwanger geht.

Ja, da hilft nun alles nichts! Jetzt wird nicht den Frauen gewehrt. Jetzt wird den Männern gewehrt, wie gut auch immer sie es meinen. Jetzt müssen sie es sich sagen lassen. Nicht euer ist das Gottesreich. Nein, dieser, die ihr nicht zulassen wollt. Da hilft alles nichts. Das müßt ihr erst werden, was da auf den Armen der Mütter getragen wird. Das mußt auch du erst werden, Petrus, denn noch hast du, Simon Jona, mich nicht lieb. Noch kannst du nicht diese meine Lämmlein weiden, es sei denn, daß du dich dereinst bekehrst. Da hilft nun alles nichts, auch wenn du mit mir sterben wolltest, selbst das hilft nichts. Geboren mußt du erst noch werden, willst du das Reich empfangen.

Und jetzt herzt er sie, die Seliggepriesenen. Er legt die Hände auf sie und segnet sie.

Und da er hinausgegangen war auf den Weg / lief einer vorne vor / kniete vor ihn und fragte ihn: Guter Meister / was soll ich tun / dass ich das ewige Leben ererbe? Aber Jesus sprach zu ihm: Was heissest du mich gut? Niemand ist gut

DIE REICHEN JÜNGLINGE – DAS SIND WIR 379

DENN DER EINIGE GOTT. DU WEISST JA DIE GEBOTE WOHL: »DU SOLLST NICHT EHEBRECHEN. DU SOLLST NICHT TÖTEN. DU SOLLST NICHT STEHLEN. DU SOLLST NICHT FALSCH ZEUGNIS REDEN. DU SOLLST NIEMAND TÄUSCHEN. EHRE DEINEN VATER UND MUTTER.« ER ANTWORTETE ABER UND SPRACH ZU IHM: MEISTER / DAS HAB' ICH ALLES GEHALTEN VON MEINER JUGEND AUF. UND JESUS SAH IHN AN UND LIEBTE IHN UND SPRACH ZU IHM: EINES FEHLET DIR. GEHE HIN / VERKAUFE ALLES / WAS DU HAST / UND GIB'S DEN ARMEN / SO WIRST DU EINEN SCHATZ IM HIMMEL HABEN. UND KOMM / FOLGE MIR NACH UND NIMM DAS KREUZ AUF DICH! ER ABER WARD UNMUTS ÜBER DER REDE UND GING TRAURIG DAVON. DENN ER HATTE VIELE GÜTER. UND JESUS SAH UM SICH UND SPRACH ZU SEINEN JÜNGERN: WIE SCHWER WERDEN DIE REICHEN IN DAS REICH GOTTES KOMMEN! DIE JÜNGER ABER ENTSETZTEN SICH ÜBER SEINER REDE. ABER JESUS ANTWORTETE WIEDERUM UND SPRACH ZU IHNEN: LIEBE KINDER / WIE SCHWER IST'S / DASS DIE / SO IHR VERTRAUEN AUF REICHTUM SETZEN / INS REICH GOTTES KOMMEN! ES IST LEICHTER / DASS EIN KAMEL DURCH EIN NADELÖHR GEHE / DENN DASS EIN REICHER INS REICH GOTTES KOMME. SIE ENTSETZTEN SICH ABER NOCH VIEL MEHR UND SPRACHEN UNTEREINANDER: WER KANN DENN SELIG WERDEN? JESUS ABER SAH SIE AN UND SPRACH: BEI DEN MENSCHEN IST'S UNMÖGLICH / ABER NICHT BEI GOTT: DENN ALLE DINGE SIND MÖGLICH BEI GOTT.

Es muß wohl schon so sein, daß es keinen größeren Unterschied gibt in der Welt des Menschen als Kind und Erwachsener. Es muß hier schon so etwas vor sich gehen, dort, wo sich Kind vom Erwachsenen scheidet, wie eine Wiederholung des Sündenfalls. Man sagt ja auch, daß jeder Mensch in seinem eigenen Leben den Lauf des ganzen Menschengeschlechtes noch einmal wiederhole. Wie im Atom das ganze Weltsystem enthalten ist, so scheint auch im Leben jedes einzelnen Menschen der ganze Weltlauf enthalten. Wie innig ineinander muß beim Kind noch alles liegen! Wie unlösbar muß da noch Leib, Seele und Geist sich zum Ganzen verweben, wenn durch die Berührung, durch das Auflegen der Hände, das heißt ja doch – durch den Leib hindurch beim Kinde noch die charismatische Kraft in Seele und Geist hinüberströmt! Wie mächtig diese Kraft auch immer bei Christus ist, nur in seltenem Falle vermag sie das auch beim Erwachsenen zu wirken, nämlich nur dort, wo einer glauben kann wie das blutflüssige Weib, glauben wie ein Kind.

Da ist er eben aus dem Hause der Kindersegnung hinausgeschritten. Nur einen Schritt hat er getan, und da steht er vor dem Jüngling, steht er vor einer anderen Welt. Was muß da schon geschehen sein, um die Qual dieses Ringens zu rechtfertigen, das nun anhebt zwischen den beiden und das ohne Hoffnung ausgeht! Ein Jüngling, wahrlich, wie er sein soll! Ein Jüngling, den die edelsten Tugenden zieren, die Jugend haben kann. Ehrfürchtig ist er. Er sieht ihn, stürmisch tritt er vor und kniet vor ihm nieder. Welch ein Bild! Er preist ihn, den Meister, mit dem Wort, mit dem man allein Gott preist, im Überschwang seiner Empfindung, die ihn jetzt überwältigt, da er vor ihm liegt. Ihn, den das Volk vergöttert. Tun will er etwas! Etwas Großes! Ein Äußerstes will er tun! Nach höchstem Kranze streckt sich des Jünglings Hand jetzt aus. Das ewige Leben will er erringen. Und ernst ist er. Nicht mit leeren Händen kommt er. Schon hat er einen Einsatz getan. Schon steht eine Leistung hinter ihm. »Das habe ich alles getan.« Und Christus, wie er da vor ihm kniet und sein Antlitz zu ihm aufhebt, da sieht er ihn mit einem Male an und liebt ihn. »Eines fehlt dir.« Er hat ihn noch nicht sich erheben heißen. Er läßt ihn da noch vor sich knien. »Eines fehlt dir. Verkaufe, was du hast, und folge mir.« Da ging der Jüngling zerscheitert davon.

Dieses Eine, was war es, das da fehlte? Hatte er da nicht gekniet, vor ihm, der Jüngling, dem Urbild edler Vollkommenheit des Menschen gleich? Und nun ging er traurig davon. Was hatte ihm gefehlt? Er war nicht nur reich an irdischem Gut. Er war auch reich an Mut und Zucht, Begeisterung und Ernst des inwendigen Menschen. Er hatte Christus noch gar nicht erkannt. Er hatte ihn nicht als den Sohn erkannt. Darum untersagt ihm Christus die göttliche Anrede und darum weigert sich der Jüngling schließlich auch ihm. Denn nun wird es ernst. Nun wird wirklich gewürfelt um das Leben. Das steht jetzt zum Preis. Entweder sein Selbst verlieren und das Ebenbild gewinnen. Jetzt geht es wirklich hart auf hart. Jetzt wird die Leistung klein, die vorher groß war. Jetzt erlischt die Begeisterung, die ihn sich vorher auf die Knie werfen ließ. Jetzt wird es offenbar, daß auch die Ehrfurcht nur Kraft hat, bis vor das Tor den Menschen zu führen, jetzt, wo es heißt: durch das Tor selbst hindurchzutreten. Durch das Tor auf den neuen Weg. Was ist das eine, das ihm fehlt? Er kann nicht hingeben. Und das wird jetzt von diesem Christus und hier vor diesem Tor verlangt. Und zwar ganz.

Das ist es, worauf es hier ankommt – dieses »ganz«. Er hatte ja schon hingegeben. Er hatte sich's wahrlich etwas kosten lassen. Er hatte hingegeben – mit Vorbehalt –, »denn er war sehr reich«.

Es scheint heute so, als gehe es uns allen, als gehe es dem Menschen von heute in besonderer Weise so wie dem reichen Jüngling. Weil wir so reich sind, wenden wir uns voll Unmuts zur Seite. Denn die Welt ist ja heute so voll der »Reichen«! Es gehört zu den auffallendsten Tatsachen unserer Zeit, daß vom heutigen Menschen Christus abgelehnt wird, weil dieser Mensch so »reich« ist.

Wir sind redliche Leute, wir heutigen Menschen. Wir lehnen Christus ab, weil unsere Ehrlichkeit uns zwingt, ihn abzulehnen. Wir lehnen aus Redlichkeit ab, zu glauben, daß er der Sohn sei, die einzige, gültige Gottesoffenbarung an uns Menschen. Wir haben zuviel von der Welt schon gesehen. Wir wissen zuviel, zuviel von anderen Religionen. Zuviel von den Geheimnissen und Gesetzen der Natur. Wir haben zuviel Erfahrungen gemacht vom menschlichen Wesen, als daß wir an ihn noch glauben könnten. Unsere Ehrlichkeit ist sehr groß. Wir können nicht glauben, was wir uns nicht denken können. Wir sind zu ehrlich, um uns etwas vorzumachen. Bei dem fortgeschrittenen Stand unseres hochentwickelten Denkens ist es uns einfach unmöglich, anzunehmen, daß der Gottesgeist etwas anderes sein könnte als unser eigener. Es ist hier alles so vollkommen, so erfüllt in dieser durchdachten und erfaßten Welt, daß da – sozusagen rein technisch – gar kein Raum mehr ist für ihn. So verbietet es uns unsere »intellektuelle Redlichkeit«, an das Evangelium zu glauben. Es kann keine übernatürlichen Eingriffe in diese Welt geben. Ja – weil wir so redliche, so wahrhaftige und saubere Denker sind, deshalb lehnen wir Christus ab. Wir lehnen ihn ab als Männer von Ehre, ihn, dessen Werk wir nur als eine Beleidigung von Mensch und Welt verstehen können. Neben den Ehrlichen, neben den Intellektuellen, neben den Moralischen und neben den Selbstbewußten tritt plötzlich auch noch der Bescheidene. An Christus glauben hieße, so sagt er, an seine Sendung glauben. Das wäre: die Schöpfung des neuen Menschen. Die Führung der Geschichte zu einer besonderen göttlichen Bestimmung. Die Verwandlung des Kosmos zu göttlicher Vollendung. Da üben wir lieber männliche Bescheidung unter den Lauf des unerforschlichen Schicksals und verzichten selbstlos und beherrscht darauf, über Ursprung und Ziel dieses Laufes etwas zu wissen.

Nicht also aus Bosheit lehnen wir Menschen Christus ab, ganz im Gegenteil. Wir lehnen ihn ab aus Tugend. Aus der Tugend der Redlichkeit, der Wahrhaftigkeit, aus Tugend der Bescheidenheit, der Ehrliebe, der Schicksalsergebenheit, aus Tugend der Überzeugung, aus Frömmigkeit und Religion. Wir Menschen von heute sind Antichristen aus Tugend. Ich sage: wir Menschen von heute? Nein, die Juden damals haben die Kunst dieses Vorbehaltes mindestens genau so gut verstanden. Da ist der Pharisäer, der Christus ablehnt, um Tempel und Gesetz zu schützen, deren Reichtümer ihm in seine Hände zur Behütung gegeben sind. Da ist der gelehrte und aufgeklärte Nikodemus, dem Christi Forderung von der zweiten Geburt wider die helle, einleuchtende Ordnung der Naturgesetze geht. Da sind die weltklugen Sadduzäer, die den Gedanken an die Auferstehung für ein Altweibermärchen halten. Da ist Pilatus, der überlegene Staatsmann, der gewiegte Menschenkenner und Mann von Welt, der Christus als einen rührenden Idealisten dem jüdischen Fanatismus zu entreißen sucht. Da ist Kaiphas, der geistliche Führer seines Volkes, der als Schirmherr der Ehre Gottes den Lästerer mit dem Bannstrahle trifft. Da sind die Juden, die sich für die Reichsten von allen halten, um ihres Blutes willen, das von Abraham komme, und die »Kreuzige ihn« schreien.

Da stehen sie alle um ihn herum, diese Männer von Talent, Charakter, Energie, Verantwortungsbewußtsein, entschlossen, ihn zu vernichten. Ihn zu vernichten mit den guten Gründen des reichen Mannes, der vieles zu verlieren hat.

Wer darf da so leicht sagen, er gehöre nicht zu dem Kreise dieser Reichen? Sind wir nicht alle erst einmal, ja, zehnmal voll Unmuts von dannen gegangen und seine Feinde geworden? »Wer kann denn dann selig werden?« fragen wir mit den Jüngern. Bei uns ist's freilich unmöglich, denn wir haben alle Wege verlegt, alle Tore verschlossen. Wir haben die Welt zugemauert. Da ist auch nicht einmal mehr ein Tor von Nadelöhrgröße. Wir haben alle Verkehrsstraßen unter unsere Kontrolle gebracht, und wenn sich nun Gott in unserer Welt bewegen will, so muß er es auf unseren Straßen tun. Ja, wenn es auf uns ankäme, dann hätten wir alles getan, um es unmöglich zu machen, daß Gott uns begegnete und uns in die Verlegenheit versetzte, seine Forderung nach Hingabe zu vernehmen. Und doch geschieht es. Gott geht durch das Panzerwerk, in das wir unsere Welt verwandelt haben, hindurch. Er bricht nicht ein Schloß. Er lockert nicht eine einzige Schraube. Er geht unversehens durch alle Mauern hindurch und macht das möglich, was wir mit Fug und Recht glauben, unmöglich gemacht zu haben. Und so geschieht es, daß er siegt. Im Herzen der ungebrochenen Festung, mitten unter den Empörern. So geschieht es, daß das Reich da ist; mit dem Christuswort zu den Pharisäern, den Todfeinden, hingesprochen: »mitten in euch«. Denn der Geist ist der Herr.

Das ist das Geheimnis, daß Hingabe mit Vorbehalt keine Hingabe ist. Sollte es möglich sein, daß der Mensch so zerrissen, in sich geschwächt und so voller Hemmung ist, daß er nicht einmal Gott gegenüber zur Hingabe ohne Vorbehalt mehr fähig ist? Es scheint in der Tat beinahe so. In einer Welt, in der der Mensch selbst Gott gegenüber Vorbehalte machen muß, ist des Lebens Kern vom Mißtrauen zerfressen. Da hat das Leben keinen Sinn mehr, weil es ohne Grund ist.

An keinem Punkt kann man es peinlicher gewahr werden, daß etwas nicht stimmt in dieser Welt, als an diesem Punkt, der *Hingabe an Gott* heißt. Es stimmt etwas nicht in dieser Welt. Und dieses Nichtstimmen steift dem Vorbehalt den Rücken, macht seinen Trumpf so fest. Wir sind so stolz auf die Schärfe unseres Denkens, auf seine lückenlose Folgerichtigkeit. Im einzelnen wohl mit Recht, aber auf das Ganze gesehen – nicht. Es ist, als ob gerade an den entscheidenden Stellen uns die Augen gehalten würden und uns, den sonst so exakten Mathematikern, der nächste Schluß einfach nicht mehr gegeben ist. Also wir ertragen lieber eine Welt, in der es nicht stimmt; eine Welt, die so geladen ist mit unauflösbarer Unordnung, als daß wir jene Hingabe mit Ernst erträchten. Wir ziehen dann aber nicht den notwendigen Schluß, daß, wenn es diese Hingabe nicht gibt in der Welt, wir in voller Fahrt in den Abgrund begriffen sind. Es könnte wohl sein, daß der große Nihilist der Hölle Feuer und Flamme ist, hier uns das Auge zu blenden! Uns zu lähmen im Ziehen des letzten, des entscheidenden Entschlusses: *entweder ihm in den Rachen zu stürzen oder – jene Hingabe zu vollziehen. Sie zu vollziehen unter allen Umständen, unter Darbringung jeglichen Opfers.*

Will man das, hat einen der klare, ungeblendete Verstand an diesen letzten Rand geführt, so will man freilich auch wissen, wem man sich hingibt. Man will wissen, daß es Gott sei. Ich kann mich an keinen philosophischen Gott hingeben, der sich mir darstellt als Idee, als Gefühl oder als Natur, das heißt, der ich selber bin. Ich muß dieses einen unter allen Umständen gewiß werden, daß ich nicht diesem letzten, tollen Possenspiel der Hölle zum Opfer falle: mich hinter einem Phantom mir selber hingegeben zu haben. Diese Hingabe an mich selbst würde mich töten durch Lächerlichkeit. Der reiche Jüngling ist mit all seinem Mut, Zucht, Ernst und Begeisterung nicht geschützt vor diesem Tod durch Lächerlichkeit.

Das ist es, was Christus jetzt dem reichen Jüngling sagt: damit dir dies ganz deutlich ist, damit du sicher gehst, keiner Verwechslung zu verfallen, stelle ich hier vor dich das Kreuz. Das Kreuz bedeutet die Sicherung, daß du dich nicht an dich selbst hingibst und meinst, du hättest dich an Gott hingegeben. Es bedeutet, daß du dein Selbst zu verlieren, in deinen Lebensentschluß mit aufnimmst; und daß dir geschenkt wird, was du dir wünschest: das andere Leben, das nicht mehr Dein-selbst-Leben ist, das das vollkommene ist und »ewiges« heißt. Das Kreuz also nimm auf dich. Das Kreuz, in dem diese Wahrheit ist, die dich gegen jene Täuschung feien wird. Und dann folge mir nach. Denn Christus ist der menschgewordene Gott. Er ist für den wahrhaft zur Hingabe Entschlossenen jener enge, schmale Raum geworden, mit der ganzen Härte, Schärfe und Dichtigkeit geschichtlicher Orte in der Zeit, die jeden Zweifel, jede Verwechslung, jede Grenzverwischung ausschließen. Von der ganzen Unerbittlichkeit jener Eingrenzung, die wir geschichtliche Einmaligkeit nennen. Christus sagt von sich selbst, daß er die Pforte sei und daß die Pforte enge sei. Dorthin also muß man sich wenden. Und dort muß man hindurch. Man kann nicht noch etwas mit hindurchschleppen. Auch der kleinste Vorbehalt macht hier die Pforte zum Nadelöhr.

Sollten wir Menschen von heute uns nicht einmal prüfen, warum wir so groß sind in der Kritik am Sohne Gottes? Ja, es wird schon etwas von uns verlangt, kein Zweifel! Es wird Unerhörtes von uns verlangt in solcher Hingabe. Aber täuschen wir uns nicht. In der Lage, in der sich der Mensch in der Welt findet, gelingt kein Ausweg, es sei denn durch dieses Wagnis. Wenn wir die Vorbehalte wie Sandsäcke um uns herum türmen nach allen Seiten, was wird es uns nützen, wenn uns die geöffnete Erde dennoch verschlingt? Es bleiben nur die beiden Möglichkeiten, entweder uns in die Sandsackmauer unserer Vorbehalte einzumauern, immer tiefer, immer dichter und in jene Nacht abzufahren. Oder durch die schmale Pforte, wie verhaßt auch immer, hindurchzugehen, den schmalen Weg zu beschreiten, den Gott öffnet, und darauf kämpfend bis aufs Blut sich durchzustreiten zum Kranz. Und dies nun eben nicht für sich; denn das Selbst mußte ja dahinten gelassen werden; sondern für den, der diesen Weg bricht und diesen Streit ficht für die Welt. Damit sie nicht ohne Sinn und ohne Frucht am Ende ihrer Wege und Tage ins Nichts versinke.

Ob solche Hingabe geschieht? Ja, sie geschieht, tausend- und aber tausendmal, in der Verborgenheit. Dann und wann auch groß und offen vor aller Augen.

Wenn wir das auch nicht gerne hören, dennoch ist es so: in der Hingabe ist ein Grundgeheimnis des Lebens angerührt. Man stößt hier auf eine Art »Naturordnung« allen seelischen Lebens. Es kommt nichts zur Frucht, was nicht Hingabe erfahren hat. In das nicht wenigstens ein Tropfen von ihrem Öle gemischt ist. Das gilt ebensowohl für die kleinen und kleinsten Dinge unseres Daseins wie für die großen. Es ist das etwas nicht Erlernbares. In dem Akt der Hingabe gibt der Mensch ein Stück Seele bewußt oder unbewußt in seine Arbeit mit hinein. Es ist das ganz gewiß, bei dem Meister eines guten Schuhes ebenso wie bei dem Dichter einer Symphonie. Ich hörte einmal eine Frau von einem jungen Manne sagen, der es schwer mit sich hatte, es habe ihn seine Mutter, währenddem sie ihn trug, nicht so mit ganzer Wärme ausbrüten können. Auch da ist jene Hingabe gemeint, die im Bild der Mutter in ihrer reinsten irdischen Gestalt sich darstellt. Daß diese Hingabe ganz sei, daß sie durch keinen Vorbehalt gebrochen sei, das ist ihre Kraft. Am mächtigsten vielleicht eben dort, wo sie unbewußt gegeben wird, weil am gesichertsten gegen den Vorbehalt. Wie sollte es zugehen, daß dort, wo der Mensch Gott sucht, er ihn finden werde ohne Hingabe? Daß wir es so schwer haben, ihn zu finden, wir Menschen von heute, das hängt an unserm Vorbehalt. Nur wer sich hingibt, kann verwandelt werden.

Und dann das andere: man kann sich nur ganz hingeben oder gar nicht. Man kann zum Beispiel nicht die Vernunft zurückbehalten von der Hingabe, alles andere aber hingeben. Man kann das schon deshalb nicht, weil die Vernunft ja nicht ein Kästchen ist, das man aus dem Schranke nimmt und zurückbehält. Sie ist da hineinverwoben in unser Wesen wie Adern und Nerven. Tun wir es aber dennoch, halten wir sie zurück von der Hingabe, dann bricht unser Wesen auseinander; dann wird unsere Vernunft zum Feind im eigenen Rücken, der von hintenher aus dem Versteck seine Ausfälle macht. Auch die Vernunft muß gegeben werden. Wie sollte sie auch allein ausgenommen sein von der Verklärung?

Was ist der menschgewordene Gott anderes als der sich hingebende Gott? Ja, wahrlich, der sich ohne Vorbehalt uns, seinem Geschöpf, Übereignende. Hier vollzieht die ewige Gottheit selbst jene Ordnung, die wir zuvor für eine Naturordnung der Seele hielten. Ach, sie ist viel mehr. Sie ist das Mysterium der ewigen Liebe, die sich uns darreicht als Speise und Trank, damit wir leben und nicht verderben. Ach, wüßten wir, was die Liebe meint! Ahnten wir es nur von ferne, was es heißt, zu lieben, lieben zu dürfen, so würden wir vor Scham verbrennen mit all unseren Vorbehalten! Wer sich vorbehält, ist ewig ausgeschlossen vom Lieben. Lieben ist mehr als alles das, was Kaiphas und Pilatus gegen Christus zu wahren haben. Lieben ist mehr als alles, was die Juden und Griechen sich gegen ihn vorbehalten. Lieben ist mehr als der Pharisäer Gesetz und des Nikodemus Wahrhaftigkeit. Daß der Ewige in Christus als der Liebende naht, als der Liebende und nur als das! Der sich nicht zurückhielt vor der schauerlichsten Wunde, der tiefsten Schmach, der abgründigsten Verzweiflung, die je dieses Geschlecht von Erde zeichnete! Das ist es, was uns so wehrlos macht ihm gegenüber, was ihm den Sieg über uns gibt. Denn über die Liebe geht nichts, sie ist die Macht ohnegleichen.

DA SAGTE PETRUS ZU IHM: SIEHE WIR HABEN ALLES VERLASSEN UND SIND DIR NACHGEFOLGET. JESUS ANTWORTETE UND SPRACH: WAHRLICH ICH SAGE EUCH: ES IST NIEMAND / SO ER VERLÄSST HAUS ODER BRÜDER ODER SCHWESTERN ODER VATER ODER MUTTER ODER WEIB ODER KINDER ODER ÄCKER UM MEINETWILLEN UND UM DES EVANGELIUMS WILLEN / DER NICHT HUNDERTFÄLTIG EMPFAHE: JETZT IN DIESER ZEIT HÄUSER UND BRÜDER UND SCHWESTERN UND MÜTTER UND KINDER UND ÄCKER MIT VERFOLGUNGEN UND IN DER ZUKÜNFTIGEN WELT DAS EWIGE LEBEN. VIELE ABER WERDEN DIE LETZTEN SEIN / DIE DIE ERSTEN SIND / UND DIE ERSTEN SEIN / DIE DIE LETZTEN SIND. SIE WAREN ABER AUF DEM WEGE UND GINGEN HINAUF GEN JERUSALEM. UND JESUS GING VOR IHNEN UND SIE

DIE VERWANDLUNG DER ERDE 387

ENTSETZTEN SICH / FOLGTEN IHM NACH UND FÜRCHTETEN SICH. UND
JESUS NAHM ABERMAL ZU SICH DIE ZWÖLFE UND SAGTE IHNEN /
WAS IHM WIDERFAHREN WÜRDE: SIEHE WIR GEHEN HINAUF GEN
JERUSALEM, UND DES MENSCHEN SOHN WIRD ÜBERANTWORTET
WERDEN DEN HOHENPRIESTERN UND SCHRIFTGELEHRTEN. UND SIE
WERDEN IHN VERDAMMEN ZUM TODE UND ÜBERANTWORTEN DEN
HEIDEN. DIE WERDEN IHN VERSPOTTEN UND GEISSELN UND VERSPEIEN
UND TÖTEN. UND AM DRITTEN TAGE WIRD ER AUFERSTEHEN. DA
GINGEN ZU IHM JAKOBUS UND JOHANNES / DIE SÖHNE DES ZEBEDÄUS /
UND SPRACHEN: MEISTER WIR WOLLEN / DASS DU UNS TUEST / WAS
WIR DICH BITTEN WERDEN. ER SPRACH ZU IHNEN: WAS WOLLT IHR /
DASS ICH EUCH TUE? SIE SPRACHEN ZU IHM: GIB UNS / DASS WIR
SITZEN EINER ZU DEINER RECHTEN UND EINER ZU DEINER LINKEN
IN DEINER HERRLICHKEIT. JESUS ABER SPRACH ZU IHNEN: IHR
WISSET NICHT / WAS IHR BITTET. KÖNNT IHR DEN KELCH TRINKEN /
DEN ICH TRINKE UND EUCH TAUFEN LASSEN MIT DER TAUFE / DA ICH
MIT GETAUFT WERDE? SIE SPRACHEN ZU IHM: JA! / WIR KÖNNEN ES
WOHL. JESUS ABER SPRACH ZU IHNEN: ZWAR IHR WERDET DEN KELCH
TRINKEN / DEN ICH TRINKE UND GETAUFT WERDEN MIT DER TAUFE /
DA ICH MIT GETAUFT WERDE. ZU SITZEN ABER ZU MEINER RECHTEN
UND ZU MEINER LINKEN STEHET MIR NICHT ZU EUCH ZU GEBEN /
SONDERN WELCHEN ES BEREITET IST. UND DA DAS DIE ZEHN HÖRTEN /
WURDEN SIE UNWILLIG ÜBER JAKOBUS UND JOHANNES. ABER JESUS
RIEF IHNEN UND SPRACH ZU IHNEN: IHR WISSET / DASS DIE WELT-
LICHEN FÜRSTEN HERRSCHEN UND DIE MÄCHTIGEN UNTER IHNEN
HABEN GEWALT. ABER ALSO SOLL ES UNTER EUCH NICHT SEIN.
SONDERN WELCHER WILL GROSS WERDEN UNTER EUCH / DER SOLL
EUER DIENER SEIN. UND WELCHER UNTER EUCH WILL DER VOR-
NEHMSTE WERDEN / DER SOLL ALLER KNECHT SEIN. DENN AUCH
DES MENSCHEN SOHN IST NICHT KOMMEN / DASS ER SICH DIENEN LASSE /
SONDERN DASS ER DIENE UND GEBE SEIN LEBEN ZUR BEZAHLUNG
FÜR VIELE.

Nein, es ist wahrhaftig nicht der Weg eines Schwärmers, der Weg
eines Asketen, der auf übergeistiger Spur hinter einem Phantom her
die Welt in ein Nichts hinausführt. Es geht um das Reich, und das
Reich kommt. Und es geht um die Erde, denn das Reich kommt auf
die Erde. Das ist der Sinn aller Züchtigung, aller Entblößung, alles
Kreuztragens, alles Hingebens, dieser Dienst am Reich. Das ist der
Sinn der neuen Waffe und des neuen Kampfes und des neuen Weges,
diese Eroberung und diese Herrschaft. Es ist das mit sehr geringen

Worten gesagt, was hier von der Hundertfalt der Häuser, der Mütter und der Äcker steht. Mit sehr geringen Worten, vielleicht nur mit erstarrtem Herzen halb verstanden und von den Weitergebenden durch Erklärungsworte verdunkelt. Wie dem auch sei – das eine sagt uns dieses Wort: daß dieses Reich Leiblichkeit habe und daß es eine wirkliche Welt sei, wenn auch durch den endzeitlichen Sturz aller Werte hindurch, durch die Lösung der alten Natur- und Geschichtsordnung. Denn die Letzten werden die Ersten sein und die Ersten die Letzten. Leib wird das Reich haben und wirklich sein. Leib, verklärt in der Taufe mit Feuer und Geist. Geistlicher Leib, verklärte Geistleiblichkeit.

In einem doppelten Zuge vollzieht sich dieser Weg, den Christus geht, gleichsam übereinandergebaut. Christus lebt und denkt so ungebrochen ganz, daß der Mensch ihm hier nur schwer zu folgen mag. Wir müssen sagen »geistlich *und* leiblich«, wobei das Bindewort zwischen den beiden dann mehr trennt als bindet. Und doch ist beides für ihn untrennbar eines. Der Geist schafft, und zwar keine Phantome, sondern Realitäten. Er schafft und braucht keine Bindeglieder. Er schafft und es steht da. Wir brauchen Werkzeuge, deren mächtigstes das Schwert ist. Kein Menschenwerk, das ohne das Schwert geschaffen wäre! Man kann Christus nur so wirklich verstehen als den Herrn, der, häuptens die Taube, in die Welt einzieht, von ihr Besitz ergreift und sie verwandelt. Man muß sich völlig lossagen von dieser Anschauung des nur Duldenden um des Duldens willen; des Stifters einer angeblich innerlichen, das heißt unwirklichen, einer angeblich geistigen, einer gedachten Welt. Der Geist, der der seine ist, ist *mächtiger* Geist. Er bedarf keiner Vergeistigung. Verleiblichung entspricht einzig seiner Macht. Man muß diesen neuen Weg unter dem Zeichen des Schöpfergeistes als den Weg erkennen lernen, auf dem etwas geschieht, auf dem sich ein Wandel vollzieht, auf dem die große Verwandlung »zu Wege« kommt. Der neue Weg ist die charismatische Verwandlung der Welt. Man muß das ganz fest wieder ins Auge bekommen und sich zum Fundamente nehmen, sonst hängt das ganze Christuswerk in der Luft. Sonst ist das Kreuz der Ort, an dem tatsächlich der Weg eines Schwärmers im Sinnlosen endet. Hier vollzieht sich im Leiden gleichsam unter jedem seiner Schritte bereits die Schöpfung der neuen Erde. Der neue Weg muß durch und durch als charismatischer Weg gesehen werden, als Weg, der bereits unter dem Lichte der Auferstehung liegt. Was dort herausspringt am Ziele, das wächst hier bereits. Er beginnt bereits hier aufzuerstehen. Sein Reich ist nicht von dieser Welt: es ist vom Heiligen Geist. Es ist charismatischen Ursprungs. Christus bleibt sich treu bis zum Ende. Er bleibt zuerst seinem Anspruch auf diese Erde treu. Er zieht in Jerusalem ein und erhebt Anspruch auf das Königtum. Er reinigt den Tempel und erhebt Anspruch auf das Haus, das seines Vaters ist. Vor dem höchsten irdischen Richter erhebt er den Anspruch, der Gottessohn zu sein. Er versprengt über diesen Anspruch sein Blut. Und dann bleibt er dem Geiste treu. »Petrus, stecke dein Schwert in die Scheide! Ich bin's, den ihr sucht.« »Wenn ich wollte, könnte ich zehn Legionen Engel rufen, daß sie für mich streiten.«[149] Nun aber hast du, Pilatus, das Schwert von Gott, und ich habe den Geist von Gott!

Der Geist ist sein Heerbann. Und die Charismen seine Rosse und Wagen.

Schon ist er mitten auf dem Wege, schon vollführt er ihn. Daß er es sei, dieser Weg, sagt er jetzt zum drittenmal seinen Jüngern, zum letztenmal. Und gingen hinauf gen Jerusalem, heißt es. Der Weg steigt nun hinauf zur Stadt auf dem Berge, und das Ziel der Reise stand jetzt außer jedem Zweifel. Darum nennt es Christus jetzt auch ganz offen vor den Ohren der Jünger: Jerusalem. In die Höhle des Löwen lenkt er jetzt seinen Weg. Unwiderruflich stracks geradeaus. Ohne nach rechts und links zu schauen, vollbewußt dessen, was jetzt kommen mußte. Er allein gegen eine Welt, die dort oben auf dem Berge thronte, in der Burg, dem Tempel und der römischen Residenz. Stolz gemauert und schimmernd bewehrt. Er allein, das flatternde Häuflein der Jünger hinter sich.

Das größte Dunkel des ganzen Evangeliums liegt über diesem Weg. Sein Rätsel ist unlösbar. Es mußte keineswegs so kommen. Man kann diesen Weg versuchen von der Seele her des ihn Beschreitenden wie auch von den Ereignissen her zu verstehen. Leichteres Spiel hat man da, wenn man es von der Seele her versucht. Man kann da tausend menschliche Gründe hineingeheimnissen, in diese Seele. Man kann es wahrscheinlich machen, indem man diese Seele »versteht« nach dem Beispiel sonst irgendeines großen Menschen. Dann aber käme man nicht weiter als bis dorthin, wo auch sonst vieler Großen Weg geendet hat: das Kreuz und danach das Nichts. Der gewaltige Kehrreim der drei Leidensverkündigungen »und am dritten Tage...« müßte gestrichen werden. Denn alles, was davor steht, vor diesem »am dritten Tage...«, das wäre jetzt verständlich. Das könnten wir alle sogar in irgendeiner Weise aus unserer eigenen Erfahrung noch teilen. Dann hätten wir die Mauer, die wir um unsere Welt gebaut haben, unversehrt erhalten. Dann wären wir mit ihm unter uns geblieben und er wäre der unseren einer. Nun aber stößt dieses Wort »und am dritten Tage« die Mauer durch und durch, und der von uns und mit uns und bei uns Gekreuzigte entschwebt dort hindurch. Dieser ärgerliche Kehrreim also, der müßte gestrichen werden!

Noch unzulänglicher ist der Weg über die Geschehnisse. Es gab Möglichkeiten einer anderen Entscheidung die Fülle. Von hier aus gesehen besteht der Satz zu Recht, daß es hätte anders kommen können. Es gab Möglichkeiten, die wir kennen, und solche, die uns nicht mehr erkennbar sind. Erkennbar aber sind diese: Er hätte die Stunde wahrnehmen können, da ihn das Volk zum Könige machen wollte. Er hätte in Galiläa bleiben können. Er hätte, was auch schon einmal geschehen war, über die Grenze gehen können. Er hätte irgendwo in die Verborgenheit gehen können. Freunde gab es die Fülle, die alles für ihn getan hätten. In Gethsemane bebt noch einmal dieser Kampf um den Weg mit der Gewalt eines letzten Schlages in ihm nach. Und noch während des Prozesses selbst hätte er die Möglichkeit gehabt, freizukommen, hätte er das Spiel angenommen, das ihm Pilatus anbot. Nein, es läßt sich kein triftiger Grund finden für die Entscheidung zu diesem Gang nach Jerusalem. Hier in diesem Dunkel sitzt alle Epik, alle Dramatik fest, vom Romane ganz zu schweigen, die versuchen wollten, uns diesen Gang begreiflich zu machen. Daher kommt es auch, daß alle diese Versuche, das Christusgeschehnis anders zu erzählen, als die Evangelien es taten, in peinliche Nähe schlechter Literatur bisher immer wieder abglitten. Es gibt diesem Gange gegenüber, »nach Jerusalem hinauf«, heute wie einst, keine andere ehrliche Haltung – vom Menschen her gesehen – als die der Jünger, die sich entsetzten, ihm folgten und sich fürchteten. Er aber geht ihnen voraus, allein.

Der Sohn Gottes sucht, findet und vollendet eben gerade diesen Weg. Diesen Weg, den noch nie einer vor ihm ging, der sein ureigener Weg ist unter der Herrschaft des Geistes. Über alle Vernunft hinaus, über alle nur denkbaren Gründe hinaus vollzieht sich hier, was allein vom Geiste her notwendig und unausweichlich ist und was keinen Grund im menschlichen Denken oder Geschehen hat. Es waltet hier der Geist als eherner Zwang, als Bestimmung, als Befehl, auf den es nur eine Antwort gibt: den Gehorsam. Der Geist konnte keinen anderen Weg gehen. Dies war der einzige im Himmel und auf Erden. Denn es gab nur eine einzige ebenbürtige, unüberbietbare, schlechthin gültige, vollkommene Weise, würdig der ewigen Liebe, sich darin zu offenbaren, mitten in der Welt: die Selbstopferung Gottes. Das ist der Grund – und zwar der einzige – für das Kreuz: daß Gott die Welt *also* geliebt hat.

Christus hat seinen Jüngern über die Realität des Gottesreiches nie einen Zweifel gelassen. Er hat nie von einem geistigen Reiche gesprochen. Er hat vielmehr die Proklamation des irdischen Kaisers das Vorbild seiner eigenen Proklamation des Evangeliums sein lassen. Wovon er sprach, das war vielmehr das geistliche Reich, das heißt, das Reich jenes Geistes, der der Schöpfer ist und der machen kann, daß wirkliche Dinge seien. Das ist der Sinn dieser Frage in all ihrem Unverstand. Christus verweist ihnen deshalb diese Frage nicht. Es ist eine Frage, in der ein Entscheidendes am Gottesreich verstanden ist, nämlich seine Realität. Es ist wirkliches und wahrhaftiges Reich. Es gibt in ihm einen Thron und Plätze zur Rechten und zur Linken desselben. Denn es ist »basileia«, es ist Königsherrschaft. Es gibt in ihm eine Rangordnung. Es gibt in ihm ein Herrentum, es gibt in ihm ein »groß« und ein »vornehm« sein. Ja, Christus nimmt es als ganz selbstverständlich, daß es ein Streben gebe nach diesen Stufen der Herrschaft. Wenn einer groß sein will unter euch, wenn einer vornehm sein will, so sagt er, dann müßt ihr diese und diese Bedingung erfüllen. Das aber ist der Augenblick, in dem die Jünger wieder an der Pforte des neuen Weges stehn. Von diesem Wege aber ist in diesem Augenblick nur eine Aussage möglich: wie man unter seinem Zeichen den nächsten Schritt tue, nicht mehr. Selbst Christus weiß nicht mehr. Auch er steht hier vor dem Vorhang. Denn das Königreich, um das es geht, ist Königreich der Himmel. Selbst ihm steht es nicht zu, über die Plätze der Herrschaft zu verfügen zu den Seiten seines Thrones. So undurchdringlich verhüllt ist die Gestalt des Kommenden selbst noch vor ihm. Nur eines weiß er, daß dieser Weg auf der Erde entlang führe durch den Raum der Zeit, in der sich hart die Sachen stoßen. Daß er hier hindurch zu erkämpfen sei. Daß er zu erkämpfen sei kraft des Heiligen Geistes allein. Das aber heißt, den Kelch zu trinken, der bitter ist; und mit Blut getauft zu werden. Denn so will es die Ordnung des Geistes, die Ordnung, die Kampf ist. Ja, auch ihr beiden, die ihr die Plätze begehrt des ersten Ranges in meinem Reiche, ja, auch ihr werdet kämpfen unter dieser Ordnung. Werdet mir nach den Kelch trinken und die Taufe genießen. Dennoch, ein Anrecht auf diese Sitze liegt darin nicht. Tiefer könnt ihr mein Reich nicht mißverstehn als in solchem Heischen. Denn es ist Dienst, sonst nichts. Daß es komme, darauf steht alles. Und also, daß gekämpft werde. Das habe ich jetzt zu tun, das allein, und das tut mir nach. Das Reich selbst aber ist nicht von dieser Welt, sondern aus dem Geiste. Wird in der Welt Herrschaft geübt, die des Schwertes Gewalt allezeit begründet, so wird in meinem Reich Herrschaft geübt durch Dienst. Hier herrscht man nur durch Dienen. Das ist die neue Form der Herrschaft, in der der Liebende allein die Gewalt hat, die alle überwältigt und gefangenführt. Christus selbst setzt diesen Dienst in Kraft, indem er sich rüstet, sein Leben zu geben zum Lösegeld für die vielen.

Sollte die Christenheit unserer Tage nicht einmal ganz von vorn dieses Gespräch des Christus mit den beiden Jüngern durchbuchstabieren? Sollte sie hier nicht noch einmal anfangen, die Grundordnung der Kirche zu buchstabieren? Es muß sich in der Kirche etwas davon widerspiegeln, daß es in diesem Reiche eine Ordnung gebe. Sollte etwa die Unordnung – ja, man muß schon sagen –, die Anarchie in der Christenheit daher kommen, daß sie nichts mehr weiß vom Geheimnis ihrer Herrschaft? Und daß, weil in ihr die Dienstordnung Christi nicht mehr zu oberst steht, ihr keine Bischöfe mehr zu Herren geschenkt werden? Man verkündete einst in der Christenheit: Christus allein ist der Herr! Nun haben wir viele Herren bekommen statt seiner. Für den, der lange Jahre im Amte steht, liegt hier eine der größten Nöte unserer Kirche. Hier stimmt etwas in ihrer Struktur nicht. Es ist eines der bedenklichsten Worte, diese Rede, daß jeder Pfarrer der Bischof seiner eigenen Gemeinde sei. Es findet seine richtige Auslegung von jenem anderen Wort her, wie es mir gegenüber einmal fiel in einem Gespräch über die hoffnungslose Anarchie in unserer Kirche. »Wissen Sie«, sagte mir der Amtsbruder, »hier bei uns ist jeder Pfarrer in seiner Gemeinde ein ungekrönter

König.« Wir haben geradezu eine Metaphysik der Unbotmäßigkeit. Hier scheint in der Tat eine Krebsgeschwulst zu wuchern, die auf menschlichem Wege nicht zu beseitigen ist. Wir spüren diese Not heute stärker denn je. Darum ist der Ruf nach Bruderschaft heute unter uns aufgekommen. Man ist damit aber noch nicht an der Quelle, aus der allein die Heilung fließt. Denn Brüder sind nur, die Söhne sind. So müßten wir von der Bruderschaft noch einen Schritt weitergehen zur Sohnschaft. Und Söhne sind nur, die einen Vater haben. Damit aber sind wir an der Quelle. Von Bruderschaft kann man auch sonst in der Welt reden. Nicht aber von Sohnschaft und erst recht nicht von Vaterschaft. Das also müßten wir zunächst tun, von der Bruderschaft zurückkehren zum Sohnwerden, zum Geborenwerden aus Gott, zur Vaterschaft, die er an uns besitzt. Es würde dies zuallererst sich darin äußern, daß unser eigener Stand in dieser Ordnung gegründet wäre: Vaterschaft, Sohnschaft, Bruderschaft. Aber eben hier wird das Unheil in seiner ganzen Größe offenbar. Wir selbst haben keine geistlichen Väter mehr unter uns! So genießen wir auch nicht mehr den hohen Segen, als geistlicher Sohn unter dem Vater *Gehorsam zu lernen und zu üben*. Und unsere Brüderlichkeit ähnelt mehr einer allgemeinen Gleichheit, einem Leibe, in dem es nicht Haupt und Glieder gibt, sondern in dem alle Haupt und alle Glieder sein wollen. Daß wieder geistliche Vaterschaft, bedingungslos übermächtigende Autorität unter uns entstehe, die aus der Vaterschaft Gottes ihre Vollmacht hat, das ist heute die Schicksalsfrage, wenn wir auf Ordnung, Amt und Gestalt der Kirche schauen. Dann wird unsere Kirche auch wieder Vaterhaus und Mutterschoß für unser Volk werden können.

Wir haben so viele Herren, die alle Meister unserer Seelen sein wollen! Wir haben so viele Schulmeister, die alle die Kirche reformieren und allein recht haben wollen! »Welcher will groß werden unter euch, der soll euer Diener sein.« Weil nun keiner unser Diener sein will, darum ist auch keiner in der Kirche groß unter uns. Darum hat auch keiner Vollmacht in der Kirche, die nur erdient werden kann. Die Kirche ist die größte Gotteshilfe, die wir haben auf dieser Erde, Mutterschoß und Heimatort. Wir brauchen sie wahrlich! Keine vordringlichere Bitte an den Herrn der Kirche, als daß er ihr Bischöfe schenke, die zuvor selber Söhne waren und die Majestät der göttlichen Vaterschaft erfahren und Gewaltige von Dienemut geworden sind. Wo die aber fehlen, da erleben wir, was wir heute erleben, die geistliche Heimatlosigkeit der Seelen.

UND SIE KAMEN GEN JERICHO. UND DA ER AUS JERICHO GING / ER UND SEINE JÜNGER UND EIN GROSS VOLK / DA SASS EIN BLINDER / BARTIMÄUS / DES TIMÄUS SOHN / AM WEGE UND BETTELTE. UND DA ER HÖRTE / DASS ES JESUS VON NAZARETH WAR / FING ER AN ZU SCHREIEN UND SAGEN: JESU / DU SOHN DAVIDS / ERBARME DICH MEIN! UND JESUS STUND STILLE UND LIESS IHN RUFEN. UND SIE RIEFEN DEM BLINDEN UND SPRACHEN ZU IHM: SEI GETROST! STEHE AUF! ER RUFET DIR! UND ER WARF SEIN KLEID VON SICH / STUND AUF UND KAM ZU JESU. UND JESUS ANTWORTETE UND SPRACH ZU IHM: WAS WILLST DU / DASS ICH DIR TUN SOLL? DER BLINDE SPRACH ZU IHM: RABBUNI / DASS ICH SEHEND WERDE! JESUS ABER SPRACH ZU IHM: GEHE HIN. DEIN GLAUBE HAT DIR GEHOLFEN. UND ALSBALD WARD ER SEHEND UND FOLGETE IHM NACH AUF DEM WEGE. UND DA SIE NAHE ZU JERUSALEM KAMEN GEN BETPHAGE UND BETHANIEN AN DEN ÖLBERG / SANDTE ER SEINER JÜNGER ZWEEN UND SPRACH ZU IHNEN: GEHET HIN IN DEN FLECKEN / DER VOR EUCH LIEGT. UND ALSBALD / WENN IHR HINEINKOMMT / WERDET IHR FINDEN EIN FÜLLEN ANGEBUNDEN / AUF WELCHEM NIE KEIN MENSCH GESESSEN IST. LÖSET ES AB UND FÜHRET ES HER! UND SO JEMAND ZU EUCH SAGEN WIRD: WARUM TUT IHR DAS? SO SPRECHT: DER HERR BEDARF SEIN. SO WIRD ER'S ALSBALD HERSENDEN. SIE GINGEN HIN UND FANDEN DAS FÜLLEN GEBUNDEN AN DIE TÜR AUSSEN AUF DER WEGSCHEIDE UND LÖSTEN'S AB. UND ETLICHE / DIE DA STUNDEN / SPRACHEN ZU IHNEN: WAS MACHET IHR / DASS IHR DAS FÜLLEN ABLÖSET? SIE SAGTEN ABER ZU IHNEN / WIE IHNEN JESUS GEBOTEN HATTE. UND DIE LIESSEN'S ZU. UND SIE FÜHRETEN DAS FÜLLEN ZU JESU UND LEGTEN IHRE KLEIDER DRAUF UND ER SETZTE SICH DARAUF. VIELE ABER BREITETEN IHRE KLEIDER AUF DEN WEG. ETLICHE HIEBEN MAIEN VON DEN BÄUMEN UND STREUETEN SIE AUF DEN WEG. UND DIE VORNE VORGINGEN UND DIE HERNACH FOLGETEN / SCHRIEN UND SPRACHEN: HOSIANNA! GELOBT SEI / DER DA KOMMT IN DEM NAMEN DES HERRN! GELOBET SEI DAS REICH UNSERES VATERS DAVID / DAS DA KOMMT IN DEM NAMEN DES HERRN! HOSIANNA IN DER HÖHE! UND DER HERR GING EIN ZU JERUSALEM UND IN DEN TEMPEL. UND ER BESAH ALLES. UND AM ABEND GING ER HINAUS GEN BETHANIEN MIT DEN ZWÖLFEN. UND DES ANDERN TAGES / DA SIE VON

DIE LETZTE HEILUNG VOR DER LETZTEN STADIE 395

Bethanien gingen / hungerte ihn. Und er sah einen Feigenbaum von ferne / der Blätter hatte. Da trat er hinzu / ob er etwas darauf fände. Und da er hinzukam / fand er nichts denn nur Blätter. Denn es war noch nicht Zeit / dass Feigen sein sollten. Und Jesus antwortete und sprach zu ihm: Nun esse von dir niemand keine Frucht ewiglich! Und seine Jünger hörten das. Und sie kamen gen Jerusalem. Und Jesus ging in den Tempel / fing an und trieb aus die Verkäufer und Käufer in dem Tempel. Und die Tische der Wechsler und die Stühle der Taubenkrämer stiess er um. Und liess nicht zu / dass jemand etwas durch den Tempel trüge. Und er lehrte und sprach zu ihnen: Stehet nicht geschrieben: »Mein Haus soll heissen ein Bethaus allen Völkern?« Ihr aber habt eine Mördergrube daraus gemacht. Und es kam vor die Schriftgelehrten und Hohenpriester. Und sie trachteten / wie sie ihn umbrächten. Sie fürchteten sich aber vor ihm: Denn alles Volk verwunderte sich seiner Lehre. Und des Abends ging er hinaus vor die Stadt. Und am Morgen gingen sie vorüber und sahen den Feigenbaum / dass er verdorret war bis auf die Wurzel. Und Petrus gedachte dran und sprach zu ihm: Rabbi / siehe / der Feigenbaum / den du verflucht hast / ist verdorret. Jesus antwortete und sprach zu ihnen: Habt Glauben an Gott. Wahrlich / ich sage euch: Wer zu diesem Berge spräche: Heb dich auf und wirf dich ins Meer! Und zweifelte nicht in seinem Herzen / sondern glaubte / dass es geschehen würde / was er saget / so wird's ihm geschehen / was er saget. Darum sage ich euch: Alles was ihr bittet in eurem Gebet / glaubet nur / dass ihr's empfahen werdet / so wird's euch werden. Und wenn ihr stehet und betet / so vergebet wo ihr etwas wider jemand habt / auf dass auch euer Vater im Himmel euch vergebe eure Fehle. Wenn ihr aber nicht vergeben werdet / so wird euch euer Vater / der im Himmel ist / eure Fehle nicht vergeben.

Nun ist die letzte Stadie erreicht vor Jerusalem. Tief unten im tiefsten Tale dieser Erde, im Tal des Toten Meeres, liegt diese Stadt. Hoch oben auf der Höhe des Gebirges steht das Ziel, die Stadt auf dem Berge, mit der Mauer Salomos, der Zinne des Tempels und der Burg des Ahnenkönigs David. Durch die Fährnisse der Bergwüste hinauf geht jetzt der letzte Anstieg zu ihr. Das ist das letzte Wunder, das er tut, das Wunder am blinden Bartimäus. Dann ist die letzte Stadie durchmessen, dann liegt der letzte Meilenstein hinter ihm. Bartimäus sitzt am Weg und bettelt nach der Blinden Weise. Da hört er ihn kommen. Er hört die Stimmen, wie sie des Sohnes Namen nennen. Und da weiß er, daß das jetzt seine Stunde ist. Er schreit. Er ruft nicht, er schreit. Er schreit des Messias Namen, denn nur, weil er der ist, das weiß er, kann er ihn heilen. Er durchdringt mit seinem Schrei den Lärm der Menschenwoge, die aus der Stadt eben flutet. Die Umstehenden drohen ihm, zu schweigen. Ihn aber hält jetzt keiner. Über die Menge hin dringt sein Ruf an das Ohr des hohen Sohnes. Der heißt ihn nahen. Der Blinde springt auf, wirft sein Gewand ab, eine Gasse bahnt sich, halb gestoßen, halb getragen, stürzt er nach vorn. Auch dem, auch dem Letzten hat alsbald sein Glaube geholfen!

Bartimäus ist eine einfache, ist eine starke Seele. Er trägt das schwere Leid seines Lebens, das er fühlt in seiner ganzen Tiefe. Er trägt es und ist doch ein Ungebrochener geblieben. Wie oft beobachte ich, daß gerade der ungebrochene Mensch der zum Glauben noch fähige ist. Der in seinen Instinkten, in seiner elementaren Lebenskraft noch ungebrochene, dem noch die Wurzeln unversehrt sind, der noch Ursprünglichkeit hat. Er ist es, der dem Kinde noch am nächsten steht, der noch am meisten Kind in sich bewahrt hat. Und das ist es in ihm, das glaubt. Da ist nichts in ihm von jener Gebrochenheit des Gebildeten, den die Reflexion zerspalten hat. Den die unerfüllbare Forderung seiner Ideale zerbrochen hat. Der Mann ist noch Kind. Der kann sich noch hingeben! Und wie er da schreit und sich durch keine Drohung einschüchtern läßt in diesem wilden Gebet, da ist er ganz drin! Da wirft sich dem Sohn eine brennende Seele ohne Vorbehalt vor die Füße! Dieser Entschluß, diese Rückhaltlosigkeit, die darin liegt, in dieser Bewegung, da er sein Kleid von sich wirft und er, der Blinde, durch das Dunkel hindurchstürzt zum Licht! »Was willst du, daß ich dir tun soll?« ertönt es königlich über ihm. Sagen soll er's und hören will er's. Und er sagt es vor dem ganzen Volk laut hinaus in die Luft, die berstend vor Erwartung lagert über dem Volk. Und nun geht noch einer hinter dem kleinen Zuge drein, den Weg hinauf durch die Berge nach Jerusalem, Bartimäus, der sehend geworden war.

Vor ihm liegt die Königsstadt. Die Stunde ist jetzt gekommen, da er in sie einziehen wird, ihr König. Niemand hat ihn geladen, niemand rüstete zu seinem Empfang. Einziehen wird er in sie wie ein Eroberer in die feindliche Festung. Nur eine einzige Stimme wird ihn grüßen, eine uralte Stimme aus der Ahnenzeit. Die Stimme des Propheten wird aus dem Dunkel der Vergangenheit herauftönen und wird für ihn einsam zeugen. Siehe, er ist es, du Stadt des Königs, der zu dir kommt, gerecht und ein Heiland. Er reitet auf dem Tier des Friedenskönigs, dem weißen Eselsfüllen, dessen unberührter Rücken geheiligt blieb, den Messias als erste Bürde zu tragen. Auf ihm ruht der Geist des Herrn. Er wird mit dem Stabe seines Mundes die Erde schlagen und mit dem Odem seiner Lippen den Gottlosen töten. Darum wird auf ihm ruhen der Geist, der weder der Wagen noch der Rosse noch der Streitbogen bedarf. Die Geschichts-Ordnung und die Natur-Ordnung gehen außer Kraft. Die Säuglinge werden mit den Basilisken spielen und ein kleiner Knabe wird Kälber und junge Löwen miteinander weiden. Den Frieden wird er stiften unter den Völkern. Seine Herrschaft wird reichen von einem Meer bis ans andere und vom Strom bis an der Welt Ende. Menschen wird er sich zu Bogen machen, seine Gemeinde zum Schwert der Riesen.[150]

Und nun erkennt ihn das fromme Volk, wie er da hereinreitet, vom Kidron her durch das Tor. Es jauchzt nun der uralte Königshymnus auf zwischen den Mauern der Stadt. Sie ziehen ihre Kleider aus und spannen einen Teppich der Liebe ihm unter die Füße, wie noch nie einem König geschah. Und hieben Maien von den Bäumen und streuen sie auf den Weg. Bis in den Tempel hinein folgt ihm die Woge der Begeisterung. Nicht auf der Burg der irdischen Väter, sondern hier im Tempel, im Haus seines himmlischen Vaters, ist der einziehende König am Ziel. Er aber weiß, was im Menschen ist. Er schaut durch sie alle hindurch untäuschbar! »Und er besah alles«, heißt der gewichtige Satz. Es ruft seine Entscheidung zur letzten Klarheit.

Er geht hinaus aus der lauten Stadt, noch eine Nacht in Bethanien zu weilen. Und dann macht er sich auf, den letzten Kampf zu bestehen, den ihm sein Volk jetzt rüstet. Einen Feigenbaum sieht er von fern am Wege stehen. Ihn hungert. Und da er hinzukam, fand er Blätter nur. Dieser Baum ist sein Volk. Ihn hungert. Und siehe, es hat Blätter nur. Das war es, was er gestern sah auf seinem Zug vom Tore bis zu dem Tempel. »Nun esse von dir niemand keine Frucht ewiglich.«

Und sie kamen in die Stadt. Zum zweitenmal führt der Weg in den Tempel. Und nun greift er zum Tau und peitscht sie aus, die Händler und Krämer, die Käufer und Bummler. Klirrend stürzen die Tische der Wechsler, und die Stühle der Taubenkrämer fallen übereinander. Jetzt hat der Tempel seinen Herrn! Der Markt ist aus, die Zugänge sind gesperrt. Niemand wagt jetzt mehr, seine Lasten durch die heiligen Hallen zu tragen. Es flammt sein Zorn jetzt hernieder. Eine Mördergrube habt ihr daraus gemacht, ihr, erwählt, den Tempel in eurer Mitte zu haben für alle Völker der Welt.

Ein Bethaus nennt Christus das Gotteshaus. »Proseuché« heißt das Gebet, welches mit emporgerichtetem Antlitz zu Gott verrichtet wird. »Proseuché« heißt auch der Ort selbst, an dem so gebetet wird. Das soll eine Kirche sein: Ort der »proseuché«. Hier sagt er uns, was die Seele der Kirche sei, die proseuché. Es gibt Augenblicke, in denen die Dinge zu härtester Entscheidung aufeinanderprallen. Und wo die Entscheidung fällt, einfach und hart. Was sind alle Begriffsbestimmungen der Kirche, die wir Theologen dem Christusworte hinterher getragen haben! Das ist die Kirche: Ort des Gebetes. Ja, sie ist, wie es der alte Sprachgebrauch weiß, das Gebet selbst. Ich gehe in die Kirche, das heißt, ich gehe in das Gebet. Das also ist der Urbegriff der Kirche. Nach ihm ist alles auszurichten, was in der Christenheit von der Kirche gelehrt und als die Kirche gelebt wird. Was auch sonst alles an Wort und Werk in ihr leben mag, in dieser proseuché kommt alles andere zur Vollendung. Sie ist die höchste Gestalt all dessen, was geschehen mag in der Christenheit. Hier in den betenden Händen faltet sich alles zusammen, was in der Kirche – von unten und oben einander entgegengetragen – eines wird.

Mit Windeseile fliegt das Gerücht von Gasse zu Gasse von dem, was da im Tempel geschehen war. Nach allen Richtungen tragen es die Verjagten hinaus. Die Machthaber horchen auf, der Sturm braut sich zusammen. Noch schreitet er unangetastet hinaus. Scheu weicht ihm das bewundernde Volk. Doch beklemmende Stille ist um ihn her.

Am Feigenbaum kommen sie vorbei und siehe, er ist verdorrt bis in die Wurzel. Der Geist reckt sich jetzt auf zum Schlage. Da ist nicht nur Verklärung in seinem Feuer, da ist auch Flamme des Gerichts. Da ist Blitz, der zündet und bis in die Wurzel hinab verdirbt. Habt

Glauben an Gott! Habt Glauben! Betet um den Geist! Vergebet! Denn der Geist ist Macht. Ihm steht der Eingriff zu Gebote, der die Dinge der Welt verwandelt. Der ungläubige Petrus muß jetzt, wie da der Weg von gestern am Feigenbaum wieder zurückgegangen wird, erkennen, daß hier solcher Zugriff geschah. Der Geist hat im Wort den Baum getroffen bis in die Wurzel hinab. Keine Hand hatte sich dazu gerührt. Dem Staunenden sagt Christus: »Habt Glauben an Gott.« Und er, der Sohn, glaubte. Das heißt: Er war eins mit dem Vater. Und dieses Einssein war die Quelle der Kraft. Der Glaubende ist nun Gottes Arm. Der Glaubende ist der Mächtige. Er hat Macht, die Zeit aufzuheben. Er hat seinen Fuß eingetaucht in den Strom der anderen Zeit, die ewig heißt. Der Glaubende hat die Macht, Vergangenheit und Zukunft aufzuheben und sie gleichzeitig zu machen mit der Gegenwart. Dem, der da glaubt, springt der Ursprung, der längst verschüttet schien, mit seiner Quelle wieder auf unter den Füßen mitten in der Gegenwart. Wer da glaubt und getauft wird, der hat die Zeit überwunden; der steht mit Christus in der Gotteszeit; der ist mit Christus geboren. Glauben können ist Charisma. Der Glaubende öffnet den Himmel. Er löst des Himmels Kräfte aus. Er bindet den Geist los. Der Glaubende ist der Mitwirkende des Himmelreichs. Er löst Christus die Hände zum Wunder.

Der Glaubende kann mit Christus hineinwirken in den erstarrten Raum und wohl für einen Augenblick in dem erstarrten den befreiten Raum des Himmelreichs auslösen. Das meint das Wort vom Glauben, der »Berge versetzen« kann.[151] Hier hat der Glaube in den Geschichtsraum Himmelsraum hineingeschaffen. So vermag der Glaube auch in die Geschichtszeit Himmelszeit hineinzuschaffen. Wie der verklärte Raum im erstarrten Raum neuen Raum »ausspart«, so »fristet« die Fülle der Zeit in die zerfallende Zeit hinein neue Zeit. Das Glauben bindet die göttliche Geduld los, daß sie »Frist« und »Raum« lasse der Schöpfung, hindurchzukommen durch die Katastrophen der Geschichte. Glauben heißt darum, nicht sich selbst, sondern die Schöpfung in der Welt fristen. Ihr Lebenszeit und Lebensraum schaffen, noch Frucht zu bringen vor dem Gericht.

In der bekannten Stelle des Hebräerbriefes[152] vom »Glauben als der gewissen Zuversicht des, das man hoffet«, muß der Glaube als die raumschaffende, fristende *Macht* verstanden werden. Durch Luthers Abwehrstellung gegen die Werke hat diese Stelle in seiner

Übersetzung jenen »platonischen« Sinn empfangen im Gegensatz zu der Geistlichkeit der biblischen Dinge. Der Glaube ist die hypóstasis, das heißt die Grundmauer der Hoffnungswelt (elpizoménon pragmáton), das Merkenkönnen der himmlischen (das sind die »nicht sichtbaren«) Dinge. Er ist also wirklich das Hineinschaffen von Raum in den Raum, von Zeit in die Zeit. Er ist deshalb »das Schauen der noch nicht sichtbaren Ereignisse im Himmel auf der Erde«, wie man diese Stelle auch noch übersetzen könnte. »Es ist der Glaube eine Grundmauer der kommenden Welt. Es werden in ihm gegenwärtig die himmlischen Dinge.«

»Glaubet ihr nicht, so bleibet ihr nicht.«[153] Bleiben, Leiben und Leben haben denselben Stamm. Einen Leib haben heißt eine Lebens-Bleibe haben. Leib aber ist Raum im Raum; und, da er lebt, auch in der Zeit. Wer nicht glaubt, der wirkt in der Welt auch nicht »Leib« als Lebensraum und Lebenszeit, der *bleibt* nicht. Solche himmlische Leiblichkeit zu schaffen ist das verborgene Schöpferwerk des Glaubens in der Geschichte.

Glauben ist auch Beten. Wer glaubt, hat schon gebetet. Und wer betet, glaubt schon. Am deutlichsten sagt es die Lukasstelle, worum es gehe beim Beten. Matthäus und Markus wissen es schon nicht mehr so genau.[154] Da gehört eine harte Schule der Erfahrung dazu, bis sich das Auge freigekämpft hat für das eine, dem allein die Verheißung des erhörten Gebets gilt. Das beliebige Gebet hat nicht die Verheißung: Bittet, so wird euch gegeben. Welch eine Geschichte von inneren Katastrophen baut sich über der falsch verstandenen Verheißung auf! Nur *ein* Gebet ist wirklich betenswert. In ihm sind alle Gebete enthalten und alle Bitten erhört: im Gebet um den Geist. Das ist das Grund- und das Hauptgebet. Der Geist ist der Herr. Der Herr aller Lagen und Verlegenheiten. Der Herr aller Ausweglosigkeiten. Es gibt keine Situation, deren er nicht Meister werden, die er nicht zum Besten kehren könnte. Er kann selbst noch durch den Bösen das Gute schaffen und mit dem fremden Werke die Gotteswerke treiben. Gib uns deinen Geist, dann ist uns geholfen! Er kann, wie Luther von den beiden Märtyrern zu Leyden singt, die Feuerkohlen in Rosen verwandeln unter den Füßen seiner Blutzeugen. »Denn ich gebe den Geist, daß die Last, so der Welt unerträglich wäre, euch eine leichte Bürde werde.« Der Geist ist der Inbegriff, der Geist ist das Reich, und das Reich ist der Geist. Es gibt keine erschöpfendere Aussage für uns Menschen der irdischen Zeit als diese Gleichung zwischen den beiden. »Dein Reich komme!« heißt: »Gib uns den Geist!« Das Reich ist unter uns, weil der Geist schon unter uns ist und verborgen die Neuschöpfung aller Menschen und Dinge in die Christusgestalt wirkt. Dieses Wirken ist das nahe Reich, das Reich im Kommen. Bittet, so wird euch gegeben! Wo bittet unter euch ein Sohn den Vater ums Brot, der ihm einen Stein dafür bietet? So denn ihr, die ihr arg seid, könnt euren Kindern gute Gaben geben, wieviel mehr wird der Vater im Himmel den Heiligen Geist geben denen, die ihn bitten.[155] Um wieviel mehr! Gar nicht auszudenken, um wieviel mehr der himmlische Vater dazu willig ist. Warum wird uns nicht aufgetan? Vielleicht, weil wir nicht anklopften? Um wieviel mehr! Darum, wer da anklopfet, dem wird aufgetan. Oh, daß wir den Glauben hätten, der die Berge versetzt! Warum wird uns nicht aufgetan? Vielleicht, daß wir wieder beten lernen müssen. So wie kleine Kinder laufen lernen am Gängelband, wie sie sprechen lernen, nicht Worte, nur erst Silben stammelnd. Gestehen wir es uns offen und frei, – daß es gerade die Vorzüge des heutigen Menschen sind, die ihn das Beten verlernen lassen. Das Wollen und das Denken herrscht in allen Zimmern der Seele. Und nur in einer Abstellkammer finden wir noch das Gerät des Beters.

Wie kann die Erde, wie kann die Seele auf die Dauer leben unter verschlossenem Himmel? Man beginnt, sich mit anderen Zeiten zu vergleichen. Sie hatten vieles nicht, was unsere Zeit hat. In allem, was Wille und Intellekt sich ermeistern kann, sind wir ein klassisches Zeitalter. Aber sie hatten da etwas in ihren Gesichtern, in der Art ihres Lebens, in der Art, wie sie kämpften und starben, was den geöffneten Himmel über ihnen verriet. Es walteten da charismatische Kräfte, es war damals in den Lüften noch eine Spur vom Geist. Und das eben war es: diese Macht, dieses Heiltum, dieser anwesende Gott war der christliche! Das ist es, was heute wieder einigen von uns aufgeht als das besondere Geheimnis jener Zeiten, für das sich sonst von keiner Stelle unserer menschlichen Horizonte her eine Erklärung ergeben will. Diese Zeiten aber konnten beten! In diesen Zeiten waren die Kirchen die selbstverständlichen Orte des Gebets.

Der Mensch braucht solche Orte. Er braucht solche Orte in der heutigen Welt mehr als zu irgendeiner anderen Zeit. Denn das Gebet hat Steigfähigkeit nur in der Stille.

Gibt es für den Menschen von heute tatsächlich nur noch diese Stille des Morgens oder des Abends in seinem Bett? Es ist eine Schmach, eine solche Frage stellen zu müssen. Es steht die Tatsache hinter ihr, daß wir keinen Ort zum Beten mehr haben. Der *Ort* ist eine der größten Hilfen, die dem Menschen zuteil werden können. Wer meint, es gehe ohne diese Hilfe, der weiß nur noch sehr wenig vom Menschen und noch weniger vom Beten. Die großen Beter und die betenden Zeitalter haben alle diesen Gebets*ort* gehabt. Wir müssen wieder Räume schaffen, in denen wir Menschen von heute das Schweigen zum Gebet wieder lernen können. Nicht einmal mehr unsere Kirchen sind Beträume. Auch unsere Gottesdienste sind ja keine Gebete mehr. Man mag über unsere Gotteshäuser sagen, was man will, aber die große Hilfe des Ortes, der uns stille macht, geben sie uns nicht. Man muß in einer Kirche auch beten können, wenn kein Gottesdienst ist. Der Ort muß dem heutigen Menschen das große und ungekannte Geschenk geben, überhaupt erst wieder einmal die Stille zu erfahren. Einige Kirchen aus dem älteren Protestantismus besitzen noch abgeschlossene Betstühle. Wir brauchen Seitenräume, Betkapellen oder Sakristeien mit abgeschlossenen Gebetstühlen. Denn der wahre Beter sucht die Kammer, in die nur Gottes Auge trifft. Denn das Gebet ist die keuscheste Regung, die die Seele kennt. Wenn wir solche Zuflucht besäßen im Lärm unseres Alltags, wieviel Ehen blieben ungeschieden, wieviel jähe Tat ungetan, von dem guten Werke, das daraus erwüchse, heimlich, tausendfach, gar nicht zu reden! Täuschen wir uns doch hier nicht über uns selbst. Wenn wir wirklich beten könnten, wie schwer ist es, in der Unruhe unserer Wohnungen und Arbeitsräume zur wirklichen Gebetsfeier zu kommen. Denn so will gebetet sein. Mit solcher Sorgfalt, mit solcher Pflege will diese Kostbarkeit des Gespräches mit Gott umhegt sein.

Bei den Geschlechtern, die noch beten konnten, war dies alles noch eins: Leib, Seele samt Geist. Und da half eines dem anderen. Da war das Ganze noch nicht auseinandergefallen, so daß etwa die Seele des Leibes nicht mehr bedurft hätte. Nicht nur im Raum wartet ein stiller Engel, um dem Beter zu dienen, auch im Leibe wartet einer mit seinem Dienste auf uns. Denn dort, wo Leib, Seele und Geist noch ungetrennt sind, da reicht der Leib mit inniger Mündung in die seelische Welt. Müßten wir missen, was im Mahl, in der Berührung, in Atem und Schauen da hereinströmt in die Seele, es würde uns ans Leben gehen. Wie sehr lebt die Seele vom Leibe her! Betend lebt sie von Gott her. Doch der Leib hilft ihr mit allen seinen Diensten. Vermessen wäre, ihn zu verachten.

Du mußt das Knien recht verstehen. Daß sich dein Leib ganz entspanne, daß du ihn gleichsam fallen lässest vor dir auf die Erde, daß er dort ruhe und dich nicht beschwere. Daß er nichts mehr von dir fordere und nicht ablenke, sondern ganz dir diene, deiner Seele als ein Kelch, der sich öffne, als ein Teppich, der sich breite, der Seele, die betet. Das ist das Knien des Betenden. Der Betstuhl ist die hilfreiche Stütze, die dem Leib sich darbietet, darauf zu ruhen; die Arme zu stützen, die das Haupt halten; und die Schenkel, die den Leib tragen; damit er darauf ruhe, sich entspanne in bewußter Gelassenheit, der Seele zu dienen; und in solchem demütigen Dienst Mitbeter der Seele zu sein; die allein Sprache hat und Auge ist und Ohr.

Jede Maschine speist eine Kraft, jedes Licht sein Strom, jedes Wasser seine Quelle. Nur die unsterbliche Seele soll ihr Werk tun, ohne daß sie einer speist! Arbeiten ist nicht Beten. Beten heißt, die Seele, die arbeitet, speisen. Beten und Arbeiten, das ist Verschiedenes und hängt doch ineinander wie Wurzel und Halm. Beten und Arbeiten heißt es, und das Beten steht voran. Denn das Beten ist die Wurzel. Nicht auf andere Weise kann sie abgespeist werden, die edle Seele des Menschen. Die Väter wußten davon:

> Himmlisch Leben
> willst du geben,
> wenn wir beten.
> Zu dir kommen wir getreten.

»Und wenn ihr stehet und betet, so vergebet.« Das läuft dem Beten zur Seite: vergeben. Es ist die Wendung zum Nächsten. Da werde ich dem Nächsten zum himmlischen Vater, in solchem Vergeben. Und das öffnet wunderbar die Tür nach oben, daß auch mir in meinem Vergeben Gott zu meinem himmlischen Vater werde. Das Vergeben, wie es nach des Herrn Christus Gebot das Beten stützt nach unten hin gegen die Erde und nach oben hin hebt gegen den Himmel, hat eine wunderbare Kraft, die Türen zu öffnen. Es öffnet die Türen zum Nächsten hin, es öffnet die Tür in die Welt, und es öffnet zugleich die Tür nach oben hin zu Gott. Im Vergeben liegt eine lösende, die Riegel brechende Macht ohnegleichen. Daß wir so wenig von ihr Gebrauch machen! Wieviel Krampf, Zorn und Verbissenheit hätten wir lösen können durch diese Macht, die wir im Vergeben besitzen! Man versteht jetzt, daß Christus von Petrus verlangt, er solle nicht siebenmal, sondern siebenmal siebenzigmal vergeben.[156] Es ist gewiß, daß einer der Gründe für die Ohnmacht der betenden Kirche der ist, daß sie ihrem Schuldiger nicht wahrhaft vergibt. *Die Erhörung des Gebetes ist also hier an die Welt geknüpft. Der Strom des Gebets geht also erst nach unten. So ist ihm die Leitung geführt, durch den Nächsten hindurch, dem vergeben wird.* Und erst wenn ihm vergeben wird, springt der Kontakt auf, der ihm die Bahn freigibt zu Gott.

Die Vergebung öffnet einen Stromkreislauf zwischen Himmel und Erde, der so gewaltig ist, daß er auch durch den Feind des Beters hindurchgeht und den Schuldner samt dem Beter in sich einbezieht.

Beten, Glauben, Vergeben. Die Eckpunkte eines gewaltigen Dreiecks der Kräfte. Über jeden Punkt her schießt der Geist ein in die Welt als Kraft der großen Verwandlung. Was in der Welt unter die Strahlenbündel gerät, die von jedem dieser drei Punkte her sprühen, ist in das Kraftfeld einbezogen. Da ist Entbannung von den Dämonen, Stiftung neuer Gemeinschaft zwischen mir und dem Nächsten und wiedergeöffneter Himmel.

Es ist das letztemal, daß Christus vom Reich spricht im Jüngerkreise. Die drei Jahre neigen sich dem Ende zu, an deren Eingang der Ruf stand: Das Königreich der Himmel ist gekommen! Nun hatte sich der Sturm zusammengebraut. Rings aus dem ganzen Horizonte stieg die Wetternacht herauf. Diese drei Worte vom Beten, Glauben und Vergeben liegen darin noch wie ein letztes, kleines Stück offener Himmel. Das Wetter, dessen Donner ferne rollen, versammelt die Gewalten des Abgrunds, die jetzt aufstehen wider das junge Reich. Die Zeit ist vorbei, da ausgesät wurde. Das Feld ist bestellt. Und nun geht der Sturm über den Acker. Seitdem er im Tempel als der Herr gewaltet hatte, war sein Tod beschlossen. Es geht jetzt hinein in das letzte Treffen mit dem Feind.

Und sie kamen abermal gen Jerusalem. Und da er im Tempel wandelte / kamen zu ihm die Hohenpriester und Schriftgelehrten und die Ältesten und sprachen zu ihm: Aus was für Macht tust du das? Und wer hat dir Macht gegeben / dass du solches tust? Jesus aber antwortete und sprach zu ihnen: Ich will euch auch ein Wort fragen. Antwortet mir / so will ich euch sagen / aus was für Macht ich das tue: Die Taufe des Johannes / war sie vom Himmel oder von Menschen? Antwortet mir! Und sie gedachten bei sich selbst und sprachen: Sagen wir / sie war vom Himmel / so wird er sagen: Warum habt ihr denn ihm nicht geglaubet? Sagen wir aber / sie war von Menschen / so fürchten wir uns vor dem Volk. Denn sie hielten alle / dass Johannes ein rechter Prophet wäre. Und sie antworteten und sprachen zu Jesu: Wir wissen's nicht. Und Jesus antwortete und sprach zu ihnen: So sage ich euch auch nicht / aus was für Macht ich solches tue. Und er fing an zu ihnen durch Gleichnisse zu reden: Ein Mensch pflanzte einen Weinberg und führte einen Zaun drum und grub eine Kelter und baute einen Turm und tat ihn aus den Weingärtnern und zog über Land. Und sandte einen Knecht / da die Zeit kam / zu den Weingärtnern / dass er von den Weingärtnern nähme von der Frucht des Weinberges. Sie nahmen ihn aber und stäupten ihn und liessen ihn leer von sich. Abermals sandte er zu ihnen einen andern Knecht. Demselben zerwarfen sie den Kopf mit Steinen und liessen ihn geschmäht von sich. Abermal sandte er einen andern. Denselben töteten sie. Und viele andere. Etliche stäupeten sie / etliche töteten sie. Da hatte er noch einen einzigen Sohn / der war ihm lieb. Den sandte er zum letzten auch zu ihnen. und sprach: Sie werden sich vor meinem Sohn scheuen. Aber dieselben Weingärtner sprachen untereinander: Dies ist der Erbe. Kommt / lasst uns ihn töten / so wird das Erbe unser sein! Und sie nahmen ihn und töteten ihn und warfen ihn heraus vor den Weinberg. Was wird nun der Herr des Weinbergs tun? Er wird kommen und die Weingärtner umbringen und den Weinberg andern geben. Habt ihr auch nicht gelesen diese Schrift: »Der Stein / den die Bauleute verworfen haben / der ist zum Eckstein worden. Von dem Herrn ist das geschehn und es ist wunderbarlich vor unsern Augen.« Und sie trachteten danach / wie sie ihn griffen / und fürchteten sich doch vor dem Volk. Denn sie verstunden /

DASS ER AUF SIE DIES GLEICHNIS GEREDET HATTE. UND SIE LIESSEN IHN UND GINGEN DAVON. UND SIE SANDTEN ZU IHM ETLICHE VON DEN PHARISÄERN UND DES HERODES DIENERN / DASS SIE IHN FINGEN IN WORTEN. UND SIE KAMEN UND SPRACHEN ZU IHM: MEISTER / WIR WISSEN / DASS DU WAHRHAFTIG BIST UND FRAGEST NACH NIEMAND. DENN DU ACHTEST NICHT DAS ANSEHN DER MENSCHEN / SONDERN DU LEHREST DEN WEG GOTTES RECHT. IST'S RECHT / DASS MAN DEM KAISER ZINS GEBE ODER NICHT? SOLLEN WIR IHN GEBEN ODER NICHT GEBEN? ER ABER MERKTE IHRE HEUCHELEI UND SPRACH ZU IHNEN: WAS VERSUCHET IHR MICH? BRINGET MIR EINEN GROSCHEN / DASS ICH IHN SEHE! UND SIE BRACHTEN IHN. DA SPRACH ER: WES IST DAS BILD UND DIE ÜBERSCHRIFT? SIE SPRACHEN ZU IHM: DES KAISERS. DA ANTWORTETE JESUS UND SPRACH ZU IHNEN: SO GEBET DEM KAISER / WAS DES KAISERS IST / UND GOTT / WAS GOTTES IST! UND SIE VERWUNDERTEN SICH SEIN.

Der Kampf mit dem Feinde steigt jetzt zu seinem Gipfelpunkt. In immer neuen Gestalten tritt er aus der grauen Menge unversehens auf ihn zu. Wie ein Kesseltreiben hebt es an um ihn her. Eine Frage ist es jetzt, die herausspringt als *die* Frage. Als die Frage, über der die Entscheidung fällt: die Frage nach der Macht. Die zu ihm kamen, waren die Repräsentanten der Macht, die »Hohenpriester« und »Schriftgelehrten« und »Ältesten«. Die Repräsentanten der Macht, die damals zugleich auch die religiöse Macht war. Die Pflicht also war es, die Pflicht des im Namen Gottes geführten Amtes, die sie jetzt auf den Plan rief.

Dann aber war es noch etwas anderes, was sie forderte, und das war das Dringliche, das Erregende, das Unheimliche in dieser ganzen Angelegenheit. Hier war neben ihrer Macht noch eine zweite erschienen. Und diese andere Macht bezeugte sich in einer Stärke, die die von den Vätern überkommene Ordnung des Gesetzes aus der Angel zu heben drohte. Wäre diese Machterweisung, diese »dynamis« mit ihrem Stoß nicht im Grundpfeiler des öffentlichen Daseins zu verspüren gewesen, so hätte man ihr nicht diese Bedeutung zugemessen. Aber sie war zu verspüren gewesen. Und zwar so sehr, daß ihre, der rechtmäßigen Machthaber Macht in Gefahr war. Damit war die Frage, die jetzt zu klären war, durch die Lage eindeutig gestellt: *Aus was für Macht handelte dieser?*

Es war also dieselbe Frage, die damals in der Beelzebubfrage zum ersten Male aufgestanden war. Die Frage nach der Legitimität seiner Vollmacht. Und sie war schon damals von den Maßgebenden in dem Sinne beantwortet worden, daß sie nur vom Teufel stammen könne; denn die Macht, die von Gott stammt, war ja nach Recht und Gesetz in ihren, der Maßgebenden Händen. So also stand die Sache. Sie stand hart auf hart. Einer mußte auf dem Platze bleiben.

Aus was für Vollmacht tust du das? Aus was für Vollmacht heilst du den Blindgebornen? Aus was für Vollmacht weckst du den Lazarus auf? Aus was für Vollmacht treibst du Dämonen aus? Aus was für Vollmacht vergibst du Sünde? Aus was für Macht bist du in Jerusalem eingezogen? Aus was für Macht hast du den Tempel Gottes gereinigt? Aus was für Macht willst du den Tempel Gottes niederreißen und in dreien Tagen wieder aufbauen? Aus was für Macht kündest du dieser Welt das Gericht und ihr Ende an? Aus was für Vollmacht? Herunter mit der Maske!

Er treibt die Teufel aus mit der Teufel Oberstem! Er hat den Teufel und ist von Sinnen. Er sagt, er sei der Sohn Gottes. In Wahrheit aber ist er der Hölle Sohn.

Das ist ihre Antwort auf die Frage nach der Vollmacht des Mannes Jesus von Nazareth. Christus selbst gibt sie ihnen nicht. Er stellt ihnen vielmehr die Gegenfrage nach der Vollmacht des Täufers Johannes. In dieser Frage sehen sie sich den Spiegel vorgehalten und darin ihre eigenen lauernden Gesichter, die Gesichter der Berechner und Taktiker, der schlauen Massenpsychologen. Sie sehen darin die Gesichter von Mördern und verstummen. »Ist es recht, Meister«, so beginnen sie schlau, »daß man dem Kaiser Zins gebe?«

Die Geschichte vom Zinsgroschen muß aus der Vordergrundperspektive herausgerückt werden, in der sie das zeitliche Problem von Staat und Kirche so zähe festhält. Die Frage nach der Steuerpflicht will Christus in die Zwickmühle bringen zwischen den staatlichen und den religiösen Herrschaftsmächten der Zeit. Aber die Antwort, die Christus gibt, »geht mitten durch sie hinweg«. Das alles bleibt vor der Kulisse.

Das aber bleibt die entscheidende Frage dahinter: »Aus welcher Macht tust du das?« Es war die Frage nach dem Gottesreich, und zwar in der einen Gestalt, wie sie zwischen den Juden und ihm allein brennend war: *in der Frage nach der Messiasschaft*. Damit war die große Frage zur Verhandlung gebracht, durch die die Juden schicksalhaft für die Geschichte werden sollten: die Frage der messianischen Sendung. Wer hatte die Vollmacht? Wer war der wahre Messias?

Das war die Frage, über der sein Sturz beschlossen war. Dorthin sollte er über die Zwickmühle jener Frage gestoßen werden. Würde er antworten: Ja! man soll die Steuer nach Rom bezahlen!, so war er damit offen zum Verräter an der jüdischen Messiasschaft geworden. Würde er sagen: Nein!, so war man – mit Hilfe der Römer – ohnehin seiner ledig. Das war also der Konflikt, unerträglich in dem Gedanken für die Pharisäer, daß nicht sie, sondern er der legitime Träger der Messiasschaft sein könnte. Es ist genau das Bild, das sein Ende zeigt. Die Anklage sagt, er habe sich zum König machen wollen. Die Ankläger sagen zu Pilatus: »Diesen ergriffen wir, wie er das Volk aufwiegelte und es hinderte, dem Kaiser die Steuer zu zahlen, und sagte, er selbst sei der Messias-König.«[157] »Bist du der Juden König?« fragt ihn Pilatus. »Bist du der Messias?« so lautete diese Frage für ihn. »Du sagst es«, antwortet Christus. Auch Herodes zieht ihm ein »weißes Kleid« an. Der echte König kleidet den Narrenkönig, vielleicht mit seinem eigenen – Königsgewand (Bengel)! So wenig fürchtet er diesen Rivalen. Und schickt ihn so zu Pilatus zurück, als Scharlatan geprangert.

Das Volk soll wählen zwischen Barabbas und Jesus. Beide waren der gleichen Verbrechen angeklagt, des Aufruhrs und des Hochverrates. Nur Barabbas zu Recht. Er hatte das wirklich ausgeführt, wessen Christus verklagt war. Er war ein Freiheitskämpfer wider Rom.

Das ist es, was die »Hohenpriester und Ältesten« dem Volk sagen, was ihnen die Macht über das Herz des Volkes gibt. Sie »überreden« das Volk zu seiner eigenen, wirklichen, verborgenen Meinung. Sie zeigen ihm in Barabbas ihr wahres Ideal, das sie letzten Endes auch in Jesus von Nazareth, dem »König Israels«, suchen. In einem Sturm der Begeisterung reißen sie den Barabbas los.

Der Christus Jesus aber war der König. Er war es in der unerwarteten neuen Weise Gottes über allen persönlichen Messiasanspruch dieses Volkes hinaus. Gerade der Stein, den die Bauleute verwarfen, gerade der wird zum Eckstein. Und dazu der Triumph des Verworfenen: Auf wen er fällt, der wird zermalmt werden. Wer aber auf ihn fällt, der wird zerschellen. Er war der zur Sendung »Gesalbte«, der christos. Er war der für *alle* Völker Gesandte. Er war Heiland-König der Welt. Daß er der sei, das ist sein Wort. Und dieses Wort fällt schließlich. Es muß fallen, damit die keinen Vorwand haben, auf deren Haupt sein Blut gerufen ward. Darum fällt es nicht vor dem Römer Pilatus. Es fällt vor dem, der ihn dem Hochgericht überantwortet hat. »Darum, der mich dir überantwortet hat, hat größere Sünde«, sagt er zu Pilatus. Das Wort fällt dort, wo nach dem religiösen Recht auch die Vollmacht des Urteils liegt über dieses Wort. Es fällt vor dem Hohenpriester, dem Statthalter des Messias, der da Platz hält auf »dem Stuhle Mosis«.

Es ist der letzte öffentliche Kampf, den Christus hier kämpft, der Kampf um seine Vollmacht. Davon zeugen die Kampfgleichnisse, mit denen Christus jeden Schleier über den Fronten zerreißt. Dieser Umstand ist für uns überdeckt worden durch eine Auslegung dieser letzten Gleichnisreden, in der nach ihrem »Sinn für uns« gefragt worden ist, nicht aber nach dem »Sinn für ihn«: für seine Sendung, um die er jetzt im Endkampf steht.

Das Gleichnis von den Weingärtnern enthält die Geschichte seines Volkes. Den Weinberg hatte Gott ihnen gegeben, das Reich. Als Weingärtner hatte er sie darüber gesetzt. Immer und immer wieder schickt er Propheten, die Rechenschaft von den Weingärtnern fordern. Sie schmähen sie oder steinigen sie gar. Der zuletzt Kommende, der Täufer, wird getötet. Jetzt kommt der Sohn. Den nahmen sie, töteten ihn und warfen ihn hinaus vor den Weinberg. In diesem Gleichnis deckt Christus den Grund seiner Verwerfung auf. »Er ist der Erbe!« sprechen sie. »Ist er weg, so werden wir die Erben sein!« Jetzt also sind sie es, nicht er. Darum geht es. Dieses Gleichnis ist das klassische Kampfgleichnis, das an der Spitze aller steht, in seiner Klarheit eindeutig. Und es wurde verstanden, auf wen es geredet war. In diesem Gleichnis ist zugleich auch gesagt, was kommen wird. Es ist Christi Weissagung vom Schicksal seines Volkes. Der Herr des Weinbergs wird kommen, er wird die Gärtner umbringen und den Weinberg andern geben. Die größte Zahl der Kampfgleichnisse findet sich bei Matthäus. Sie stehen dort in einem gemeinsamen Abschnitt vor und nach der Verfluchung der Pharisäer und der Rede vom Ende der Welt.[158] Das Reich ist hier gleich einem König, der eine Hochzeit für seinen Sohn gerichtet hat. Der König schickt Boten aus. Die Geladenen kommen nicht. Er wiederholt die Einladung, aber vergeblich. Schließlich werden die Boten gegriffen, geschmäht und getötet. Die Hochzeit findet dennoch statt. Die Einladung aber geht hinaus in die ganze Welt. Und die Tische werden voll. Der Schreiber vermischt mit dem Schluß des Gleichnisses noch ein anderes. Ein Gast wird entdeckt, der es nicht der Mühe wert hielt, ein hochzeitlich Kleid anzuziehen. Es ist das Geschlecht, das Christus nicht als den Gottesbräutigam erkannte, der in sein Erbe kommt und Hochzeit halten will. Unter den zehn Jungfrauen stellen die fünf törichten dieses Geschlecht dar, dem die Bereitschaft fehlt. In der gleichen Schuld wird der böse Knecht befunden, der sagt, mein Herr kommt noch lange nicht. Der seine Mitknechte schlägt und mit den Trunkenen ißt und trinkt. Man erkennt hier die Pharisäer, wie sie in der Verfluchungsrede geschildert sind, als die Tyrannen, die dem Volk ein schweres Joch auflegen. Als die Aussauger, die der Witwen Häuser in Wohlleben verprassen. Das Gleichnis von den anvertrauten Pfunden hat Lukas am schönsten.[159] Es ist hier vermengt mit einem anderen, das auf dasselbe hinauskommt. Ein Fürst zieht außer Landes in einen Krieg. In seinem Rücken bricht die Revolution aus. Die Aufständigen erklären ihn für abgesetzt. Das Volk sind hier die Aufrührer gegen ihren angestammten Herrn. Im Gleichnis von den Pfunden ist es der faule Knecht. Er hat das Pfund vergraben. Und nun, da es von ihm gefordert wird, steht er mit leeren Händen da.

Christus spricht dieses Gleichnis mit dem Blick auf Jerusalem. Er weint über Jerusalem. Es hat nicht erkannt, was zu seinem Frieden dient. Und nun steht das Gericht vor der Türe. Alle Kampfgleichnisse enden mit der Gerichtsweissagung. Und zwar in der Form der Verdammung zum Untergang. Denn so hoch Gott erhebt, so tief stürzt er. Über die Wucht dieser Christusweissagung helfen keine mildernden Deutungen der Nachgekommenen hinweg. Im großen Gerichtsgleichnis, mit dem jener Abschnitt bei Matthäus schließt, da heißt es: »Ich bin euer Gast gewesen, und ihr habt mich nicht beherbergt. Ich bin nackt gewesen, und ihr habt mich nicht bekleidet. Ich bin gefangen gewesen, und ihr habt mich nicht besucht.« Er war in sein Eigentum gekommen, und die Seinen hatten ihn nicht aufgenommen. Und nun heißt es: Gehet hin von mir, ihr Verfluchten, in das ewige Feuer!

In der königlichen Hochzeit heißt es, der König ward zornig, schickte seine Heere aus, brachte diese Mörder um und zündete ihre Stadt an. Dem das hochzeitliche Kleid ermangelte, trifft dieses Urteil: »Bindet ihm Hände und Füße und werfet ihn in die Finsternis hinaus, da wird sein Heulen und Zähneklappern.« Den törichten Jungfrauen, da sie an die Türe klopfen, wird gesagt: »Ich kenne euch nicht.« Vom bösen Knecht heißt es: »Man werde ihn zerscheitern und ihm seinen Lohn geben mit den Heuchlern.« Dem, der sein Pfund vergrub, wird es genommen und dem gegeben, der schon zehn hat. Den Aufrührern aber, die nicht wollten, daß der König über sie herrsche, geschieht dieses Urteil: »Bringet sie her und erwürget sie vor mir.« Bei Lukas sagt Christus von seinen Zeitgenossen, sie würden an die Türe klopfen und sagen, wir haben vor dir gegessen und getrunken und auf den Gassen hast du uns gelehrt. Er aber werde sie verleugnen: »Weichet alle von mir, ihr Übeltäter!« Da werde sein »Heulen und Zähneklappern«, wenn sie die Erzväter und alle Propheten im Gottesreich sähen, wenn die Völker aus allen Himmelsrichtungen kämen, zu Tische zu sitzen im Reich Gottes. Sie aber, die einstmals Ersten, würden hinausgestoßen. Als der römische Hauptmann für seinen Burschen bei ihm bat, bekennt er, solchen Glauben habe er in Israel nicht gefunden. Es würden viele kommen vom Morgen und vom Abend und mit Abraham und Isaak und Jakob im Himmelreich sitzen, aber die Söhne des Reichs, die eigentlichen Erben, die würden ausgestoßen in die Finsternis.

Es hat niemand Anspruch auf die Messiasschaft denn allein der von Gott Gesandte, Christus Jesus. Jede Messianität außer ihm liegt bereits auf dem Weg zum Antichristus. Das gilt für die ganze kommende Geschichte und die ganze Völkerwelt. Hier im Kampf mit den Juden öffnet sich für Christus die apokalyptische Perspektive auf das Ende dieser Welt. Es hat seinen Sinn, daß die apokalyptischen Worte Christi im Höhepunkt des Kampfes mit seinem Volk bei allen drei Synoptikern erscheinen.

Christus weissagt das Judentum als den Hauptfeind seiner künftigen Gemeinde. Die Ausdrücke »Synedrium« und »Synagoge« in jener prophetischen Stelle [160] lassen keinen Zweifel daran. »Sie werden euch den Synedrien und Synagogen ausliefern.« Es sind die höchsten politischen und religiösen Instanzen im jüdischen Volk. Denn allein dieses Volk weiß wirklich, worum es geht mit Christus. Es ward ihm eröffnet in der messianischen Prophetie. Von den »Fürsten und Königen« sagt Christus nur, daß die Seinen vor sie »gestellt« werden, um ihn zu »bezeugen« vor ihnen. Denn die Botschaft solle allen Völkern verkündet werden, bevor er seine Herrschaft antrete.

Das Gericht aber gilt beiden, Juden und Heiden. Und beide sind es, aus denen die Gottesgemeinde, die Ekklesia, aus der Welt »herausgerufen«[161] wird.

Aber den Vorrang hat Israel in beidem, im Guten und im Bösen, im Segen und im Fluch. Israel ist das einzige Weltgeschichtsvolk, und zwar durch das Denkmodell des Messias,[162] das Israel in die Geschichte hineingegeben hat und das in Ideologie und Utopie das Leitbild aller großen Führungsmächte der Welt geworden ist. So ist Israel zugleich der Ursprungsort des Christus und des Anti-Christus in der Geschichte geworden. Es ist nicht ohne Grund geschehen, wenn in der Hauptschrift der Reformation, der Augsburgischen Konfession, die »jüdische Meinung« verworfen wird, daß vor der Auferstehung der Toten eitel Heilige und Fromme ein weltlich Reich haben und die Gottlosen vertilgen werden (Art. 18). Es ist der politische Messianismus, der hier erkannt und verworfen ist.

An Israel schürzt sich die Geschichte zum unlösbaren Knoten auf. Nur Gott allein kann ihn lösen. An diesem Rätsel scheitert jeder Versuch einer logischen Geschichtsbetrachtung. Wenn an der Geschichte irgend etwas Logisches ist, so die Logik des Gottes, der auf jeden Fall der Geschichtsherr bleibt und sich nicht spotten läßt. Hier, angesichts dieses Erzknotens, wird die Logik des Weltgerichts zwingend, ja lösend – erlösend.

Die Messiasverwerfung Israels ist die Messiasverwerfung der Völkerwelt geworden. Hier »judenzen« wir alle. Es hilft nichts: »Wer nicht für mich ist, der ist wider mich.« Aber auch das andere: »Wer nicht wider mich ist, der ist für mich.«

Der Christus Jesus ist die Weltgeschichtsperson der Entscheidung, heute wie einst, an der wir alle, »Juden« und »Griechen«, gerichtet werden. »Es ist da nämlich kein Unterschied.«[163] Kein Unterschied im Verworfensein. Aber auch kein Unterschied der Rasse, kein Unterschied der Klasse mehr. Ja, nicht einmal mehr ein Unterschied des Geschlechts. Aufhebung der Welt-, Gesellschafts- und Naturordnung des alten Aions. Aufhebung, nicht Fortschritt zur Demokratie, zur Humanität, zur Universal-Gesellschaft. Alle Einer im Christus Jesus. Alle Ein Leib – Sein Leib. Christificatio universalis – ein neuer Schöpfungsakt.[164]

Da traten die Sadduzäer zu ihm / die da halten / es sei keine Auferstehung. Die fragten ihn und sprachen: Meister / Mose hat uns geschrieben: Wenn jemands Bruder stirbt und lässt ein Weib und lässt keine Kinder / so soll sein Bruder desselbigen Weib nehmen und seinem Bruder Samen erwecken. Nun sind sieben Brüder gewesen. Der erste nahm ein Weib. Der starb und liess keinen Samen. Und der andere nahm sie und starb und liess auch nicht Samen. Der dritte desselbigengleichen. Und nahmen sie alle sieben und liessen nicht Samen. Zuletzt nach allen starb das Weib auch. Nun in der Auferstehung / wenn sie auferstehen / wes Weib wird sie sein unter ihnen? Denn sieben haben sie zum Weibe gehabt. Da antwortete Jesus und sprach zu ihnen: Ist's nicht also? Ihr irret darum / dass ihr nichts wisset von der Schrift noch von der Kraft Gottes. Wenn sie von den Toten auferstehen werden / so werden sie nicht freien noch sich freien lassen / sondern sie sind wie die Engel im Himmel. Aber von den Toten / dass sie auferstehen werden / habt ihr nicht gelesen im Buch Moses bei dem Busch / wie Gott zu ihm sagte und sprach: »Ich bin der Gott Abrahams und der Gott Isaaks und der Gott Jakobs«? Gott aber ist nicht der Toten / sondern der Lebendigen Gott. Darum irret ihr sehr. Und es trat zu ihm der Schriftgelehrten einer / der ihnen zugehört hatte / wie sie sich miteinander befragten / und sah / dass er ihnen fein geantwortet hatte und fragte ihn: Welches ist das vornehmste Gebot vor allen? Jesus aber antwortete ihm: Das vornehmste Gebot vor allen Geboten ist das: »Höre / Israel / der Herr / unser Gott ist ein einiger Gott und du sollst Gott deinen Herrn lieben von ganzem Herzen / von ganzer Seele / von ganzem Gemüte und von allen deinen Kräften.« Das ist das vornehmste Gebot. Und das andere ist ihm gleich: »Du sollst deinen Nächsten lieben als dich selbst.« Es ist kein ander grösser Gebot denn diese. Und der Schriftgelehrte sprach zu ihm: Meister / du hast wahrlich recht geredet. Denn es ist ein Gott und ist kein anderer ausser ihm. Und denselbigen lieben von ganzem Herzen / von ganzem Gemüte / von ganzer Seele und von allen Kräften und lieben seinen Nächsten als sich selbst / das ist mehr denn Brandopfer und alle Opfer. Da Jesus aber sah / dass er vernünftiglich antwortete / sprach er zu ihm: Du bist nicht ferne von dem Reich Gottes. Und es wagte ihn niemand weiter zu fragen.

414 DAS EVANGELIUM

Und Jesus antwortete und sprach / da er lehrte im Tempel: Wie sagen die Schriftgelehrten / Christus sei Davids Sohn? Er aber / David / spricht durch den Heiligen Geist: »Der Herr hat gesagt zu meinem Herrn: Setze dich zu meiner Rechten / bis dass ich lege deine Feinde zum Schemel deiner Füsse.« Da heisst ihn ja David seinen Herrn. Woher ist er denn sein Sohn? Und viel Volks hörte ihn gern. Und er lehrte sie und sprach zu ihnen: Sehet euch vor vor den Schriftgelehrten / die in langen Kleidern gehn und lassen sich gerne auf dem Markte grüssen und sitzen gerne obenan in den Schulen und über Tisch beim Abendmahl. Sie fressen der Witwen Häuser und wenden langes Gebet vor. Dieselben werden desto mehr Verdammnis empfahen. Und Jesus setzte sich gegen den Gotteskasten und schaute / wie das Volk Geld einlegte in den Gotteskasten. Und viel Reiche legten viel ein. Und es kam eine arme Witwe und legte zwei Scherflein ein / die machen einen Heller. Und er rief seine Jünger zu sich und sprach zu ihnen: Wahrlich / ich sage euch: Diese arme Witwe hat mehr in den Gotteskasten gelegt denn alle / die eingelegt haben. Denn sie haben alle von ihrem Übrigen eingelegt. Diese aber hat von ihrer Armut alles / was sie hatte / ihre ganze Nahrung / eingelegt.

Im Pharisäismus war Christus auf die Grundmauer des jüdischen Widerstands gestoßen. Er trug die Hochtradition des völkischen Sendungsbewußtseins. Er führte von der Geschichte her, von der Erwählung des Abrahamadels den Angriff gegen Christus. Aus dem massiven Zentrum des völkischen, des politischen und des geschichtlichen Lebens des Erwählungsvolkes heraus war hier die Frage nach der Legitimität seiner Vollmacht mit großartiger Wucht und Sicherheit gegen ihn vorgetragen. Von dorther lebt ja noch heute das Judentum in seinem antichristlichen Messiasanspruch. Von dorther speist es noch heute den Zweifel und den Unglauben der anderen Völker der Welt gegen den Sohn Gottes. Die Geschichte ist wider ihn, so sagen sie. Die Realitäten widerlegen ihn! Sehr viel weniger kraftvoll ist jener andere Widerstand, der von den Sadduzäern getragen wird. Sie sind die weitherzigen Liberalen, die kühlen Skeptiker, die nüchternen Logiker. Sie widerstehen aus Rationalismus. Sie speisen in der Welt die Gegnerschaft gegen den Sohn Gottes aus Gründen der Vernunft.

Ein Weib hatte sieben Männer auf Erden. Wes wird sie in der Ewigkeit sein? Deine Lehre von der Auferstehung ist wider alle Vernunft. Sie ist bis zur Lächerlichkeit falsch. An den natürlichen Gesetzlichkeiten läßt sie sich im Handumdrehen ad absurdum führen. Es scheint so, als ob nachher das sadduzäische Antichristentum in der Völkerwelt mindestens ebenso stark geworden sei wie das pharisäische. So fällt es auf uns, die Heiden, zurück, wie hemmungslos wir uns auch jene Verdächtigung der Juden, daß die Auferstehung Christi ein Jüngerbetrug, und alles auf ganz natürliche Weise zu erklären sei, zu eigen gemacht haben.

Der Gegensatz zu Christus ist denn auch sehr groß. Jene Rationalisten denken nur in der Ordnung der *linearen*, der *historischen* Zeit. Für sie ist diese Zeit die absolute Zeit. Was sich in ihrer Ordnung geformt hat, ist endgültige, unauflösbare Gestalt geworden. So die Frau, die sieben Männer gehabt hat. Gott selbst ist der Gefangene dieser Ordnung. Seine Kraft ist der Kraft der historischen Zeit unterworfen. Anders vermag die rationalistische Zeitordnung nicht zu denken. Alles in ihr Geschehende untersiegelt der Tod. Auch diese siebenfache Ehe hat der Tod siebenfach untersiegelt. Die Todeszeit entläßt nichts, was sie in ihren Klauen hält. Christus widerlegt nicht diese Zeitanschauung. Er weiß sehr wohl von ihrer Gültigkeit in der Schranke. Er sagt ganz einfach, ihr wißt nichts von der Hauptsache. Ihr haltet euren Horizont für die Welt. Ihr wißt nichts von der Hauptsache dahinter und darüber. Ihr wißt nichts von der Kraft Gottes. Ihr seid an die Zeit verfallen, Gott nicht. Ihr könnt nicht anders *denken*, Gott aber kann anders *tun*. Das ist das Entscheidende bei ihm. Nicht das Gesetz der Zeitordnung, sondern die Kraft. In ihm werden die Zerrissenheiten, die Zwiespältigkeiten der entweihten Schöpfung wieder zusammengeheilt sein: *dank der Kraft*.

Es ist tatsächlich anders, als es eurer Vernunft erscheint, die so gerne die Gesetzgeberin der Welt sein möchte. Eurer Vernunft erscheint das Einstige als vergangen, erscheinen Abraham und Isaak und Jakob vergangen. Das Historische erscheint euch als das Einmalige, das Unwiederbringliche, das Unwiederholbare. Vergangenes aber gibt es bei Gott nicht, denn er ist der schlechthin Lebendige. Ich sage euch, ihr werdet Abraham und Isaak und Jakob im Gottesreiche einst als die Lebenden sehen. Ihr aber werdet hinausgestoßen sein. Jenen wird das Reich werden, denen es vor Anbeginn aller Zeit bestimmt war.[165] Vor Anbeginn der Schöpfung! Denn die ewige Zeit war bei Gott nie außer Kraft, das war nur bei den Menschen. Wo Gott mit seinem Finger die irdische Zeit berührt, da wird sie zurückgeholt in die ewige Zeit. Sie wird zurückgeholt wie eine Masche, die gefallen ist, zurückgeholt ins Gewebe der ewigen Zeit. Darum irret ihr, und zwar sehr.

Noch einmal wird ihm die Gelegenheit, es zu sagen: *Das* ist die *Hauptsache!* Er spricht es aus, indem er sagt, was er selber sei. Der Anlaß gibt ihm freie Hand dazu. Er wird diesmal nicht gefragt und in der Frage schon gefangengeführt. Er sagt es im Tempel frei unter dem Volk. Die Schriftgelehrten, so sagt er, lehren, der Messias müsse Davids Sohn sein. Das also ist wider die historische Zeit mit ihrer Ordnung, in der einstmals der historische David lebte, in der er nach der Ordnung von Ursache und Wirkung Samen aus seinem Blute, in der er historische Söhne hatte. Seht ihr, so sehen die Pharisäer den Christus in der historischen Zeit als den legitimen Sproß seiner Lenden. So sehen sie in dieser Zeit das zeitliche Geschehen. Die Abrahamsverheißung, die Knechtschaft in Ägypten, den Durchzug durch das Rote Meer, Sinai und Kanaan. Und von da schnurgerade weiter in der historischen Zeit auf der Ebene historisch-politischer Geschichte: die Errichtung des messianischen Weltreichs. *So* sagen die Schriftgelehrten, der Messias sei Davids Sohn.

Christus hat vor sich aufgeschlagen den 110. Psalm. Er zeigt eine andere Ordnung. Eine Ordnung, so völlig anders, daß man es kaum wahrhaben möchte; daß man einfach im Schwergewicht des alten Denkens darüber wegzulesen beinahe gedrungen ist. Man hält es nicht für möglich, daß es *so* gemeint sein könnte. Der Psalm zeigt David herausgetreten aus der Geschichtszeit, in der er legitimer Ahnherr des Sohnes ist. Das Verhältnis ist jetzt umgekehrt, aus dem heraus David jetzt spricht. Der Sohn ist jetzt der Herr geworden, der zum »Vater« spricht, und zwar von der Ewigkeit her. In Wirklichkeit spricht er nicht einmal zu David, sondern David hört ihn, den Sohn, von der Ewigkeit her reden, und zwar mit Gott. David hört ein Gespräch, das im Schoße der Gottheit die Gottheit mit sich selbst führt, das dort der Vater einer höheren Ordnung mit dem Sohne einer höheren Ordnung führt. »Der Herr sprach zu meinem Herrn«, so singt David im Hymnus der Weissagung. Da heißt ihn ja David seinen »Herrn«! Woher ist er denn sein Sohn? Und dazu fügt der

Text die Bemerkung, daß das Volk ihn gerne hörte! Es muß also das Volk im Gegensatz zu der »logischen« Denkweise der Maßgebenden für diese andere Weise zu denken einen Sinn gehabt haben. Es war offenbar zu ungebildet, um dieses logische Denken in der natürlichen Zeitordnung zu beherrschen und in solcher Beherrschung an seine Gültigkeit zu glauben. Das Herz des Volkes besitzt ja noch Sinn, wie wir zu sagen pflegen, für das Mehr-als-Menschliche in der Welt, für die übersinnlichen Zusammenhänge der Dinge, für das Unlogische und Geheimnisvolle, für das Märchen und für die Legende. Weil dem so ist, hörte es Christus gerne, wenn auch blind und die Wahrheit seiner Rede kaum erahnend, dem Reiche Gottes näher als die geschulten und gebildeten Geister.

Den Schlüssel zu dem Rätsel dieses Psalms gibt das Wort »Geist«. David spricht hier durch keinen Geringeren als den Heiligen Geist. Der Vorhang fällt, der die Menschenzeit von der Gotteszeit trennt. Die Menschenzeit ist jetzt plötzlich nur Geschehen ganz vorn an der Rampe. Die Hauptszene dahinter aber ist erfüllt von der Gotteszeit. Der Heilige Geist ist der *creator spiritus, der Schöpfer Geist*, der uns selbst hineinschafft in die Gotteszeit und der die Gotteszeit hineinschafft in die Menschenzeit. Es entsteht unter seinem Anhauch das Neue. Das ist es, das David sieht. Seine Ordnung ist es, unter der er jetzt denkt. Es kommt jetzt nicht mehr darauf an, daß der Ahnherr und der Davidide in der Legitimität des Historischen zueinander stehen. Der Davidide, der in der historischen Zeit *nach* ihm kommen muß, erscheint jetzt plötzlich *vor* ihm in grauester Vorzeit: in der Gestalt des Priesterkönigs Melchisedek, von dem es heißt, daß er »Wein und Brot« hervortrug. Er hat jetzt die Gestalt des Pantokrators, des Allherrschers, der Platz nimmt zur Rechten der Kraft Gottes. Es wetterleuchtet um ihn her vom Lichte jenes, der in den Wolken des Himmels kommt, den Triumph über seine Feinde zu vollenden.

Das also ist *er!* Und diese Psalmprophetie ist sein letztes Wort in dieser Sache vor dem Volk und seinen Gegnern.

Der Schriftgelehrte ist hier nicht fern, der ihn nach dem vornehmsten Gebote fragt. Er ist deshalb nicht ferne, weil er vom Inbegriff der Kraft weiß, die der Geist ist, die Liebe. Weil er von der Liebe weiß, als der neuen Ordnung des Reiches, in der schlechthin alles ineinander lebt und webt. Er weiß, daß es nicht mehr die Kultordnung ist, die das Universum zusammenhält, sondern die Liebesordnung. Er weiß, daß das Reich ein einziges großes Sakrament der Liebe ist. Er weiß, daß in ihm kein anderes Leben mehr sein kann als das Leben, in dem Gott selbst als die ewige Liebe zelebriert. Er weiß es als einer, der es Christus gläubig nachspricht bis dorthin, wo Christus neben die Liebe zu Gott die Liebe zum Nächsten stellt, als die andere Hälfte der großen Kugel des Universums der Liebe. Denn hier gibt es keine Liebe zu Gott für sich allein. Das wäre eine philosophische Liebe. Hier gibt es Liebe nur total. Liebe, die in Gott den Nächsten mitgeliebt hat. Ja, Liebe, die sich selbst noch mitlieben darf, weil sie in ihr den Nächsten mit umfängt.

Dies alles weiß der Schriftgelehrte. Dies alles spricht er gläubig nach, und ist doch noch nicht im Reich. Ist doch nur erst »nicht ferne«. Er ist nur der Wissende, nur der Nachsprechende. Er ist an keiner Stelle über seine theologische Existenz hinausgekommen. Auch der schüchternste Schritt, den er von sich aus tun wird zum Reiche hin, muß ihn abstürzen lassen in das ethische Sein, über dem das Reich als das hohe Soll des Gesetzes nun nicht mehr nahe, sondern ferne schwebt. Denn nicht aus dem Gesetz, sondern aus dem Geist lebt das Reich.

Da fragen wir erschrocken: Wer kann denn dann selig werden? Und denken an das Christuswort: Bei den Menschen ist's unmöglich. Bei Gott aber sind alle Dinge möglich.

Er setzt sich dem Gotteskasten gegenüber. Er ist am Haupttor zum Tempel, wo der Strom der Menge wogt. Da sitzt er und sieht, wie sie nach ihrem Vermögen einlegen, was sie schuldig sind. Nur von einer aber spricht er. Von einer, die unter der großen Menge niemand beachtet. Es ist eine Witwe, die ihre »ganze Nahrung« gibt.

Hier war geschehen, worauf es ankam. Hier von der Witwe, die arm war und die keiner sah. Hier war Hingabe geschehen, und zwar ganz. Hingabe ohne Vorbehalt. Das war es, worauf es ankam. Da gingen auch die Schriftgelehrten, große, stattliche Männer, in das Gewand ihrer Würde gekleidet. Das Volk macht ihnen Platz. Man grüßt sie auf dem Markte. Sie sitzen obenan bei den Gastmählern und tragen »Zettel« an den Kleidern, damit man sie erkenne. Sie wenden lange Gebete vor. Aber es sind nur Feigenblätter. Dahinter fressen sie der Witwen Häuser.

Nicht umsonst, daß es ein Weib, daß es eine Witwe ist, die das Urbild der Hingabe gibt. Das ist die Haltung der Seele vor Gott, die des Weibes, die der Witwe, die der Braut. Wehe dem Mann, der dieses bessere Selbst der Hingabe in sich verloren hat! Wie will er zu Gott kommen?

Wenn man die letzten dreihundert Jahre abendländischer Seelengeschichte überblickt, so fragt man sich, ob nicht hier die Wurzel der Seelenentartung liegt, in dem Absterben der einen Hälfte, in ihrem nur noch Halb- und Restsein. Das Schicksal des großen französischen Dichters Arthur Rimbaud [166] (1891 †) ist für diese Katastrophe der abendländischen Seele gleichnishaft. Unvergleichlich, wie dieser Sproß eines Ardenner Bauerngeschlechts mit Gott kämpft! In titanischem Trotz überliefert er sich einem Leben von beispiellosem Verzichten und Entbehren, einem wahren Martyrium der Kreatur, die ohne Gott Mensch sein will; die in titanischem Trotz jeden Einsatz macht: den des Elternhauses, des Vaterlandes, der Religion, der Kultur, der Freundschaft, der Liebe, des Leibes und der Gesundheit; ja, den Einsatz seines größten Pfundes, seiner Dichtergabe. Warum? Um sich diese Unabhängigkeit zu bewahren, die das Schicksal auf der ganzen Front in die Schranken fordert und sich selbst dem Nichts ausliefert; die, nach beispiellosen Irrfahrten in der Hölle Afrikas wieder zurückverschlagen an den heimatlichen Strand, unbeugsam bleibt bis hinein in die geheimnisvolle Krankheit, die ihn, siebenunddreißigjährig, lebendigen Leibes frißt. Das alles, um – wie er sagt – la liberté sans le salut – zu behalten! Um nicht die höchste Hingabe zu üben, die dem Menschen ziemt: die Hingabe an Gott. Diese Hingabe kann nur ganz sein. Sie muß auch die Hingabe des freien Geistes sein. Dieser Sieg gelingt ihm noch im Angesicht des Todes. Besiegt sein von Gott heißt: Sieger über sich selbst sein. Erschütternd, wie sich nach seiner Bekehrung der dämonische Krampf löst und noch einmal der Genius seiner Jugend in den Wach- und Traumzuständen des Endes strahlend hervortritt!

Sollte hier die Wurzel unserer Krankheit liegen, daß die Seele des Menschen immer mehr abstirbt in ihrer weiblichen Hälfte, die sie fähig macht zu ihrer Hingabe an Gott?

Die Seele des Menschen ist Gottes Braut.

Es ist der Genius des Weibes, der die Kreatur bereit macht für Gott. Er gab der Witwe die Größe, die der Jüngling nicht besaß. Wie begrenzt bei allem kühnen Flug des Wollens steht neben diesem Weibe der reiche Jüngling! Sie gab ihre »ganze Nahrung«.

Wenden wir noch einen Blick auf diese Witwe! Sie ist der letzte Mensch, den er heraushob aus dem grauen Heer des Volkes und zum Gleichnis erhob an seiner Straße. Wie sie da weggeht, die Witwe, in ihre Schleier gehüllt und in sich gewandt, da geht aus seiner Erdenbahn hinweg der letzte Namenlose aus dem Volk, der an ihm vorüberging, den er ansah und liebte.

Wie er jetzt durch den Tempel hindurchschreitet, da fällt eine Tür hinter ihm ins Schloß. Es ist jetzt etwas vorbei, das nie wieder zurückkehren wird. Das war sein Abschied. Wie er aus dem Tempel heraustritt, spürt er die Grundmauern des gewaltigen Baues beben, hört er das Dröhnen ferner Kampfwagen weit, weit in der Ferne; sieht er den ganzen Weltraum sich öffnen in einer ungeheuren Verwandlung.

UND DA ER AUS DEM TEMPEL GING / SPRACH ZU IHM SEINER JÜNGER EINER: MEISTER / SIEHE / WELCHE STEINE UND WELCH EIN BAU IST DAS! UND JESUS ANTWORTETE UND SPRACH ZU IHM: SIEHEST DU WOHL ALLEN DIESEN GROSSEN BAU? NICHT EIN STEIN WIRD AUF DEM ANDEREN BLEIBEN / DER NICHT GEBROCHEN WERDE.
UND DA ER AUF DEM ÖLBERGE SASS GEGENÜBER DEM TEMPEL / FRAGTEN IHN BESONDERS PETRUS UND JAKOBUS UND JOHANNES UND ANDREAS: SAGE UNS / WANN WIRD DAS ALLES GESCHEHEN: UND WAS WIRD DAS ZEICHEN SEIN / WANN DAS ALLES SOLL VOLLENDET WERDEN? JESUS ANTWORTETE IHNEN UND FING AN ZU SAGEN: SEHET ZU / DASS EUCH NICHT JEMAND VERFÜHRE! DENN ES WERDEN VIELE KOMMEN UNTER MEINEM NAMEN UND SAGEN: »ICH BIN CHRISTUS« UND WERDEN VIELE VERFÜHREN. WENN IHR ABER HÖREN WERDET VON KRIEGEN UND KRIEGSGESCHREI / SO FÜRCHTET EUCH NICHT. DENN ES MUSS ALSO GESCHEHEN. ABER DAS ENDE IST NOCH NICHT DA. ES WIRD SICH EIN VOLK ÜBER DAS ANDERE EMPÖREN UND EIN KÖNIGREICH ÜBER DAS ANDERE. UND WERDEN GESCHEHEN ERDBEBEN HIN UND WIEDER UND WIRD SEIN TEURE ZEIT UND SCHRECKEN. DAS IST DER NOT ANFANG. IHR ABER SEHET EUCH VOR! DENN SIE WERDEN EUCH ÜBERANTWORTEN VOR DIE RATHÄUSER UND SCHULEN. UND IHR MÜSSET GESTÄUPET WERDEN UND VOR FÜRSTEN UND KÖNIGE MÜSSET IHR GEFÜHRT WERDEN UM MEINETWILLEN ZU EINEM ZEUGNIS ÜBER SIE. UND DAS EVANGELIUM MUSS ZUVOR VERKÜNDET WERDEN UNTER ALLE VÖLKER. WENN SIE EUCH NUN FÜHREN UND ÜBERANTWORTEN WERDEN / SO SORGET NICHT / WAS IHR REDEN SOLLT

und bedenket auch nicht zuvor. Sondern was euch zu derselben Stunde gegeben wird / das redet. Denn ihr seid's nicht / die da reden / sondern der Heilige Geist. Es wird aber überantworten ein Bruder den andern zum Tode und der Vater den Sohn und die Kinder werden sich empören wider die Eltern und werden sie helfen töten. Und werdet gehasset sein von jedermann um meines Namens willen. Wer aber beharret bis an das Ende / der wird selig. Wenn ihr aber sehen werdet den Greuel der Verwüstung (von dem der Prophet Daniel gesagt hat) / dass er stehet da er nicht soll (wer es lieset / der vernehme es!) alsdann / wer in Judäa ist / der fliehe auf die Berge. Und wer auf dem Dache ist / der steige nicht hernieder ins Haus und komme nicht drein / etwas zu holen aus seinem Hause. Und wer auf dem Felde ist / der wende sich nicht um / seine Kleider zu holen. Wehe aber den Schwangeren und Säugerinnen zu der Zeit! Bittet aber / dass eure Flucht nicht geschehe im Winter. Denn in diesen Tagen werden solche Trübsale sein / als sie nie gewesen sind bisher vom Anfang der Kreatur / die Gott geschaffen hat / und als auch nicht werden wird. Und so der Herr diese Tage nicht verkürzt hätte / würde kein Mensch selig. Aber um der Auserwählten willen / die er auserwählet hat / hat er diese Tage verkürzt. Wenn nun jemand zu der Zeit wird zu euch sagen: Siehe / hie ist Christus! Siehe / da ist er! so glaubet nicht. Denn es werden sich erheben falsche Christi und falsche Propheten / die Zeichen und Wunder tun / dass sie auch die Auserwählten verführen / so es möglich wäre. Ihr aber sehet euch vor! Siehe / ich habe es euch alles zuvor gesagt. Aber zu der Zeit / nach dieser Trübsal / werden Sonne und Mond ihren Schein verlieren und die Sterne werden vom Himmel fallen und die Kräfte der Himmel werden sich bewegen. Und dann werden sie sehen des Menschen Sohn kommen in den Wolken mit grosser Kraft und Herrlichkeit. Und dann wird er seine Engel senden und wird versammeln seine Auserwählten von den vier Winden von dem Ende der Erde bis zum Ende des Himmels. An dem Feigenbaum lernet ein Gleichnis: Wenn jetzt seine Zweige saftig werden und Blätter gewinnen / so wisset ihr / dass der Sommer nahe ist. Also auch / wenn ihr sehet / dass solches geschieht / so wisset / dass es nahe vor der Tür ist. Wahrlich ich sage euch: Dies Geschlecht wird nicht vergehn / bis dass dies alles geschehe.

HIMMEL UND ERDE WERDEN VERGEHEN. MEINE WORTE ABER WERDEN NICHT VERGEHEN. VON DEM TAGE ABER UND DER STUNDE WEISS NIEMAND / AUCH DIE ENGEL NICHT IM HIMMEL. AUCH DER SOHN NICHT / SONDERN ALLEIN DER VATER. SEHET ZU / WACHET UND BETET / DENN IHR WISSET NICHT / WANN ES ZEIT IST. GLEICH ALS EIN MENSCH / DER ÜBER LAND ZOG UND LIESS SEIN HAUS UND GAB SEINEN KNECHTEN MACHT / EINEM JEGLICHEN SEIN WERK UND GEBOT DEM TÜRHÜTER ER SOLLTE WACHEN. SO WACHET NUN (DENN IHR WISSET NICHT WANN DER HERR DES HAUSES KOMMT. OB ER KOMMT AM ABEND ODER ZU MITTERNACHT ODER UM DEN HAHNENSCHREI ODER DES MORGENS) / AUF DASS ER NICHT SCHNELL KOMME UND FINDE EUCH SCHLAFEND. WAS ICH ABER EUCH SAGE / DAS SAGE ICH ALLEN: WACHET!

Als wir aus dem Ersten Weltkrieg zurückkamen, war auch mit den Christen etwas Neues geschehen. Sie hatten sich zum erstenmal wieder seit Generationen als Geschichtswesen erfahren. Der religiöse Individualismus konnte nicht schroffer enden als in dieser Erfahrung. Auch der Christ war mit den grauen Millionen seines Volkes auf Gedeih und Verderb hineingebunden in das größere Schicksal seines Volkes. Ja, mehr, der Krieg war ja Völkerschicksal, war Weltschicksal. So erfuhr er sich als der Gebundene dieses Schicksals, dem das Vorzeichen »Welt« voranschreitet. Hier ist der Ort, an dem in der Christenheit das neue Fragen entstand nach der *Welt*, nach dem *Kosmos*, nach der *Geschichte*, nach dem *Schicksal*. Es war kein theoretisches Fragen mehr, wie das Fragen der gestrigen Romantik und der idealistischen Philosophie. Es war ein Fragen de profundis, aus der Tiefe des Existierens heraus, des Mitgekämpft- und des Mitgelittenhabens. Es war schließlich die Frage nach der Sendung des Christen, der Christenheit, der Christusgemeinde, der christlichen Völker überhaupt im Ablauf eines Geschehens von so ungeheuren Horizonten, daß Sinn, Ursprung und Ziel zunächst nicht auffindbar schienen. Dazu kam jenes Geschehen, rätselhaft wie der Wahnsinn selber, das sich seit 1917 in Rußland vollzog und über die ganze Welt hin ausstrahlte. War es ein erster Widerschein, der da auf der Welt lag, aus den Bulgen der Hölle heraufsteigend, dem sich regenden Antichristen voraus?

Den Christen dieser Generation war die Frage nach der *Geschichte* wieder neu gestellt. In der Theologie gab es mit einem Male wieder eine »Eschatologie« – eine Lehre von den »Letzten Dingen«. Es gab sie in einem so hohen Maße, daß darüber die *Sache selbst* in Gefahr geriet, überdeckt zu werden. Es verschob sich das Schwergewicht von der Mitte an die Außenränder, in deren Zonen die Eschatologie ihren Ort hatte. Die innere Katastrophe des Christentums hat dadurch jene heilsame Verschärfung erfahren, die die Gemüter wieder reif gemacht hat zur Wendung in die Mitte, zur Sache selbst. Denn wenn eben gerade das stimmte, was die Kriegsgeneration von ihrer Zeit aussagte, daß sie apokalyptisch sei, so bedurfte der Christ jenes Lebens aus der Mitte wie noch nie zuvor, um überhaupt existieren zu können. So geschieht es, daß wir heute jenen Reflexionen, die den Namen »Eschatologie« tragen, langsam wieder den Rücken kehren. Hingezüchtigt zu dem einen, was allein nottut, zur Wiedererkennung der Sache selbst, zur Wiederverwurzelung in den Ursprungsort des Lebens aus dem Himmel mitten auf dieser Erde. *Nicht mehr die Frage nach den Letzten Dingen ist das Gebot der Stunde. Das Gebot der Stunde ist die Bitte um den Geist.*

Es stehen da an dem Weg des theologischen Denkens eine Reihe von Warnungszeichen, die dem Wanderer eindrücklich machen, blickt er zurück, daß die Reflexion über die Letzten Dinge durch eine Randzone führte; und daß hinter dieser Randzone, ja, geradezu unter ihr, der Abgrund gähnt.

Das erste Warnungszeichen mahnt die Kirche, die Eschatologie nicht zu mißbrauchen zu einer Rechtfertigung ihrer eigenen Schuld. Jede eschatologische Betrachtung entzündet sich an einer besonderen Not der Kirche. Und zwar an einer Not, die von außen kommt. In der Eschatologie lauert die tödliche Gefahr, daß die Kirche diese Not mißversteht als Schuld derer draußen und sich der Stunde des Martyriums vermißt, wo in Wahrheit die Stunde der Züchtigung über ihr geschlagen hat. Das Tödliche dieser Gefahr besteht darin, daß die Kirche sich selbst den Weg zur Buße verlegt. Die Christenheit erlebt heute die Stunde ihrer tiefsten Ohnmacht. So gerät die Kirche in den Zustand einer »dämonischen Verkapselung«, in der sie ihr Elend mißversteht als Leiden des erniedrigten Christus. Was sie der Welt schuldet wie zu kaum einer Zeit, ist eine »grandiose Bußbewegung« (Sauer), in der sie sich und die Welt wieder zurückreißt ins Licht vor das Angesicht des heiligen Gottes.

Ich habe in meiner theologischen Arbeit seit zehn Jahren keinen fruchtbareren Punkt gefunden, in dem ein theologisches Selbstgericht einzusetzen hätte, als an den eschatologischen Reflexionen dieser Jahre. Es scheint kaum möglich, die Spiegelungen des bedrängten Gemütes als Selbsttäuschungen zu durchschauen, die hier den Weg überlagern! Ist aber der Durchbruch erfolgt, so ist der Weg frei in eine wahrhaft umwälzende Bußstunde. Auch die Theologen sind Menschen. Auch sie sind ihren Ressentiments, ihren Affekten und Psychosen preisgegeben. Und zwar in der weitaus gefährlichsten Form, in der solche Erkrankungen vorkommen. Nämlich in Formen, in denen sie verwechselt werden mit besonders hochgradigen Zuständen des christlichen Glaubenslebens. Der Teufel pflanzt hier auf ein Mistbeet, wie er kein besseres finden kann. Und er tut es denn auch mit dem entsprechenden Erfolg.

Der Theologe, der von den Letzten Dingen spricht, verkündet das Ende der Welt. Das ist allerdings eine außerordentliche Sache. In der Lehre von den Letzten Dingen liegt ein Dynamit bereit, das nur ganz wenige und dann auch nur unter ganz besonderen Umständen anrühren dürfen. Die Zahl derer, die zerrissen um diesen Krater herumliegen, ist riesengroß. Die Kraft, die in dieser Lehre enthalten ist, kann man auch mit Heilstrahlen vergleichen, die, in einen Turm von siebenfacher Isolierung eingepanzert, gehütet werden müssen und die denjenigen, der ihren Strahl fühlt, beinahe nie ohne schwerste Gewebszerstörungen lassen. Diese seelsorgerische Beobachtung, zuerst an mir und dann an vielen anderen gemacht, war es, die mich stutzen ließ. Es war der Anfang einer Reihe härtester Prüfungen, denen ich meine eschatologische Doktrin im Laufe von mehreren Jahren unterwarf. Welche seltsamen Blendungen das Umgehen mit dieser Strahlung bei sich hat, sieht man daran, daß die Realität aus der Mitte des Bewußtseins herausrückt, in die verdunkelten Ränder hinein. Man kann diesen Zustand auch als eine Bewußtseinsspaltung schildern. Man lebt ein doppeltes Leben. Unreflektiert und nur halb bewußt lebt man das Leben aller anderen Menschen mit, arbeitet man um sein tägliches Brot, hat man Familie, geht man in Urlaub und ist man Soldat. Das Bewußtsein jedoch ist ganz und gar von Reflexionen überblendet, die uns das Leben entwirklichen. »Alles ist eitel!« »Alles ist am Ende!« »Alles ist von unten!« so sagt diese Reflexion. Dabei haben wir Kinder gezeugt, die in dieser Welt leben; die wir mit allen Mitteln lebenstüchtig für diese Welt machen; die durch ihr bloßes Dasein, dem wir uns mit unsrem eigenen als ihre Erzeuger gesellen, mit jedem Atemzuge jeden einzelnen Satz unserer eschatologischen Doktrin Lügen strafen!

Erst muß man die menschlichen Selbstverständlichkeiten in ihrem Umfang ernst genommen haben, bevor man sich überhaupt an jenen undenkbaren Gedanken des Endes aller Dinge heranwagen darf. Erst muß man sich einmal in vollem Umfang zu dem bekannt haben, was man tatsächlich ist: ein Geborener, ein Mensch, verhaftet seiner Zeit, eingeleibt einem Volk, Mann eines Weibes und Vater seiner Söhne. An Leib und Seele mit einem ganz bestimmten Schicksal begabt, ein einmaliger und unwiederholbarer Charakter, diese und diese bestimmte Person. Wenn man das alles ernst genommen hat, was vom Ersten Artikel umschlossen wird, dann hält man erst einmal ganz lange den Atem an und schweigt.

Gestern wehte mir durch das offene Fenster herein die fliegende Frucht einer Tanne. Sie schraubte sich langsam auf den Tisch herab, an dem ich saß. Ein rotierender Kegel aus flirrendem Licht, mit der Spitze nach unten wie von einem unsichtbaren Impulse zielsicher geführt. Jetzt lag das Wunder still vor mir auf dem Holze. Es war ein Flügel aus zartester Seide, dreieckig, dem in der Spitze die kleine braune Frucht hing. Welcher Menschengeist wollte die Weisheit und Güte ausmessen, die solche Sorgfalt dieser kleinen Frucht erwiesen hatte! Durfte nicht allein derjenige, der diese Welt so erschaffen hatte, das Wort vom Ende dieser Welt sagen? Mit welcher verblendeten Vermessenheit hatte ich, der Theologe, mit jenem großen Worte vom Weltende mein Gedankenspiel getrieben! Man muß dieses Wunder in seiner Hand halten und so das Wort hören vom Ende aller Dinge! Man muß den 104. Psalm gesungen haben, Vers für Vers, anbetend, lobpreisend mit allen Engeln und Erzengeln, und dann das Wort vom Ende vernehmen.

Du hast den Mond gemacht,
das Jahr danach zu teilen.
Die Sonne weiß ihren Niedergang.
Du machst Finsternis, daß es Nacht wird.
Da regen sich alle wilden Tiere.
Die jungen Löwen, die da brüllen nach dem Raube
und ihre Speise suchen von Gott.

Wenn aber die Sonne aufgeht,
heben sie sich davon und legen sie sich in ihre Höhlen.
So geht denn der Mensch aus an seine Arbeit
und an sein Ackerwerk bis an den Abend.
Herr, wie sind deine Werke so groß und viel!
Du hast sie alle weislich geordnet,
und die Erde ist voll deiner Güter.
Das Meer, das so groß und weit ist,
da wimmelt's ohne Zahl,
große und kleine Tiere.
Daselbst gehen die Schiffe.
Da sind die Walfische, die du gemacht hast,
daß sie darin spielen.

Die Männer im feurigen Ofen beschäftigen sich dort nicht eschatologisch in der Meinung, weil sie in der Drangsalshitze sitzen, seien die Letzten Dinge gekommen. Da heißt es:

Sonne und Mond lobet!
Alle Sterne am Himmel lobet!
Regen und Tau lobet!
Alle Winde lobet!
Feuer und Hitze lobet!
Schloßen und Hagel lobet!
Licht und Finsternis lobet!
Blitze und Wolken lobet!
Berge und Hügel lobet!
Und zwar – *ewiglich!*
Die Erde lobe den Herrn,
preise und lobe ihn *ewiglich!*

Das ist der biblische Mensch, der so singt. Man muß sich erst durch den feurigen Ofen hindurchgesungen haben, will man auch nur ganz von ferne dem Christuswort vom Ende der Welt nahekommen.

Ich sah vor einiger Zeit den Olympiafilm. Es bleibt dem Beschauer unvergeßlich, mit welch mystischer Glut der Leidenschaft im Auge hier die jungen Kämpfer antreten zum Kampf für das Land, das sie gebar. Wie sie sich einsetzen im Kampfe, wie der Jubel der Landsleute emporbraust, wenn die Fahne der Nation hochgeht und der Hymnus der Heimat die Herzen erschauern macht. Wer hat diese Hingabe an die Erde in die Menschenkinder gelegt? Diese Hingabe, die eine jede Mutter beweist, die einem Kinde das Leben gibt, jeder Soldat, der in die Schlacht zieht? Ja, nicht nur diese, sondern jeder eine Kleine, der von früh morgens bis spät abends arbeitet um sein Brot! Jeder Künstler, der sich hingibt an die Kreaturen, um ihre Seele zu schauen und zu hören! Jeder Staatsmann, der sich verzehrt für die Gemeinschaft! Jeder Liebende, der einem anderen Menschen verfällt! Wer will ermessen, was das alles umschließt, das Wort Arbeit, Arbeit des Menschen auf der Erde! Was es umschließt an Schicksal, Verhängnis, Leidenschaft, Entsagung, Begeisterung, ja, an Trost und Hilfe, an großem Lebensgeschenk! Es ist oft so, als ob ein Engel in ihrem rauhen Gewand schreite. Einer meiner Konfirmanden in meiner bäuerlichen Gemeinde gab mir auf die Frage, was er seinen Eltern zu verdanken habe, die Antwort: »Sie lehrten mich arbeiten.« Ich kenne eine Bäuerin, die ihren Mann verloren hat. Sie ist fünfzig Jahre alt und ohne Kinder. Einsam steht sie vor einem sinnlosen Dasein. In den wiederholten Gesprächen, die ich mit ihr hatte, kam sie immer wieder auf eine einzige Sache, aus der sie Trost schöpfte. Was sie immer wieder sagte, war dies: »Meine Arbeit ist mein einziger Trost, wenn ich die nicht hätte, wär's schon längst aus mit mir.« Dabei ist sie fromm, aber ohne Worte. Ihre Hoffnung ist das Ende dieses und das Erbe des ewigen Lebens. Und dennoch ist die Arbeit, das einfache Tagewerk im Haus, im Kuhstall, auf der Wiese, im Holzwald der tröstende Engel, der kraftspendend jede Stunde neben ihr steht in einem Leben, das keine Frucht mehr bringen kann. Das muß man zuerst einmal erlebt haben, vor diesen Heeren der Mütter, vor diesen Heeren der Soldaten, vor diesen Heeren der Arbeiter: *Dort steh' ich mit.* Dort steh' ich mitten drunter, dort muß ich *mit* lieben, *mit* leiden, *mit* kämpfen, *mit* Mensch sein. Die eine Erde gebar mich wie sie. Damit bin ich geboren, das ist mir verhängt. Dieses, ein Menschgeborensein, geschah mir als erstes von allem, was mir zugeteilt wurde. Das ist das erste, daß ich nicht mit dem Auge Gottes sehe und nicht mit dem Mund Gottes rede, daß ich ein Mensch bin, von Erde genommen, der wieder zur Erde werden wird. Erst wenn man dessen ganz und gar inne geworden ist, was es auf sich habe mit diesem Menschgeborensein in dieser Welt, wenn man da hindurch ist und immer wieder neu hindurchgeht, wenn man so dankbar und ehrfürchtig geworden ist und bleibt, dann darf man sich Christi apokalyptischen Worten nahen. Bis dahin heiße es: Hände weg von der Eschatologie!

Ein großer Feind des Christentums hat den Eindruck gewinnen können, als bestehe das ganze Christentum nur aus Weltendphilosophie. Er kam auf den Gedanken, es sei diese Lehre dem Ressentiment der am Leben Zukurzgekommenen entsprungen. Es schien ihm die Philosophie der Minderwertigen, der Entarteten, der Schwachen in der Welt zu sein, die in ihrer Hilflosigkeit nicht davor zurückscheuten, die ganze Welt zugrunde gehen zu lassen, um in ihrer Minderwertigkeit gerechtfertigt dazustehen. Hand aufs Herz: Ist dieser Anschein grundlos? Es gibt eine Richtung innerhalb des Christentums, die den Anspruch Gottes auf die Welt verkürzt und seinen Sohn dahingegeben sein läßt nur für das, was schwach ist, was gering ist, was niedrig ist vor der Welt. Sitzen hier nicht ganz gefährliche Affekte des Hasses, des Neides, der Rachsucht, im »geistlichen Fleisch« der Christenheit? Und wenn dem auch nicht so sein sollte, hat der große Feind des Christentums dann nicht doch in jenem höheren Sinne recht, wenn er die Eschatologie in Verdacht setzt, die Philosophie einer zu kurz gekommenen, einer entarteten, einer minderwertigen Kirche zu sein, nämlich einer Kirche, die am Heiligen Geiste zu kurz gekommen ist, die schwach ist am Glauben, arm an Charismen, entartet im christlichen Menschenbild: einer Kirche, die ihre eigene Schuld tarnt mit der Schuld einer zum Gerichte reifen Welt?

Dieser Tarnung der eigenen Schuld durch die Kirche liegt ein Tarnungsvorgang zugrunde, der tief hineingreift in die geistige Gesamtlage unseres Zeitalters. Indem die Kirche ihre Schuld tarnt an dieser Stelle, tarnt sie zugleich die Verzweiflung des humanistischen Geistes, die schon lange heimlich auf dem Grunde der modernen Welt lauert. Es ist schon lange kein Geheimnis mehr, daß der »Geist«, sagen wir, der »europäische Geist«, sich in einer schweren Krise befindet. Da er alle seine Mittel erschöpft sieht, in einer Gefahrensituation ersten Grades zu bestehen, geschweige denn der Völkerwelt zu helfen, breitet sich in seinen Bereichen eine Weltendstimmung aus. Nicht er, der Geist, sei am Ende! Wie kann er, der »Geist«, am

Ende sein, da er ja »ewig« ist! Die Welt ist am Ende, so sagt er. Es wächst hier ein »Kulturpessimismus« auf, eine »Kulturkritik«, eine »wissenschaftliche Skepsis«, eine Geschichtsphilosophie des Endes, mit der sich der erschöpfte Geist aus einem Verhängnis zu ziehen trachtet, an dem er selbst schuld ist. Das Prinzip, über das hinweg man sich aus der Affäre zu ziehen versucht, ist dialektisch. Man gewinnt so einen »unendlichen, qualitativen Unterschied«, zum Beispiel des »Ontischen« und des »Historischen«, der »Idee« und der »Wirklichkeit«, von »Gott« und »Mensch«. Durch Abstraktion entschwingt sich der Geist dem »Wesenlosen« und gewinnt Standort im Absoluten. Dort verharrt der Geist in »prinzipieller Opposition«. Dort verfügt er über die höchsten Normen, mit denen er über die Kultur richtet, die er zugleich ihrem Verderben überläßt. Er lebt in dem »Als-ob« seiner Losgelöstheit aus der Geschichte, aus der Kultur, aus der historischen Zeit. Man redet von »einer Krankheit zu Tode« und wacht mit Argusaugen darüber, daß keine Heilung stattfinde. Nämlich, daß jener »unendliche, qualitative Unterschied« nicht überbrückt werde. Auch von Gott her darf er nicht überbrückt werden! Die Krisis ist »absolut«. Sie ist mächtiger als Gott. Sie triumphiert über den Incarnatus, den Fleischgewordenen. Sie macht den Incarnatus zum Gespenst. Daß hinter dieser Spekulation der Nihilismus lauert, bleibt verdeckt.

Der Geist auf der Flucht vor der Verantwortung! Der Geist auf der Flucht vor der Existenz, in die er geboren ist! Auf der Flucht in eine theoretische Existenz, mit einem Entweder-Oder, *das es überhaupt nicht gibt* (der »unendliche, qualitative Unterschied!«): das ihm aber die Fiktion ermöglicht, im Absoluten selbst Platz genommen zu haben. Und wenn er schließlich doch zerscheitert an der Lüge dieser Fiktion, es dann tun zu können in der Glorie des Märtyrers.

Man muß diese Zusammenhänge zwischen Kulturpessimismus und »Theologie der Krisis« an seinem eigenen Leibe erfahren haben, um zu wissen, welcher Vermessenheiten der menschliche Geist in seiner Verzweiflung fähig ist. Hier wird die Verzweiflung christlich getarnt und niemand merkt, was da geschieht. Hier stellt sich Philosophie als Theologie dar. Man muß erkannt haben, worum es im Evangelium geht, um das zu merken. Nicht um »Dialektik«, nicht um »Krisis«, nicht um »unendlichen, qualitativen Unterschied«. Das alles eben ist philosophische Erkenntnis. Die Meinung, es könne eine saubere, theologische Begriffsbildung den eigentümlich christlichen Gehalt des Glaubens sichern, ist niemals in der Geschichte der Theologie so gründlich ad absurdum geführt worden wie durch die dialektische Theologie und ihre »Theologie der Krisis«. Es muß mit diesen dürren Worten gesagt werden um der Gefahr willen, die hier lauert, daß hier die Eschatologie zur Tarnung des Nihilismus wird, der unser Zeitalter von innen her bedroht. Es bleiben dann nur noch innerhalb der Theologie die vorchristlichen Erkenntnisse der philosophischen Verzweiflung übrig, Skepsis als »getroste« Verzweiflung, Verteuflung der Welt und Martyriumsethik!

Man kann das Wort Christi nicht vernehmen, ohne zu lieben. Es ist kein Raum christlicher Theologie so leer von Liebe wie diese eschatologischen Reflexionen unserer Generation. Welch ein Gericht über die Theologie! Welch eine Krisis der Theologie!

Es kann keine Erneuerung der Christenheit geben ohne die Ausräumung dieser Täuschungen, die unsere Theologie und den humanistischen Geist in gemeinsamer Schuldverbundenheit von der Erkenntnis des Evangeliums fernhalten. Wenn auch die Apokalyptik der Evangelien in der vorchristlichen Bildwelt sich darstellt, so ist in ihr dennoch ein wesentlich anderes erschienen, als der vorchristliche Geist, sei es im Mythos, sei es in der humanistischen Philosophie oder ihrer Theologie, je nur gedacht hat. Ein so wesentlich anderes, wie das Betrachten, das Schauen, das Reflektieren und Urteilen ein anderes ist als das Darinstehen, das Existieren, das Leiden, das Kämpfen, das demütige Teilhaben am gelebten Leben. Man kann also den Standort nicht außerhalb des Schicksalsganges nehmen, wenn man die apokalyptischen Worte Christi verstehen will. Jeder »Abstand von den irdischen Werten« ist schon der Abfall in die Täuschung, ist vermeintliches Stehen im Unwirklichen. Hier ersteht die Rotte der Truggeister der theoretischen Existenz: der Theoria, der Skepsis, der Aisthesis, des Idols, der Reflexion, der Existenzflucht, der Weltverachtung, der konstruierten Geschichte, der Geschichtsphilosophien, des Pessimismus, des Nihilismus. Dies alles als die Rechtfertigung des schuldig gewordenen Geistes, der, ein neuer Herostrat, die Welt in Brand sehen will, damit er gerechtfertigt von dannen gehe. Erst wenn hier Nebel steigen, ist der Weg frei, damit das erstarrte Herz vernehme, was der *Heilige* Geist spricht.

Mit welcher unendlichen Zartheit tritt *Christus* an diese Dinge heran! Er, der Einzige, der wirklich bevollmächtigt war, vom Ende der Welt zu sprechen, *weil er mitten in der vergehenden eben im Begriff war, die neue zu schaffen.* Unzählige Male hat Christus den Urruf des Evangeliums getan, den Ruf vom kommenden Reich. Nur ein einziges Mal spricht er vom Ende der Welt. Und auch da nur, man merke es wohl, gefragt. Und die Antwort gibt er im vertrautesten Kreis der Vier, die ihm am nächsten stehen. Nicht einmal den Zwölfen tut er zu wissen, was er denkt von den Letzten Dingen. Wahrlich, alles andere als eine Lehre, eine Verkündigung, ein »locus« der Theologie! Und dann geschieht es, daß er die Frage: Wann?, die Frage nach dem Ende, durch alle Verse hindurch ohne Antwort läßt. Die Kirche hat zu allen Zeiten etwas von dieser Zurückhaltung der Apokalyptik gegenüber bewahrt, die hier Christus übt. Man denke nur an den jahrhundertelangen Kampf um die kanonische Geltung der Offenbarung Johannis! Luther hat diese Zurückhaltung der alten Kirche mit in die Reformation hinübergenommen. Wohlweislich ist es geschehen. Es ist geradezu das Beste, was die Kirche entwickelt hat im Anblick der Letzten Dinge: die Scheu vor letzter Enthüllung. Man kann gewiß sein, daß überall dort, wo der Schleier zerrissen wird, der über das Letzte gebreitet ist, wo das Letzte an das Licht des Tages emporgerissen wird, wo man alles weiß und mit lauter Stimme in die Welt hinausruft: Siehe hier! Siehe da! Siehe heute! Siehe morgen! Siehe der! Siehe jener! – da treiben Fremdgeister ihren Mißbrauch mit der christlichen Weissagung. Hier kann man nicht in das Einzelne gehen. Hier scheitert jede Versexegese in hilflosem Krampf, in den Zwängereien erkünstelter Systeme. Die Bibel hat ein visionäres Denken, das sich in Bildchiffren kundgibt.

Was hier verborgen liegt in diesen apokalyptischen Chiffren, ist weiter nichts als eine besondere Hilfe zum christlichen Leben. Es ist die besondere Hilfe zum Leben als Geschichtswesen unter dem Geschichtsschicksal der Zeiten. Diese Hilfe besteht nicht in Prophezeiungen, Berechnungen, Hinweisen auf Einzelheiten im historischen Ablauf, auf einzelne Personen und bestimmte Geschehnisse. Sie besteht nicht in der Befriedigung einer noch so erhabenen oder heiligen Neugierde. Sie besteht in etwas ganz Anderem. So einfach diese Hilfe ist, so schwierig ist es für uns, den Blick frei zu machen, daß wir sie überhaupt erst einmal zu Gesichte bekommen.

Diese Hilfe besteht zunächst nicht in einer »Lehre«. Sie ist uns nicht als »Eschatologie« gegeben. Denn das müssen wir uns wieder zum Bewußtsein bringen, daß es eine *christliche* Eschatologie nicht gibt. Die Eschatologie gehört zu jenen Schöpfungen diesseits von Christus, die in das Evangelium hineingerufen werden, damit die Hilfe des Himmels daran unter uns Fleisch werden kann. Wenn ich also sage, daß die Eschatologie zum vorchristlichen Mythos gehört, so ist das keine Zeitbestimmung, die ihre Grenze im Jahre 1 habe und eine Zugehörigkeit zur antiken Welt im historischen Sinne meine. Eschatologie ist die Lehre von der Welt am Ende, zu der alles Menschendenken auch ohne Christus einst wie heute immer wieder hingeführt wird. Es eignet allem antiken Denken, antik in dem zeitlosen Sinn der außerchristlichen Existenz. Es liegt dieser Urerkenntnis die Urerfahrung der Kreatur von der »Welt in Not« (Hermann Sauer) zugrunde. Welt in Not – Welt am Ende!

In der Durchschnittlichkeit des Menschendaseins wird diese Erfahrung meist nur dumpf erlebt und allzugern beschwichtigend erstickt. Ein adeliges Grundgefühl des Lebens, ein edler, feuriger und kühner Geist sind die Voraussetzungen, um diese Erfahrung zur Reife zu bringen. Sie wird im Leben eines Menschen gemeinhin an zwei Punkten hervorbrechen. Zuerst im Übergang vom Kind zum Jüngling. Die Stürme, die hier zum erstenmal die Seele erschüttern, haben ihren Grund nicht nur in den sogenannten Entwicklungsjahren. Hier schlägt das edle Ebenbild zum erstenmal bewußt das Auge auf und ahnt die Erniedrigungen und Beleidigungen einer Welt, in deren Fremde hinein es aus himmlischem Ursprung verschlagen ist. Wenn man das Jugendleben vieler Genien der Menschheit betrachtet, so stoßen wir in diesen Jahren auf eine Zone, die durchtobt ist von Stürmen des Zornes, der Empörung und der Verzweiflung, die den Gedanken an den Selbstmord diesem Lebensalter geradezu eigentümlich erscheinen lassen, ja, die oft gerade in dieser Katastrophe enden: Welt in Not – Welt am Ende! Das wird hier als persönliches Schicksal durchlitten. Der zweite Übergang liegt zwischen der Reife vom Mann zum Greis. Hier kann sich jene Urerfahrung darstellen als die Lebenssattheit des Gereiften. Als Gelassenheit, Gelöstheit, als Freiheit von der Welt. Sehr oft aber gewinnt die Glut des Weltleides nicht diese Stille der Verklärung, sondern bricht noch einmal als verzehrende Stichflamme hervor. Wenn auch die Marke des Lebensalters nicht überall unbedingt stimmt, das, was wir als tragisch erkennen am Leben Kleists, Hölderlins, Nietzsches, Georges, um nur einige unserer eigenen Großen zu nennen, kommt auf diese Erfahrung hinaus. Welt in Not – Welt am Ende. Aus der Wahlverwandtschaft des Lebensgefühles heraus entdeckte Nietzsche wieder die Traurigkeit der Antike. Aus der Verlogenheit einer optimistischen Zivilisation heraus empfinden wir mit ihm den hinreißenden Zauber, der in der kühnen Ehrlichkeit solcher Trauer liegt. Der antike Held weint und bleibt dennoch ein Held. Die Größe erster Unbefangenheit der Welt gegenüber weht uns noch an aus solchem Heldentum. Hier sitzt noch Kraft zu einem realistischen Dasein, in dem man es noch über sich bringt, das Böse in der Welt zu erkennen und das Dasein als Kampf mit ihm zu begreifen. Hermann Sauer weist in eindrucksvoller Weise darauf hin, daß es zur Genialität des Ariertums gehöre, diese Urerfahrung gemacht und seinen Religionsbildungen zugrunde gelegt zu haben. Er erinnert hier vor allem an den Zoroastrismus der Perser. Er nennt diese Haltung den »Weltrealismus vor der Zeitenwende«, in dem um die »Weltgefährdung« gewußt werde. Er hat mit Recht den eschatologischen Charakter jener Religionswelt der Erlöserwartung erkannt.

Die vorchristlichen Hochreligionen sind eschatologische Religionen. In ihnen wird die Seinsfrage der antiken Welt Christus dargebracht: Welt in Not – Welt am Ende? Es steht in diesem Zusammenhang auch der Weltaltermythos der Antike, der durch Daniel in die Welt der biblischen Prophetie aufgenommen ist. Er reicht bis in Dantes Göttliche Komödie hinein. Im vierzehnten Gesang der »Hölle« schildert Dante das Bild der Welt, wie es in einer Höhle des Idagebirges auf Kreta stehe. Es ist von der Brust bis zu den Füßen gespalten. Nur das goldene Haupt ist ganz. Es zeigt das paradiesische Uralter. Aber das silberne, das eiserne, das tönerne Alter klafft in tödlichem Risse.

Bis auf das Gold ist jeder Teil zerspalten
durch einen Riß, draus niederträufeln Tränen,
die allesamt die Grotte hier gestalten,

darnach talniederziehn in feuchten Strähnen,
als Acheron, Styx, Phlegeton sich zeigen,
dann abwärts gehn durch dieser Felskluft Gähnen.

Bis dort, wo keinem glückt ein Tiefersteigen:
Sie bilden den Kozyt, und welche Lache
dies ist, erfährst du bald; drum kann ich schweigen.

Aus dem Riß hernieder quellen die Tränenbäche, die die Hölle aus den Gesteinen höhlen und in der Tiefe sich zum Höllenfluß Kozyt vereinen.

Die Höhle des Ida, in der Dante im Anschluß an den antiken Mythos das danielische Bild der Zeit stehen läßt, ist die Höhle, in der Rhea ihren Sohn Jupiter verbarg vor seinem Vater Kronos-Saturn. Denn Kronos-Saturn hatte schon mehrere seiner Kinder verschlungen. Kronos aber, der seine eigenen Kinder verschlingende Göttervater, ist die Zeit. Es ist das Bild der Welt in Not.

Diese Urerfahrung wird im Lichte der Urerinnerung mit besonderer Eindrücklichkeit gemacht. Ovid singt in seinen Metamorphosen:

Erst erblühte das goldne Geschlecht,
das sonder Bewachung
übte von selbst und ohne Gesetz
das Recht und die Treue.
Strafe und Furcht war fern; nicht
las man drohende Worte
auf geklammertem Erz.

Hier wird es vom Dichter gewußt, daß es der Zuchtmeister »Gesetz« ist, der »Welt in Not« noch vom Äußersten zurückhält jenseits vom Paradies. Im goldenen Alter ist kein Gesetz. Vergils Preisung in der vierten Ekloge läßt den jesaianischen Ton anklingen vom »Friedensreich«:

Und Purpurtrauben trägt das
Dornicht von sich selber.
Es wird der Honig tau'n herab von
harten Eichen.

Wir müssen die Dichter befragen, denn sie sind die eigentlichen Hüter der verschollenen Urerinnerungen des Menschengeschlechts an das Paradies. Am schönsten fast beschreibt es Hölderlin. Dort ist das Leben von jener Leichtigkeit und Freiheit, die wir an der Musik noch erahnen. Licht und Schlaf, Kindheit und Keuschheit sind die wahren Gleichnisse der unberührten Knospe ihres seligen Daseindürfens:

> Ihr wandelt droben im Licht
> auf weichem Boden, selige Genien!
> Glänzende Götterlüfte
> rühren euch leicht,
> wie die Finger der Künstlerin
> heilige Saiten.
>
> Schicksallos, wie der schlafende
> Säugling, atmen die Himmlischen;
> keusch bewahrt
> in bescheidener Knospe
> blühet ewig
> ihnen der Geist,
> und die seligen Augen
> blicken in stiller
> ewiger Klarheit.

Der germanische Gott Odin steht schon mitten in der Zeit. Er weiß um das verlorene Paradies. Seine Gestalt trägt an sich den Riß des Weltalterbildes. Sein Name bedeutet einmal: »wütend, rasend, wild, zornig, gewaltsam, schnell sich wandelnd«. Dann aber auch: »besessen, manisch, inspiriert, gottbegeistert«. Sein eines Auge opfert er im Brunnen Mimirs, um die tiefere Weisheit der Runen zu schauen. Das Opfer, das der Gott in dieser Gewalttat bringt, besteht in der Gebrochenheit seines Wesens. Der Riß wird nicht geheilt. Noch die Sage erzählt von Odin, daß er dem Heilbringer selbst das Schwert Notung zerbricht und ihn in den Tod sinken läßt. Mit Lokis Hilfe ist der Mensch geschaffen: Loki gab ihm das Blut. Loki aber ist der Feind des lichten Balder. Der sinkt in die Unterwelt hinab. Die Fluchzeit des Beil- und Schwertalters beginnt. Unter Beil und Schwert ist die Welt in Not erst ganz unter ihre eigensten Zeichen getreten. Die Wahrhaftigkeit des vorchristlichen Menschen kann sich nicht strenger und tiefer bezeugen als in dem eschatologischen Charakter seiner Weltsicht: Eine Welt, die so ist, wie sie ist, muß untergehen. Der Weltenwinter endet im Weltbrand. Odins Sternenheere stürzen, von Loki gefällt. Der Böse bleibt Sieger.

Wie nah stand der frühe Mensch noch bei Gott, allein dadurch, daß er noch um die Wahrheit seiner Menschenwirklichkeit wußte!

Die apokalyptischen Worte Christi sprechen zunächst nichts anderes aus als das Gemeinbewußtsein der eschatologischen Überlieferung des Menschengeschlechtes bis auf den Tag. Wie profan und materialistisch auch immer die Geschichtsschreibung im Lauf der Zeiten geworden sein mag, ihr Gegenstand ist genau der gleiche geblieben: Welt in Not. Das hat der Mensch als Kern seines Daseins empfunden. Kampf und Leid, Sieg und Untergang ist das eine Thema der Geschichte. Es ist Krieg und Kriegsgeschrei, ein Volk empört sich über das andere, ein Königreich über das andere. Erdbeben und teure Zeit. Die Geschichtsanschauung, die Christus hat, ist ebenso hart wie wahr. Niemals sind Worte von so schonungsloser Offenheit über die Geschichte gefallen wie aus seinem Munde. Hier ist nichts angekränkelt von Sentimentalität, Humanität, Skepsis oder ästhetischem Tiefsinn. Seine Charakterisierung gilt für das gesamte Geschichtsalter des Menschen. Ausdrücklich sagt er, daß diese Merkmale von Anfang an ihm eignen.

In der Katastrophe hat der Mensch seine Urerfahrung gemacht von der Welt in Not. Hier ist der Funke, an dem sich jeder Mythos erst entzündete. Hier ist der Ursprung jeden Kults und aller Religion. Nur weil es den Bösen in der Welt gibt, deshalb muß Opfer sein. Dem Opfer allein wird die bannende Kraft zugemessen, von der primitivsten Spendung an bis hin zum großen Selbstopfer des Menschen. Diese Urerfahrung ist der erregende Grund aller großen Dichtung. Sie gibt dem Heldenlied seinen Sinn, wie dem Epos der Völker und der klassischen Tragödie. Kaum ertragbar mehr für die moderne Dekadenz, die blutigen Nebel götterloser Nacht, in denen der Lauf der Nibelungen endet, im Epos der Deutschen! Kaum ertragbar mehr für den Menschen der Zivilisation die Schreie der Furien, die Ödipus, den schuldlos-schuldigen Träger des Fluches, in der griechischen Tragödie umkreischen! Und Shakespeares Enthüllung des Dämonischen, das im Menschen ist, vollzogen im Geschichtsdrama inmitten des größten Geschichtsvolkes der neueren Zeit!

Man hat den eschatologischen Charakter der Prometheusgestalt übersehen. Gerade er ist es, an dem sich das eschatologische Bewußtsein der Moderne darstellt. Die Welt ist in Not, weil sich Gott von ihr zurückgezogen hat. Prometheus empfindet nicht in seiner eigenen Gottlosigkeit seine Not, sondern, man könnte sagen, in der Gottlosigkeit Gottes, der die Welt im Stich gelassen hat. Das ist der prometheische Trotz: der *diesem* Gotte trotzt. Hat Gott die Welt im Stiche gelassen, so wird er, Prometheus, sie nicht im Stiche lassen, komme, was kommen mag. Wo das möglich geworden ist, daß das Heilige geschändet wird, daß der Böse triumphiert; wo geschieht, was nicht sein darf, soll nicht der Frevel los werden in der Welt, da ist Gott schuldig geworden. Da steht der Mensch auf sich selbst – gegen Gott für die Welt! Da entscheidet er sich zwischen Trotz und Verzweiflung zum Aufruhr gegen den Himmel. Denn Gott schweigt, Gott ist verborgen. Er ist vielleicht – überhaupt nicht. Das ist Welt in Not – Welt am Ende, in ihrer letzten Steigerung.

Da geschieht es, daß im Grunde dieser Not, dort, wo sie am tiefsten ist, dort, wo ihre Finsternis am schwärzesten nachtet, wo ihr Strudel am teuflischsten gurgelt, wo ihr Schweigen das stärkste Herz erstickt, dort geschieht es, wo schon die Hölle selbst am Grunde gähnt, daß Gottes Antlitz selbst auftaucht: das Antlitz des leidenden Gottes! Das Antlitz Gottes, gemordet am Henkholz! Das Antlitz des Christus am Kreuz! Das ist die Begegnung, in der Gott dem Prometheus begegnet, die Begegnung in der Nacht. Darüber hinaus gibt es keine Möglichkeit mehr. Diese Möglichkeit aber ist Wirklichkeit. Sie ist die Wirklichkeit, von der das Evangelium zeugt, und ihr Name ist Christus. Das ist das Hinreißende, das Überwältigende, das auf die Knie Zwingende, das mit Schauder und Seligkeit Segnende dieser Begegnung in den Tiefen. Nun gibt es nur noch den Schrei: Wir hangen an dir, du Bringer des neuen Himmels und der neuen Erde. Dir nach, Durchbrecher aller Bande. Schlacht, komm und laufe, wie du willst. Hier ist er erschienen, der »Gott-mit-uns«. Stürze, was stürzen muß. Sei gegrüßt, du Morgenstern in der Nacht! Aber noch ist »Welt in Not«, noch stehen wir mitten darin, noch schürzen sich die Ereignisse. Noch muß der Menschgeborene, der Schicksalsverfallene, Entscheidungen fällen, die in die Ewigkeit reichen, Entscheidungen, in denen der Geist weht – oder nicht; in denen das Reich kommt – oder flieht. Da steht die bange Frage der Jünger auf, die Frage: Wann? Wann ist sie da, die Stunde der Vollendung? Wann ist sie da, die Stunde deines Reichs? Deiner Erscheinung in der Glorie? Wann kommst du auf den Lichtmeeren des Himmels und legst dem Vater das All zu Fuße?

Es hängt dieses grundsätzliche Fehlgreifen damit zusammen, daß es sich in der Linearität der historischen Zeit vollzieht. Die wirkliche Geschichte kann niemals im Koordinatensystem der linearen Zeit »aufgehen«. Sie geht ja trächtig mit der ewigen Zeit. Sie ist ja in jedem ihrer Punkte bereits aufgehobene Zeit. Denn in ihr steht das »Incarnatus est«! Hier muß gläubig gedacht werden, nicht »historisch«, nicht im Banne der Zeit. Gläubig, nicht orthodox. Es gibt auch ein orthodoxes Denken, das durch und durch im Banne der Zeit, das historisch-logisch läuft. Orthodoxie und Rationalismus sind keine Gegensätze. Sie ruhen beide auf der Statik von Prinzip und System, von Zahl und Gesetz. Christus aber ist ein Geschehen, und der Geist ist Kraft. Das gläubige Denken ist ein Nach-Denken der göttlichen Dynamis. Es muß sich bewegen können auch dort, wo die irdische Zeit und der irdische Raum schmelzen und ein irdisch-himmlischer Durchdringungsraum dem Gesetz der neuen Schöpfung zu gehorchen beginnt.

Die Zeit, in der Christus denkt, ist nicht die logische Zeit, in der die Menschen samt den Jüngern denken. Darum bleibt ihre Frage unbeantwortet. Darum schneidet sich Christus das Wort immer und immer wieder vom Munde ab mit dem Warnruf: Wachet!

Die Frage nach der Zeit steht hier noch einmal vor uns auf. Sie steht vor uns auf, jetzt aber mit dem ganzen Gewicht, die diese Frage für das Denken hat. Will das Denken »aus eigener Vernunft oder Kraft zu Christus seinem Herrn kommen?« Dann wird ihm gesagt werden: »Ich kenne dich nicht!« – »sondern der Heilige Geist!« Es muß anders werden mit unserem Denken. Es muß verwandelt werden. Es muß »geheiligt, erleuchtet und versammelt« werden, wie es in der Erklärung zum Dritten Artikel heißt. Mit dem Heiden in uns muß auch das Denken in uns »gläubig« werden.

Worum es geht, hat Luther mit unübertrefflicher Anschaulichkeit gesagt:

»Weil nun vor Gottes Angesicht keine Rechnung der Zeit ist, so müssen tausend Jahre vor ihm sein, als wäre es ein Tag. Darum ist ihm der erste Mensch, Adam, ebenso nahe, als der zum Letzten wird

ENDZEITLICHKEIT WIRD VOLLENDUNGS-EWIGKEIT 439

geboren werden vorm Jüngsten Tag. Denn Gott sieht nicht die Zeit nach der Länge, sondern nach der Quer. Als wenn du einen langen Baum, der vor dir liegt, über quer ansiehst, so kannst du beide Ecken zugleich ins Gesicht fassen. Das kannst du nicht tun, wenn du ihn nach der Länge ansiehst. Wir können durch unsere Vernunft die Zeit nicht anders ansehen denn nach der Länge, müssen anfangen zu zählen von Adam ein Jahr nach dem andern bis auf den Jüngsten Tag. Für Gott aber ist alles auf einem Haufen. Was vor uns lang ist, ist vor ihm kurz, und wiederum. Denn da ist kein Maß noch Zahl. So stirbt nun der Mensch, der Leib wird begraben und verwest, liegt in der Erde und weiß nichts. Wenn aber der erste Mensch (Adam) am Jüngsten Tag aufsteht, wird er meinen, er sei kaum eine Stunde da gelegen. Da wird er sich umsehen und gewahr werden, daß soviel Leute von ihm geboren und nach ihm kommen sind, davon er nichts gewußt hat.«[167]

Daß hier die irdische Zeit aufgesprengt ist und aus einem neuen Zeitsinn heraus gedacht wird, ist mir zuerst an den widersprechenden Aussagen zwingend geworden, in denen Christus von Ende spricht.

Worum es geht, wird deutlich, wenn man die einzelnen Aussagen nebeneinanderstellt. »Siehst du wohl all diesen großen Bau? Nicht ein Stein wird auf dem anderen bleiben, der nicht zerbrochen werde.« Das ist das Jahr 70 des zerstörten Jerusalem. Es ist das Zeitgericht. *Zugleich* aber ist das Zeitgericht das Endgericht. »Aber zu der Zeit nach dieser Trübsal werden Sonne und Mond ihren Schein verlieren. Und die Sterne werden vom Himmel fallen, und die Kräfte der Himmel werden sich bewegen.« Es ist derselbe Vorgang, in dem in der geschichtlichen Kreuzigungsstunde das Weltgericht *gleichzeitig* wird.[168]

Die Gotteszeit ist keine Ordnungskategorie, keine Vorstellungsform des erkennenden Geistes. Die Gotteszeit *ist* der Raum, in dem die Kraft Gottes die Welt überwindet. Sie *ist* das Heilsgeschehen in actu seines Vollzuges. Sie *ist* die Wandlung der zerfallenden Zeit in die *ganze* Zeit. Sie ist noch nicht die Fülle der Zeiten, sie ist die sich anfüllende Zeit. »Wir sind's noch nicht. Wir werden's aber. Es ist noch nicht getan und geschehen. Es ist aber im Schwange. Es ist noch nicht das Ende, es ist aber der Weg.« (Luther.)

»Was wird das Zeichen deiner Erscheinung sein und der Vollendung der Welt?« heißt es bei Matthäus. Es ist hier nicht nur das

»Ende« gemeint, man sieht vielmehr über das Ende hinaus. Telos – Ende hört auf, die absolute Grenze zu sein, von der die Philosophie weiß und die nichts Besseres kennt, als immer wieder mit Sisyphus in den eigenen Anfang zurückzufallen. Gott führt ja die Geschichte, und so muß das »Ende« zum »Ziel« werden, muß zur Vollendung werden. Darum sagt das Evangelium »synteleia« – Vollendung. Der Welt mangelt die Vollendung. Das ist die tiefe Befremdlichkeit, die das Dasein zu allen Zeiten für die kühne Unbefangenheit des Denkens, für das adelige Lebensgefühl der ungebrochenen Seele hatte. Das widerstreitet unserem Wünschen. Das entbehrt der Logik. Und ist dennoch so. Die urtiefe Stimme jenseits unseres Wollens und Begreifens aber kommt nicht zum Schweigen. Sie umdrängt den Menschen. Stumm fragend, fordernd umdrängt sie ihn, lautlos werbend, drohend mit der ganzen Gewalt ihrer verschlossenen und gestauten Kräfte. Sie ahnt dumpf, daß es *hier* weitergehen muß, in der Schöpfung, *hier*, wo der Mensch steht, der ihr Herr ist. Aber gerade hier, wo die unerlöste Kreatur über den Menschen in die Geschichte hinaus ins Freie drängt; gerade hier, wo der Mensch steht, da wird die Urerfahrung gemacht: »Welt in Not – Welt am Ende.« Und nun geschieht es, daß gerade hier, an dieser Stelle, die »Mensch« heißt, – Christus steht! Christus, der Heiland der Kreaturen.

Darum sagt der Prophet, daß auf seinen Namen die Völker »hoffen« werden. Hoffnung, das ist der Strahl ewigen Lichtes, der mit seinem Namen in diese Welt fällt und die endlose Straße der Geschichte von hinten an bis vorne aus durchleuchtet. Der Geschichtsstand ist nicht endgültig. Die Welt ist noch nicht fertig. Durch ihn sind wir eine hoffende Welt. Durch ihn ist unsere unbändige Sucht Hoffnung, stille, starke, nährende Hoffnung geworden. Vor ihm und ohne ihn ist unsere Welt eine Welt voll Sucht. Voll Sucht nach Macht, nach Ruhm, nach Speise, nach Liebe, nach Vollendung, nach Ewigkeit. Die Sucht schreit die Wahrheit hinaus, daß es mit unserer Existenz nicht stimme, daß hier eine Leere klaffe, ein Vakuum gähne, das unerträglich bleibt. Denn der Hunger des entthronten Ebenbildes Gottes muß gestillt werden. Das schreiben Krieg und Revolution ebenso wie Friedenszeit und Aufbau mit Fanalen an den Geschichtshimmel: daß ihr Durst und ihr Hunger die ernsteste Sache von der Welt sei und daß sie nur auf die realistischste Weise zu stillen sei. Der Geschichtsgang der Völkerwelt wird hier zur einzigen Forderung: daß es kein Zurück gibt in der Geschichte und daß kein Hindernis so groß sein kann wie die Not, die zu überwinden ist und die mit unhemmbarer Dynamik den Lauf der Geschichte vorwärtstreibt, und sollte ihr Ende der Untergang selbst sein. Das ist die gefährliche Wahrheit, die die Sucht hinausschreit in die Welt, – dieser Realismus der Geschichte, der die Wirklichkeit der Dinge sucht; dieser tiefe, unstillbare Durst nach Wirklichkeit, nach Erlösung der Erde, nach dem Gottesreich »mitten unter uns«; der auf das Ganze geht und eher untergehen muß und untergeht, als vom Ziel zu weichen. Ja, selbst in dem titanischen Willen des »Menschen der Sünde«, des Antichristus, pulst noch in wilden, wirren, verzagten und verzückten Stößen das Gotteserbe des Ebenbildes Mensch, dessen Schöpfungsdekret [169] auf Herrschaft lautete. In alledem zielt der Wurf des gefallenen Gottesbildes in der vermessen ausholenden Kurve seiner Geschichte dennoch auf das göttliche Ziel.

Christus hat solche Macht, weil er nicht draußen blieb in der Sicherheit der Ewigkeit über den Stürmen, die das Fleisch in der Zeit, die Verwesung heißt, und im Raum, den der Tod aushöhlt, heimsuchen. Er ging in diese Welt ein, er ward ihr Fleisch. Er trug die »Sünde der Welt«, und zwar so vorbehaltlos und ganz, daß der Täufer Johannes ihn als das heilige Opfertier in dieser Welt sieht. Es hat die Sünde der Welt auf sich genommen, und es trägt sie fort. Nichts bleibt von ihr zurück.

Dieses Forttragen der Sünde ist das Ende. Es ist das Ende der Sünde und darum zugleich die Vollendung der Welt. So heilt die Welt von innen her, durch den Heiland, der ihr Fleisch wurde. Der ihr Fleisch ward und jetzt auch den Fluch mitträgt, der mit dem Fleisch auf ihm ruht.

Darum hat Christus allein Vollmacht, vom Ende dieser Welt zu reden: weil er inseits der Welt unser Fleisch ward, in Zwist und Zwielicht unserer Geschichte hineintrat, den Tod schmeckte, das Grab der Erde in die Kammer der Auferstehung, das Ende der Welt aber in ihre Vollendung kehrt.

In der »synteleia« verliert das Welt-am-Ende seinen nihilistischen Zug, den es vom Bösen her hat: ein Nein, ein Ende, ein Untergang zu sein. Es erfüllt sich vielmehr zugleich im Enden der Zeit vom Jenseits der Zeiten her, von der Ewigkeit her mit dem Ja des Anbruchs. *Dieses Ja ist der eigentliche, ist der christliche Inhalt der apokalyptischen Christusworte.*

Euangelia, nicht skandala heißen die vier Hauptbücher der Bibel. Das große Ja Gottes bricht durch den tausendfachen Tod hindurch. Darum »Eu« – angelion, »Froh«-Botschaft! Das große Eu Gottes, der Siegesruf des Himmels, der Heilruf der Gottesstreiter, die dem weißen Reiter[170] folgen! Daher die christlichen Urworte: Eu-angelie, Eu-logie, Eu-charistie, Eu-sebie.

Christus ist der Bringer dieses Eu. Er selbst ist dieses Eu als dynamis Gottes, als Kraft zur Vollendung. Als das große leibgewordene[171] Eu des Heils steht er mitten in den ouai, den Wehen der Apokalypse. Dieses Eu ist das Geheimnis, das den Weg durch den Abgrund überhaupt erst beschreitbar macht.

Es ist das Geheimnis des christlichen Lebens, ohne das der urchristliche Ruf unverständlich bleibt: Es vergehe die Welt! Komm, Herr Jesu! So mächtig war den Urchristen die neue Welt schon wahr und wirklich geworden, so fest war ihnen der himmlische Fels schon unter die Füße gewachsen, daß sie der alten zurufen konnten: Vergehe! Die Puppe war Schmetterling geworden. Nun war alles Andere tote Haut, schaler Rückstand eines abgelebten Daseins. Der Christ trug wirklich die neue Existenz an sich. Er war eine neue, noch nie erschienene Menschenart. Er war der Christusmensch und trug an sich die himmlische Qualität des charismatischen Lebens.

Ich nenne diesen Stand die urchristliche Selbstverständlichkeit. Er war so selbstverständlich, daß er überall vorausgesetzt und nicht besonders beschrieben wird, wie das mit allen Selbstverständlichkeiten in der Welt geschieht. Die charismatische Existenz war die Selbstverständlichkeit des urchristlichen Menschentums. Was wir Askese und Eschatologie nennen, sind nur die Begleiterscheinungen dieses Lebens, nicht mehr. Sie sind die Begleiterscheinungen, die gleichsam mumifizierbar waren, wie auch am Leibe nicht das Leben, sondern nur seine Hülle mumifizierbar ist. Askese und Eschatologie sind die stofflichen Rückstände derselben Sache. In der Askese erscheint sie als Ethik, als erlernbare Praxis. In der Eschatologie als Theorie, fixierbar in Lehre. Askese und Eschatologie sind etwas *an* einem Anderen, das die Hauptsache ist, das nicht mehr da ist und das – vor allen Dingen – auch von diesen beiden Rückständen her nicht wieder herstellbar ist. Die Sache selbst, das ungreifbare Leben, das entflohen ist, ist die charismatische Existenz. Ohne sie ist die Askese und die Eschatologie selbständig geworden. Sie sind im Bewußtsein der Nachwelt an die Stelle der Sache selbst getreten, sind selbst Hauptsache geworden. Der Mönch erschien jetzt als die christliche Urgestalt. Die christliche Ethik gewann das Merkmal der Lebensverneinung (Nietzsche); die christliche Lehre den Charakter weltflüchtigen Jenseitsglaubens (Overbeck). Das Christentum wäre danach, wie schon andere bemerkt haben, eine Abform des Buddhismus. Es ist dies nicht nur eine Beobachtung Außenstehender, sondern geradezu zum Selbstbewußtsein des historischen Christentums geworden. Der Sturmlauf, mit dem das erste Christentum in der Zeit von dreihundert Jahren das römische Weltreich eroberte, zwingt zur Annahme jener christlichen Selbstverständlichkeit. Hier war »Kraft des Geistes« im Schwange, die ohne einen Schwertstreich ein Weltreich bis hinauf zur Spitze eroberte. Und zwar ohne es zu wollen, einfach aus der elementaren, überwältigenden Macht, für die wir nur den Namen charismatisch haben. Es ist ohne Vor- und ohne Nachgang in der Weltgeschichte, es ist schlechterdings einmalig, wie eine Bewegung der Seelen mit dem Ruf: Es vergehe die Welt! – diese Welt zur Beute gewinnt. Wenn man auf das Große dieses Gottesweges in der Geschichte blickt, den der Geist nimmt und auf dem das konstantinische Reich nur so nebenbei dem Bahnbrecher gleichsam zufiel, so erkennt man darin den eigentümlichen Realismus, der dem Geist eignet: sein der Welt zugewandtes Antlitz. Man kann nicht aus seiner Armut an Geist rufen, es vergehe die Welt! Keine größere Kompromittierung einer Christenheit, die aus ihrer Geistleere heraus der Welt das Ende wünscht! Sie ist im Verdacht das zu tun, weil ihr Glaube die Welt eben nicht überwand, vielmehr die Welt ihren Glauben. Ihr Ruf: Es vergehe die Welt – ist dann weiter nichts als der allgemeine Verzweiflungsruf einer an sich selbst verzweifelnden Kulturwelt, theologisch absolut gesetzt. Wir sind heute dem Recht auf diesen Ruf so fern, wie wir es nur sein können. Nicht eine eschatologische Beklagung des Weltzustandes ist das Gebot dieser Stunde, sondern die Bitte um den Geist.

Ist der da, so ist alles vom Grund her anders. Dann gibt es keine Eschatologie mehr. Dann haben die theoretischen Betrachtungen keinen Gegenstand mehr. »Wenn sie euch nun führen und überantworten werden, so sorget nicht, was ihr reden sollt, und bedenket auch nichts zuvor.« Eschatologie ist diese Sorge, dieses »Bedenken und Reden zuvor«. Ihr Ort ist in der christlichen Existenz. Die christliche Existenz ist eschatologische Existenz. Die Eschata, die Letzten Dinge, gibt es nicht im Hauptwort, sondern nur in dem Nebenwort, das die christliche Existenz näher beschreibt als »eschatologische« Existenz. Und das in so unabdingbarer Ausschließlichkeit, daß der Christ nur redete »zu der selbigen Stunde« – in actu des Zeugnisses selbst. Und daß er auch da nicht redet »über« die Letzten Dinge, sondern – zeugend für Christus. »Denn ich will euch Mund und Weisheit geben, welcher sollen nicht widersprechen können noch widerstehen alle eure Widersacher.« Es ist also nicht ein Reden »über« die absolute Krisis der Welt, sondern das Reden *in* der Krisis der Welt: Es ist das charismatische Wort, das Wort als Schwert im Kampf. »Denn ihr seid nicht die, die da reden, sondern der Heilige Geist.« Geschichtsphilosophie, Kulturkritik, Theologie der Krisis hat in der christlichen Existenz keinen Raum. Das Dasein des Christenmenschen heißt: charismatisch leben unter dem apokalyptischen Himmel. Was Christus in der Hülle alter apokalyptischer Formeln uns gibt, ist weiter nichts als Hilfe, so zu *leben*.

Darum also keine Antwort auf die Frage »Wann?«, sondern immer wieder nur dies eine: Wachet! Verführer lauern, darum wachet! Katastrophen sind auf dem Weg, darum wachet! Schlachtfeld ist das Land, durch das der Weg geht, darum wachet! Die Wachsamkeit ist die Tugend des Gegenwärtigen. Der Wache ist der ganz Gegenwärtige, wo auch immer ihm die Haut anliegt am Leibe. Wachet! sagt Christus und bindet ein jedes Geschlecht in die Gegenwart als in die Mitte der Zeit. Wachet! sagt er, und indem dieser sein Ruf über einem Geschlecht schwebt, wird ihm seine eigene Zeit durchsichtig, und es schaut durch die irdische Zeit hindurch die ewige. Es schaut durch alles zeitliche Ende die Vollendung, mit der Gott *hinter jedem Punkte der vergänglichen Zeit* steht. Was Martin Luther von der Zeit weiß, weiß er aus dem Evangelium. Er weiß, daß der Augenblick der Gegenwart, das Jetzt und Hier, der mathematische Punkt der Zeit schlechthin ist. Er weiß, daß wir von der Zeit nichts haben, es sei denn ganz allein das »quod nunc est«.[172] Jeder Tag ist unmittelbar Jüngster Tag, ist nur durch diese Unmittelbarkeit mein Menschentag. Welch ein Durchblick durch diesen meinen Menschentag in den Tag meines Geschlechts! In die Tage aller Menschengeschlechter! In den letzten, in den Jüngsten Tag!

Kraft des Geheimnisses der Zeit wird mein letzter Tag zusammenfallen mit dem letzten Welttag. Wenn ich aus dem Tode, der ein »Schlaf« ist, erwachen werde, dann werde ich hinein erwachen in den großen Weltendstag. Dann werde ich die Zeit nicht »in die Länge«, sondern »in die Quer« erleben und mit Adam staunen über die Geschlechter, »die von mir kommen sind«. Dann wird die Fülle der Zeiten die unerfüllte Zeit überflutet haben.

Dieser Tugend der Wachsamkeit, der eschatologischen Tugend kat' exochen, verbindet sich ein Amt, das eschatologische Amt kat' exochen. Denn der Türhüter wacht nicht nur nach außen, er wacht auch nach innen. Er ist zugleich ein Bewachender, nämlich des Hauses, auf dessen Schwelle er liegt. Das eschatologische Amt der Christenheit ist das Amt der Schöpfungsbewahrung. »Gleich als ein Mensch, der über Land zog, und ließ sein Haus und gab seinen Knechten Macht, einem jeglichen sein Werk.« Bei Matthäus [173] tritt dieses Amt breit heraus neben die Tugend des Türhüters, das Amt des treuen Haushalters, dem der böse Knecht gegenübersteht, wie er in seinem Herzen sagt: »Mein Herr, der kommt noch lange nicht.«

Daß er sie speise stets zur rechten Zeit, darin faßt Christus den Sinn des Walteramtes. Selig der Haushalter, wenn sein Herr kommt und findet ihn also tun. So nüchtern, so gelassen will Christus, daß seine Gemeinde unter dem apokalyptischen Himmel lebe. Unverzehrt von den Erregungen der Sehnsucht, schlicht und ganz dem täglichen Amte des Walters hingegeben.

»Daß er sie speise«, heißt es hier. Daß er weiter nichts tue als das Leben erhalten. Das Leben aber heißt in der Bibel psyché: daß er die Seele erhalte, daß er das Ebenbild erhalte. Das eschatologische Amt, das die Christenheit in der Welt empfangen hat, ist das Amt, die Schöpfung zu bewahren, das Schöpfungserbe, den Schöpfungsrest. Daß er hindurch gebracht werde durch Sturm und Sturz der Zeiten bis in den Tag der Vollendung. Es ist kein Wort zu hoch, um solchen Dienst zu preisen, den die Gottesgemeinde für die Welt in der Geschichte leistet. Es ist, als erglänzte dieses Amt von Jahrhundert zu Jahrhundert heller, je völliger der Mensch die versehrte Schöpfung mit der künstlichen Schöpfung aus Glas, Platin und elektrischen Wellen überspinnt und verdeckt. In der Bibel wird der Schöpfungsrest unter vielfachen Zeichen genannt. Er ist der »Acker«, des Samens Schoß. Der »Stumpf« und die »Wurzel«. Er ist das »Wasser«, ist »Brot« und »Fisch« und »Öl« und »Wein«. Den Samen kann der Walter nicht machen, und Geburt von oben kann er dem Wasser nicht geben. Aber er kann den Samen bewahren und den Acker pflügen. Er kann die sechs steinernen Wasserkrüge füllen »bis obenan«.

Nur, wo der Schöpfungsrest noch restet in der Geschichte, da ist noch Schoßbereitschaft für Geburt von obenher, da allein kann es noch Kirche geben, da allein wird die Geschichte zum Weg in die Vollendung, da allein ist noch Ansatzpunkt für die große Verwandlung.

Der Schöpfungsrest ist das Kostbarste, was es in der Welt überhaupt noch gibt.

Das ist sein Amt, die Erde zu beschirmen als den Acker, der allein die Verheißung hat, des Himmelreiches Samen zu empfangen. Darum ist die Erde uns so teuer als Schoß Gottes, als Mutter des incarnatus, die Himmelskönigin. Es besteht zu Recht, daß ihr Mythos in das prophetische Buch [174] des Neuen Testaments aufgenommen und vom Mythos zur Prophetie erhoben wurde.

Blumhardt-Vater hatte einst gesagt, es müsse der Mensch sich zweimal bekehren: »Einmal vom natürlichen Menschen zum geistlichen und dann wieder vom geistlichen Menschen zum natürlichen.«

Im herkömmlichen Christentum kennt man nur die Bekehrung des natürlichen zum geistlichen Menschen. Diese Anschauung hat vielleicht ihre schroffste Formulierung in jenem Satze gefunden von der »Gnade, die die Natur zerstöre«: »Gratia destruxit naturam«. Es ist dies nur die eine Hälfte der Bekehrung, die vorchristliche, von der auch der Täufer weiß. Vieles von der Krampfhaftigkeit christlichen Lebens, von seiner Selbstüberhebung und Selbstüberspannung, von seiner künstlichen Gebrochenheit, von seinem Abgleiten in theoretische Radikalismen – im Abstrakten ebenso wohlfeil wie im gelebten Leben katastrophal – erwächst aus dem Unglück des nur Halbgeborenen. Christlich wird die Bekehrung erst im Sichrunden des Kreises: wenn der geistliche Mensch sich wieder zum natürlichen bekehrt; wenn der Himmel wieder Erde wird und der Geist wieder Leib. Denn das unterscheidet den Heiligen Geist vom Menschengeist, die Geistleiblichkeit seiner Werke, die nicht in der Idealität sich »rein« zu halten braucht, die der Realität mächtig ist. Die Wendung des Geistes zur Welt, die das Christuswerk im Evangelium kennzeichnet, vollzieht es so. Nur der zum zweitenmal, vom Geistlichen zum Natürlichen Bekehrte, vermag dieses Walteramt an der Schöpfung auszurichten. Denn nur er liebt sie, weil nur er teil an ihr hat und sie in seinem eigenen Leibe mit einbezieht in den Vollendungsratschluß der ewigen Liebe.

Dahinter, darüber, darin aber bleibt das Ziel: das Ende in der Vollendung. Vom Ende ohne die Vollendung weiß auch der menschliche Genius aus sich. Wenn auch die Kurve, in der das Leben im Kosmos absteigt, eine ungeheure ist und in ihrer Krümmung kaum wahrnehmbar für das menschliche Auge, so ist sie dennoch da. Niemand kennt die Quelle, aus der sich das einmal aufgesprengte Atom wieder füllen könnte. Nur das wissen wir, daß es diese Aufsprengung gibt, daß sich die Energien entladen und verzehren. Unsere Erde selbst, unser eigener Planet ist alt und wird einmal enden. Seine Jahrmillionen sind nur für uns eine »lange Zeit«, für Gott eine Stunde, ein Tag. Das wissen die alten Mythen. Und Christus sagt da nichts Neues, wenn er von diesem Ende spricht, da »die Sterne werden vom Himmel fallen und die Kräfte der Himmel sich bewegen«. Das aber wird seine Stunde sein. Wenn dieses halbe Leben, das nicht den vollen Namen des Lebens verdient, sich abgelebt haben wird, dann wird die Stunde kommen, die Schöpfung zu vollenden. Das ist uns aber nicht gesagt, um darüber zu spekulieren. Das ist dem Christen gesagt, als Hilfe für sein Jetzt und Hier.

Darum spricht Christus vom Gericht an dieser Stelle. Das Weltgericht ist uns gegeben als Trost: Es gibt eine Gerechtigkeit! Denn eben das braucht der Mensch, der in der Geschichte steht, der dem Schicksal anheimgegeben ist und der in das Dunkel der Zukunft hinaus Entscheidungen für die Ewigkeit zu wagen hat.

Was hier gemeint ist, das wird nur im Leben selbst offenbar. Denkend kommt man nicht darauf. Es sind dies jene Dinge, die nur erfahrbar sind, die nur im Gelebtwerden da sind.

Der Primas von Spanien,[175] Goma y Tomas, hat auf dem eucharistischen Kongreß in Budapest im Mai 1938 von der »absoluten Tragik« gesprochen, in der der Christenmensch stehe in dieser Welt. Sie erwächst aus jenen Lagen, in denen immer *zugleich* der Himmel *und* die Erde gewagt werden müssen, niemals nur eines für sich allein, weil der Christ *zugleich* immer auch Mensch bleibt und das Christ- und Menschsein unlösbar voneinander sind. Dieser Konflikt wird nur für den verbindlich, der selbst darin steht. Dieses Darinstehen begibt sich für uns nur unter dem äußersten Schicksalsdruck. Theoretisieren läßt sich darüber außerhalb der Einschlagstelle leicht. So konnten die anderen Bischöfe dem spanischen Primas widersprechen. Außerhalb der Einschlagstelle stehend, gleichsam in der Deckung der Neutralität, war ein humanitäres, soziales, bürgerliches, kosmopolitisches Christentum wohlfeil. Der Konflikt war hier nicht akut. In diesem humanistischen Christentum ist deshalb auch das Weltgericht als der strenge Trost am äußersten Rande Labung vom Himmel. Es ist dort vielleicht nur ein theoretischer Satz im System einer sauberen Theologie.

Worum es in diesem unlösbaren Konflikt des Christen*menschen* geht, will ich noch an einem anderen Beispiel klarmachen. Paul Alverdes erzählt in einem Reisebericht aus Frankreich von einem Gespräch mit einem französischen Gepäckträger, der gleich ihm Kriegsteilnehmer war. Da standen die beiden ehemaligen Feinde sich gegenüber. Einst Feinde aus Schicksal, waren sie jetzt einander Mensch und Kamerad. Das Schicksalhafte in dem Konflikt, der hier zugrunde lag, drückte der Mann aus dem Volke so aus: »Chacun devant sa batterie, Monsieur, n'est-ce pas?« Für den Christen erhöht sich dieser Konflikt zur Unlösbarkeit, wenn er als Christ vor seiner Batterie dem Christen drüben gegenübersteht – auch vor seiner Batterie. Es kommt alles darauf an, daß dieser Konflikt durchgestanden wird. Der Konflikt besteht darin, daß ich als Christ an das Schicksal meines Volkes gebunden bleibe. Ich bin ein Geborener, bevor ich ein Getaufter war. Nur weil ich ein Geborener bin, konnte ich auch ein Getaufter werden. Es ist Frevel, wenn ich mein Getauftsein ausspiele gegen mein Geborensein. Geschöpfliche Demut ist untrennbar vom Christen. Der Erste Artikel ist ganz und gar untrennbar vom Zweiten Artikel. Es gibt keine Revolte im Namen des Sohnes Gottes gegen den Gott-Vater. Es gibt keine Revolte des Christenmenschen gegen den Geschöpfesmenschen. Ich bin gehalten, die Bedingungen meines Lebens, mein Geborensein anzunehmen. Ich bin gehalten, diesen Konflikt in seiner ganzen Unlösbarkeit durchzustehen. Jeder Eingriff in die ursprünglichen Bedingungen meiner Existenz zieht mir den Boden der Erde, den mir Gott gab, unter den Füßen weg und läßt mich in das Chaos stürzen. Er beraubt mich des Trostes des Weltgerichtes. Denn ich habe mit dem Eingriff in die Bedingungen meines Daseins etwas Ähnliches getan, was Gott selbst in seinem Gericht tun wird; nämlich diese Bedingungen ändern. Der Eingriff in mein Schicksal, dessen ich mich vermesse, wird an seine Stelle ein Verhängnis neuer Art setzen. Ich werde dorthin, wo mir das Schicksal mein Geborensein, das heißt Mutter, Erde, Volk, Brot und Grab als mein Leibesdasein beschert hat, eine Idee setzen.

Indem ich diese Idee, zum Beispiel die Friedensidee, zu meinem neuen Schicksal mache, tue ich wieder etwas, was nur Gott in seinem Gerichte tun kann, nämlich die Welt wandeln. Nun komme ich vom Konflikt in die Katastrophe. Statt Schicksal packt mich jetzt Verhängnis. Zahllos sind die Weisen dieses Verhängnisses. Es kann mir geschehen, daß ich nun lebe von dem Blute derer, die für mich kämpfen! Daß ich auf Kosten ihres *Blutes* der *Idee* lebe! Daß ich lieblos geworden bin und dennoch glaube, ein Christ zu sein. Als Pazifist habe ich mich dem Konflikt entzogen. Ich habe mich damit auch Gott entzogen, der mich in diesen Konflikt stellt, in dem ich kraft meiner Geschöpflichkeit, also kraft des Gerichts Gottes stehe. In dieser Lage bin ich nämlich auch unter die Schuld meines Volkes gebunden. Nur ein Schritt, so ist der Pazifist ausgewandert aus der Schuldgemeinschaft, in die er hineingeboren ward. Als Geschöpf, und erst recht als gefallenes, ist er nicht Herr der Geschichte. Er kann nicht aus der Geschichte und ihren Konflikten ausbrechen. Er bleibt auf jede Weise mitschuldig. Nun muß er erfahren, daß es ein Entrinnen nicht gibt, muß erfahren, daß, sucht er – ideologisch – zu entrinnen, der Konflikt in anderer Form bleibt. Das ist der Trost des Jüngsten Gerichts, daß Gott hier gerecht richten wird, so wir uns bescheiden in dem uns Gesetzten. Den Konflikt durchstehen und dem Gericht nicht durch die vermessene Idee vorgreifen. Daß ich ein Geborener bin, das weiß er; das habe ich nicht selbst gemacht. Aber in der Idee, wie überchristlich auch immer sie sich gebärde, da war es ganz *mein*, des vermessenen Menschen Geist, der am Werke war.

Ich will auf dem Posten stehenbleiben, auf den ich gestellt ward. In solcher Treue will ich mit meiner Schuld, mit der Schuld meines Volkes in das Weltgericht gehen, wo alle Taten gewogen werden. Wer will mir sagen – unter welchen Triftigkeiten auch immer ich meinen Posten verließ, um mir einen andern zu suchen –, daß es nicht Flucht war? Flucht vor dem Schicksal, und das unter dem Vorwand, nicht schuldig werden zu wollen? Flucht vor Gott? Und das unter dem Vorwande, dem Teufel entrinnen zu wollen. Der aber treibt überall sein Werk. Auf der Flucht vor ihm laufe ich ihm gerade in die Arme! Und von Christus heißt es nicht: Siehe, hier ist er – siehe, dort nicht!, so daß wir wechseln könnten aus diesem Teil der Erde in einen anderen.

Welch eine harte, gütige Hilfe, daß uns Gott, der Schöpfer, durch das Schicksal des Geborenseins gebunden hat! Hier bringe Frucht, wo du gesät bist, und zweifle nicht.

Und nach zwei Tagen war Ostern und die Tage der süssen Brote. Und die Hohenpriester und Schriftgelehrten suchten / wie sie ihn mit Listen griffen und töteten. Sie sprachen aber: Ja nicht auf das Fest / dass nicht ein Aufruhr im Volk werde!

Die stille Stunde im engsten Kreise mit ihrem Geheimnis war vorüber. Auf dem Ölberg oben war es gewesen, dem apokalyptischen Hügel. Dort hatte er gesessen mit den Vieren in der Ölbäume Schatten. Gegenüber, ein klein wenig unter ihnen, lag die Stadt auf dem Berge. Und hinter ihnen fiel das Land ab gen Osten in unendlichen Wellen der Hügel und Täler, bis in die blaue Ferne der Berge Moabs. Kahl und immer kahler bis hinab zum Toten Meere, unter dem Sodom und Gomorra ruht; das mit salzigem Schaume tote Fische an die Uferkruste wirft. Die einsamste Stunde war vorüber, die Horizonte, eben noch geöffnet bis in die Ewigkeiten, hatten sich geschlossen. Nun wölbt sich wieder der niedere Himmel der irdischen Zeit wie eine Panzerhaube über dem göttlichen Kämpfer. Derselbe, der sich jetzt schickt für den Weg auf die Schädelstätte. Dort drüben am Rande der Stadt wird es sein. Derselbe, der einst wiederkommt in den Wolken des Himmels.

Es war dem Opfer die Schlinge schon um den Hals gelegt. Nun wartete man nur noch der Gelegenheit, da man ihr Ende ergriff und sie zusammenzog. Noch zwei Tage, und bis dahin mußte es geschehen sein. So rüsten die Juden mit eigener Hand das Opfertier, das große Opferlamm, gegeben für die Welt.

PROPHETISCHE SALBUNG 451

Und da er zu Bethanien war in Simons / des Aussätzigen / Hause und sass zu Tisch / da kam ein Weib / die hatte ein Glas mit ungefälschtem und köstlichem Nardenwasser. Und sie zerbrach das Glas und goss es auf sein Haupt. Da waren etliche / die wurden unwillig und sprachen: Was soll doch diese Vergeudung? Man könnte das Wasser um mehr denn dreihundert Groschen verkauft haben und dasselbe den Armen geben. Und murrten über sie. Jesus aber sprach: Lasset sie mit Frieden! Was bekümmert ihr sie? Sie hat ein gut Werk an mir getan. Ihr habt allezeit Arme bei euch / und wenn ihr wollt / könnt ihr ihnen Gutes tun. Mich aber habt ihr nicht allezeit. Sie hat getan / was sie konnte. Sie ist zuvor kommen / meinen Leichnam zu salben zu meinem Begräbnis. Wahrlich / ich sage euch: Wo dies Evangelium gepredigt wird in aller Welt / da wird man auch das sagen zu ihrem Gedächtnis / was sie jetzt getan hat. Und Judas Ischariot / einer von den Zwölfen / ging hin zu den Hohenpriestern / dass er ihn verriete. Da sie das höreten / wurden sie froh und verhiessen ihm Geld zu geben. Und er suchte / wie er ihn füglich verriete.

Nun wird es still um ihn. Draußen weilt er vor der Stadt im Hause der Freunde. Da kommt ein Weib herein, da er zu Tische sitzt, und salbt seinen Leib. Salbt ihn zu seinem Tode. Eines Weibes ahnende Seele hat es gewußt. Der Männer Sinn ist von den Ereignissen verwirrt, von den eigenen Befürchtungen und Hoffnungen durchkreuzt, ganz im Vordergrunde der Dinge gefangen. Unberührt von allem, sicher wie ein Kind, eine hellsichtige, unberührte Seele, schreitet das Weib durch die Türe herein und tut das Wahre, das Notwendige, das Prophetische. Die Männer bestreiten sie klug und triftig. Hilflos und stumm und doch auf rechtem Wege schreitet sie zwischen den Schwertspitzen ihrer Worte hindurch direkt auf den einen hin. Sie zerbricht das Alabasterkrüglein und läßt die köstliche Narde ihm über das Haupt strömen, so daß das ganze Haus voll ward des Duftes. Es salbt das Weib den todgeweihten Leib.

Sie steht schon auf der anderen Seite. Sie steht schon im Lichte des Auferstandenen. Sie steht hier bei ihm, Mitstreiterin wider den Tod. Nur den Leib erreicht ihre Hand. Und auch das ist schon genug, um ihr den Rang zu geben vor den Aposteln, die sie nicht wollen mit Frieden lassen der Liebe walten.

»Dieses Wasser hätte mögen«, sagen die Jünger. Es »hätte mögen«! Es »hätte sollen«! So sagt der Woller und der Soller; so sagt die Vernunft; so sagt die Berechnung; so sagt die Klugheit; so sagt die Sorge; so sagt das Gesetz. Diese Klugheit hat große Worte und starke Gründe. Es geht ihr um das Ganze. Sie sieht das größte Ziel. Sie sagt *die* Armen, *das* Volk, *die* Menschheit. Sie liebt das Abstraktum, das Anonyme, die Idee, das Idol. Sie ist sich des großen Zieles bewußt, des hohen Fluges über die Dinge und Stunden hinaus. Dem Idol verfallen, kommt sie um das Glück der fordernden Stunde, die kein Reueschwur je wieder zurückbringt. Nicht, daß diese Männer keine Täter wären. Nein, weil sie das sind, kamen sie zu Christus. Weil sie die große Tat wollen, die die Messiasverheißung ihrem Volke aufgab. Tun wollen sie, Gutes tun. Mit Willen, mit Vorsatz und Bewußtsein wollen sie Gutes tun. Es liegt ein Gewicht in solchem Tun. Man kann sagen, daß die Kirche in ihrer Geschichte von Anfang an von diesem Tun begleitet war. Es gibt Perioden in der Geschichte der Kirche, die ganz und gar von diesem klugen, berechnenden, aus dem großen Vorsatz gespeisten Tun des Guten überherrscht sind. In denen eben dieses Tun als das Wesen des Christentums erscheint; »Was soll doch diese Vergeudung? Man könnte das Wasser um mehr denn dreihundert Groschen verkauft haben und dasselbe den Armen geben.« Dieses Murren der Jünger verstummt seit jenem Tage nicht in der Kirche. Das Murren der Praktiker, der Ethiker, ein starkes, ein eindrucksvolles, ein männliches Murren bis auf den Tag. Aber da hilft nun alles nichts. Die Entscheidung ist wider dieses Murren gefallen. Nicht der Klugheit der Murrenden, sondern der Liebe der Vergeuderin wird mit diesem Evangelium »gedacht in aller Welt«. Die Klugheit, die das Gute tut, die teilt die Liebe ein, die hält zurück, die lenkt hierhin und dorthin. Die Klugheit muß lieben mit Vorbehalt, sie kann nicht verschwenden. Verschwenden, das heißt lieben aus Charisma. Nicht Planen, Berechnen, Beabsichtigen, Handeln nach Sinn und Zweck, daß es nütze. Wehe der Kirche, die so Gutes tut! Wehe der Kirche, in der die köstliche Nardenflasche nicht mehr zerbrochen wird für *ihn;* in der Gold, Weihrauch und Myrrhen nicht mehr dargebracht werden, die wahrhaft »nützlicher« woanders in der Welt verwandt worden wären! Die Liebe will sich ein Zeichen setzen. Die Liebe will Leib werden. Man hat so oft von dem Armenhaus der protestantischen Kirche gesprochen. Prüfen wir uns, ob die

»Ehr und Zier«, die wir murrend hinausfegten, nicht die Opfergabe der Liebe war. Ob dieses Haus nicht arm an Liebe geworden ist. Christus stellt sich nicht zu den Jüngern, den Ethikern, den Sozialen, den Humanitären, den Philantropen, den Altruisten. Christus steht hier bei dem Weibe, das den Balsam vergeudet über seinem Haupte in einem kurzen Augenblick. Das ist das Charisma und im Charisma der Geist, der nicht nach dem Maße gegeben wird. Diese Fülle, dieses Überschwengliche, dieses Vergeuden, dieses Ganz-bei-der-Sache-Sein, und dieses sich ganz Verströmen in die Stunde. Da ist die »Fülle«, da ist das »pleroma«, aus dem heraus das große »Sorget nicht!« der Bergpredigt in diese Welt der Sorge, der Planung und der Zwecke hineinströmt. Das eben wird so überwältigend klar in dieser Szene, daß die Kirche Gottes auf Erden nicht lebt aus der Berechnung klugen, guten Tuns, sondern daß sie lebt aus der Nardenflasche, geschüttet über das Haupt, das ein todgeweihtes ist, daß sie lebt aus dem Charisma.

Denn eins ist not: Ihn lieben. Ihn lieben ohne Maß. Darin ist alle Tat getan. Das ist der Taten Saat.

Es steht auch das Wort des Sohnes Gottes an die große Sünderin in dieser Geschichte. Sind doch die beiden Geschichten dieselbe. Ihr wird vergeben, nicht weil sie nützlich und zweckvoll oder hilfreich und gut handelte. Ihr wird vergeben, weil sie liebte, und zwar viel. Und sie liebte, weil ihr vergeben ward, und zwar viel. So wird die Sünderin zur Jüngerin, der Apostel aber zum Verräter.

Bei Johannes ist es Judas, der das Wort für die murrenden Jünger führt. Judas muß aus dem großen Vorsatz des Idealisten verstanden werden. Er war ein Parteigänger des politischen Messianismus seines Volkes. Die Bibel nennt ihn mit derber Nüchternheit einen Dieb. Einen Dieb an dem Ruhm des Christus. Einen Dieb, der Gott die Messiasschaft stehlen wollte, den es nach messianischer Tat hungerte. Er war einer der Juden, die das Begehren zu Christus getrieben hatte: »Was sollen wir tun, daß wir die Werke Gottes wirken?« Der Christus das Reich, das nicht von dieser Welt war, stehlen wollte, um es umzutauschen in das Reich, das von dieser Welt war. Es ist Judas, zu dem hin bei der Fußwaschung das Wort gesagt ist: »Der Knecht ist nicht größer denn sein Herr, noch der Apostel größer, denn der ihn gesandt hat.« Judas' Schuld ist Vermessenheit. Er war Besessener seiner eigenen Sendung. Das riß ihn über Christus hinaus. Er hatte den Sinn für jene Macht, für die Geld ein anderes Wort ist für die Macht, mit der man Realitäten in dieser Welt schafft.

Bei Matthäus und Markus geht die Geschichte von der Salbung unmittelbar in die Bemerkung über, daß Judas Ischariot hinging, um ihn zu verraten. Der Entschluß zum Verrat ist das Ende der Salbung in Bethanien. Über diesem Geschehen ist ihm klar geworden, daß ihn eine Welt von Christus trenne. Es ist hier jene lebensgefährliche Grenze aufgedeckt, über die hinweg es aus der Kirche Gottes hinaus in die politische Kirche, in die politische Religion geht: wo der Mensch das Himmelreich irdisch wirklich machen will. Es ist die Grenze zum politischen Chiliasmus, der das von Menschenhand gemachte Gottesreich auf Erden sucht. Judas schreitet seitdem in tausendfältiger Gestalt durch die Geschichte hin. Immer kommt er von Christus her, immer schreitet er von der Tischgemeinschaft mit dem Meister hinaus in die Nacht des Verrats. In den erhabensten Gestalten erscheint er. Als der Denker, der Gottsucher, der Gotteskämpfer, der Fanatiker der Wahrheit, der Märtyrer der Idee, der Bahnbrecher der neuen Menschheitsordnung.

Judas war ein Jünger. Er war ein Apostel. Wie abgründig auch immer, es ist darin eine ursprüngliche, von Fügung und Bestimmung trächtige Beziehung zu Christus. Wir gehen nicht fehl, wenn wir in Judas die Gestalt jenes fanatischen Religiösen erkennen, der in der Geschichte immer wieder am Rande der religiösen wie der politischen Dinge auftaucht, und zwar als Revolutionär. Dieser Dämon ließ ihn aufhorchen, wie noch vor keinem Worte, wenn Christus vom »Ende der Welt« sprach.

Aber auch der Pharisäer ist ein fanatischer Religiöser. Und dieser Fanatismus ist es, der sie letzten Endes in eine Front zusammenrückt gegen Christus. Beide drehen ihm zusammen den Strick. Zugleich aber sind beide einander die Antipoden. Jeder steht am entgegengesetzten Ende derselben Ebene. Der Pharisäer ist der Konservative, Judas der Revolutionär. Judas Ischariot mochte den Fluch der Gesetzesreligion erfahren haben, wie es nur ein Jude konnte; die Bigotterie einer religiösen Daseinsordnung, deren Druck sich in der pharisäischen »Theokratie« zu bohrender Härte verdichtete. Wie mochte sein Herz entbrannt sein, wenn Christus mit den Pharisäern stritt und ihnen ins Gesicht sagte, daß sie den Menschen »schwere und unerträgliche Bürden auf den Hals legten!« Judas mochte es dumpf ahnen, daß die Theokratie der Pharisäer die ungeheuerlichste Verzerrung dessen sei, was Gottesherrschaft heiße. Er mochte es dumpf wittern, daß die Gottesherrschaft das unvorstellbare Wunder der Freiheit in Liebe sei.

Judas glaubt an die Verwirklichung des messianischen Reiches auf politischem Wege. Dieser Glaube war ja im Jüngerkreis nicht fremd. Er konnte es einfach deshalb nicht sein, weil die Jünger nicht wie wir nach der Auferstehung, sondern vorher im Dunkel den Weg ins Reich hinter Christus her tasteten. Es war der Glaube, wie er ihnen aus dem Geist der Zeit natürlich zuwuchs; in der Leidensschule der völkischen Bedrückung durch die Fremdherren erstrahlten die alten Verheißungen in einem neuen, einem gleisnerischen Glanz.

In einem Punkt aber war seine Stellung zum Meister anders als die der übrigen Jünger. Judas folgte nicht dem Sohne Gottes nach, gläubig, durch welche Dunkelheiten auch immer dieser Weg führen mochte. Er war nicht ein Nachfolger der göttlichen Person des Christus, sondern ein Parteigänger des jüdischen Messianismus. Solange er hoffen konnte, in Jesus von Nazareth seinen Verwirklicher gefunden zu haben, hielt er sich zu ihm. Sobald aber diese Hoffnung schwand, schritt er über den scheiternden Christus hinweg, dem Idol nach in den leeren Raum hinaus. Er ging den Weg zur Verwirklichung bis zum bösen Ende. So sah sich der Neuerer plötzlich an der Seite der konservativen Mächte. Nicht von ungefähr war es, daß das Schicksal die beiden zusammenrückte für einen Augenblick: Der Theokrat und der Revolutionär – sie suchten beide dasselbe auf entgegengesetztem Weg: das Reich, das von dieser Welt ist. In den Wochen, in denen es ihm gewiß wurde, daß Christus nicht der Messias und also nicht der »wirkliche«, nämlich der politische Verwirklicher der jüdischen Weltsendungsidee sei, machte er gemeinsame Sache mit seinen Gegnern.

Judas wird im Verlauf der Ereignisse zum erschütternden Urbild der Kreatur, die von der satanischen Dialektik der Sucht hin und her geschleudert, schließlich die Selbstvernichtung, den Fall ins Nichts, mit eigener Hand vollziehen muß. Gemeinschaft miteinander hat der Theokrat und der Revolutionär nur in der gemeinsamen Kreuzigung Christi. Danach treten sie in Feindschaft wieder auseinander. Nicht einmal das »Blutgeld« nehmen sie von dem Mitschuldigen an. Es rollt auf dem Boden des Tempels dem Verräter vor die Füße.

Schon lange mochte dieses Ringen in Judas unterirdisch gegärt haben. Und nun erfährt er, wie Christus gegen ihn Partei nimmt. Er fühlt sich getroffen in seinem Machtinstinkt, zurückgestoßen in seiner edelsten Regung, die auf große Tat hinausging. Da er jetzt noch hört, daß diese Salbung den Meister zum Tode bereite, erkennt er den Weg mit Christus als Irrtum. Denn nicht einen sterbenden Messias hat er gesucht, sondern den lebenden. Es war der andere Messias, wie er im Bewußtsein des Volkes, das wenige Tage später den Revolutionär Barabbas vor Christus wählt, lebte. Nämlich der Messias, »der ewiglich bleibe«.[176] Dieses Messiasbild hält das Volk Christus nach seinem Eintritt in die Stadt entgegen. Es meint, das sei der Messias, von dem das Gesetz zeuge. Die Entscheidung, die in Judas herangereift war, bereitet sich jetzt auch im Volke vor: die Enttäuschung an dem Ideal, das man geliebt hat und das sich jetzt als Trug entlarvt.

Und am ersten Tage der süssen Brote / da man das Osterlamm opferte / sprachen seine Jünger zu ihm: Wo willst du / dass wir hingehen und bereiten / dass du das Osterlamm essest? Und er sandte seiner Jünger zween und sprach zu ihnen: Gehet hin in die Stadt / und es wird euch ein Mensch begegnen / der trägt einen Krug mit Wasser. Folget ihm nach und wo er eingehet / da sprechet zu dem Hauswirte: Der Meister lässet dir sagen: Wo ist das Gasthaus / darinnen ich das Osterlamm esse mit meinen Jüngern? Und er wird euch einen grossen Saal zeigen / der mit Polstern versehen und bereit ist. Daselbst richtet für uns zu. Und die Jünger gingen aus und kamen in die Stadt und fanden's / wie er ihnen gesagt hatte / und bereiteten das Osterlamm. Am Abend aber kam er mit den Zwölfen. Und als sie zu Tische sassen und assen / sprach Jesus: Wahrlich ich sage euch: Einer unter euch / der mit mir isset / wird mich verraten. Und sie wurden traurig und sagten zu ihm einer nach dem anderen: Bin ich's? Und der andere: Bin ich's? Er antwortete und sprach zu ihnen: Einer aus den Zwölfen / der mit mir in die Schüssel tauchet. Zwar des Menschen Sohn gehet hin / wie von ihm geschrieben stehet. Wehe aber dem Menschen / durch welchen des Menschen Sohn verraten wird! Es wäre demselben Menschen besser /

DASS ER NIE GEBOREN WÄRE. UND INDEM SIE ASSEN / NAHM JESUS DAS BROT / DANKTE UND BRACH'S UND GAB'S IHNEN UND SPRACH: NEHMET / ESSET / DAS IST MEIN LEIB. UND NAHM DEN KELCH UND DANKTE UND GAB IHNEN DEN. UND SIE TRANKEN ALLE DARAUS. UND ER SPRACH ZU IHNEN: DAS IST MEIN BLUT DES NEUEN TESTAMENTS / DAS FÜR VIELE VERGOSSEN WIRD. WAHRLICH / ICH SAGE EUCH / DASS ICH HINFORT NICHT TRINKEN WERDE VOM GEWÄCHSE DES WEINSTOCKS BIS AUF DEN TAG / DA ICH'S NEU TRINKE IN DEM REICH GOTTES.

Sieben Anfechtungen mußte Christus bestehen in seiner Passion. Durch die sieben Anfechtungen einer siebenfachen Einsamkeit [177] führt ihn jetzt sein Weg.

Das war die *erste* Stufe: die Lösung vom eigenen Volk. Die Einsamkeit, die Preisgegebensein heißt vom eigenen Volk. Dieses Ausgestoßensein aus dem Schoß, der einen geboren hat. Dieses Reißen des Blutsbandes, das Mutter und Brüder heißt. Die erste der Stufen, auf die Gott selbst hinabsteigt auf seinem Weg in die untersten Örter der Erde. Das ist der Leidensweg, die Passion Gottes, der in das Seine kommt und die Seinen nehmen ihn nicht auf.

Und da sind seine Erwählten, die Zwölf, die er sich erlesen hat aus den Zehntausenden. Die seiner Spur folgten durch die Nächte, da er nichts hatte, sein Haupt hinzulegen. Die bei ihm in seinen Anfechtungen ausgeharrt hatten und die ihn dennoch nicht verstanden. Die erstarrten Herzens blieben und ihn allein ließen im Anblick des Weibes, das den Sterbebalsam über ihm vergeudet. Das war die *zweite* Stufe der Anfechtung, der Anfechtung des selbst von den Freunden Unverstandenen.

Und jetzt geht aus dem Jüngerkreise einer hinaus und verrät ihn. Einer von den Zwölfen. Einer von den Erlesenen, einer von den »zwölf heiligen Aposteln«, wie die Nachwelt sagte. Einer von denen, die auch die Nächte mit ihm geteilt hatten, da er nicht hatte, sein Haupt hinzulegen. Geht hinaus und verkauft sein Haupt für Geld an seine Feinde. Das war die *dritte* Stufe, die Anfechtung des von dem eigenen Jünger Verratenen.

Und jetzt geht es weiter, den härtesten Weg. Er schickt seiner Jünger zwei voraus in die Stadt. Jünger sind es, dienende Brüder. Er selbst kommt mit den Zwölfen nach. Geht in die Stadt, sagt er zu ihnen, und sieht dabei in die Ferne. Er sieht dort in der Stadt, wie ihnen ein Mensch begegnen wird. Er wird ihnen sogleich begegnen, wie sie die Stadt betreten. Er sieht, wie der Mensch einen Krug trägt, einen Krug, in dem Wasser ist. Er sieht, wie der Mensch jetzt in ein Haus tritt. Dieses Haus wird das Haus sein, in dem er mit den Zwölfen zum Ostermahle niedersitzen wird. Er sieht es und sagt es den beiden: Dem geht nach in das Haus! Es ist das einzige Mal im Evangelium, daß wir erfahren, wie Christus mit den Seinen das Osterlamm ißt. Es ist ein anderes Mahl als zu den vergangenen Zeiten. Es ist ein Mahl, in dem sich prophetisch das große Abendmahl im himmlischen Reich vorausbilden wird, das Hochzeitsmahl, das der König zurichten wird, wenn der Sohn zur rechten Hand der Kraft den Platz eingenommen hat. Darum soll auch der Raum ein besonderer sein, der schönste, den er findet, groß und mit Polstern belegt. Dort will er mit ihnen zu Tische gehn und es soll der Anfang sein der Tischgenossenschaft, die einst in der Vollendung fortgesetzt wird unter dem Zeichen des Weinstocks.

Die zwei gingen und fanden's, wie er ihnen gesagt hatte. Sie schaffen in Küche und Keller. Der Hauswirt ging ihnen zur Hand, und als der Tag sich neigte, stand der Tisch gedeckt und bekränzt. Es blinkte der Kelch. Es duftete das Brot auf der Schale. Der Abend kam. Die Leuchter flammten auf, und der Meister tritt mit den Zwölfen herein.

Es ist etwas Befremdliches an diesem Mahl, wie es da jetzt beginnt. Alle Evangelisten haben es in ihrem Bericht. Ja, es scheint bei einigen, als ob dieses Befremdliche die Hauptsache an diesem Mahle sei, als ob es nur erzählt werde um dieses Befremdlichen willen. Bei Johannes ist es dies Befremdliche allein, nicht das Mahl selbst, das die Szene füllt. Und dies Befremdliche ist der Bissen, den der Judas mit seinem Herrn zusammen in die Schüssel taucht. Der Bissen, nach dem der Satanas in den Ischariot fährt, den Christus dann mit einem langen Blick, mit einem letzten in des Jüngers Auge, reicht. Und dann spricht: »Was du tust, das tue bald.«

Da haben sie sich kaum niedergelassen auf den Polstern. Eine wunderbare Feierlichkeit überströmt sie, wie sie da schweigen, zusammen mit dunkler Ahnung. Und wie nun Christus zu ihnen spricht: »Einer unter euch wird mich verraten!« Einer unter euch! Wie das durch der Getreuen Herz hindurchstößt, der Pfeil dieses Wortes! Wie sie sich aufbäumen unter diesem Stoß! Und wie es getroffen hat, wie es ihrer aller Herzen aufdeckt und wie jetzt nur noch eine einzige zitternde Frage von Mund zu Mund fliegt: Bin ich's? Bin ich's? Da war nicht einer, der nicht so gefragt hätte, weil nicht einer da war, der nicht auch Verräter gewesen wäre, heimlich, verborgen, wie sie so dalagen, rechts und links von ihm. Ihnen selbst unbewußt, war jetzt die geheimste Kammer des Herzens aufgedeckt, und jeder zitterte, daß der Verrat, der dort innen schlief, aufwachen und hervorspringen könne. Das war die *vierte* Stufe der Anfechtung.

Gerade so, wie sie da saßen, gerade so, wie sie jetzt aufgedeckt waren vor ihm, der Judas mitten unter ihnen. Gerade so, wie sie da saßen, bereit, in wenigen Stunden in die Nacht hinauszufliehen, gab er ihnen das Brot, brach's über ihrem Munde und sprach: »Dieses Brot – das bin ich – für euch gebrochen.« So sprach der Liebende. Und vergoß den Wein an ihren Lippen und sprach: »Das bin ich – ist mein Blut – vergossen für euch.« So sprach der Liebende. Dann stunden sie auf. Der Lobgesang erhob sich jetzt aus ihrem Munde. Und gingen dann hinaus in die Nacht.

So gehen sie miteinander, den ganzen Christus in sich und wissen es nicht. Der ist es, der in sie eingegangene Christus, der sie über den Abgrund hinwegträgt, so tief, daß keine Welt ihn schließt. Nun beginnt der Fleischgewordene zu wachsen, hinein in die Welt. Er wächst hinein in die Jünger, er wächst hinein in die Menschenwelt, er wächst hinein in die ihn Verleugnenden, ihn Imstichlassenden. Er wächst hinein in die Ächtenden und ihn Geißelnden, in die ihn Verurteilenden und in die ihn Kreuzigenden. Er wächst dort hinein als der sich Hineinopfernde. Der Fleischwerdende vollendet sich im Opfergang. Alle trägt er mit hinüber über den Abgrund, die ganze Kreatur. Voran die Seinen, voran die Jünger, die im ersten Mahle ihn genossen. Jetzt wird er in ihnen verleugnet, gekreuzigt, sie werden jetzt sein Grab und in ihnen steht er auf am dritten Tage. In ihnen wird der »incarnatus« auch der »resurgens«.

Und so geschieht seitdem bis hin zu uns, daß er eingeht, Fleisch wird – sich opfert, aufersteht.

Frage nicht! Frage nicht: Woher und wieso? Frage nicht nach Ursprung und Recht und Gültigkeit. Niemals wirst du es erfahren. Nicht weniger als die letzten und großen Dinge dieser unserer Menschenwelt bleiben die Gottesdinge in unenthülltem Dunkel. Geburt und Tod enträtselst du nicht. Dem Keim entwindest du sein Leben nicht. Alle Wurzeln, die leben, werden gespeist vom keuschen Schoß der Nacht.

Genug, daß es *ist!* Genug, daß es *geschieht!* Willst du etwas sagen, so kannst du nur das eine sagen: daß es der Geist sei, der schafft, daß es sei.

Frage nicht die Schrift! Alle Zeugnisse, die dort stehen, hat der Geist so weise ineinandergeschoben und -gewoben, daß der Schleier unauflösbar sei über dem Geheimnis des Ursprungs. Du wirst dort kein Wort finden, das sagt: Ich, Christus, stifte dieses Mahl zum Sakramente meiner Gemeinde. Von einer solchen Einsetzung berichten die Zeugnisse nichts. Das tut dem Glauben nichts, daß es dennoch von ihm stamme. Keine Einsetzung ist da. Da ist nur die Nachricht von einem Mahle, das das letzte war. Das das letzte war und das Mahl des Verrats wurde. Alle Berichte sind verschieden. Nicht ein einziger ist dem anderen gleich. Johannes kennt überhaupt kein Mahl. Und von den Synoptikern erzählt es jeder in seiner Weise. Wieder in anderer Nuance taucht dieses Wort bei Paulus auf. Keine Stiftungsurkunde wollen die apostolischen Berichte geben, denn dann dürfte nur eine Fassung, die jeden Zweifel ausschließt, gegeben sein; oder alle Fassungen müßten die gleiche Formel haben.

Auch ist keine Übereinstimmung aus den apostolischen Zeugnissen zu erlangen über das Wesen dieses Sakramentes. Daher der Streit der Deutungen bis auf diesen Tag, das zum qualvollen Zerreden dort wird, wo man keine andere Quelle hat als die des Buchstabens, der geschrieben ist. So bei uns Protestanten. Aus diesem Dickicht führt kein Weg mehr ins Freie. Hier hilft keine Schriftgelehrsamkeit, kein Sichklammern an die historischen Zeugnisse. Kein Biblizismus und Historismus, keine sakrale Philologie. Hier werden nur Fäden aus dem Teppich gezogen, der das Geheimnis bewahrt.

Wie bei der Taufe, so bleibt auch beim heiligen Mahl der Ursprung unaufdeckbar. Es gibt Worte von der Taufe, nach denen sie Christus geboten hat. Aber auch eine Praxis wie die des Paulus, die davon nichts weiß. Ursprünglich Erwachsenentaufe, hat sie der Geist zu anderen Gestalten hingeführt, so zur Kindertaufe im frühchristlichen Germanentum. Beide Sakramente haben Wurzeln, die hinabführen in die Kultuswelt des Juden- und Heidentums. Nicht anders, als Geburt und Auferstehung Christi Wurzeln im Mythos haben und – wie die beiden Sakramente, jeder wissenschaftlichen Erfassung und Begründung entrückt – im sicherungslosen Glaubensraume schweben.

Hier also frage nicht! Wie jeder Fragende vor dir wirst auch du nicht die bündige Antwort erlangen, die hier allein Antwort wäre. Um so heller leuchten unter den Schleiern zwei Tatsachen hervor. Einmal, daß *dieses Mahl wirklich geschehen ist*, daß, weil es einst geschah, es immer wieder neu geschah, geschah in unablässiger Kette bis auf diesen Tag. Auch heute geschieht es. Es geschieht, weil es vor uns geschah, weil die Kette des Geschehens niemals riß und ohne Bruch auch eines einzigen Gliedes die Weitergabe durch den Geist gehütet blieb. *Nicht, weil es geschrieben war, haben wir dieses Mahl, sondern weil es geschehen war!* Das Geschehen ist der Same, nicht der Buchstabe. Denn es ist nur geschrieben, weil zuvor geschehen. Das Geschehene ist es, das sich im Neuen Testamente spiegelt. Nicht Einsetzungsurkunden sind jene Berichte, sie sind nur beiläufige, aber selbstverständliche Bezeugungen ehrfürchtigen Schauderns vor dem, was hier *geschah*. Auch die Evangelien geben diese Spiegelung. Oft nur in zarter Andeutung, wie in den Speisungswundern, in der Emmausgeschichte, im Fisch und Honig essenden Auferstandenen.

Gibt es den Geist nicht, der da »Heilig« heißt, so ist alles nur Menschenreligion, Ritus und Mythos, Selbstentfaltung des Menschengeistes. Da hilft uns keine heilige Urkunde darüber hinweg. Keine Bibeltheologie, wie wissenschaftlich auch immer sie sich bewehre! Der Heilige Geist schuf das Werk, das wir Sakrament nennen. Er erhält es und schafft es täglich neu in seiner Christenheit. Nur er allein. Wie er ja auch die Schrift schuf und die Worte da sein ließ, die in der Bibel stehen.

Kaum einer unter allen Deutschen stieg so wie Luther in die Tiefe schwerster Seelenkämpfe. Da gibt es Stunden, wo ihm auch die Bibelworte wanken. In einer solchen Stunde geschieht es, daß er sich nicht auf ein Wort der Schrift, sondern auf ein Fundament stützt, das ihm jenseits seines Wollens und Verstehens dargereicht wird, das ihm die Kirche darreicht aus der »traditio«, die keinen anderen Grund hat als den trotz aller Irrung in ihr waltenden Heiligen Geist. Er stützt sich auf das, was einst mit ihm geschah, als er noch keinen Gedanken denken und kein Wort vernehmen konnte, und kreidet auf seinen Tisch: Baptizatus sum. Was ihn hält im Sturm, ist das göttliche Handeln selbst, nicht die Worte darüber. Zu diesem Tun, das da geschieht, bekennt er sich. So ist es auch mit dem Heiligen Mahle.

Und das ist die andere Tatsache, die unter dem Schleier hervorleuchtet: jenes große »est«. Das *ist* mein Blut, das *ist* mein Leib, das *bin* ich. Keines der Zeugnisse, wie verschieden sie auch immer sein mögen, weigert sich *diesem* Sinn, ohne daß sie ihn beweisen dürfen. Auch der Beweis liegt im Geschehen selbst. Daß jenes »bin ich« *geschieht*, daß der Christ davon *lebt*, daß davon Kirche *ist* durch die Zeiten der Zeitalter! Dieses »bin ich« ist die Achse. Sie trägt die Christenheit quer durch alle Konfessionen hindurch. Noch nicht eine, die sich hier hätte ohne Bruch entziehen können!

Wie wenig es auch dem klugen Verstande einleuchten will, daß hier über dem Heiligen Mahle die Entscheidungen fallen werden in der Christenheit, so mächtig steigt wieder urtiefes Verlangen herauf und schaut dorthin – nach jenem Tisch. Es ist der Hunger der Seele, die sterben muß ohne die Speise, die Gott selbst ist. In der Tiefe regt sich das Ebenbild, es verlangt nach dem Brote, das ihm allein zukommt und das vom Himmel ist.

Es gehen heute schicksalhafte Dinge vor in der Christenheit. Ist es nicht so, daß wir Protestanten Christen sind wie die beiden Jünger auf dem Wege nach Emmaus? Wie kein Teil der Christenheit haben wir um das »Wort« gerungen. Wir sind darüber zu den »Theologen« in der Christenheit geworden. »Und sie *redeten* miteinander von allen diesen Geschichten.« Und dann weiter: »Da sie so *redeten* und sich *befragten* miteinander, trat Jesus zu ihnen.«[178] Wir haben es an nichts fehlen lassen. Wir haben dieses Reden und Befragen mit einer Leidenschaft getrieben, wie sie der göttliche Gegenstand von uns fordern konnte. Auf den Kathedern, in dem Strom eines schier unerschöpflichen Schrifttums, in ungezählten nächtlichen Stunden zu zweien und dreien, nicht zu reden von den evangelischen Kanzeln. Fünfhunderttausend Predigten werden allein in Deutschland heute in einem einzigen Jahre gehalten! Wir haben unter dem Zeichen des Wortes alle Tiefen und alle Höhen durchmessen, alle Möglichkeiten der Theorie, die Dünne entirdischter Gedanklichkeit, die Bisse des zergrübelten Gewissens, den Zwang der Systeme, die Vermessenheit des absoluten Protestes, das Leiden grenzenloser Zersplitterung, die Verzückungen prophetischer Einsamkeit, den ganzen Betrug nur gedanklicher Existenz, die dialektische Zerrissenheit der Seele, Schwermut und Skepsis. Und dann wieder das glaubensstarke Abspringen von der Erde, ja, der bejahte Absturz in die Gottesferne des Sünders.

Bis an den Rand des Nihilismus hinan führte der verwegene Weg. Denn wie sehr auch immer unser Herz entbrannte, da er mit uns redete über dieses eine Große, das uns anlag, die Schrift, erkannten wir ihn doch nicht, blieben unsere Augen gehalten. Auch uns gilt die Frage: »Was sind das für Reden, die ihr miteinander auf dem Wege führt und *seid* so *traurig.*«[179] Auch wir sind nicht über das Kreuz hinausgekommen. Auch wir hörten die Botschaft der Frauen und erschraken sehr. Haben seinen Leib nicht gefunden und sind ein Tummelplatz geworden aller Zweifel, Meinungen, Deutungen und Ausflüchte. Wohl war Jesus zu uns getreten auf dem Wege, aber unsere Augen blieben gehalten. Das war es!

Nun wird es Abend. Kein Rat scheint mehr zu sein als der, das müdgedachte Haupt samt dem heißen Mund und dem leergebrannten Herzen im Schlafe zur Ruhe zu bringen.

Doch kommen wir nicht los von ihm, der uns geleitete, über dessen Wort unser Herz so jäh erglühte. Wir kommen nicht los von Christus, wie sehr auch immer uns die Augen noch gehalten sind. Wir sitzen mit ihm zu Tische. Es suchen die Müden die Herberge und die Hungrigen den Tisch. Die Nacht sinkt. Der Tag schweigt. Die Gedanken werden stille und karge die Reden. Da geschah es. Da er mit ihnen zu Tische saß, nahm er das Brot, dankte, brach's und gab es ihnen.

Sollte es nicht so sein, daß es jetzt Abend wird bei uns und der Tag sich geneigt hat, daß dieser Weg des Redens und Befragens, des Stürmens und Verzagens, des ewigen Wagemuts zum ausweglosen Leben zu Ende sei? Ist uns nicht geboten, Herberge zu nehmen, den Hunger zu stillen am Tisch, an dem er dankt und das Brot bricht und wir sehend werden?

Nicht, daß er unrecht war, dieser Weg. Nein, er war gut. Aber daß er hier enden müsse, an seinem Tisch – das ist es! Damit auch unsere Augen geöffnet werden! Daß auch wir ihn erkennen als den Auferstandenen-Gegenwärtigen. Nun erst fällt das Licht auch zurück auf die endlose Straße und den Sturmpfad, der hinter den beiden liegt. Von diesem Tische her, an den sie bescheiden und müde sich jetzt niedersetzen. Jetzt erst, über dem Brechen des Brotes, erfahren sie, warum ihnen das Herz brannte bei seiner Öffnung der Schrift: weil er selbst es war.

Dann heißt es in der Geschichte: »Und er verschwand vor

ihnen.«[180] Daß er sie allein ließe? Nein, nun erst recht nicht. Daß er ihnen so nahe sei, wie das nur irgend geschehen könne. So innig ihnen vermischt wie das Brot, das er ihnen gebrochen hatte. »Das ist mein Leib«, das war es, was hier wieder geschehen war. Er verschwand vor ihnen, um in die Anwesenheit überzugehen, die Auferstehungsgegenwart heißt und die nicht von fleischlichen Augen lebt. Denn der Ort, da sie weilten, war ja nur Herberge. Und sie standen auf in derselben Stunde. Vergaßen die vorige Müdigkeit. Der Mut des neuen Lebens trug sie mit starken Schritten durch die Nacht, den Elfen zu erzählen, wie er von ihnen erkannt ward an dem, daß er das Brot brach.

Daß hier gegessen wird, daß hier das Einfachste von der Welt geschieht, daß hier geschieht, was der König und der Bettler, was der Kluge und der Tor weiß, was alle Kreatur kann und muß – das ist das Überwältigende. Dieses Notwendige, selbstverständlich wie das Atmen, hat sich Gott ausgesucht zum Wege, um zu uns zu kommen. Dem Dienst der niedrigen Kreaturen hat er sich vermählt: gegessen zu werden.

Hier kann man den Grad der Opferung ermessen, in der sich Gott gegeben und auf den Tisch zur Speise der Menschen gelegt hat. Ja, es ist ein Opfer. Es ist das große Gottesopfer und ist das große Gottesessen, das hier geschieht. Das war es, was die erste Christenheit empfand, wenn sie zusammenkam zum Brechen des Brotes. Die Sprache will es, daß im Griechischen sich dieses »Brechen« gleicherweise dem Brot wie dem Leib verbindet. Den Leib brechen aber heißt: Töten. Brotbrechen – Leibbrechen! Dies alles schwang hinein in diesen kleinen Satz: »Das ist mein Leib – für euch gebrochen.« Das war darin, wenn die Eucharistie, das Dankgebet über dem erhobenen Brote gesprochen und die Gabe zum Bissen gebrochen wurde: das Opfer, das gegeben ward. Hier war kein »Meinen« einer »Bedeutung«; hier war kein Bitten, daß es so sein »möchte«. Hier war Danksagung: *daß es so ist! daß Du es bist!*

Mit Recht hat dieses Gebet der Eucharistie den Namen gegeben. Das ist die Urform des christlichen Gottesdienstes: der Gottesdienst des eucharistischen Wortes: des über dem gebrochenen Brote verkündeten Lobs des *gegenwärtigen* Gottes. Den Gegenwärtigen preisend, sagte es aus, was hier *geschieht*.

Schon in der Fleischwerdung beginnt diese Opferung. Da schon schafft sich Gott uns zur Art, damit er sich uns vereine. Er sucht uns wirklich ganz und will ganz unser Teil werden. Darum verbindet er sich dem Wein und dem Brot, weil er sich auch dem Leib verbinden will, weil die Schöpfung *ganz* gerufen ist in die neue Geistleiblichkeit hinein.

Korn wird Brot. Brot wird Leib – himmlischer. Traube wird Wein. Wein wird Blut – himmlisches. Es scharen sich die Wesen um den Tisch und in die vielen geht der Eine ein. Es ist das Mahl der heiligen Vereinigung. Das Mahl, in dem sich Gott und Mensch *vermählen*. Nun aber aßen die vielen den einen und werden eins miteinander. Sie sind nun Körner, die Brot wurden, und Trauben, die Wein wurden. Geknetet zu einem Teig und gekeltert zu einem Trank. Das ist geschehen durch den Genuß des einen durch die vielen. Er ist es, der sie jetzt bindet, nicht menschliches Geblüt noch Wille.

Kein Mensch ist es, der hier opfert. Gott allein ist es, der sich opfert. Nicht die Schuldigen opfern hier, sondern der Heilige opfert hier. Er opfert sich selbst den Schuldigen. Und weil es Gott selbst ist, der sich hier opfert, so ist dieses Opfer einmaliges Opfer *und* ewiges zugleich. Es ist geschichtliches Opfer, das zugleich durch alle Welt und Zeit hindurch dauert; das nie aufhört; vor dem die Weltalter so klein sind wie jene Karfreitagsstunden. In diesem Opfer trifft die ewige Zeit auf die vergehende auf. Von der vergehenden Zeit her gesehen, heißt dieses Ereignis: »Gekreuzigt unter Pontius Pilatus.« Von der ewigen Zeit her gesehen, heißt es: »Also hat Gott die Welt geliebt.« Die Welt! Denn in diesem Opfer sind alle Zeitpunkte, die es je in der Menschengeschichte geben kann, bereits berührt. Es ist ihnen gleichzeitig. Es nimmt sie in die ewige Zeit hinein, ohne sie in ihrer Geschichtlichkeit zu versehren. Es durchtränkt sie, es durchschwängert sie gleichsam mit ewiger Zeit und ist in ihr allgegenwärtiges Opfer.

Die Selbstopferung Gottes kann, ja, darf nicht wiederholt werden. In der Göttlichkeit ihres Ursprungs gründet dieses Ein-für-alle-Mal. Keine Wiederholung dieses Opfers durch den Menschen! Nicht die Opferung wird wiederholt, nur der Empfang der Gabe. Nur das wird wiederholt, was unser, des Menschen, Teil daran ist; wodurch das Opfer zum Mahle wird: die Zurüstung, der Gang zum Tisch, die Austeilung, der Genuß. Nicht die Opferung wird wiederholt, nur das Mahl: die Bereitung, die Anrufung des Heiligen Geistes um die

Gegenwart des Auferstandenen in *diesem* Brot und in *diesem* Wein, die Danksagung, dann Herzutreten und Empfangen.

Über die ganze Welt hin, sagt Luther, sei das Kreuz gelegt. Darum ist uns ein *Ort* gewiesen, in dessen Jetzt und Hier es *für uns greifbar* wird, was in der ewigen Zeit geschieht. Nicht Christus ist hier gebunden. Wir sind gebunden. Die ewige Liebe hat uns gebunden, daß wir nicht schweifen müssen, sondern ihn finden. Die Bindung an den Ort ist ein Werk der Liebe. Denn Geschöpf sein heißt selbst Ort sein. Für uns gilt, daß es keine wirklichen Dinge gebe ohne Ort. Dieser Tisch ist der Ort, das heißt: Als Geschöpf am bestimmten Ort kommt er zum Geschöpf, der der Schöpfer und ohne Grenzen ist. Was für eine wilde und trotzige Art sind wir doch, daß wir uns nicht bescheiden können unter das, was wir sind! Daß wir so vermessen uns verschwärmen! Ja, es ist schon so: Spalte ein Holz und Christus ist da, aber nicht *für dich*, daß du ihn greifest. »Hörest du es nun, du Sau, Hund oder Schwärmer, wer du unvernünftiger Esel bist, wenngleich Christus Leib an allen Enden ist, so wirst du ihn darum so bald nicht fressen, noch saufen, noch greifen: auch so rede ich mit dir nicht von solchen Sachen; gehe in deinen Säustall oder in deinen Kot. Droben habe ich gesagt, daß die Rechte Gottes an allen Enden ist, aber dennoch zugleich auch nirgends und unbegreiflich ist, über und außer allen Kreaturen. Es ist ein Unterschied unter seiner Gegenwärtigkeit und seinem Greifen: Er ist frei und ungebunden allenthalben, wo er ist, und muß nicht dastehen als ein Bube am Pranger oder an ein Halseisen geschmiedet. Siehe, die Glänze der Sonnen sind dir so nahe, daß sie dich gleich in die Augen oder auf die Haut stechen, daß du es fühlst: Aber doch vermagst du nicht, daß du sie ergreifest und in ein Kästlein legest, wenn du gleich ewiglich danach tappest. Hindern kannst du sie wohl, daß sie nicht scheinen zum Fenster herein; aber tappen und greifen kannst du sie nicht. Also auch Christus, ob er gleich allenthalben da ist, läßt er sich nicht so greifen und tappen; er kann sich wohl ausschälen, daß du die Schale davon kriegst und den Kern nicht ergreifst. Warum das? Darum, daß es ein anderes ist, wenn Gott da ist, und wenn er dir da ist. Dann aber ist er dir da, wenn er ein Wort dazu tut und bindet sich damit an und spricht: Hier sollst du mich finden... Daheim magst du Brot essen, da ich auch freilich nahe genug bei dir bin, aber dies ist das rechte Jetzt-und-Hier: das ist mein Leib. Wenn du dies ißt, so ißt du meinen Leib und sonst nichts. Warum? Darum, daß ich mich hier will mit meinem Wort heften, auf daß du nicht müssest schwärmen und mich wollen suchen an allen Orten, da ich bin: es würde dir zuviel« (Luther).[181]

Im Heiligen Mahle schiebt dir Gott in dein Warten hinein seinen Tisch, daß du nicht in die Verzückungen des überhungernden Herzens fällst. Er sagt dir: Da ist es, da nimm es; iß: Das bin ich! Nimm Platz hier an *diesem* Tisch, laß dir's nicht zu geringe sein. Wenn du auch hergebeten bist von Zaun und Straße der wilden Welt, dennoch ist es des Königs Tafel. Schau nicht aus nach Größerem, nimm diese Gabe, das bin ich.

Der Ort dieses Tisches, der wird jetzt zum Ort der großen Entscheidung für dich. Darin liegt sein Segen, der gewaltiger in dein Leben wirkt, als du es fassen kannst. Der Tisch dieses Mahles wird der Ort deiner Hingabe. Ein einziges Mal sollst du ganz sein, wie du es nie vor einer Kreatur kannst, und liebtest du sie wie dein Leben. Sollst du ganz sein, wie du es nur sein kannst – vor Gott! Vor dessen Antlitz nichts zurückbleiben kann; dessen Ruf Seele und Leib, Geist und Herz, Gemüt und alle Sinne samt Gedanken, Trieben und Mächten, von denen du selbst nichts weißt, herausruft in das Licht vor sein Angesicht. Ein einziges Mal sollst du »ganz« sein, sollst du dich so lösen, auffalten in allen deinen Falten, dich entspannen im Atemstoß vom tiefsten Innen her. Ganz sollst du sein im Geben deiner selbst. Denn der hier zu dir kommt, gab sich dir zuerst und über alles Verstehen ganz. O, die arme, die gebrochene Kreatur, die das nicht mehr kann! Die gehemmt und gedrückt ist vom Denken ihrer Zeit, von den Vorurteilen ihrer Väter, von den Vermessenheiten des Willens, der Neigung, des privaten Wünschens. Die arme Kreatur, die erstickt unter diesen fremden und eigenen Schätzen und den einen Schatz nicht mehr besitzt: die Einfalt, die sich gibt. Prüfe dich, ob nicht hier der geheime Sprung entlanggeht, der das glänzende Gefäß deines Lebens heimlich brüchig macht. Daß du dich nicht mehr fallen lassen kannst, so wie du bist, in Gottes Hand. Daß du es wohl wünschest, wohl vermeinst getan zu haben irgendwann; und wo noch Vorbehalte, wo noch heimliche Sicherungen, dir vielleicht kaum bewußt, sich dazwischenschoben. Das ist die Kraft, die von diesem Tische ausgeht, bevor du von ihm genommen hast, die dich zu solcher Hingabe willig macht. Ist es nicht oft gerade so, daß in der

Stunde der großen Forderung uns das Heilige Mahl zum größten Begehr wird? Wenn der Soldat hinauszieht in den Krieg! Wenn er verwundet, wenn er sterbend auf der Bahre liegt. Wenn er sich geben muß, daß er sich dann auch geben will.

Nichts sollst du tun dabei. Getan wird mit dir. Gesät wird in dich das Weizenkorn. Du bist sein Acker, es erstirbet und bringt viele Frucht. Das empfange. Nicht du bringst, es wird dir gebracht. Das Wunder zarten, jungen, reinen Anfangs tritt mit jedem Heiligen Mahle in dein Leben neu herein, wenn du berührt wirst vom heiligen Leib des Auferstandenen. Neu sollst du werden.

Du wirst nicht in deinem Leibe auferstehen. Dein Leib, Seele und Geist wird in Christus' Leib auferstehen. Du wirst nicht aufhören, ein Ich zu sein. Aber du wirst Christus werden. Christuswerdung ist der Sinn deines Erdenlebens.

»Das bin ich« – spricht er. Und du wirst er. Desgleichen die Unzählbaren, die Christus wurden und werden vor dir, mit dir und nach dir.

Das ist der geheimnisvolle Christusleib, von dem der Apostel spricht, daß Christus das Haupt und wir Gliedmaßen an ihm seien. Darum stellten die Alten Christus immer größer dar als die Umstehenden. Am kleinsten sind die Heiden, größer die an ihn Glaubenden. In seinen Jüngern und Heiligen wächst die Menschenwelt ihm zu, der der Größte ist.

Der Leib Christi, das ist die Traube der seligen Kreaturen, die an ihm hängt, dem großen Christus, als die kleinen Christusse, wie das Bienenvolk an seiner Königin.

So bewahrt er uns unser Wesen, und so leibt er uns in seinem Leibe dem Vater wieder ein.

Es geschieht dies alles schon in diesem Leben auf unteren Stufen.

Daß die Liebenden ein Fleisch zu werden trachten, das ist Prophetie. Daß das Weib in den Mann ganz einzuschlüpfen begehrt und der Mann das Weib ganz zu umhüllen trachtet, das ist Prophetie. So trachtet die Christusgemeinde ganz einzuschlüpfen in den Christus, und der Christus trachtet die Christusgemeinde ganz in seine Glorie einzuhüllen. Dem Christusmenschen nach wird das ganze All in den Leib Gottes hinein nachgezogen. Im christuswerdenden Menschen ist das ganze All mit geheiligt, so wahr das All im Menschen enthalten ist, so wahr der Mensch das lebendige Inbild der Welt ist.

DAS MYSTERION DER GESCHICHTE: CHRISTIFICATIO 469

Genauso wie im christuswerdenden Ehegatten der andere Eheteil mitgeheiligt ist, so ist durch ihn die Sippe und durch die Gemeinde das ganze Volk mitgeheiligt. Durch den Christuswerdenden ist alles, was er anrührt, mitgeheiligt. Der Acker, den er als Bauer bestellt; das Brot, das er als Bäcker bäckt; die Schuhe, die er als Schuster sohlt. Alles ist durch ihn in die große Verwandlung einbezogen.

Das ist deine Macht in der Welt, du Christuswerdender. Das kommt im Sakrament zuhauf. Das geschieht hier, diese Verwandlung. Verwandelt, wirst du selbst ein Verwandelnder.

Nicht, daß hier Brot und Wein verwandelt werde, ist die Hauptsache. Daß du, Mensch, verwandelt werdest, das ist die Hauptsache, und daß durch dich die Welt mit verwandelt werde.

Verwandlung ist ihr tiefes Sehnen. Keine Regung des Lebens, kein Ablauf ihres Seins, das diesen Wunsch nicht zur Seele habe. Alle Kreatur, die gegessen wird, muß verwandelt werden. Durch das Feuer muß sie hindurch, daß sie in uns eingehen kann als Speise. Und dann wird sie zum zweitenmal einer Verwandlung von wunderbarer Feinheit unterzogen, bis sie dem lebendigen Leibe anverwandelt ist. Im Ungeborenen vollzieht sich solche Anverwandlung der Kreaturen. Das macht, daß er wächst. Er wird gebaut aus dem Stoff, den er sich anverwandelt. Alles Wachsen ist seliges Verwandeln nach dem Gesetz, das im Geheimnis des Keimes verschlossen liegt und das Christus im Gleichnis vom Saatkorn zum Gleichnis seines Reiches gemacht hat. Die Seele ist der Organismus der Verwandlungen. Alle Verwandlung geht durch sie. Welche Macht der Verwandlung hat ein Wort, eine Berührung, hat des Menschen Hand, die voller Kräfte der Verwandlung sitzt. Was vermag ein Anblick, was ein Blick! Jedes Lebensalter ist ein Leben für sich, baut sich auf in Stufen der Verwandlung. Welche Mächte der Verwandlung birgt das Schicksal! Die Verwandlungen durch Glück, durch Liebe, durch Leiden, durch Schuld sind unzählbar in der Fülle ihrer Gestalten.

Nur einer setzt allen Verwandlungen die Grenze: der Tod. Dort aber steht der Auferstandene und hebt die fruchtlos vom Ende zum Anfang, vom Anfang zum Ende kreisende Schöpfung aus ihrem Fluch. Das sagen alle diese Worte: neuer Mensch, neues Leben, neuer Himmel und neue Erde. Wiedergeburt ist Verwandlung. Verklärung ist Verwandlung. Buße ist Verwandlung. Sündenvergebung ist Verwandlung. Heiligung ist Verwandlung. Auferstehung ist Verwandlung.

Das ist es, was im Heiligen Mahle geschieht, diese Verwandlung an dir, an mir, an der Kreatur. Da spricht der Gekreuzigte: Ich bin der Auferstandene, daran nimm teil. Issest du mich, den Gekreuzigten, so ist der Auferstandene dein Teil. Verhaftet bist du und hineingerissen in die große Verwandlung, in der der Menschgewordene das Fleisch sich anverwandelt und emporreißt in sein Auferstehen.

Frage nicht und komm! Auch die Jünger fragten nicht, staunten und verstanden nicht; aber aßen und wurden hindurchgetragen selbst durch die Nacht der Untreue und der Ohnmacht ihres Glaubens. Frage nicht! Komme! Nur verehren, nur lieben! Dir wird geholfen: Es ergreift dich, und du weißt es kaum. Da bleibt nur eines uns zu tun noch übrig: daß hier Lob gesungen werde dem Heiland, der jetzt geht, das Opfer zu vollziehen, von dem wir uns das neue Leben essen.

UND DA SIE DEN LOBGESANG GESPROCHEN HATTEN / GINGEN SIE HINAUS AN DEN ÖLBERG. UND JESUS SPRACH ZU IHNEN: IHR WERDET EUCH IN DIESER NACHT ALLE AN MIR ÄRGERN. DENN ES STEHET GESCHRIEBEN: »ICH WERDE DEN HIRTEN SCHLAGEN / UND DIE SCHAFE WERDEN SICH ZERSTREUEN.« ABER NACHDEM ICH AUFERSTEHE / WILL ICH VOR EUCH HINGEHEN NACH GALILÄA. PETRUS ABER SAGTE ZU IHM: UND WENN SICH ALLE ÄRGERTEN / SO WOLLTE DOCH ICH MICH NICHT ÄRGERN. UND JESUS SPRACH ZU IHM: WAHRLICH, ICH SAGE DIR: HEUTE IN DIESER NACHT / EHE DENN DER HAHN ZWEIMAL KRÄHT / WIRST DU MICH DREIMAL VERLEUGNEN. ER ABER REDETE NOCH WEITER: JA / WENN ICH MIT DIR AUCH STERBEN MÜSSTE / WOLLTE ICH DICH NICHT VERLEUGNEN. DESSELBIGENGLEICHEN SAGTEN SIE ALLE.

Das war schon etwas, ein Jünger dieses Meisters zu sein, der der Sohn war! Das ging hart am Rande des Menschlichen entlang. Da war immer nur ein Fußbreit hinein in das nicht mehr Menschliche. Ja, es war etwas, diesem Herzog als Manne zu folgen! Da lauerte unaufhörlich die Gefahr am Wege, an jenem anderen, am Mehr-als-Menschlichen zu zerbrechen, das da in der Gestalt des Einzigen mitten unter ihnen stand. Da sie nun gingen mit ihm durch die Nacht, sich um ihn drängten wie eine Schutzwehr, der hohen Schwüre voll, die Schande des Verräters aus ihrer Mitte abzuwaschen mit ihrem eigenen Blut, spricht er zu ihnen: »In dieser Nacht werdet ihr euch alle an mir ärgern.« Es ist die Nacht, von der der Prophet gesagt hat, es werde der Hirte geschlagen, die Herde zerstreut werden. Ihr werdet es erleben in dieser Nacht, daß euer Haupt, an dem ihr hangt, daß der König, dem ihr folgt und dem die Verheißung gehört, aufs Haupt geschlagen wird. Dann sagte er noch das andere. Leise und nun schon den Herzen der Seinen entwachsend, die das Wort kaum noch mit den Sinnen vernehmen: »Wenn ich aber auferstehe!« Es war dasselbe Wort, das Wort aller Worte, das letzte Wort, das wie immer auch jetzt die große Stunde erleuchtete und das die Jünger wie immer nicht vernahmen. Das gar nicht hineinging durch das Tor ihres Bewußtseins; das draußen stehenblieb; das wie ein Samen wartete im Winter unter dem toten Land auf die Zeit jenseits, auf den Frühling.

Petrus, der Feurige, bäumt sich auf, schier tödlich getroffen im liebenden Herzen. Und wenn sich alle ärgern, ich nicht! Meister, ich – nie und nimmermehr!

Es steht der kleine Zug. Aufgerichtet steht der Jünger vor dem Meister, flammenden Blicks und keines Wortes mehr mächtig.

Noch nicht zweimal wird der Hahn gekräht haben in dieser Nacht, dann wirst du mich schon dreimal verleugnet haben. Du, heute in dieser Nacht!

Es schoß das Blut aus dem verwundeten Herzen in hellen Stößen hervor. Und wenn ich mit dir sterben müßte, ich werde dich nicht verleugnen. Jetzt sprach er für sie, für sie alle. Jetzt war er ihr Mund. Jetzt war er, Petrus, ihr Führer. Jetzt standen sie alle bei ihm, flehend, beschwörend, zürnend und wehrend sagten sie alle »desselbigengleichen«.

Und sie kamen zu dem Hofe mit Namen Gethsemane. Und er sprach zu seinen Jüngern: Setzet euch hie / bis ich hingehe und bete. Und nahm zu sich Petrus und Jakobus und Johannes und fing an zu zittern und zu zagen. Und sprach zu ihnen: Meine Seele ist betrübt bis an den Tod: Bleibet hie und wachet! Und ging ein wenig fürbass / fiel auf die Erde und betete / dass / so es möglich wäre / die Stunde vorüberginge. Und sprach: Abba / mein Vater / es ist dir alles möglich. Überhebe

MICH DIESES KELCHES. DOCH NICHT WAS ICH WILL / SONDERN WAS DU WILLST! UND KAM UND FAND SIE SCHLAFEND UND SPRACH ZU PETRUS: SIMON SCHLÄFEST DU? VERMOCHTEST DU NICHT EINE STUNDE ZU WACHEN? WACHET UND BETET / DASS IHR NICHT IN VERSUCHUNG FALLET! DER GEIST IST WILLIG. ABER DAS FLEISCH IST SCHWACH. UND GING WIEDER HIN UND BETETE UND SPRACH DIESELBIGEN WORTE. UND KAM WIEDER UND FAND SIE ABERMAL SCHLAFEND. DENN IHRE AUGEN WAREN VOLL SCHLAFS / UND WUSSTEN NICHT / WAS SIE IHM ANTWORTETEN. UND ER KAM ZUM DRITTEN MAL UND SPRACH ZU IHNEN: ACH / WOLLT IHR NUN SCHLAFEN UND RUHEN? ES IST GENUG. DIE STUNDE IST KOMMEN. SIEHE / DES MENSCHEN SOHN WIRD ÜBERANTWORTET IN DER SÜNDER HÄNDE. STEHET AUF / LASST UNS GEHEN! SIEHE / DER MICH VERRÄT / IST NAHE! UND ALSBALD / DA ER NOCH REDETE / KAM HERZU JUDAS / DER ZWÖLFE EINER / UND EINE GROSSE SCHAR MIT IHM MIT SCHWERTERN UND MIT STANGEN VON DEN HOHENPRIESTERN UND SCHRIFTGELEHRTEN UND ÄLTESTEN. UND DER VERRÄTER HATTE IHNEN EIN ZEICHEN GEGEBEN UND GESAGT: WELCHEN ICH KÜSSEN WERDE / DER IST'S. DEN GREIFT UND FÜHRT IHN SICHER. UND DA ER KAM / TRAT ER ALSBALD ZU IHM UND SPRACH ZU IHM: RABBI / RABBI! UND KÜSSTE IHN. DIE ABER LEGTEN IHRE HÄNDE AN IHN UND GRIFFEN IHN. EINER ABER VON DENEN / DIE DABEI STUNDEN / ZOG SEIN SCHWERT AUS UND SCHLUG DES HOHENPRIESTERS KNECHT UND HIEB IHM EIN OHR AB. UND JESUS ANTWORTETE UND SPRACH ZU IHNEN: IHR SEID AUSGEGANGEN ALS ZU EINEM MÖRDER MIT SCHWERTERN UND MIT STANGEN / MICH ZU FAHEN. ICH BIN TÄGLICH BEI EUCH IM TEMPEL GEWESEN UND HABE GELEHRET UND IHR HABT MICH NICHT GEGRIFFEN. ABER AUF DASS DIE SCHRIFT ERFÜLLET WERDE. UND DIE JÜNGER VERLIESSEN IHN ALLE UND FLOHEN. UND ES WAR EIN JÜNGLING / DER FOLGTE IHM NACH. DER WAR MIT LEINWAND BEKLEIDET AUF DER BLOSSEN HAUT. UND DIE JÜNGLINGE GRIFFEN IHN. ER ABER LIESS DIE LEINWAND FAHREN UND FLOH BLOSS VON IHNEN.

Jetzt sind sie unten im Tale. Alle Worte waren zwischen ihnen erstickt. Dunkel ist die Nacht um sie, da sie die Kidronbrücke überschreiten. Sie kamen zu dem Hofe Gethsemane. Er sprach zu den Jüngern: »Bleibt hier, betet, denn die Stunde der Anfechtung ist groß.« Er winkte den drei Vertrautesten: Petrus, Jakobus und Johannes, und ging tiefer hinein in den Garten. Was nun kommt, das spürt er, darin muß er allein sein. Er heißt die drei verweilen, aber wachen, denn es verlangt ihn nach menschlicher Nähe, und geht allein noch tiefer in den Hain hinein, einen Steinwurf weit. Fiel auf die Erde und betete.

Niemals war er dem, was Menschsein heißt, so nahe wie in Gethsemane. Da hilft nun alles stolze Philosophieren nichts. Da steht unser Herz und zeugt wider die Philosophie und für Gethsemane. Das Herz, zu allen Zeiten dasselbe, trutzig und auch verzagt, stolz und doch scheu, voller Mordsucht und Frevel wie höchsten Verlangens nach Reinsein, Schönheit und Güte. Dieses Herz, ebenso fähig der großen Hingabe wie des schamlosesten Verrats. Dieses Herz, das alle Schrecken und Seligkeiten dieser Erde mit seinem Pulsschlag durchglutet hat, zeugt für Gethsemane. Nicht vor den Menschen zeugt dieses Herz für Gethsemane. Es zeugt für Gethsemane in der tiefen Stille der Nacht, wenn es allein ist und nur selber den eigenen Pulsschlag hört. Und wenn es so still ist, daß in diesem Pulsschlag die Seele aller Geschöpfe mitschlägt und die Herzen aller Menschen, die das lauschende Herz in der Welt liebgehabt hat. Wenn es so lauscht und weiß, daß Gott ist, daß er jetzt da bei diesem Herzen ist und jeden Schlag hört, mißt und kennt.

Das braucht niemand zu wissen, was mein Herz da bewegt. Es dankt dem Sohne nämlich nichts inniger als die Aufrichtigkeit, die erhabene Ehrlichkeit dieser Stunde. »Und fing an zu zittern und zu zagen.« Daß das da steht, daß das so offen gesagt wird ein einziges Mal in der Welt! Daß seine Seele betrübt war bis an den Tod! Daß er das konnte! Daß er durchmachte, was keinem erspart bleibt, der als Mensch geboren ward! Daß er hier uns gleich ward, gerade hier, der Hohe, der Heilige, der Sohn, der vom Himmel kam. Daß er sich mischte mit unserem Blut, Schweiß, Seufzern und Tränen! Daß es gerade das meint: und ward Fleisch! Diese Gemeinschaft Gottes mit der Kreatur in der Tiefe, da sie zittert und zagt. In der Tiefe, da kein Grund mehr unter den Füßen ist und der Tod wie eine Flut steigt bis über das Haupt. Das ist es, was jedes andere Zeugnis entwaffnet und verstummen läßt, wenn das Herz des Menschen – von keiner Scheu gehemmt – vor sich selbst der Wahrheit die Ehre gibt und zeugt für Gethsemane.

Seltsam, wie dann die Augen der Kinder weit geöffnet lauschen, wie die Mütter niederknien, wie sich der Blick des Soldaten feuchtet, wie der böse, harte Mund des Mannes verstummt, wenn das Herz zu diesem Zeugnis sich anschickt. Da ist Menschliches drin, Urmenschliches wie nur je, und da ist mehr als Menschliches drin, mitten im Allermenschlichsten.

Was galt es noch zu kämpfen? War er nicht schon fertig? War die Entscheidung nicht schon gefallen und der Entschluß gefaßt? Lag da nicht schon friedvolle Klarheit über dem Weg, den er sah und bewußt beschritt? Nein, es war nicht so. Welch ein Kampf, der da durchkämpft wurde, der erst in Gethsemane zu Ende kam! Da ist das Fleisch, das unser Teil ist und das er auf sich nahm. Voll Güte und Nachsicht wird von ihm gesagt, daß es »schwach« sei. Und aus dieser Schwachheit stieg alles auf an Anfechtung, was ihn bis zu dieser Stunde auf seinem Wege berannte, ihm den Weg verlegte und umnachtete. Warum dieses Ende mit dieser Stunde? Wenn er der Gesalbte Gottes, der König seines Reiches war, warum diese Stunde, in der alles hinabzusinken schien in einen einzigen Trichter von Sinnlosigkeit, Nacht und Verzweiflung?

Es ist so, daß sich für jede menschliche Betrachtung, jede Betrachtung aus dem »schwachen Fleisch«, kein Motiv finden läßt für diese Wendung. Man hat es nachher versucht mit den großen Künsten der Theologie, diese Wendung, die Wendung zum Kreuz, logisch zwingend zu machen. Diese Künste mögen, vom schwachen Fleische her gesehen, notwendig, vielleicht auch hilfreich erscheinen. Von Gethsemane her aber sind sie gerichtet. Christus selbst fand keine Antwort, nur Anfechtung vom schwachen Fleische her. Und diese Antwortlosigkeit schuf die Verzweiflung dieser Stunde. Daß es dennoch hindurch ging wider alle Anfechtung, über alle Vernunft und Unvernunft hinaus, königlich frei, des Sieges sicher, das schuf der Geist, der da stand in höchster Bereitschaft wie ein Soldat, gestiefelt und behelmt, mitten in den brennenden Trümmern der Stadt und mitten in der Nacht, bereit, zum Sturme anzutreten.

Wir sind geneigt, über die Schwere dieses Ringens hinwegzuschauen, in dem Christus den Weg sucht. Täuschen wir uns nicht. Christus sinkt hier in die Anfechtung der wahren Verzweiflung. Er wird hier auf die *fünfte* Stufe der Anfechtung, der Anfechtung der Verzweiflung an seinem Werk, hinabgestoßen. Das Evangelium ist voll dieses Ringens. Es ist ein Ringen wider den Strom. Ein Ringen, das zu keinem Ziele zu führen scheint, sondern in die ewige Nacht.

Es ist daher ununterbrochen überkreuzt von Gegenströmungen und überlagert von Störungsherden dessen, was Christus dem »Satan« Petrus gegenüber als »menschlich« bezeichnet. Es ist nur allzu menschlich, wenn die Jünger bis zu dem letzten Augenblick einfach nicht vermögen, mit offenen Augen gegen diese schwarze Wand zu treiben. Daß sie, zwar im Verhängnis hilflos mit dahinschwebend, sich zugleich an das andere, das menschliche Ziel mit ihren Augen klammern, bis hin zu dem gezückten Schwert des Petrus, mit dem er das Signal zum Kampf auf die irdische Weise im letzten Augenblick der Jüngerschar gibt.

Was uns Gethsemane lehrt, ist dieses: daß diese Anfechtung bis tief hinein in das Ringen des Meisters selbst reicht. Sie muß es, so wahr er der Menschgewordene ist. Aus dieser Wirklichkeit des incarnatus heraus sie erschütternd bezeugend, aus dieser Schwachheit des Fleisches wächst die eine Frage dieser Stunde: die Frage nach dem Warum. Warum darf der Heilige geschändet werden und der Himmel bleibt verschlossen? Christus bittet, daß »diese Stunde« möchte an ihm vorübergehen. Es ist die Stunde der Vollmacht der Finsternis.[182] In dem Augenblick, da er die Bewaffneten nahen sieht, sagt er, daß sie gekommen sei; da kein Zweifel mehr ist, daß er, der Sohn, »in die Hände der Sünder« übergeben werde, daß der Hölle ihr Triumph gelassen sei. Diese Stunde ist der Kelch, den Christus seinen Vater bittet, an ihm vorübergehn zu lassen. Bei Lukas heißt es nach dem Grundtext, die Anfechtung habe das Ausmaß des Todeskampfes selbst angenommen. Daß es jetzt nun wirklich geschehen sollte, was er so lange schon hatte kommen sehen, daß nun jetzt wirklich die Finsternis Vollmacht bekommen sollte; daß jetzt wirklich ihre, der Feinde Stunde, der er seit Galiläa entgegengewandert war, gekommen war und ihre schwarze Woge über ihm zusammenschlagen sollte, das war es. Und es ward sein Schweiß wie Tropfen Blutes, die niederfielen zur Erde. Es hieß jetzt, den Fuß in die Todeswasser setzen, aus freiem Entschluß, von allen verlassen. Rechts und links und hinter sich alle Türen offen zu einem Entrinnen, dennoch vorwärtszugehen und hindurchzuschreiten. Am Schluß des 89. Psalmes schildert der Prophet diese agonia von Gethsemane, diesen Todeskampf und dieses Versinken in seinen Wogen:

Aber nun verstößest du und verwirfest
und zürnest du mit deinem Gesalbten.
Du zerstörest den Bund deines Knechtes
und trittst seine Krone zu Boden.
Du zerreißest alle seine Mauern
und lässest seine Festen zerbrechen.
Es berauben ihn alle, die vorübergehn.
Er ist seinen Nachbarn ein Spott geworden.
Du erhöhest die Rechte seiner Widersacher
und erfreuest alle seine Feinde.
Auch hast du die Kraft seines Schwertes weggenommen
und läßt ihn nicht siegen im Streit.

Dieser ganze Kampf würde kein echter ehrlicher Kampf sein, wenn jenes letzte »Warum« am Kreuze nicht furchtbare Wirklichkeit wäre. Auf wen Gott so herniederbricht wie auf den Mann in Gethsemane, dem muß das Ende gekommen scheinen; der muß am Sinn alles Seins verzweifeln; der muß mit dem prophetischen Psalm schreien:

Warum willst du alle Menschen umsonst geschaffen haben?
Wo ist jemand, der da lebt
und den Tod nicht sähe?
Der seine Seele errette aus der Hölle Hand?

Das ist der Kelch, der Kelch, der die Verzweiflung selber scheint. Und den Sieg auf seinem Grunde birgt, *indem er getrunken wird.* Es naht ihm ein Engel und reicht ihm den Kelch, den Kelch des Sieges. »Und stärkte ihn«, heißt es bei Lukas. Nicht vorübergehen, nein, mitten hindurch, das ist das Geheimnis dieser Stunde. Das ist es, was der Vater will. Jetzt wußte er, daß ihm »der Vater hatte alles in seine Hände gegeben und daß er von Gott gekommen war und zu Gott ging«.[183]

Er hat sich jetzt aufgerichtet und ruft die schlafenden Jünger zur letzten Nachfolge. Er ruft jetzt als ihr Gebieter, als ihr Führer: Stehet auf und laßt uns gehen. Sie sind da.

Die jüdische Regierung hatte dem Verräter eine große Schar Bewaffneter mitgegeben. Man befürchtete, die Gefangennahme werde nicht ohne Widerstand geschehen können. Ja, man rechnete mit der Möglichkeit, daß ein Aufruhr geschehe. Die politisch bewegten Zeiten hatten in dieser Hinsicht schon einige Lehren gegeben. Hatte doch das Volk Jesus von Nazareth zum König erheben wollen; auch war bekannt, daß man in den Jüngerkreisen es ganz offen aussprach, daß er der kommende Messias der Juden sei. Schließlich war er selbst unter Inanspruchnahme der Königszeichen in die Hauptstadt eingezogen. Man hatte bei den Regierenden allen Grund, ihn nicht öffentlich, sondern zur Nacht und unter jenen Umständen, wie man sie nur durch Verrat zu erfahren pflegt, unauffällig zu fassen und unschädlich zu machen.

Mit den Bewaffneten geht ein Mann in gewöhnlicher Kleidung. Er tritt jetzt hervor und steht einen Augenblick noch einmal im Kreis der Zwölfe, einer von ihnen. Dann tritt er rasch auf Christus zu, ruft ihn zweimal an mit dem Namen der Jüngerverehrung und schenkt ihm das Zeichen der Jüngerliebe, den Kuß. Jetzt wußten sie, daß es der Geküßte war, und griffen ihn. Die Jünger taumeln vor gegen die Feinde. Petrus zieht das Schwert und schlägt drein. Es schien ihm die Stunde gekommen, es zu wagen gegen die Übermacht und dem Messias Bahn zu brechen mit der Waffe in der Hand. Gott würde seinem Gesalbten helfen. Christus, schon gebunden, gebietet Einhalt. Das ist der Weg nicht. Wer das Schwert nimmt, soll durchs Schwert umkommen. Es ist der menschliche Weg, der Schwertweg. Nicht Schwert, Petrus! Stecke es in die Scheide! Sondern – Geist! Heiliger! Und er heilt dem Verwundeten das Ohr wieder an. Könnte ich nicht zwölf Legionen aus dem Himmel rufen, daß sie für mich stritten? Aber dann würde die Weissagung nicht erfüllt und der Weg nicht gefunden und der Geist gedämpft. Auch in dieser Stunde kann er dem Petrus nichts anderes sagen, da er sein männliches Streiten verschmäht, kann er ihm nicht helfen mit dem erlösenden »Darum!« auf das Geheimnis dieser Stunde. Darum, mein Petrus, weil es der Vater so bestimmt hat, vor Anbeginn der Welt. Darum, weil dies sein Weg ist, wie er ihn abgesteckt hat von den Väterzeiten her durch die Male der Weissagung. Laß dir zum Troste dienen, daß du diese Zeichen an mir erkennst. Und ihr, die ihr mich gebunden habt, ihr sollt wissen, daß ihr das nur tun konntet, weil euch die Stunde gewährt ist.

Da flohen die Jünger in die Nacht hinaus.

Siehe da, aber ein Jüngling folgte dem Zuge. Keiner kennt seinen Namen. Ein Jüngling, dem die Schmach dieser Tat das Herz verbrannte. Der ihm folgte, überwältigt, im Bann seiner Macht. Ein Letzter, Einsamer, Unbekannter, nur mit Leinen bekleidet auf der bloßen Haut. Stammte er aus dem Hofe Gethsemane? War er ein Knabe, der mit glühenden Augen von fern ihn schon verehrt hatte und den es jetzt nicht mehr hielt? Den es aus dem Schlafe gerissen hatte und der nun mit nacktem Fuß fliegenden Schritts hinter dem Marschtritt der Kolonne dreinschwebt? Da packen rauhe Fäuste ihm in die Gewänder. Er läßt sie fahren und flieht in Blöße davon.

Es gibt einen ideologischen Terror, mit dem die Politik ihren Mißbrauch des Glaubens rechtfertigt. Hier ist die klassische Stelle, an welcher der autoritative Maßstab in Sachen »Glaube und Politik« bewahrt liegt.

UND SIE FÜHRTEN JESUM ZU DEM HOHENPRIESTER / DAHIN ZUSAMMENGEKOMMEN WAREN ALLE HOHENPRIESTER UND ÄLTESTEN UND SCHRIFTGELEHRTEN. PETRUS ABER FOLGTE IHM NACH VON FERNE BIS HINEIN IN DES HOHENPRIESTERS PALAST. UND ER WAR DA UND SASS BEI DEN KNECHTEN UND WÄRMTE SICH BEI DEM LICHT. ABER DIE HOHENPRIESTER UND DER GANZE RAT SUCHTEN ZEUGNIS WIDER JESUM / AUF DASS SIE IHN ZUM TODE BRÄCHTEN, UND FANDEN NICHTS. VIELE GABEN FALSCH ZEUGNIS WIDER IHN. ABER IHR ZEUGNIS STIMMETE NICHT ÜBEREIN. UND ETLICHE STUNDEN AUF UND GABEN FALSCH ZEUGNIS WIDER IHN UND SPRACHEN: WIR HABEN GEHÖRET / DASS ER SAGTE: ICH WILL DEN TEMPEL / DER MIT HÄNDEN GEMACHT IST / ABBRECHEN UND IN DREIEN TAGEN EINEN ANDERN BAUEN / DER NICHT MIT HÄNDEN GEMACHT SEI. ABER IHR ZEUGNIS STIMMTE NOCH NICHT ÜBEREIN. UND DER HOHEPRIESTER STUND AUF / TRAT MITTEN UNTER SIE UND FRAGTE JESUM UND SPRACH: ANTWORTEST DU NICHTS ZU DEM / DAS DIESE WIDER DICH ZEUGEN? ER ABER SCHWIEG STILLE UND ANTWORTETE NICHTS. DA FRAGTE IHN DER HOHEPRIESTER ABERMAL UND SPRACH ZU IHM: BIST DU CHRISTUS / DER SOHN DES HOCHGELOBTEN? JESUS ABER SPRACH: ICH BIN'S. UND IHR WERDET SEHEN DES MENSCHEN SOHN SITZEN ZUR RECHTEN HAND DER KRAFT UND KOMMEN MIT DES HIMMELS WOLKEN. DA ZERRISS DER HOHEPRIESTER SEINEN ROCK UND SPRACH: WAS BEDÜRFEN WIR WEITER ZEUGEN? IHR HABT GEHÖRET DIE GOTTESLÄSTERUNG. WAS DÜNKET EUCH? SIE ABER VERDAMMTEN IHN ALLE /

»NACH DEM GESETZE SOLL ER STERBEN« 479

DASS ER DES TODES SCHULDIG WÄRE. DA FINGEN AN ETLICHE IHN ZU VERSPEIEN UND ZU VERDECKEN SEIN ANGESICHT UND MIT FÄUSTEN ZU SCHLAGEN UND ZU IHM ZU SAGEN: WEISSAGE UNS! UND DIE KNECHTE SCHLUGEN IHN INS ANGESICHT. UND PETRUS WAR DANIEDEN IM HOF. DA KAM DES HOHENPRIESTERS MÄGDE EINE. UND DA SIE SAH PETRUS SICH WÄRMEN / SCHAUTE SIE IHN AN UND SPRACH: UND DU WAREST AUCH MIT JESU VON NAZARETH. ER LEUGNETE ABER UND SPRACH: ICH KENNE IHN NICHT / WEISS AUCH NICHT / WAS DU SAGST. UND ER GING HINAUS IN DEN VORHOF. UND DER HAHN KRÄHTE. UND DIE MAGD SAH IHN UND HUB ABERMAL AN ZU SAGEN DENEN / DIE DABEI STUNDEN: DIESER IST DER EINER. UND ER LEUGNETE ABERMAL. UND NACH EINER KLEINEN WEILE SPRACHEN ABERMAL ZU PETRUS / DIE DABEI STUNDEN: WAHRLICH, DU BIST DER EINER. DENN DU BIST EIN GALILÄER UND DEINE SPRACHE LAUTET GLEICH ALSO. ER ABER FING AN SICH ZU VERFLUCHEN UND ZU SCHWÖREN: ICH KENNE DEN MENSCHEN NICHT / VON DEM IHR SAGET. UND DER HAHN KRÄHTE ZUM ANDERNMAL. DA GEDACHTE PETRUS AN DAS WORT / DAS JESUS ZU IHM SAGTE: EHE DER HAHN ZWEIMAL KRÄHET / WIRST DU MICH DREIMAL VERLEUGNEN. UND ER HUB AN ZU WEINEN. UND BALD AM MORGEN HIELTEN DIE HOHENPRIESTER EINEN RAT MIT DEN ÄLTESTEN UND SCHRIFTGELEHRTEN / DAZU DER GANZE RAT / UND BANDEN JESUM UND FÜHRTEN IHN HIN UND ÜBERANTWORTETEN IHN DEM PILATUS.

Wie mächtig ist die Kraft dieser Sonne, die noch im Verlöschen und Zerspringen die enteilenden Planeten wieder an sich heranzieht! Petrus kann es nicht lassen. Wie sie da einbiegen in den Gerichtspalast, sieht man ihn folgen von ferne. Und dann sitzt er im Hof bei den Wachthabenden und wärmt sich am Kohlenfeuer.

Oben im Saal beginnt das nächtliche Gericht. Alle waren versammelt und warteten schon. Beide Hohenpriester, der ganze Hohe Rat und die Zeugen. Merkwürdig, wie sie alle, alle im Dunkeln mit ihm tappen. Auch hier weiß man nicht warum, aber dennoch muß man. Man muß falsche Zeugen aufbieten, aber ihr Zeugnis will sich nicht zur Deckung bringen. Er muß weg, das ist das einzige, was sicher ist. Keiner aber weiß, warum. Ein seltsames Wort spielt da eine Rolle, das er gesagt haben soll: vom Tempel, der mit Händen gemacht sei und den er abbrechen wolle. Und vom andern Tempel, der nicht mit Händen gemacht sei und den er in dreien Tagen aufbauen wolle. Niemand wird klug daraus. Er selbst aber schweigt. Und so bleibt die Frage Warum? in ein hilfloses, unergründliches Dunkel gehüllt.

Der Gang der Verhandlung nimmt jetzt plötzlich eine Wendung. Der Hohepriester verläßt den üblichen Weg der Sammlung von Indizien oder Beweisen durch Zeugenverhör. Er wendet sich jetzt an den Angeklagten direkt. Er stellt ihn mit der Frage, die im Hintergrunde verborgen gehalten war, auf die hin man das Opfer umstellt hatte und in deren Netz es sich selber fangen sollte. Diese Frage aber lautet: »Bist du Christus, der Sohn Gottes?« Und nun tut Christus den Mund auf und stößt zum Angriff vor, frontal, ohne jede Deckung, mitten hinein in das aufgespannte Netz. »Ich bin's!« sagt er. Das aber hieß im Ohr der Juden: Ich bin Gott. Es hieß das, was es meinte. Wie ein umzingelter Kämpfer schlägt er jetzt mit einem einzigen, gewaltigen Streich im Kreis um sich her in dem, was er jetzt sagt. Es werden jetzt diese zwei Worte »Ich bin's« im Angriff gesteigert und geschärft, daß alle Brücken hinter ihm stürzen und nur noch ein einziges möglich ist, der Tod. Aller menschlichen Bangigkeit, die diese zwei Worte »Ich bin's« verharmlosen, übersehen oder unterschlagen möchte, gilt dies: daß er, Jesus von Nazareth, *über diesem Bekenntnis sein eigenes Blut versprengt hat*. Er hat sein Leben darauf gegeben. »Ihr werdet sehen des Menschen Sohn sitzen zur rechten Hand der Kraft.« Ihr werdet ihn dort sitzen sehen, wo die Hand ruht, die die Weltgeschichte führt. Das ist die rechte Hand der Kraft, der Geschichtsarm Gottes.

Es war hier wirklich etwas Unerhörtes geschehen. Das Unerhörteste, was im Judentum überhaupt geschehen konnte. Hier lebte man von der Grundtatsache der Religion, daß zwischen Geschöpf und Schöpfer, zwischen Gott und Welt ein unendlicher, wesenhafter Unterschied klaffe, daß hier eine Kluft sich breite, unübersteigbar tief. Und nun war einer gekommen und tastete dieses Urwort des Glaubens an! Nun war einer gekommen, der sagte: Geschlossen ist die Kluft für alle Ewigkeit. Ich und der Vater sind eins. Wer mich sieht, siehet den Vater. Ich bin's.

Nun waren die Schleusen aufgestoßen. Das hieß – Gott gelästert. Der religiöse Fanatismus der Juden schäumt in gerechtem Zorne empor. Alle sind aufgesprungen. Es zerreißt der Hohepriester sein Gewand. Ein Schrei hallt: »Des Todes schuldig!« Wie das Gesetz es befiehlt.[184] Die Rasenden speien ihm mitten ins Angesicht. Schläge

ZUR GOTTESLÄSTERUNG KOMMT DER HOCHVERRAT

hageln dazwischen. Einige werfen ihm ein Tuch über den Kopf wie einem Stier, den man zu Boden zwingen will. Fausthiebe treffen ihn aus dem Dunkel und höhnische Stimmen: »Sohn Gottes, weissage uns, wer dich schlug!«

Unten steht Petrus im Hof am Feuer. Ein Mädchen sieht ihm scharf ins Gesicht und ruft: »Du bist auch einer von denen!« Petrus leugnete: »Ich kenne den nicht.« Er weicht aus, hinaus in den Vorhof. Ein zartes Licht gilbt am Horizonte. Die erste Dämmerung naht. Der Ruf eines Hahnes steigt auf in das falbe Licht. Draußen wird er wieder erkannt und leugnet abermal. Dann vergeht eine Weile. Das Morgenlicht steigt am Horizont über dem ersten Karfreitag der Welt. Einer der Soldaten stellt ihn: »Du sprichst galiläisch, du bist auch einer von denen.« Und nun packt ihn der Böse. Petrus schwört mit Fluch und Eid, daß er »den Menschen« nicht kenne. Dann bleibt es still. Es tagt. Der Hahn ruft zum zweitenmal. Petrus fühlt das Auge des Meisters auf sich gebannt. Jetzt geht er hinaus und weint bitterlich.

Im Gerichtssaal fällt eben die Schlußentscheidung. Alle sind jetzt noch einmal versammelt, der ganze Rat und die Ältesten und Schriftgelehrten. Der Verurteilte wird gefesselt und dem römischen Statthalter Pontius Pilatus zur Hinrichtung überantwortet.

Und Pilatus fragte ihn: Bist du der König der Juden? Er antwortete aber und sprach zu ihm: Du sagst es. Und die Hohenpriester beschuldigten ihn hart. Pilatus aber fragte ihn abermal und sprach: Antwortest du nichts? Siehe / wie hart sie dich verklagen! Jesus aber antwortete nichts mehr / also / dass sich auch Pilatus verwunderte.

Das also war der letzte Schritt, der noch gelingen mußte, Pilatus zur Hinrichtung zu bewegen. Denn das Recht der Todesstrafe hatte sich der römische Oberherr vorbehalten. Die Anklage lautete: Dieser sagt, er sei der König der Juden. Dieses Wort »König der Juden« hat ein dreifaches Gesicht. Zuerst für die Juden selbst: das Gesicht des falschen Messias. Ja, er sagt, er sei der Messias. Er ist aber der falsche. Und dann das Gesicht für Pilatus: Da hieß »der Juden

König« der Rebell, der Hochverräter, dessen Leben verwirkt war. Und dann für Christus selbst. Da hieß es: Der Gotteskönig der Verheißung, der Heiland der Welt, der Fürst des kommenden Reiches der Himmel.

Pilatus fragt den Angeklagten: »Bist du der König der Juden?« Christus antwortet: »Du sagst es.« Er hat es nicht nötig, mehr als diese drei Worte zu sagen. Sie sind seine letzten Worte, und er schweigt von nun an. Du sagst es, daß ich der Gotteskönig bin, hier in diesem Volke unter der Verheißung gesalbt. Wenn Pilatus dieses: »Du sagst es« verstand als ein Sichbekennen zur Rebellion wider den Kaiser, so mochte das geschehen. Es diente nur dazu, daß der Weg vollendet werde und das Opfer geschehe. Es war das kürzeste Verhör der Weltgeschichte, das nur in einer Frage und einer Antwort bestand und dann verstummte.

Dieser Verlauf war nicht im Sinne des Richters. Die Ankläger gießen Öl ins Feuer. Läßt du ihn los, so bist du des Kaisers Freund nicht mehr. Pilatus spürte, wie er über dieser Sache haarscharf selbst am Rande des Hochverrats hinstreifte, er, der Statthalter des Cäsar. Ein Kampf tobt in ihm. Er will die Gerechtigkeit. Der Menschenkenner in ihm durchschaut das Spiel der jüdischen Führer. Die Mächtigen neideten diesem Manne die Macht. Und diese Macht lag auf seinem Antlitz. Sie lag verwirrend auf ihm. Wenn er ihn maß, so gestand er sich heimlich: ein König vom Scheitel bis zur Sohle. Die Juden sagen Pilatus, dieser Jesus habe einen Anspruch erhoben, auf dem nach ihrem Gesetz die Todesstrafe stünde, nämlich der Sohn Gottes zu sein. Daß es so etwas gebe, dafür hatte der Heide den Sinn, an dem es den Juden gebrach. Und wie er ihn da so stehen sah in seiner Hoheit, schien ihm eben gerade dieser Anspruch nicht unwahrscheinlich zu sein. Seine Verwirrung stieg bis zur Furcht.[185] Er tritt von der Altane zurück ins Richthaus und fragt Christus, von wannen er sei. Jesus aber schweigt. Was soll er tun? Unten schwillt die Woge der erregten Menge mit erster Brandung dumpf an die Mauern, und der Hoheitsvolle da vor ihm hilft ihm nicht, sondern verharrt in unnahbarem Schweigen.

Da geht ihm durch den klugen Sinn ein hilfreicher Gedanke. Er pflegte am höchsten jüdischen Fest dem Volkswillen einen Gefangenen freizugeben. Kein Zweifel, sie würden diesen wählen, wenn er den Barabbas neben ihn stellte.

MESSIASMYTHOS CONTRA MESSIASVERHEISSUNG 483

Er pflegte aber ihnen auf das Osterfest einen Gefangenen loszugeben / welchen sie begehrten. Es war aber einer / genannt Barabbas / gefangen mit den Aufrührerischen / die im Aufruhr einen Mord begangen hatten. Und das Volk ging hinauf und bat / dass er täte / wie er pflegte. Pilatus aber antwortete ihnen: Wollt ihr / dass ich euch den König der Juden losgebe? Denn er wusste / dass ihn die Hohenpriester aus Neid überantwortet hatten. Aber die Hohenpriester reizten das Volk / dass er ihnen viel lieber den Barabbas losgebe. Pilatus aber antwortete wiederum und sprach zu ihnen: Was wollt ihr denn / dass ich tue dem / den ihr schuldiget / er sei König der Juden? Sie schrieen abermal: Kreuzige ihn! Pilatus aber sprach zu ihnen: Was hat er Übles getan? Aber sie schrieen noch viel mehr: Kreuzige ihn! Pilatus aber gedachte dem Volk genug zu tun und gab ihnen Barabbas los. Und geisselte Jesum und überantwortete ihn / dass er gekreuzigt würde. Die Kriegsknechte aber führten ihn hinein in das Richthaus und riefen zusammen die ganze Schar und zogen ihm einen Purpur an und flochten eine dornene Krone und setzten sie ihm auf und fingen an ihn zu grüssen. Gegrüsset seiest du, der Juden König! Und schlugen ihm das Haupt mit dem Rohr und verspeieten ihn und fielen auf die Kniee und beteten ihn an.

Die Kunde von der Gefangenenlosgabe zum Fest hatte sich wie ein Lauffeuer verbreitet. Man kann sich denken, welche Menge in kurzer Zeit zusammengeströmt war, um diesen Hoheitsakt der Freigabe zu vollziehen. Jetzt stiegen die Ereignisse zu ihrem Höhepunkt. Das spürte das politisch erregbare Volk der Hauptstadt. Da heißt es im Bericht ausdrücklich, daß das Volk hinaufging und den Statthalter bestürmte, also zu tun.

Barabbas war ein »sonderlicher« Gefangener. Das heißt nach dem Griechischen kein gemeiner Verbrecher, sondern ein »ausgezeichneter«, ja, ein »berühmter« Gefangener. Eben dieser Umstand ist es, der ihn wert macht, im Evangelium überliefert zu werden. Denn in der Entscheidung, die jetzt vom Volk gefällt wird, springt heraus, worum es den Juden ging.

Barabbas war einer der Führer der völkischen Aufstandsbewegung gegen die römische Fremdherrschaft. Bei einem Aufstandsversuch, in dessen Verlauf es Tote gegeben hatte, war er festgesetzt worden. Barabbas war in der Tat ein berühmter Gefangener. Er war nicht weniger als einer der Freiheitshelden des Volkes. Es ging also bei ihm um eine ähnliche Sache wie bei Christus. Beide waren politische Gefangene. Beide hatte die stürmische Woge der Zeit emporgehoben und dem Richtspruch des Statthalters preisgegeben. Den einen als den Volkshelden, den anderen als den Volkskönig. Pilatus mußte den Gegensatz, der zugleich zwischen beiden bestand, genau gefühlt haben. Denn eben darauf beruhte sein Plan. Der eine ein Tatmensch, der vor nichts zurückschreckte, an dessen Händen Blut klebte und der für ihn ein Mörder war. Er war ein Typus, wie er einem römischen Statthalter in den Provinzen draußen nur allzu geläufig war. Der andere aber eine Erscheinung, wie sie ihm noch nie begegnet war und um des willen seine Frau sogar im Traume eine Warnung empfangen hatte. Es ist mehr als wahrscheinlich, daß Pilatus schon lange zuvor von Christus gehört hatte. Eine seltsame Helfergestalt war da mitten in diesem Volke aufgestanden und hatte ohne Blut und Schwert die Machtstellung eines ungekrönten Königs erlangt, gegen die der Kampf der ordentlichen Gewalten jetzt ausgebrochen war. Über seine, des römischen Statthalters Sympathie konnte kein Zweifel sein. Sie galt diesem seltsamen Manne, der vielleicht ein Sohn der Götter war, nicht aber dem bewaffneten Rebell gegen seine Autorität.

Ganz anders bei den Juden! Jetzt, da die beiden, Barabbas und Jesus, nebeneinander vor dem Volke standen, erkannte das Volk mit untrüglichem Instinkt in Barabbas sich selbst, seine Hoffnungen, seinen Glauben an sich selbst und an seine Sendung. Ja, es war wohl einmal so gewesen, daß dieses Volk in Jesus von Nazareth den Messias zu erkennen glaubte, damals, als man ihn zum Könige hatte machen wollen. Aber gerade hier war die große Enttäuschung gekommen. Nicht der leidende Gottesknecht, der wie ein Opfertier zur Schlachtbank geführt wird, konnte der Messias sein, sondern der »ewiglich bleibet« und von dem das Volk träumt. Zum messianischen Reiche der Juden konnte nur der andere Weg führen, der mit dem Schwert gebahnte Weg des Barabbas. Denn das sollte das messianische Reich der Juden einst sein, die Ablösung des römischen Weltreichs, das Endziel der Geschichte, indem statt vom Kapitol aus von der Burg Zion die Völkerwelt in ein ewiges Friedensreich gefaßt würde. Auf diesem Wege sahen die Juden Barabbas stehen. Er war nicht der »Messias, der ewiglich bleibet«. Noch weniger aber Jesus. Der war jetzt nur noch der gescheiterte Schwärmer, über den hinweg der Weg in die Zukunft ging. Beide waren es nicht. Aber Barabbas stand jetzt da als sein Symbol. Barabbas war das Symbol des jüdischen Messiasmythos in diesem Augenblick. Und nun bricht der Schrei los, der Schrei der Verwerfung des anderen.

Was hier geschieht, ist ein weltgeschichtlicher Akt ohnegleichen. Ein Akt, der bis in die fernsten Zeiten der Geschichte hinaus den Lauf der Dinge bestimmen wird. »Kreuzige! Kreuzige!« ruft es ein über das andere Mal aus der Tiefe herauf. Wie die Wellenkämme einer Sturmflut jagen diese Schreie hintereinander her. Nun ist keine dumpfe Brandung mehr; hier versinkt ein Volk im Orkan seines Schicksals, das es mit eigenem Mund über sich heraufbeschwört. Es verwirft den Gotteskönig in seiner Mitte. Es flucht das Blut des Sohnes Gottes herab aufs eigene Haupt, und zwar für alle Zeiten. »Und unsere Kinder!« hallt es grauenvoll durch jene Stunde. Verblendet durch seinen Dämon schwört es sich in die Botmäßigkeit der Heiden ein. »Wir haben keinen anderen König denn den Kaiser.«[186]

Dies alles aber, um *ihn* nicht zu sehen. *Ihn* selbst, der in diesem Augenblick in die Geschichte trat. Das also war geschehen: *Das Volk Israel hatte sich in dieser Stunde, auf die hin die Geschichte eines Jahrtausends gewachsen war, für den Mythos vom Messias entschieden, nicht für Ihn Selbst.* Es fuhr enttäuscht zurück vor der Wirklichkeit, in der Gott jetzt die *Erfüllung* schuf.

Das also geschah hier: In Jesus Christus brach der Gott Himmels und der Erde durch den Messiasmythos der Juden hindurch in den Geschichtsraum ein. Dieser Mythos glich einem Bilde, das an die Mauer der Welt gemalt war: genau dort, wo Gott durch die Mauer hindurchgehen wollte. Gott wählte gleichsam diese Stelle, um uns zu helfen. Dort, wo der erwartende Blick lag, dort wollte er hindurchtreten. Das ist die Bedeutung nicht nur des jüdischen, sondern des Mythos überhaupt für den zu uns Menschen hereintretenden, lebendigen Gott. Er tritt, so könnte man sagen, unter die Gestalt, die der Mythos dort im Bilde an die Wand setzte. Er tritt unter diese Gestalt und schreitet mit ihr auf dem Leibe heraus in unsere Existenz hinein.

Auch der Heide hat seinen Mythos. Es hat seinen tiefen Sinn, wenn in dem Kampfe um Erkennung und Verwerfung des Sohnes Gottes unmittelbar neben die Juden die Heiden mit dem heidnischen Mythos treten. Das nämlich ist es, was in der Schändung Christi als Spottkönig geschieht. Es ereignet sich jetzt inmitten der heidnischen Soldaten dasselbe in anderer Gestalt noch einmal, was sich eben unter den Juden ereignet hatte. War der jüdische Mythos der vom irdischen Messias, so war der heidnische Mythos der vom Erlöserheros. Beide hatten den gemeinsamen Grundnenner der Gottheit, die im irdischen König erschien. Den König der Juden verstanden die römischen Soldaten in dem Sinn der sakralen Königsperson des Erlöserheros, wie er der antiken Welt geläufig war. Darum beteten sie ihn auch an, welche Spottgeste nur in diesem religiösen Charakter ihren Sinn empfängt. Dieser Mythos vom Erlöserheros beherrschte die Staatskulte, die Kultspiele und die Mysterien der alten Welt in zahllosen Formen, angefangen von den Königsopferungen der archaischen Zeiten bis hin zu den jährlichen Kalenderfestspielen und den Fastnachtstravestien der Volksfeste der Spätzeiten. Dieser Mimus war es, den die römischen Soldaten mit Christus jetzt aufführen: Sie versammeln dazu »die ganze Schar«, und dann geht der Akt in aller Form in Szene: »und zogen ihm einen Purpur an und flochten eine dornene Krone und setzten sie ihm aufs Haupt«. Und gaben ihm ein Rohr als Zepter in die Hand. Und fingen an, ihn zu grüßen: »Gegrüßest seiest du, der Juden König.« Und schlugen ihm das Haupt mit dem Rohr und verspeieten ihn. Und fielen auf die Knie und beteten ihn an. Hier wird mit Christus die Travestie des Narrenkönigs gespielt. *Das ist es, was die römischen Soldaten tun.*

Das aber ist, was jetzt geschieht. Das Spiel wird ernst. Der Mimus blutige Wirklichkeit. Unter der Maske steht jetzt zum erstenmal – *er selbst, er selbst* – der Sohn. Aus war der Mythos und das Spiel mitten im Spiel. Hier war *er selbst* unter das Symbol getreten. Unter das Symbol, das einst in der Vorzeit als glühendes, Menschen verschlingendes Urbild aufgestiegen war. Das nicht sterben wollte, nicht sterben konnte und das die Sehnsucht zerspielte bis hin zum Spottmimus der Fastnacht. Die Maske des Gottes war von Geschlecht zu Geschlecht von den Mimen durch die Völker getragen worden. Und jetzt mit einem Male gewahrt unser heiliger Schauder in den leeren Augenhöhlen der Larve das Auge Gottes selbst. Jetzt mit einemmal brach blutiger Schweiß durch die Maske, die für immer zerbarst.

Statt »Mythos« heißt es jetzt »Blut«. *Der Mythos geschieht! Das ist das Christusereignis!* Der Gott ohne Maske! Der nackte Gott! Das Requisit stürzt in die Kulisse. Das Symbol sinkt entzaubert dahin. Die symbolische Handlung ist die Sache selbst geworden. Die Wirklichkeit hat ihr Sinnbild verschlungen.

Der heidnische und der jüdische Mythos haben beide das gleiche Urbild, dessen zwei einander abgekehrte Seiten den Messias und den Heros zeigen. Es ist die im König verheißene und geahndete göttliche Person des Heilbringers. Der jüdische Mythos ist Geschichtsmythos. Sein Fundament Gesetz und Erwählung. Der heidnische Mythos ist kosmischer Mythos. Sein Fundament ist die Urerinnerung und die Ahndung. Der Unterschied liegt nicht im Urbild selbst, sondern im Entstehungsgrund der beiden. Im Gesetz lebt das höchste Soll des höchsten Gebotes, in der Ahndung das Idol der höchsten Sehnsucht. Beiden begegnet Gott jetzt mit der Erfüllung. Durch die Erfüllung hindurch hängt das Evangelium ebenso unlösbar mit Gesetz und Ahndung zusammen, wie es sich von ihnen löst. Beiden gilt das Christuswort, daß er nicht gekommen sei, aufzulösen, sondern zu erfüllen. Beiden! Denn auch das Gesetz ist Mythos und der Mythos Gesetz. Es gibt Evangelium ebensowenig ohne Mythos wie ohne Gesetz, so wahr auch der Heide zum Gottesreich berufen ist. Ja, so wahr das Reich dem Juden genommen und auf den Heiden übererbt wurde. Als Christus am Kreuz verschieden war, war es ein Heide, der seine Gottessohnschaft bekannte. Kein Laut kam aus der jüdischen Welt. Sie war verstummt. Gott selbst mußte den Vorhang im Tempel zerreißen, der vor dem Allerheiligsten hing. Dieser stumme Akt über dem Erwählungsvolk tritt neben die Stimme des heidnischen Soldaten. Dem Heidentum war es vergönnt in dieser Stunde, in der Gestalt eines lebendigen Menschen bekennend dabei zu sein, die einzige Stimme, die sich aus der Kreatur erhob und ihn anruft – mit einem Wort des Mythos.

Der Mythos ist der Aufbaustoff der Offenbarung. Er muß es sein, weil an ihrem Geschichtswege gar kein anderer bereit lag. Ihn und keinen anderen hatte die Vorsehung dort bereitgelegt. Die Sprache als solche mit ihrem einzelnen Element des Wortes ist aus dem Schoße des mythischen Bewußtseins hervorgewachsen. Die alte Welt hatte ja gar kein anderes als dieses Bewußtsein. Dieser Charakter der Sprache war um so eindeutiger mythisch, je eindeutiger ihr Gegenstand die »göttlichen Dinge« waren. Gott konnte also nur, wollte er in den Sprachen der Menschen sprechen – und das wollte er – in dieser ihrer Sprache reden, die im Mythos für die Offenbarung bereitgestellt war. Das war nicht nur eine Verlegenheit, in der sich Gott befand, sondern seine Leitung der Geschichte. Nicht weniger als im Gesetz hat er sich im Mythos sein Organon geschaffen. Darum umfaßt die Bibel beides: Gesetz und Mythos. Darum gibt es in der Wirklichkeit der Welt auch keinen Mythos, der nicht Gesetz enthielte, und kein Gesetz, das nicht Mythos enthielte. Es ist die Wirklichkeit der Welt, wie sie Gott sieht und von der Bibel zeugt, von der sie deshalb auch nichts anderes bezeugen kann, als daß in ihr Mythos und Gesetz nur ineinander verwoben sich finden.

Der Grund für die Anwendung seiner Formen ist der: Mythos heißt *Wort*. Es *spricht* von den Dingen in Natur und Geschichte, die noch »Reliquie des Paradieses« in sich verborgen tragen und die von dorther noch vorausbildenden Charakter, das heißt Weissagungskraft besitzen. Dieses Mythoswort ist allerdings menschliches Wort und darin ein dunkler Spiegel. Es enthält als solches in sich Täuschung, Irrtum und Erdichtung. Dennoch ist es das einzige Wort menschlichen Ursprungs, das sich der Kündung vom Christus als Vehikel darbot. Denn das Evangelium bediente sich seiner und keines anderen. Das hat seinen Grund in der Sache, um die es hier geht. Und es ist für alle Zeiten unmöglich, es anders zu machen als das Evangelium. Jede Lösung von diesem Wege bedeutet den Verlust der Sache. Der »logos« ward in einer viel kühneren Weise Fleisch, als wir uns das zu denken getrauen. Wir haben allen Grund, diese heidnisch-jüdische Wurzel dankbar zu hüten. Sie ist es, die dem Wort das Fleisch darreicht zu seiner Erscheinung im geschichtlichen Sein. Es gleicht das Mythoswort jenem Flußgott Jordanus, den die frühchristliche Kirche in dem ravennatischen Taufmosaik des fünften Jahrhunderts darstellte, wie er Christus die Kleider reicht.

Die Bibel ist ein Baum, aufgebaut aus den Elementen dieser Erde: Mit gewaltigen Wurzeln senkt er sich in das Erdreich des ganzen vorchristlichen Weltalters, des israelitischen wie des heidnischen.

Die Verbindungslinien des Alten Testamentes zur Antike hin müssen mit neuer Unbefangenheit von uns gesehen werden. Man muß erkennen, daß es die eine gemeinsame Ebene der vorchristlichen Existenz ist, auf der beide stehen. Das ist ja eben das Auszeichnende des Alten Testamentes, das *Gesamt*menschliche als Offenbarungsfundament darzubieten.

Man kann das Alte Testament einem Teppich vergleichen; was von Israel kommt, das sind die Kettfäden, die das Ganze tragen; was von den Heiden kommt, das ist der Schuß, aus dem Farben und Gestalt des Musters stammen. Zwar nicht die Gültigkeit, doch aber die Einleuchtungskraft des Offenbarungswortes für alles, was menschliche Seele heißt, ruht auf dieser Universalität. Denn das Evangelium ist Kündung und soll empfangen werden. Und es kann empfangen werden, und zwar von allen, weil sein Sprachleib von derselben Erde genommen ist, in die er gesät ist und von der er Frucht zu bringen Verheißung hat.

Der Mythos ist die Mitgift, die die Heidenwelt in das Evangelium mit eingebracht hat. Es ist nicht nur so, daß beiläufig heidnische Gottheitssymbole von der Urchristenheit auf Christus bezogen werden. Etwa die Gottesbilder des Sonnenkultes, der Widder der Isaaksgeschichte, das Lamm des Täufers und die Schlange der Wüstenwanderung. Die Urworte der Christusoffenbarung sind es, die der Mythos darreichte.

Der Mythos vom Herrscher, wie ihn die antike Welt ausgebildet hatte, ist sibyllinische Prophetie. Sie ist Vorausbildung des Christusereignisses im Urwunsche der Kreatur, und zwar Vorausbildung mit geschichtsgestaltender Mächtigkeit: Die ganze antike Menschenwelt war eine hochaufgeworfene Ackerfurche, die der Einsaat harrte.

Evangelium [187] ist Proklamation, ist Kundgebung allerhöchster Stelle, ist Staatsakt ersten Grades. Wo in der alten Welt ein »Evangelium« verkündet wurde, da ging es um Sein und Nichtsein der Völker. Das Evangelium ist die Botschaft vom rettenden Sieg, die der Läufer vom Schlachtfeld bringt. Der Marathonläufer ist »Evangelist«. Ein einziges Wort enthält sein »Evangelium«: Sieg!

Ganz gefüllt aber mit dem Klang not- und schicksalswendender Kunde wird der Ausdruck für das antike Ohr durch seinen Gebrauch im Kaiserkult. Der Staat ist göttlich und der Kaiser seine Verkörperung. Divus heißt der Cäsar: göttlich. Daß er, der Göttliche, geboren sei, daß er den Thron bestiegen habe, das ist »Evangelium«. Evangelium heißt die Kaiserproklamation.

Ob nun Siegeskunde oder Kaiserbotschaft, beidemal wird in ihr von Geschehenem berichtet. Das Ereignis, das schicksalwendende Ereignis des Heils, das ist sein einziger Gegenstand. »Der Sieg ist errungen!« – »Der Göttliche ist geboren!«

Das *Wort*, das es bringt, ist immer die Sache selbst, ist immer die große Wende der Dinge. Die Siegesbotschaft setzt den Frieden in Kraft. Die Kaiserproklamation die neue Gerechtigkeit für die Völker. Die Proklamation ist gebietendes, mächtiges, schaffendes Wort. In diesem Wort ist der Herrscher selbst gegenwärtig. Er erscheint im Wort seiner Proklamation mitten unter seinen Völkern. Mit seinem Erscheinen hält »das goldene Weltalter« Einzug in der bedrückten Menschenwelt, die ihm entgegenjauchzt. Der Gottgesandte hat die Macht übernommen. Der Umbruch der Zeiten ist da. Die große Verwandlung – das ist das Ereignis. Evangelium kündet von ihm. Nicht Verheißung, sondern Anbruch ist Evangelium. Nicht Hoffnung, sondern Ankunft. Es ist die Ankunft, ist der König selbst. Die Zeit ist da, ist »erfüllt«. Das Königreich der Himmel ist herbeigekommen.

Die Siegesbotschaft hat ihren Läufer. Er tritt hinein in die Stadt voll bangen Erwartens, voll Tränen und Geschrei. Um ihn her liegen die Leichen der Verhungerten. Die letzten von der Seuche Gerafften werden noch eben hinausgetragen. Noch scheint der Tod zu triumphieren. Noch liegt das Schlachtfeld voll vom Greuel der Zerstörung. »Sieg!« ruft er da hinein. Noch seufzen die Völker unter den apokalyptischen Reitern, noch drückt Hoffnungslosigkeit alles darnieder. Da erscheint der Herold unter den Gebeugten und ruft: »Der neue Gott ist geboren, königlich besteigt er den Thron.« Es ist Anbruch, noch nicht Vollendung. Das liegt in dem Wort »herbeigekommen«. Das Königreich der Himmel bedrängt uns. Es umzingelt uns von allen Seiten. Es ist eingebrochen in die Mauer der Welt. Jeder Ausweg ist uns abgeschnitten. Die Entscheidung ist in den Sternen gefallen. Und geht der Weg auch noch durch Blut und Schrecken, der Durchbruch ist geschehen, die Nacht ist vorüber. Silbern leuchtet und unwiderruflich der Morgenstern über der Völkerwelt am tiefen Horizont.

Der Mythos ist Ahndung der Völker. Er entspringt aus dem Schöpfungsrest, in dem ein Gedächtnis des Paradieses aufbewahrt ist. Er ist die Christusahndung der gesamten vorchristlichen Menschenwelt.

Die Geschichte hat einen besonderen Mythos, nach dessen Urbildern sie alle ihre Grundformen bilden muß. Die Urbilder des geschichtstragenden Mythos heißen: *König, Messias, Cäsar*. Heißen: *Volk, Reich, Staat*. Es gibt keine Menschengeschichte jenseits dieser Grundformen. Ihnen eignet Gültigkeit für schlechthin alle Zeit. Dadurch, daß sie in der Geschichte sind und die Geschichte an ihnen und durch sie ist, sind sie durch alle Zeiten hindurchgehende, stete, weissagende Vorausbildungen des letzten Geschichtszieles: daß Gott selbst der König sei. Diese Urbilder sind die Modelle, durch die Gott in der Geschichte seine eigene Herrschaft zeichenhaft vorausbilden läßt. Selbst das antichristliche Reich muß über diesem Modell sich die Form gießen, die dann »der Fürst dieser Welt« mit seinem Gegenreiche füllt. Ob die Welt will oder nicht, ob sie kann oder nicht, ob sie sich dessen bewußt ist oder nicht – gleichviel –, jeder Wurf, den sie tut, muß in diese Richtung hinauslangen. Muß ahndende Vorausbildung des Gotteszieles sein. Selbst dann noch, wenn dieser Wurf gegen Gott selbst gerichtet ist. Deshalb kann es gar nicht anders sein, als daß dort, wo der wirkliche Gottessohn noch nicht erschien oder wo er vergessen und noch nicht erkannt ist, der König für gottentstammt gehalten werden muß. Es muß so sein, weil der Dienst der Völker an der Vorbereitung der Königsherrschaft Gottes zu keinem Augenblicke aussetzen darf. Es muß so sein, weil in diesem Wünschen der Völker das Geschichtsziel selbst geweissagt wird: daß Gott selbst der König sei. Mythos ist dieses weissagende Wünschen der Völker, in dem noch ein abgesprengter Splitter, ein Rest, eine »Reliquie des Paradieses« leuchtet. Es ist ergreifend zu sehen, wie die Völker sich dieses ihr Wünschen im »Erlöserheros« und im »Gotteskönig« immer und immer wieder selbst vorspielen müssen, dieses Sichselbstvorspielenmüssen dessen, was durch Gott selbst in der künftigen Gottesgeschichte zum Ernste der Wirklichkeit erhoben wird. So stark ist die Strahlung dieser Reliquie noch, die der Geschichtsstrom auf seinem Grunde verborgen mit sich führt!

Dieses mit Weissagung trächtige Wünschen der Völkerwelt jenseits von Christus ahnt im Mythos bis in die Einzelheiten hinein den Lebensgang des *Weltheilands*. Sein Name ist Befreierkönig. Erretterkönig, Priesterkönig. Die Sterne verkünden sein Erscheinen. Seine Geburt geschieht geheimnisvoll. Immer ist er der Gottessohn. Schon in der Kindheit bedrohte ihn der Urfeind. Aber den Drachen zu besiegen, der Schlange das Haupt zu zertreten, ist die Sendung des Erlöserheros. Er leidet martervollen Tod und Höllenfahrt. Im Triumph des Siegers kehrt er zurück zur Feier des himmlischen Hochzeitsmahles. Das goldene Zeitalter hebt an.

Der »*Sohn*« ist wahrscheinlich das größte Urbild, das der Mythos überhaupt schuf, mit Kraft in alle Zukunft hinaus. Denn die Wirklichkeit, die dieses Bild meint, gehört zum Urgestein des menschlichen Seins. Der Erlöserheros war sowohl der Gottessohn wie der Menschensohn. Der Sohn umfaßt schon im Mythos die schaffenden Urgewalten: Die *Dreieinigkeit* ist eine mythische Grundform.

Auch die Heiden haben ihre Prophetie in der sibyllinischen Weissagung. Es lebt sibyllinischer Geist in allen jenen Riten und Kulten, die die Vorausbildungen der christlichen Sakramente wurden. Die *Taufe* hat ihre prophetische Vorausbildung ebensowohl in den Tauchungen der jüdischen Reinigung als auch in den heidnischen Mysterienkulten als Taufe in den Tod, das besagt zu neuer Geburt. Das *Abendmahl* hat seine prophetische Vorausbildung ebensowohl in der jüdischen Kultmahlzeit des Passahlammes wie in der heidnischen Opfermahlzeit, wo in dem Genuß geopferter Tierteile die Vereinigung mit der Gottheit erfolgt. Auch heute gibt es noch Tod und Geburt, Essen und Trinken. Für die antike Welt jedoch besaß all dieses Geschehen noch die religiöse Tiefe, die es in Wirklichkeit hat, die es auch heute noch besitzt, wenn uns auch längst die Wahrnehmung dafür erstorben ist.

Die göttliche Macht wurde in diesen, das Leben grundlegenden Ordnungen noch gewußt und verehrt. Das eben verlieh ihnen die sibyllinische Qualität. Die mythische Entleerung der Ordnungen im modernen Bewußtsein nimmt ihnen die Fähigkeit, Leitkörper zu sein für die christliche Offenbarung. Nicht diese, sondern die Entleerung jener trägt die Schuld an der Glaubensentfremdung unserer Zeit. Christliche Theologie hat das höchste Interesse an dem Wiedererstarken des mythischen Bewußtseins. Hier bestehen vorsehungsgemäße Verknüpfungen zwischen Heidenwelt und Evangelium. Sie wurden mit Kraft und Willen vom ältesten Christentum geschlossen überall dort, wo es in die »liturgische Erbfolge«[188] eintrat. Die ältesten christlichen Kirchen sind auf den Fundamenten heidnischer Tempel errichtet oder aus ihren Säulen und Quadern erbaut. So alle alten Kirchen Kölns. Die uralte Maria antiqua in Rom ist mit-

HIER, HIER WIRD DER MYTHOS GESCHICHTE! 493

ten in die riesige Bibliothek des Augustus gleichsam hineingehöhlt. Im »*guten Hirten*« der ältesten christlichen Kunst lebt Hermes als guter Hirt fort. Und das apollinische Auge der frühen bartlosen Christusmosaiken ist unverkennbar.

Dieser Zusammenhang zwischen dem Mythos und dem Christusereignis erhellt an der Institution des *Opfers* in besonderer Weise. Das Opfer ist eine religiöse Grundordnung, gültig für die gesamte Religionswelt, ja, darüber hinaus noch strahlend in das Opferethos unserer säkularen Zeitläufte. Der Mythos des Opfers weiß selbst noch in seinen verblaßtesten Gestalten um die Wirklichkeit stiftende Grundmacht, die sich im Opfer vollzieht: daß es kein Leben gebe ohne das Opfer anderen Lebens. Im Israel des Alten Testamentes eignete dem Opfer versöhnende, entsühnende, tilgende, mit Gott wiederverbindende Kraft. Das geht aus der Bibel hervor. Welchen Sinn das Opfer in der heidnischen Welt hatte, ist noch dunkel. Seine Vielgestaltigkeit ist dort verwirrend groß. Wurde *dem* Gott geopfert, oder wurde der Gott selbst geopfert? Vielleicht beides. Sein tiefster Sinn scheint auch hier die Wiederherstellung der zerstörten Gemeinschaft mit der Gottheit zu sein. In all dem ist ein verworrenes, leidenschaftliches, oft großartig sicher auf Christus, den sich selbst opfernden Gott hin Sichausstrecken. Im Kreuz ist wirklich Erfüllung. Im Kreuz bricht wirklich durch den Opfermythos Gott selbst hindurch. Bis zu Christus hin mußte ja alles Opfer symbolisch bleiben, mußte geopfert werden »an Stelle«, mußte getan werden »als ob«, denn es blieben immer nur Kreaturen, die auf den Altar gelegt wurden, und sei es die höchste Kreatur, der Mensch selbst. Jetzt aber wird von drübenher geopfert. Jetzt hört das »An-Stelle«, das »Als-ob« auf. Der Mythos ereignet sich: Gott selbst legt sich auf den Altar. Der leidende Gott trägt das notvollste Rätsel unseres Menschenseins am gemarterten Leibe zu seinem Heile hinaus: das Rätsel, daß unser Schicksal unsere Schuld ist. Der mit uns leidende Gott! Der unter diese Schuld Tretende, der sich unter ihr Opfernde! Und eben gerade darin so überwältigend liebenswert!

Die mythischen Grundmächte bleiben. Sie sind da, wenn wir sie auch leugnen. Nicht die Lebensgefühle der Oberfläche sucht er auf, sondern dort hinab stößt der zu uns kommende Gott, in diese Mitte, in diese Tiefe, in diesen Grund der Existenz, der heute wie einst der gleiche ist für alles, was Kreatur heißt.

Im Fleische der Kreatur gekreuzigt, hat Gott die absolute Mitte unseres Menschendaseins berührt und uns heimgeholt.

Und da sie ihn verspottet hatten / zogen sie ihm den Purpur aus und zogen ihm seine eigenen Kleider an und führten ihn aus / dass sie ihn kreuzigten. Und zwangen einen / der vorüberging / mit Namen Simon von Kyrene / der vom Felde kam (der ein Vater war des Alexander und Rufus) / dass er ihm das Kreuz trüge. Und sie brachten ihn an die Stätte Golgatha / das ist verdolmetscht: Schädelstätte. Und sie gaben ihm Myrrhe im Wein zu trinken. Und er nahm's nicht zu sich. Und da sie ihn gekreuzigt hatten / teileten sie seine Kleider und warfen das Los drum / welcher was überkäme. Und es war um die dritte Stunde / da sie ihn kreuzigten. Und es war oben über ihn geschrieben / was man ihm schuld gab / nämlich: Der König der Juden. Und sie kreuzigten mit ihm zween Mörder / einen zu seiner Rechten und einen zur Linken. Da ward die Schrift erfüllet / die da sagt: »Er ist unter die Übeltäter gerechnet.« Und die vorübergingen / lästerten ihn und schüttelten ihre Häupter und sprachen: Pfui dich / wie fein zerbrichst du den Tempel und bauest ihn in dreien Tagen! Hilf dir nun selber und steige herab vom Kreuze! Desselbigengleichen die Hohenpriester verspotteten ihn untereinander samt den Schriftgelehrten und sprachen: Er hat anderen geholfen / und kann sich selber nicht helfen. Ist er Christus und König in Israel / so steige er nun vom Kreuze / dass wir sehen und glauben. Und die mit ihm gekreuzigt waren / schmäheten ihn auch. Und nach der sechsten Stunde ward eine Finsternis über das ganze Land bis um die neunte Stunde. Und um die neunte Stunde rief Jesus laut und sprach: Eli, Eli, lama asabthani. Das ist verdolmetscht: Mein Gott / mein Gott / warum hast du mich verlassen? Und etliche / die dabei stunden / da sie das höreten / sprachen sie: Siehe / er rufet dem Elia. Da lief einer und füllte einen Schwamm mit Essig und steckte ihn auf ein Rohr und tränkte ihn und sprach: Halt / lasst sehen / ob Elia komme und ihn herabnehme! Aber Jesus schrie laut und verschied. Und der Vorhang im Tempel zerriss in zwei Stücke von oben an bis unten aus. Der Hauptmann aber / der dabei stund ihm gegenüber und sah / dass er mit solchem Geschrei verschied sprach: Wahrlich / dieser Mensch ist Gottes Sohn gewesen!

Demgegenüber, was jetzt hier geschieht, bleibt nur ein einziges möglich, dasselbe, was es im Anblick des Gekreuzigten immer nur gab und was es auch nur immer wird sein können. Es ist das, was die Einfalt des Gläubigen je und je tat, sei er Kind oder Mann, sei er gelehrt oder einfachen Sinnes. Es ist das, was nur die Liebe tun kann: die Anbetung. Jede andere Annäherung führt an ihm vorbei. Die Skepsis des »Griechen« wie das Skandalon des »Juden«. Es ist ganz merkwürdig – wie eine Mauer steht es um den Gekreuzigten her! Eine Mauer, an der der Anstürmende zerschellt und die auf den Flüchtenden fällt. *Nur der Liebende dringt hindurch.* Er braucht nicht einmal zu glauben. Wer will sagen, daß die kleine Kreuzgemeinde, die hindurchdrang und blieb, geglaubt hätte? Aber sie hat geliebt. Geliebt, wo nichts mehr zu glauben und noch weniger zu hoffen war. Denn die Liebe ist mehr als der Glaube. Sie trägt beide verborgen in sich.

Eine seltsame Bewegung geht vom Gekreuzigten aus. Eine Bewegung über alle Vernunft und über alle Sinne. Eine Bewegung, die den Ergriffenen für ewig dem verfallen läßt, der dort hängt. Da steht sie, die Gemeinde der Getreuen, die ausharrte, den Sturm hindurch bis zuletzt. Die Frauen zuerst, dann die Galiläer, die mit nach Jerusalem gekommen waren, dumpf ahnend, in die Nacht des Unterganges hinein ihm stumm und blind Gehörende. Wie grauenvoll recht haben die Juden, haben die Pharisäer mit ihrem Hohn! »Bist du Gottes Sohn, so steig herab!« Er steigt nicht herab. Dennoch, so sagt der Liebende, ist er es. »Andern hat er geholfen, sich selbst hilft er nicht.« Dennoch, so spricht das ihm verfallene Herz, hange ich an dir. Gott schweigt? Ja, er schweigt. Und dennoch bist du es, so, wie du da hängst, rechts genagelt und links genagelt und die Füße ans Holz gespießt. Dennoch bist du es, das Wort, das bei Gott war, das bei Gott ist und das so, erstickt und stumm gemacht durch die irdische Gerechtigkeit, gerade so zur Stimme wird, die in die unzugänglichsten Kasematten des Herzens dringt, die das Ebenbild vernimmt, das in der Tiefe verzaubert liegt. Diese Antwort, die hier der schweigende Gott gibt, schlägt durch die Panzer unseres Abscheus, unserer Vernünftigkeit und aller Augenscheinlichkeit hindurch und trifft uns in einer Tiefe unseres Wesens, die uns selbst noch zuvor verborgen war.

Bild und Lied haben am wahrsten gekündet zu allen Zeiten, was an Unaussprechlichem die Seele empfand, berührt vom leidenden

Gott: die Bildstöcke unbekannter Bildschnitzer früher germanischer Christenheit nicht anders wie das Passionslied Paul Gerhardt's in einer späteren, ganz anderen Welt.

Es steigt der Sohn jetzt auf der glühenden Leiter der Anfechtung bis hinab zum Grund. Er setzt jetzt den Fuß auf die *sechste* Stufe, die »Anfechtung durch Folterung« heißt. Im leiblichen Schmerz wird die letzte Bastion eingestoßen, die der Kreatur Halt gibt in ihr selbst. Er ist das Äußerste aller Widerfahrnisse. Darüber hinaus gibt es nichts mehr. Er entrückt ihn in die unerreichbare Verlassenheit hinaus. In das Verlassensein von sich selbst, von allen seinen Kräften, seinem Willen, seiner Vernunft, von allen seinen Sinnen.

Kreuzigung heißt Tötung durch Schmerz, heißt Ausmarterung bis zur Erschöpfung im Tode. Das aber ist das *Letzte:* in diese kunstvolle Wunde hinein geschüttet das siedende Öl des Hohns, mit dem ein ganzes Volk jetzt den Verstoßenen übergoß. Der Triumph der Ungerechtigkeit, ausgekostet im Hochgefühl gerechter Handlung: »Im Namen Gottes.« Ausgekostet über dem zertretenen Leibe des verstummten Opfers. *Das* ihm jetzt zu sagen, zu beweisen, an ihm hinaufzuschreien: daß er, der Heilige, ein Verbrecher sei. *Das* tun können, und er würde nicht ein Wort sagen, nicht einen Finger rühren können. Daß er ein Betrüger sei! Ein Verführer des Volks! Daß es nun vor aller Augen offen daliege, daß er ein Sohn der Hölle sei. Ein Lügner von Anfang an und Mörder der Seelen. Diese fressenden Laugen wollüstigen Hohnes, die jetzt von unten herauf gischten aus den Herzen derer, für die er gekommen war! Sein eigenes Werk war es, sein eigenes Wort war es, das jetzt von da unten heraufkam und ihn schlug: »Der du den Tempel Gottes zerbrichst in dreien Tagen – ei, hilf dir selbst!« – »Du willst der Sohn vom Himmel sein, der Christus – ei, so zeig es uns, so wollen wir glauben.« Der Gott sein wollte – da hängt er, als Betrüger entlarvt und der gerechten Strafe überantwortet. Selbst die Mörder zur Rechten und Linken verweigern ihm die Todeskameradschaft der vom gemeinen Schicksal Geschlagenen. Allein sinkt der Einsamste herab auf die tiefste Stufe der Anfechtung, die einer Kreatur zuteil werden kann. Der Himmel schloß sich zu. Das war die Stunde der tiefsten Anfechtung, der Anfechtung der Gottesferne.

Wie leicht nehmen wir sie! Wie ist sie uns schon zur zweiten Natur geworden, uns stumpfen, kalten und zur Erde hingekrümmten Wesen! Er aber litt sie noch als die heißeste der Flammen. Er hatte noch den Adel. Er war noch Ebenbild. Er war noch mit dem Vater eins. Unsere Gotteskälte, unsere freche Sicherheit durchlitt er dort als die »Sünde der Welt«. Das hieß es, fleischgewordener Gott zu sein. Den Schrei des Fleisches wieder zu wecken, den edlen Schrei und ihn wieder hinaufzutragen zu dem, von dem er ferne geworden war.

Nein, es war nicht das Letzte, was aus des Heilands Munde kam, dieses Warum, das unter dem verschlossenen Himmel verhallte. »Aber«, heißt es da, »aber Jesus schrie laut.« Und dann erst: »und verschied«.

Es findet sich in diesem Zusammenhang bei Bengel [189] die Bemerkung, es habe das Kreuz Jesus nicht umgebracht. Er sei freiwillig verschieden. Geht man in den Texten diesem seinem Verscheiden mit Sorgfalt nach, so wird man dieser schönen Wahrheit gewiß. Es ist kein Zweifel, daß er vor der Zeit, die für Gekreuzigte üblich war, gestorben ist. Darum die Verwunderung des Pilatus bei der Meldung des Joseph von Arimathia. Sie ist so groß, daß er den Hauptmann zum Bericht zu sich kommen läßt. Christus war vor der Zeit verschieden, so wird bei ihm nicht die Sicherung durch das Brechen der Beine, wie bei den fluchtverdächtigen Schächern, geübt. Die Blutprobe genügt.

Es hat etwas Besonderes auf sich mit diesem letzten »lauten« Schrei. Es muß ein Schrei von ganz besonderer Gewalt gewesen sein. Zuerst einmal im Sinne ungebrochener Leibesstärke. Dann aber auch im Sinne geistlicher Mächtigkeit. Es war darin etwas enthalten, ein Wort, ein letztes, das hart vom Jenseits der großen Grenze schon herüberklang, in dem schon Auferstehungsgewalten zitterten. Es war ein Reden nicht mehr mit irdischen Zungen. Es war charismatisch geredet, was da laut wurde, ähnlich der Pfingstrede der Jünger oder der Missionare Zinzendorfs, die den Indianern, ohne ihre Sprache zu kennen, predigten und verstanden wurden.

Die Überlieferung, die Lukas bietet, sagt: Und Jesus rief laut und sprach: »Vater, ich befehle meinen Geist in deine Hände.« Ihn also hat der laute Schrei begleitet, diesen Akt der Übergabe. Das griechische Wort sagt mehr als »befehlen«. Es drückt die Handlung aus, in der man eine Kostbarkeit in die Hände eines anderen legt. Der Text fährt fort: »und als er das gesagt, verschied er.« [190] Bei Johannes heißt das letzte Wort: »Es ist vollbracht.« [191] Er spricht es aus, neigt das Haupt und verscheidet. Nach unserem Texte ist es die charismatische Gewalt des letzten Christuslautes, die den heidnischen Hauptmann überwältigt. Da er sah, daß er mit »solchem Geschrei« verschied, heißt es, sprach er: »Wahrlich, dieser Mensch ist Gottes Sohn gewesen.« Es gibt Darstellungen des Gekreuzigten, und zwar sehr alte, die das Königtum dieses freien Sterbens, *die den Auferstehenden schon ahnen lassen*. Es ist der wahre Christus, wie ihn der Glaubende nur immer sehen kann: als den Auferstehenden.

Wie mächtig packt einen hier das Gefühl als Denker, nur der Gottes Schritten *Nachdenkende* zu sein. Wie wird es einem als Theologen inne, daß alle Theologie im glücklichsten Falle nur nachträgliche Bemerkung bleibt. Doch die muß sein, so wahr der Mensch nicht ohne Gedanken leben kann. Und sie war da, diese nachträgliche Bemerkung, sie war als immer neue Antwort da auf jene Frage, schwerer als die ganze Welt, auf die Frage nach dem Warum. Alle Antwort, die sie dem Geheimnis abrang, blieb Stückwerk. War nicht mehr als jene hundert Pfund Aloe, ehrfürchtig von Nikodemus, dem Gelehrten, an den Rand des leeren Grabes gelegt.

Warum? Um »Vergeltung« zu leisten? Um »Genugtuung« zu geben? Um »stellvertretend« zu büßen? Um uns zu »rechtfertigen«? Um uns zu »erlösen«? Wie lassen diese Künste alle kalt! Und doch, dann sind sie der Wahrheit nicht ferne, wo sie mit allem diesem eines meinen: die Liebe Gottes.

Darüber hinaus scheint mir nichts zu gehen, was da im alpenländischen Weihnachtsliede singt, was man nicht sagen, was man nur singen kann:

Groß, groß, groß,
sein Lieb ist gar so groß.
Den Himmelssaal hat er verlassen.
Er will reisen unsre Straßen.
Groß, groß, groß,
sein Lieb ist gar so groß.

Und dann jenes andere:

Still, o Erden, still, o Himmel!
Still, o Meer, mit dei'm Getümmel!

Sieh, dein Gott liegt in der Ruh!
Schließet eure Schranken zu!
Hier liegt er ganz ohn' Verhoffen,
ist vom Pfeil der Lieb getroffen.
Hier liegt er ganz schwach und matt
auf der harten Liegestatt.

Hast vielleicht, o herzig's Kindlein,
daß du auf dem harten Kripplein
bist so bald geschlafen ein,
einen Liebstrunk genommen ein.
Freilich ist der kalte Winter
sonst ein Feind der zarten Kinder;
aber dir die Kält nicht schad't
weil dein Herz gebrunnen hat.

Schlaf, mein Kindlein, ohne Sorgen.
Es wird dich heute oder morgen –
schlaf, jetzt hast du noch die Zeit –
wecken auf der Juden Neid.
Dort wirst du vor harten Waffen
wenig oder gar nicht schlafen,
wenn man dich mit größtem Spott
wird verdammen zu dem Tod.

Gott hat ihn mit dem Pfeil der Liebe getroffen, hat ihm den Liebestrunk gereicht, davon sein Herz jetzt brennt. »Komm, Heiliger Geist, Herre Gott«, singt Luther, »dein brünstig Lieb entzünd in ihnen.« »Du heilige Brunst, süßer Trost«, preist er ihn. Die Taube hat den Gotteshelden jetzt an das Ziel geführt. Und über diesem Führen und Schreiten, Leiden und Siegen steht noch immer jenes Erste aus dem Anfang des Evangeliums: »In des Geistes Kraft«. Darum ist dieses Lieben kein Gefühl, keine Leidenschaft, auch kein Tun, das nur beim Liebenden bliebe, in dessen Flamme er zu Asche fiele. Diese Liebe ist der Geist, der *Schöpfer* Geist. Der Schöpfer, der die Macht hat, was verloren ist, neu zu schaffen, was zu Tode wund ist, wieder heil zu machen. Der Geist, der dies Heilwerk schafft auf seine ganz besondere Weise: Der sich selbst gibt und dort, wo Tod war, Lebendige schafft.

Hier wird das Opfer Kraft. Kraft, die sich umsetzt, wie sich Speise umsetzt im Hungernden, wie sich der Heiltrank umsetzt im kranken Leib in Lebenssaft. Opfer ist hier nicht mehr symbolisch, sondern Opfer ist hier Spendung an die Kreatur, ist Hingabe als *Hin*-opferung. Daß die Todwunde nun Gott essen kann wie Brot und trinken wie Wein und daß sie heile und lebe, so ward hier geopfert. Das ist die Kraft.

In der Elisabethkirche in Marburg befindet sich das Grabmal des Komturs der Deutschherren. Es zeigt einen Pelikan, der seine Jungen mit dem eigenen Blute tränkt. Darunter steht:

Ut Pullos aegros Pelicanus sanguine sanat,
sic Gnatos curas, Christe, cruore Tuos.
Eigenes Blut entzieht sich der Pelikan, Junge zu heilen.
So schaffst du, Herr Christ, sterbend den Deinigen Heil.

Dieser Sinn des Opfers, des Gottesopfers, das Christus heißt, muß von uns wieder ganz neu erobert werden. Es muß in ihm gleichsam der Aktivismus Gottes erkannt werden. Das Opfer, das Gott bringt, hat einen aktiven Sinn. Daß hier etwas geschieht, daß hier das Entscheidende geschieht, das muß erkannt werden. Es muß erkannt werden, weil ohne solches Erkennen auch kein Eingehen vom Menschen her darauf möglich ist. Denn Gott will, daß wir darauf eingehen. Er vergewaltigt uns nicht, er schützt uns vielmehr mit allen Mitteln vor der Übermächtigung durch ihn. Gott will uns in unserer Freiheit. Deshalb ist es so wichtig, daß wir erkennen, wo er hinaus will. Daß wir eingehen auf das, was von ihm her geschieht. Er will – gerade durch sein Opfer – den *neuen Menschen*, das *neue Leben*. Gott ist das allerwirklichste Wesen. Daß er ist, nicht was und wie, ist zunächst einmal über alles andere hinaus der Grund- und Vordersatz. Er ist der größte Realist, den es gibt. Diesen christlichen Realismus müssen wir wieder ins Blickfeld bekommen. Es ist ein Realismus, der über alles Maß dessen hinausgeht, was wir so im Menschlichen darunter verstehen. Ein Realismus, vor dem der Glaube antreten muß wie ein ganzer Mann, um hier standzuhalten. Gottes Opfer am Kreuz ist also kein symbolischer Akt, in dem getan wird, »als ob«. Auch kein juristischer Akt, in dem Vergeltung, Sühne oder dergleichen geleistet wird. Er ist wirkliche Hinopferung, und zwar des Liebenden, das heißt *für* einen, *für* uns. Es wird hier hingegeben das, was wir brauchen, um nicht im Tode zu verderben, nämlich Leben. Es ist Blutübertragung auf einen schon am Tode Liegenden. Es ist substantielle Hingebung. Denn nicht von schönen Reden leben wir, sondern von Blut.

Was hier *Vergebung* heißt, müssen wir uns ganz neu erobern. Die Vergebung ist in unserem entarteten Christentum zu einer ideologischen, allenfalls psychologischen Sache geworden. Ideologie, das meint, zu einer Lehrformel, zu einer gedachten Handlung bei Gott richterlicher Art, ähnlich der Vernichtung eines Schuldbriefes. Oder psychologisch als eine bloße Gesinnungsänderung Gottes gegen uns, als eine »Stillung seines Zornes«, als »Versöhnung«, so wie sich Menschen miteinander versöhnen. Beidemal bleibt im Grunde alles beim alten. Die Welt wird nicht verwandelt. Was geschieht, ist nur im Denkraum, im Gefühlsraum vor sich gegangen; so, wie zwei Menschen ihre Sache in Ordnung miteinander gebracht haben, und nun läuft alles wieder seinen alten Gang. So, wie wir heute von Vergebung reden, kann man nur von einem Geschehen zwischen Menschen sprechen. Hier zwischen Menschen bleibt dieses Geschehen auch so etwas Großes. Daß da Sühne ist, Wiedergutmachung, Entschuldigung, Verzeihung, Versöhnung, ohne solches Werk gäbe es überhaupt kein Leben auf der Erde. Es erneuert unaufhörlich die Ordnung des gemeinsamen Lebens.

Die Vergebung aber, die Gott gibt, hat eine ganz andere Mächtigkeit. Sie ist schöpfende Vergebung, gewirkt vom Schöpfer Geist. Sie flickt nicht nur, sie renkt nicht nur ein, was jeden Augenblick wieder in neue Unordnung kommt, weil es ohnehin nicht viel taugt. Gottes Vergebung muß von seiner Hingebung her begriffen werden, nämlich von dem »Geben«, das in ihm geschieht. *Vergeben* ist das ganz starke Geben, wie *ver*zehren, *ver*lieben, *ver*wirken, *ver*fallen Steigerungsformen sind. *Vergebung* ist vollkommene Gebung. Gottes Vergebung und Gottes vollkommene Gabe sind untrennbar. Es ist dabei zu beachten, wie restlos hier der Empfangende auf den Gebenden gewiesen ist. Es ist diese Verfassung des Empfangenden ein Umstand, der die ganze Handlung gründet. Kein Zustand größerer Ohnmacht als der, in Schuld bei einem anderen zu stehen. Hier liegt der Grund für den wahren Haß, mit dem wir Menschen das Wort »Sünde« verfolgen. Es schließt nämlich jeden Zustand der Ohnmacht mit ein.

Wir sind, und das eben kann uns rasend machen, in diese Entmächtigung durch uns selbst, durch »eigene Schuld«, geraten. Unter beides also müssen wir uns gebunden geben, wo wir uns in Schuld erkennen. Eine schlimme Sache! In Schuld stehen heißt etwas verloren haben, ohne das man nicht weiterbestehen kann und das jetzt in die Macht des anderen geraten ist. Es ist dadurch nichts Geringeres geschehen, als daß man selbst in des anderen Macht geriet. In die Lage versetzt zu sein, vergeben zu müssen, heißt, in die Lage größerer Macht versetzt zu sein. Die ganze Initiative liegt jetzt beim Beleidigten. Das Heil des Schuldigen ist in seiner Hand. Er kann sich versagen, er kann sich auch geben. Durch nichts ist Gott mächtiger über uns als durch unsere Schuld. Das ist der Grund, warum Schuldleugnung und Gottesleugnung wie Pech und Schwefel zusammenhängen.

Mit diesem Sachverhalt ist eine Urerfahrung des Menschengeschlechts beschrieben. Wo auch immer Opferkult es gab und gibt, steht diese Erfahrung des in höchste Schuld Geratenseins im Hintergrund. Es kann hier also nicht heißen: Auge um Auge, Zahn um Zahn. Das ist das Opfer der Heiden und der Juden, daß die Schuld der Kreatur von ihr gesühnt werde durch die Gegengabe. Diese Gegengabe, die »Ersatz«, die »Wiedergutmachung« leistet, hat sie Gott gegenüber aber nicht zur Verfügung. Das ist es! Und wenn sie sich selbst auf den Altar zur Gabe legte! Im Heidentum war deshalb der Altar die unüberschreitbare Grenze zu Gott: An der Grenze mußte der Mensch sterben. Das bedeutet, daß der Weg nicht weiterging, daß die Verbindung mit Gott dennoch nicht hergestellt war.

Genau das Umgekehrte geschieht, wo Gott vergibt. Da legt er sich selbst auf den Altar und macht ihn zur Brücke, die verbindet. Auch hier ist Sühne, die Sühne aber leistet er selbst. Auch hier fließt Blut, das Blut aber ist sein eigenes. Der Beleidigte ist es, der allein das wirksame Opfer zu bringen vermag, nicht der Beleidiger. Das ist das Gottesopfer des Evangeliums. Das Opfer von der *anderen* Seite her. Nun opfert nicht mehr der Mensch. Nun opfert Gott – sich selbst. Das ist die Kraft der *göttlichen* Vergebung: daß sich hier der Beleidigte selbst opfert. Es gibt kein Gleichnis aus der Natur oder dem Menschenleben für diesen einzigartigen Vorgang. Sein Sinn ist nicht, uns zu »zeigen«, was Gottes Liebe ist. Weil er liebt, gerade deshalb »zeigt« er sich nicht, sondern *hilft* er uns.

Das ist der Punkt, über den weg wir überhaupt erst zu dem kommen, was christlich ist an Christus. Es wird hier nicht mehr demonstriert, verkündet, getan »als ob«. Das sind alles Dinge, die nur der Mensch nötig hat. Da bleibt es immer nur bei dem Wort, das nicht Fleisch werden kann. Aber bei Gott geschieht es, daß es Fleisch wird. Daß es sich uns gibt, unser Heilfleisch wird.

Das ist der andere Punkt, zu dem wir jetzt noch kommen. Von dem Realismus des vergebenden Gottes her füllt sich auch jenes andere Wort wieder neu, das »Heil« heißt. Es muß buchstäblich verstanden werden und ist dann Heilung. Das Blut Gottes eben, das am Kreuz geopfert wird, gerade das brauchen wir. Seine Übertragung heilt uns vom Tode. Es ist da eine Wunde an uns, die so groß ist, daß sie von selbst nicht mehr zuheilen kann. Dem Ebenbild ist da schon, so will ich sagen, vom Krebs das ganze Antlitz weggefressen, und nun pflanzt Gott Heilfleisch aus seinem eigenen Leibe in dieses grauenvolle Loch. Der verlorene Sohn empfängt nicht nur die Zusicherung, daß ihm jetzt vergeben sei, und bleibt nun weiter an seinem Trebertroge sitzen. Nein, er kehrt zurück. Kleid, Fingerreif, Schuh, Kalb, Essen, Reigen und Fröhlichsein, das wartet seiner. Die Heilung ist vollkommene Gabe und heißt: das *neue Leben*. So vollkommen ist diese Gabe, daß, um sie zureichend zu bestimmen, das Wort *Schöpfung* herangezogen werden muß. Gott bleibt der Schöpfer. Er kann sich da seiner selbst nicht entäußern. Auch da ist Schöpfung drin, wo er sich opfert. Wenn er sich gibt, so ist in seiner Gabe Kraft der Schöpfung. Als der Heilende ist er der Schaffende. So wahr in jedem Heilungsvorgang am stofflichen Leibe seine Schöpferkraft wirkt. Er kann schaffen, was er will! Das gilt durch alle drei Artikel hindurch. Und noch im letzten Artikel muß der Geist »Schöpfer« geheißen bleiben. Luther weiß darum in seiner Erklärung des Sakramentes. Hier wird gesagt, daß die Gottesgabe uns im Sakrament »angebildet, versiegelt und übergeben« werde. Man muß jedes der drei Worte voll für sich nehmen. Gerade besonders in dem Worte »Anbilden« wird der an uns schaffende Gott beschrieben. Wir müssen das Heilige Abendmahl vom *christlichen* Vergebungsrealismus her neu verstehen. In ihm geschieht wirklich dieses Opfer, das nicht der Mensch, sondern das Gott bringt, indem Gott sich selbst hineingibt in die niedrigste Dienstgestalt der Kreaturen, nämlich im Genossen- und Getrunkenwerden den anderen vom Tode zu erretten.

504 DAS EVANGELIUM

Und es waren auch Weiber da / die von ferne solches
schaueten / unter welchen war Maria Magdalena und Maria
des kleinen Jakobus und des Joses Mutter / und Salome / die
ihm auch nachgefolget / da er in Galiläa war / und gedienet
hatten / und viel andere / die mit ihm hinauf gen Jerusalem
gegangen waren. Und am Abend / dieweil es der Rüsttag war /
welcher ist der Vorsabbat / kam Joseph von Arimathia / ein
ehrbarer Ratsherr / welcher auch auf das Reich Gottes
wartete. Der wagte es und ging hinein zu Pilatus und bat
um den Leichnam Jesu. Pilatus aber verwunderte sich / dass
er schon tot war / und rief dem Hauptmann und fragte ihn /
ob er schon lange gestorben wäre. Und als er's erkundet
von dem Hauptmann / gab er Joseph den Leichnam. Und er
kaufte eine Leinwand und nahm ihn ab und wickelte ihn
in die Leinwand und legte ihn in ein Grab. Das war in einen
Fels gehauen. Und wälzte einen Stein vor des Grabes Tür.
Aber Maria Magdalena und Maria / des Joses Mutter /
schauten zu / wo er hingelegt ward.

Wie liebe ich die dunkle Innigkeit des stillen Samstags! Es atmet in den Lüften schon die Auferstehung. Unwissend lebt von diesem Hauche schon die kleine Grabgemeinde. Unwissend liegt auf ihr schon erster Strahl vom großen Morgen. So schreitet sie durch sein gedämpftes Licht. Die Dämmerung, die sie empfängt, wie sie da Christus zu Grabe trägt, dünkt sie wohl gar die Dämmerung der Nacht, die keine Hoffnung kennt.

Nun ist die große Stille da. Wie könnte man die Grabgemeinde dieses stillsten Tages sich denken ohne jene Frauen! Die Männer kreuzigen, spotten, würfeln, wachen und fliehen zuletzt. Die Frauen aber stehen still und ahnen dumpf, sie, der Erde tiefer noch eingewurzelt und dem Himmel wundersam geöffneter! Ist es nicht immer so, daß, wo in der Welt der Männer Mord sich wider Christus erhebt, die Schar der Mütter sich stumm zur Schutzwehr stellt rings um den Sohn? Die schweigenden Frauen, wie sie die Kirchen füllen im Sowjetland! Die wahrsagende Seele des Weibes erkannte ihn, den leidenden Gott, in ihrem eigenen Fleische ihm nah. Die Mütter erkennen ihn, die todvertrautesten unter allen Menschen. Im Schoße der Maria ruht sein stumm umschluchzter Leib, so wie er grad vom Kreuze sank. Man trägt ihn jetzt in des edlen Ratsherrn Garten, der den Leichnam vom Landpfleger sich erbat. Auch Nikodemus ist dabei, der einst zur Nacht zu ihm gekommen war, und weiht ihm Myrrhe und Aloe. Im Felsen ist ein frisches Grab, in dem noch nie ein Mensch gelegen. Dort betten sie ihn, in Linnen gehüllt. Dazu die Spezereien, wie es der Brauch befahl. Es setzen sich aber die beiden Marien zum Grab.

Und da der Sabbat vergangen war / kauften Maria Magdalena und Maria / des Jakobus Mutter / und Salome Spezerei / auf dass sie kämen und salbeten ihn. Und sie kamen zum Grabe am ersten Tage der Woche sehr frühe / da die Sonne aufging. Und sie sprachen untereinander: Wer wälzet uns den Stein von des Grabes Tür? Und sie sahen dahin und wurden gewahr / dass der Stein abgewälzet war. Denn er war sehr gross. Und sie gingen hinein in das Grab und sahen einen Jüngling zur rechten Hand sitzen / der hatte ein lang weiss Kleid an. Und sie entsetzten sich. Der aber sprach zu ihnen: Entsetzet euch nicht! Ihr suchet Jesum von Nazareth den Gekreuzigten. Er ist auferstanden und ist nicht hie. Siehe da die Stätte / da sie ihn hinlegten! Gehet aber hin und sagt's seinen Jüngern und Petrus. Dass er vor euch hingehen wird nach Galiläa. Da werdet ihr ihn sehen / wie er euch gesagt hat. Und sie gingen schnell heraus und flohen von dem Grabe. Denn es war sie Zittern und Entsetzen ankommen. Und sagten niemand nichts. Jesus aber / da er auferstanden war frühe am ersten Tage der Woche / erschien er am ersten der Maria Magdalena / von welcher er sieben Teufel ausgetrieben hatte. Und sie ging hin und verkündigte es denen / die mit ihm gewesen waren / die da Leid trugen und weineten. Und dieselbigen / da sie hörten / dass er lebete und wäre ihr erschienen / glaubten sie nicht. Darnach / da zween aus ihnen wandelten / offenbarte er sich unter einer anderen Gestalt / da sie aufs Feld gingen. Und dieselbigen gingen auch hin und verkündigten das den anderen. Denen glaubten sie auch nicht.

Man denke sich, daß dieser Schluß fehle! Man denke sich, jene stille Grablegung wäre das letzte Wort, das auf uns gekommen ist – dann wäre das Ganze eine rührende, vielleicht erschütternde Geschichte. Die rührende, vielleicht erschütternde eines heiligen Menschen, der – wie schon oft vorher und nachher – dem Unverstand der Welt zum Opfer fiel. Nein, es wäre dies nicht, es wäre unendlich viel weniger. Es wäre nur die Geschichte eines Betrügers oder – eines Schwärmers, der sich selbst betrog. Dessen Leben durch den Spott, mit dem ihm seine Feinde am Kreuze noch die Wahrheit sagen, die gerechte Enthüllung erfahren hätte. Denn das war ja der heimlich offenbare Drehpunkt dieses ganzen Lebens: daß er der Sohn sei, der Menschen- und der Gottessohn; der einzige, der den Namen des All-Königs und des Welt-Heilands auf dieser Erde mit Fug trüge; der am dritten Tage von den Toten auferstehen würde. Nein, es wäre nicht die Geschichte des geschändeten Heiligen. Es wäre ein Torso, ein toter Rumpf, dem das Haupt abgeschlagen ist.

Es heißt jetzt mit einschränkungsloser Unbedingtheit dieses eine festzustellen: Das Haupt- und Herzstück ist der Auferstandene. Dadurch, daß er auferstand, gibt er seinem Leben erst den Charakter des Evangeliums. Dieser Auferstandene ist das Evangelium. Das ist die Sache, um die es geht. Es gibt keine kürzere, schärfere, erschöpfendere Prägung dieser einmaligen, unvergleichbaren und unnachahmbaren Tat- und Grundsache als den Osterruf: »Christ ist erstanden! Er ist wahrhaftig auferstanden!«

Wir haben Anlaß zu dieser Feststellung, denn die innere Katastrophe der Christenheit hat darin ihren Grund, daß in ihrer Mitte ihre eigene Sache, ihre Ur-Sache nicht mehr lebt. Daher ihre Zerrüttung nach innen, die sie im Streite ihrer Kirchen und Konfessionen vor aller Welt an den Pranger tragen muß. Daher aber auch ihre Ohnmacht in der Welt, denn Christus hat an die Einheit in der Wahrheit den Glauben der Welt gebunden. Und es wird eher Himmel und Erde vergehen als dieses sein Wort.

Man könnte auf den Gedanken kommen, daß das Kreuz in dem Maße in die Mitte des Glaubens gerückt ist, als die Christenheit diese ihre Ohnmacht unbewußt-bewußt zu spüren begann. Die alte Kirche kennt ja das Kreuz nicht als Kultsymbol. Nirgends findet man den Gekreuzigten in der alten christlichen Kunst. Man hat das »Monogramm Christi«, man hat den Hirten, der das verlorene Schaf zwischen Tod und Teufel heimträgt in die seligen Gefilde. Man hat die Gottesstadt als das Bild des neuen Himmels und der neuen Erde.

Man hat Christus als den Allherrscher thronend auf der Weltkugel. Noch bis tief in das erste Jahrtausend hinein wirkte die eschatologische Gewißheit der Urchristen nach, daß mit dem Auferstandenen der Gottesäon begonnen habe, und daß der Weltlauf jetzt nur noch ein einziges Ziel habe: die Vollendung. Das ist es, was das Kultbild an der Stirn des Raumes zeigt. Später erst taucht der Kruzifixus auf. Aber auch hier, in den ältesten Darstellungen, als der gekreuzigte *König*, als der gekreuzigte *Sieger*. Hier ist Christus so dargestellt, wie ihn allein das Glaubensauge sieht, als den Gekreuzigten, »auferstanden von den Toten«. Er hängt nicht am Kreuz, er schwebt daran. Sein Antlitz ganz entrückt in den Schauern unirdischer Majestät.

Dann spaltet sich auf, was untrennbar eins ist: »gekreuzigt – auferstanden«. Die Gloriole der Gottheit erlischt immer mehr, und die verlassene Menschlichkeit bleibt der Rest, der dort oben immer preisgegebener in sich zusammensinkt. Schließlich hängt dort oben nur noch eine Widerspiegelung der »Passion des Menschen«, zuckt dort oben nur noch der sieglose Aufschrei der von Gott verlassenen Kreatur. Zuletzt verschwindet der Christus ganz vom Kreuz. Es kommt ein Geschlecht, das unfähig ist, ihn darzustellen, weil es ihn nicht mehr sieht, weder im Glauben noch auf dem verklärten Antlitz der Menschen. Dem geht in der Theologie, das ist im christlichen Bewußtsein, die Entwicklung zur Seite. Die Reformation Luthers kann nicht verstanden werden ohne dieses mächtig aufkommende Gefühl, daß die Christenheit jetzt in die Gottesferne zu rücken beginne. Im Untergrund der Reformation wirkt dieses Ahnen der Ausweglosigkeit, die sich im Nichtmehrglaubenkönnen, im »religiösen« Atheismus und »religiösen« Agnostizismus äußert. Das Kreuz ist jetzt leer geworden. Es steht jetzt auf der Grenze zwischen Himmel und Erde. Es wirkt nun an der Grenze als Schranke, die Himmel und Erde trennt.

Es gibt da ein Vorher und ein Nachher. Vor der Kreuzigung tappen die Jünger im Dunkeln. Petrus vermißt sich und verleugnet. Im gänzlichen Mißverstehen greift er zum Schwert. Die Jünger führt ihr Weg vor die schwarze Wand, auf der das Kreuz steht und hinter der nichts mehr ist. Ihre Sinne sind verfinstert und verhärtet. Petrus hat sein Bekenntnis vergessen. Die Auferstehungsweissagung ist überhaupt nicht eingegangen in das Jüngerbewußtsein. Christus selbst sinkt bis zur Gottesverlassenheit hinab. Kreuz ist Ende, ist Nacht der Nächte, heißt: Welt ist verloren und Gott ist tot. Luthers neue

Erkenntnis vom Evangelium ist untereist von dieser Dämonie des Kreuzes ohne Christus. An diesem Abgrund hat er auf Tod und Leben gerungen. In der jüngsten theologischen Entwicklung ist diese Untereisung mit besonderem Spürsinn erwittert worden: als »Theologie des Kreuzes«. Wenn man so sagen darf – das Grundwasser der metaphysischen Ausweglosigkeit war in der ganzen Breite des geistigen Lebens der Zeit (Kulturkritik, Kulturpessimismus) so stark gestiegen, daß auch der christliche Raum, von dorther überflutet, in die höchste Gefahr zu ertrinken kam. Von dorther kamen die fremden Wasser auf die Mühlen der Theologie und brachten sie auf eschatologische Hochtouren. Ist etwa die Theologie des Kreuzes verkappte Philosophie des untergehenden Abendlandes?

Das leere Kreuz ist zugleich ein Ende, aber auch ein Anfang. Jetzt kann es sich wieder füllen. Jetzt kann der Gekreuzigte wieder daran erscheinen, aber nun als das, was er ist, als der Auferstehende. Das Kreuz kann jetzt aufhören, Baum der Erkenntnis zu sein mit der bitteren Frucht der Verzweiflung. Es kann jetzt wieder Baum des Lebens werden, der die Lebensfrucht trägt.

Alle Jünger müssen eine grundstürzende Umwandlung vom Vorher ins Nachher durchmachen. Nicht einer glaubt. Immer wieder heißt es: »und glauben nicht«. Petrus selbst muß dreimal in der Flamme jener Frage stehen: »Hast du mich lieb?«, bevor er der wiedergeborene Petrus ist. Die Wende, die hier geschieht, ist die Wende vom Baum der Erkenntnis zum Lebensbaum. Sie ist nicht *eine* Weltwende, sie ist *die* Weltwende. Sie ist diese Wende ganz allein, als die Wende vom Kreuz zur Auferstehung. Der Gekreuzigte ist der Auferstandene. Und das bleibt das letzte Wort, das Herz- und Hauptwort des Evangeliums. Hier erhält das »euangelion«, die Königsproklamation, ihr zündendes Stichwort: Christus vincit – Christus regnat – Christus imperat: Christus-Sieger – Christus-Herrscher – Christus-König.

Es ist notwendig, sich eingehender zu vergegenwärtigen, daß hier das Urwort, das Evangelium selbst liegt angesichts der verwirrenden Überblendung durch theologische Doktrinen.

Es haben hier an erster Stelle zu stehen die Voraussagungen, die Christus selbst gemacht hat. »Und am dritten Tage«, das ist der geheimnisvolle Kehrreim, der immer wiederkehrt. Der wie ein fernes

Blitzen die schwarze Wolkenwand zerreißt, der er sich im Sturm entgegenkämpft. Das alles, was sich um ihn her begibt, ist ja nur der Vorlauf, ist nur die Wegsuche. Der Sieg und das Ziel, die Frucht und der Sinn, liegen danach. Die Urchristenheit steht im »Danach«. Sie steht nicht mehr im Vorher, sondern im Nachher. *Durch sie wird es jetzt unantastbar, daß der Auferstandene die Urtat Gottes ist, daß hier die Angel liegt, in der sich die Welt zu ihrer Wende dreht.*

Es gibt ein Wort in der Apostelgeschichte, das diese Bedeutung in eigentümlicher Weise zum Ausdruck bringt. Paulus ist es, der es sagt.[192] Das Evangelium, so heißt es da, sei die Erfüllung dessen, was Gott im zweiten Psalm sage: »Du bist mein Sohn, heute habe ich dich gezeuget.« Diese Zeugung sei geschehen, »indem, daß er Jesum auferweckte«. Die Auferstehung ist also die Zeugung oder die Geburt des Christus. Es ist unmöglich, in schärferer Weise es auszusprechen, wo die Urtat Gottes liege, von der das Evangelium kündet. Die Auferstehung rückt hier in eine Linie mit Geburt, Taufe, Verklärung und Himmelfahrt. Ja mehr, es ist hier ein einziges Ereignis, das Grundereignis, das der ewigen Zeit angehört und sich in die irdische Zeit hinein zerteilt als Zeugung, Taufe, Verklärung, Auferstehung, Himmelfahrt. Es sind jene Ereignisse, die begleitet sind von der Stimme aus dem Himmel: »Dies ist mein lieber Sohn, an dem ich Wohlgefallen habe.« In der Auferstehung hat dies Ereignis in der irdischen Zeit sich zentral ausgelöst. Über ihr schwebt von allen Seiten her, vom Vorher und Nachher, die Stimme: *»Heute* habe ich dich gezeuget.«

Die urchristliche Predigt hat dies und kein anderes Geschehen zum Gegenstand. Die Hauptzeugnisse bietet die Apostelgeschichte. Der Apostel, der an des Verräters Statt hinzugelost wird, muß »ein Zeuge seiner Auferstehung« sein.[193] Darum also wird noch ein Apostel gewählt, um dieser Zeugenschaft willen. Das ist in der knappsten Prägung der Apostel: Zeuge seiner Auferstehung. Nach dem Pfingstereignis, als die Woge gipfelte und die Menge der Gläubigen ein Herz und eine Seele war, heißt es von den Aposteln: Und mit großer Kraft gaben die Apostel Zeugnis von der Auferstehung des Herrn Jesu und war große Gnade bei ihnen allen.«[194] Die Rede des Paulus auf dem Areopag schließt mit dem Zeugnis vom Auferstandenen. In dem Schlußsatz wird das ausdrücklich als »der Glaube« bezeichnet.[195] Hier über diesem Satze fällt auch die Entscheidung. Sie muß es, denn es ist der Satz des Wendepunktes. Gläubig werden heißt an den Auferstandenen gläubig werden. Einige spotten und gehen, andere treten herzu, um mehr zu hören, ein Teil von ihnen glaubt. Seinen Korinthern sagt Paulus[196] es mit dürren Worten, daß hier das punctum puncti liege. Ist Christus nicht auferstanden, so ist der ganze Christenglaube ein Wahn. Eine Zuspitzung von unüberbietbarer Entscheidungsmacht! Nirgends wird der Mensch bedingungsloser in den bodenlosen Glaubensraum hinausgeschleudert als im Glauben an den Auferstandenen. Nun fliege und schwebe! Oder zerschmettere! Das mußt du wagen.

Diese Stellen bezeugen die Ausschließlichkeit dieses Grundwortes in der ersten Verkündigung. Alles andere, was in den ältesten Zeugnissen noch daneben tritt, hat nur den Charakter des Beweises. Dieser Beweis wird in allen Stellen nach einem einheitlichen Grundschema geführt.[197] Diesen Mann, den ihr gekreuzigt habt, hat Gott auferweckt gemäß der göttlichen Vorherbestimmung. Der Auferstandene ist der Gekreuzigte. Das ist Gottes Merkmal, daß hier wirklich geschehe, wovon die Heiden sagen und singen und was die Propheten weissagen. Daß der Auferstandene auch der Gekreuzigte sei, das ist das Merkmal der göttlichen Tat. Und darauf kommt es ganz allein an. Nämlich, daß hier nicht, wie schon unzählige Male in der Geschichte, eine symbolische Handlung geschehen sei, sondern daß es jetzt gelte als das Einmalige und Auszeichnende dieses Geschehens: Hier ward Gott Mensch. Weil er Mensch ward, deshalb gekreuzigt; weil er Gott war, deshalb auferstanden. Incarnatus – crucifixus – resurrexit. Das ist die Gottestat und diese Tat ist eine unauflösbare Einheit.

Am Urgeschehnis seiner Auferstehung sind zwei Umstände von Bedeutung. Sie legen sich gegeneinander wie zwei Pfeiler zu einer Stützstrebe, die um so fester ineinander liegen, je größer der auf ihnen lastende Druck ist. Der eine Umstand ist die völlige *Ungesichertheit* der Bezeugungen des Auferstehungsvorgangs; der andere Umstand, daß schlechterdings alles daran hängt, *daß er geschehen sei. Denn der auferstandene Gekreuzigte ist ja der gegenwärtige Christus.* Nur als der Auferstandene ist er »heute« und »in Ewigkeit«.

Ich wende mich dem ersten Umstand zunächst zu. Unser Wissenschaftsbewußtsein, wie es sich in den letzten einhundertundfünfzig Jahren herausgebildet hat, hat den historisch-naturwissenschaftlichen

Wahrheitsbegriff gebildet. Wie zu keiner Zeit so scharf hat heute dieses Bewußtsein die *Unzulänglichkeit* der historischen Bezeugung der Auferstehung erfaßt, ganz abgesehen von der *»Unmöglichkeit«* dieses Vorgangs im naturwissenschaftlichen Vorstellungsraum. Jede Debatte darüber erübrigt sich. Wir sind hier mit einer Rücksichtslosigkeit ohnegleichen in den bodenlosen Glaubensraum hinausgestellt. Die Unwahrscheinlichkeit ist mehr als einleuchtend; die Lücken, die Widersprüche, die Ungereimtheiten der Berichte sind unausräumbar. Dazu kommt, daß die Jünger in nicht viel anderer Weise als wir »nicht glauben konnten«. Das »Unmöglich« ist für uns nur in das helle Licht unseres modernen Bewußtseins heraufgehoben. Die Andeutungen, die Christus seinen Jüngern bei Lebzeiten machte, wurden von ihnen gar nicht angenommen. Sie gingen ihnen gar nicht ein. Das ist es, daß sie »nicht vernahmen«, daß ihr »Herz erstarrt« war. So ihre Verzweiflung unter dem Kreuz. So ihr Unglaube beim Hören der Kunde. Die Frauen, die zuerst das leere Grab entdecken, fliehen entsetzt und sagen nichts. Die Zwölfe glauben nicht. Auch die zwei, die über Feld gehen, glauben nicht. Thomas hat durch alle Zeiten hindurch den Namen »der Ungläubige« behalten. Das erste, was Christus in seiner Erscheinung vor den Elfen sagen muß, ist jenes Wort des Tadels von ihrem »Unglauben« und ihres »Herzens Härtigkeit«. In diesem Punkte stimmen die Berichte aller Evangelisten überein.[198] Es war also alles andere vorhanden als eine sogenannte seelische Bereitschaft. Es ist geradezu eine Immunität bei allen vorhanden gegen eine seelische Ansteckung dieser Art, etwa durch eine Massenhalluzination. Sie waren an diesem Punkt genau so nüchterne Aufklärer wie wir auch. Die Jünger standen hier mit den Feinden auf einer Ebene. Nur daß die Feinde den Schritt nach der anderen Seite hin tun. Sie bringen jene unsterbliche Lüge der Juden auf,[199] die wie je eine Lüge in der Welt Macht gewonnen hat über die Seelen der Völker. Man sieht hier in die heimlichen Zugänge hinein, durch die der Antichrist seinen Triumph in die Seelen der Juden und der Heiden hineinträgt. »Das ist alles natürlich zu erklären! Ein gemeiner Betrug!«

Die Möglichkeit, durch ein exaktes historisches Zeugnis des Auferstandenen gewiß zu werden, hat Gott uns nach jeder Richtung hin verlegt. Darum der Widerspruch in den Quellen, die Unscheidbarkeit in den Quellen selbst von falsch und echt. Er will, daß der

Glaube auf seinen Christus hin sicherungslos gewagt werde. Wahrscheinlich steckt darin höchste Weisheit, die wir nur ahnen können: Er hat so seinen Christus jeder menschlichen Diskussion entzogen. Er bedeutet uns durch Widerspruch und Vielfalt der Berichte, daß er den Beweis nicht brauche, ja, daß er seiner Absicht mit uns nicht dienlich sei. Es ist der ebenso weise wie liebende Gott, der uns so im Ungesicherten an diesem Hauptpunkte stehen läßt. Als gesicherte Geschichtstatsache wäre Christus nicht nur in die Geschichte eingegangen, sondern auch ihr verfallen. Er würde Eigentum einer vergangenen Geschichtsperiode sein und, in sie eingesargt, mit ihr begraben bleiben. Indem der sicherungslose Eintritt auf jene Kunde von mir verlangt wird, ist auch mir der Weg offengehalten zu Christus von meiner Gegenwart aus. Er soll nicht Eigentum bleiben einer vergangenen Welt, wie Alexander oder Augustus Eigentum vergangener Welt waren, sondern er soll auch mein Eigentum werden können. In dem ungesicherten Sprung des Glaubens hat Gott jedweder Gegenwart den Weg zu seinem Christus offengehalten. Die Juden haben mit dem Staatssiegel des römischen Kaisers eine exakte historische Urkunde schaffen wollen. Das Erdbeben in der Dunkelheit der Nacht hat das Siegel zerbrochen. Er ist auferstanden! Er gehört nicht einer Zeit. Er ist der allen Zeiten Gegenwärtige.

Er will die Hingabe. In ihr liegt das Geheimnis des neuen Lebens. Hingeben muß sich der Mensch, so ist er geschaffen. Und dies ist das Geheimnis der Hingabe: Wem sich der Mensch hingibt, das wird er. Gibt er sich dem Teufel hin, so wird er Teufel. Gibt er sich Gott hin, so wird er Gott. Gibt er sich dem Todesgott hin, so bleibt er im Tode. Gibt er sich dem Auferstandenen hin, so hat er das ewige Leben. Hingabe, darin liegt das Geheimnis. Es liegt *so* ganz und gar darin, daß Gott selbst keinen anderen Weg betrat als den der Hingabe, um den Weg in das neue Leben zu bahnen. Nur die einander Hingebenden kommen zusammen. Die Ungesichertheit des Auferstehungsgeschehens zwingt mich zur Hingabe ohne Vorbehalt und verbürgt dem sich Hingebenden, daß er den gegenwärtigen Christus empfange.

So neigt sich der eine Pfeiler zum anderen hin zur Verankerung mit ihm: Ich traue jetzt darauf, daß Gott im Auferstandenen die Welt gewendet hat.

Die Front, die sich in dem Wirken des Sohnes in jenen drei Erdenjahren angedeutet hatte, bricht vor dem Auferstandenen jetzt ins Große hin auf. Es ist die Front gegen die Dämonen. In der alten Welt ist der Böse der Fürst. Er führt die Menschenwelt gegen Christus in den Kampf. Beweis – das Kreuz! Das Kreuz ist das Ende der alten Welt. Der Anfang der neuen ist der Auferstandene. Jetzt erst ist der Böse in Frage gestellt. Jetzt erst besteht die Möglichkeit für die Menschen, auf die Seite Gottes zu treten: in der Gefolgschaft des Auferstandenen. Die Front bricht auf, die Schlacht beginnt, die Hauptfront, die Endschlacht. Das muß sich die Kirche Gottes immer wieder sagen, wie jäh auch immer das Kriegsglück wechsle, wie übermächtig auch immer der Feind einbreche in ihre Reihen. Der Böse ist noch da. Er kämpft mit grimmigerem Einsatz denn je. Aber die Front ist aufgeworfen durch die ganze Welt hin.

Der erste Mensch, dem Christus erscheint, ist übereinstimmend nach allen Evangelien einer, den er von der Macht des Bösen befreite, Maria Magdalena, der er die »sieben Teufel« austrieb. Ihr, die ihm deshalb in einer besonderen Weise zugehörte, begegnete er als dem ersten Menschen im neuen Sein. Sie trat zu ihm her als die erste, eine der Hölle Entrissene. An der Spitze der Zeichen, die von nun an den Kampf begleiten, steht die Austreibung der Dämonen. Bei seiner Erscheinung vor den Elfen haucht er ihnen den Geist ein, wie einst Gott dem Lehmkloß des ersten Menschen. Er gibt ihnen die Kraft, die Sünden zu lösen und zu binden. Es ist die Kraft der Herrschaft über die Dämonen.[200] Die Stelle, an der Christus durchbrach, weitet sich jetzt in die Welt hinaus. Es wird jetzt wahr, was Christus in seiner Abschiedsrede zu den Jüngern sagt, daß, wer an ihn glaube, werde größere Werke tun, als er sie getan habe, wenn er zum Vater hingegangen sei.[201] Es ist das ein Wort, das der Christuskämpfer niemals aus seinem Herzen verlieren darf. Die neue Zeit, die anbricht, ist nicht eine Zeit wie so viele andere Zeiten in der Ordnung der Welt. Es ist der Gottesäon, der auch eine neue Ordnung der Welt heraufführt. Der Geist, der vom Auferstandenen ausgeht, der Geist, der er selbst ist, reißt die Welt in ihre Verwandlung. Deshalb »werden die Jünglinge wahrsagen und die Alten Gesichte haben«, und von der Gewalt des Umbruchs wird aufsteigen »Blut, Feuer und Rauchdampf«. Wer in Gottes Äon lebt, kann Gift trinken und auf Schlangen treten. Tote werden auferstehen. Das alles deutet die Verwandlung der Grundordnungen der alten Welt an. Sie hat mit der Tatsache eingesetzt, daß das Todesgesetz, der Grundstein der alten Weltordnung, durchbrochen ist. Es ist durchbrochen, aber nicht aufgehoben. Der Tod herrscht noch, aber er hat seinen Schrecken verloren. Er ist jetzt nicht mehr der Fels des Zerschellens, der Abgrund am Ende der Welt, das Henkbeil, unter dem alle Sprossen und Triebe geköpft werden; er ist jetzt nicht mehr der Schlußstein an der äußersten Grenze des Universums. Es hat sich mit einemmal hinter ihm der Raum ins Ungeheure geöffnet. Er steht jetzt mit einemmal ganz vorne bei uns, ganz klein geworden, ist ein Tor, hinter dem der Weg erst eigentlich beginnt. Wir wandern in der Dunkelheit. Den Horizont schließt ein Berg, schwarz und ewig. Es kommt der Tag, und jenseits, hinter ihm, steigt aus den Nebeln herauf das neue Land. Der Sieg, den der Auferstandene über den Tod davongetragen hat, wird für den Glaubenden wirksam als Entzauberung. Der Todesberg ist entzaubert. Es ist jetzt das Unerhörte geschehen, daß für den Glaubenden der Tod im entbannten Gebiete liegt. Der Weg führt nach wie vor über ihn hin. Aber die Dämonen, die hier lauern, sind entmächtigt. Es ist schon so, daß es für den Christusmenschen keine Furcht vor dem Tode mehr gibt. Dieses Freisein von der Todesfurcht muß als ein Merkmal für ihn gelten, das weder abgeschwächt noch veräußert werden kann. An den Sterbebetten der Christen, an denen ich gestanden habe, habe ich wohl Schmerzenslaute des gequälten Leibes vernommen, niemals aber einen Laut der Todesfurcht. Der eigentümliche Ernst, der über ihrem Sterben lag, war ein ganz anderer: der des Jüngers und Soldaten, der im Begriff ist, vor seinen Herrn und König zur Rechenschaftslegung zu treten. Diese Freiheit von der Furcht zeigt sich in der phrasenlosen Gelassenheit, mit der hier dem Tod mitten in das Auge geschaut wird. Da ist keine Lebensphilosophie nötig zu seiner Versüßung oder Verharmlosung. Es besteht kein Anlaß mehr, ihn größer oder kleiner zu machen, als er ist. Die Narkotika des Pathos ebenso wie der Sentimentalität bleiben hier unbegehrt. Befreit schreitet der mit Christus Bewehrte durch seine Zone.

Wie der Tod, so ist auch die alte Weltordnung nicht aufgehoben. Sie ist in der Auferstehung durchbrochen. Das bedeutet, daß sie grundsätzlich durchbrechbar geworden ist, wo auch immer der Geist an sie rührt. Sie ist durchbrochen wie die Schale eines Eies, die von innenher der aussschlüpfende Vogel öffnet. An einer Stelle zeigt sie ein kleines Loch. Das ist es, was mit der Auferstehung geschehen ist. In einem anderen Gleichnis: Das Gerüst steht noch und verschalt den Bau vor den Blicken. Der aber beginnt dahinter aus den Grundmauern zu wachsen. Der Christ weiß das. Er spürt die Fundamente des neuen Seins unter seinen Füßen. Er lebt nämlich jetzt aus dem *Ganzen:* indem er *über* den Tod *hinweg* lebt. Es ist ihm jetzt das Selbstverständliche, so aus dem Ganzen heraus und in das Ganze hinaus zu sein, diesseits und jenseits, wie wir zu sagen pflegen. Das, was wir irdisches Leben nennen und was der Tod schließt, ist ihm jetzt nicht einmal mehr die Hälfte, nur ein Teil. Ein Teil, der von dort her, von der Ewigkeit her gegründet ist. Das moderne Lebensgefühl ist nur noch ein gespaltenes, das aus der Illusion lebt, der Teil, den er »Welt« nennt, sei das Ganze. Wer aus dem Ganzen her und auf das Ganze hin lebt, für den ist das irdische Leben einmal ein Gut von unschätzbarem Werte, weil es in Ursprung, Sinn und Ziel von der Ewigkeit her lebt. Der Christ also kann diese Erde küssen so innig wie kein anderer auf der Welt. Zugleich aber ist er das irdische Leben zu geben jederzeit bereit, da das ewige Leben zur unveräußerbaren Selbstverständlichkeit des Seins ihm gehört. Ein weniges nur ist das irdische Leben. In diesem wenigen aber von unendlicher Kostbarkeit für ihn. Es ist die steinerne Wurzel, aus der der Kristall wächst.

Die andere Möglichkeit, uns jener Veränderung anzunähern, bietet die neue Einsicht in das Weltwesen, die der Christ besitzt. Er sieht, daß die Welt am Ende ist, schlechterdings erschöpft in allen ihren Möglichkeiten, sich übergipfelt in ihren Anstrengungen, entfesselt in allen ihren Möglichkeiten der Selbstzerstörung, hineintreibend in ihr Gericht. Er sieht, daß die Welt am Ende ist mit der Härte eines Blicks, die ihm allein eignet, und – daß es dennoch weitergeht. Das aber nicht im alten Liede des alten »Welt in Not«, sondern neu. Und zwar so radikal und total, daß die Grundfesten der alten Welt, ihre Urordnungen, verwandelt werden. Ein Verständnis der apokalyptischen Worte gibt es in der Christenheit nur von der Auferstehung her. Im Raum des Kreuzes führt ihre Linie ohne sophistische Kunststücke ehrlich ausgezogen in den Nihilismus. Die apokalyptischen Worte Christi dürfen nicht in den vorchristlichen Raum zurückgestoßen werden. Nur im Auferstehungsraum strahlen sie auf. »Denn plötzlich nach der Drangsal jener Zeit verfinstert sich die Sonne, es verliert der Mond den Schein. Die Sterne stürzen aus den Himmelskreisen... Der Himmel Kräfte brechen jetzt aus ihrer Bahn.« Es löst sich jetzt die alte Zwangsläufigkeit der Naturordnung. Die engelischen und dämonischen Kräfte, die unter der Hülle der stofflichen Schöpfung gebunden lagen, brechen jetzt hervor zum Schöpfungstanze im befreiten Kosmos. Im Auferstehungsraume gilt nicht mehr das alte Gesetz der Knechtschaft, sondern das neue Gesetz der Freiheit. Denn der Herrscher ist jetzt der Heilige Geist. Diese weltumwendende Macht der Auferstehung des Sohnes ist einer ihrer entscheidendsten Wesenszüge. Die Selbstsucht des geistlichen Fleisches der Christenheit muß aufhören, hier das Bild zu bestimmen. Es geht wirklich nicht nur um die private Seligkeit und private Auferstehung von mir und dir. Es geht um die Kreatur Mensch und um sie nur deshalb, weil sie der Schlüsselpunkt des ganzen Kosmos ist und nur durch sie hindurch das Schicksal der Schöpfung entschieden wird. Die Auferstehung des Sohnes heißt: Lösung der alten Ordnungen. Lösung, nicht Aufhebung. Es bleiben gleichsam die Fäden alle noch liegen, nur der Knoten wird gelöst. Er kann jetzt in völlig neuer Weise geschlungen werden. Nichts will sterben, kein Ding will von sich aus enden. Lügner, wer dies behauptet. Er weiß nichts von der Welt. Unter der alten Ordnung müssen aber alle Wesen, was sie nicht wollen, weil es ihrem eingestifteten Ursinn ins Gesicht schlägt: enden. Hier ist ihnen etwas *Fremdes* aufgezwungen, ein fremder Sinn zum Wesen gemacht, der zwar groß ist und überwältigen kann, aber fremd bleibt. Alle Wesen leben in der Knechtschaft. Das Abnorme ist die Regel. Übermächtigt, nehmen wir das Gewohnte als das Notwendige und das Unvermeidliche als das Richtige. Es geht uns unter dem Todesgesetz wie jenem kropfhalsigen Volke: Da sie alle Kröpfe hatten, erschienen ihnen die Fremdlinge mit schlankem Hals als Mißgeburten.

Der Weltblick der Christen schaut durch die Naturordnungen hindurch. Er sieht durch sie hindurch das *andere* Gesetz, das der Geist ist, dessen Gestalt auch er nur im Stückwerk, »als in einem dunklen Spiegel« erkennt und im Gleichnis umschreibt. Denn auch das Denkgesetz muß der starren Kreisung entbunden und beflügelt werden für den Auferstehungsraum.

Wo der *Engel* erscheint in der Bibel, da ist schon Auferstehungsraum anwesend. Der Engel ist hier Verkörperung. Da ihm ja nicht mehr die Mathematik, sondern der Heilige Geist die Elemente stiftet, gilt hier die *Persönlichkeit* als die Urform. Im Engel ist der Auferstehungsraum nicht als neue Raum- oder Zeitlogik, sondern personal anwesend. Im Auferstehungsraum sind die Körper in der Entschwerung begriffen, werden sie durchdringbar. In ihm werden alle Stoffe flüssig zum Geist hin. »Ihr wisset nicht die Kraft Gottes«, antwortet Christus den Sadduzäern, die mit der Logik arbeiten.

Der Seher Johannes sagt von den vier Cherubinen, die dem Thron Gottes am nächsten stehen[202], daß ein jeder sechs Flügel trug und daß diese Flügel »außenherum und inwendig voll Augen« waren. Sie konnten fliegen, sechsfach beflügelt. Je schneller unsere Maschinen hier unten auf Erden fliegen, desto größer wird der Raum, der immer noch vor ihnen liegt. Es genügt jetzt nicht mehr, von Europa nach Amerika zu fliegen, man will mit der Rakete zum Monde fliegen. Aber der Raum und die Zeit bleiben schneller. Mit Tausendmeilenstiefeln jagen die beiden der Heuschrecke Mensch voraus, vom Mond zum Mars, von Stern zu Stern hinaus in die Unendlichkeit, in der sich Raum und Zeit nun erst recht zum unergründbaren Meere weiten.

Im Raum der Auferstehung hat der Engel unersetzbare Aufgaben zu erfüllen. Er gehört wesentlich zu ihm: Er sagt den ersten, die herzueilen, was geschehen ist. Er spricht das aus, worauf der Mensch von sich aus in keiner Weise kommen kann. Sie sind die Dienenden, die aus dem Auferstehungsraum heraus auf die Grenze treten und dem Menschen helfen, den Schritt zu tun aus den Zwangssicherungen der alten Ordnungen in das neue Leben. Überall dort steht er, von der Christnacht an, wo der Auferstehungsraum in den entweihten Kosmos sich hineinschiebt bis nach Gethsemane und in das offene Grab.

Wir bedürfen der Engel, weil wir Christen sind. Sie dienen uns, wie sie Christus gedient haben. In diesem Dienste erkennen wir sie am leeren Grabe. Auch jenseits der christlichen Existenz ist der Mensch von Schöpfung her auf diesen Dienst der Engel hin angelegt, nicht anders, als Herr und Knecht einander zugeschaffen sind. Dieses Angewiesensein, dieses Vermissen der Engel drückt sich am sinnfälligsten darin aus, daß der Mensch diese ihm fehlenden Diener sich konstruiert. Als die Maschine aufkam, wurde ihr der Name »eiserner Engel« gegeben. Die Maschine ist ein künstlicher Organismus von übermenschlichem Ausmaß. In ihr versucht der Mensch jene Überwindung des Raumes und der Zeit, die im Auferstehungsraume das Selbstverständliche ist.

Begreiflich bleibt der Drang, sich mit dem Unvermeidlichen abzufinden und die Welt sich als die vollkommenste aller Welten einzureden. Diese Philosophie des Sichabfindens bleibt die Denkweise des erschöpften Geistes. Dort, wo in der Kreatur noch ungebrochen die Lebenskräfte walten, da stürmen ganze Völker, die edelsten an der Spitze, immer und immer wieder in die Schlacht, um durch das höchste Opfer den Bann zu brechen und in die »neue Zeit«, die »neue Welt«, das »neue Reich«, um in das *Vollkommene* hindurchzubrechen. Dieser Wille ist der Urwille, der den Geschichtsgang beherrscht. Er zeugt mächtiger als die tiefste Philosophie für die Wahrheit »Welt in Not – Welt am Ende«. Soll nicht alles Sein im Sinnlosen versinken, so muß es, gleichgültig wie, dies eine geben: die große Verwandlung.

Und das eben ist das andere, das zweite, was sich dem Blick in den Auferstehungsraum enthüllt: daß die Welt, die ihn hineingerissen, der Dynamik dieser Verwandlung zufällt.

Incarnatio – resurrectio: Einmal in ihr Fleisch eingegangen, weicht Gott nicht mehr. Nun ist sie schwanger mit ihm. Nun muß sie seine Frucht bringen, tobe sie, wie sie wolle. Jetzt geht die große Verwandlung mit ihr vor sich, jetzt wird sie Mutter Gottes, sie, die gedachte, selber Gott zu sein. Das ist das Geheimnis Gottes bei ihr drinnen. Gott ist ausgewandert aus dem Licht, da keiner zu kann, und ist eingekehrt auf unsrer trotzigen kleinen Insel, von den Meeren des Lichtes unentrinnbar umbrandet.

Ja, das Himmelreich ist nicht in Ordnung. Gott hat es verlassen. Die Engel sind allein. Gott ist Mensch geworden und niedergefahren an die untersten Örter der Erde. Nun jauchzt der ganze Himmel über jeden Heimgeholten.

Nun gibt es kein Halten mehr, da Gott sich zu uns in die Grube gelegt hat. Nun muß alles mit ihm mit. Nun warten wir nur noch, daß er die Grube sprenge und die ganze Schöpfung hinter sich dreinreiße in die große Verwandlung.

Man kennt in der Philosophie die Begriffe der Immanenz und der Transzendenz. Sie sind dort starre Begriffe, die Gott entweder in der Welt drinnen oder draußen festhalten. Dieser »Gott drinnen« und »Gott draußen« stehen in Feindschaft miteinander. Die Dialektik der Philosophen lebt von dieser Feindschaft der Götter. So denkt der Vorchrist: Entweder Immanenz – oder Transzendenz – oder Dialektik. Anders im Auferstehungsraum. Hier ist die starre Ordnung gebrochen. Der Menschgewordene, der auferstanden aus dem Grabe herausschreitet, hat die Erstarrung in die Dynamik der Verwandlung gelöst. Es gibt jetzt keine Transzendenz an sich mehr, ebensowenig wie eine Immanenz an sich. Alle Dinge sind jetzt transzendente. Die Transzendenz gehört jetzt mit einemmal der Welt und heißt jetzt: Wandlung der Welt. Transzendente Welt – sich verwandelnde, über sich selbst hinaus wandelnde Welt. Dieses Hinübergehen der Welt ist eine Folge des Einwohnens Gottes in ihr. Einwohnung und Hinüberschreiten sind im Auferstehungsraum auseinander folgende Akte der Heilung der Welt. Sie sind die ineinander hängenden Glieder der einen großen Bewegung vom Tode zum Leben. Nur weil Gott der Welt »einwohnt«, »schreitet sie hinüber«. Ihr Transzendieren ist nur dank seines Immanierens. Die Menschwerdung Gottes ist die Heimholung der Welt. Alle Dinge sind jetzt transzendente, sind hinübergehende geworden.

Zuletzt / da die Elfe zu Tische sassen / offenbarte er sich und schalt ihren Unglauben und ihres Herzens Härtigkeit / dass sie nicht geglaubt hatten denen / die ihn gesehen hatten auferstanden.

Daß der Sohn auferstanden sei, daß er nicht im Tode blieb, heißt, daß er der Gegenwärtige sei. Es heißt, daß er hindurchgebrochen sei durch alle Zeiten, daß er der Anwesende aller Zeiten sei. Jenes: »Heute habe ich dich gezeuget«, das hallt vom Auferstehungsmorgen durch alle Weltalter hindurch. Es ist das Heute Gottes, das keinen Abend hat. Der Auferstandene ist der Gegenwärtige. Das Geschoß hält jetzt keiner mehr auf, das über Taufe, Verklärung, Auferstehung, Himmelfahrt die Kurve durchmißt bis hin zu seiner glorreichen Erscheinung in den

Wolken des Himmels. Der Auferstandene ist der Gegenwärtige. Das wird jetzt zum Schluß- und Gipfelpunkt dessen, was der heilige Name »Evangelium« besagt.

Der Gegenwärtige aber ist der Geist. Der Geist – das ist die Gestalt seiner Anwesenheit: die Gestalt in der Zeit. Es gibt nur eine Möglichkeit für alle Christus nachgeborenen Geschlechter: den Geist. Der Geist ist der mit uns gleichzeitige Christus. Durch den Geist leben wir auf Erden das christianische Leben. Im christianischen Leben vollzieht sich die Loslösung vom dämonischen Sein. Er schafft uns die Möglichkeit der Entbannung mitten im magischen Sein. Die Durchchristung der Welt ist sein Werk. Denn er ist der in die Geschichte eingegangene, in ihr von innen her mächtig werdende Christus. In die Geschichte hineingeopfert, flutet und strömt er nun als charismatisches Leben. Der Heilige Geist ist der geopferte Christus, der in die Personenwelt der Menschen hinein aufgelöste Christus. Er ist Christus in der Hingebungs- und Mitteilungsform des Geopferten. Deshalb *ward* Christus nicht nur Fleisch – er *ist* es noch: hineingegeben und aufgelöst in die Menschenwelt, lebt und flutet er durch die Zeiten hin. Der Geist ist die Fortdauer der Fleischwerdung Gottes. Er ist der fleischgewordene Gott in der anderen Form, in der Form der Geschichtsmächtigkeit, in der Form der Anwesenheit durch die Zeitalter der Zeiten. Christificatio est incarnatio perennis.

Es ist unmöglich, Weltgeschichte zu schreiben und das Christusereignis zu übergehen. Man kann sein größter Gegner sein. Man kann sagen, daß es kein größeres Unglück für die Welt gab als dieses Ereignis – eines kann man nicht: so tun, als ob es nicht geschehen sei. In demselben Augenblick würde die Wirklichkeit, die er sieht und beschreibt, aufhören wirklich zu sein und ein Phantom werden. Die Wirkung dieses Ereignisses ist so tief und umfassend, daß selbst der Feind noch in der Sprache denken muß, die ohne dieses Ereignis nicht hätte entstehen können. Es gilt dies für alle europäischen Völker, und seitdem Europa das Schicksal der Welt ist, für die ganze Völkerwelt mit, wie verwirrend auch immer die Brandung um dieses Ereignis herum steige. An seinen Wirkungen kann niemand zweifeln. Man kann sagen, das Christusereignis ist eine Mythe. Das kann man. Seine Wirkung aber ist massivste Realität, sie ist Weltschicksal geworden. So tief ist dieses Christusereignis der Welt zum Schicksal geworden, daß sie gerade in ihrer Auflehnung dagegen in die höchste Gefahr läuft, ihm recht zu geben: indem sie Christus noch einmal kreuzigt. Christus ist anwesend. Er ist gegenwärtiger denn je. Die Jahre 30 bis 33 haben nicht aufgehört. Sie wölben sich über das ganze Geschichtszeitalter hinweg. Das aber geschieht durch den Geist.

Damals, nach jenem Begräbnis im Garten des Joseph von Arimathia, sprachen alle Zeichen für das Ende. Sie sprachen dafür nicht mit neunundneunzig, sondern mit hundert Prozent. Man bereitete seine Einbalsamierung vor. Nicht einer dachte auch nur von ferne, es könnte das Unmögliche Ereignis werden. Die Auferstehung des Gekreuzigten und Begrabenen war das schlechthin Unwahrscheinliche. Diejenigen, die dieses Unwahrscheinliche mit aller Inbrunst liebender Herzen hätten ersehnen müssen, glaubten nicht, daß die ersten Anzeichen da waren. Die Feinde bringen natürliche Erklärungen unter das Volk. Doch es half nichts. Es half überhaupt nichts, weder Unglaube der Menschen noch Unwahrscheinlichkeit der Vorgänge. Es half gar nichts. Die Freunde waren dawider und die Feinde waren dawider. Schließlich war auch die Natur dawider. Es half einfach nichts, darunter war eine Hand verborgen, die warf alles nach der entgegengesetzten Seite herum. Das war der Geist! Aus dem unwahrscheinlichsten Ereignis erwuchs jene Bewegung, die in dem einen Jahrhundert ohne jedes technische Hilfsmittel über die ganze bewohnte Erde hinging, junge Weltreligionen wie den Mithras aus dem Felde schlug, den Kampf mit dem römischen Weltreich ohne Waffen aufnahm, Hunderttausende von Blutzeugen hatte, dasselbe eroberte und christianisierte. Doch erstarrte und erstarb sie nicht. Sie löste sich aus den Zusammenbrüchen alter Ordnungen und brach in neuen Gestalten in neue Länder auf. Ganze Völker fielen ihr zu, deren Sprache, Brauch und Seele sie wurde. Aus Stämmen schuf sie junge Völker und aus den jungen Völkern Europa. Auf ihrem Gang bleibt sie unaufhörlich den schwersten Feuerproben preisgegeben, die es in der Geschichte geben kann: den Feuerproben durch die Schuld der Christenheit selbst. Dennoch brachen in den Stunden tiefster Entmachtung aus unzugänglichen Tiefen die Glutströme unfaßbarer Leidenskräfte hervor, gegen die die stärksten Gewalten der Erde immer wieder sich als ohnmächtig erweisen. In den russischen Konzentrationslagern werden heute von den inhaftierten Bischöfen unzählige Laien, einfache Arbeiter und Bauern mit dem Bischofsamte betraut. Sie durchziehen heute auf allen Straßen als die unsichtbare Kirche das Riesenreich, im Verborgenen den Pflanzstock einer neuen Christenheit setzend. Und aus Spanien hörte man berichten, daß in einer Fülle, die beinahe an die Regel grenzt, die Verfolger, in der eigenen Sterbestunde angelangt, sich wieder zum Glauben ihrer Taufe bekehren.

In der protestantischen Völkerwelt droht vielleicht das Schlimmste, ein freiwilliger Abfall größten Ausmaßes. Und dennoch sammeln sich auch hier, da und dort ohne sichtbare äußere Führung, entschlossene Sturmhaufen zusammen, die wie schwimmende Festungen durch die Sturmflut hintreiben. Schlagen die Wogen über ihnen zusammen, so versinken sie als Saatkorn künftiger Ernten, das Bild der Gotteskirche, deren Stärke sich dort erweist, wo alle Hoffnung verloren scheint.

Und auch dort, wo keine Gemeinschaft der Gläubigen mehr möglich ist, taucht der Christ in einer neuen Gestalt auf: als der Einzelne. So gegen Ende des Weltkrieges in den großen Massenheeren. Er taucht dort zu gleicher Zeit auf mit dem Massenmenschen, der durch Zusammenrottung Macht zu erlangen trachtet und dessen Hauptmacht der Terror war. Er taucht neben ihm auf als der scheinbar Einsame, frei in der Luft Schwebende, aus unsichtbaren Quellen genährt; schweigend, eine strahlende und wärmende Flamme, hilfreich, demütig, von unerschütterbarer Gelassenheit. Schweigend, dennoch von allen erkannt! Es mag nur wenige Soldaten geben, denen er nicht einmal begegnet ist. Da und dort geben sogar die Regimentsgeschichten von seinem Dasein Kunde.

Das ist der gegenwärtige Christus, das ist der Geist, der das schafft. Es gibt ein Wort im Neuen Testament, das diese wirksame Gegenwart meint. Es ist das Wort »*parusia*«. Luther hat es meistens mit »Zukunft« übersetzt im Sinne der »Wiederkunft« Christi. Parusia aber heißt »Anwesenheit«. Das ist der Grundsinn, der immer der Generalbaß bleiben muß. Nicht die Christus-Zukunft, sondern die Christus-Anwesenheit gründet die Christenheit. Usia heißt »Wesen«. Und zwar im Sinne des Tätigkeitswortes »ich wese«: ich bin. Parusia heißt: An-Wesen. Wir haben das vergessen in der Christenheit, weil wir mit dem Heiligen Geiste nicht mehr im Ernst gerechnet haben. Der gen Himmel Gefahrene ist bei uns als der Geist. Das ist es, was der Dritte Artikel beschreibt, diese Anwesenheit. Das müssen wir wieder hören lernen, wenn wir ihn bekennen. Der Anwesende »west«, indem er wirkt. Wobei das »an« besagt, daß er nicht im Unendlichen wese wie vorgeblich der Geist der Philosophie, sondern daß er hier bei uns, im Raum der Geschichte, »an«-wese. Darum sagte der Apostel, er habe die »dynamis« *und* die »parusia« in seiner Predigt kundgetan.[203] Es ist nämlich beides die *eine* Sache, deren Augenzeuge der Apostel einst war und die er als »mächtige Anwesenheit« erfuhr. So verstand der Urchrist, dessen Denken noch nicht durch die lineare Zeit überfremdet war, die Christus-parusia. Nur weil der einst Kommende der schon Anwesende ist, hat die Johanneische Mahnung Sinn, »in ihm zu *bleiben*«. »Er aber, der Gott des Friedens, heilige euch durch und durch, und euer Geist samt Seele und Leib müsse bewahrt werden unsträflich« – nicht »auf« die »Zukunft«, sondern – »*in* der Gegenwart unsres Herrn Jesus Christus.«[204] In der Gegenwart, die allein solche Heilung wirkt und an der die »Zukunft« lediglich die Vollendung des angefangenen Werkes bedeutet. Die Realität des christlichen Daseins gründet sich darauf, daß »parusia« nicht Zukunft, sondern Anwesenheit ist. Jeder Tag wird jetzt gelebt als das, was er auch in Wirklichkeit ist, nämlich unmittelbar zum Weltgericht. In dieser Unmittelbarkeit hat jedes Zeitalter wie auch jedes Einzelleben sein Gewicht. Der Tod nimmt den Schleier weg, der über dieser Anwesenheit liegt. Unmittelbar hinter seiner dünnen Wand steht der Anwesende als der Wiedergekommene. Er führt direkt vor sein Antlitz. Mit dem Tod endet die irdische Zeit. Die Kirche Gottes lebt auf Erden von der Tatsache, daß man dieser Anwesenheit innewerden kann. Ja, die Kirche Gottes ist nur, weil Christus der Anwesende ist. Er zeigt sich uns auch, der Anwesende. Darum sagt der Apostel, daß die heilende Gottesgnade *allen* Menschen *erschienen* sei. Allen, sagt er! Also nicht nur jenem Geschlecht damals. Und sie wirke, wie ein Erzieher auf seine Zöglinge wirke, nämlich aus der Vollmacht anwesender Gegenwart.[205]

Der Auferstandene ist *gesehen* worden. Darüber lassen uns die Zeugnisse keinen Zweifel. Luther übersetzt in unserem Text: »offenbarte sich«. Das Wort heißt in der Grundbedeutung »*sichtbar* machen«. Im Passiv »sichtbar werden«. Er wurde den Elfen sichtbar. Er war auch zuvor anderen sichtbar geworden. Sie hatten ihn gesehen. Wir haben von Johannes die berühmten Stellen, in denen er ausdrücklich sein Gesehenhaben bezeugt. Was Johannes gesehen hat, ist wirklich der Auferstandene, ist der Christus, den die Doxa kennzeichnet. »Und wir *sahen* seine Doxa«, sagt er im Anfang seines Evangeliums. Wir sahen den Verklärten.[206] Im Eingang seines ersten Briefes[207] wird der Verklärte als der Ewige bekannt. »Das da von Anfang war.« Das wir *gesehen* haben mit unsern Augen, das wir *geschauet* haben. Ja, das wir sogar gehört und betastet haben. Dieses Leben, so sagt der Apostel, das verkündigen wir euch. Warum? Auf daß ihr mit uns Gemeinschaft habt. Worin? In *diesem* Innewerden des Christus. Christus bezeichnet sich selbst als das *Licht*. Was soll es für einen Sinn haben, als daß es uns erleuchtet? Licht und Sehen bleibt untrennbar. Simeon[208] preist Christus im Tempel als das Licht, das bereitet ist zu erleuchten die Heiden: »Denn meine Augen haben deinen Heiland *gesehen*.« Weil das Licht in der Finsternis scheinet, wirklich, und nicht nur eine Redewendung ist, muß es auch sichtbar sein, wenn auch die Finsternis es unbesiegt noch umlagert. »Das Volk, so im Finstern wandelt, *siehet* ein großes Licht«, heißt es in der Weihnachtsprophetie. »Und alles Fleisch wird den Heiland Gottes *sehen*«, sagt der Täufer in seiner Predigt.[209] Den Hirten wird ausdrücklich gesagt, ihr werdet *sehen*. Ihr werdet ihn sehen in der Nacht, aber sehen! Darum nehmt das zum Zeichen! Deshalb beginnt auch der uralte Christenhymnus, der uns im ersten Timotheusbrief überliefert ist[210], mit dem Bekenntnis: »Gott ist *sichtbar* geworden im Fleisch.« Es ist hier wieder dieselbe Form gebraucht wie in unserem Text in der Erscheinung vor den Elfen. Mit dem Wort »sehen« wird eine Urform des Innewerdens der göttlichen Gegenwart bezeichnet. Christus sagt in seinen Abschiedsreden: »Wer mich *siehet*, der *siehet* den Vater.« Das ist schon ein Großes, das ist schon das Letzte. Es ist das auch nicht so ein bloßes »Als-Ob«, eine Redewendung, ein Gleichnis. »*Schmecket* und *sehet*, wie freundlich der Herr ist«, so lautet die alte Abendmahlseinladung, die hier das Sehen dem Schmecken vermählt und jener Anwesenheit, jener »parusia«, ganz unmittelbar in der heiligsten Speise innewird. Sie weiß noch ungebrochen um die Realität dieser Dinge.

Sie weiß vor allen Dingen noch davon, daß der Anwesende in die ihn Schmeckenden und Sehenden eingeht, nämlich mit seiner Doxa. *Nun leuchtet der Verklärte weiter in den Verklärten.* Ich las neulich irgendwo von sterbenden Christen diesen Satz: »Soviel aber ist deutlich, daß bei diesen Menschen eine bis ins Leibliche sich ausprägende

Verbindung mit Christus stattgefunden hat.« Davon zeugt jenes Wort des Paulus[211], das er dem jüdischen Schriftglauben entgegenhält. Nicht in der Schrift, nicht im Gesetz, nicht im Buchstaben, noch weniger in der Lehre, die Menschen davon gemacht haben, spiegelt sich die Glorie Gottes wider. Die sind vielmehr der Teppich, mit dem Moses sich das Antlitz bedeckte, als Gott vorüberging. Nicht mehr die Schrift, sondern der Brief, den Gott selbst in die Welt schrieb, der Christ, der ist der Spiegel. So sagt Paulus: »Wir alle aber spiegeln mit bloßem Antlitz die Glorie des Herrschers und werden in sein Bild verwandelt werden. Das aber geschieht vom Herrscher her, der der Geist ist. Und werden verwandelt werden von Glorie zu Glorie.« Von Stephanus[212] wird berichtet, es habe sein Antlitz wie das eines Engels geleuchtet in dem Augenblick, als seine Feinde die Todesanklage wider ihn erhoben. Christus selbst sagt es den Seinen, und man muß es nur ganz frisch und jung wieder hören, nachdem wir den feurigen Wein seiner Worte mit so viel Wasser vergeistigt und verdünnt haben: »Ihr seid das Licht der Welt. Es kann die Stadt, die auf einem Berge liegt, nicht verborgen sein. Man zündet auch nicht ein Licht an und setzt es unter einen Scheffel, so leuchtet es denn allen, die im Hause sind. Also laßt euer Licht leuchten vor den Leuten, daß sie eure guten Werke *sehen* und euren Vater im Himmel preisen.«[213]

Es gibt keinen verhängnisvolleren Schluß, den die Christenheit machen könnte – nämlich von ihrem eigenen Nichthaben – auf die Sache, um die es im Evangelium geht. Es ist falsch zu schließen, weil ich selbst nichts mehr sehe, deshalb heiße glauben – nicht sehen! Dieses *Sehen*können des Christusantlitzes kann leicht erlöschen. Die Gefahr, daß es erlischt, ist größer als die Gefahr, daß das Christusantlitz erlösche. Auch der Glanz dieses Antlitzes kann erlöschen, denn es gibt ein Dämpfen des Geistes. Ich glaube nicht, daß es erloschen ist unter uns, wenn sein Glanz auch schwerer zu kämpfen hat gegen die Nacht als zu irgendeiner anderen Zeit. Daß aber die Gabe, es zu sehen, fast erloschen ist, das scheint doch so zu sein. In meinem kleinen Buch: »Warum ich noch ein Christ bin«, habe ich von einigen Begegnungen mit diesem Christusantlitz berichtet. Unter den Kritiken, die hier von »subjektiven Eindrücken«, ja »Schwärmerei« sprachen, fand sich unmittelbar neben dem aufgeklärten Rationalisten der orthodoxe Gläubige. So tief hinab ist die Wurzel dieses Sehens erstorben! Vielleicht steckt der Grund jener merkwürdigen Gemeinsamkeit in beider Haltung zum Auferstandenen. Beide stehen noch diesseits des Kreuzes, zu dem es ja auch noch für den Rationalisten, der um die Wirklichkeit dieser Welt weiß, einen Zugang gibt. Dort steht der Mensch noch unter der Herrschaft der *sklerokardia*, der Herzenshärtigkeit, über die der Erscheinende die Jünger zur Rede stellt. Es ist das die Starrheit, die unser Wesen bekommt unter der Herrschaft des Denkgesetzes der unerlösten Welt. In die Bandage dieser Ordnung eingeschient, wird unser Wesen hart, steif, nimmt es die Art dieses »starren Systems« an. Es verliert das Wichtigste, was der Mensch haben muß, um in das Gottesreich zu kommen, jene Wandlungsfähigkeit, die »neue Geburt« und »zweite Kindheit« ermöglicht. Diese Herzenshärtigkeit ist wie ein isolierender Panzer, der aufgesprengt werden muß, soll jene Keimung, jenes neue Wachstum möglich sein, mit dem Christus das Grab aufsprengte und das im Auferstandenen uns vor Augen gehalten ist. Da ist kein Unterschied zwischen den Jüngern im »Stande vorher« und uns. Darin waren sie vor zweitausend Jahren genauso »modern Denkende« wir wir heute. »Da kann man nicht mit!« »So etwas kann man unmöglich glauben!« Das war damals genau wie heute die sehr einfache Begründung der Ablehnung. Christus nennt sie ohne Umschweif Unglauben. »Ihr habt Augen und sehet nicht«, sagt Christus zu seinen Jüngern, »und habt Ohren und höret nicht.« Nachher aber sahen sie. Sie sahen *und* glaubten. Dieses beides gehört zusammen. Es macht den neuen Gesichtssinn aus. Glauben, das zur Wandlung bereite Herz hingeben und sehen. Das Auge, das glaubt und der Glaube, der sieht, kann in der Christenheit sich wieder erschließen. Es wird das nicht leicht und schnell gehen, wo die Organe schrumpften und seit Generationen ungenützt und schließlich ungekannt verborgen lagen.

Es ist schwer zu sagen, wie sich dieses Vermögen wieder belebe. Meistens ist es plötzlich wieder da. Nicht voll, sondern aufdämmernd. Es wächst zugleich mit der Erschließung des Auges für das menschliche Antlitz überhaupt. Vielleicht geschieht es so, daß es erwacht in einem ersten Erschrecken im Sehen des gottlosen Antlitzes vieler Menschen von heute. Ich habe es sogar erlebt, daß das Christusantlitz für eine Sekunde auf jenem gotteskalten Menschengesicht erschien und für diese Sekunde es vollkommen aufsog. Das ist der mächtigste Eindruck, den man haben kann. Die Fälle, an die ich hier denke, ereigneten sich in Gesprächen mit Männern, die Christen waren, aber in schweren, sie ganz ausschöpfenden Berufen das Zeitgesicht tief eingemeißelt trugen. Es ereignete sich genau dort, wo durch eine Spalte des Gesprächs hindurch unversehens ihre heimliche Sorge um das Seelenheil eines einzelnen Menschen oder unseres Volkes ihnen entschlüpft war. Es ereignete sich dort, wo sie »Christus« dachten. Das Gesicht zeigte in diesem Augenblick eine völlige Entspannung. Es läßt sich am besten negativ beschreiben. Es war ferne daraus alles Jähe, Leidenschaftliche, Triebhafte. Die Verzerrung durch den Krampf des Willens schwand für diesen Moment. Es ist schwer, diesen Ausdruck zu beschreiben, der ebenso still wie erfüllt, der ebenso zart wie stark ist. Es muß dieses besondere Licht sein, das die Alten die pax christiana, den christianischen Frieden nannten. Es ist das etwas, was der Mensch nicht aus sich selbst entwickelt, sondern was »auf ihn fällt« und was gerade darin seine Eindruckskraft auf den Wahrnehmenden hat. Wenn man als Pfarrer schon bei vielen Abendmahlen am Altar gestanden hat, so gehört gerade diese Wahrnehmung zu den unvergeßlichsten Eindrücken dieses Berufes. Die Veränderung des Gesichtes zeigt sich durch alle Grade hindurch. Wenig Menschen, die ohne jeden Hauch der Christusnähe da an einem vorbeigehen. Wenig auch solche, die den Glanz voller Verklärung tragen. Dann aber auch unvergeßlich. Ja, mehr als das. Es sind Antlitze, von denen eine unerhörte Gewalt ausgeht. Antlitze, die immer dann wieder vor einem auftauchen, wenn man selbst diesen Gang tut, und die dann vor einem herschweben wie führende Engel.

Ein Christ, der ohne Schuld in das Gefängnis kam, schrieb mir, das Ergreifendste, das er gesehen habe, sei ein Abendmahl in der Gefängniskirche gewesen. Von den zweihundert Gefangenen hätten dreißig daran teilgenommen. Er habe es gesehen, wie sich die verbissenen und zerfressenen Verbrecherköpfe verwandelt hätten. Damals habe er das Christusantlitz zum erstenmal erkannt auf Menschengesichtern.

Am stärksten ist die Erscheinung auf den Gesichtern von Sterbenden. Das Antlitz des Sterbenden, wohlgemerkt, nicht des Toten. Die Majestät des Totenantlitzes ist etwas völlig anderes. Auf dem Antlitz des sterbenden Christen liegt nicht die Majestät des Todes, sondern die Majestät des Lebens, die Doxa Gottes, wie es im Evangelium heißt.

Es gibt eine Christuserscheinung auf dem menschlichen Antlitz.[214] Es gibt sein Wiedererscheinen auf den Straßen unserer Städte, in dem grauen Straßenkleide unserer Zeit. Es gibt sie wieder. Es kann sie in der Zukunft wieder geben, wie es sie einst gab zur Zeit des heiligen Franz und der heiligen Elisabeth. Von den heimlichen Bischöfen Rußlands, die heute in der Gestalt des Arbeiters oder Hausierers durch die unendlichen Ebenen Rußlands ziehen, heißt es, daß man sie erkenne, ohne daß ein Wort falle: am Blick ihrer Augen.

Das Eigentümliche, das alle diese Begegnungen gemein haben, ist dieses: daß etwas überspringt. Es geht da eine Wirkung aus. Es ist da eine Kraft, die nicht bei ihr selber bleibt. Diese Kraft ist der Geist. Es gibt ein Sichübertragen des Geistes, eine *traditio*. Ein Sichübertragen unter der Ordnung einer strengen Bindung: der Bindung an die menschliche Person. Darum kann Christus dieses Sichübertragen des Geistes befehlen: »Gehet hin, predigt, taufet.« »Selig wird, wer glaubt.« Aus diesem Befehl ist das Sichübertragen des Geistes, ist die »traditio« entstanden. Von dieser Übertragung ist jetzt zu handeln.

Und sprach zu ihnen: Gehet hin in alle Welt und predigt das Evangelium aller Kreatur. Wer da glaubet und getaufet wird / der wird selig werden. Wer aber nicht glaubet / der wird verdammt werden.

»Von Mensch zu Mensch«, so lautet also das Gesetz. Darum müssen Menschen gehen, darum müssen Menschen zeugen. Wie es auch Menschen sind, die glauben und getauft werden und verlorengehen. So ist das Gesetz: Es weist hier jeden Menschen an den anderen. Auf den Geist angewiesen zu sein heißt – zugleich auf den Nächsten angewiesen zu sein. Der Kreislauf der Kraft schließt sich also nur über drei Punkte: du selbst – der Nächste – der Geist. Nur dieser Kreislauf gründet die neue Existenz als ein wirkliches Sein. Er ist das gemeinsame Sein, das im Glaubensbekenntnis »Gemeinde der Heiligen« heißt.

Dieses »von Mensch zu Mensch« gilt zunächst einmal in ganz einfachem Sinne. Wo einer ein Christ wird, da steht in der Nähe auch ein Mensch. Oft nur ganz am Rande, übersehen, im Dunkeln gehalten. Oft wird man sich dieser Mitwirkung gar nicht bewußt. Oft aber weiß man es oder ahnt man es auch. Das Bild der christlichen Mutter kehrt in den Geschichten vieler Bekehrungen immer wieder. Sie ist seit Augustinus einer der gewaltigsten Engel am Kreuzweg der Entscheidungen. Manchmal ist es auch der Freund, der Berufskamerad, der Ehegatte. Manchmal aber auch nur ein Vorübergehender, der den Lebensweg kreuzt. Diese Erfahrung lebt im Volke in dem Glauben weiter, daß Christus einem begegnen könne in der Gestalt des Armen, der bei einem zu Gast ist. Daß es »von Person zu Person« gehe, diese Ordnung stammt von Christus selbst. Zu den Siebzig, die er aussendet in die Welt[215], sagt er: »Wer euch höret, der höret mich. Und wer euch verachtet, der verachtet mich. Wer aber mich verachtet, der verachtet den, der mich gesandt hat.« Bei Matthäus heißt es[216]: »Wer euch aufnimmt, der nimmt mich auf. Und wer mich aufnimmt, der nimmt den auf, der mich gesandt hat.« In der Rede vom Jüngsten Gericht sagt Christus, was einem aus den Geringsten seiner Jünger getan worden sei, das sei ihm getan. Hier ist der Mensch als der Christusträger vom Sohne selbst beordert. Deshalb kann Paulus auch von den Korinthern, die fern aller Frömmelei wahrhaftig wilden Wuchs genug im Blute hatten, sagen: »Ihr seid unser Brief, in unser Herz geschrieben, der erkannt und gelesen wird von allen Menschen. Die ihr offenbar geworden seid, daß ihr ein Brief Christi seid... geschrieben nicht mit Tinte, sondern mit dem Geist des lebendiges Gottes.«[217]

Es hat Zeiten gegeben, wo diese Ordnung das Leben der Christenheit zu seiner Form brachte. Ein dürftiger Rest davon ist auf uns noch im Patenamt überkommen. In dem bäuerlichen Kirchenvolk Hessens ist das Patenamt das ehrenvollste kirchliche Amt, das ein Laie empfangen kann. Es gibt oft geradezu Kämpfe in der Verwandtschaft oder Freundschaft um dieses Amt. Die Sitte erfordert es, daß bei der Taufe genau wie Vater und Mutter so auch dem Paten gratuliert wird. Er ist es, dem die Zurichtung der Taufe obliegt. Das Entscheidende aber ist das persönliche Verhältnis, das ich noch weithin beobachten konnte. Es ist ein Verhältnis, das in der Tat noch die geistliche Vater- oder Mutterschaft erkennen läßt, die dem

Patenamt von alters her zukommt. Die in der Mundart üblichen Namen »Gote« und »Pfetter« sind die mundartlichen Kosenamen für die geistlichen Eltern: Gottesmutter und Gottesvater. Es ist nämlich so, daß mit dem Paten zugleich auch dessen Frau und umgekehrt auch der Mann in dieses geistliche Verhältnis hineinbezogen wird. Es findet sich hier also noch eine geistliche Elternschaft. Die Fälle sind nicht selten, wo das Verhältnis zwischen Patenkind und Pateneltern besser ist als zu den leiblichen Eltern. Ich habe noch niemals ein Landpatenkind anders als im Tone der Achtung, ja, der Liebe vom Pfetter oder der Gote reden hören. Selbst ältere Leute hört man noch von ihren Pateneltern reden. Es ist dies nur möglich, weil das Patenkind hier Rat und Hilfe hat finden können, die gerade oft die leiblichen Eltern nicht geben können. Stirbt der Pate, so hat das Patenkind Trauerpflicht wie ein leibliches Kind. Es geht auch im Trauerzuge zusammen mit den Blutsverwandten. Da, wo das Patenamt noch unverfälscht lebt, wird auch noch unerbittlich auf die Namensübertragung geachtet. Im Tauformular steht diese an den Paten zu richtende Aufforderung unmittelbar vor dem Taufakt selbst: »Gebt dem Kind seinen christlichen Namen.« Der Pate gibt ihm darauf seinen eigenen Namen. In dieser Namensübertragung vollzieht sich der Akt der geistlichen Adoption. Mit dem Namen des geistlichen Vaters, und zwar mit seinem christlichen Namen, wird auch vom Wesen des geistlichen Vaters auf sein Kind mit übertragen. Dieser Umstand macht es begreiflich, warum in der echten Patenschaft der Name weitergegeben werden muß. Heute zeigen sich an diesem Punkt die ersten Brüche. Früher wurde so unbedingt an der Namensübertragung festgehalten, daß man in kinderreichen Familien noch heute vielfach zwei, manchmal auch drei Kinder des gleichen Namens findet. Gerade in der Namensübertragung wird es sinnenfällig, daß der »kleine Heinrich« über dem Taufbecken der »große Heinrich« geworden ist, der ihn mit starken Armen über das Wasser hebt.

Wenn man dieser Wurzel der geistlichen Vaterschaft an Hand des Namens noch weiter nachgeht, so stößt man auf einen neuen Tatbestand, der in erstaunliche Zusammenhänge eines geistlichen Erbganges innerhalb der Christenheit hineinsehen läßt. Die Namen stammen von großen Vorbildern heldenhafter oder heiliger Christenmenschen innerhalb eines Volkes oder einer Landschaft, wenn nicht gar von Engeln. Es sind dies sozusagen die Ur- oder Großpaten, die ihre geistliche Elternschaft innerhalb einer größeren Gemeinschaft ausüben kraft des charismatischen Charakters ihrer Persönlichkeit. Daher die zahlreichen Karle in Franken, die Elisabethe in Hessen, die Charlotten in der Mark Brandenburg, die George und Michaele, in denen der Erzengel dem Deutschen überhaupt seinen Namen gegeben hat. Der Ursprung liegt natürlich in den biblischen Gestalten selbst. Am Leitkörper des Namens pflanzt sich der pneumatische Erbgang in der Christenheit fort. Für diese Fortpflanzung ist es entscheidend, daß immer wieder Gipfelpersönlichkeiten auftauchen, aus denen die Schwingung mit der Kraft des einstigen Ursprungs wieder hervorbricht. Es muß jenes Gesetz des »von Person zu Person« erhalten bleiben. In den Zeitaltern, die durch das christliche Menschenbild gesegnet waren, bestand ein ausgeprägter Kultus des Urbildes. Wenn man die zahllosen Stifterbilder des Mittelalters beobachtet, so findet man eine Ähnlichkeit zwischen dem Stifter und seinem Heiligen oder Helden. Das Antlitz des Verehrten zeigt das Verklärungsbild des Stifters, der unten kniet, klein, und gezeichnet mit den Hinfälligkeiten des verweslichen Fleisches. In dem Verehrten hielt der Stifter sein persönliches, individuelles Urbild sich vor Augen, aber in der christlichen Verklärung durch das göttliche Ebenbild.[218] So innig lebte der christliche Mensch der ersten anderthalb Jahrtausende in den Ordnungen des sich übertragenden Geistes. Hinter allem steht Christus selbst als das Leitbild eines ganzen Volkes, als das Leitbild der christlichen Völkerwelt, aber eben unerhört verdichtet zu immer neuer Gegenwart, zu immer wieder greifbarer Anschauung, zu schicksalhafter Unentrinnbarkeit durch die großen Christen, die, Riesen gleich, das Urbild mitten in einer Zeit wieder emporheben.

Man erschrickt über der dünnen Wassersuppe, vor der man heute als Christ zu Tische sitzt, wenn man an die Realität denkt, die einst die christliche Existenz darstellte. Sie besaß so starke Dichtigkeit, daß alles außerchristliche Leben schemenhaft neben ihr wurde. Denn hier war neue Welt sichtbar geworden. Hier brach eine zweite, neue Schöpfung durch die erste, alte hindurch, die jetzt nur noch wie Schale am sprengenden Kerne außen anhing. Hier wurde das christliche Leben noch als das erfahren, was es ist, als »neues Leben«; und der Christ als das, was er ist, als »neuer Mensch«. Die Welt wurde in einer Verwandlung schöpferischen Grades erfahren. Man stand mitten darin. Man hatte an ihr teil. So, wie der Auferstandene neue Leiblichkeit darstellte, so auch die christliche Existenz. Hier war Geist, der Leib hatte. Das war das Entscheidende. Hier war der Mensch als neue Geistleiblichkeit erschienen mit der Kraft, die Welt um sich her in diese neue Ordnung einzubeziehen. Das also ist das Entscheidende, diese Schöpfung des Heiligen Geistes, die auf neue Leibeswelt geht. Also eben keine Vergeistigung, wie sie der Menschengeist erstrebt mit der unausbleiblichen Frucht einer Entwirklichung, einer Ausblutung, einer Entkernung der Welt zugunsten des Idols, des Ideals, der »reinen Vernunft«, des »absoluten Geistes«, der erdachten »Ewigkeiten«. Nein, Leiblichkeit, aber neue verklärte, auferstandene Leiblichkeit, geistliche Leiblichkeit. Mit anderen Worten, der Geist zielt auf das Ganze der vollkommenen Schöpfung. Der Geist ist also nicht »der allein wirksame« Gott, sondern der liebende, der umfangende, der mitwirkende Gott, wie es der Schluß unseres Evangeliums bekennt: »und wirkte mit ihnen«. Darum bindet er sich in die Ordnung »von Person zu Person«. Darum ist die »traditio« Selbstübertragung des Geistes durch den Menschen. Christus sagt es mit Worten, die bis in die Satzbildung hinein gleich sind. »Ich bin das Licht der Welt – Ihr seid das Licht der Welt.« Es gibt da Ausstrahlung des Lichts, wie auch Verklärung in demselben. Und zwar so, daß der Verklärte wieder ausstrahlt. Von Christus heißt es: »Er blies sie an.« Die Angehauchten »nehmen hin«. Sie haben den Geist empfangen, und der geht wieder von ihnen aus als Macht, in der sie zum Schicksal der Welt werden, die Dämonen zu binden und zu lösen. Der Geist wird ausgegossen. Er fließt hinein in die Empfangenden und geht wieder aus von ihnen als mächtiges Wort, das wiederum empfangen wird, weiterfließt, denn es ist Geist, einfließt in die Seelen und unaufhaltsam sich fortzeugt durch die Zeiten. Hier ist Zeugung, und hier sind Menschen, in denen gezeugt wird, die wiedergeboren werden, die selbst Väter und Mütter neuer geistlicher Söhne werden. Das alles aber, ohne daß sich der Geist verliert in dem unendlichen Geäste der Zeugungen und Geburten. Er löst sich unaufhörlich aus dem Gewebe, tritt heraus zu sich selbst und kommt immer wieder neu von draußen her, vom Himmel, als die Taube: im Akt der Taufe. Hier hat er den Ort, da er Abstand nimmt, an dem er gleichsam Anlauf nimmt zu immer neuem Einbruch. Desgleichen im Akt des Heiligen Mahles. Hier ist Opferung, und hier sind Hungernde, die den Geopferten speisen. Und dann selbst hingehen und wieder Opfer werden, von deren Speise die Welt lebt. Ein Vorgang von höchstem Realismus, in dem Gott selbst an uns herantritt als das wirklichste Wesen, eingeleibt in Brot und Wein des christlichen Tischsakramentes. So sind die Sakramente die stählerne Klammer, in der sich der Geist bindet an den Leib, darin Abstand hält und zugleich immer neuen Ausgang nimmt in die Welt.

Von hier aus wird die Handauflegung sakramentale Handlung. Bis hinein in den Protestantismus ist ihr dieser Charakter verblieben. In keiner Handlung kommt es mächtiger zum Ausdruck, daß sich der Geist an den Weg »von Person zu Person« gebunden hat. Die Handauflegung ist kein Gesetz, unter das sich der Geist gefangengegeben hätte. Er liebt die Hand, er wählt sie gerne. Einmal als Zeichen seines Weges, den der Liebende durch unsere Menschenwelt nimmt. Dann aber als Zeichen, daß er nicht bei sich bleiben wolle, sondern das Ganze der vollkommenen Schöpfung sucht. Die Hand, zärtlich, heilend, züchtigend, verweisend. Die Hand des Menschen – das Abbild der rechten Hand Gottes, die tief hineingreift in unser Menschendasein als die mütterliche Hand, als die ärztliche Hand und als die königliche Hand. Die Hand und der Geist gehören zusammen wie das Wasser und der Geist, das Feuer und der Geist, die Zunge und der Geist. Denn der Geist ist die Gestalt des gegenwärtigen, des bei uns gegenwärtigen Christus.

Weil der Geist der Schöpfer ist und auf Leibhaftigkeit geht, kann es bei ihm keine Gestaltlosigkeit geben. Hier ist alles andere als »Schall und Rauch, verschwebend Himmelsbild«. Hier ist nicht Chaos, hier ist sein Bändiger. Zwar bleibt das eine bestehen und das an erster Stelle: daß der Geist der Herr sei, daß er ohne Maß gegeben werde, daß er wehe, wo er will, daß er sich dem Schöpfungsraum mit unabdingbarer Heiligkeit freihalte. Es besteht das eine, daß er sich von uns Menschen weder hinter sein Geheimnis schauen, noch von uns binden läßt. Er bleibt der Herr. Zugleich aber besteht das Andere, daß er sich uns zugestaltet, daß er sich unserer Existenz zuformt, so wahr er unser Helfer und Tröster ist.

Wenn man nach seinen Wegen und Weisen fragt, so darf man an die Erfahrungswelt der Christenheit nicht mit dem Auge des gesetzesuchenden, sicherheits- und machtbedürftigen Menschen herantreten. Man kann das nur tun in der Einfalt derer, die auf diese Wege und Weisen angewiesen sind; die sie zu erkennen suchen, gleichgültig, ob sie ihnen gefallen oder nicht, und die auf sie eingehen, so wie sie ihnen dargeboten werden: aus der Erfahrung und Bewährung der Zeiten.

Es gibt also kein Rezept, mit dem man sicher liefe, den Geist unter allen Umständen zu zwingen. Er ist ebensowenig gebunden an den Ritus richtiger theologischer Worte wie richtiger kirchlicher Handlungen. Dennoch gibt es solche Ordnungen, und sie bleiben die kostbarsten Ausgangsstellungen der Christenheit, die unersetzbaren Stellungen der harrenden Bereitschaft. Sie sind deshalb verbindlich – nicht für den Geist! – aber für den, der um den Geist bittet.

Ich möchte diese Ordnungen, in denen der Geist sich uns zugestaltet, *charismatische Ordnungen* nennen. Sie sind Wege und Weisen seiner traditio. Wir finden sie im Erfahrungsraume der Christenheit. Es gibt da solche, die sind verlorengegangen durch Schuld der Christen; und es gibt da andere, die sind auf uns gekommen. Diese Bewährung ist groß. Sie haben die Bestätigung des Geistes, der bei ihnen blieb. Sie dürfen daher von uns als seine *Stiftungen* bezeichnet werden. Denn sie machen es, daß Christenheit sei, auch heute noch. Die charismatischen Ordnungen unterscheiden sich von den charismatischen Gaben. Sind die Ordnungen Stiftungen, so sind die Charismen besondere Gaben.

Ich wende mich zunächst den Ordnungen des Geistes zu.

Als die charismatischen Grundordnungen müssen angesprochen werden das *Heilige Mahl* (eucharistia) und das *Urwort vom Auferstandenen* (kerygma). Das sind die ältesten Ordnungen. Dazu gehören die *Taufe* und das *Bischofsamt*. Sodann im Abstand und umkämpft die *Heilige Schrift* (kanon). Es sind dies die gemeinchristlichen Ordnungen.

Innerhalb der Sonderkirchen haben sich dann charismatische Ordnungen entwickelt, die als vorbestimmte Beiträge für die wahre und ungeteilte Kirche verstanden werden dürfen. So im Protestantismus die *Predigt* und das *Kirchenlied*.

Es gibt im christlichen Sprachschatz ein Wort, das die Art bezeichnet, in der der Heilige Geist waltet. Es ist das Wort *Segen*. Wir müssen es uns zurückerobern in der ganzen Kraft seines Vollsinnes. Es ist noch gar nicht lange her, daß der christliche Vater den ausziehenden

Sohn segnete wie auch der Sterbende die Seinen an seinem Lager. Ich selbst erlebte es, wie in einem Bauernhaus nach der Taufe die Großmutter den Täufling, einen prachtvollen blauäugigen Burschen, einem greisen Gaste brachte. Der ehrwürdige Alte brach in Rufe des Entzückens aus, wie er das Kind sah. Ganz unmittelbar legte er ihm die Hand aufs Haupt und sprach: »Gott segne dich, mein Sohn.« Der Akt war von unvergeßlichem Eindruck. Wenn ich an den Knaben denke, so glaube ich, daß hier ein wirklicher Gesegneter heranwachsen wird. Das ist der »Segen«.

Der christliche Gottesdienst schließt mit dem Segen. Der Segen ist sein Höhepunkt und Ziel. Als die Gesegneten ziehen die Christen hinaus, in »des Geistes Kraft« in Kampf und Alltag der Welt. Diese Handlung bewahrt noch den Ursinn des christlichen Gottesdienstes. Darum also dreht es sich, wo Kirche ist und ihre Ordnungen leben. Die Segensspendung, das ist Anhauch aus dem Auferstehungsraum. Darin kommt der Geist, fähig, neue Leibhaftigkeit zu spenden, die neue Schöpfung zu zeugen, die Gemeinde gesegneten Leibes und Geistes zu entlassen. Der Geistliche hebt die Hände auf über ihr. Darin steht ihr zu Häupten noch einmal die Hand, ein Leibliches, berufen, den Segensstrom zu übertragen.

Im Segen ist das mütterliche Walten der Kirche umschlossen. Ihr Hegen und Pflegen und Bewahren. Alles das, was Dauer hat, auch alles, was sich als Sitte unablässig erneut. Das, was still und unmerklich erzieht, was nährt und wachsen läßt. Hier wird der Christ geboren, wenn er aus dem Taufwasser gehoben wird. Hier empfängt er mit Brot und Wein die Himmelsspeise. Segen, das ist die himmlische Kraft, die ihn umströmt, daß er atme. Segen, das ist das Licht seines Alltags, das ihm auf seinem Wege hilft. Segen, das ist das Salz, dessen sein Leib nicht entbehren kann, das Schärfe hat, das reinigt und züchtigt. Segen, das ist Sonne, Regen und Sturm, darunter die Rebe am Weinstock heranreift. Durch Segnung wird das neue Sein als Zustand bewährt.

Das Wort Segen bezeichnet am Heiligen Geist einen bestimmten Zug, ohne den der Geist nicht denkbar ist. Es bezeichnet am Geist, daß er ausgegossen werde, daß er ein Regen sei, daß er ströme; daß er wehe und brause, daß er Feuer sei. Er erscheint zu Pfingsten über den Häuptern der Jünger in »zerteilten Zungen«: Er erscheint in der Flammengloriole. In ihr scheint jener Zug, den der Segen meint, in seinem dynamischen Charakter am besten getroffen. Wo der Geist ist, da ist auch die doxa. Da ist auch jene aus dem Lichtkern hervorbrechende Kraft, die sich im Strahl umsetzt und Licht der Welt wird. Gottes Kirche trägt diese lodernde Gloriole in der Welt auf dem Haupt. Sie muß von hier aus in ihrem Wesen begriffen werden. Sie ist der Herd dieses Feuers in der Welt. Diese Flamme verbindet sie unlöslich mit der Welt, in der sie ist und für die sie ist. Sie muß begriffen werden vom Geist, der auf die Welt hingewandt ist. Die Kirche ist kämpfende nur als liebende, als erobernde, als rettende Macht. Das ist es, was das segnende Walten des Geistes meint. Sie kämpft mit der Welt nie anders, als der Retter mit dem Ertrinkenden kämpft. Eine Kirche, die nur für ihren Bestand kämpft, für ihr Recht oder für ihre Freiheit, ist nicht mehr Gottes Kirche, sondern nur noch Religionsgemeinschaft. Diese Mächtigkeit, die Segen heißt, ist ihr Kronzeichen. Es darf ihr in keiner Lage verlorengehen. Hat sie nicht mehr Segensmacht bei sich, so hat sie ihre Waffe verloren. Sie kämpft als Segnende. Das ist ihr Schwert »Unbesiegbar«. Als Segnende kämpft sie gegen die ihr Fluchenden: gegen die Dämonen. Das ist ihr Dienst an der Welt, diese Entbannung. Wo sie segnet, da müssen die Dämonen weichen, denn dort steht der Geist. Das muß die Kirche Gottes erkennen, um zu wissen, daß ihr alle Brücken abgeschnitten sind zum Rückzug aus der Welt. Sie kann die Welt auf keine Weise ohne ihren Segen lassen. Das hieße – Fahnenflucht!

Die älteste Christenheit kannte noch nicht die Möglichkeit geschlossener Kirchenkörper. Geschlossener, sage ich, worin schon die Flucht in die Abgeschlossenheit lauert. Das wird dann das Licht unter dem Scheffel. Daher kommt es, daß in der ältesten Christenheit die Kirche noch in ihrer ganzen Großheit geschaut ist. Es gab unzählige kleine Glutkerne, in deren Mitte die *eine* »eucharistie« und das *eine* »kerygma« standen. In unübersehbarer Fülle wuchsen darum herum die verschiedensten Ausprägungen von Lehre und Verfassung. Die Kirche selbst aber war geschaut als die *eine*, die allgemeine, die ungeteilte. Sie war geschaut ganz und gar als der Ort dieses Geistes, der sich durch die Kirche hindurch in die Welt hinein entlud, das Heil der Welt, sie unaufhaltsam erobernd und durchchristend. In der ältesten Christenheit war die Kirche geschaut im Vollendungsstand ihres Sieges: apokalyptisch: als die Kirche gewordene Welt, als die eroberte und heimgeholte Schöpfung.

In der Offenbarung Johannes wird sie geschaut als die Himmelskönigin, das Weib, mit der Sonne bekleidet und den Mond unter den Füßen, auf ihrem Haupte die Krone mit den zwölf Sternen. In der Erklärung, die Luther dem Dritten Artikel gibt, lebt diese älteste Schau wieder auf: indem er die Kirche als Christenheit versteht. Hier ist die Kirche begriffen im ganzen Umkreis ihrer Strahlkraft. Hier ist sie begriffen als Leuchter des Heiligen Geistes mitten in der Menschenwelt. Es ist nun einmal unabdingbar das Kirchenhafte an der Kirche Gottes, daß sie Licht sei, das hinausstrahlt in die Welt und mit seinen Pfeilen der Finsternis ins Herz stößt. Daß sie Salz ist und sich auflöst und verzehrt in das hinein, was verwesen will. Daß sie Sauerteig ist, den keine Macht der Welt vom Süßteig mehr scheidet, weil er ihn bereits durchkeimt und durchgärt und verwandelt.

Die Wirkung, die hiermit gemeint ist, geht weit hinaus über die charismatischen Ordnungen. Sie geht von ihnen aus, wie Wellen von Senderöhren hinaus in die Welt gehen und dort ihre Wirkungen hervorrufen durch den Befehl, den sie geben, durch den Bericht, den sie bezeugen. Diese Wirkungen haben greifbare, scharf umrissene Formen in der Wirklichkeit. Sie werden Geschichte. Sie werden Daseinsform unzähliger Einzelner, wie Schicksal ganzer Völker. Sie prägen das Antlitz ganzer Zeitalter. Man denke zum Beispiel an die Macht des christlichen Menschenbildes, das sich vom großen Heiligen und Gotteshelden bis hin zu Patenamt und Namensübertragung hineinprägte in die Seele ganzer Zeitalter. Die Christenheit ist die charismatische Gemeinschaft, die die Segensverwaltung in der Menschenwelt übt. Wo Christenheit solche Segensverwaltung übt, da wächst sie als Segensorganismus in den Volksleib hinein: Es entsteht christliche Volksordnung als charismatische Schöpfung. Ihre Strahlungskraft wird am deutlichsten in jenem geistlichen Schöpferakt, in dem ein Volk christlich wird. Das Christwerden eines Volkes ist ein durch und durch charismatisches Geschehnis. Es bildet die Sprache eines Volkes. Es prägt seine Gedankenwelt. Es schafft ihm die Sitte, in deren steter Form die Reihen der Geschlechter sich ausleben. Es verklärt das Naturerbe in neuer Geschlechts- und Gemeinschaftsordnung. Es bevollmächtigt das Königtum. Ja, es vermag sogar ein ganzes Volk erst zu schaffen, wie das bei uns Deutschen vor tausend Jahren geschah. Ja, selbst dann noch zeugt von der Realität der charismatischen Schöpfung das Leben eines Volkes, wenn es sich von diesem seinem Ursprung löst. Noch im entchristlichten Volk strömen charismatische Elemente, gleich einem Wasser, das radioaktiv bleibt, auch wenn es sich schon weit von dem Radiumlager entfernte, über das seine Quellen liefen.

»Die Welt wartet auf die Offenbarung des charismatischen Menschen als des Christen und der Gabe der kirchlichen Gemeinschaft an sie, bevor sie an die Wirklichkeitsmacht des Christentums wieder glauben mag« (Hermann Sauer).[219] Nicht das hat die Kirche jetzt zu tun, wenn sie Kirche bleiben will, ihren eschatologischen Rückzug in die Katakomben zu sichern, sondern mitten in der Welt auszuhalten und dort das Äußerste auf sich zu nehmen, wenn es sein muß. Auf Posten auszuharren, auch wenn sie keine Munition mehr hat. Und die *Bitte um den Geist* zu tun. Heute ist die fruchtbare Stunde, wo die Kirche zum Bettler um den Heiligen Geist wird.

Es darf ihr dabei zum großen Troste gereichen, daß der Geist sich die Freiheit behalten hat, auch jenseits seiner eigenen Stiftungen und Ordnungen, draußen in der Welt, sein Werk zu tun. Er kann die Steine schreien lassen, daß es den Königen und Gewaltigen in den Ohren gellt, wenn sie auf das Harren gestellt ist und ihr Wort keine Macht mehr beweist. »Der Geist«, sagt Christus, »wird zeugen von mir.« »Er wird die Welt strafen.[220]« Er, der Geist! Nicht die Jünger, nicht die Kirche. Das ist ein besonderes und heimliches Werk. Christus schneidet sich hier selbst die Rede ab mit den Worten: »Ich habe euch noch viel zu sagen, aber ihr könnt es jetzt nicht ertragen, denn der Fürst dieser Welt *ist* schon gerichtet.« Der Geist also wird zeugen. »Und ihr«, so fährt er jetzt fort, »werdet auch zeugen.« Beide werden zeugen. An dieser Freiheit des Geistes hängt heute nicht nur das Schicksal der Welt, sondern auch der Kirche. Es gehen die Zwölfe aus in die Welt; daneben wissen wir auch noch von den Siebzig, die er aussandte, und von den Fünfhundert, denen er erschien. Und jenseits des Jüngerkreises tauchen solche auf, die im Christusnamen Macht über die Dämonen üben dürfen. Denn der Geist ist Gewalt, die keiner bindet. Er springt über, er strahlt aus. Er verströmt sich hinein in die Welt. Wie, das ist in seiner Hand.

Es gibt kein Amt, das wirken könnte ohne den Geist; denn die Ordnungen sind seine Stiftungen. Das Amt ist nicht frei vom Geiste, der Geist aber ist frei vom Amte. Es schwebt die Taube über dem grauen Laienheer täglich und stündlich hinein in den Alltag der

Welt. Kein Gleichnis ist besser für das Laienamt, das die Taube hineinträgt in die Welt, als das vom Licht und vom Salz. In dem lautlosen Sichverzehren, gerade darin wird gesiegt, gerade darin geschieht die Verwandlung. Licht und Salz sagen es, daß der Christ der Segnende ist. Und zwar nicht im Sinne eines, der etwas tut oder will, sondern im Sinne dessen, von dem etwas »ausgeht«, »ausströmt« als eine zweite Natur, die zur ersten hinzukam. Darum sagt Christus, wer an ihn glaube, also wer aus ihm lebe, von des Leibe würden Ströme lebendigen Wassers fließen. Im Wirken des Lichtes und des Salzes wird der Verklärungsgang des Christen in die Welt beschrieben, damit Christus an jedem Orte und zu jeder Zeit Gegenwart besitze.

Ich möchte dieses Geschehen die Besegnung des Alltags nennen. Niemand achtet ihrer, und dennoch lebt die Welt durch sie. Wie bedarf jedes einzelne Menschenleben in jeder Stunde seines Daseins dieser Besegnung! Es ist nötig, daß jeden Augenblick unseres Daseins die Segensmacht der Erneuerung, der Wiedergeburt, der Bewährung, der Heilung durchströme. Keinen Augenblick darf sie aussetzen, nicht eine einzige Lücke darf entstehen, sollen uns nicht die niederziehenden Gewalten in die Tiefe reißen. Blumhardt hat gesagt, daß ein »Gottesgewebe« die ganze Welt durchziehe. Der Segen ist das Garn, und der Geist ist es, der es spinnt. Am Webstuhl des Alltags aber sitzt der unbekannte Christ. Wo diese Fäden gehen, da ist der Kosmos charismatisiert. Da werden die Dämonen gefangen, da ist entbannter Raum. Über dem allein waltet die »heilige Nüchternheit«, die den Geist vor allen anderen Geistern auszeichnet. Will er doch nichts anderes als helfen. Das ist seine Nüchternheit, daß er so realistisch auf Hilfe ausgeht. Darum ist er so scheu, wo es um das Charisma geht, und so fordernd, wo es um die charismatischen Ordnungen geht. Bewunderungswürdig, wie er diese Ordnungen nährt, wie er sie erhält, wie er sie trägt, die schier zu Tode Gedrückten unter der Last menschlicher Schuld! Wie er sie immer wieder emporreißt aus dem Trümmerberg ganzer Jahrhunderte! Wie er sie immer wieder hindurchstemmt durch Schutt und Fäulnis der Zeiten! Kein Stürmen der Dämonen hindert ihn, die mit unaufhörlichem Zerstörungsfeuer den Bau dieser Ordnungen zudecken. Und dann noch das Schlimmste von allem: – daß aus der Kirche selbst immer und immer wieder der Aufruhr gegen diese Ordnungen hervorbricht. Die Geister, die meinen, man könne diese Gefäße zertrümmern und beliebig neue schaffen; die meinen, gerade da, wo sie stünden, könne der Anfang der Christenheit wieder neu gesetzt werden zum hundertsten, zum tausendsten Mal! Die meinen, man könne die »traditio« brechen und sie von jedem beliebigen Punkt der Zeit aus von neuem beginnen; die tun, als könnten sie sich aus der Geschichte herausstellen; die tun, als könnten sie außer Fleisches und Herr des Schicksals sein. Die Züchtigung, in die Gott seine Christenheit geführt hat, macht uns diese Frage im protestantischen Selbstgericht so heiß, ob wir nicht vom Geiste abgefallen und schuldig geworden sind an der ganzen Kirche Gottes.

Wir müssen wieder die Anknüpfung an die »traditio« gewinnen, die der Geist in jenen sichtbaren Ordnungen bewährte. Denn der Geist ist der eine, und seiner Einheit sollen wir dankbar innewerden an seinen Ordnungen. Sind sie doch die einzigen Zeichen der *einen* Kirche, die uns noch im Blickfeld sind. Als die höchsten Kleinode der Christenheit sollen wir sie umschirmen. Denn groß ist die Freiheit, die sich der Geist vorbehielt für sein Werk, jenseits der Kirche, draußen in der Welt. Und wild ist das Wirrsal der Geister und Mächte, die im Menschheitsschicksal branden. Da erweisen sich die charismatischen Ordnungen als Grundsteine der Christenheit. Kein Bau der Kirche, der hier nicht aufsetze. Die charismatischen Ordnungen sind das tägliche Brot, die Charismen der Wein, der da noch hinzukommt, wo dem Brote seine Ehre wird. Man kann nicht nach den Charismen trachten, solange die Grundordnungen leer vom Geiste stehen. Beider ist *ein* Geist. Keines ist vom andern zu trennen. Zuerst aber die Ordnungen. Die sind das Selbstverständliche. Dann die Charismen, sie sind das Hinzugegebene.

DIE ZEICHEN ABER / DIE DA FOLGEN WERDEN DENEN / DIE DA GLAUBEN / SIND DIE: IN MEINEM NAMEN WERDEN SIE TEUFEL AUSTREIBEN / MIT NEUEN ZUNGEN REDEN / SCHLANGEN VERTREIBEN. UND SO SIE ETWAS TÖDLICHES TRINKEN / WIRD'S IHNEN NICHT SCHADEN. AUF DIE KRANKEN WERDEN SIE DIE HÄNDE LEGEN. SO WIRD'S BESSER MIT IHNEN WERDEN.

Man muß glauben! Das also geht voran. Man muß leben aus den Ordnungen, die der Geist gesetzt hat: Man muß in der Kirche stehen. Dann aber folgen die Zeichen.

Es ist hier von den *Charismen* die Rede. Sie sind hier erfaßt in einem besonderen Zug, der ihnen eignet: ihrer Zeichenkraft. Es wird hier etwas sichtbar vor aller Augen. Es geschieht hier etwas weithin sichtbar, und zwar etwas Außerordentliches. Das Gefüge der alten Welt wird hier durchbrochen. Die Fäden dieser Gewebe liegen ja nur noch lose da. Jetzt greift eine Hand unter dem Gewebe hervor und schlingt einen neuen Knoten. Es wird hier sichtbar, daß die Welt in den Auferstehungsraum hineingeschwenkt wurde und die Verwandlung im Zuge ist. Es wird das dann und wann sichtbar; denn noch scheint das Licht erst in der Finsternis. Im Charisma wird es dem Christen gegeben kraft des Gesetzes der neuen Welt, die Gesetze der Alten zu durchbrechen. Das aber ist die Zeichenkraft, die der Gabe eignet. Deshalb sagt Christus von dem, der an ihn glaubt, er werde die Werke tun, die *er* getan habe. Ja, er werde größere tun als diese; denn er gehe zum Vater.

Das ist das Andere, was unter der Zeichenkraft im Kern der Charismen liegt, nämlich, das »Werke tun«. Ein Charisma ist ein besonderes Werkzeug, gleichsam ein Spezialinstrument, das dem Christen hinzugegeben wird. Es ist das Hinzugegebene, wie dem Timotheus das Charisma der Weissagung *hinzugegeben* ist. Es ist auf ihn übertragen in dem besonderen Akte der Handauflegung; es ist *Gabe* im strengen Sinn. Er hat lediglich die Möglichkeit, »die Flamme des Charismas Gottes« anzufachen und zu hüten.[221] Wie man sagen könnte, daß Brot und Wein für die Segensspendung stehe als die tägliche Nahrung, so kann man sagen, daß Kelle und Schwert für die Charismen stehen als die besonderen Werkzeuge in Kampf und Aufbau der Christenheit. Am besten sind sie bezeichnet mit einem Ausdruck, den Luther in der Erklärung vom Sakrament gebraucht hat. Er sagt dort, die Gnadengaben würden durch die göttliche Handlung uns *angebildet*. Sie sind *Anbildungen*, durch die der Schöpfer Geist den charismatischen Menschen entwickelt und vollkommener macht, wie ein Künstler sein Werk aus dem Ton entwickelt und im Anbilden von Glied zu Glied vollendet. Paulus vergleicht die Aufgabe der Charismen ausdrücklich mit der Aufgabe der Glieder am Leibe. Die Charismen sind also Arbeitsorgane, die in sich sowohl eine besondere Kraft wie auch ein besonderes Vermögen tragen; die beide auf ein besonderes Werk gerichtet sind. Zum Beispiel weissagen, Dämonen austreiben, Kranke heilen. Auf das Letzte gesehen, gewinnt jeder einzelne Charismenträger selbst den Charakter eines Gliedes am großen Leibe des himmlischen Menschen Christus. Ein Organismus von unvorstellbarer Wirkungskraft, wie er da in die Welt hineingeschaffen ist! Ein Organismus, der seinesgleichen nicht hat im Gesichtsraum der Menschenwelt! Dieser Christusleib! Der Gottesriese, umschwirrt von den höllischen Legionen, die ihn zur Strecke bringen möchten.

Die erste Gestalt des Christusmenschen in den frühen Gemeinden ist ganz undenkbar ohne das Charisma. Man darf wohl sagen, daß es in der Geschichte des Christentums kein folgenschwereres Ereignis gegeben hat als das Nachlassen der charismatischen Begabungen, gleichgültig in welcher Form wir sie uns vorstellen wollen. Aufgehört hat das charismatische Leben niemals. Und wenn nur noch ein versickertes Rinnsal verborgen weiterfloß. Sonst gäbe es keine Kirche Gottes mehr auf Erden. Aber daß der charismatische Mensch aus der Mitte rückte, das ist das Folgenschwere. Denn der charismatische Mensch ist der *Urchrist* – nicht als historische Erscheinung vergangener Anfänge, sondern als allezeit gegenwärtiges Wesen.

Innerhalb der neutestamentlichen Schriften haben wir in den Kapiteln 12–14 des 1. Korintherbriefes diejenige Stelle, aus der sich am meisten über den charismatischen Menschen der ersten Zeit entnehmen läßt. Paulus gibt hier keineswegs eine Beschreibung. Dazu waren die Dinge zu selbstverständlich. Was Paulus schreibt, ist auch keine Anweisung zum charismatischen Leben. Ganz im Gegenteil – seine Ausführungen sind von einer offenkundigen Besorgnis getragen. Es hatten sich in der Gemeinde zu Korinth Gefahren herausgebildet, die damit zusammenhängen, daß hier wirklich der Geist auf das Fleisch ausgegossen war. So war es nur schwer möglich, zu scheiden zwischen der Geistgabe und dem, was natürlich war: zwischen den Ekstasen und Enthusiasmen der Religion und der Gabe des Heiligen Geistes. Es fand sich, daß hier die Grenze fließend war. Am deutlichsten kamen diese Gefahren bei der Glossolalie zur Erscheinung. Glossolalie gab es ja auch, wie Krankenheilung und Weissagung, in den Religionen. Nicht gegen diese Verbindung richtet sich diese Besorgnis des Paulus. Sie mußte allerdings das Unvermeidliche sein, sofern eben jeder Christ ein Mensch war: »Heide, der gläubig worden war.« Die Besorgnis, die ihm diese Kapitel eingab, richtete sich vielmehr gegen das Übermanntwerden des Geistes durch das, was nicht geistlich war und dennoch dem Geiste diente, wie der Docht der Flamme.

Drei Suchtgewalten brechen da aus dem »thymos«, aus dem wilden Mut, aus dem Triebreich herauf und bringen – gleichsam als ein wilderregtes Meer – den Heiligen Geist, der auf den Wellen aufsetzt, in Gefahr, verschlungen zu werden.

Es scheint, daß es da in Korinth Leute gegeben hat, die trachteten nach dem Geist um seiner Wunderkraft willen. Die Gemeinde, überwältigt von dem Hereinströmen der Gabenfülle [222], hatte die Fassung verloren. Jeder wollte die Gabe des anderen haben. Jeder wollte alles haben. Dem Versucher also war es gelungen, den Sinn abzuziehen vom Geber auf die Gaben und über den Gaben die Sucht zu entfesseln. Das ist der Grund für die Leidenschaft, mit der der Apostel der hereinbrechenden Unordnung das Wort von dem *einen* Geist, dem *einen* Herrn und dem *einen* Leib entgegenschleudert. Es hatte sich nämlich jene in der Geschichte der Christenheit nachher so folgenschwere Sucht hier zum erstenmal bemerkbar gemacht, den Geist in die Gewalt zu bekommen. So wurde die Kirche zum Schatzhaus, in dem das Gold des Geistes gleichsam gehortet werden konnte.

Daneben taucht die Sucht in einer zweiten Form auf. Es ist die Sucht der einzelnen Geistträger in Korinth, sich übereinander zu erheben.[223] So erfüllt, ja, beinahe schon so besessen sind sie von der ihnen verliehenen Gabe, daß diese Gabe ihnen der ganze Geist zu sein scheint; daß sie sich für das Haupt am Leibe halten; wähnen, Macht über das Ganze zu haben und das Heil in Händen zu halten.

Des Geistes sich bemächtigen, ihn horten, verwalten und bewirtschaften, das ist die Versuchung der katholischen Christenheit geworden. Das Sicherheben der Glieder übereinander aber wurde die Versuchung der Protestanten. Hier will jeder das Haupt sein. Hier hat jeder »Wort Gottes« für sich. Hier protestiert jeder mit seinem »Worte Gottes« gegen das »Wort Gottes« des Anderen. So ist die eigentliche Schuld der protestantischen Christenheit mit dem Worte des Apostels die »Spaltung des Leibes« geworden. Was würde wohl der Apostel über die heutige Christenheit für ein Kapitel 12 zu schreiben haben!

Im 14. Kapitel führt Paulus den Kampf gegen eine dritte Gestalt der Sucht. Es ist die Schwärmerei. Als mystizistische und manische Religion lauert in dieser Sucht der Versucher am Wege der östlichen Christenheit.

Sie nimmt in Korinth Formen an, die nach außen hin nur schwer unterscheidbar sind von Besessenheit. Das Manische droht beim Zungenreden durchzubrechen. Die Glossolalie ist eine Form der religiösen Verzückung, wie sie in der Religion damals bekannt war. Der vom Gott Berührte wurde in der Verzückung zum zerbrechenden Gefäß. Die Flut bricht über den Rand, der Wortstrom überstürzt sich, die Worte zerbrechen, der ganze Leib »rollt«. Gerade diese Form muß es den damaligen Menschen besonders deutlich gemacht haben, was da im Christentum geschah. Hier sah er die alte Welt bis in die Körperlichkeit hinein zerbrechen. Hier schien, geradezu sinnlich, die absolute Grenze erreicht, an der der neue Mensch vor aller Augen begann, die alte Form zu zertrümmern; die Grenze, in der er ganz hart an das neue Sein herangeraten und von ihm schon gestreift war. Im Zungenredner sah der antike Mensch vielleicht am deutlichsten, daß Christwerden heißt verwandelt werden. Und zwar in einer alle bekannte Ordnung stürzenden Gewalt. Das, wovon wir heute als dem »Eschatologischen« theologisch-kulturkritisch reden, mochte jenem Geschlecht im Anblick des Zungenredners anschaulich werden. Dort geschah es: Dort sah man leiblich die Umbrechung. So wird verständlich, daß der Apostel sagt [224], der mit Zungen rede, der rede nicht den Menschen, sondern Gott. Das heißt, er künde in einer anderen Sprache, die nur Gott versteht, die »mysteria« dieser Verwandlung. Wie stark sich der Apostel in der Nähe der vorchristlichen Religion weiß, geht aus der Bemerkung hervor, daß die »Geister« der Propheten dem Propheten untertan seien.[225]

Das ganze Kapitel 14 ist eine einzige Beschwörung des am Rande lauernden Chaos. Der Zungenredner, so befiehlt er, muß einen Ausleger bei sich haben.[226] Nicht mehrere dürfen zu gleicher Zeit in der Versammlung reden, vor allem keine Frauen. Denn Gott ist nicht ein Gott der Unordnung, sondern des Friedens.[227]

Man kann sich die schwere Bedrohung durch ein historisches Mißverstehen der urchristlichen Charismatik nicht klar genug vor Augen halten. Es ist der Versuch, die Christenheit auf ihrem Wege durch die Zeiten unter die Knechtschaft des Buchstabens zu bringen. Das geschieht, indem das Schriftwort als Gesetz verbindlich gemacht und die Christenheit für alle Zeit auf jene historischen Formen des charismatischen Lebens vereidet wird. Dieser verhängnisvolle Fehltritt ist unvermeidlich, wenn man diese Kapitel des Korintherbriefes nicht in ihrer ganzen Schlichtheit als das nimmt, was sie sind, nämlich als seelsorgerliche Hilfe, die der Apostel in die besondere damalige Not seiner Gemeinde hineinspendet. Sie sind keine »grundsätzlich« verbindliche Normgebung. Genau wie auf dem Berge der Versuchung treibt hier der Böse mit der Christenheit sein Spiel. »Es stehet geschrieben«, hämmert er immer wieder heute wie einst uns ins Ohr. »Es stehet geschrieben«! »Du wirst deinen Fuß an keinen Stein stoßen.« Das ist »Gottes Wort«. Nimmst du es nicht so, so fehlt dir der Glaube. Wo so gesprochen wird, da ist das Schriftwort, da ist sein Buchstabe zum Gesetz gemacht. Gelassen zerreißt Christus diesen geistlichen Terror mit jenem kühlen: »Wiederum stehet geschrieben!«

An der Umklammerung der Christenheit durch jene dreifache Sucht kann man ermessen, wie jäh sich jener dämonische Anspruch in der christlichen Geschichte in der Macht zu halten wußte.

Mit welch anspruchsloser Bescheidung zeigt sich hier der Apostel! Von den Charismen spricht er nur deshalb, weil ihn eine offene Not in seiner Gemeinde dazu drängte. In der Sache, um die es geht, findet sich nicht die geringste Begründung, um aus ihr ein für alle Zeiten gültiges Gesetz zu erheben. Eine solche Begründung kann nur von außen her kommen. Etwa in einem theologischen Prinzip (das Gesetz!), das seinen Triumph über den Geist sucht. In der Sachlichkeit des Apostels bleibt dem Heiligen Geist der Raum freigehalten zu seinem Schöpferlauf durch die Zeiten. Daher kommt es, daß der Apostel keinen Wert legt auf eine saubere Unterscheidung der »Gaben«, der »Ämter«, der »Kräfte«. Ungezwungen kann er diese Dinge zweiten Grades nebeneinander und durcheinander stehen lassen. Um so klarer aber richten sich alle Sinne auf das eine, das Haupt. Wir müssen die Bibel wieder so lebendig lesen lernen, wie das Leben selbst, das sie beschreibt, lebendiges Leben ist. Das gesetzliche Schriftverständnis, wie es der Apostel im 2. Brief an die Korinthische Gemeinde[228] schildert, nimmt das Evangelium wieder zurück »unter die Decke«. Die Gefahr eines Talmudismus im Christentum ist wahrlich nicht klein. Hier hilft nur, wie es Luther an dieser Stelle übersetzte, »sich zu dem Herrn bekehren«. Warum? – Weil, wie der Apostel fortfährt, »der Herr der Geist ist«. Wo aber der Geist des Herrn ist, da ist Freiheit. So bewahrt das apostolische Wort selbst dem Heiligen Geist die Freiheit und uns das Leben, das der Geist ist. Nur als der Freie hat er schöpferische Gegenwart. Nur als der Freie kann er auch zu uns in die Welt von heute kommen.

Was im Neuen Testament steht, will uns also lediglich sagen: Damals hat es angefangen; damals im Anfang ist wirklich etwas geschehen. Es will uns sagen: Das, was damals geschah, in der und jener Stadt der antiken Welt, ist damals so und so geschehen. Es will uns sagen: Das nehmt zum Beispiel, nicht zum Gesetz oder zum Rezept. Der Heilige Geist *hat* keine Prinzipien. Er *ist* das principium selbst. Es will uns sagen: Zum Beispiel hatten damals die Charismen diese und diese Gestalt. Es war die Liebe des Heiligen Geistes, die sie den Damaligen gerade so und nicht anders zuschuf. Denn zur Hilfe sollten sie ihnen dienen und den Lebendigen sollten sie als Lebendiges angebildet sein. Darum werden sie, darum müssen sie morgen andere und übermorgen neue sein. *Denn der Geist will fortfahren und auch zu uns kommen. Er will im Fortfahren derselbe bleiben. Und zugleich der aller Zeiten gegenwärtige Schöpfer ihres Lebens aus dem Himmel immer wieder neu werden. Auch uns!*

An diesem Punkte steht der Apostel uns zugunsten ganz auf des Geistes Seite. Diese Lösung von den zeitgebundenen Erscheinungen der ersten Gemeinden vollzieht er im 13. Kapitel. Hier kommt er auf die Sache, um die es sich dreht. Von ihr handelt er weder im 12. noch im 14. Kapitel. Da wird vielmehr von dem gehandelt, was die Sache bedroht. Die Hauptsache steht zwischen den beiden. Das ist die Mitte, auf die hin der Apostel von den Strudeln am Rande seine Gemeinde hinführen will. Wie Kindern redet er ihnen zu. Sie sollten nach »noch besseren Charismata« streben.[229] Er wolle ihnen jetzt noch einen Weg – kath' hyperbolen – »hoch über allem« zeigen. In den ersten Versen des 13. Kapitels verweist er die den Korinthern so imponierenden Erfahrungsweisen des Geistes von ihrem Spitzenplatz weg auf einen tieferen Rang. Wieder greift er zur Zungenrede als dem eindrucksvollsten der Geistbeweise: Und wenn ich mit Menschen- und mit Engelszungen redete! Und wenn ich ein Prophet wäre und wüßte alle Geheimnisse und hätte die Gabe der Weisheit und alle Erkenntnis! Wenn ich ein Virtuose des Glaubens wäre, also, daß ich Berge versetzte! Und wenn ich ein Heiliger wäre, der alle seine Habe den Armen verschenkte! Ja – wenn ich das Charisma des Martyriums hätte und ließe meinen Leib brennen –, *so wäre mir's nichts nütze.*

Das eine aber muß ich haben: dieses eine, das der Geist selbst ist, jenseits aller seiner zufälligen Formen in der Zeit. Das der Geist selbst ist und für das es kein Wort gibt, kein Wort in der Sprache der vergehenden Zeit; für das man sich erst ein Wort ausleihen muß. Das eine, für das unter den zahllosen Worten der Sprache jenes schlichte und simple Wort vielleicht noch das beste ist, das »agape« heißt und *Liebe* meint.

Ist damit nicht wirklich das Entscheidende getroffen? Ist hier nicht das Charisma als Grundform, als Urzelle, als Samenstoff genannt? Das muß darin sein. Daraus hervor muß es keimen und in unsere Stunde hinein die Frucht für diese Stunde schenken.

An der Spitze der zeichenkräftigen Charismen, die Christus seinen Streitern verheißt, steht das Charisma der Dämonenbannung. Die Dämonen haben es mit dem Menschen zu tun. Sie fressen die Menschen, sie brennen sie aus, daß nur noch eine hohle Maske ihnen zum Antlitz bleibt. Kampf den Dämonen! Den Dämonen des Hasses, der Bestialität, der tausend Fanatismen, der glänzenden Verzückungen; den blendenden Geistern des Wahns und gleißenden Trugs! Kampf den Dämonen aber auch, die sich zwischen die Menschen drängen, die die Gemeinschaft sprengen; die machen, daß ein jeder des anderen Teufel sei, Vater und Sohn, Freund und Freund, Mann und Weib, Kamerad und Kamerad! Gegen die es kein Mittel gibt, wie hoch auch immer des Menschen Künste gehen mögen. Was lauert an heimlicher Schwermut nicht auf dem Grunde unserer Zeit! Die Bedrohung der edelsten und tiefsten Seelen unter uns! Da hilft kein Glück der Erde, keine Gesundheit! Da hilft weder Wohlfahrt noch Erfolg, wie groß auch immer er sei, noch härteste Arbeit und Erfüllung der Pflicht, um diese schwarze Schlange zu erwürgen. Die Schwermut bei dem Nachdenklichen und der Zynismus bei dem robust in den Tag hinein Lebenden! Dahinter und darunter die Urdämonien, die wieder ganz dicht heraufgekrochen sind an den Rand der Zeit: der Nihilismus und die Anarchie. Ja, gewinne nur die Welt! Christus hat es nicht verboten. Aber du hast eine Seele! Die sättigt keine Welt. Wehe, wenn du Schaden an ihr nähmest!

Charisma, das aus der Liebe geschöpft wird, das brauchen wir heute. War es nicht auch das Charisma der frühen Kirche? Schuf dieses Charisma mitten im Chaos einer sich auflösenden Welt nicht jene frischen, jungen Gemeinschaften, widerstandsfähig gegen jede Zersetzung um sie her, Gemeinschaften, wie sie die alte Welt noch nie gesehen hatte? Denen die Außenstehenden überwältigt bezeugen mußten: »Siehe, wie haben sie einander so lieb!« Ich weiß nicht, ob wir heute Zungenredner oder Krankenheiler wirklich so nötig haben. *Das aber weiß ich, daß wir eines nötig haben, Gaben, Charismen, die jener Dämonien mächtig sind. Charismen aus dem Urstoff der Agape, die Liebe aus dem Himmel ist.* Wo sind sie, die Friedensstifter, die das zerrissene Herz heilen? Die mit dem Friedensgruße grüßen und die Zweifel, Ängste, Verbitterung, Jähzorn, Traurigkeit zum Weichen bringen? Wo sind die seligen Hände jener zarten Starken, vor denen die Ketten springen, die Mauern brechen, die Riegel weichen und aller wilder Mut sich sänftigt – die Eroberer des Erdreichs?

Keine Lage, die dem Heiligen Geist zu verworren, zu hoffnungslos schiene! Gerade sie sucht er. Gerade sie liebt er, denn er hat Macht die Fülle, sie zu meistern. Tödliches sollt ihr trinken und soll euch nicht schaden, sagt Christus seinen Soldaten. Auf Schlangen sollt ihr treten, sie werden euren Fuß als den Fuß der Herren erkennen. Nichts wird euch beschädigen. Vor Königen und Gewaltigen sollt ihr zeugen, und ich will es sein, der durch euch spricht. Unanrührbar soll der sein, der das Charisma trägt. Er kann durch den Gifthauch der Hölle schreiten. Durch Irrwahn, Verruchtheit, durch die eisigen Zonen der Gottesferne – nichts wird ihm schaden. So lebt er inmitten verdorbener Zeitalter und schreitet rein durch sie hinweg. Licht und Salz ist er in ihnen. Er hat Geist von dem Geist, der der Herr ist. Er hat die Macht, die böse Gewalt niederzuhalten, sie zu bändigen, den Fuß auf sie zu setzen. Da steht sie, die Front der Finsternis, zu Mauern getürmt. Gegen sie brechen die Kämpfer hervor. Sie tragen die Charismen als Helm und Schwert. Das ist der Kampf, den der Geist führt. Das ist die große Hilfe, die er der Welt leistet. Das ist die rechte Hand Gottes, die mit ihrem Finger die Finsternis scheucht. Das ist der Geist, der göttliche »synergos« seiner streitenden Christenheit: der Herr, der da »wirkte mit ihnen [230]« und das mächtige Wort durch die Zeichenkraft der Charismen erhärtete.

Brüder! Nehmen wir nicht die Armut unserer Christenheit zum

Maßstab, an dem wir Gott messen! Sie ist kein Beweis wider das Charisma. Sie ist nur Beweis wider uns selbst. Daß wir es nicht haben, wir, ändert nichts an der Kraft Gottes. Sie ist zuzeiten in der Geschichte vollmächtig erwiesen. Nicht wenige sind da in unserm eigenen Volke gewesen. Nur um des Beispiels willen seien einige genannt. Die großen Kaiser des frühen Mittelalters, Otto der Große, Heinrich II. und Otto III., Bernward von Hildesheim und Franz von Assisi, Meister Ekkehardt und Tauler, die heilige Elisabeth; Luther und Paul Gerhardt; Bach und Claudius; Böhme und Bengel; Keppler und Leibniz; Francke und Zinzendorf. Und noch in unsere Zeit hineinragend Blumhardt-Vater und Bodelschwingh-Vater. Aber auch die unzähligen unbekannten Soldaten Christi, die zu allen Zeiten in der Mühsal des ungenannten Menschendaseins lebten, oft unter der Last schier untragbaren Schicksals, allein dem Herzen Gottes bekannt: die Mütter und Männer, die im Dunkel des Alltags Wunder der Unverzagtheit und der Hingabe verrichten.

Das Charisma ist die Geschichtsgestalt der Glorie Gottes. Sie ist die Kraft Gottes, in Münze ausgeprägt und in den wilden Strom der irdischen Werte und Unwerte bedenkenlos kühn hineingegeben. Das Charisma ist die arbeitende Gottesglorie, ist ihre Alltagsgestalt. Sie ist ihre besondere »Kriegsausgabe« zum Dienst in der Geschichte. Sie ist die Arbeitsgestalt, in der sich die Kraft Gottes gleichsam zusammenballt, um wirksam zu bleiben unter den Verwesungsmächten. Das Charisma ist die dienende Glorie, mit der die »rechte Hand Gottes« unter uns anwesend ist. An ihm erweist es sich, daß das Reich Gottes in Kraft besteht und daß Jesus Christus keine Lehre, sondern das Leben der neuen Schöpfung ist. Im Charisma bricht die Christusqualität am Christenmenschen durch, wenn auch nur durch Ritzen und Spalten des alten Adam. In einer Welt, in der die Finsternis zu Mauern steht, wirkt schon der schüchterne Strahl die größten Wunder.

Wie Christus nach seiner Auferstehung durch verschlossene Türen schritt, so werden auch die kleinen Christusse, die Jünger, durch verschlossene Türen schreiten. Die Lage nach der Kreuzigung ist ganz ähnlich den Zeiten, in denen die Dämonokratien ihre Herrschaften aufrichten. Die Menschen werden sich gegeneinander verschließen und einander einschließen. Es ist eine Zeit der vereisten Seele und des versteinten Antlitzes. Der Verschlossenheit der Herzen und der

Einmauerung allen Lebens in die Kollektive der Masse. Wie der auferstandene Herr einst durch Schloß und Mauer hindurchschwebte, so wird auch der Jünger durch die vereiste und versteinte Welt hindurchgehen. Lösermacht wird von ihm ausströmen, die Verstockung zu entkrampfen, der erstickten Menschlichkeit Luft zu schaffen, die vereisten Seelen aufzutauen, wo auch immer es sein mag. Dem Petrus sind im Gefängnis nächtens die Ketten von den Händen gefallen. »Sie gingen aber durch die erste und durch die andere Hut und kamen zu der eisernen Tür, welche zu der Stadt führt; die tat sich ihnen von selbst auf.« Dieser »Mensch Gottes« ist es, den die erschrockenen Freunde anrufen, als sie des Petrus Stimme vor dem Tore draußen in der Nacht hören. Es ist »sein Engel«, sagen sie[231], denn er allein kann durch verschlossene Türen gehen.

Es sind dem Menschen auf seinem Geschichtsgang zwei Hilfen zur Hand.

Die eine gibt er sich selbst. Die andere wird ihm gegeben.

Die eine stellt seine letzte Chance in höchsten Nöten dar, wahrhaft seine ultima ratio, und heißt Krieg.

Die andere meint den Heiligen Geist, den Neuschöpfer der Welt.

So offen der Krieg vor aller Augen seine Sichtbarkeit hat, so verborgen wird diese Gabe in die Welt hinein verströmt und so unablässig. In die Welt, die unter der ultima ratio ihren letzten Einsatz macht! Auf diese beiden Hilfen kommt es am Ende auf allen unseren Wegen hinaus.

Wenn die Welt auf ihre ultima ratio gestellt bleibt, wenn der verborgene Strom aus dem Himmel versiegt, wenn der Christusmensch in der Welt ausstirbt, dann muß die Völkerwelt in jenem Todespunkte enden, über den auch die »letzte Weisheit des Königs« nicht hinausheben kann, über den aber den Weltlauf hinauszuheben die Macht des Auferstandenen ist. Als charismatisches Leben strömt sie in jeden Augenblick der irdischen Zeit ein in die Welt – dort, wo der wahre Christ steht. Er ist der Ort, der Christ, in dem die Entscheidungen fallen.

Im Christen geht es nämlich um den Menschen. Um den Menschen schlechthin. Der Mensch ist der Angriffspunkt, ist der Durchbruchsort. Hier beginnt die Flamme zu zünden. Das edle Haupt der Kreatur Mensch ist der Ort, auf den die Feuerzunge sich niederläßt. Der Mensch ist der Schlüsselpunkt der ganzen Schöpfung. Seine Eroberung ist die Eroberung der Welt. Seine Verwandlung zieht die Verwandlung des ganzen Universums nach sich. Der Mensch ist das Schicksal des Kosmos, nicht der Kosmos das Schicksal des Menschen. Seine, des Menschen, Verantwortung ist die größte, die es im ganzen All der Geschöpfe gibt. Im Christen löst sie Gott ein vor der ganzen Welt. So hat auch die Christusgemeinde der frühen Zeit ihren Auftrag verstanden. Sie weiß den Christen als den Pilger und Streiter in der Welt, durch den hindurch solche Weltverwandlung geschieht. Dieses Pilger- und Streitertum des Christen ist in den ersten Gemeinden unter einem besonderen Bilde begriffen worden. Es ist das Bild des Wettläufers, der sich nach dem Kranze ausstreckt.

Der Kranz! Der Kranz!

Der Kranz, der die Glorie ist, das ist der Preis. Der einzige Kämpfer dieser Welt, der seine Hand ausstreckt nach dem Kranz aus Gottes Ewigkeit! Der alle Kämpfer dieser Erde überbietet, weil er die Erfüllung der letzten, höchsten Verheißung gewinnt: Gottes Reich.

UND DER HERR / NACHDEM ER MIT IHNEN GEREDET HATTE / WARD ER AUFGEHOBEN GEN HIMMEL UND SITZET ZUR RECHTEN HAND GOTTES. SIE ABER GINGEN AUS UND PREDIGTEN AN ALLEN ORTEN. UND DER HERR WIRKTE MIT IHNEN UND BEKRÄFTIGTE DAS WORT DURCH MITFOLGENDE ZEICHEN.

Der Geist, das heißt: die Mittel und Wege, die Weisheit, der Trost, die Tat- und Ratkraft, das Helfen und Heilen des gen Himmel Gefahrenen und dennoch bei uns hienieden Weilenden. Der Geist, das ist: unten auf Erden die Werkgestalt dessen, der den Thron eingenommen hat im Himmel und sein Herrscherrecht geltend macht in des Menschen Geschichtswelt. Der Herr und der Geist – das ist die Herrenordnung, durch deren Macht diese Erde fest an den Thron dessen gebunden ist, der sitzet zur Rechten Hand Gottes. Dorthin heben wir unsere Augen auf aus dem Sturmlauf der Schlacht. Dorthin muß unser Blick gehen, zur Rechten der Hand der Kraft. Sie ist unsre Zuversicht. Der gen Himmel Gefahrene ist der Siegesbürge. Setze dich zu meiner Rechten, bis ich deine Feinde zum Schemel deiner Füße lege. Die Rechte des Herrn behält den Sieg. Die Rechte des Herrn ist erhöht. Herrsche unter deinen Feinden.

Der zur Rechten sitzet, zur Hand der Kraft, ist der Herrscher. So lasset euch nun weisen, ihr Könige, und lasset euch züchtigen, ihr Richter auf Erden. Küsset den Sohn, daß er nicht zürne und ihr umkommet auf dem Wege.

Der Geist aber ist über uns im Kampfe. Sein Geist! Der Heilige Geist! Er ist der für uns streitende, der uns hienieden leitende Gott. Es hören seine Kämpfer schon von ferne mit großen Stimmen rufen:

ES SIND DIE REICHE DER WELT UNSERES HERREN UND SEINES CHRISTUS GEWORDEN UND ER WIRD REGIEREN VON EWIGKEIT ZU EWIGKEIT.

Hymnus am Pfingstfest

O Heiliger Geist!

Der Du heilig bist, weil Du heilen kannst, was krank zum Tode ist. O heiliger Geist, der Du heilig bist, weil Du die Heiligung der Sünder nicht verschmähst. Der Du die Finsternis in der Tiefe, die einst wüste und leer war, suchtest. Der Du die Finsternis nicht verschmähtest, sondern über ihr schwebtest und, der mütterlichen Taube gleich, was in Nacht verschlossen harrte, erlöstest zur Schöpfung. Denn auch Finsternis muß Licht sein bei Dir.

O Heiliger Geist, der Du heilig bist durch Deine Liebe zu dem, was in Nacht, in Wirrsal, in Tod, in Sünde versinkend, Deines Schöpferwortes durstig harrt.

O Heiliger Geist, Schöpfer Du! Der Du die Nacht wandelst in Tag, das Wirrsal in Gestalt, den Tod in Leben, die Sünder aber in Gottes Heilige und Hausgenossen.

O Schöpfer Du, der Du nicht Geist heißest, weil Du den Leib hassest, sondern der Du Geist heißest, weil Du den Leib schafftest und unseres Fleisches Heiland bist. Weil Du die göttliche Allmacht selbst und die göttliche Liebe selbst bist in ihrem Ausgehen und Hervorbrechen aus dem versiegelten Himmel, die Werke Gottes hier auf Erden zu vollbringen.

Du väterliche Taube, die Du im reinen Anfang die Geschöpfe wecktest wie den Tau aus der Morgenröte. Die Du im Ende der Zeiten heimsuchst die Mutter Kirche, wie Du im Anfang heimsuchtest die Tiefe, die wüste und leer war, und tröstest die Verlassene und sprichst: Rühme, du Unfruchtbare, die du nicht gebierst. Freue dich mit Rühmen und jauchze, die du nicht schwanger bist. Denn die Einsame hat mehr Kinder, als die den Mann hat, spricht der Herr. Denn der dich gemacht hat, der dein Schöpfer heißt, der ist dein Mann.

O Du, der Du nicht verschmähtest verwesliches Fleisch, darauf Dich auszugießen, es zu durchglühen mit Reinheit, mit Weissagungen und Gesichten.

Komm, Heiliger Geist!

Komm, Tröster, Fürsprech, Bürge, Schützer, wenn die verheißenen Wunderzeichen Himmel und Erde erschüttern, Blut, Feuer und Rauchdampf, und die Sonne soll in Finsternis verwandelt werden. Komm, Feuerzunge über dem Scheitel der Zwölf.

Komm und löse die Verwirrung, mit der einst der stürzende Turm von Babel alle Zungen schlug und die Herzen der Völker gegeneinander kehrte bis auf den Tag.

Komm, Du Zungenlöser, Du Herzvereiner, Du himmlische Brunst. Leibe wieder zusammen die zertrümmerte Schöpfung mit Christus, dem Haupt.

Komm, Du Finger Gottes, nicht nur gewaltig, das Wüste zu ordnen und die Leere zu füllen mit dem All der Geschöpfe.

Komm, Finger Gottes, gewaltig auch, die Teufel auszutreiben bei uns und Gottes Reich endlich kommen zu lassen auf diese Erde.

Komm, Gottessturm, Geistbraus aus der Höh.

Komm senkrecht vom Himmel her. Erschüttere die Erde, die so gar sicher und unfruchtbar kreist, daß sie endlich aufbreche zu der verheißenen Geburt.

Komm, Arche Gottes. Es steigt die große Flut der Zeiten. Berge uns in den letzten Stürmen. Führe uns sicher zum Ararat der neuen Erde.

Komm, dreifaltig strahlender Blitz. Zerreiß den Himmel, den unsere vermessene Hand verschlossen hat. Feurige Zunge, töne wieder durch das geöffnete Firmament. Schwebe hernieder, laß uns wieder hören des Vaters Stimme, die sich so lange vor uns verborgen hat. Komm! Berufe, sammle, erleuchte, heilige wieder Deine Gemeinde!

ANMERKUNGEN

Die Kunst des Bibellesens

1 Es gibt nur wenige Stimmen, die – und auch das nur eher im vagen Gefühl des Richtigen – sich in der Nähe des Problemkerns bewegen, etwa wenn Frhr. von Aretin im »Merkur«, H. 186, darauf hinweist, daß es nicht um das »Wohl der Kirche, sondern um das apostolische Amt« dabei gehe.
2 Siehe Frankfurter Allgemeine Zeitung v. 1. 7. 1963.
3 Zum Folgenden: Mtth. 16, 21 ff.; 20, 18 ff.; 17, 22 f.; Mtth. 26, 32 f.; Luk. 12, 31 ff.; Joh. 20, 9; 21, 15 ff.
4 Deutsch erschienen 1963 als Bd. 157 der Herder-Bücherei, Freiburg (Br).
5 Es ist das Verdienst des dänischen Beobachters des Lutherischen Weltbundes beim Konzil, Professor *Skydsgaard*, Kopenhagen, beim Papstempfang auf die Bedeutung einer biblischen Theologie der Heilsgeschichte hingewiesen zu haben.
6 Entmythologisierung und Existenzphilosophie. Kerygma und Mythos, Hamburg 1952, Bd. 2, S. 191 ff.
7 Kerygma und Mythos, Hamburg 1951, Bd. 1, S. 38 ff.
8 Kerygma und Mythos, Bd. 2, S. 207.
9 Dazu, daß hier eine Scheinlösung auf Kosten des Glaubens vorliegt, Eingehendes in *Paul Schütz* »Parusia«, S. 93 ff. der Ausgabe von 1960 Heidelberg und 1963 Hamburg. – Ges. Werke (künftig GW) Bd. III, Hamburg 1964, S. 107 ff.
10 *Bultmann*, Kerygma und Mythos, Bd. 2, S. 208.
11 London 1963. Deutsche Ausgabe unter dem Titel »Gott ist anders«, München 1963.
12 »Vom Menschen, der in sein Mannesalter hineingewachsen ist.« Englische Ausgabe S. 38, 41.
13 Wer ist und wer war Jesus Christus? Seine Geschichte und sein Geheimnis. Hamburg 1962, S. 60 ff. – Aus der umfangreichen Literatur nur zwei Arbeiten: *W. G. Kümmel*, Das Neue Testament. Geschichte der Erforschung seiner Probleme, Freiburg 1958. – *G. Bornkamm*, Jesus von Nazareth, 2. Aufl. Stuttgart 1960.
14 Abschließende unwissenschaftliche Nachschrift zu den philosophischen Brocken, Düsseldorf 1958, II S. 84 f., 90.
15 *Dietrich Bonhoeffer*, a. a. O., S. 65.
16 a. a. O., S. 87 f.
17 Sie mögen für die anderen Stellen des Neuen Testamentes stehen, von denen dem Leser folgende genannt seien: 1. Joh. 4, 14; Ev. Joh. 1, 14; 3, 11; Luk. 1, 1 ff.; 24, 48; Apg. 2, 32; 2. Tim. 2, 2.
18 Widerstand und Ergebung, München 1955, S. 180, 185. – Die Arkandisziplin ist die frühchristliche Praxis der Geheimhaltung, die das Glaubensbekenntnis, die Taufe und die Abendmahlsfeier betraf.
19 Glaube ist nur Liebe. Einsiedeln 1963. S. 76, in Ablösung des zerschlissenen Begriffs »eschatologisch«. Parusial: die verborgene Anwesenheit der »Letzten Dinge« schon heute und hier.
20 1. Kor. 12, 13: »mittels eines Spiegels in rätselhafter Gestalt« (ainigmata).
21 Zitiert nach *Leopold Ziegler*, Menschwerdung, Olten 1948, Bd. I, S. 74.
22 meta-noia, wörtlich Umdenken, Umsinnen. Von Luther als »Buße« übersetzt und mit moralischem Akzent in das allgemeine Verständnis eingegangen.

23 *Erwin Reisner:* Der begegnungslose Mensch. Eine Kritik der historischen Vernunft, Berlin 1964. – Ferner in GW II »Historismus und Prophetie« S. 369 ff.
24 pneuma = Geist, in diesem Zusammenhang »heiliger« im Unterschied zum Fleisch = sarx.
25 Hier zu übersetzen als: »krankhaftes Wunschlügen«.
26 Im Folgenden wird über dieses Thema vorwiegend unter dem Gesichtspunkt der Text-Interpretation nachgedacht. Das gleiche Thema findet der Leser in seinem Verhältnis zur Metaphysik einerseits und zur Prophetie anderseits dargestellt in GW II 353 ff. – Zuvor erschienen in Heft V des »Labyrinth«, ferner im Sammelband »Christ und Obrigkeit«, Nürnberg 1962.
27 Vgl. *Georges Bateille,* Der heilige Eros, Neuwied 1963.
28 Phänomenologie des Geistes, Vorrede, Berlin 1907, S. 22.

Das Evangelium

1 In meisterhafter Weise ist in einem der Chöre aus Eliots »The Rock« mit Beziehung auf die Geburt von Christus ausgesprochen, worum es sich hier handelt. Ich gebe die Stelle nach der Übersetzung von Hans Egon Holthusen (Merkur, Heft 6, S. 936) wieder:
»Dann kam in einem vorbestimmten Augenblick ein Augenblick der Zeit und in der Zeit,
Ein Augenblick nicht außer der Zeit, sondern in der Zeit, in dem, was wir die Geschichte nennen, und durchkreuzte die Welt der Zeit und schnitt sie entzwei, ein Augenblick in der Zeit aber nicht gleich einem Augenblick der Zeit,
Ein Augenblick in der Zeit, aber die Zeit wurde durch diesen Augenblick erst gemacht: denn ohne die Bedeutung gibt es keine Zeit und dieser Augenblick gab der Zeit die Bedeutung.
Da schien es, als ob die Menschen sich fortheben müßten von Licht zu Licht, in dem Lichte des WORTES,
Und waren gerettet durch LEIDEN und OPFER trotz ihrem vereitelten Dasein.«
2 Siehe GW II, Hamburg 1963, in »Das Mysterium der Geschichte«, S. 127 über »Epiphetie und Prophetie«!
3 Joh. 1, 15.27.
4 Auf den Verdacht, daß es mit der Zeitordnung nicht stimme, hat mich vor Jahren die Erzählung eines Bekannten gebracht, der als Ingenieur in Schweden im Gebirge Bauarbeiten zu leiten hatte. In Schweden angekommen, träumte er, er sei auf einer Reise in unbekannter Gegend. Er schilderte mir alle Einzelheiten, Ankunft, Örtlichkeit usw., die mir jetzt entfallen sind. Kaum angekommen, so träumte er, sei er von einer derartigen Darmkolik befallen worden, daß er sofort wieder habe zurückgebracht werden müssen: in einem Lastauto, auf dem Rücken liegend, die Beine senkrecht in die Höhe gebunden. Einige Tage nach diesem Traum habe er sich ins Gebirge an seine Arbeitsstelle begeben. Es sei nun alles bis in die Einzelheiten so abgelaufen, wie er es ge-

träumt habe. Auf dem Rücken liegend in einem Lastauto, mit den Beinen hochgebunden, sei er in die Küstenstadt wieder zurückgefahren worden. Es ergibt sich die Zeit als etwas, in dessen Gegenwart Zukünftiges bereits anwesend sein kann, ebenso wie in der Vergangenheit Zukünftiges – etwa in der Gestalt der Weissagung – schon anwesend war. Die »lineare« Zeit – Vergangenheit – Gegenwart – Zukunft enthält also die Möglichkeit ihrer Selbstaufhebung. Diese Möglichkeit, die das Dasein birgt, ist nicht zu erklären, sie ist nur festzustellen.

5 Diese Sätze laufen auf eine natürliche Theologie hinaus und zwar als vorgegeben im trinitarischen Fundament des christlichen Glaubens. Eingehendes zum Thema der natürlichen Theologie in GW III »Parusia«, S. 307–414. Ferner: 224 ff., 239 ff., 265 ff., 298 ff.
6 Mtth. 24, 3 – vgl. den Grundtext!
7 Zum Raum-Zeit-Problem siehe GW II, »Das Mysterium der Geschichte«, S. 117–145; GW III »Parusia«, S. 502 ff., 519 ff.; »Das Wagnis des Menschen«, S. 669 f.
8 Mtth. 5, 45.
9 »Kultur und Religion der Germanen.« Dänisch 1908, deutsch 1937.
10 Vgl. *Ludwig Klages*, Der Geist als Widersacher der Seele, Leipzig 1932, S. 1348, 1344, 1340.
11 Urwelt, Sage und Menschheit, München 1924, S. 238 ff.
12 Mtth. 2, 13.
13 Mtth. 4, 1; Apg. 20, 23; 21, 11; 8, 39.
14 Mrk. 8, 24.
15 Luk. 3, 1–2.
16 Joh. 1, 28.
17 Vgl. auch Joh. 14, 17: Die Welt kann den »Geist der Wahrheit« nicht empfangen, »denn sie *siehet* ihn nicht«.
18 1. Mos. 1, 2.3; Joh. 1, 2.3.
19 Vgl. *Friedr. Kluge*, Etymologisches Wörterbuch, Berlin u. Leipzig 1934.
20 Joh. 3, 34.
21 Joh. 3, 27.
22 Man muß sich einmal die Freiheit vergegenwärtigen, mit der die neutestamentlichen Schreiber die »Schrift«, das heißt das Alte Testament, lasen. Sie nehmen immer nur Beziehung zu einzelnen Stellen quer durch die Bibel, auf die von der Sache her direkt der Strahl auffällt. So lese ich gleich im Anfang bei Markus: »Als geschrieben stehet in den Propheten.« Die Stelle wird gar nicht bezeichnet. Hier heißt es einfach summarisch: in den Propheten. Von der Erfüllung her fällt, quer durch die »Propheten« hindurch, ein Strahl und fällt auf das, worauf es ankommt. Und läßt hunderttausend Worte, die rings darum herumstehen, im Dunkel liegen. Daß es einzelne Bücher gäbe in der Bibel, die man aus dem Ganzen herausnehmen und für sich betrachten könne, das hat erst die Aufklärung entdeckt. Wie die Alten, muß man quer hindurch lesen, immer nur den Blick auf die eine Sache. Dieser philologische Naturalismus, dieser Kult des Wortstoffes, »Vers für Vers, und Wort für Wort«, das heißt Rinden, Kraut, Moos und eingewachsene Steine des Bibelbaumes im kritischen Mörser pulverisieren. Diese Technik ist eine der Ursachen der Auszehrung der Christenheit, der Flucht der Hunderttausende aus der geistlichen Dürre der Wortreligion.

23 Berlin 1937, S. 9–17.
24 Luther's Werke, W A 10, 1.1, S. 627, 1 ff.
25 Ebd. 12, S. 259, 8 ff.
26 Vgl. *Hans Kohn*, Die politische Idee des Judentums, München 1924.
27 Joh. 1, 51.
28 Über den Ursprung des Wortes »Evangelium« aus dem antiken Kaiserkult siehe »Theologisches Wörterbuch«. Herausgeg. von Gerhard Kittel, Stuttgart 1935, Bd. II, S. 705 ff.
29 Luk. 12, 49.
30 Luk. 22, 36.
31 Luk. 13, 24.
32 Mtth. 11, 2; Luk. 16, 16.
33 Mtth. 16, 3.
34 Joh. 16, 13.
35 Luk. 4, 14.18.
36 2. Kor. 3, 18.
37 Röm. 2, 15.
38 Zum Phänomen des Bösen siehe GW II, S. 85 ff. Aus der Schrift »Der Anti-Christus«. – Ferner: »Im Erblicken des Unschaubaren«, Ausgew. Vorträge und Aufsätze, Stuttgart 1960, S. 163 ff. »Die Metamorphosen des Bösen in der Weltgeschichte« und S. 173 ff. »Symptome des Bösen i. d. modernen Welt.«
39 Judas 9.
40 Luk. 4, 18 ff.
41 Offenb. 12, 4.
42 Ps. 32, 5.
43 Ps. 78, 38.
44 Aus Ps. 103.
45 Siehe hierzu GW II, »Das Mysterium der Geschichte« über »Urzwist« und »Katastrophe«, S. 160–179.
46 »Deutsche Zukunft« vom 27. Februar 1938.
47 Vgl. *Ernst Benz*, Nietzsches Ideen zur Geschichte des Christentums, S. 195 ff. Erschienen in: Zeitschrift für Kirchengeschichte, LVI. Band, 1937, Heft 2, 3.
48 Joh. 1, 6.8.20.15.27.31–34; 3, 22–36.
49 Mtth. 11, 2–6.
50 Joh. 3, 25.
51 Joh. 3, 26.
52 In der Täuferreligion sitzt die eigentliche Versuchung des Christentums, politisierende Religion zu werden und für das Gesetz, das heißt für die Ideale zu kämpfen. Wobei keine noch so radikal christlich geprägte Terminologie vor dieser Unterschiebung durch die politischen Affekte schützt, wie die Erfahrung zeigt.
53 Hier wird der Bruch mit Schärfe spürbar. Im Nasiräertum, aus dem die Täuferbewegung hervorwuchs, galt Enthaltung vom Wein. Für Christus wird das »Gewächs des Weinstocks« zum Symbol des »neuen Lebens«.
54 Joh. 2, 1 ff.
55 Mtth. 9, 17; Luk. 5, 39.
56 Mtth. 12, 6.8.

57 Joh. 13, 34.
58 Jak. 1, 25.
59 Vgl. *Erwin Reisner*, Der Baum des Lebens, Berlin 1937. S. 64, 74 f.
60 Joh. 3, 14.
61 Offenb. 1, 16.
62 Mrk. 11, 27–33.
63 Mtth. 21, 44 ff.
64 Mtth. 12, 28.
65 Luk. 11, 20.
66 Luk. 11, 22.
67 Über »Verzwistung« siehe GW II, »Das Mysterium der Geschichte«, S. 58, 62, 113, 126, 146, 151.
68 2. Kor. 10, 4–5.
69 Luk. 11, 27 ff.
70 Luk. 17, 21.
71 Mtth. 13, 11; Mrk. 4, 11.
72 Mtth. 13, 35.
73 1. Kor. 15, 36–37.
74 Mtth. 12, 30–33.
75 Mtth. 13, 38.
76 Joh. 3, 16.
77 Joh. 1, 5.10.
78 Vgl. den Grundtext Mtth. 12, 40!
79 »Die Ostkirche betet« Hymnen aus den Tagzeiten der byzantinischen Kirche. Erste bis dritte Fastenwoche. Leipzig 1935, S. 29.
80 A. a. O. S. 19.
81 A. a. O. S. 82.
82 Röm. 8, 19.
83 A. a. O. S. 32.
84 Joh. 10, 3.4.12; Mtth. 10, 16; Luk. 10, 3.
85 Apgsch. 11, 9.
86 Luk. 7, 14–15.
87 Joh. 11, 11 ff.
88 Luk. 4, 29.30.
89 Mtth. 10, 34.
90 Luk. 22, 36.
91 Luk. 12, 49.
92 Joh. 14, 12.
93 Neben Mrk. 6, 7 ff.; vgl. Mtth. 10, 1.9–15; Luk. 9, 1–6.
94 Mtth. 10, 13.
95 Apgsch. 12, 21–23.
96 Mtth. 23, 2.
97 Opfergabe, die gelobt worden ist. Hier Ablösung einer sittlichen Pflicht (das vierte Gebot!) durch eine Opfergabe im Tempel.
98 Joh. 9, 41.
99 Mtth. 23, 25.
100 Apgsch. 2, 46.
101 Joh. 6, 15.
102 Mtth. 16, 4.
103 Luk. 9, 18.

104 Mtth. 16, 16.17.
105 Mtth. 16, 18.19.
106 Joh. 12, 24.
107 Mtth. Kp. 5–7.
108 Luk. 10, 20.
109 Mrk. 6, 7–13.
110 Hebr. 13, 8.
111 Der »Begriff« ist dem Offenbarungsgeschehnis unebenbürtig. Will man ihn benützen, so kommt man auf seinem Wege günstigstenfalls nur bis hart vor die Türe des Geheimnisses. Jeder Versuch, mit ihm die Schwelle zu überschreiten, zwingt den Begriff in unaufhörlicher Selbstaufhebung, das heißt mit Hilfe der Paradoxie, das Christusgeschehnis zu umkreisen. Dieser Sachverhalt bleibt auch noch der gleiche, wenn der Begriff sich tarnt mit der biblischen Sprachform. Die Notwendigkeit, auch vom Begriffe her sich dem Christusereignis zu nähern, mag unbestritten sein, wie sie ja auch immer geübt wurde. Die Sprache der Bibel jedoch ist nicht die Sprache des begrifflichen Denkens. Sie ist dies nicht! Ganz eindeutig in den Kernpartien, die von diesem Ereignis direkt berichten, die es erzählen, den Evangelien! Der Begriff will sich selbst in der begreiflichen Wahrheit. Im Begriff sucht die Welt sich selbst zu verstehen durch Begreifung, das heißt durch Begrenzung. Im Angesicht des Christusereignisses aber kommt es nicht auf die Kraft der Begreifung, sondern auf die *Zeige*kraft an. »Siehe, das ist Gottes Lamm.« »Siehe, du bist Christus.« »Siehe, das ist mein lieber Sohn.« Alle drei *Zeichen* entstammen dem vorchristlichen Mythos.
112 Für die Einzelheiten, insonderheit die alttestamentliche Abstammungslinie des Begriffs, sei auf den Artikel »doxa« im Kittelschen »Theologischen Wörterbuch« (1935), Band II, 236–256, verwiesen. – Es fehlt hier leider der Blick auf die heidnische Abstammungslinie des Begriffes der Doxa.
113 Ilias XVII, 170–249. – Vgl. *Ludwig Klages*, Der Geist als Widersacher der Seele, Leipzig 1932, S. 844.
114 *Klages*, a. a. O., S. 1212 f. Daselbst auch der Hinweis auf Ludolf Stephanis Studie »Nimbus und Strahlenkrone« (1859), »worin sich viele Belege dafür finden, daß nach dem Zeugnis der Alten ekstatisch erregte Personen den Anwesenden oft in strahlender Glorie erschienen.« Einschlägige Literatur ferner im Artikel »Geist« in »Die Religion in Geschichte und Gegenwart«, Bd. II, 938 ff. besonders Absatz I und II.
115 1. Mos. 9, 13–16.
116 Hesek. 1, 22.
117 Hesek. 1, 26.27. – Der Saphir gehört bezeichnenderweise dem Sternzeichen des Wassermanns an.
118 Hesek. 1, 28; 2. Mos. 16, 10; 13, 21–22 und andere alttestamentliche Stellen der »Wolkengegenwart« Gottes.
119 Hesek. 1, 13.14.
120 Klages, a. a. O., S. 844.
121 Mtth. 24, 30.
122 Mtth. 24, 30; Mrk. 13, 26; Luk. 21, 27.
123 Mtth. 17, 5; Offenb. 14, 4.
124 Mtth. 26, 64; Mrk. 14, 62; Offenb. 1, 7 im Verein mit Vers 6.

125 Apgsch. 1, 9.
126 1. Thess. 4, 17; Offenb. 11, 12; 2. Kön. 2, 11.
127 1. Mos. 2, 6–7.
128 Joh. 7, 37–39.
129 Joh. 20, 22.
130 Luk. 24, 51.
131 Vgl. die Erscheinung des »Fylgje«, des Werwolfes, des »Berserkers«!
132 Mtth. 10, 40 ff.
133 Joh. 3, 19.
134 Vgl. sein Hauptwerk »Mutterrecht« (1861). – Ferner: »Der Mythus von Orient und Occident.« Aus den Werken von *J. J. Bachofen*. Mit einer Einleitung von Alfred Baeumler herausgegeben von Manfred Schroeter (München 1926).
135 1. Mos. 6, 1–8.
136 Hes. 16, 17–21.
137 1. Mos. 1, 26–27.
138 Vgl. hierzu *Bachofen*, Versuch über die Gräbersymbolik der Alten, Basel 1925, S. 21.28; ferner *Klages* a. a. O., S. 897 f., 1318 ff., 1383.
139 Vgl. zu diesem Begriff, den auch Fr. v. Baader und Friedrich Oetinger kennt, vor allem *Leopold Ziegler*, Überlieferung, Leipzig 1936; ferner *Ernst Benz*, Der vollkommene Mensch nach Jakob Böhme, Stuttgart 1937. – Nachtrag: *Leopold Ziegler*, Das Lehrgespräch vom Allgemeinen Menschen, Hamburg 1956.
140 Erschienen im Inselverlag in dem Bändchen Nr. 83 der Inselbücherei »Kaukasische Novellen«. – Nach der Versicherung des Dichters, die er dem Verfasser gab, handelt es sich bei den Scorpheri nicht um eine dichterische Erfindung, sondern um eine wirklich vorhandene Stammessitte.
141 Vgl. die in diesem Zusammenhang stets angeführte Parallelstelle 1. Mos. 1, 27!
142 1. Kor. 7, 14.
143 1. Kor. 7, 7. Die »Gabe« von Gott!
144 Mtth. 22, 23–33.
145 Vgl. den einschlägigen Artikel in Kittel's »Theologischem Wörterbuch zum Neuen Testament« I, 663 ff.
146 Mrk. 1, 10; vgl. den Grundtext!
147 Jes. 66, 13.
148 Ps. 110, 3.
149 Mtth. 26, 52.53.
150 Sach. 9, 9–13; Jes. 11, 1–9.
151 Mtth. 17, 20.
152 Hebr. 11, 1.
153 Jes. 7, 9.
154 Luk. 11, 5–13.
155 Luk. 11, 11.
156 Mtth. 18, 21.
157 Luk. 23, 2.
158 Mtth. Kap. 22–25.
159 Luk. 19, 11–18.
160 Mrk. 13, 9.

161 Von kaleo (rufen) = ekklesia = die Herausgerufenschaft.
162 Siehe *Paul Schütz*, Messianismus in: Im Erblicken des Unschaubaren. Ausgew. Vorträge u. Aufsätze, Stuttgart 1960, S. 70 ff.
163 Röm. 3, 23.
164 Gal. 3, 28 f.
165 Mtth. 25, 34.
166 Siehe *Enid Starkie*, Arthur Rimbaud »Das trunkene Schiff«. Berlin 1928, Neuausgabe Hamburg 1963.
167 E. A. 52, 268, 269.
168 Zum Besonderen der *theologischen* Erkenntnis siehe GW II »Voraussetzungen des theologischen Denkens«, S. 21 ff. – »Mysterium der Geschichte«, S. 117 ff.
169 1. Mos. 1, 28.
170 Offenb. 6, 2.
171 Kol. 2, 9.
172 E. A. ex op. lat. 18/321 – »etiam centum annos hujus vitae... similes puncto mathematico et brevissimo momento...«, ebenda 291 der Grundsatz: »... ut transferamus nos extra tempus et Dei oculis inspiciamus nostram vitam... igitur de omni tempore nihil habemus, quam quod nunc est, reliqua non sunt, quia aut abierunt aut nondum venerunt.« Angeführt nach *Lilje*, Luthers Geschichtsanschauung (1932), S. 35.
173 Mtth. 24, 42 ff.
174 Offenb. 12, 1–6.
175 »Deutsche Zukunft« vom 29. Januar 1939.
176 Joh. 12, 34.
177 Die sieben Einsamkeiten, S. 457, 459, 474, 495.
178 Luk. 24, 14.15.
179 Luk. 24, 17.
180 Luk. 24, 31.
181 E. A. 30, S. 68–70.
182 Luk. 22, 53.
183 Joh. 13, 3.
184 Joh. 19, 7.
185 Joh. 19, 8 ff.
186 Joh. 19, 15.
187 Siehe hierzu Kittel's »Theologisches Wörterbuch« II, 705 ff.
188 Vgl. »Deutsches Pfarrerblatt« 1937/35, S. 565 ff.
189 Gnomon 1932, deutsch.
190 Luk. 23, 46.
191 Joh. 19, 30.
192 Apgsch. 13, 33.
193 Apgsch. 1, 22.
194 Apgsch. 4, 33.
195 Apgsch. 17, 31.
196 1. Kor. 15, 12–19.
197 Zugrunde liegen Christi Leidensweissagungen. Vgl. Mrk. 8, 31; 9, 31; 10, 34. Sehr eindrücklich in den beiden großen Reden des Petrus, Apgsch. 2, und des Paulus, Apgsch. 13. Hier wird das Grundthema: »den hat Gott auferweckt« in dreimaliger Wiederholung immer wie-

der neu erhoben: 2, 24; 32, 36; 13, 30; 33, 37; ferner: 3, 15; 4, 10; 10, 40; Luk. 24, 5–7.25–27.44–47. Ausführliches Verzeichnis der Stellen siehe in Kittel's »Theologischem Wörterbuch«, Bd. I, S. 371, 669; Bd. II, S. 334.
198 Mtth. 28, 17; Luk. 24, 11. Es dünkte den Aposteln, »als wären's Märlein und sie glaubten ihnen nicht«. Joh. 20, 15.
199 Mtth. 28, 11–15; 27, 64.
200 Joh. 20, 21–23.
201 Joh. 14, 12.
202 Offenb. 4, 6–8.
203 2. Petr. 1, 16.
204 1. Thess. 5, 23; vgl. den Grundtext.
205 Tit. 2, 11–13.
206 Joh. 1, 14.39, Luk. 2, 30.
207 1. Joh. 1, 1–3; Joh. 12, 45.
208 Luk. 2, 32.
209 Luk. 3, 6.
210 1. Tim. 3, 16; vgl. den Grundtext!
211 2. Kor. 3, 12–18.
212 Apgsch. 6, 15.
213 Mtth. 5, 14–16.
214 Dazu Berichte in GW IV »Warum ich noch ein Christ bin«.
215 Luk. 10, 16.
216 Mtth. 10, 40; Joh. 13, 20.
217 2. Kor. 3, 2 f.
218 Vgl. *H. Curth*, Das innere Modell, Hamburg 1934. Hinweis bei *H. Sauer*, Abendländische Entscheidung, Leipzig 1938, Anm. S. 693.
219 A. a. O. S. 615.
220 Joh. 15, 26, 27; 16, 8 ff.
221 2. Tim. 1, 6; 1. Tim. 4, 14 ff.
222 1. Kor. 12, 7–11.
223 1. Kor. 12, 14–26.
224 1. Kor. 14, 2–4.
225 1. Kor. 14, 32.
226 1. Kor. 14, 5.
227 1. Kor. 14, 33.
228 2. Kor. 3, 12–18.
229 1. Kor. 12, 31.
230 Mrk. 16, 20.
231 Apgsch. 12, 7.10.15.

REGISTER

Namenregister

Sachregister

Bibelstellen-

verzeichnis

Namenregister

Andreas v. Kreta 268
Aretin, Frh. v. 557
Arnold, Gottfried 319
Baader, Franz Xaver v. 563
Bachofen, Johann Jacob 365, 563
Bacon, Francis 252
Balthasar, Urs v. 64
Bataille, Georges 558
Bengel, Johann Albrecht 318, 408, 497
Benn, Gottfried 37
Benz, Ernst 560, 563
Binding, Rudolf G. 37
Bloch, Ernst 127
Blumhardt, Vater 446
Blumhardt, Sohn 539
Böhme, Jacob 563
Bonhoeffer, Dietrich 47, 52, 64, 557
Bornkamm, Günther 557
Boveri, Margret 7
Buber, Martin 90, 105
Bultmann, Rudolf 34 f., 557
Burckhardt, Jacob 59
Curth, Hermann 565
Dacqué, Edgar 162
Dante, Alighieri 433 f.
Descartes, René 252
Einstein, Albert 99, 143
Eliot, Thomas Stearns 558
Funk, Gottfried Benedikt 268
George, Stefan 59, 433
Goethe, Johann Wolfgang v. 330, 348 f., 377
Grönbech, Wilhelm 160
Gunkel, Hermann 141
Harnack, Adolf v. 34, 141
Hegel, Georg Wilhelm Friedrich 67, 126, 131 f., 377

Heraklit 59
Hitler, Adolf 141
Hochhuth, Franz 19–22
Hölderlin, Friedrich 59, 127, 433 ff.
Hübschmann, Heinrich 118
Huxley, Julian 32, 37
Johannes XXIII., Papst 18 f., 22, 28, 125
Kant, Immanuel 377
Kierkegaard, Sören 52, 67, 142, 235, 329
Kittel, Gerhard 560, 562–565
Klages, Ludwig 559, 562 f.
Kleist, Heinrich v. 433
Kohn, Hans 560
Kümmel, Werner 557
Lundbergh, Sven 224–226
Luther, Martin 30 f., 41, 69, 180, 184, 211, 262, 318 f., 337, 358, 375, 399 f., 431, 438 f., 444, 461, 466 f., 499, 503, 507 f., 522 f., 541, 545, 557
Mann, Golo 6
Montini, Kardinal s. auch Paul VI., Papst 19 ff., 26
Nietzsche, Friedrich 15, 59, 222, 228, 253, 433, 443, 560
Oetinger, Friedrich Christoph 106, 563
Overbeck, Franz 141, 443
Ovid 434
Paul VI., Papst s. auch Montini 19
Picard, Max 67
Planck, Max 339
Platon 59, 128
Reimarus, Hermann Samuel 32, 34
Reisner, Erwin 178, 558, 561
Rimbaud, Jean-Arthur 419, 564
Robakidse, Grigol 349, 371

Robinson, John A. T., 36 f., 40
Sartre, Jean-Paul 83
Sauer, Hermann 423, 432 f., 538, 565
Shakespeare, William 224
Schroers, Rolf 125
Schweitzer, Albert 34
Stefani, Ludolf 562
Teilhard de Chardin, Pierre 103, 120
Tolstoij, Leo 325

Vergil 434
Weinel, Heinrich 141
Weizsäcker, Carl Friedrich v. 101, 128
Weizsäcker, Viktor v. 122
Winckelmann, Johann Joachim 59
Wrede, William 34
Ziegler, Leopold 557, 563
Zinzendorf, Nicolaus Ludwig, Graf v. 376, 497

Sachregister

Abendmahl, das heilige – 308, 458 bis 470, 492 f., 503; – als Eucharistie 464 f.
»Ärgerliche Worte« im Evangelium 317, 326 ff.
Ärgernis in der Bibel 24 f.
Ahnenkult 160
Anachronismus der Bibel 343
Angst, Todes– 118; Leidens– 118; Sozial– 118
Antichristentum 414
Auferstehung 110–134; – und das Kreuz 388 ff.; –, das Hauptstück des Evangeliums 505–519; –, der Gegenstand der urchristlichen Predigt 509 f.; –, trigonometrischer Punkt in der Geschichte 111; Auferstehungsgegenwart 519 bis 528; Auferstehungsleib 374, 531 f.
Auge, Reinigung des A.s 166
Autorität, geistliche 392 f.
Baum des Lebens 178 f.; – der Erkenntnis 178 f.
Begriff und Mythos 340; – und Christusereignis 562
Bereitschaft, die Stadien der – 352 f.
Bergpredigt, Worte aus der – 317 bis 326; –, charismatischer Charakter 325 f., 362; – und politisches Schwärmertum 325; Beispiele in der – 325
Beschwörung von Tieren 162 f.
Besessener s. »Dämon«
Beten und Fasten 352 f.
Bibel, Entmächtigung der – 17–42, 43, 56, 63; – und Tradition 19, 26 ff., 35; – als Offenbarungsquelle 30, 33; –kritik 30 ff., 35 f., 47 f., 59, 115; –kritik und Erkenntniskritik 115; Geheimnis der – 43, 45, 47, 51, 56 f., 65, 72 f., 86; Profanität der – 46 ff.; Dynamik der – 46, 48, 67; –, ein Ganzes 64 ff., 559; die »Leise Stimme« in der – 43–56, 57, 65 ff., 70 f., 77 f., 81; Entschlüsselung der – 64–73, 78 f., 80 f.; Geschichtlichkeit der – 49 f.; Interpretation der – 67 ff.; Auslegung der – 69; Zeitbegriff in der – 77, 79; Realismus in der – 90, 106; –, das revolutionärste Buch 101, 104, 128 f., 134
Biblizismus 177 f.
Bild und Raum 161 ff.
Böse, der s. auch »Teufel«, der Pharisäer als Böser 229; Einsamkeit des Bösen 346 f.
Brotbrechen s. auch »Abendmahl« 308, 463, 465
Buße s. metanoia
Charisma 541–551; – des paradiesischen Menschen 162; – als das neue Gesetz 240; –, Dämonie und Magie 253; – und Schöpfungsrest 256; – des Gottkämpfers 316 ff.; – und das Fasten 353; – in der Ehe 373; –, s. Zeichenkraft 541, 548; die Liebe als Ur– 546 ff.; – der Dämonenbannung 547; – als Geschichtsgestalt 549 f.
charismatisch, ch. Leben 240 f., 318 f.; ch. Mensch 353, 538, 541 f.; ch. Charakter der christlichen Ehe 373; ch. Verwandlung der Welt 388 f.; ch. Existenz der Urchristenheit 442, 542 ff.; ch. Charakter der Patenschaft 529 f.;

die ch. Ordnungen 534–540; Anweisung zum ch. Leben 542 ff.
Charismatokratie 184; – und Dämonokratie 549 f.
Christ und Staat 93 ff.
Christenheit, – und Kirche 354 bis 359; – als charismatische Gemeinschaft 537
Christentum, – als Offenbarungsreligion 32; – als Vernunftreligion 32; historisches – 100
Christus Jesus, – der Gottessohn 146 ff., 480; Taufe des – 171 f.; – und der hl. Geist 172, 175; – und die Dämonen 201 ff., 245 ff.; –idee 233; –, das Saatkorn des Gottesreichs 264 f., 271 f.; – und die Natur 272 f.; die –front 280; der –gang in der Welt 269, 303; – Wendung zur Erde 305 f.; –, seine Selbsterkennung 309 ff.; –, der Menschensohn 311, 332; –, der Weinstock 91; Stellvertreter des – 22 ff.; – und die Zeit 78 ff.; – des Glaubens 33 ff.; Durchbruch des – zum »geistlichen Weg« 314 ff.; Messiasschaft des – 407 ff.; – und die Juden 408 f.; die sieben Stufen der Anfechtung des – 457 bis 503; –erscheinung auf dem menschlichen Antlitz 524 ff.; –zeugnis des hl. Geistes 538
Christusereignis 52, 55, 66 f., 146 f., 358, 519 f., 562; –, Mitte des Evangeliums 35
Dämon, Dämonen 201 ff., 245–258; –austreibung 274 ff., 344–351, 547; Kampf gegen den – 316 f., 536, 539; Quäl– 346 f.; – und Charisma 548
dämonisch, Dämonischer, der Pharisäer als – 245 ff.; der Religiöse als – 245; das D. im sprachlichen Ausdruck 345
Dämonokratie 346
Deismus 31
Denken, biblisches – 338 ff.; biblisches und aufgeklärtes – 189 ff.; mythische Formen des biblischen – 339 ff.; glaubendes – 359

Dialektik 257 f., 429
doxa (Glorie, »Herrlichkeit« Gottes) 69, 340 ff., 562
Dreieinigkeit 64; – als Urbild der Ehe 375 ff.
Ebenbild 197 f., 199, 228, 273, 329–335, 373 ff.
Ehe, die 363–377; charismatischer Charakter der christlichen – 87 ff.; Misch– 86 ff.; –scheidung 364 f., 372 ff.; – und die Schöpfung 364 f., 368 ff.; – als Urbild der Trinität 365, 369, 375 ff.
Einehe und Urerinnerung 366 f.
Energie in der modernen Physik 164 f.
Engel, – und »Zeit-Raum Gottes« 167, 517 ff.; Gegenwart der – 168
Entscheidung als Sinn des Daseins 216 ff.
Enzyklika »Pacem in terris« 19, 22, 26 f.
Ereignischarakter, – der Christustatsache 147 f., 358, 520 f., 562
Erkenntniskritik und Bibelkritik 115
Eschatologie 423–450; Christus und die – 430 f., 436, 441 f.; – der Heiden 432–437; – und der Zeitbegriff 438 ff.; die Vollendung in der – 439 ff.; – und christliche Existenz 443 f.
Eschatologismus, Gefahren des – 423–431
Eucharistie s. auch »Abendmahl« 464 f.
Europa, seine christliche Sendung 348
Evangelium, ewiges – 145 ff., 184; Wesen des – 150, 200, 212 f., 215, 221 f., 284 f.; – als Maßstab 21 f., 25; –, heidnischer Ursprung des Wortes 489
Existenz, christliche 130, 444, 447 ff., 532
fascinosum, das christliche – 323
Fasten als Dienst der Liebe 353, 360 f.
»Fleisch« 305; – als geschichtliche Existenz 50 ff., 80, 86
Fleischwerdung s. Menschwerdung

SACHREGISTER

Freiheit, christliche – 58 ff., 358 f.
Fylgje 563
Gebet 398–404
Geburt, zweite – 72, 357 f.
Geduld 97 f.
Geheimnis des Himmelreichs 263 ff.
Geist, – und Natur 99; der Mensch ist – 98
Geist, heiliger – 171–181, 528–540; –, Urwort des Glaubens 110; – des Schöpfers 99; – und die Christustaufe 171 f.; – als Schöpfergeist 172 ff., 338 f., 390 f., 499, 545 f.; – und der urchristliche Realismus 173; – schafft den Christenmenschen 173 f., 315 ff.; – und der Logos 175; – und der humanistische Geist 176, 305; Buchstabe und – 176 ff.; – ist das Geheimnis der Gottheit 176; Gesetz und – 176 f., 231, 237–242, 544 f.; – im dritten Artikel 179; – und die Wahrheit 193; – und das Christwerden 197; Lästerung des – 254 f., 266; –, der »Finger Gottes« 255, 260, 264; – in der Geschichte 266, 520, 551; – liebt den Leib 281, 305 f., 532 f.; die Zucht des – 291; – als der weltmächtige Gott 208, 241, 316, 360 f., 382 f., 538, 550 ff.; – und charismatischer Mensch 316–329; – und das Reich Gottes 316, 388, 390 f., 400 f.; die Doxa des – 341 f., 522 f., 535 f.; das Gebet um den – 353, 400 f., 538; – und die natürlichen Begabungen 356 f.; – wirkt d. Kraft d. Segnung 362 f., 534 ff.; – ist die Liebe 499; – ist der gegenwärtige Christus 520-528; – als incarnatio perennis 546; Selbstübertragung des – v. Person zu Person 528 ff.; Stiftung der »charismatischen Ordnungen« durch den – 534–540; Amt und – 538 f.; das »Gottesgewebe« des – in der Welt 539; das Manische und der – 543 ff.; – und die Charismen 541–550

Geistgaben, vorpfingstliche – 343
Geist-Leiblichkeit 106, 267, 281, 388, 446, 532 ff.
Gemeinde, die Urform ihres Gottesdienstes 308
Gericht, Selbst– 360
Geschichte, Charismatisation der – 256; das Mysterium der – 266; – und die Eschatologie 422 ff.; – und das Christusereignis 519 ff.; – und die Heilsgeschichte 48, 50, 107
Geschlecht 365–372; – als Gottescharakter 368 f.; Urbildlichkeit des – 372 ff.
Geschlechter, Entzweiung der – 365–372; –philosophie Bachofens 365
Geschöpf 154 f., 247, 368 ff.
Glaube, christlicher – 188–196, 351 f.; – und Unglaube 188 f., 195, 381 f.; – und Pragmatismus 100; – und Theologie 189 ff.; – als Charisma 399 f.; –, sein revolutionärer Charakter 100; – und historische Kritik 30 ff., 36 ff.
Glauben als Erkennen 108
Gleichnis 262 ff.; –, Charakter der Schöpfung 262; – und Verstokkung 263
Glossolalie 171, 542 ff.
Gnade 83 f.
Gott, außerweltlicher – 37; biblischer – 54; – als Wunschbild 57; – in der Profanität 47 f.; Heimlichkeit – 81; Anwesenheit – 107; – wohnt im Offenen 53 f.; der menschgewordene – 148 f.; –, der große Realist 305 f.; der verborgene – 311 f.; der schicksalsinwendige – 323 f., 352; Mütterlichkeit – 377; Bruderschaft – 323 f.; der leidende – 493 f.
Gottesdienst, Urform des – 308 f.
Gottlosigkeit, – als Macht 316 f., 321 f.; – als Sehnsucht der Zeit 347
Gottessohn 146 ff., 388 f., 506; – als mythisches Bild 490 ff.
Häresie 62 ff.

Handauflegung, charismatische 379
Heidentum, antiheidnisches – 228, 232, 298; seine Nähe zum Christentum 204 f., 222 f.; – der vorchristlichen Welt 235 f.; Berufung des – 303 ff.; Verhältnis zum Judentum 204 f., 500, 512 f.
Heiligkeit, keine sittliche Qualität 88
Hingabe 379–386; Verlust der – 167 f., 418 ff.
Historismus 31 ff., 58, 100, 179
Hoffnung, die christliche – 434
Humanismus, – und Biblizismus 176–180; – und Theologie 189 bis 194
Humanistisch, – Textverständnis 177 f.; – Zeitbegriff 176, 438 f.; – Wissenschaftsmythos 189; – Wahrheitsbegriff 189, 193 f.
Humanität, religiöse – 36
Humanitas, säkulare – 27
Identität, philosophische – 241; – als Illusion 256
Immanenz, theologische – 519; philosophische – 241
Incarnation s. Menschwerdung
Interpretation 68 f., 81 ff.
Jesus, der historische – 33 ff., 39
Juden, – als antikes Volk 297 f.; Christus und die – 409–411; Messianismus der – 411 f.
Jünger, –wahl 243 f.; »– und Reifer« 266; der Anspruch der – 354 f.
Kausalität 338 f.
Keuschheit, Bedeutung der – 370 f.
Kind, –werdung, zweite 357 f., 377 f.; Glaubensfähigkeit des – 396
Kirche, Grundgesetz der – 244, 286 f., 392; – unter den Dämonen 245 f.; die Urgestalt der – 287; – und das Petrusbekenntnis 313; wer gehört zur –? 355 f.; – und die Christenheit 358 f.; die Autorität in der – 392 f.; – als Ort des Gebets 398; Schuld der – 428 f.; Segnungskraft der –, ihr Kennzeichen 535 f.; – in der ältesten Christenheit 536

Kosmos, Heimholung des – 184, 190; – und das Ebenbild 334 f.
Krankheit, Rätsel der – 223 f.
Kreuz, die Wendung zum – 310 f.; die Bedeutung des – 390 f., 506 ff.; Theologie des – 321 f., 506 f.; Kreuzesmystik 321 f.
Leben-Jesu-Forschung 32, 34, 39
Legende, legendarische Sprache im Evangelium 171, 275 f.
Leib, – als Schöpfungsmitte 209
Leibeswelt, die neue – 532
Leiblichkeit, verklärte – 342, 532
Leid, der Sinn des – 319, 322 ff.
Liebe, – und Wahrheit 193 f.; – als Charisma 259, 325 f., 353, 452 f., 495, 546 ff.; – als Ordnung des Universums 417 f.; – als Sinn der Heilstat 498 ff.
Lieben und Glauben 195
Logos 51, 56, 90
Magie 146–254; – als Überwindung von Zeit und Raum 162 f.; – als Versuchung 181 ff., 309; – und Dämonie 250, 259
Manische, das – in der Glossolalie 542 ff.
Martyrium, selbstgemachtes – 356
Maria, Mutter Gottes 168, 267 ff.
Maß, Zeit als – 30; der Sich-Opfernde als – 23 f.; Vernunft als – 56
Maßstab, biblischer und menschlicher, – des Gültigen 21, 23 f., 25 ff., 30, 40, 42, 111
Mensch, der frühe – und der Schöpfungsrest 161 ff.; die Gefährdung des – 174 f., 199 f.; Rettung des – ist die Mitte des Evangeliums 200, 239; der moderne – 204 f.; charismatischer und dämonischer – 253; charismatischer und magischer – 259; der neue – 265, 531; Masse – als Dämon 276 ff.; der charismatische – 315–329; der – als das Ebenbild Gottes 331 ff.; der – und der Kosmos 336; Rest-, Schrumpf- und After- 347 ff.; der –, der Schlüsselpunkt des Kosmos 250, 550; der reli-

giöse – 245; der mündig gewordene – 32 f., 37 f., 40, 47, 59 ff.; der – als Biotechniker 120; Anspruch des – 60 f.
Menschenbild, christliches – 173 f., 537 f.
Menschensohn, der – als mythisches Urbild 311, 332 f.
Menschentypus, moderner – 348 f.
Menschwerdung Gottes 147–152, 200 f., 208, 518 f.; –, ihr Ereignischarakter 147 f.; –, ihre Geschichtsrealität 152, 181, 245, 311 f.; – als Charismatisation der Welt 256; – aus Liebe 312, 386
Messianismus, politischer – als Versuchung 325 f.; – der Juden 182, 411 f., 484 f.; – des Judas 453 ff.
metanoia 57, 76 f., 221
Mithras 521
Mündiger Mensch, – Welt 36 ff., 59 f.
Muttergottheit in der Trinität 375 bis 377
Mysterium, das – der Geschichte 266, 269 f.; – des Kreuzes 310 f.; – der Verwandlung 212
mythische Formen des biblischen Denkens 340 f.
Mythos 169, 340 f., 485–494
Nachfolge 198; Entscheidungscharakter der – 216–220
Natur, die menschliche Ferne von der – 272 f.
Naturrecht 26 f.
»Natursichtigkeit« 162
Nihilismus 257 f., 330, 429 f.
nihilistischer Charakter der Dialektik 257 ff.
Nimbus, Aura 340 ff.
Offenbarung, die – im wissenschaftlichen Weltbild 32; – in der Profanität 52; – Gottes aus Liebe 312; – und der Mythos 489
Offenbarungsgeschehnis 562
Offenbarungs-Zeit-Raum 338 f.
Offene, das – 68 f., 133; das – der wahren Wirklichkeit 57; das – der Freiheit 61 ff.
Opfer, Opferung 92; Selbst- Gottes 309, 464 ff., 500 ff.

Opfergabe 561
Paradiesesrest, -reliquie 154, 163, 166, 374
parusia (Anwesenheit) 78 ff., 133; – des Auferstandenen 519 ff.
Patenamt 529 ff.
Pharisäer 220 ff., 245–258, 296, 414 f.
pneuma s. auch »Geist« 68, 72, 88 ff., 98–110, 558
pneumatische Dimension 53
Pragmatismus 21 f., 26; religiöser – 38
Profan, Profanität 45 ff., 80
Prometheus, der moderne – 253 f., 436 f.
Prophetie und Mythos 311
Ratio, Rationalismus 251, 338 f.; – und die Orthodoxie 438, 525 f.
Raum, Natur-, Gottes– 163 f.; Aufhebung der Mathematik des – 293; Entschwerung des – 294
Realismus, – des Christentums 149, 500, 520 f.; – des Heidentums 205, 207; – Gottes 500; – der Vergebung 503
Regel, Kriegsregel Christi 287 f., 317 f.
Reich Gottes 147, 184 ff., 208; – als heute kommendes 241 f., 315 f.; – verwandelt die Welt 262–270; Geheimnis des – 263; – auf Erden 266 f., 387; charismatischer Charakter des – 389; die Realität des – 390 f.; – als Sakrament der Liebe 418
Reinheit, kultische – 232, 298 f.
Religion, die – als Versuchung 182 f.; – des Gesetzes 231 f., 298 f.
Religionen der antiken Welt 298
Rest, heiliger Schöpfungs- 158 ff., 198, 200, 256; Raum-Zeit- 158 f.; Paradieses- 163, 166, 374
sacrificium intellectus 363, 381 f.
»Säligkeit« 318
Säkularität 38, 99 f.
Sakrament, das – und der Mythos 460, 492
Scorpheri, Keuschheit der – 371, 563

Seele, die – und das Ebenbild 336, 348; die erlöschende – 349 f.
Segen, Fernwirkung des – 362; – als Wirkungsweise des hl. Geistes 534 ff.
Seligpreisungen 318–322; die – gehören dem charismatischen Menschen 318 f.
Sippenseele und Zeitgeheimnis 160 f.
Sodomitismus 366 f.
Sucht, die – als dämonisches Urphänomen 276 f., 291; – und das Charisma 543, 545 f.
Sünde 83 f., 220 f., 226 ff., 253, 258; Vergebung der – als Verwandlung 210–215
Symbole, altkirchliche – 358
Schamgefühl als Urgefühl 370
Schauen, das – des Christus 523–528
Schlange 223, 249 f., 270
Schöpfung 184, 339; – als Heilung 281, 350, 503; neue – 531 f.; Urgefüge der – 86
Schöpfungsbewahrung als Amt der Christenheit 445 f.
Schöpfungsdekret 441; –erbe 160, 445 f.; –rest 158 ff., 198, 200, 256
Schriftgelehrter s. auch »Pharisäer« 247 ff.
Schuld, Begriff der – 224–227; – und Schicksal 226, 323
Schuldgemeinschaft 227
Sprache und Erkenntnis 345
Stellvertreter Christi 22 ff.; – bei Hochhuth 19 f.
Stifterbild und Urbild 530 f.
Tag, der Jüngste – 336, 447
Taufe 232, 377, 460, 492; Christus– 171; Luthers »baptizatus sum« 461
Täufer, Johannes der – 169 f. 212; –bewegung 230–236, 560; die Kierkegaard-Situation 234 f.; – Theologie ist vorchristlich 233 f.; – Religion 560
Technik als Überwindung von Zeit und Raum 164 f.; – und der Messianismus 165
Theologie, die Aufgabe der – 180; theologia viatoris 180, 191 f.; der Glaube und die – 190 ff.; – und der hl. Geist 190–194; – und Philosophie 35; – als »nachträgliche Bemerkung« 192, 498; dialektische – 429; – der Krisis 429 f.; – des Kreuzes 377, 465 bis 470
Teufel, fascinosum des – 183; – als Urphänomen 199; Leugnung des – 202; der Kampf mit dem – 204 f.; – als dialektischer Nihilist 257 ff.
Tod 280–285, 513 f.; Tabuierung des – 116–122; –, Urphänomen menschlicher Existenz 119; das Numinose des – 124 f.; – als Existenzdurchbruch 125 ff.; – als Ort der ewigen Liebe 127
Torheit Gottes, – und Weisheit der Menschen 25, 29, 45 ff.
Tradition 179, 461, 540; – als Selbstübertragung des hl. Geistes 528 ff.; – als Weitergabe des Ursprungs 29; Schrift und – 23 ff.
Traditionalismus und kritischer Historismus 30 ff.
Transzendieren, – der Dinge im Auferstehungsraum 519
Trinität s. auch »Dreieinigkeit« 64
Übel, dem – nicht widerstehen 320 f., 362
Unterschied, unendlicher, qualitativer – 429
Urbild Mensch 275
Urmensch, zweigeschlechtig 160
Urphänomen, das christliche – 323
Vaterschaft, geistliche – im Patenamt 529 f.
Verbalinspiration 30 f.
Vergebung, Vergeben 210–214, 403 f., 501 ff.
Verklärung, – als Verwandlung 337 ff., 524 f., 532
Vernunftglaube 26 f.
Verwandlung, – des Auges 166; Sündenvergebung als – 215; – der Welt 215, 240 f.; – der Welt durch das Gottesreich 262–270; – des Menschen im Sakrament 470

Vollendung als eschatolog. Ziel 439 ff., 447
Wahrheit, humanistische – in der Kirche 189, 193 f.; – in der Theologie 191 f.; – und die Liebe 193 ff.
Wahrtraum des frühen Menschen 163
Weg, dämonischer und geistlicher – 316 ff.; der neue – 316 ff., 319
Welt, die Verwandlung der – 215, 240 f., 266–270; die –, der Acker Gottes 266, 269, 303, 315; die antike – 297; -charakter der modernen Existenz 422; Durchchristung der – 520
Weltbild 57 ff.
Weltgericht 447 ff.
Widerspruch als Positivum 53
Wissenschafts-Mythos, humanistischer – 189 f., 192 f.
Wolke, doxatischer Charakter der – 341 f.

Wort, – und Geist 176 f.; -stoff 177; -gewissen 177 f.; -theologie 179, 544 f.; geschehendes – 75 f., 80; – als Text 30 ff.
Worte, ärgerliche – des Christus 317
Wunschbild 57, 115
Zeichen, magisches – 251 f.; das Christus– 252
Zeit 146–166; lineare, historische – 150 f., 415 ff.; Schrift und – 152 f.; Verwandlung der – 154 bis 161; Aufhebung der – 78 f.; Herkunft und Hinkunft in der – 158–166; Geheimnis der – 160; Gottes– 163, 416 f.; die erfüllte – 185; Luther über die – 438 f.; – und ihre »Gegebenheiten« 19, 112 f., 115; – und Raum 133
Zeitordnung 147, 558 f.; Verwandlung der – 153 ff.
Zeit-Raum, der verklärte – der Offenbarung 167, 337 ff.; biblischer – 438, 515 ff.
Zeuge, Zeugenschaft 54 ff.

Bibelstellenverzeichnis

a) im laufenden Schriftsatz und in den Anmerkungen ( )

1. Mose

1,2.3 (18)	175
1,26–27 (137)	368
1,27 (141)	372
1,28 (169)	441
2,6–7 (127)	342
3	44
6,1–8 (135)	366
9,13–16 (115)	341
12,1	90
32,22 ff.	69, 81

2. Mose

19,7	62

4. Mose

14,34 b	61
22,21 ff.	65

5. Mose

5–12	44
11,26	62
30,15	62

II. Buch der Könige

2,11 (126)	342

Psalter

2,7	79
32,5 (42)	210
69	82
73	84, 85
78,38 (43)	211
103 (44)	211
110,3 (148)	376
130	81, 83
139	54

Jesaja

6,13	93
6,13.14	121
7,9 (153)	400
9,13	93
11,1–9 (150)	397
35,10 ff.	80
43,16.18 f.	130
61,1	78
66,13 (147)	376

Jeremia

2,2	87
7,1	75
15,16	75

Hesekiel

1,13.14 (119)	342
1,22 (116)	341
1,26.27 (117)	341
1,28 (118)	341
16,17–21 (136)	366
27,7 f.	75

Hosea

1,20.21	87
13,14	87

Joel

2,1	52

Sacharja

9,9–13 (150)	397

Matthäus

2,13 (12)	163
3,3	43
3,45	48, 49
4,1 (13)	163
Kap. 5–7 (107)	316
5,3	61
5,13	89
5,14–16 (213)	525
5,45 (8)	158
7,7	48, 49
9,17 (55)	236
10,1.9–15 (93)	288
10,13 (94)	290
10,16	92
10,16 (84)	269
10,34 (89)	287
10,40 ff. (132)	358
10,40 (216)	529
11,2 (32)	187
11,2-6 (49)	231
11,25	61, 78
12,6.8 (56)	238
12,28 (64)	255
12,30–33 (74)	266
13,11 (71)	264
13,35 (72)	264
13,38 (75)	266
16,3 (33)	187
16,4 (102)	309
16,16	23
16,16.17 (104)	312
16,18.19 (105)	313
16,21 ff. (3)	23
16,23	24
16,28	79
17,5 (123)	342
17,20 (151)	399
17,22 f. (3)	23
18,3	78
18,21 (156)	404
19,4.5.6	86
19,30	61
20,18 ff. (3)	23
21,16	61, 78
21,44 ff. (63)	254
Kap. 22–25 (158)	409
22,23–33 (144)	374
22,30	38
23,2 (96)	296
23,25 (99)	301
24,3 (6)	158
24,30 (121/22)	342
24,42 ff. (173)	445
25,34 (165)	416
26,29	79
26,31	24
26,32 f. (3)	23
26,52.53 (149)	389
27,64 (199)	511
28,11–15 (199)	511
28,17 (198)	511

Markus

1,10 (146)	376
3,29	104
4,11 (71)	264
6,7 ff. (93)	288
6,7–13 (109)	317
8,24 (14)	166
8,31 (197)	510
9,31 (197)	510
9,41	90
10,34 (197)	510
11,27–33 (62)	254
13,9 (160)	411
13,26 (122)	342
14,62 (124)	342
16,1–8	110
16,20 (230)	548

Lukas

1,1 ff. (17)	23
2,30 (206)	524
2,32 (208)	524
3,1–2 (15)	169
3,6 (209)	524
4,14.18 (35)	197
4,16 ff.	78
4,18 ff. (40)	204
4,29.30 (88)	285
5,39 (55)	236
Kap. 5	39, 40
7,14–15 (86)	283
9,1–6 (93)	288
9,18 (103)	311
10,3 (84)	269

10,16 (215)	529
10,20 (108)	317
11,5–13 (154)	400
11,11 (155)	401
11,20	104
11,20 (65)	255
11,22 (66)	255
11,27 ff. (69)	260
12,11.12	97
12,31 ff. (3)	23
12,49 (29)	186
12,49 (91)	287
13,24 (31)	187
16,16 (32)	187
17,21 (70)	264
19,11–18 (159)	410
21,27 (122)	342
22,36 (30)	186
22,36 (90)	287
22,53 (182)	475
23,2 (157)	408
23,46 (190)	497
24,5–7. 25–27.44–47 (197)	510
24,11 (198)	511
24,14.15 (178)	462
24,17 (179)	463
24,31 (180)	464
24,48 (17)	55
24,51 (130)	343

Johannes

Kap. 1	90
1,2.3 (18)	175
1,5.10 (77)	266
1,6.8.20.15.27.31–34 (48)	230
1,12 f.	71
1,14	50
1,14 (17)	55
1,14.39 (206)	524
1,15.27 (3)	154
1,28 (16)	169
1,51 (27)	184
2,1 ff. (54)	236
Kap. 3	72
3,4	105
3,11 (17)	55
3,14 (60)	249
3,16	91
3,16 (76)	266
3,19 (133)	360
3,22–36 (48)	230
3,25 (50)	232
3,26 (51)	232
3,27 (21)	176
3,34 (20)	176
4,24	102
6,15 (101)	309
7,37–39 (128)	343
8,48 f.	79
9,41 (98)	300
10,3.4.12 (84)	269
10,12	92
10,12 ff.	23
11,11 ff. (87)	283
12,24	92
12,24 (106)	315
12,34 (176)	456
12,45 (207)	524
13,3 (183)	476
13,20 (216)	529
13,34 (57)	241
14,12 (201)	513
14,12 (92)	287
14,17 (17)	172
14,27	28
15,1 ff.	91
15,26.27 (220)	538
16,8 ff. (220)	538
16,13	104
16,13 (34)	192
19,7 (184)	480
19,8 ff. (185)	482
19,15 (186)	485
19,30 (191)	497
20,9 (3)	23
20,15 (198)	511
20,21	103
20,21–23 (200)	513
20,22 (129)	343
21,15 ff. (3)	23

Apostelgeschichte

1,9 (125)	342
1,22 (193)	509
Kap. 2 (197)	510
2,24.32.36 (197)	510
2,32 (17)	55
2,46 (100)	308

3,15 (197)	510
4,10 (197)	510
4,33 (194)	509
6,15 (212)	525
8,39 (13)	163
10,40 (197)	510
11,9 (85)	270
12,7.10.15 (231)	550
12,21–23 (95)	291
Kap. 13 (197)	510
13,30.33.37 (197)	510
13,33 (192)	509
17,11	49
17,31 (195)	509
20,23 (13)	163
21,11 (13)	163

Römer

2,15 (37)	198
3,23 (163)	412
8,19 (82)	269
13	93,95,97,98

1. Korinther

1,20 ff.	25
3,19	25
4,3.4	9
3,19 ff.	45
5,8	129
6,17	88
6,19	88
7,7 (143)	373
7,12–17	87
7,14 (142)	373
12,7–11 (222)	543
12,10	63
12,13 (20)	66
12,14	68
12,14–26 (223)	543
12,31 (229)	546
13	68
14,2–4 (224)	544
14,5 (226)	544
14,32 (225)	544
14,33 (227)	544
15,5 ff.	131
15,12–19 (196)	510
15,27 f.	93
15,36–37 (73)	265
19,18	92

2. Korinther

3,2 ff.	72
3,2 f. (217)	529
3,12–18 (211)	525
3,12–18 (228)	545
3,17	105
3,18 (36)	197
5,17	130
10,4–5 (68)	259

Galater

3,1	141
3,26 ff.	130
3,28 f. (164)	412

Epheser

1,22 ff.	106
2,14–16	47
2,14.17	28
2,20 f.	88
3,8	54
4,11	88
6,17	75

Philipper

2,5	93
2,12	49

Kolosser

1,17 f.	93
2,9 (171)	442
3,11	130

1. Thessalonicher

4,17 (126)	342
5,23 (204)	523

2. Thessalonicher

2,2	106
2,7	97

1. Timotheus

3,16 (210)	524
4,14 ff. (221)	541

2. Timotheus

1,6 (221)	541
2,2 (17)	55

Titus

2,11–13 (205) 523

2. Petrus

1,16 (203) 523
1,19 97

1. Johannes

1,1 55
1,1–3 (207) 524
4,14 (17) 55

Hebräer

4,12 75
11,1 (152) 399
13,8 79
13,8 (110) 338

Jakobus

1,25 (58) 241

Judas

9 (39) 203

Offenbarung

1,6.7 (124) 342
1,14 ff. 75
1,16 (61) 252
2,16 76
4,6–8 (202) 517
6,2 (170) 442
10,6 79
11,12 (126) 342
12,1–6 (174) 446
12,4 (41) 205
Kap. 13 93–98
13,7 107
14,4 (123) 342

b) Bibelstellenverzeichnis des Markus-Textes

I,1 145–152
I,2a 152–166
I,2b 167
I,3 167–168
I,4–8 169–170
I,9–11 171–181
I,12–13a 181–183
I,13b 184
I,14–15 184–196
I,16–20 196–201
I,21–28 201–205
I,29–39 205–207
I,40–45 207–209
II,1–12 209–215
II,13–17 216–229
II,18–22 230–236
II,23–III,6 236–242
III,7–21 242–244
III,22–35 244–260
IV,1–34 260–270
IV,35–41 270–273
V,1–21 274–278
V,22–VI,6 278–285
VI,7–31 285–292
VI,32–44 292–293
VI,45–56 293–295
VII,1–23 295–301
VII,24–30 301–304
VII,31–37 304–306
VIII,1–26 306–310
VIII,27–30 310–313
VIII,31–IX,1 314–336
IX,2–13 336–343
IX,14–29 343–353
IX,30–42 353–359
IX,43–50 359–363
X,1–12 363–377
X,13–16 377–378
X,17–27 378–386
X,28–45 386–394
X,46–XI,26 394–404
XI,27–XII,17 405–412
XII,18–44 413–420
XIII,1–37 420–450
XIV,1–2 450
XIV,3–11 451–456
XIV,12–25 456–470
XIV,26–31 470–471
XIV,32–52 471–478
XIV,53–XV,1 478–481
XV,2–5 481–482
XV,6–19 483–494
XV,20–39 494–503
XV,40–47 504–505
XVI,1–13 505–519
XVI,14 519–528
XVI,15–16 528–540
XVI,17–18 540–551
XVI,19–20 552

KARL HEIM
Versöhnung und Weltvollendung
Herausgegeben von Adolf Köberle, 160 Seiten

„Ein Sammelband mit acht Vorträgen und Aufsätzen Karl Heims. Warum Christus? — Die Gemeinde der Heiligen — Die Herrschaft des Christus — Der Kampf gegen den Säkularismus — Jesus als Seelsorger — Bilden ungelöste Fragen ein Hindernis für den Glauben? — Das Gebet als philosophisches Problem — Zur Frage der Wunderheilungen. Die Beiträge beschenken den Leser mit substantieller theologischer und geistlicher Erkenntnis, gerade weil sie ihre Themen und Fragen nicht aus der theologischen Fachdiskussion nehmen, sondern sich unmittelbar elementaren Fragen des Christseins in unserem Jahrhundert zuwenden und hier klaren Durchblick und biblische Wegweisung zu geben suchen. Auch ihren Ursprungssituationen nach sind sie nicht nur an Theologen adressiert, sondern an einen weiteren Kreis. Die Zusammenstellung der Themen repräsentiert etwas von der Weite und Vielseitigkeit von Heims Denken, so daß der Band sich auch gut als Einführungslektüre für den eignet, der erstmals an Heim herantreten und einige Grundlinien seines theologischen Denkens kennenlernen will."

Hermann Hafner in „Theologische Beiträge"

PAUL SCHÜTZ
Widerstand und Wagnis
Vom Glauben im Zeitalter der Angst
Herausgegeben von Hans F. Bürki, 286 Seiten

Fünfzehn bisher unveröffentlichte Arbeiten von Paul Schütz, die in der Mehrzahl in den letzten zehn Jahren entstanden sind. Die Spannweite seines dialogischen Denkens reicht vom persönlichen Bericht eines Traumes, von einer autobiographischen Skizze zu Gesprächen mit Freunden, bis hin zum Dialog mit den Exponenten der jüngsten Gegenwart (Kolakowski, Monod, Heisenberg, Burckhardt, Nietzsche, Bloch, Benjamin, Solschenizyn) und der Vergangenheit (Kierkegaard, Picard).

Die Mitte dieser Sammlung bildet der umfassende Beitrag „Wie ist Glaube möglich?" Hier setzt der christliche Denker mit unverminderter Unterscheidungskraft und prophetischer Durchsicht seinen Dialog fort, den er unter dem Zeichen der „Steigerung" führt. „Es geht heute ums Ganze, nicht nur des einzelnen Menschen, sondern der Menschenwelt, im Sinne einer Steigerung zum Äußersten... Die Tod-Leben-Konfrontation ist der Angelpunkt der christlichen Botschaft. So tief setzt sie mit ihrer Antwort ein."

BRENDOW VERLAG, MOERS